更生保護の
展開と課題

内田博文 著

法律文化社

はじめに

　21世紀という新たな世紀への展望をどう描くかはどの分野でも大きな問題で，更生保護の領域も例外ではない。そこから，更生保護50年史編集委員会編『更生保護50年史（第1編）』（全国保護司連盟・全国更生保護法人連盟・日本更生保護協会発行，2000年）は，現在の日本の更生保護制度が当面する諸課題として，「更生保護の理念をめぐる諸課題」「法改正をめぐる諸課題」「保護観察処遇の多様化に関する諸課題」「仮釈放制度に関する諸課題」「組織をめぐる諸課題」「コンピュータシステムの導入をめぐる諸課題」「行政改革に伴う諸課題」を列挙している。
　このうち，「更生保護の理念をめぐる諸課題」については，概要，次のように叙述されている。

>　更生保護の制度をどのような理念，考えでもって運用していくかについては，過去においても，また現在においても，さまざまなバリエーションがある。その中でも特に主要なものは，対象者個人の改善更生を重視するのか，それとも，犯罪に対する人々の応報感情に留意し，刑罰に正義の実現を期待し，彼らの再犯からの社会の防衛を重視していくのか，という2つの立場である。もともと宗教家や民間の篤志家によって始められた我が国更生保護制度の原点には，宗教的慈悲心による博愛精神や人間愛といった，犯罪者や非行少年にも慈愛の心をかけ，彼らとともに歩んでいこうとする，どちらかと言えば，先ほどの前者を中心とする思想に近いものがより濃厚に認められるのである。そして，このような理念や精神に基づいて運用されてきた我が国の更生保護制度が，米国などと比べても格段に治安の良い平安な社会をこれまで維持してきた事実を考えたとき，我が国更生保護従事者が長らく共有してきた現在の文化的風土は，今後においても尊重していかなければならないと思うのである。その一方，今日，凶悪な少年非行や，薬物濫用等をめぐる犯罪の国際化，被害者救済に対する関心の高まり等々の諸状況を勘案するとき，米国などで主流となっている……「ジャスティス（正義・応報）・モデル」などの考え方の中にも，あるいは参考となる施策があるように思え，発足後50年の時点を迎えた我が国の更生保護制度は，その伝統に新たな側面を付加すべきか否か，その是非が問われているとも言えるのである。[1]

「法改正をめぐる諸課題」についても，概要，次のように叙述されている。

　　現在，我が国には，更生保護制度の主要な内容を規定する基本法として，犯罪者予防更生法，執行猶予者保護観察法，更生保護事業法，保護司法，恩赦法の５つの法律がある。また，このほかにも，更生保護と密接な関連を有する法律として，刑法，刑事訴訟法，監獄法，少年法，少年院法，売春防止法などがある。更生保護制度の中核である保護観察の実施に関しては，戦後における，各制度の導入，法律制定の経緯等が異なることから，現在，１，２，３号観察は犯罪者予防更生法，４号観察は執行猶予者保護観察法，５号観察は売春防止法に，それぞれ根拠規定を分有する事態となっている。このような事態を受け，各号種間には，保護観察の期間，保護観察の方法，遵守事項の在り方とその内容等に関して検討すべき種々の格差，多様性が存在しているほか，例えば，刑務所等からの釈放者に対する必要的保護観察，少年院仮退院の委員会権限による取消し，居住指定，特別遵守事項の付加・変更，薬物検査，被害者対策，更生緊急保護の対象拡大等々の事項について，新たな制度，法律的根拠の創設への検討課題が残されているのである。出来得れば将来の課題として，各号種間の異質性にも配慮しながら，関係法律を統合した更生保護基本法とでも言うべきものを制定し，保護観察対象者に対する一体的，総合的な保護観察制度を確立することが望まれるところである。[2]

「保護観察処遇の多様化に関する諸課題」についても，概要，次のように叙述されている。

　　20世紀の終わりの数十年間，欧米諸国では自国における犯罪情勢の悪化等の状況を背景に，従来，保護観察制度を支えていた社会復帰モデルや治療モデルに代わって，どちらかと言えば社会防衛を重視し，対象者に対して厳しい態度で臨む種々の施策が展開されるようになってきた。例えば，米国などにおける対象者への尿検査の義務付けや自動出頭記録システム，あるいは電子監視による外出監視命令や在宅拘禁，さらには特定の性犯罪者に関する地域住民への情報開示等がそれである。我が国の保護観察制度には未だ組み込まれていないこれら主として処遇上の諸施策について，今後，必要に応じてその導入の是非や，導入する場合の法整備，導入環境の整備について検討が加えられなければならないであろう。全ての保護観察官がそれらの多様な措置，技法に通じるということはしょせん無理なことであるから，実際には，個々の保護観察官がそれぞれ得意分野を持ちながら，互いにコーディネート（調整，組織化）し合い，有機的に協力し合っていく，ある種の複数ワーカーによる処遇，さらにはこれに外部の社会資源を加えて，ネットワークのような処遇体制を構築していくことが現実的な選択であろう。そのような保護観察官の在り方が，将来取り組むべき課題として浮かび上がってくるのである。[3]

「仮釈放制度に関する諸課題」についても，概要，次のように叙述されている。

　近年における犯罪動向や一時期における施設収容者の減少傾向などの影響を受け，仮出獄率は55％から58％の間で，どちらかと言えば頭打ちの状態で推移している。本施策については，将来においても，施策の目的に沿って，仮出獄のより一層の積極化を推進していく必要があるものと思われるが，その場合，特に注意しなければならないのは，仮出獄になった者の再犯についてである。更なる積極化の結果，保護観察中の者の再犯等が激増し，別の意味で仮釈放制度そのものの存立意義が危うくなったり，内部的に，仮出獄許可よりも，仮出獄取消のための審査業務がはるかに大きな負担となるような事態が生じたりしないように，その時々の時代動向などを勘案しながら，バランスの取れた施策展開に留意していかなければならない。次に，仮釈放制度運用上の今日的課題として，「仮出獄及び仮出獄の取消等に関する審査の充実」が挙げられる。関係業務の電算処理化も挙げられる。これらの電算化の推進が委員や保護観察官の余力を産み出し，ひいては審理内容等を真に充実させることにつながるよう，しっかりとした方向性，目的意識をもって臨んでいかなければならないと言えよう。最後に，将来の検討課題として，いわゆる「絶対無期」，仮釈放のない無期刑の新設を考慮すべきとの意見がある。これが，死刑に代わる刑罰として構想されるのか，あるいは現在の無期刑言渡者のうち，より刑責の重い者に対する厳罰化の一環として構想されるかによって，仮釈放制度全般に与える影響は自ずと異なってくるように思える。仮釈放制度を運用する上で，看過し得ない将来の検討課題になるものと思われる。[4]

「組織をめぐる諸課題」についても，概要，次のように叙述されている。

　まず保護観察官をめぐる課題として，「保護観察官の増員の問題」を取り上げておかなければならない。現在においても保護観察官の絶対数不足という問題を抱えたままであり，保護観察官1人当たりの事件数などの負担は，依然として100件ないし200件の保護観察事件，その他多数の環境調整事件等の担当を余儀なくされ，いわゆる過重負担の状況にある。専門職である保護観察官と民間ボランティアである保護司とが本来のあるべき分業制を有効に機能させていくためには，保護観察官の数を抜本的に増員することが不可欠である。「保護観察官の専門性の強化，採用，養成，部門間配置転換職員の問題」についても言及しておかなければならない。保護観察官の増員が量的問題なら，保護観察官の資質の向上，専門性の向上の問題は，いわば組織にとって優れて質的な問題である。残された課題には大きなものがあるように思える。例えば，保護観察官は専門職と言われながら，その採用，任用のチャンネルが必ずしもそうはなっていないこと，新任保護観察官に対する処遇実習の内容・程度が指導官の如何によって大きく異なり，看過し得ない格差をも

たらしていること，専門性の充実強化の主張と他省庁からの部門間配置転換職員の受け入れとの間における矛盾点など，保護観察官の専門性，採用，養成の在り方等をめぐっては，今なお，重要な課題が残されているのである。さらに加えて，「保護観察官の処遇関与の拡充」の問題が挙げられる。近年，その重要性が強調される割には，保護観察官の処遇関与は，フィールドワーク（現地・現場での処遇活動）の動きは，むしろ後退傾向にあるようにも思われる。このような傾向をそのままにしておくことは，好ましいことではない。今後の課題としては，このような事態の背景を更に分析検討し，その改善，対応方策について考えをめぐらしていく必要があると言えよう。

　保護司組織あるいは保護司活動に関しても，制度運用面において少なからぬ検討課題が残されている。例えば，保護観察処遇における「保護司の負担の軽減」が，保護観察官の処遇活動や助言活動の活発化との関連において真剣に検討されなければならないということなどである。その活動の裏付けをしっかり保障できるだけの「実費弁償の充実」など現実的な対応についても，積極的に考慮していく必要があろう。従来の，主としていわゆる「旧中間層」に依拠してきた保護司登用のシステムを見直し，現実の社会階層をより一層反映した，多様な人材供給の在り方を考慮していくことも必要であろう。対象者の7割以上が少年であるという現実を考えるとき，やはり，ある程度の「保護司の若返り」も又避けて通れない課題であるように思われる。

　更生保護施設についても幾つかの重要な課題が残されている。まず基本的なところでは，更生保護基本法の制定に伴って更生保護法人となった各法人が経営する更生保護施設の経営基盤の強化についてである。現在なお，ぜい弱かつ不安定な経営基盤を余儀なくされているところが少なくなく，その安定的な「経営基盤の強化」が重要な課題として残されている。また，「職員態勢の強化による指導能力の向上と職員の勤務条件の改善」といった問題，あるいは，最近の高齢化社会の到来との絡みで，「高齢者，疾病者の増大に伴う処遇機能の強化」といった課題も忘れてはならない事項であろう。老朽施設の「施設改善の促進」が今もって重要な課題として残されている施設も少なくない。施設の改善・整備に当たっては，居室の「個室化」など，居住条件の改善が考慮されなければならない事態となっている。更生保護施設の存立にとっての永遠の課題として「地域社会との融和」が挙げられる。BBS活動についても，今日，取り組むべき課題の少なくないことが指摘されている。中でも，会員数の減少対策と，BBS運動の3本柱，すなわち「ともだち活動」「非行防止活動」「研さん活動」のなかの「ともだち活動」件数の大幅な減少への対策は，形として現れた最も分りやすい課題の代表であると言えよう。今後の展望としては，組織面では「学域BBS」に注目し，活動領域としては，保護観察所において業務として関与しうる社会参加活動を中心に，しかも調査連絡課以外の地区主任官ともタイアップ（連携）して，その実際的活動を拡充していくことが，現実的な方途，あるいは効果的な方法として考えられるのである。更生保護婦人会につい

ては，新たな視点からの「子育て支援活動」等独自の活動領域の更なる充実が模索されており，その成果が期待される状況となっている。[5)]

「行政改革に伴う諸課題」についても，概要，次のように叙述されている。

　　将来，地方更生保護委員会及び保護観察所が整理合理化の検討対象とされる可能性が全くなくなったとは言い切れず，その後においても，同じ様な状況下，同様な提案が繰り返される可能性は，依然として残されているのである。[6)]

これらの「当面する諸課題」の分析を踏まえて，「新たな世紀への展望」が概要，次のように叙述されている。

　　官民の協働態勢による現行更生保護組織の将来展望については，今後ともその内容面における充実はあっても，現行の更生保護組織そのものが否定されたり，衰退したりするようなことはないだろうし，あってはならないと考えている。まさに「地域社会と共に歩む」ことによって所期の目的を最も効果的に達し得ているという点において，国際的に見ても極めて優れた制度であるからなのである。現在の協働態勢が有する固有の意義，メリットをより一層充実させる方向で対処していくことが求められていると言えよう。更生保護制度運用の全体的な方向性をめぐる，いわば更生保護の理念の問題についても，その基本的なスタンスを変える必要はまずなかろうと思うのであるが，ただ，だからと言って，新しい社会状況を全く無視してよいというものでもない。例えば，処遇活動の立脚点を犯罪の加害者である対象者の側に置く基本は守りながらも，更生保護固有の立場から，被害者にも配慮した制度運用の在り方が検討されてしかるべきであろう。諸外国で導入されている危険な薬物依存者に対する薬物検査や居住指定，定期出頭命令や社会奉仕命令等々，現行制度より幾分ハードな諸措置についても，我が国更生保護の良き伝統に配慮しつつ，その整合性に細心の注意を払った上で，なおかつ必要不可欠な措置と判断されれば，これらの施策の導入を検討すべき時機が到来するかも知れない。組織や制度を担うのは，結局「人」である。そこで，この人的側面における課題と展望について最後に一言触れておきたい。新制度発足後50年を経過した現在，この「人」の問題については，相当深刻に受けとめなければならない事態が進行しつつあるように思える。それは，対象者在宅訪問などフィールドワークの分野における処遇活動全般がやや後退しつつあるのではないかという事態についてである。対象者の生活現場をしっかり見ない保護観察は基本的に不十分なものと言わざるを得ない。保護観察が現実の地域社会の中で行われることを考えたとき，往訪などのフィールドワークは，何よりも優先的に実施されなければならない保護観察の使命そのものではなかろうかと思うのである。このようなフィールドワークをいとわずにやってい

こうとする保護観察官の専門性，そして，そこでのアイデンティティ（自己同一性，保護観察官のあるべき姿）の再構築こそが，今日の我々にとって最も重要な課題であるように思える。未来の制度を担う保護観察官をどのように育てていくのか，あるいは保護司や更生保護施設職員の一人一人との連携をどのように強めていくのか，そして，そのために力をどのように培っていくのか，正に更生保護事業の将来展望の最も本質的な部分は，この「基本の基本」とも言える一点にかかっている[7]。

　『更生保護50年史（第1編）』刊行から14年が経過したために，そこで列挙された「当面の諸課題」のうち，既に手当てされたものも現われている。例えば，「法改正をめぐる諸課題」などがそれである。犯罪者予防更生法（昭和24年5月31日法律第142号）と執行猶予者保護観察法（昭和29年4月1日法律第58号）を統合し，保護観察における遵守事項を整理するとともに，保護観察の実施状況に応じて特別遵守事項を変更できるようにし，また，受刑者等の社会復帰のための環境調整の措置を充実し，さらに仮釈放の審理において犯罪被害者等の意見を聴取する制度等も整備するなど，社会内処遇全般の制度的な強化を目指した更生保護法（平成19年6月15日法律第88号）も，2007（平成19）年6月8日，参議院本会議において全会一致で可決，成立し，2008（平成20）年6月1日から施行されたからである。他方，いまだ手当てされていない諸課題も少なくない。
　問題は，『更生保護50年史（第1編）』で列挙された諸課題は「50年の歩み」を基本的に是とした上で，その発展線上に導き出されているという点である。「50年の歩み」を批判的に考察し，その反省を踏まえてはじめて導き出し得るような課題をそこに見出すことはできない。しかしながら，「50年の歩み」をもって基本的に是とすることができるのであろうか。批判的に考察する必要はないのであろうか。1985（昭和60）年5月8日，西ドイツ国会で行われ，全世界であまりにも有名となった「荒れ野の40年」と題された演説の中で，ヴァイツゼッカーは次のように述べている。

　　問題は過去を克服することではありません。さようなことができるわけはありません。後になって過去を変えたり，起こらなかったことにするわけにはまいりません。しかし過去に目を閉ざす者は結局のところ現在にも盲目となります。非人間的な行為を心に刻もうとしない者は，またそうした行為に陥りやすいのです[8]。

同じ過ちに陥らないためにも,「50年の歩み」を批判的に検証する必要があるのではないか。というのも,菊田幸一は,その論稿「思想犯保護観察法の歴史的分析」[9]の中で,次のように指摘しているからである。

　　わが国の犯罪者社会内処遇たる保護観察制度は,その沿革をたどるならば,昭和11年に発足した思想犯保護観察法に結びつく。それより以前,大正11年に制定された旧少年法は「少年保護司」制度を取り入れたのであるが,単独立法として,いわゆる保護観察をはじめて規定したのがこの思想犯保護観察法であった。しかしながら,同法は人も知る歴史上最悪の法律であった治安維持法を補充するものとして成立したのである。いわゆる欧米諸国にみられるプロベーションとはまったくその本質を異にするものであったことはいうまでもない。ところが,まったく新しい制度として発足したこんにちの一般犯罪者に対する保護観察制度も第一に,その中心的役割を演じている保護司制度は戦前の少年保護司と思想犯保護司制度後に制定された司法保護事業法（昭和14年3月29日法律第42号）を基盤とし,こんにちにいたったものであり,第二に,保護観察所は物的設備もさることながら,人的構成においても戦前の既成諸体系をうけついだものであった。
　　もともと思想犯についてだけ,一般犯罪者に先んじて保護観察を実施することは,いかなる根拠に基づくものであるかとする批判をうけて,当局者はその真のねらいを別とするも,とりあえず思想犯について保護観察体制をととのえることが,わが国の保護観察制度を一般犯罪者にも拡大するのに都合がよいとしたのであった。その点からすれば,こんにちのわが国の保護観察制度が戦前のこの社会的資源をもとに発展したことは当然ともいえよう。しかし,もしかような意図があったからといって,かの思想犯保護観察制度がこんにちからみてなんらかの評価をうけることが許されてはなるまい。立法者の意図が他のところにあったことは,いかにこじつけようと自明のことだからである。
　　他方,このような終戦前との結びつきもさることながら,こんにちにおける諸立法の傾向は,再び往時の思想犯保護観察法へ逆戻りすることの危険性を絶えず含んでいることを率直に指摘しなければならぬ。
　　わたしが本題について,この時期にとくにまとめておかねばならないと意図したことの理由の一つも,少年法の改正問題が実は右の危険性の一つのあらわれであるとかんがえているにほかならない。とくに思想犯保護観察法の立法過程を検討し,その法がいったん法として動きだしたあとに,どのように現実に展開されたかを知ることは重要であるとかんがえる。[10]
　　わたしは少年法の改正は過激派学生に対する,あるいは新左翼集団に対する施策として使われる危険性が十分あると考える。それはまさに思想犯保護観察法と結びつく。
　　本論のはじめに指摘したごとく,この時期において思想犯保護観察につき沿革を

たどる必要を痛切に感じたのも，かようなこんにちへの結びつきを意識してのものである。改めて思想犯保護観察法でとられた手段と少年法改正で計画されている処分の内容を比較検討するならば，おどろくべき相似点がみいだされる。

　……現在すでに各地でとられつつある保護措置付起訴猶予……についてふれねばなるまい。同措置は実質的に不起訴であるが，起訴猶予であるかの決定を6カ月後にまでのばすものであって，思想犯事件において，その思想の転向を見るや否やを見きわめるための処置としてとられた起訴留保の措置とまったく同類のものである。現に保護司あるいは警察官による監督がなされている。少年法の改正要綱にみられる起訴猶予の拡大とともに，監視制度への移行を示すものである。

　……改正刑法準備草案はその刑法改正作業において（第2次参考案），保安処分を採用するにいたったが，治療処分に付された者を法務省系統の保安施設に収容するものとした（同第2次草案111条1項）。……これらの保安処分はいわゆるほんらいの保安処分ではない。治安のための保安処分である。つまり，治療とはまったく関係のない社会からの隔離を目的とした拘禁である。世界のどこにも存在しない保安処分を名目とする精神障害者に対する隔離処分が実行されようとしている。

　……かような保安処分の悪用が思想犯に対する予防拘禁手段に代わって利用される危険なしとしない。[11)]

　このような菊田らの指摘にもかかわらず，再犯防止という観点から，更生保護における戦前と戦後の連続性の存在という認識の下に「50年の歩み」を詳しく検証した先行研究は質，量の両面において驚く程，少ない。僅かに散見されるそれら[12)]も刑事法学者によるものではなく，歴史学者や社会学者などによるものが専らである。刑事法関係者の間では，戦後の更生保護は戦前と異なり曲がりなりにも日本国憲法の下で展開されてきたと信じたい研究者側と，戦前と戦後の連続性に焦点を当てることはできるだけ避けたいという実務家側の思惑とが相まって，そのようにさせてきたのであろうか。

　そこで，再犯防止という観点から，戦前と戦後における連続性の存在という認識の下に，日本の更生保護の展開を，それも戦後の「50年史」だけではなく，戦前のそれも含めて検証を試みたいというのが本書の趣旨である。資料の面などで不十分な検証に終わるかもしれないが，今後の日本の更生保護の方向性を考える上で何がしかの参考になり得れば，何よりの幸いである。

本書の編集についても，法律文化社の掛川直之氏から多大の尽力を得た。記して謝意を表したい。

2014年11月

内田　博文

1) 更生保護50年史編集委員会編『更生保護50年史（第1編）』（全国保護司連盟他，2000年）124頁以下。
2) 50年史編集委員会編・前掲注1) 書125頁。
3) 50年史編集委員会編・前掲注1) 書125頁以下。
4) 50年史編集委員会編・前掲注1) 書126頁以下。
5) 50年史編集委員会編・前掲注1) 書128頁以下。
6) 50年史編集委員会編・前掲注1) 書133頁。
7) 50年史編集委員会編・前掲注1) 書133頁以下。
8) 永井清彦編訳『ヴァイツゼッカー大統領演説集』（岩波書店，1995年）10頁-11頁。
9) 菊田幸一「思想犯保護観察法の歴史的分析（一）」『法律論叢〈明治大学〉』44巻5・6号（1971年）95頁以下及び菊田幸一「思想犯保護観察法の歴史的分析（二）」同45巻1号（1972年）85頁以下。
10) 菊田・前掲注9) 論文（一）。
11) 菊田・前掲注9) 論文（二）。
12) 例えば，荻野富士夫「資料解題Ⅴ　思想犯保護観察法」同編『治安維持法関係資料集　第3巻』（新日本出版社，1996年）544頁以下，荻野富士夫「解説　治安維持法成立・『成立』史」同編『治安維持法関係資料集　第4巻』（新日本出版社，1996年）505頁以下，荻野富士夫「検察主導の『思想戦』——日中戦争下の取り締まりの拡大と深化」同『思想検事』（岩波書店，2000年）87頁以下，森田明『少年法の歴史的展開——鬼面仏心の法構造』（信山社，2005年），奥平康弘『治安維持法小史』（岩波書店，2006年），深谷裕「戦後における更生保護制度の変遷——就労支援の位置づけを中心に」『社学研論集〈早稲田大学〉』1巻7号（2006年）168頁以下，中澤俊輔「思想犯保護観察法」同『治安維持法——なぜ政党政治は「悪法」を生んだか』（中央公論新社，2012年）157頁以下，加藤倫子「戦前から戦後復興期における保護観察制度の導入と変遷」『応用社会学研究〈立教大学〉』55号（2013年）219頁以下など。

目　次

はじめに

第1章　明治維新から大正少年法の成立まで
1　民間保護事業の生成期……………………………………………………… *1*
2　民間保護事業の指導・監督………………………………………………… *2*
3　内務省と司法省の確執……………………………………………………… *6*

第2章　大正少年法の制定と「少年保護司」制度
1　大正少年法の内容…………………………………………………………… *9*
2　立法の意図と激しい論争…………………………………………………… *17*
3　その後の経過………………………………………………………………… *19*

第3章　思想犯保護観察法の制定と保護観察制度
1　治安維持法再改正の挫折…………………………………………………… *27*
2　思想犯保護観察法の制定…………………………………………………… *29*
3　思想犯保護観察法の概略…………………………………………………… *34*
4　思想犯保護観察制度の諸機関……………………………………………… *35*
5　保護観察所の設置等………………………………………………………… *37*
6　思想犯保護観察法の批判…………………………………………………… *39*
7　思想犯保護観察法の運用…………………………………………………… *40*

第4章　思想検事
1　思想検事の創設……………………………………………………………… *49*
2　思想検事の任務……………………………………………………………… *53*
3　思想検事強化の動き………………………………………………………… *57*
4　思想検事主導の裁判………………………………………………………… *59*

第5章　司法保護事業法の制定と司法保護委員

　　1　司法保護事業法の制定を求める動き……………………63
　　2　司法保護事業法の意義……………………………………67
　　3　国による統制強化…………………………………………70
　　4　社会事業から厚生事業への転換…………………………80

第6章　思想犯保護観察法の廃止

　　1　無条件降伏から1945年末までの主な動き………………87
　　2　戦時更生保護の戦後更生保護への転身…………………93
　　3　思想検事の転身……………………………………………95

第7章　戦後更生保護の生成期ないし整備期

　　1　戦後更生保護の時期区分と第一期の特徴………………99
　　2　1947年から1948年までの動き……………………………101
　　3　司法保護関係法規改正の方針……………………………112
　　4　社会事業の動き……………………………………………116
　　5　民間依存の更生保護………………………………………120
　　6　恩赦法の制定………………………………………………124
　　7　新少年法の制定……………………………………………129
　　8　犯罪者予防更生法の制定…………………………………140
　　9　更生緊急保護法および保護司法の制定…………………163
　　10　刑法の一部改正……………………………………………182
　　11　執行猶予者保護観察法等の制定…………………………190
　　12　売春防止法の一部改正等…………………………………202
　　13　小　　括……………………………………………………227

第8章　戦後更生保護の移行期（上半期）

　　1　『50年史』による概括等…………………………………240
　　2　各種の実験的施策の検討・実施…………………………244
　　3　小　　括……………………………………………………248

第9章　戦後更生保護の移行期（下半期）及び転換期

1　『50年史』による概括等 …………………………………………… *253*
2　更生保護基本法構想 ………………………………………………… *257*
3　中間施設構想 ………………………………………………………… *262*
4　更生保護会 …………………………………………………………… *267*
5　更生緊急保護法の一部改正及び更生保護事業法の制定 ………… *271*
6　保護司法の一部改正 ………………………………………………… *292*
7　小　　括 ……………………………………………………………… *304*

第10章　21世紀における更生保護の展開

1　少年法の一部改正 …………………………………………………… *310*
2　医療観察法の制定 …………………………………………………… *330*
3　更生保護のあり方を考える有識者会議の提言 …………………… *358*
4　更生保護法の制定 …………………………………………………… *369*
5　保護司制度の基盤整備に関する検討会の提言 …………………… *412*
6　刑法等の一部を改正する法律案及び薬物使用等の罪を犯した者に対する刑の一部の執行猶予に関する法律案 ………………………… *416*
7　小　　括 ……………………………………………………………… *433*

おわりに

第1章　明治維新から大正少年法の成立まで

1　民間保護事業の生成期

　前掲『更生保護50年史（第1編）』によれば，「明治維新から大正少年法の成立までは，おおむね民間保護事業の生成の時期である」とされ，その間の主だった動きが概要，次のようにまとめられている[1]。

　　明治維新の当初は，元年10月の太政官布告に「徒刑ハ土地ノ便宜ニ拠リ各制ヲ立テ」とうたうなど，統一的な刑制は未だ確立されておらず，刑の執行は当面各藩の便宜によって行われた。釈放者保護対策は，おおよそ旧慣によりつつ，無錫人や軽犯罪者に対する更生保護の意図を持つ人足寄場や，旧藩において設置されていた徒刑場類似施設等において，おおむね授産を意図したさまざまな使役が試みられていた。
　　明治5年監獄則が制定され，刑の執行を終わって釈放すべき者にして，引受人がないときは，行刑施設において界区を別異（懲治監，別房留置）して収容を続け作業に従事させる策がとられることとなったが，そのほか，公的救済施設において授産を行い，あるいは人足供給業者等に預ける等の方法も採られた。
　　更生保護を目的とする民間施設としては，主として少年を対象とする感化院が明治16年に誕生し，次いで成人の出獄人の保護を目的とする出獄人保護会が明治20年以降に誕生した。双方を行おうとして感化保護院を名乗る施設もあった。
　　明治22年，監獄則上の別房留置制が廃止され，内務省は民間の有志・慈善家をして保護会社の設立を勧奨する訓令を発し，この年若干の府県に出獄人保護団体が生まれ，明治30年の英昭皇太后御大葬に伴う恩赦，更には大正元年における明治天皇崩御に伴う恩赦を契機として，全国に多数の保護団体が設立され，同年8月には全国に108の保護団体が数えられるに至った。これらの保護団体の活動には，収容保護を伴う直接保護と，在宅で行う間接保護とがあり，後者は今日の保護司活動に近いものであった。
　　明治33年に感化法が制定され，道府県に感化院を設立することが義務づけられたが，公立施設の設立は暫く少数にとどまった。出獄人保護事業については，明治40年に国からの奨励費が予算に初めて計上されたが，青島出兵に伴う緊縮財政の煽り

を受けて，大正4年にこれが停止される。ただし，出獄人保護団体に対する奨励金は，その前年に創設された財団法人輔成会（日本更生保護協会の前身）によって，支給が続けられた。

　明治37年に徳島県において郡市長会同協約として「出獄人保護取締協約」が締結されたのを契機として，多数の府県において出獄人保護規程が制定され，郷党による釈放者保護の促進に寄与した。規程はおおむね町村長・警察署長・小学校長等に出獄人を指導し，訓戒をし，援助をする任務を与えるものであった。昭和14年以降，司法保護事業法，司法保護方面委員制度がその機能を代替していくことになる。なお，明治40年には新刑法が施行され，施行猶予制度，仮釈放制度の要件が緩和された。また，大正4年には大正天皇御大礼恩赦が実施された。

2　民間保護事業の指導・監督

　「更生保護施設」という名称は，1996（平成8）年4月1日から施行された更生保護事業法（平成7年5月8日法律第86号）の下で採用された名称である。1950（昭和25）年5月25日から施行された更生緊急保護法（昭和25年5月25日法律第203号）の下では「更生保護会」という名称で呼ばれてきた。それ以前の司法保護事業法（昭和14年3月29日法律第42号）の下では「司法保護団体」の名称で，さらに明治中期にまで遡ると「免囚保護団体」等の名称で呼ばれていた。このような名称の違いは，「更生保護施設」の制度的な位置づけと対象の違い等を反映したものである。

　この「更生保護施設」の沿革についても，前掲『更生保護50年史（第1編）』によれば，概要，次のようにまとめられている。

　　明治維新後，近代的な行刑の在り方について検討を重ねていた政府は，明治5年に制定した監獄則に，「獄ハ人ヲ仁愛スル所以ニシテ人ヲ残虐スル者ニ非ス」（ママ）とうたい，仁愛主義の理念を掲げた。この考え方は，明治14年の改正監獄則において，寄る辺のない満期釈放者を監獄の別房に留めて仕事に就かせるという，いわゆる「別房留置」の制度を創設したことにも表れている。しかし，この制度は，別房留置人の数が年々増加し，これに伴う財政負担が過大となったために，わずか7年余を経た明治22年には廃止されるに至った。かくて，国は刑余者保護の必要性を認めつつもこれを自ら行うことからは手を引き，専ら各地民間篤志家の任意発起を促すこととした。

　　更生保護施設の始まりは，ちょうどこの時期に端を発した「免囚保護団体」（当

時，監獄を出た者のことを「免囚」と呼んだ。）に見ることができる。その先駆けである静岡出獄人保護会社（現在の静岡県勧善会）は，明治21年3月に金原明善らにより設立された。その設立趣意書には，「不幸薄命ナル出獄者ヲ保護シ彼等ヲシテ社会ノ門戸ニ入リ正当ナル職業ニ就カシメ内ハ以テ吾人ノ幸福ヲ増進シ外ハ以テ社会ノ安寧ヲ維持セント欲ス」と，更生保護の理念の原型とも言える文言が記されている。明治20年代には，このほかにも，各地の宗教関係者，社会事業関係者あるいは監獄関係者といった有志により，30程の保護団体が設立された。当時設立された団体の中には，設立後間もなく消滅したものも多かったが，京都感化保護院（現在の盟親），新潟県出獄者保護会（現在の新潟県保護会），大分県出獄者保護会社（現在の豊州保護会），愛知県出獄人保護会（現在の愛知自啓会），三重免囚保護会（現在の三重県保護会）など，現在に至るまで更生保護施設として継承されているものもある。

　明治30年代から大正年間にかけては，数次にわたる大規模な恩赦の実施により，多くの受刑者が放免された。これに対応して，皇室からは慈恵救済の資として御内帑金が下賜された。また，政府においても慈善団体，宗教団体を中心に免囚保護団体の設立を勧奨し，明治40年からは「免囚保護事業奨励費」を予算計上して保護団体に交付するなど，積極的支援策を講じた。この結果，社会一般の免囚保護事業に対する関心が高まり，保護団体数は，大正元年末には108団体，大正2年末には243団体に及んだ。なお，これらの保護団体の中には，収容保護施設を持たずに「保護委員」等を置いて釈放者の相談や援助に応じるといったものも多く含まれており，これらが今日の保護司制度の原型になったとも言われている[2]。

　なお，明治16年に神道教導職にあった池上幸枝という女性が大阪で「池上感化院」という少年保護施設を開設した。これは，我が国最初の非行少年の感化事業といえるものである[3]。

　このまとめで注目されるのは，「国は刑余者保護の必要性を認めつつも，財政負担が過大となったために，これを自ら行うことからは手を引き，専ら各地民間篤志家の任意発起を促すこととした」という点である。民間の任意発起を促す手段として国の「奨励費」の交付や皇室の「御内帑金」の下賜などが用いられたとされる点も興味深い。この沿革期の構図はその後も変えられることはなく，21世紀の今日においても維持されているからである。そして，後に見るように，この政府からの免囚保護事業奨励金の交付さえもが，行政整理により，1915（大正4）年11月27日に廃止されているのである。これによれば，『更生保護50年史（第1編）』では言及されることのなかったもう1つの「更生保護の理念をめぐる課題」が浮かび上がってくる。更生保護は「自助」「共助」に

属する問題か，それとも「公助」に属する問題かという課題である。

　ところで，論者によれば，国は社会政策の実施を「自助」「共助」という形で国民負担に転嫁し，この「自助」「共助」を国が促進・支援するという名の下に監視・監督するという点も日本型社会政策の特筆の1つとされる。[4] それでは，更生保護の場合はいかがであろうか。更生保護の場合も同様だといえよう。この民間保護事業の生成期の段階から早くも，促進・支援するという名の下に「免囚保護団体」等による「免囚保護事業」等を厳重な指導・監督の下に置こうとする国の動きが見られ，年を追う毎にその動きは強まっていくからである。それは次のような専掌機関の設置および法令整備の動きなどからも容易にうかがいしれよう。[5]

1892（明治25）年7月31日	内務省に再び監獄局を置き，監獄，仮出獄及び監視仮免に関する事務を統括処理させる。
1899（明治32）年7月17日	監獄規則を改正する。
7月19日	監獄規則施行細則を改正する。
1900（明治33）年4月26日	司法省に監獄局を置き，監獄事務を統括させ，専任監獄事務官ほかを置く。これにより釈放者保護に関する事項は司法大臣の所管になる。
1903（明治36）年3月19日	監獄官制を公布（明治36年4月1日から施行）。全ての監獄を司法省の直轄とする。
1904（明治37）年9月	徳島県で郡市長会協約として出獄人保護取扱協約を締結する。
1907（明治40）年1月31日	前代議士井上彦左衛門は貴族・衆議両院に対し，免囚保護事業の国費建設を建議する。
10月23日	免囚保護事業奨励費取扱手続が制定される（明治40年訓監甲第546号）。
1908（明治41）年3月27日	監獄法（明治41年法律第28号）を公布し，仮出獄者に対する警察官署の監督を規定した。
10月8日	監獄協会主催の第1回免囚保護事業講習会並びに協議会が東京において開催される（15日終了）。
1909（明治42）年2月8日	群馬県が出獄人保護規程を発布（県令としては初めてのもの）。
4月	典獄会議において監獄局長から出獄人保護事業の相互連絡，奨励費交付団体の巡視等について指示が出される。
1910（明治43）年4月18日	司法大臣岡部長職は地方官会議のために上京中の府

		県知事を官邸に招き，出獄人保護事業勧奨の訓示をするとともに，参考書を配布する。
1913（大正2）年	2月2日	監獄協会が中央保護会設立趣意書を発表し，中央保護会が設立される。
	10月6日	中央保護会主催の第1回免囚保護事業協議会並びに講習会が監獄協会において開催される（12日終了）。
1914（大正3）年	8月4日	三井八郎次郎が私財を寄付し，財団法人輔成会（日本更生保護協会の前身）が設立され，中央保護会の事業を継承して，全国の免囚保護事業の指導，連絡，統制に当たることになり，事務所は当分の間監獄協会内に置かれ，会長には時の司法次官鈴木喜三郎が就任した。
	10月16日	輔成会の主催により第2回免囚保護事業協議会並びに講習会が開催される（22日終了）。
1915（大正4）年	11月27日	行政整理により政府からの免囚保護事業奨励金の交付が廃止される。
1916（大正5）年	12月24日	免囚保護事業に貢献した者として4名に対し藍綬褒章が授与される。
1917（大正6）年	6月6日	法務局長・監獄局長から，在郷軍人の出獄者，刑執行猶予者及び起訴猶予者の保護取扱方について通達が出される。
	12月21日	内務省警保局長，出獄者の視察について庁府県長官宛て通達（司法省を通じて全国免囚事業大会から申出があったことから，警察官の出獄者行動視察については，露骨にわたらず間接の方法によって内偵することとし，視察した事項は秘密を厳守して他に漏らすことのないように部下に注意されたいとしたもの）
1919（大正8）年	11月1日	輔成会が免囚保護事業職員養成所を開設する。
1920（大正9）年	10月26日	司法大臣官房に保護課が設置される。司法部内臨時職員設置制を公布し，「少年ノ特別審判等ニ関スル調査ニ従事」すべき臨時職員として，司法事務官（課長）専任1名，属専任5名が増員される。
	10月30日	初代保護課長に山岡萬之助が就任する。

　この国による指導・監督に関して注意しなければならないことは，それが更生保護の理念についての2つの立場，すなわち「対象者個人の改善更生を重

視するのか，それとも，犯罪に対する人々の応報感情に留意し，刑罰に正義の実現を期待し，彼らの再犯からの社会の防衛を重視していくのか」という2つの立場に密接に関わっているという点である。『更生保護50年史（第1編）』自体が認めているように，もともと宗教家や民間の篤志家によって始められた民間保護事業は，その原点に宗教的慈悲心による博愛精神や人間愛といった対象者個人の改善更生を重視する立場が濃厚に認められた。これに対し，1900（明治33）年から釈放者保護に関する事項を所管するようになり，民間保護事業の指導・監督に当たった司法省（監獄局，1920年からは司法大臣官房保護課，そして1940年からは保護局）の立場は，改めて詳述するまでもなく，対象者の再犯からの社会の防衛を重視する立場であった。それゆえ，国による指導・監督は民間保護事業の性格を大きく変えていくことになった。この変更は，後述するように，1935（昭和10）年4月，森山武市郎が保護課長になるや，より決定的なものとなっていった。

3　内務省と司法省の確執

『更生保護50年史（第1編）』で触れられていないこの期の重要な動きとして補足しておかなければならないことは，上の理念をめぐる2つの立場にも関わるが，次期の旧少年法の制定問題をめぐって露わになる内務省と司法省の対抗が既にこの期においても見られたという点である。この期の内務省の動きは次のようなものであった。

1900（明治33）年3月9日	道府県に感化院の設置を義務付ける等を内容とする感化法（明治33年法律第37号）を公布する。
1901（明治34）年8月6日	感化法施行規則を定める。
1917（大正6）年8月20日	国立感化院法（大正6年勅令第108号）を公布，施行。国立感化院は内務大臣の管理に属し，年齢14歳以上で性状特に不良な者及内務大臣が特に感化院入院の必要を認めた者の感化を掌る。
1918（大正7）年12月28日	国立感化院規則を定める。
1919（大正8）年3月1日	我が国最初の国立感化院である武蔵野学院が埼玉県に開設される。
1920（大正9）年1月10日	小河滋次郎が「非少年法案論」を講演する。

12月	司法省は第44回帝国議会に少年法案及び矯正院法案を提出したが，衆議院は通過したものの，貴族院において審議未了となり，3度，通過を阻まれる。

　感化法の制定及び国立感化院の開設が特筆される。これによれば，『更生保護50年史（第1編）』が日本の更生保護制度の沿革の1つと位置づけた「非行少年の感化事業」と成人対象の「免囚保護事業」等の間には大きな相違が存したことは明らかであろう。前者は内務省の管轄の下で，しかも国立・公立・私立感化院の開設等という形で進められたのに対して，後者は司法省の管轄の下に民間保護事業という形で進められたからである。しかし，相違はそれだけではなかった。両者の間にはより本質的な相違が存した。そして，それは両者の間に激しい確執と論争を招くことになった。森田明によれば，この抗争の構図が次のように整理される。

　　明治33（1900）年2月に感化法（明治33年法律第37号）が帝国議会を通過して，我が国における児童・少年法制の本格的な整備が着手されて以来，今年で丁度100年になる。
　　ここで，1世紀間にわたる我が少年法の生成と展開を改めて眺めわたして見ると，我々はこの過程が，児童・少年法をめぐる2つの制度理解がおりなす対立と相克の歴史であったことに気づかされる。世紀末に誕生したアメリカのパレンス・パトリエ少年裁判所をモデルにして，少年法を刑罰から遮断された教育・福祉の法秩序として純化しようとする〈児童福祉政策的保護〉の立場に対して，保護と刑罰を少年法を支える不可欠の二面的な構成要素として把握し保護処分の可及的な適用によって少年の再社会化をめざす〈刑事政策的保護〉の理念が対立し，両者が"倶に天を戴かず"の確執と論争を繰りひろげるという構図がこれである。
　　この対立は，敗戦に至る迄の世紀前半期にあっては，明治33年感化法と大正11年少年法の間のイデオロギー的確執として展開し，昭和22年末の児童福祉法の成立に至るまで継続した。そして，ここでの対立の構図そのものは，アメリカ法の影響を強く受けた昭和23年少年法の制定を通して，いわば少年法の内部に新たな形で構造化され，戦後の「少年法改正論争」に接続するという運命を持つものであった。換言すればパレンス・パトリエ型の教育主義と刑事政策的保護思想の格闘は，1世紀にわたって日本の少年法を貫流して来た基本的争点なのである。

　ここでも，戦後においても継続されることになる基本的な争点が浮かび上がってくる。そして，それは更生保護の今後の進むべき方向に関わる大きな争点といえよう。もっとも，森田の整理するこの構図が露わになるのは1922（大

正11）年少年法の制定過程においてで，この期においては未だ顕在化してはいない。しかし，感化法が制定されること等によって抗争の一極が既にこの期に形成されていたことに注意しなければならない。もう１つ注意しなければならないことは，他方で，左の〈児童福祉政策的保護〉と〈刑事政策的保護〉の抗争をもって過大に評価することは慎まなければならないという点である。対象者の人権制限ないし人権侵害を正当化する点では，両者は同じ土俵に立つ場合も少なくないからである。

1) 更生保護50年史編集委員会編『更生保護50年史（第１編）』（全国保護司連盟他，2000年）140頁。
2) 50年史編集委員会編・前掲注1) 書94頁以下。
3) 50年史編集委員会編・前掲注1) 書４頁。
4) 例えば，吉田久一『日本社会事業の歴史（全訂版）』（勁草書房，1994年）等を参照。
5) 50年史編集委員会編・前掲注1) 書145頁以下等を参照。
6) 荻野富士夫『思想検事』（岩波書店，2000年）によれば，森山武市郎（1891-1948年）をもって主な思想検事の一人とされ，「福岡生まれ。1912年明治大学法科卒。32年東京控訴院検事として，日本共産党中央部の統一公判を担当する。36年司法省保護課長として思想犯保護観察法の制定にあたり，思想犯保護観察制度の創設と整備に努める。保護局への拡充とともに，保護局長となる。44年以降，宮城・長崎・福岡控訴院検事長。公職追放。」というように紹介されている。
7) 森田明『少年法の歴史的展開――鬼面仏心の法構造』（信山社，2005年）101頁以下によれば，感化法の制定とその意義などが次のように整理されている。
　　「明治33年の感化法は，いわゆる不良少年（「適当ノ親権ヲ行フ者若クハ後見ヲ行フ者ナクシテ遊蕩又ハ乞丐ヲ為シ若クハ悪交アリト認メタル者」法５条）を司法手続によらず地方長官の合目的的裁量で都道府県設立及び私立の感化院に収容し，一種の親代わりの矯正教育を与えることを目的とした法律であるが，これが，英米法の in loco parenis（親代わり）原理に基づく Refomatory School 運動の影響を受けて制定されたことは明らかである。」「感化法は継受した刑事司法の必罰主義・積極的責任主義に対するパターナリズムの側からの一種の反動であった。」「感化法制定とその実施を実質的にプロモートしたのは，内務省監獄局獄務課長の任にあった穂積陳重の愛弟子として早くから欧米の監獄制度・未成年者処遇制度の研究に手を染めていた小河滋次郎と，アメリカの Refomatory School の実際をつぶさに経験して帰朝後，巣鴨にアメリカを範として『家庭学校』を開設したばかりの留岡幸助であった。」「感化法審議の答弁を一手に引き受けた小河は答弁の中で，……留岡幸助仕込みの夫婦小舎制による感化教育の理想を語っている。」「成立した感化法による感化院は，衆議院の修正によってその設立を『府県会ノ決議』にかからしめたため，その後設立数がいっこうのびず，明治40年までに設立された公立感化院はわずかに２府３県，収容者117名（私立感化院176名，合計293名）にとどまり，『山吹法』とさえ称された。」「しかしながら，感化法制定によって実務的基礎を得たアメリカ型の"感化教育主義"は，監獄所管の変更に伴う小河滋次郎の司法省監獄局獄務課長への移籍とともに，監獄内の懲治場・少年監にその実験の場を得ることになる。」
8) 森田明「少年法の歴史的展開――〈児童福祉的保護〉と〈刑事政策的保護〉の確執」猪瀬慎一郎他編『少年法のあらたな展開――理論・手続・処遇』（有斐閣，2001年）１-２頁。

第2章　大正少年法の制定と「少年保護司」制度

1　大正少年法の内容

　『更生保護50年史（第1編）』において感化法と大正少年法（大正11年4月17日法律第42号）の間のイデオロギー的確執について触れられるところはほとんどない。

　　　旧少年法の立案の起点は，明治41年の帝国議会における感化法改正案の審議に見られる。明治44年司法省の法律取調委員会では諸外国の立法例に鑑み，不良少年に関する法律の制定が必要であることが論議され，翌45年には少年法案の調査をする特別委員会が設けられている。[1]

　僅かにこのように叙述されているだけである。そして，「大正12年から昭和23年まで」は，「旧少年法を国による保護法制化の第一歩とし，それから犯罪者予防更生法による更生保護制度の誕生の前年までを，国の関与の拡大期としてとらえる[2]。」とした上で，大正少年法制定の経緯とその意義が次のようにまとめられている。[3]

　　　旧少年法の体系が整えられたのは大正8年のことで，法律取調委員会の13回にわたる審議を経て，同年7月司法大臣に報告された。旧少年法案は大正8年の第49回帝国議会から大正11年の第45回議会と4回協議の上，ようやく大正11年4月17日に矯正院法とともに公布され，大正12年1月1日から施行された。旧少年法は，我が国で初めて少年に対する実質的な保護観察制度を導入した画期的なものである。

　大正少年法の「生みの親」とされる宮城長五郎（1878-1942年）についても，概要，次のように紹介されている。[4]

　　　明治11年埼玉県久下村（現在の熊谷市）に生まれる。明治32年第一高等学校に入学，39年に東京帝国大学法科を卒業し，司法官試補となる。大正2年検事となり，

10年6月，2代目の司法大臣官房保護課長になった。

氏は保護課長になるや，幾度も議会で廃案となった旧少年法の制定に情熱を傾け，保護課長となった翌年の大正11年にようやく旧少年法が成立した。12年5月には大日本少年保護協会を設立して会長に就任し，少年保護事業の指導に当たった。大正15年3月に大審院検事に転出を命ぜられ，意に反して保護課長の職を去ったが，氏の更生保護に対する思いは強く，同年12月には帝国更新会（現在の更新会の前身）を設立した。同会の特色は，我が国で初めて起訴猶予者と執行猶予者だけを保護する団体であったことである。同会は昭和6年から転向した思想犯の保護も開始したが，これも初めてのことであった。

昭和6年に東京地方裁判所検事正，9年に長崎控訴院検事長，11年に名古屋控訴院検事長となり，14年には司法大臣となった。夫人は東京少年審判所の保護司であった植田タマヨさんで，タマヨさんは戦後，参議院議員となり，国会議員として，更生保護の発展のために尽力された。

それでは，宮城が検事としてその制定に情熱を傾けた大正少年法とはどのような内容のものだったのであろうか。主な規定は，次のようなものであった。

　　第一章　通則
　　　第一条　本法ニ於テ少年ト称スルハ十八歳ニ満タサル者ヲ謂フ
　　　第二条　少年ノ刑事処分ニ関スル事項ハ本法ニ定ムルモノノ外一般ノ例ニ依ル
　　　第三条　本法ハ第七条，第八条，第十条乃至第十四条ノ規定ヲ除クノ外陸軍刑法
　　　　　　　第八条，第九条及海軍刑法第八条，第九条ニ掲ケタル者ニ之ヲ適用セス
　　第二章　保護処分
　　　第四条　刑罰法令ニ触ルル行為ヲ為シ又ハ刑罰法令ニ触ルル行為ヲ為ス虞アル少
　　　　　　　年ニ対シテハ左ノ処分ヲ為スコトヲ得
　　　　一　訓誡ヲ加フルコト
　　　　二　学校長ノ訓誡ニ委スルコト
　　　　三　書面ヲ以テ改心ノ誓約ヲ為サシムルコト
　　　　四　条件ヲ附シテ保護者ニ引渡スコト
　　　　五　寺院，教会，保護団体又ハ適当ナル者ニ委託スルコト
　　　　六　少年保護司ノ観察ニ付スルコト
　　　　七　感化院ニ送致スルコト
　　　　八　矯正院ニ送致スルコト
　　　　九　病院ニ送致又ハ委託スルコト
　　　　二　前項各号ノ処分ハ適宜併セテ之ヲ為スコトヲ得
　　　第五条　前条第一項第五号乃至第九号ノ処分ハ二十三歳ニ至ル迄其ノ執行ヲ継続
　　　　　　　シ又ハ其ノ執行ノ継続中何時ニテモ之ヲ取消シ若ハ変更スルコトヲ得
　　　第六条　少年ニシテ刑ノ執行猶予ノ言渡ヲ受ケ又ハ仮出獄ヲ許サレタル者ハ猶予

又ハ仮出獄ノ期間内少年保護司ノ観察ニ付ス

　二　前項ノ場合ニ於テ必要アルトキハ第四条第一項第四号，第五号，第七号乃至第九号ノ処分ヲ為スコトヲ得

　三　前項ノ規定ニ依リ第四条第一項第七号又ハ第八号ノ処分ヲ為シタルトキハ其ノ執行ノ継続中少年保護司ノ観察ヲ停止ス

第三章　刑事処分

第七条　罪ヲ犯ス時十六歳ニ満タサル者ニハ死刑及無期刑ヲ科セス死刑又ハ無期刑ヲ以テ処断スヘキトキハ十年以上十五年以下ニ於テ懲役又ハ禁錮ヲ科ス

　二　刑法第七十三条，第七十五条又ハ第二百条ノ罪ヲ犯シタル者ニハ前項ノ規定ヲ適用セス

第八条　少年ニ対シ長期三年以上ノ有期ノ懲役又ハ禁錮ヲ以テ処断スヘキトキハ其ノ刑ノ範囲内ニ於テ短期ト長期トヲ定メ之ヲ言渡ス但シ短期五年ヲ超ユル刑ヲ以テ処断スヘキトキハ短期ヲ五年ニ短縮ス

　二　前項ノ規定ニ依リ言渡スヘキ刑ノ短期ハ五年長期ハ十年ヲ超ユルコトヲ得ス

　三　刑ノ執行猶予ノ言渡ヲ為スヘキ場合ニハ前二項ノ規定ヲ適用セス

第九条　懲役又ハ禁錮ノ言渡ヲ受ケタル少年ニ対シテハ特ニ設ケタル監獄又ハ監獄内ノ特ニ分界ヲ設ケタル場所ニ於テ其ノ刑ヲ執行ス

　二　本人十八歳ニ達シタル後ト雖二十三歳ニ至ル迄ハ前項ノ規定ニ依リ執行ヲ継続スルコトヲ得

第十条　少年ニシテ懲役又ハ禁錮ノ言渡ヲ受ケタル者ニハ左ノ期間ヲ経過シタル後仮出獄ヲ許スコトヲ得

　一　無期刑ニ付テハ七年

　二　第七条第一項ノ規定ニ依リ言渡シタル刑ニ付テハ三年

　三　第八条第一項及第二項ノ規定ニ依リ言渡シタル刑ニ付テハ其ノ刑ノ短期ノ三分ノ一

第十一条　少年ニシテ無期刑ノ言渡ヲ受ケタル者仮出獄ヲ許サレタル後其ノ処分取消サルルコトナクシテ十年ヲ経過シタルトキハ刑ノ執行終リタルモノトス

　二　少年ニシテ第七条第一項又ハ第八条第一項及第二項ノ規定ニ依リ刑ノ言渡ヲ受ケタル者仮出獄ヲ許サレタル後其ノ処分取消サルルコトナクシテ仮出獄前ニ刑ノ執行ヲ為シタルト同一ノ期間ヲ経過シタルトキ亦前項ニ同シ

第十二条　少年ノ仮出獄ニ関スル規程ハ命令ヲ以テ之ヲ定ム

第十三条　少年ニ対シテハ労役場留置ノ言渡ヲ為サス

第十四条　少年ノ時犯シタル罪ニ因リ死刑又ハ無期刑ニ非サル刑ニ処セラレタル者ニシテ其ノ執行ヲ終ヘ又ハ執行免除ヲ受ケタルモノハ人ノ資格ニ関

スル法令ノ適用ニ付テハ将来ニ向テ刑ノ言渡ヲ受ケサリシモノト看做ス

二　少年ノ時犯シタル罪ニ付刑ニ処セラレタル者ニシテ刑ノ執行猶予ノ言渡ヲ受ケタルモノハ其ノ猶予期間中刑ノ執行ヲ終ヘタルモノト看做シ前項ノ規定ヲ適用ス

三　前項ノ場合ニ於テ刑ノ執行猶予ノ言渡ヲ取消サレタルトキハ人ノ資格ニ関スル法令ノ適用ニ付テハ其ノ取消サレタル時刑ノ言渡アリタルモノト看做ス

第四章　少年審判所ノ組織

第十五条　少年ニ対シ保護処分ヲ為ス為少年審判所ヲ置ク

第十六条　少年審判所ノ設立，廃止及管轄ニ関スル規程ニ勅令ヲ以テ之ヲ定ム

第十七条　少年審判所ハ法務総裁ノ監督ニ属ス

二　法務総裁ハ控訴院長及地方裁判所長ニ少年審判所ノ監督ヲ命スルコトヲ得

第十八条　少年審判所ニ少年審判官，少年保護司及書記ヲ置ク

第十九条　少年審判官ハ単独ニテ審判ヲ為ス

第二十条　少年審判官ハ少年審判所ノ事務ヲ管理シ所部ノ職員ヲ監督ス

二　二人以上ノ少年審判官ヲ置キタル少年審判所ニ於テハ上席者前項ノ規定ニ依ル職務ヲ行フ

第二十一条　少年審判官ハ判事ヲシテ之ヲ兼ネシムルコトヲ得

二　判事タル資格ヲ有スル少年審判官ハ判事ヲ兼ヌルコトヲ得

第二十三条　少年保護司ハ少年審判官ヲ輔佐シテ審判ノ資料ヲ供シ観察事務ヲ掌ル

二　少年保護司ハ少年ノ保護又ハ教育ニ経験ヲ有スル者其ノ他適当ナル者ニ対シ法務総裁之ヲ嘱託スルコトヲ得

第五章　少年審判所ノ手続

第二十六条　大審院ノ特別権限ニ属スル罪ヲ犯シタル者ハ少年審判所ノ審判ニ付セス

第二十七条　左ニ記載シタル者ハ裁判所又ハ検察官ヨリ送致ヲ受ケタル場合ヲ除クノ外少年審判所ノ審判ニ付セス

一　死刑，無期又ハ短期三年以上ノ懲役若ハ禁錮ニ該ルヘキ罪ヲ犯シタル者

二　十六歳以上ニシテ罪ヲ犯シタル者

第二十八条　刑事手続ニ依リ審理中ノ者ハ少年審判所ノ審判ニ付セス

二　十四歳ニ満タサル者ハ地方長官ヨリ送致ヲ受ケタル場合ヲ除クノ外少年審判所ノ審判ニ付セス

第二十九条　少年審判所ニ於テ保護処分ヲ為スヘキ少年アルコトヲ認知シタル者ハ之ヲ少年審判所又ハ其ノ職員ニ通告スヘシ

第三十条　通告ヲ為スニハ其ノ事由ヲ開示シ成ルヘク本人及其ノ保護者ノ氏名，

　　　　　住所，年齢，職業，性行等ヲ申立テ且参考ト為ルヘキ資料ヲ差出スヘシ
　　二　通告ハ書面又ハ口頭ヲ以テ之ヲ為スコトヲ得口頭ノ通告アリタル場合ニ於テハ少年審判所ノ職員其ノ申立ヲ録取スヘシ
第三十一条　少年審判所審判ニ付スヘキ少年アリト思料シタルトキハ事件ノ関係及本人ノ性行，境遇，経歴，心身ノ状況，教育ノ程度等ヲ調査スヘシ
　　二　心身ノ状況ニ付テハ成ルヘク医師ヲシテ診察ヲ為サシムヘシ
第三十二条　少年審判所ハ少年保護司ニ命シテ必要ナル調査ヲ為サシムヘシ
第三十三条　少年審判所ハ事実ノ取調ヲ保護者ニ命シ又ハ之ヲ保護団体ニ委託スルコトヲ得
　　二　保護者及保護団体ハ参考ト為ルヘキ資料ヲ差出スコトヲ得
第三十四条　少年審判所ハ参考人ニ出頭ヲ命シ調査ノ為必要ナル事実ノ供述又ハ鑑定ヲ為サシムルコトヲ得
　　二　前項ノ場合ニ於テ必要ト認ムルトキハ供述又ハ鑑定ノ要領ヲ録取スヘシ
第三十五条　参考人ハ勅令ノ定ムル所ニ依リ費用ヲ請求スルコトヲ得
第三十六条　少年審判所ハ必要ニ依リ何時ニテモ少年保護司ヲシテ本人ヲ同行セシムルコトヲ得
第三十七条　少年審判所ハ事情ニ従ヒ本人ニ対シ仮ニ左ノ処分ヲ為スコトヲ得
　　一　条件ヲ附シ又ハ附セスシテ保護者ニ預クルコト
　　二　寺院，教会，保護団体又ハ適当ナル者ニ委託スルコト
　　三　病院ニ委託スルコト
　　四　少年保護司ノ観察ニ付スルコト
　　二　已ムコトヲ得サル場合ニ於テハ本人ヲ仮ニ感化院又ハ矯正院ニ委託スルコトヲ得
　　三　第一項第一号乃至第三号ノ処分アリタルトキハ本人ヲ少年保護司ノ観察ニ付ス
第三十八条　前条ノ処分ハ何時ニテモ之ヲ取消シ又ハ変更スルコトヲ得
第三十九条　前三条ノ場合ニ於テハ速ニ其ノ旨ヲ保護者ニ通知スヘシ
第四十条　少年審判所調査ノ結果ニ因リ審判ヲ開始スヘキモノト思料シタルトキハ審判期日ヲ定ムヘシ
第四十一条　審判ヲ開始セサル場合ニ於テハ第三十七条ノ処分ハ之ヲ取消スヘシ
　　二　第三十九条ノ規定ハ前項ノ場合ニ之ヲ準用ス
第四十二条　少年審判所審判ヲ開始スル場合ニ於テ必要アルトキハ本人ノ為附添人ヲ附スルコトヲ得
　　二　本人，保護者又ハ保護団体ハ少年審判所ノ許可ヲ受ケ附添人ヲ選任スルコトヲ得
　　三　附添人ハ弁護士，保護事業ニ従事スル者又ハ少年審判所ノ許可ヲ受ケタ

1　大正少年法の内容

ル者ヲ以テ之ニ充ツヘシ
第四十三条　審判期日ニハ少年審判官及書記出席スヘシ
　　二　少年保護司ハ審判期日ニ出席スルコトヲ得
　　三　審判期日ニハ本人，保護者及附添人ヲ呼出スヘシ但シ実益ナシト認ムルトキハ保護者ハ之ヲ呼出ササルコトヲ得
第四十四条　少年保護司，保護者及附添人ハ審判ノ席ニ於テ意見ヲ陳述スルコトヲ得
　　二　前項ノ場合ニ於テハ本人ヲ退席セシムヘシ但シ相当ノ事由アルトキハ本人ヲ在席セシムルコトヲ得
第四十五条　審判ハ之ヲ公行セス但シ少年審判所ハ本人ノ親族，保護事業ニ従事スル者其ノ他相当ト認ムル者ニ在席ヲ許スコトヲ得
第四十六条　少年審判所審理ヲ終ヘタルトキハ第四十七条乃至第五十四条ノ規定ニ依リ終結処分ヲ為スヘシ
第四十七条　刑事訴追ノ必要アリト認メタルトキハ事件ヲ管轄裁判所ニ対応スル検察庁ノ検察官ニ送致スヘシ
　　二　裁判所又ハ検察官ヨリ送致ヲ受ケタル事件ニ付新ナル事実ノ発見ニ因リ刑事訴追ノ必要アリト認メタルトキハ管轄裁判所ニ対応スル検察庁ノ検察官ノ意見ヲ聴キ前項ノ手続ヲ為スヘシ
　　三　前二項ノ規定ニ依ル処分ヲ為シタルトキハ其ノ旨ヲ本人及保護者ニ通知スヘシ
　　四　検察官ハ第一項又ハ第二項ノ規定ニ依リ送致ヲ受ケタル事件ニ付為シタル処分ヲ少年審判所ニ通知スヘシ
第四十八条　訓誡ヲ加フヘキモノト認メタルトキハ本人ニ対シ其ノ非行ヲ指摘シ将来遵守スヘキ事項ヲ諭告スヘシ
　　二　前項ノ場合ニ於テハ成ルヘク保護者及附添人ヲシテ立会ハシムヘシ
第四十九条　学校長ノ訓誡ニ委スヘキモノト認メタルトキハ学校長ニ対シ必要ナル事項ヲ指示シ本人ニ訓誡ヲ加フヘキ旨ヲ告知スヘシ
第五十条　改心ノ誓約ヲ為サシムヘキモノト認メタルトキハ本人ヲシテ誓約書ヲ差出サシムヘシ
　　二　前項ノ場合ニ於テハ成ルヘク保護者ヲシテ立会ハシメ且誓約書ニ連署セシムヘシ
第五十一条　条件ヲ附シテ保護者ニ引渡スヘキモノト認メタルトキハ保護者ニ対シ本人ノ保護監督ニ付必要ナル条件ヲ指示シ本人ヲ引渡スヘシ
第五十二条　寺院，教会，保護団体又ハ適当ナル者ニ委託スヘキモノト認メタルトキハ委託ヲ受クヘキ者ニ対シ本人ノ処遇ニ付参考ト為ルヘキ事項ヲ指示シ保護監督ノ任務ヲ委嘱スヘシ
第五十三条　少年保護司ノ観察ニ付スヘキモノト認メタルトキハ少年保護司ニ対シ本人ノ保護監督ニ付必要ナル事項ヲ指示シ観察ニ付スヘシ

第五十四条　感化院，矯正院又ハ病院ニ送致又ハ委託スヘキモノト認メタルトキハ其ノ長ニ対シ本人ノ処遇ニ付参考ト為ルヘキ事項ヲ指示シ本人ヲ引渡スヘシ

第五十五条　刑罰法令ニ触ルル行為ヲ為ス虞アル少年ニ対シ前三条ノ処分ヲ為ス場合ニ於テ適当ナル親権者，後見人其ノ他ノ保護者アルトキハ其ノ承諾ヲ経ヘシ

第五十六条　少年審判所ノ審判ニ付テハ始末書ヲ作リ審判ヲ経タル事件及終結処分ヲ明確ニシ其ノ他必要ト認メタル事項ヲ記載スヘシ

第五十七条　少年審判所第四十八条乃至第五十二条及第五十四条ノ規定ニ依ル処分ヲ為シタルトキハ保護者，学校長，受託者又ハ感化院，矯正院若ハ病院ノ長ニ対シ成績報告ヲ求ムルコトヲ得

第五十八条　少年審判所第五十一条及第五十二条ノ規定ニ依ル処分ヲ為シタルトキハ少年保護司ヲシテ其ノ成績ヲ視察シ適当ナル指示ヲ為サシムルコトヲ得

第五十九条　少年審判所第四十八条乃至第五十四条ノ規定ニ依ル処分ヲ為シタル後審判ヲ経タル事件第二十六条又ハ第二十七条第一号ニ記載シタルモノナルコトヲ発見シタルトキハ裁判所又ハ検察官ヨリ送致ヲ受ケタル場合ト雖管轄裁判所ニ対応スル検察庁ノ検察官ノ意見ヲ聴キ処分ヲ取消シ事件ヲ検察官ニ送致スヘシ

　二　禁錮以上ノ刑ニ該ル罪ヲ犯シタル者ニ付第四条第一項第七号又ハ第八号ノ処分ヲ継続スルニ適セサル事情アリト認メタルトキ亦前項ニ同シ

第六十条　少年審判所本人ヲ寺院，教会，保護団体若ハ適当ナル者ニ委託シ又ハ病院ニ送致若ハ委託シタルトキハ委託又ハ送致ヲ受ケタル者ニ対シ之ニ因リ生シタル費用ノ全部又ハ一部ヲ給付スルコトヲ得

第六十一条　第三十五条及前条ノ費用並矯正院ニ於テ生シタル費用ハ少年審判所ノ命令ニ依リ本人又ハ本人ヲ扶養スル義務アル者ヨリ全部又ハ一部ヲ徴収スルコトヲ得

　二　前項費用ノ徴収ニ付テハ非訟事件手続法第二百八条ノ規定ヲ準用ス

第六章　裁判所ノ刑事手続

第六十二条　検察官少年ニ対スル刑事事件ニ付第四条ノ処分ヲ為スヲ相当ト思料シタルトキハ事件ヲ少年審判所ニ送致スヘシ

第六十三条　第四条ノ処分ヲ受ケタル少年ニ対シテハ審判ヲ経タル事件又ハ之ヨリ軽キ刑ニ該ルヘキ事件ニシテ処分前ニ犯シタルモノニ付刑事訴追ヲ為スコトヲ得ス但シ第五十九条ノ規定ニ依リ処分ヲ取消シタル場合ハ此ノ限ニ在ラス

第六十四条　少年ニ対スル刑事事件ニ付テハ第三十一条ノ調査ヲ為スヘシ

　二　少年ノ身上ニ関スル事項ノ調査ハ少年保護司ニ嘱託シテ之ヲ為サシムルコトヲ得

第六十五条　裁判所ハ公判期日前前条ノ調査ヲ為シ又ハ受命判事ヲシテ之ヲ為サシムルコトヲ得

第六十六条　裁判所又ハ予審判事ハ職権ヲ以テ又ハ検察官ノ申立ニ因リ第三十七条ノ規定ニ依ル処分ヲ為スコトヲ得

二　第三十八条及第三十九条ノ規定ハ前項ノ場合ニ之ヲ準用ス

第六十七条　勾留状ハ已ムコトヲ得サル場合ニ非サレハ少年ニ対シテ之ヲ発スルコトヲ得ス

二　拘置監ニ於テハ特別ノ事由アル場合ヲ除クノ外少年ヲ独居セシムヘシ

第六十八条　少年ノ被告人ハ他ノ被告人ト分離シ其ノ接触ヲ避ケシムヘシ

第六十九条　少年ニ対スル被告事件ハ他ノ被告事件ト牽連スル場合ト雖審理ニ妨ナキ限リ其ノ手続ヲ分離スヘシ

第七十条　裁判所ハ事情ニ依リ公判中一時少年ノ被告人ヲ退廷セシムルコトヲ得

第七十一条　第一審裁判所又ハ控訴裁判所審理ノ結果ニ因リ被告人ニ対シ第四条ノ処分ヲ為スヲ相当ト認メタルトキハ少年審判所ニ送致スル旨ノ決定ヲ為スヘシ

二　検察官ハ前項ノ決定ニ対シ三日内ニ抗告ヲ為スコトヲ得

第七十二条　第六十六条ノ処分ハ事件ヲ終局セシムル裁判ノ確定ニ因リ其ノ効力ヲ失フ

第七章　罰則

第七十四条　少年審判所ノ審判ニ付セラレタル事項又ハ少年ニ対スル刑事事件ニ付予審又ハ公判ニ付セラレタル事項ハ之ヲ新聞紙其ノ他ノ出版物ニ掲載スルコトヲ得ス

二　前項ノ規定ニ違反シタルトキハ新聞紙ニ在リテハ編輯人及発行人，其ノ他ノ出版物ニ在リテハ著作者及発行者ヲ一年以下ノ禁錮又八千円以下ノ罰金ニ処ス

　以上が大正少年法の主だった規定である。日本における更生保護制度の進展との関係で注目されるのは，第1に保護処分の1つとして第52条により「寺院，教会，保護団体又ハ適当ナル者ニ委託スルコト」が規定されたこと，第2に53条により，「少年保護司」による保護観察制度が創設されたことである。特に後者は日本における保護観察制度の沿革として特筆されよう。少年審判所に現在の保護観察官に相当する専任の少年保護司が置かれるとともに，民間の篤志家に少年保護司の事務を嘱託する嘱託少年保護司の制度が設けられた。この嘱託少年保護司は保護司の前身である。そして，少年保護司は少年審判官を補佐し，審判の資料を収集するとともに，監察事務を掌る者なので，常に公平無私・親切丁寧を旨とし，秘密を守り，観察に当たっては，善良なる師

教として少年を指導訓諭し，これに不断の援助を与え，その性格の矯正，境遇の改善を図ることが必要ということから，その職務を行うについての心得を定める必要があるとして，大正少年法の施行と同時に「少年保護司執務心得」が定められた。

2 立法の意図と激しい論争

大正少年法の立案に結びついたのは，平沼騏一郎（1867-1952年）[5]によって次のように表現された現状認識だったといえよう。

> 「少年犯罪ハ頗ル多数ニシテ其処分ニ付テハ困却シツツアリ，殊ニ幼者ノ犯罪ニ於テ然リ，之レ畢竟旧刑法ノ懲治処分ニ代ハルモノナキニ因，或ハ之ヲ感化院ニ収容セハ可ナリト云フモ之ヲ収容スヘキ感化院ナキヲ如何セン，結局放任ノ有様ナリ，此処分ニ付テハ大ニ考慮ヲ要ス」[6]「一四歳以上二十歳迄ハ刑法ニ拠ラスシテ本法ニ拠ルコトトシタリ，実際上此時代ノ犯罪甚タ多ク強盗強姦等悪性ノ犯罪最モ多シ，然ルニ之ヲ監獄ニ投スルハ設備モ不適当ニシテ感化不能ニシテ却テ犯罪ノ稽古ヲ為スナリ，今日ハ検事ニ於テ可成起訴処分ニ付シ監督者ニ委スルノ方針ヲ探レリ，何モノカ之ニ代ル方法ヲ講セサルヘカラサル場合ナリ」[7]

森田明によれば，大正少年法の立法の意図が次のように分析される所以である。

> 明治45年に起草が着手され，大正前期に姿を現した司法省の「少年法案」は，明治30年代のパレンス・パトリエ型教育主義のストレートな導入への懐疑の上に立って，寧ろこれを日本社会に適合するよう換骨奪胎することを意図した，いわば小河イズムの批判の上に成り立った法案であった。[8]
> 司法当局は，明治40年の刑法改正とそれに伴う感化法改正・刑法施行法案審議を通して，「必罰主義」と「感化教育主義」という明治30年代の試行錯誤の中から，日本社会に適合的な少年処遇の型をおぼろげに掴みつつあった。……「慈悲慈母」の監督・保護と言うことになる。
> 旧少年法案の立案は，旧刑法下の必罰主義的刑事実務と，その対極にあらわれた感化教育主義的少年処遇（「欧米の新思想」）という２つの事件の双方に，"まったくの失敗"を読みとることからスタートした。責任主義と保護主義（パターナリズム）を二者択一的に取り扱わず何らかの形でこれを架橋すること，その限りで，先例としては最も身近なアメリカのパレンス・パトリエをも換骨奪胎して吸収するこ

と——これが直感的ではあれ立案の起点で当局者に抱かれはじめていた課題意識であった。

　司法省監獄局長の任につき，少年法案の立案から議会審議までの実務の責任を10年間にわたって引き受けた谷田三郎の大正少年法に対する回顧も次のようなものであった。

　　欧米の新思想が輸入せられ少年は飽迄も温情を以て感化教養すべきもので，絶対に刑罰的処遇を避けねばならぬと云ふ思想が参々に鼓吹せられた結果，明治38年頃から40年頃までの間には，二三ノ懲治場で頗る開放的な家庭学校制度を採用し，非常にハイカラな処遇法を実行してみたが，其成績は如何であったかと云へば，悪質の少年は散々同輩を悪化した上平気で逃げて行く——当時の管理者はこれを無断退場と称して黙過していた——而して段々大きな悪党になって社会を騒がす。逃げ出さないで懲治場に残っている者は西洋音楽や舞踏などの甘過ぎた仕付に馴れて，世知辛い浮世の荒波を押し切って行く意気地がなくなり，之亦退場後間もなく，監獄に舞ひ戻って来る。斯様な有様で懲治場に於ける感化主義はまったく失敗に終わったのである。……此点から見れば矯正院は改造せられた懲治場であると謂ふことも出来る。」

　内務省にとって，このような批判は受け入れ難いものであった。内務大臣は，1921（大正10）年1月13日，その諮問機関である「社会事業調査会」に対し，「少年法・矯正院法の調査」を冒頭の諮問議題として諮問した。調査会では特別委員会（委員は留岡幸助，小河滋次郎ほか5名）が設置され，少年法案及び矯正院法案の衆議院審議にタイミングを合わせる形で連日の集中審議を行い，1月27日には「少年法案及び矯正院法案に関する社会事業調査会特別委員会報告書」を「少年法修正案」を含む各大臣宛ての「建議書（案）」とあわせて取りまとめた。報告書は，感化・教育主義的な法案批判に立脚した法案修正によって審判所の保護処分を制限し，不良少年処遇の主役としての感化法の地位を確保しようとするもので，司法的介入から「保護主義を守れ」という長年のキャンペーンのサマリーとさえ評してよいものであった。議会審議においても激しい少年法案批判の論陣が張られた。例えば，次のような法案批判がそれである。

　　少年ト云フモノハ大人ノ細イモノヂヤナイ……子供……少年ナルモノハ，成年ト

ハ全ク違フモノデアル……然ルニ此法ニ於テハ少年ヲ審判所トシテ其所ヘ呼出ス，サウシテソレニ相当ノ処分ヲスル

此案ニハ保護処分刑事処分トアルガ，処分ト教養トハ根本的ニ於テ相違ガアルノデアリマス，……処分ト云ヘバ或一定ノ責任アル行為ニ対スル政策デアル，或一定ノ責任アル行為ニ対スル政策デアルトスレバ，少年ナル者ニ対シテノ人格ヲ認メテ居ル訳デアリマス，然ルニ少年ハ責任能力ノ無イ者デアリマス，其責任能力ノ無イ少年ニ対シテ制裁ヲ科スル即チ処分ノ対象トシテ取扱フト云フコトハ，第一根本ニ於テ矛盾ガアル

少年ハ飽マデ温情ヲ以テ教育若クハ救済ヲナス，即チ其者ノ性状ヲ引立テ描キ出シテ，其者ノ中ニ存スルモノヲ発達サセ，作リ上ゲルコトデナケレバナラヌ，外カラ矯正シテ処分スルト云フコトデハ教養ト云フコトハ断ジテ行ハルベキモノデハナイ

少年法案ノ精神ハ，不良少年ノ保護教育ヲスル所デアルト云フノデアリマスガ，然ルニ少年法ノ執ル所ノ仕事ハ処分デアル，……而シテ教育ト云ヘバ誘導的デ，「エヂケーション」ト云フ語ハ引キ出スト云フコトデアル，……処分ハ圧迫矯正スルノデアリマス，其処分ノ方法ヲ以テ，全ク性質ノ反スル開発誘導ヲ本旨トスルト云フコトハ，根本的ニ相容レヌヤウニ考ヘマス

このような批判に対し，立案当局の司法省は，議会審議の基調音があくまでも「保護・教養」であったことから，責任主義の観点を押し出して感化教育に正面から反論するという方法を採用することはなかった[13]。少年法案の両義的・二面的特質，すなわち「一面ニ於テ保護処分ヲ規定シ他面ニ於テハ刑事処分ヲ規定シ……以テ刑罰法令ニ触ルル行為ヲ為シ又ハ刑罰法令ニ触ルル行為ヲ為ス虞アル少年ヲ教養スル」という特質を強調し，「保護処分を通じた保護・教養」，そして少年行刑と成人行刑の峻別による「少年への刑罰を通じた保護・教養」というレトリックによって批判をかわすという方法であった。しかしながら，立案当局の真意が「保護・教養」にではなく，強制処分としての保護処分及び刑罰を司法省の下で実施する点にあったことはいうまでもない。

3　その後の経過

大正少年法が1923（大正12）年1月1日に施行され，更生保護事業は新たな進展をみた。すなわち，それまでは更生保護事業は民間の慈善的事業として，自主的・任意的に行われてきたが，大正少年法によって，わが国で初めて少年

に対する実質的な保護観察制度（少年保護司ノ観察に付すこと）が導入された。大正少年法の保護処分の1つとして「寺院，教会，保護団体又ハ適当ナル者ニ委託スルコト」も定められた。これを契機として全国各地に少年保護団体が創設されていった。しかし，大正少年法の施行区域は当初は東京等の3府2県に限定された。少年審判所は東京と大阪に設置され，少年保護司が置かれた。この少年保護司には民間人も嘱託された。大正少年法の実施区域はその後数回にわたって拡大され，全国施行が実現したのは，昭和17年のことであった。[14]

『更生保護50年史（第1編）』で詳しいのは大正少年法の制定に伴うその後の民間保護事業等に対する「国の関与の拡大」等の動きについてである。そのうち，思想犯保護観察法が制定される1936（昭和11）年までの大正少年法関係のそれを抜粋すると，次のようになる。

1923（大正12）年1月1日	（大正）少年法（大正11年法律第42号）を施行する。（大正）少年法施行区域は3府2県にのみ限定され，これに伴い，東京・大阪少年審判所が事務を開始する。東京少年審判所は東京府及び神奈川県を，大阪少年審判所は大阪府，京都府及び兵庫県を管轄する。両審判の監督は，東京控訴院庁，大阪控訴院庁に命じられる。少年法の施行により執行猶予少年は少年保護司の観察に付されることになったので，その手続等に関する執行猶予少年取扱規程を定める。少年保護司執務心得を定める。
2月22日	仮出獄少年取締規則第2条により，埼玉自彊会ほか58保護団体が，少年審判所の管轄区域外における少年保護司の代行機関として指定される。
2月27日	免囚保護事業奨励費取扱規程を一部改正する。少年法により少年の保護に従事する者も奨励金を受けられることになり，少年審判所の長に典獄と同じ職務が与えられる。
5月14日	少年保護協会を創立する。協会は，少年保護事業の発達を図り，少年保護団体の指導連絡にあたるために設立されたもので，事務所を東京少年審判所に置き，会長に監房保護課長宮城長五郎，副会長に東京審判所長三井久次が就任する。

5月29日	全日本司法保護事業大会が九段の軍人会館で開催される。
6月2日	少年保釈通報について通達。少年に仮釈放証票を交付したときは，一定書式により住居地を管轄する地方裁判所の検事及び少年審判所，少年審判所の管轄区域外の地においては住居地の刑務所（少年刑務所の所在地にあっては少年刑務所）並びに司法大臣の指定した保護団体に通報することとなった。
7月4日	少年審判所の管轄区域外における執行猶予少年についての少年審判所の事務は地方裁判所検事が行い，検事は仮出獄少年につき司法大臣の指定した保護団体その他適当な者をして少年保護司の事務を行わせることができることとされた。
7月	不定期刑者の釈放手続について司法次官通達。少年法第8条を適用し刑の言渡しを受けた者に対し，その短期と長期との間において釈放する場合においては，当分の間仮出獄の手続により取り扱うこととされる。
9月7日	治安維持ニ関スル罰則ノ件（大正12年緊急勅令第403号）を公布。ロシア革命の影響に対処するとともに，関東大震災により悪化した治安状態を回復するために制定された緊急勅令で，治安維持法（大正14年4月22日法律第46号）の先駆となるものであった。
9月	大正天皇は，関東大震災で罹災した保護団体に対し御内帑金を下賜する。
10月26日	受刑者釈放通知に関する件を定める。適切な行刑の下に刑期を終え，なおかつ改悛の情が認め難い者は再犯に陥りやすい者と認めるのを相当とすべく，今後改悛の情認め難き者と認定した者については一切これを警察官署に通知するものとするとされた。
1924（大正13）年1月1日	（旧）刑事訴訟法（大正11年5月5日法律第75号）が施行される。
2月15日	刑務所製品の司法保護団体への売渡しの件を定める。司法保護事業は経営費の不足にあえいでいるので，その対策の1つとするためのものである。
9月5日	輔成会の主催で，7日までの3日間，東京の芝中学校において輔成会創立10周年を記念しての司法保護

	事業大会が開催される。
1925（大正14）年1月15日	少年犯人の氏名を本籍地に通知しないことについての刑事局長通達。今後少年の時犯した罪につき死刑または無期にあらざる刑に処せられた場合，少年法第14条の趣旨をくみ，これを市区町村役場に通知しないことを相当とするとされる。
3月	少年保護婦人協会（東京）が創立される。昭和12年，財団法人になる。
4月6日	第1回少年審判所長及び矯正院長協議会が開催される（8日終了）。
4月22日	治安維持法（大正14年法律第46号）を公布する。
5月8日	衆議院議員選挙法が改正される。男子普通選挙は実現したが，刑余者欠格条項が加わる。
6月2日	司法保護事業に御内帑金を下賜して奨励するにつき聖旨奉戴方が訓令される。
9月13日	輔成会主催の全国大会の決議に基づき，毎年9月13日（明治天皇御大葬に際しての恩赦詔書発付日）を司法保護宣伝日（保護デー）と定め，諸行事実施の件に関し各連合会宛てに通知し，全国一斉に事業の宣伝に努める。
9月23日	保護課長より少年時の犯罪を本籍地市町村に通知しないことを励行するよう通達する。
10月6日	京都で開催された輔成会主催の第11回司法保護事業講習会において，衆議院議員選挙法中刑余者に対する欠格条項の撤廃を要求する「普通選挙法改正期成同盟会」が結成される。
1926（大正15・昭和元）年12月1日	
	大審院検事宮城長五郎は，執行猶予者保護・家族保護の目的をもって，我が国で初めて起訴猶予者と執行猶予者だけを保護する団体の帝国更新会（現在の更新会の前身）を創設する。同会は，これも全国で初めて昭和6年から転向した思想犯の保護も開始した。
1927（昭和2）年5月	札幌刑務所管内司法保護事業研究会を解消して，札幌控訴院管内司法保護事業研究会を組織する。
1928（昭和3）年2月10日	財団法人日本少年保護協会の設立が認可される。
4月17日	（大正）少年法発布のこの日を少年保護デー（昭和12年から「少年保護記念日」と改称）と定め，初め

6月29日	て五都市で少年保護宣伝を行う。
6月29日	治安維持法を一部改正する（昭和3年緊急勅令第129号）。
7月24日	検事を増員し，思想犯検事を置き，思想に関する犯罪捜査及び研究をさせる。
12月23日	特別の「思召」により全国における社会事業団体16団体（うち司法保護団体は日本少年保護協会他2団体）に対し「御下賜金の御沙汰」が下される。以後，毎年度末に「特別御下賜金の御沙汰」がある。
1929（昭和4）年4月2日	救護法（昭和4年法律第39号）を公布する。
6月17日	矯正院処遇規程を一部改正する。
1930（昭和5）年1月24日	高松宮殿下，小菅刑務所に「台臨」される。
1月25日	高松宮殿下，小田原少年刑務所に「台臨」される。
4月4日	高松宮殿下，八王子少年刑務所に「台臨」される。
6月19日	東京少年審判所長鈴木賀一郎に，ヨーロッパにおける少年保護の実況調査のため，ヨーロッパ各国への出張を命じる。
1931（昭和6）年5月29日	東京控訴院管内司法保護事業研究会長は，内務・司法大臣に，「仮釈放者に対する警察官署の監督を司法保護団体に委任する」よう建議。
12月22日	日本少年保護協会の主催により，第1回少年保護実務講習会が開催される。
12月25日	思想犯小林杜人，豊多摩刑務所を仮釈放後，帝国更新会に帰住し，以後，思想犯保護に従事。同会に思想部を設ける端緒となる。
1933（昭和8）年3月	司法保護法案が代議士小林鋳他4名により帝国議会に提出され，衆議院を通過したが，貴族院において審議未了となる。
5月4日	少年救護法（昭和8年法律第55号）を制定し，感化法を廃止する。
6月26日	輔成会の主催により，思想犯保護に関する講習会が開催される（7月2日まで）。
9月27日	少年行刑教育令を定める。
10月25日	行刑累進処遇令を定める。
11月11日	少年審判所設置ノ件を改正し，新たに名古屋少年審判所を設置。これにより旧少年法施行区域は3府5県となる。
1月9日	矯正院官制第8条を改正し，瀬戸少年院を置く。

1934(昭和9)年1月20日		第2回全日本私設社会事業大会が21日及び22日の両日,東京市で開催され,司法保護事業関係者が多数参加する。
	4月	日本少年保護協会名古屋支部は少年保護委員制度を設ける。
1935(昭和10)年4月8日		森山武市郎が第8代司法大臣官房保護課長に就任する。
	9月13日	東京保護事業連合会は,司法保護デーにあたり「司法保護犯罪防止展覧会」を築地本願寺で開催する。
	9月25日	財団法人昭徳会が創設され,思想犯保護事業の全国的指導,助成を行う。
1936(昭和11)年2月		日本少年保護協会神奈川支部は,県下200名余の徳望家に少年愛護委員を委嘱。また,少年愛護委員の門標と徽章を制定した。

　このような動きにおいて注目されるのは,大正少年法の施行区域が徐々に拡大していったという点である。そして,このような拡大の中で,既に指摘されているように,少年保護と釈放者・猶予者保護を統一的に把握し得る概念として「司法保護」概念が生み出されることになった。この「司法保護」という概念はやがて昭和初期から戦後初期にかけての日本の刑事政策全般をリードする制度概念へと成長することになる。ただし,右の経緯からその原型は絶えず大正少年法に求められ続けた。宮城の言葉を借りれば,「少年法が司法保護の模範法」となった。[15]

　より重要な動きは,民間保護事業団体の組織化が一層,進んだことである。中央保護会の設立(1913(大正2)年2月2日),中央保護会主催による第1回免囚保護事業協議会並びに講習会の開催(同年10月6日),財団法人輔成会(日本更生保護協会の前身)の設立(1914(大正3)年8月4日),少年保護協会の創立(1923(大正12)年5月14日),全日本司法保護事業大会の開催(同年5月29日),輔成会主催の輔成会創立10周年記念の司法保護事業大会の開催(1924(大正13)年9月5日),少年保護婦人協会(東京)の創立(1925(大正14)年3月。日は不明),輔成会主催の思想犯保護に関する講習会の開催(1933(昭和8)年6月26日)などがそれである。思想犯保護事業の全国的指導,助成を行う財団法人昭徳会の創設(1935(昭和10)年9月25日)も注目される。そして,この組織化が

司法省主導で進められたことは，全国の免囚保護事業の指導，連絡，統制等を目的として設立された輔成会の会長に時の司法次官鈴木喜三郎（1867-1940年）[16]が就任したことから，また，少年保護協会の会長に司法大臣官房保護課長宮城長五郎が，副会長に東京審判所長三井久次が就任したことからも明らかであろう。大審院検事宮城長五郎による帝国更新会（現在の更新会の前身）の創設（1926（昭和元）年12月1日）もここで付言しておかなければならない。この組織化の中で，民間保護事業保護団体からその任意性・自主性が失われていったことはいうまでもない。

1) 更生保護50年史編集委員会編『更生保護50年史（第1編）』（全国保護司連盟他，2000年）102頁。
2) 50年史編集委員会編・前掲注1）書139頁。
3) 大正少年法の立案過程の概要については，森田明『未成年者保護法と現代社会——保護と自律のあいだ』（有斐閣，1999年）等を参照。また，森田明『少年法の歴史的展開——鬼面仏心の法構造』（信山社，2005年）81頁以下及び207頁によれば，4回にわたる法案審議・法成立過程が次のように整理されている。
   「大正9年2月42議会に上程された法案は8回の委員会審議を経て衆議院を通過したが，普選法案提出に対する原の抜き打ち解散によって貴族院で未議決に終わった。司法当局は7月の43特別議会に少年法案を懸案の裁判所構成法改正案（法官定年法案）と共に緊急法案として提出したが，貴族院での抵抗に遭遇し会期切迫して両法案とも流産する。」「大正10年の第44議会においても経過はほぼ同様で貴族院審議において裁判所構成法は修正されてどうにか通過したが，少年法案は内務・文部系議員の反論の末『司法，内務，文部の三省が少年を中心にして三巴となって所管争いをなすがごとき有様』のまま4回の委員会を経てたなざらしになり審議未了に終る。貴族院審議を過熱させた背景には，議会審議に先立って内務大臣の諮問機関である社会事業調査会が特別委員会（留岡幸助，小河滋次郎ほか5名）を指揮して法案の修正案を決議したことが大きく影響していた。司法当局は原敬暗殺直後の45議会に右の特別委員会決議を考慮して内務当局と事前協議の上で，（イ）法案の施行をさしあたり東京大阪のみとする（予算規模54万円），（ロ）14歳未満の少年の管轄を地方長官の先議・送致にかからしめる，という規模縮小の妥協を行った変則的な法案を提出し，貴族院では5項目の附帯条件をつけた上でこれを通過させた。」「少年法案審議が紛糾した要因には，……"道徳主義的司法部"拡大への反発が法案提出とともにふきだしたことが大きく作用していた。」「宮城は，内務当局との事前折衝にあたって，触法少年の地方長官の先議権については妥協したものの，……法案の構造そのものに関する限りはほとんど無傷でこれを成立にこぎつけた。」
4) 50年史編集委員会編・前掲注1）書193頁。
5) 司法官僚として，第8代大審院検事局検事総長，第11代大審院長，第26代司法大臣，第17代及び第21代枢密院議長，第35代内閣総理大臣等を歴任した。
6) 『少年犯罪ニ関スル法律案特別委員会日誌第2回（「大正少年法（上）」）』319頁。
7) 前掲注6）日誌321頁。
8) 森田明「少年法の歴史的展開——〈児童福祉政策的保護〉と〈刑事政策的保護〉の確執」猪瀬慎一郎他編『少年法の新たな展開——理論・手続・処遇』（有斐閣，2001年）3頁。

9) 森田・前掲注3) 書『少年法の歴史的展開』114頁。
10) 谷田三郎「少年法に就いて」『法曹記事』31巻3号（1921年）12頁。
11) 森田・前掲注3) 書『少年法の歴史的展開』171頁以下等を参照。
12) 『第45帝国議会衆議院少年法案外1件委員会議録第2回（大正少年法（上））』980頁。
13) 森田・前掲注3) 書『少年法の歴史的展開』176頁等を参照。
14) 50年史編集委員会編・前掲注1) 書164頁等を参照。
15) 森田・前掲注3) 書『少年法の歴史的展開』205頁等を参照。
16) 司法省刑事局長，大審院検事，司法省法務局長等を歴任した後，1914（大正3）年に司法次官に就任。その後，政界に進み，貴族院議員を経て，清浦奎吾内閣の司法大臣，田中義一内閣の内務大臣等を務め，犬養毅暗殺後の立憲政友会第7代総裁に就いた。

第3章　思想犯保護観察法と保護観察制度

1　治安維持法再改正の挫折

　1925（大正14）年3月19日に可決・成立し、4月2日に公布された治安維持法（大正14年法律第46号）は、全7条と附則からなっていた[1)][2)]。その内容は、次のようなものであった。

> 第一条　国体ヲ変革シ又ハ私有財産制度ヲ否認スルコトヲ目的トシテ結社ヲ組織シ又ハ情ヲ知リテ之ニ入シタル者ハ十年以下ノ懲役又ハ禁錮ニ処ス
> 　　　　前項ノ未遂罪ハ之ヲ罰ス
> 第二条　前条第一項ノ目的ヲ以テ其ノ目的タル事項ノ実行ニ関シ協議ヲ為シタル者ハ七年以下ノ懲役又ハ禁錮ニ処ス
> 第三条　第一条第一項ノ目的ヲ以テ其ノ目的タル事項ノ実行ヲ煽動シタル者ハ七年以下ノ懲役又ハ禁錮ニ処ス
> 第四条　第一条第一項ノ目的ヲ以テ騒擾、暴行其ノ他生命、身体又ハ財産ニ害ヲ加フヘキ犯罪ヲ煽動シタル者ハ十年以下ノ懲役又ハ禁錮ニ処ス
> 第五条　第一条第一項及前三条ノ罪ヲ犯サシムルコトヲ目的トシテ金品其ノ他ノ財産上ノ利益ヲ供与シ又ハ其ノ申込若ハ約束ヲ為シタル者ハ五年以下ノ懲役又ハ禁錮ニ処ス情ヲ知リテ供与ヲ受ケ又ハ其ノ要求若ハ約束ヲ為シタル者亦同シ
> 第六条　前五条ノ罪ヲ犯シタル者自首シタルトキハ其ノ刑ヲ軽減又ハ免除ス
> 第七条　本法ハ何人ヲ問ハス本法施行区域外ニ於テ罪ヲ犯シタル者ニ亦適用ス
> 附　則
> 　大正十二年勅令第四百三号ハ之ヲ廃止ス

　この治安維持法は、1928（昭和3）年、田中義一内閣の下で改正された[3)]。改正案は当初、第55回帝国議会に提出されたが、議会の停会等が影響して審議が進まず審議未了で廃案となったために、緊急勅令として枢密院の諮詢を経て同年6月28日に成立したものである。治安維持法中改正緊急勅令（昭和3年勅令第129号）は6月29日に公布された。改正の要点は2つであった。1つは、刑を

引き上げ，国体変革を目的として結社を指揮した者，指導した者に最高で死刑を科したことである。ただし，日本国内では治安維持法違反のみを理由とした死刑は執行されていない。もう1つは，目的遂行罪を設けたことである。これにより，例えば，日本共産党の活動を支えて党の目的に寄与するとみなされたあらゆる行為を罰することができることになった。この目的罪は後には拡大適用されて猛威を振るうことになる。実務的には前者の厳罰化よりも重要な改正点であった。ちなみに，改正された新第1条の規定は次のようなものであった。

> 第一条　国体ヲ変革スルコトヲ目的トシテ結社ヲ組織シタル者又ハ結社ノ役員其他指導者タル任務ニ従事シタル者ハ死刑又ハ無期若ハ五年以上ノ懲役若ハ禁錮ニ処シ情ヲ知リテ結社ニ加入シタル者又ハ結社ノ目的遂行ノ為ニスル行為ヲ為シタル者ハ二年以上ノ有期ノ懲役又ハ禁錮ニ処ス
> 二　私有財産制度ヲ否認スルコトヲ目的トシテ結社ヲ組織シタル者，結社ニ加入シタル者又ハ結社ノ目的遂行ノ為ニスル行為ヲ為シタル者ハ十年以下ノ懲役又ハ禁錮ニ処ス
> 三　前二項ノ未遂罪ハ之ヲ罰ス

　司法省と内務省は，この1928（昭和3）年の改正に続いて，1934（昭和9）年と1935（昭和10）年の2度，治安維持法改正案を議会に提出した。改正の目的の1つは，取締りの対象者の拡大で，日本共産党を支援する外郭団体を取り締まることであった。もう1つは，治安維持法違反被告事件の審理を円滑にするために，刑事手続に特例を設けようとしたことである。もう1つは，思想犯の改悛を促すために，いわゆる転向政策を盛り込もうとしたことである。結局，2度の改正はいずれも失敗したが，反対に治安維持法は膨張をやめず，拡大適用を続けた。このうち，1934年改正案の主なポイントは，次のようなものであった。司法省の本命は転向政策に関わる⑥と⑦であった。

① 国体変革の罪と私有財産制度否認の罪を分けて前者に重い刑を科した。
② 国体変革を目的とする結社を支援する結社，いわゆる外郭団体に対する罰則を設けた。
③ 国体変革に関する宣伝罪を設けた。これにより，個人の宣伝や言論を取り締まることも可能となった。
④ 検事の強制捜査権を認めた。これにより，検事は裁判所の令状なく被疑者を勾

引・勾留することが可能となった。
⑤ 事件の管轄を別の裁判所に移転することを認めた。これにより，思想犯罪に長けた裁判所で迅速な審理を行うことが可能となった。
⑥ 保護観察制度を導入した。これは，起訴猶予の者と執行猶予の者を対象に，一定の期間保護を名目とした観察を行う制度である。社会に復帰した思想犯に転向を促すとともに，再犯を防止することが目的であった。
⑦ 予防拘禁制度を設けた。これは，国体変革に関する罪の刑期終了者のうち，再犯のおそれがある者を施設に拘禁するものであり，非転向者を社会から隔離することを目的とした。

この1934（昭和9）年改正案は，1935（昭和10）年改正案では次のように修正された。

① 予防拘禁制度を削除した。ただし，改正案では，保護観察の対象者に予防拘禁の対象者の刑期終了者と仮出獄者を加え，これによって予防拘禁の役割を代替させようとした。
② 右翼に対する罰則は，治安維持法とは別の法案で定めることにした。

しかし，この1935（昭和10）年改正案も議会を通過することはなかった。治安維持法の改正が挫折した後，司法省は取り急ぎ転向政策に必要な法案として，1936（昭和11）年の第69回帝国議会に思想犯保護観察法案を提出した。

2　思想犯保護観察法の制定

思想犯保護観察法案は1936（昭和11）年5月，第69回帝国議会に提出された。「生みの親」の森山武市郎（1891-1948年）によれば，同法案をもって「在来の行がかりを一切捨てまして，全然新たなる基礎の下に立案したのが，この思想犯保護観察法案であります」と解説された。しかし，治安維持法改正案のうちの保護観察に関する部分を取り出して単行法化したものであったことは紛れもない事実であった。貴族院において同5月2日に，そして衆議院において5月16日に行われた司法大臣による思想犯保護観察法案提案理由説明は次のようなものであった。

只今上程に相成りました思想犯保護観察法案に付きまして，提案の理由を説明致

します。治安維持法違反事件に付きましては，政府は昭和3年以来鋭意之が検挙を続行いたし，流石執拗を極めました共産主義者の運動もざんじ落潮の傾向を辿るに至りましたことは，既に御承知の通りであります。翻って昭和3年以来治安維持法違反の罪に拠って検挙しました者に付て考察しまするのに，其の中には起訴猶予の処分若しくは執行猶予の処分を受け，又は刑の執行を終わり，若しくは仮出獄を許されたる者が相当多数に達して居るのでありますが，是等の者の心情は極めて区々でありまして，其の中には真に転向した者もありますが，依然として不逞思想を抱懐して熾裂なる闘争意識を表示する者もあり，又其の態度極めて曖昧でありまして，転校の意思の存否が判明しない者もありますし，或は転向の意思を表明しましても，其の志操の堅固ならざる者があるのであります。思ふに転向せざる者が再び罪を犯すの危険あることは明白でありますが，爾余の者にしましても此の儘之を放置するに於いては，其の環境又は社会情勢に左右せられまして，再び罪を累ぬるの虞のある者が少なくないのであります。然るに近時に至りまして，此の治安維持法の違反者にして，刑期の満了に依って出獄する者が漸次其の数を加ふることに相成り，其の中には危険性の強い者がありますので，是等の者の出獄が他の危険性の弱い釈放者及び一般社会に及ぼす影響に付きましては，思想犯の特性に鑑みまして，深く考慮する必要があるのであります。是と同時に最近に至り執行猶予期間の満了する者の数も著しく増加して参って居りますから，是等の者をして其の期間の満了後に於ける行動を誤らしめざるやうに，特に警戒を厳にするの要があるものと思料致すのであります。而して之を内外の諸情勢と綜合して考慮致しますると，今に於て是等の思想犯人に対する万全の方策を樹立し，以て再犯防止の挙に出づることは，我が国に於て此種不逞兇悪の思想運動を根絶致しまする上に，喫緊の要務であると確信するのであります。従って政府は是等の者の思想及び行動を観察し，非転向者に対しては其の転向を促進し，併せて非違を犯すことなきの途を講ずると共に，転向者に対しては転向を確保するの方法を執りまする為に，茲に思想犯保護観察法を制定するの必要を認めた次第であります。何卒慎重御審議の上御協賛を与へられむことを切望致します。

　このような提案理由説明によれば，法案には「保護観察」という名称が用いられているものの，立案当局の意図が専ら「再犯防止のための観察」や「転向を促進し又は転向を確保するための観察」に存したことが容易にうかがい知れよう。提案理由説明では「保護」という言葉は全く使われていないのである。[12]
　5月21日の衆議院本会議における加藤勘十議員の法案反対発言もこの点など[13]をついたものであった。反対発言の概要は次のようなものであった。[14]

　　　政府当局の此の点に対する答弁は，答弁の言葉が重なれば重なる急を要せざ

ものであると云ふことが明瞭になったのであります。客観的な社会諸相の現実の現象は政府提出の資料に依って数字的に明瞭になって居りまする通り，少しも急を要しないのであります。政府は頻りに出獄者の恐るべきことを大声呼号して，委員諸君をむしろ威すやうな態度を執って居られるのであります。現在刑務所に拘禁中の被告は総計509名，此の中政府が非転向者と称して居りまする者は120名，2割1分6厘の数字であります。是が昭和11年から昭和15年に至りまする今後5箇年の間に出獄して参りまする者の数，約9割，468名，此の中非転向者を比率に依って見まずれば101名，恐るべき者は，若しありとするならば今後5箇年間に101名である。それから今までに出獄した者の状態をやはり政府の統計に依って見ますれば，昭和2年から昭和10年に至りまする8箇年の間に，再犯起訴せられた者の数はわずか26名であります。8年間に26名，今後5箇年間に出て来る者が，非転向者なる者が，101名，さうして又昭和9年度の治安維持法起訴猶豫処分者の中で，起訴された者の数が7名，転向者昭和9年度1271名の中，起訴された者20名-20名，7名，16名，101名，それが政府の以て恐るべき者とするところの実態であります。之を一方におきまして，それならば社会の秩序を紊し，公安を害し，人々の生活の上に実害を齎すべき所の，刑法犯一般の状態はどうであるかと云ふことを，刑事統計年鑑昭和9年版に依って見ますれば，……誰も是等の刑法一般の犯罪者の再犯を防止することの為に，適切なる社会施設を要すると云ふことに異議をもつ者はありますまい。……思想犯関係者に対してのみ，今取立てて，其の急を要するとして提案されましたと云ふことに至っては，政府がどのやうに弁明是れ務めようとも，思想犯を一種独特なものとし，特殊なものとして特別扱ひしようと云ふことは，此の事実に依って明瞭であります。

　第2には，保護の名を冠すると雖も，事実は大臣の提案理由の説明の中にもありましたる通り，監視を厳にすると云ふ点から見て，此の法律が具体的に適用される場合には，勢ひ監視取締に重点が置かれるやうになると云ふ処は多分に実在して居るのであります。斯う云ふ点から見ましても，私は皆さんに御一考を願ひたいと思ふ。吾々が子供の時から頭の中に染み込んで居る有名なる「ユーゴー」の小説「レ・ミゼラブル」あの小説の主人公「ジャンバルジャン」，彼は一体どうして恐るべき重罪を犯すに至ったのであらうか。……本法の適用が，却って斯うした保護観察の名に依って，多くの将来社会に復活しようとする者を却て絶望のどん底に追ひ落とす危険がないと誰が断じ得られるであらうか。

　第3に，……私は……此の法律が余りに其の運用を勅令に委し過ぎている居ると云ふ所に異議を持つ者であります。更に個人の自由を制限し，信書の自由を制限すると云ふことになってゐるのでありまするが，今日国民の憲法に依って規定せられた正当なる権利は，いろいろなる法律の名目に依って有るか無きかの状態に奪ひ取られて居る。(拍手)此の僅かに有るか無きかの奪ひ取られて居る権利の実態を，更に此の法律に依って，縦へ思想犯に関連した一部のものであるにしろ，国民が奪ひ取られると云ふ事になりまするならば，国民の権利を確保し，自由を保障する所の

人々は，是が為には戒心を用ひなければならないと思ふ。だが斯う云ふ点に対して，本法律に依っては何等規定が設けてありませぬ。斯う云ふ点から見まするならば，私は名は保護観察であると雖も実質的には監視取り締まりに転化せられる虞れ多分にあり，現実には権利の実態を失わしむるの危険ある法律であるが故に，此の如き法律に対しては，断乎として反対する者であると云ふ事を明白に此の席に於て述べて置く者であります。(拍手)

　しかし，法案反対は加藤のみで，保護観察審査会の決議については「慎重ナル態度ヲ採リ苟モ怨嗟ノ声ヲ聞クガ如キコトナキヤウ努力スベシ」などの附帯決議が付されたものの，法案は1936（昭和11）年5月21日の衆議院本会議で可決された。貴族院でも，「右翼犯罪ノ取締」についての政府の姿勢を問う質問等がみられたものの，2日間の委員会審議，本会議とも全会一致で可決された。こうして，思想犯保護観察法は5月29日に法律第29号として公布された。これには，旧少年法の制定に反対した内務省が司法犯保護観察法案については司法省と共同の提案者の側に回った[15]ことも大きく与った。「諸外国に類をみない思想犯のために保護を名目とする弾圧立法」[16]と評される。思想犯保護観察法の主な規定は次のようなものであった。

　　　第一条　治安維持法ノ罪ヲ犯シタル者ニ対シ刑ノ執行猶予ノ言渡アリタル場合又ハ訴追ヲ必要トセザル為公訴ヲ提起セザル場合ニ於テハ保護観察審査会ノ決議ニ依リ本人ヲ保護観察ニ付スルコトヲ得本人刑ノ執行ヲ終リ又ハ仮出獄ヲ許サレタル場合亦同ジ
　　　第二条　保護観察ニ於テハ本人ヲ保護シテ更ニ罪ヲ犯スノ危険ヲ防止スル為其ノ思想及行動ヲ観察スルモノトス
　　　第三条　保護観察ハ本人ヲ保護観察所ノ保護司ノ観察ニ付シ又ハ保護者ニ引渡シ若ハ保護団体，寺院，教会，病院其ノ他適当ナル者ニ委託シテ之ヲ為ス
　　　第四条　保護観察ニ付セラレタル者ニ対シテハ居住，交友又ハ通信ノ制限其ノ他適当ナル条件ノ遵守ヲ命ズルコトヲ得
　　　第五条　保護観察ノ期間ハ二年トス特ニ継続ノ必要アル場合ニ於テハ保護観察審査会ノ決議ニ依リ之ヲ更新スルコトヲ得
　　　第六条　第一条ニ定ムル事由ノ生ジタル場合ニ於テ必要アルトキハ本人ニ対シ保護観察審査会ノ決議前仮ニ第三条ノ処分ヲ為スコトヲ得
　　　第七条　第三条又ハ第四条ノ処分ハ其ノ執行中何時ニテモ之ヲ取消シ又ハ変更スルコトヲ得前条ノ処分ニ付亦同ジ
　　　第八条　保護観察所ハ必要アルトキハ保護司ヲシテ本人ヲ同行セシムルコトヲ得

第九条　保護観察所及保護司ハ其ノ職務ヲ行フニ付公務所又ハ公務員ニ対シ嘱託
　　　　　ヲ為シ其ノ他必要ナル補助ヲ求ムルコトヲ得
　　　第十条　本人ヲ保護団体, 寺院, 教会, 病院又ハ適当ナル者ニ委託シタルトキハ
　　　　　委託ヲ受ケタル者ニ対シ之ニ因リテ生ジタル費用ノ全部又ハ一部ヲ給付
　　　　　スルコトヲ得
　　　第十一条　前条ノ費用ハ保護観察所ノ命令ニ依リ本人又ハ本人ヲ扶養スル義務ア
　　　　　ル者ヨリ其ノ全部又ハ一部ヲ徴収スルコトヲ得此ノ命令ニ付テハ非訟事
　　　　　件手続法第二百八条ノ規定ヲ準用ス
　　　　二　前項ノ命令ニ不服アル者ハ命令ノ告知ヲ受ケタル日ヨリ一月内ニ通常裁
　　　　　判所ニ出訴スルコトヲ得此ノ出訴ハ執行停止ノ効力ヲ有セズ
　　　第十二条　少年ニシテ治安維持法ノ罪ヲ犯シタル者ニハ少年法ノ保護処分ニ関ス
　　　　　ル規定ヲ適用セズ
　　　第十三条　本法ハ陸軍刑法第八条, 第九条及海軍刑法第八条, 第九条ニ掲グル者
　　　　　ニハ之ヲ適用セズ
　　　第十四条　保護観察所及保護観察審査会ノ組織及権限並ニ保護観察ノ実行ニ関シ
　　　　　必要ナル事項ハ勅令ヲ以テ之ヲ定ム
　　　附　則
　　　　一　本法施行ノ期日ハ勅令ヲ以テ之ヲ定ム
　　　　二　本法ハ本法施行前ニ第一条ニ定ムル事由ノ生ジタル場合ニモ亦之ヲ適用
　　　　　ス

　公布後, 1936（昭和11）年11月1日からの施行をめざして, 司法省では準備に追われた。思想犯保護観察法施行令（昭和11年11月14日）, 保護観察所官制（同日）, 保護観察審査会官制（同日）などの勅令のほか, 保護観察所保護司執務規範（同年11月20日）, 仮出獄思想犯処遇規程（同年11月30日）などの関連法令を立案する一方, 保護観察所の施設整備, 保護観察所長や輔導官・保護司の選任なども急がねばならなかった。各種の官制公布に際して内閣法制局の審査に手間取ったことや保護観察所長・保護司の人選が難航したことにより, 施行は予定より遅れて11月20日からとなった。この思想犯保護観察制度は, やや遅れて植民地の朝鮮と租借地の関東州でも施行された。[17]

　同法の制定を受けた保護団体の反応は, 「今後, 数年にして被保護者（思想）は激減する。その際に保護観察所並に思想犯保護観察制度は転機策として必然的に一般犯人への範囲拡大をなさねばならぬ破目に立ち至るであらう。」[18]というものであった。1937（昭和12）年に開催された全国保護事業大会では, 「速ヤカニ全般的ニ司法保護制度ヲ制定センコト」を要望する決議が行われた。

3　思想犯保護観察法の概略

　本法の対象は，第1条が規定するように，「治安維持法の罪を犯した者」のうち，①刑の執行猶予を言い渡された者，②訴追の必要がなく，公訴の提起がなされなかった者（起訴猶予者），③刑の執行を終った者，④仮出獄を許された者，に該当し，且つ，保護観察の必要がある者である。刑の執行停止を受けた者等は対象から外された。ただし，本法施行前に第1条に定める事由が生じた場合にも適用するとして遡及効が認められた結果，3・15事件の被告人，あるいはその当時，起訴猶予になった者に対しても適用された。この対象者は1万人を超えていた。

　保護観察処分は保護観察審査会が決議して付するものとされたが，旧少年法における審判決定前の仮処分と同様に，必要があるときは決議前に仮に保護観察に付することができるものとされた。

　保護観察の処分として主たる処分と付加処分の2種類が定められた。そして，本人の「思想浸潤の程度・心境変化の態様・年齢・社会的地位・活動経歴その他の事情を斟酌」して，いずれかの処分もしくは併科処分をとることとされた[19]。先行処分に後行処分を付加するという方法も認められた。

　主たる処分の内容とされたのは，①本人を保護観察所の保護司の観察に付すこと，②保護者に引き渡すこと，③本人を保護団体，寺院，教会，病院その他の適当な者に委託すること，の3つである。従来，成人の更生保護は民間の保護団体（財団法人輔成会等）のみが当たっていたが，国の機関である保護観察所（専任保護司及び嘱託保護司）による更生保護が開始されることになった。調査は主として専任保護司があたり，観察は主として嘱託保護司があたった。本人の父母・後見人の外，雇主，その他現実に本人を保護・指導し得る適任者も右の「保護者」とされた。「保護団体」等への委託も会社・工場・事務所・商店・組合・農家等に事務員又は見習いなどの名義のもとに委託保護し，受託者に委託費を支給する方法がとられた[20]。付加処分の内容は，居住の制限・交友の制限・通信の制限その他適当な条件の遵守を命ずることで，主たる処分のみでは十分でない場合に用いられることとされた。これらのうち，特に交友の制限は旧同志との交友，とりわけ非転向者との交友を禁じたものである。条件に違反した

場合，仮出獄者については仮出獄を取り消すことも考慮されていた。

　保護観察期間は，いずれについても一律に2年と定められた。本法を必要とした理由，一般犯罪における再犯がおおむね釈放後2年の期間内に犯されていること，思想犯に対する保護指導の実績を上げるのに要する期間であること，保護観察の取消・更新が認められたこと等を考慮して，刑の執行猶予者，仮出獄者・満期出獄者・起訴猶予者の間に区分を設けないことにしたとされる[21]。ただし，この期間はあくまでも形式的なものであって，保護観察審査会の決議によれば無制限に期間を更新することができた。それでは人権蹂躙ではないかという質問に対する森山の答弁は，「保護観察ハ本質トシテハ善デアル。ソレカラ同時ニ保護観察ハ，本人ニ将来犯罪ヲ犯ス危険性ガ相当濃厚ナ場合ニ於テハ，又濃厚ナ場合ニ限ッテハ，何時マデモ保護処分ニ付シテ宜シイノデアル」というものであった[22]。

　なお，旧少年法は，18歳未満の少年に対し，刑の執行猶予または仮釈放になった者は猶予期間または仮釈放の期間，少年保護司の観察に付すると定めていた。しかし，思想犯保護観察法は，「少年にして治安維持法の罪を犯した者」については旧少年法を適用せず，本法のみを適用するとした。したがって，右の少年も思想審査会に送致され，少年保護司ではなく思想保護司等に委ねられることになった。

4　思想犯保護観察制度の諸機関

　思想犯保護観察法によれば，思想犯保護観察制度を実施するための機関として保護観察所，保護観察審査会，保護司等が規定された。それでは，これらの機関が設けられた趣旨とはどのようなものであったのであろうか。「生みの親」の森山の説明を聞くことにしよう。説明は次のようなものである[23]。

　　保護観察所と謂ふ特別なる官署を設ける建前になるのであります。此の保護観察所には思想補導官，司法保護司，思想保護審査会並書記，この4つを置いて見たらどうか，斯う謂ふ風になって居ります。即ち思想補導官は大体保護観察に関して先ず保護観察制度の中心を為す。之は官職になりますが例へば茲では保護観察要否の調査を命じて見たり或は此の審査会に対して審査を要求して見たり或は此の審査会の一員として審査に携わって見たり或は保護観察実行上の色々の監督をする，或は

補給費を決定する，斯う云ふことを之にやらして見たらどうであらうか，それから思想保護司は思想補導官の補佐官と致しまして其の指揮の下に保護観察要否の調査或は保護観察の実行，斯う謂ふことを保護司にやらして見たらどうであらうか，それから思想保護審査会は之は保護観察の要否或は保護観察に付するものとして之に付する種類期間の決定或は期間の更新，斯う云つた一種の判事らしいと申しますか，裁判らしいことを此の審査会はやる気であります．斯う謂ふような意味合いに於きまして大体此の観察所は全国的に重要なる場所，恐らく控訴院所在地へ設けてそれから必要な場所には出張所でも設けたらどんなものであらうか，それから思想保護審査会の審査員でありますが之はやはり判事 2 名，検事，思想補導官及び刑務所長各 1 名都合 5 名，斯う云ふやうにしたらどんなものであらうか，起訴猶予に就いては検事が 1 番能く認定が出来ますが執行猶予の場合には寧ろ或は判事の方が能く認定するのではなからうか，或は仮釈放者若は満期釈放者に対しては検事も判事もある程度の認識はありますけれども一番能く認定するものは刑務所長であらうと思ひます．而して斯う謂ふやうな人達が集まりましてそこで委員会を構成してやれば極めて穏健適切且，斯う云ふ意味で此の思想保護審査会が大体想像されて居るのであります．思想保護司は之を専任と嘱託とありまして此の嘱託で相当多数の人をお願いした方が成績が上がる上に於いて結構であると思つているのであります．

この説明で注目されることの第 1 は，治安維持法改正案では検事が行うこととされていた思想犯保護観察の要否等の認定には保護観察審査会があたることとし，思想犯保護観察の実効性を担保するために，その構成員に検事及び思想補導官の他に，判事 2 名と刑務所長が加わることとされている点である．思想検事は公判対策等その他のために超多忙で，思想検事だけで思想犯保護観察を認定することはキャパシティー的にいって無理があるということもこの判断の背景には伏在していたのではないかと推察される．ただし，この保護観察所を指導・監督するのは思想検事とされた．第 2 は，保護観察所を当初から全国的に配置するとされている点である．旧少年法の限定施行の是正に苦労した森山ならではの留意点といえようか．第 3 は，嘱託保護司に相当多数の人をお願いしたいとされている点である．保護団体等への委託などをも含めるとその数はもっと多数になる．これには，量的な問題だけではなく，質的な問題も関係したといえよう．すなわち，保護観察所に置かれる現在の保護観察官に相当する専任の少数の保護司だけでは，思想犯保護観察の「漏れのない網」を全国的に張ることは不可能であったからである．[24]

ちなみに，思想犯保護観察法にいう「保護観察」の意味について，森山は法

制定に先立つ1934（昭和9）年5月の思想実務家会同において「最近の情勢に鑑み思想犯処理上注意すべき点如何」について発言したなかで，次のように論じていた[25]。

> 転向者に対する保護，監察及び指導は今や思想犯対策の極めて重要なる部分となるに至れり。転向者に対する保護は一般の犯罪者の保護と異なり，単に釈放後に之を行ふに止らず，検挙当時に遡り，起訴猶予，執行猶予の処分を受けたる者に対しても直に保護を開始すべく，行刑中の者に対しては収容中に之を開始することを要すべし。即ち保護事業は従来消極的なりしを変更して積極的に之を為すの必要あるべし。又保護は従来個別的なりしを総合的集団的に之を為すことは極めて効果的なるべし。又保護に付き単に民間有志の手に委ねるに止めず検察当局に於て必要にして相当なる範囲の協働を為すことは，保護事業の積極化に伴ふ必然的結果なるべし。

5 保護観察所の設置等

保護観察所は，東京，横浜，水戸，前橋，静岡，長野，新潟，大阪，京都，神戸，高松，名古屋，金沢，広島，岡山，福岡，熊本，仙台，秋田，青森，札幌，函館の22ヵ所に置かれた。当初は控訴院所在地の7ヵ所に保護観察所を置き，他はその支所とする計画だったが，指揮系統などの煩雑さを避けるためか，同列で22ヵ所に設置されることになった。保護観察所官制（昭和11年勅令第403号）第2条によれば，保護観察所の職員について次のように規定された。

```
保護観察所ニ通ジテ左ノ置ク
    所　長　　22人
    補導官　専任8人　奏任
    保護司　専任33人　判任　内8人ヲ奏任トナスコトヲ得
    書　記　専任23人
```

少ない職員で発足したことがうかがえる。所長も補導官の中から充てることとされた。司法省はその重要性を力説し，職員の拡充を求めたが，結果は左のようなものであった[26]。

　1938年8月　補導官　8人　保護司　41人　書記　31人

1940年11月	補導官	11人	保護司	42人	書	記	39人
1941年4月	補導官	11人	保護司	41人	書	記	39人
1941年11月	補導官	11人	保護司	45人	書	記	39人
1942年11月	補導官	11人	保護司	35人	書	記	31人

　これによれば，思想犯保護観察制度の運用において保護観察所が果たしたのは「指揮所」ともいうべき役割で，その指揮の下に実際を担ったのは嘱託保護司であり，保護団体であったことが容易にうかがえよう。国の予算措置は貧弱で，そのために第一線は民間が担わされるという日本の社会事業の特質は思想犯保護観察においてもみられた。ここでも民間の役割が強調されることになった。本法施行直後の1936（昭和11）年11月25日に招集された第1回保護観察所長会同における林頼三郎司法大臣の訓示でも，「従来我が国の刑事政策的機構に於ては，釈放者保護事業は，殆ど全く民間に委ねられて，国家の機関の之に専従する者は無かったのでありますが，今般思想犯保護観察制度の樹立に依って行はれることになり，併せて犯罪防遏に関する国家的機構が漸く整備を見ることになったのであります。此の意味に於て本制度は，正に画期的意義を有するものと謂はなければなりません。」とした上で，この嘱託保護司と保護団体との関係等について次のように述べられているのである[27]

　　制度運営の円滑を期する為，警察官署，文教書記官，社会福祉施設，其の他民間有志者の充分なる理解と協力を得ることが必要であります。従って当局に於きましては，是等各方面との連絡協調を促進する一方法として，思想問題に理解ある宗教家，教育家，社会事業家又は警察関係者等，官民の中より適材を求めて，専任又は嘱託の保護司に選任し，人的組織の整備を期した次第でありますが，各位は此の点に十二分の考慮を払はれ，連絡協調の完璧を図られ度いのであります。
　　各保護観察所に分属せしめられるべき嘱託保護司は，調査及び監察事務に当る者でありますが，……本制度運用上極めて重要なる機能を担任するものでありますから，本制度の成績の良否は嘱託保護司の人物性行に依存するところ甚大であります。従って其の人選に就ては特に細心の注意を払ひ，今回の委嘱に当りましては，各方面の適材を網羅することを期した次第であります。……各位は嘱託保護司の指導に当つては特に此の点に留意せられ，嘱託保護司が我が国体に関する明徴なる観念を把持し，社会情勢の推移と人心の趨向に関する適正なる認識を持ち，職務に際しては厳正にして寛容且明朗なる態度を持し，被保護者の更生の為に熱意を以て尽力する様，周到なる考慮を払はれ度いのであります。
　　事業の運営に於て，教化事務と経理事務との分掌，関係諸機関との連携の緊密化

等を必要とするのであります。保護事業の斯くの如くの進歩は，事業の国家性を認め保護団体に対する国家の統制を行ふことによつて，比較的容易に実現し得られると考へられ来つたのでありますが，今や思想犯保護観察制度の下に於て，斯かる進歩的形態が実現を見んとして居るのであります。今般思想犯保護観察法施行令に於て，委託を為すべき保護団体は司法大臣より指定することとし，更に司法事業奨励費取扱規程を改正して，是等の団体の事業の経営に関しては保護観察所長の指揮監督を受くべきことと致しましたのは，右の趣旨に出づるのであります。各位は克く此の趣旨を汲み，保護団体の指揮監督に付充分の考慮を払ひ，之をして其の使命を如何なく発揮せしむる様努められ度いのであります。

嘱託保護司や民間保護団体等の果たす役割の重要性を強調する他方で，「嘱託保護司が我が国体に関する明徴なる観念を把持し，社会情勢の推移と人心の趨向に関する適正なる認識を持ち，職務に際しては厳正にして寛容且明朗なる態度を持し，被保護者の更生の為に熱意を以て尽力する様」に厳重に指揮監督することを保護観察所長らに求めている。

6　思想犯保護観察法の批判

法学者の多くは思想犯保護観察法に対して批判的だったといえる。[28] 小野清一郎も「其の意図如何に拘らず，之が運用によつて不当に本人の『思想及行動』の自由を制限する虞はないか。之によつて本人を自暴自棄に陥れ，却つて『更に罪を犯す危険』を醸成する虞はないか。危懼の念なきを能はぬのである。……直接保護観察の事務を行ふ保護観察所が如何なる職員によつて組織せられ，如何なる思想態度でもつて保護観察を行ふかが重要であると思ふ。此の点特に政府当局の甚深なる考慮を要望せざるを得ないのである。[29]」などと疑問を呈した。しかし，最も根本的な批判を展開したのは治安維持法事件の弁護人を務めた経験をもつ弁護士の森長英三郎（1906-1983年）であった。森長は，思想犯保護観察法を司法保護の思想から生まれたという当局の説明を否定して，治安維持法の系譜上に捉え，運用の成否は保護司の人選にかかっているという見方を否定して，「制度そのものに其の効果の発揮を妨げるものが伏在する」とし，次のように批判した。[30]

　　仮令保護司に適任者を得るも，本法制定の根拠が再犯防止の上に重点が置かれて

ゐるものとするならば、本法に依る思想犯人保護善導の効果は疑問視されるのであるが、更に本法及施行令を通じて思想犯人の生活に干渉し、これを攪乱することを防止するための具体的制限の規定を欠くに於ては、一層本法の将来に対して不安なきを得ないのである。

　殊に本法の運用が保護司に依つてのみ行われるのではなく、森山保護課長の言明せられる如く、『保護観察の遂行に際しては警察と密接なる連携を保たねばならぬことは勿論であり、殊に性格的非転向者の取扱については特に警察との協同を必要とするのである』……とすれば、此の不安は単なる杞憂として捨て去るわけには行かないのである。

　従来警察の無理解なる防犯的監視がいかに多くの前科者を苦しめて来たことか。本法施行令第1条第2項の訓示規定はこゝから生まれて来たものであるが、この一篇の訓示規定や上司の司令に依つて、どうして防犯監視の弊害が一掃されようか。殊にこれに依つて思想犯人が「特高、警察防犯、憲兵、保護観察所と四重の監督を受けることになるのである」（小林杜人氏「思想犯保護観察法に対する若干の考察」保護時報20巻7号16頁）とするならば、それは旧刑法上の監視刑以上であつて、一種の獄外監獄ともなり、思想犯人をして刑罰を受ける以上の苦しみを味はさないとも限らないのである。……

　以上私は最悪なる場合を想定して、当局に立つ人たちに警告せんとしたのであるが既に本法の施行せられたる今日、局に当る人達は如何なく善処せられて……不安と疑惧を一層して戴きたい。

　しかし、法の運用は、森長らが批判したような消極的な監視の域にとどまらず、積極的な「補導」、それも「物的な補導」ではなく、「精神的な補導」、すなわち「皇民」化にまで進んだことは既にみたところである。ただし、消極的な監視による再犯防止は格別、「皇民」化による再犯防止はいわば「善を施す」ことであって、人権侵害の批判は当たらないというのが森山保護課長らの考えであった。保護観察はポリス・パワーによるだけではなく、パレンス・パトリエにもよるものだということであろうか。

7　思想犯保護観察法の運用

　思想犯保護観察法は1936（昭和11）年11月から1945（昭和20）年1月までの9年間、運用された。この間の運用を司法省作成の1945（昭和20）年1月付「保護観察事件処理状況」（自昭和11年11月　至同19年6月）でみると、次のようになる。[31]

保護観察所の受理人員は8710人（男8164人，女546人）であるが，東京保護観察所の受理件数が全体の4分の1以上を占めており，次いで，大阪保護観察所，福岡保護観察所，神戸保護観察所，京都保護観察所，札幌保護観察所の順となっている。受理人員の対象者別の内訳は執行猶予者2449人（男2265人，女184人），起訴猶予者4135人（男3819人，女316人），満期釈放者1067人（男1039人，女28人），仮釈放者1059人（男1041人，女18人）である。起訴猶予者の割合が47.8％と1番多く，次いで執行猶予者28％，満期釈放者12.3％，仮釈放者12％となっている。

　保護観察所の処理の内訳は，保護観察審査会に審査ヲ求メタ者5353人（男5001人，女352人），審査ヲ求メザル者1640人（男1526人，女114人），他ノ観察所ニ移送879人（男840人，女39人），其他281人（男277人，女4人），未済557人である。思想犯の程度からいえば最も軽いと思われる起訴猶予者についてみると，審査請求1727人（84.7％）に対して審査ヲ求メザル者311人（15.3％）となっている。執行猶予者の場合は審査請求2298人（69.4％）に対して審査ヲ求メザル者1012人（30.6％）となっており，起訴猶予者に対する審査請求の割合は高い。

　審査ヲ求メタ者5353人のうち，保護観察ニ付スベキ者5337人（男4985人，女352人），付セザル者16人（男16人，女0人）である。審査を請求された者のうち99.7％が保護観察ニ付スベキ者とされている。

　保護観察ニ付スベキ者5337人の内訳は，執行猶予者1724人（男1596人，女128人），起訴猶予者2288人（男2096人，女192人），満期釈放者671人（男653人，女18人），仮釈放者654人（男640人，女14人）である。起訴猶予者の割合が42.7％と1番多く，次いで執行猶予者32.2％，満期釈放者12.5％，仮釈放者12.2％となっている。

　同じく司法省作成の「保護観察処分ニ付シタル者ノ処分別」（自昭和11年11月 至同19年6月）[32]でみると，保護観察処分を受けた者5332人（男4981人，女351人）の内訳は，執行猶予者1724人（男1597人，女127人），起訴猶予者2285人（男2093人，女192人），満期釈放者669人（男651人，女18人），仮釈放者654人（男640人，女14人）である。ここでも起訴猶予者の割合が42.9％と1番多く，次いで執行猶予者32.3％，満期釈放者12.5％，仮釈放者12.3％となっている。

　委託先の内訳は，保護司ノ観察4874人（男4557人，女317人），保護者ニ引渡19人（男18人，女1人），保護団体ニ委託251人（男236人，女15人），寺院教会ニ委

託4人（男4人，女0人），病院ニ委託6人（男6人，女0人），其他適当ナル者ニ委託178人（男160人，女18人）となっている。保護観察に付された者の91.4％の者が保護司の観察下に置かれている。保護団体への委託は4.7％で，保護者への引渡しは0.3％，病院への委託は0.1％，寺院教会への委託は0.08％に過ぎない。遵守ヲ命ゼラレタル者60人のうち，遵守条件の内訳は，居住ノ制限24人，交友ノ制限31人，通信ノ制限2人，其他3人である。

　保護観察の期間は2年間であるが，更新が認められ，その回数についても規定がなかったことは前述したところである。「非転向」を貫く場合，3回以上の更新があったことも考えられる。司法省作成の「保護処分成績」[42]の中の「保護観察人員」は6354人となっており，前述の「保護観察ニ付シタル者ノ処分別」の「保護観察処分計」5332人との間にかなりの開きがあるのは，この更新人員を含んだ延べ人数であるためと思われる。[33]

　「取消其他ノ終了」となったのは3919人である。その内訳は，取消1479人（良1262人，不良192人，所在不明25人），期間満了648人，移送1410人，死亡175人，其他207人で，移送人員（36％）の多さが目立つ。既にこの時点では治安維持法の改正により「非転向者」に対する予防拘禁制度が施行されていたために，保護観察対象者の中からも予防拘禁施設に移送された者が出たことから，このような数字になったものと考えられる。

　残りの2435人が1944（昭和19）年6月末現在の保護観察人員となる。その「成績」の内訳は，「可」2417人，「不良」17人，「所在不明」0人，「其他」1人となっている。「可」が専らで，その「可」も「良」が1152人，「梢良」が1265人で，「普通」は0人である。もっとも，「良」「梢良」といえども「取消」とはならず，「思想ノ指導及生活ノ確立」のために未だ保護観察が必要と判断されているところに本保護観察制度の運用の特徴が存した。

　同じく司法省作成の「保護観察所ニ於ケル個別輔導状況調」（自昭和11年11月 至同15年末）[34]をみると，個別補導総数4万7977件のうち，「慈母」的な「生活ノ確立」に関わるものは，就職斡旋2479件，修学斡旋140件，生業援助1273件，生活扶助2232件，医療保護1062件，結婚斡旋217件である。これらを合わせても15％に止まる。これに対して，「思想ノ指導」という「厳父」に関わる「出張観察」は56％の2万7048件に上っている。

　このような運用状況に鑑みれば，思想犯保護観察制度の果たした役割という

のは,「1930年代前半試みられた治安維持法全面改正の縮小版」にとどまらず,「1930年代後半以降の治安維持法体制の重要な柱」であったとされる。

1) 治安維持法が何故,1925(大正14)年に成立したかについては,周知のように,2つの有力な説がある。1つは,1925年3月に成立した男子普通選挙法を認める交換条件として,枢密院が共産党を取り締まる法の制定を要求したとする「アメとムチ」説である。もう1つは,1925年1月に日ソ基本条約を締結し,ソ連と国交を樹立したことを契機として,コミンテルンの共産主義の宣伝を警戒したとする「日ソ国交樹立」説である。これについて,中澤俊輔『治安維持法――なぜ政党政治は「悪法」を生んだか』(中央公論新社,2012年)は次のような理解を加えており,興味深い。

「2つの説はそれぞれ正しい。見方を変えれば,『アメとムチ』説は国内の要因を,『日ソ国交樹立』説は外交的な要因をそれぞれ重視しているといえる。ただし,2つの説は一面的でもある。治安維持法を普通選挙法の交換条件としてみるだけでは,宣伝の取り締まりを目的とした過激社会運動取締法以来,法案が変遷した経緯を軽んじることになる。また,たとえ,ソ連と国交を樹立したとしても,思想対策として取締法を制定するという選択が自明なわけではない。そもそも法に任せるべきかという問題がある。そして法律として成立するには,議会で多数派の支持を得る必要がある。本書は,治安維持法が1925年に成立した最大の要因は,前年に成立した加藤高明聯立内閣だったと考える。憲政会と政友会の連立内閣は,衆議院の多数を確保するだけでなく,2つの政党を介して貴族院の協力を得ることも可能にした。貴衆両院の支持を得る聯立政権であれば,遅かれ早かれ治安維持法に類する法律はできていただろう。また,治安維持法には,『結社』取締法という重要な性格がある。この法律は,実行行為を罰する内乱罪や大逆罪とは異なり,国体の変革や私有財産制度の否認の拠点となる,結社を取り締まるという体裁をとった。」「司法省と内務省は,治安維持法案の起草作業の終盤まで,『宣伝』取り締まりの余地を残そうとしていた。結論を先取りすれば,治安維持法を『結社』取締法として性格づけたのは,憲政会と加藤高明首相の意向によるところが大きかったのである。」(31-33頁)

2) 治安維持法の主管官庁は司法省と内務省であったが,「危険思想」をめぐる両省の競合と協調については中澤・前掲注1)書が詳しい。そして,次のように整理される。

「内務省は社会運動に対しては比較的寛容であり,新たな取締法を作ることにも慎重な姿勢をとった。法の適用は柔軟であり,一方で,合法的な範囲の運動は許容したが,革命を目指すと思われる共産主義勢力を取り締まるためには強引な手段も辞さなかった。一方で,司法省は法の適用に厳格であり,学問や言論の領域を含めて社会主義思想を取り締まる新たな法を欲した。ただしその根底には,新たな問題を解決するには明確な法的根拠を要するという,法の支配の観念があった。そして,政友会は司法省と,内務省は憲政会とそれぞれ親和性を高めていった。……治安維持法はまさに,2つの官庁と2つの政党を架橋した加藤高明―護憲三派内閣で成立するのである。」(30頁)

3) この改正は,1928年3月15日,田中義一内閣が日本共産党などの関係者千数百名を治安維持法の容疑で一斉検挙した3・15事件の波紋が広がるなかで,田中内閣の2人の大臣,原嘉道司法大臣と小川平吉鉄道大臣(加藤内閣の司法大臣として治安維持法の制定に大きな役割を果たした。)によって準備された。そして,改正案は,これら両大臣による政治主導の下で上から下に命じる形で,司法省刑事局長及び法制局参事官により作成された。これらの点については,中澤・前掲注1)書99頁以下等を参照。

4) 中澤・前掲注1)書95頁以下等を参照。

5) 中澤・前掲注1)書127頁以下及び145頁以下等を参照。

6) 中澤・前掲注1) 書151頁等を参照。
7) 予防拘禁制度を削除し，これに代えて保護観察制度の対象を拡大することは，司法保護法の成立に努めていた保護団体にとって大いに歓迎するところで，思想犯保護観察制度の創設についても「思想犯保護観察制度設定請願」を衆議院に提出している。思想犯保護観察法が議会に提出された背景に，このような民間保護事業団体の動きがあったことについては，菊田幸一「思想犯保護観察法の歴史的分析（一）」『法律論叢〈明治大学〉』44巻5・6号（1971年）107頁等を参照。

　なお，2度目の治安維持法「改正」が挫折した直後，司法省保護課長に就任した森山がまず着手したのは「思想犯保護の中央機関の設置」，昭徳会の設立であった。1935年6月に発表された趣意書には，「今や思想犯対策の重点は之に対する保護観察の時代に入れりと謂ふことを得べく，而も現時の社会情勢は思想犯人の保護善導を最も効果的に為し得るの時期と認むべきを以て，此の機を逸せず急速に思想犯の保護施設を調整するの必要あることは，思想実務家の均しく痛感するところなり」とあり，「思想犯保護事業の全国的指導，統制，助成」を第一の目的とした。総裁を法相，会長を司法次官，常務理事を司法省保護課長（森山）が占めるように，全面的に「司法省を背景」としていた。ただし，寄付金募集などを経て9月に認可されたものの，本格的活動は思想犯保護観察法の成立後となった（荻野富士夫編『治安維持法関係資料集 第3巻』（新日本出版社，1996年）30頁以下に収録）。

8) 1916（大正5）年，判検事登用第1回試験に合格し，司法官試補となる。大正9年，ドイツに留学し，労働法を研究。大正12年に東京控訴院検事，昭和2年に司法省行刑局に勤務となり，昭和7年に検事に転任した後，1935（昭和10）年4月，司法大臣官房保護課長となり，1940（昭和15）年11月に保護局長となるまで6年余り保護課長を務めた。森山は保護課長になるや，犯罪対策としての保護を確立することに情熱を傾けた。保護課長に着任したときは大正少年法の施行区域はまだ3府5県に過ぎなかったが，毎年その拡大に努め，1942（昭和17）年には全国実施を成し遂げたこと。1936（昭和11）年5月，思想犯保護観察法を立案制定し，思想犯保護観察制度を確立したこと。1939（昭和14）年11月司法保護事業法を制定したこと。1940（昭和15）年11月官房保護課を保護局に昇格させたことなど，司法保護の充実発展のためにめざましい足跡を残した。初代の保護局長となり，財団法人保護協会理事長に就任した。しかし，戦争の拡大と共に行政機構の改革がなされ，1943（昭和18）年1月，保護局が行刑局と統合され刑政局となるや大審院検事に転官した。1944（昭和19）年，宮城控訴院検事長となり，終戦時は福岡控訴院検事長であった。1946（昭和21）年5月，公職追放覚書該当者に指定され，1946（昭和21）年7月に退職し，弁護士に転じた。更生保護制度の誕生を見ることなく逝去した。これらについては，『更生保護50年史（第1編）』（全国保護司連盟他，2000年）193頁以下等を参照。なお，荻野富士夫『思想検事』（岩波書店，2000年）によれば，前述したように，森山をもって主要思想検事の1人とされ，1932年に東京控訴院検事として日本共産党中央部の統一公判を担当したことが紹介されている。
9) 森山武市郎『思想犯保護観察法解説』（松華堂書店，1937年）30頁。
10) 菊田幸一「思想犯保護観察法の歴史的分析（一）」『法律論叢〈明治大学〉』44巻5・6号（1971年）107頁等を参照。また，加藤倫子「戦前から戦後復興期における保護観察制度の導入と変遷」『応用社会学研究〈立教大学〉』55号（2013年）224頁によれば，立法関係者は，思想犯保護観察法の目的について言及する中で「保護観察」という言葉において，観察よりも保護に重きが置かれていることを強調している。しかしながら，これはあくまでも旧刑法における警察「監視」との比較における変化を述べているにすぎず，実際のところは「観察」であったと考えられる」とされる。

　これに対し，荻野富士夫「解説 治安維持法成立・『成立』史」同編『治安維持法関係資料集 第4巻』（新日本出版社，1996年）によれば，治安維持法改正法律案中の保護観察に関す

る規定とは異る趣旨と森山が言う「異る趣旨」とは「保護観察の目的を『威嚇弾圧』重視から『保護指導』重視に転換するという意味である」(659頁)とし, 治安維持法改正案と思想犯保護観察法案の異なる点として, 二度の治安維持法「改正」案ではいずれも保護観察に付す権限は検事が持つとされていたが, 司法保護観察法では保護観察に付す決定を保護観察審査会で行うこととし, その審査を請求するものは保護観察所としたこと等をあげた上で, 「思想犯保護観察法は, 治安維持法『改正』案中の『保護観察』の規定をそのまま踏襲したのではなく, 『保護指導』の性格を鮮明にしようとした。しかし, 思想犯『保護指導』法ではなく, 思想犯『保護観察』法であったことは, 根幹の部分で『改正』案の規定を継承したものであることを物語る。」(661-662頁)とされる。

　思想犯保護観察法の主管を司法省刑事局から司法大臣官房保護課に移したことも治安維持法改正案と異なる点であった。

11) 荻野富士夫編『現代史資料45 治安維持法』(みすず書房, 1973年)273頁を参照。なお, 1936年4月15日付けの司法省作成「思想犯保護観察制度ノ必要」(荻野・前掲注7)書『治安維持法関係資料集 第3巻』44頁以下に収録)によれば, 新制度が必要な理由が「第一 憂慮スベキ思想犯人ノ情勢」「第二 警戒スベキ客観的情勢」「第三 思想犯対策ノ緊要」「第四 現在ニ於ケル思想犯保護観察ノ不備欠陥」という形でまとめられている。そのうち, 「第四 現在ニ於ケル思想犯保護観察ノ不備欠陥」の内容は次のようなものである。

　思想犯人ニ対スル現在ノ視察制度ノ如キハ不備欠陥多ク殊ニ被釈放者ニ対スル警察視察制度ノ如キニ至リテハ, 各府県ニ於ケル取締法規ノ内容区々ニシテ其間統一ナク, 規定自体モ亦極メテ不完全ナルノミナラズ, 其ノ運用ノ跡ヲ見ルニ, 警察官ノ監視方法往々ニシテ妥当ヲ失シ, 折角自力更生ノ途ヲ進ミツツアル被釈放者ノ生活ノ安定ヲ奪ヒ, 之ヲシテ自暴自棄ニ陥ラシメ, 再ビ犯行ヲ累ネシムルノ実情ニ在リテ, 警察視察ハ寧ロ被釈放者ノ怨府タルノ観ナキニシモ非ズ, サレバ保護事業家ハ常ニ之ガ改善ヲ叫ビ, 司法, 内務当局又数字ノ警告ヲ与ヘタルニ拘ハラズ其弊ハ依然トシテ今尚ホ除去セラルルニ至ラズ。一般釈放者ニ対スル警察視察ノ現状斯ノ如ク, 思想犯関係者ニ対スル視察ニ付キテハ梢改善ノ跡ナキニ非サレドモ未タ不十分ナルヲ免レズ。サレバ各国ノ立法例……ハ等シク「警察官監視」ヲ排撃シ, 之ニ代フルニ適当ナル保護観察制度ヲ樹立スベキコトヲ唱道シ, 我刑法改正案亦其制度ヲ採用セントスルノ態度ヲ示シ居レリ。

　警察視察ノ実情斯クノ如ク, 而モ思想検事ハ公判ノ立会其他ノ事務ニ忙殺セラレテ保護観察ニ従フノ余裕ナク, 民間諸有志ニ於テ思想犯保護ニ従事スルモノナキニ非ザレドモ其ノ規模狭小ニ過グ。結局孰レノ点ヨリ見ルモ被釈放者ニ対スル保護観察ノ目的ニ沿ハザルノ実情ニアルヲ以テ, 新ニ保護観察制度ノ制度ヲ採用シ, 保護観察所ヲ設ケ, 思想犯輔導官, 思想保護司及ビ思想保護審査会ヲ置キ以テ被釈放者ノ更ニ罪ヲ犯スノ危険ヲ防止シ且被釈放者ヲシテ正業ニ従事セシムル為適当ナル処置ヲ為サムガ為ニ思想犯保護観察法ヲ制定セントス。

　「警察視察」を批判する形で新制度の必要性が説かれている点が特徴である。大正少年法(大正11年)が制定されたことから, 感化法にみられる「保護・教養」主義はもはや克服し得たと考えられたことによるものであろうか。

12) ただし, そのことは立案当局者が思想犯保護観察法から「保護」概念を排除していたということを意味するものでは決してない。大正少年法(大正11年)で採用された両義的・二面的特質は, 思想犯保護観察法でも採用されたといえるからである。すなわち, 「保護」と「観察」という異質な概念を結びつけることによって, 一方では「警察視察」にみられるような「監視」だけの旧制度に取って代わるとともに, 他方で感化法にみられるような「保護」だけの旧制度をもまた実効性に欠けるとして退けるという方法がそれである。それは, 必要に応じて時には「保護」を強調し, また時には「観察」を強調するという形で, 時代の

変化に融通無碍に対応することを可能にせしめたといえよう。そして，それは民間保護団体等を指導・監督する上でも恰好の指導理念となり得たといえよう。ただし，現実には「保護」よりも「観察」が重視されていることは否めない事実である。森山は，昭和10年11月に開催された第7回思想実務家会同の席上で，司法省保護課長として「『思想犯保護観察制度』に就て」と題して説明しているが，その中で，次のように述べているからである。

「コミンテルン大会とかの影響とかと謂ふことを考へますと此の際何とかして思想犯保護観察をやらなくてはいけないのではないか。どうも此の保護は御承知の通りともすれば寛に流れまして犯罪人を造るやうな傾きがあります，それに代わるものとして最近の刑事思潮を採り容れまして此の立案に取り掛かったのが今度の保護観察制度であります。」

ちなみに，保護課属の大橋大秀は，「思想犯保護観察法が公布せられるまで」（青森保護観察所『思想犯保護観察法』34頁以下に所収）という文章のなかで，保護観察の対象が起訴猶予者・執行猶予者・仮釈放者・満期釈放者というように拡充されたことは「保護観察精神」の転換をもたらしたと評価し，次のように述べている。

「予防拘禁の条章を伴ふ前の改正法律案の保護観察精神は事犯軽微にして思想浸潤の程度も浅きものなるが故に再び犯罪を為すの危険から防止する為に警戒監視する——観察に中心を置く消極的保護であるといひ得る。然るに予防拘禁の条章を削除し且満期受刑釈放者及び仮釈放者までも保護観察の対象者とする後の改正法律案の保護観察精神は相当期間受刑者として行刑教化したる結果その功績顕れたる者に対し更に罪を犯すの危険を防止するは勿論進んで正業に就かしめ良民的生活に誘致せんとする——観察よりも積極的保護に中心を置かんとする精神なることが充分察知し得られる。之は思想犯人が監視に対する常に強い鋭い反発性から逃避するが為にも必要なことである。」

13) 1892-1978年。1920（大正9）年，八幡製鉄所争議のリーダーとなり，以後，労働組合・労働者農民党で活動する。1937（昭和12）年に日本無産党委員長となるが，人民戦線事件にかかわり，2年間未決投獄された。1936（昭和11）年に衆議院議員となる。戦後，日本社会党に参加し，1946（昭和21）年に衆議院議員となる。1948（昭和23）年，芦田内閣の労働大臣に就任したが，その後の選挙で落選。1951（昭和26）年の社会党分裂時には右派社会党に所属した。1952（昭和27）年，国会議員に復帰した。引退後は社会党顧問をつとめた。

14) 『昭和11年第69帝国議会衆議院議事速記録第13号（昭和11年5月21日）』364-365頁。なお，荻野・前掲注11）書『現代史資料45 治安維持法』274頁以下参照。加藤の反対意見等をより詳しく紹介しているものとしては，菊田・前掲注7）論文117頁以下等。

15) この理由について，荻野富士夫「解説 治安維持法成立・『成立』史」同編『治安維持法関係資料集 第4巻』（新日本出版社，1996年）655頁以下によれば，次のように分析されている。

司法省における思想犯罪問題の第一人者であった池田克（1983-1977年）は，思想犯保護観察法の施行を控えた1936（昭和11）年11月，「思想犯人教化の経験批判（上）」（『警察研究』7巻11号（良書普及会）1頁以下）のなかで，「今や共産党運動者に対する検挙時代，行刑教化時代を越えて，保護観察時代に推移してゐる」と述べている。この「行刑教化時代」から「保護観察時代」への移行は，思想司法当局者によく認識されていたが，遅まきながらもこれに近い認識を内務・特高警察当局も持ちはじめていた。1935（昭和10）年5月末の全国特高課長会議では，従来の検挙第一主義を改め，非「転向」者の「転向」への誘導と既「転向」者の「転向」の確保が指示された。この方針転換にそって，各府県では対策を開始するが，警保局の年報『社会運動の状況』（1935年版）では「先づ転向者に接触し，其の心情を究め，各種の方法によりて転向を完からしめ，或は適切なる組織を設けて，職業の斡旋其の他一身上の事項に対して懇切なる指導援助を与へて漸次忠良なる臣民となさんと努めつヽあり」とし，成果もあがりつつあるとしている。

これに加えて，内務省が警察視察に対する批判を甘受せざるを得なかったという理由も挙げ得ようか。ただし，荻野・前掲「解説 治安維持法成立・『成立』史」61頁によれば，「保護観察時代」への移行については，本質的には「威嚇弾圧」こそ思想犯罪防遏策の第一と考える特高警察の「相当強硬な反対意見」があったと推測されるとされる。

16）菊田・前掲注10）論文130頁等を参照。
17）荻野・前掲注15）書664頁等を参照。
18）『保護時報』昭和11年6月号巻頭言［思想犯保護観察法公布さる　次は一般犯人の保護観察実施へ］を参照。なお，荻野・前掲15）書660頁によれば，「保護事業関係者には，『思想犯罪ノ予防』を前面に打ち出した治安維持法『改正』案中の保護観察よりも『保護指導』重視の方が，受け入れられやすいものであった」とされる。
19）森山・前掲注9）書70頁等を参照。
20）森山・前掲注9）書74頁等を参照。
21）森山・前掲注9）書80頁等を参照。
22）「昭和11年第69帝国議会思想犯保護観察法議事速記録（昭和11年7月）」司法大臣官房保護課『司法保護資料』7輯130頁等を参照。
23）森山・前掲注12）講演「「思想犯保護観察制度」に就て」を参照。
24）司法保護事業法案の議会審議において森山政府委員が「今までの如く司法保護事業を専門にやつて居られる方以外に，各地方の有識者に委員を御願致しまして，津々浦々各市町村に洩れなく保護網を張つて行かふ，斯う云ふ主旨の下に作られるのが司法保護委員の制度でございます。」（「昭和14年第74帝国議会衆議院人事調停法案委員会議事録（速記）第15回（3月13日）」3頁等を参照）と述べていることからもそれはうかがいしれよう。
25）「昭和9年5月思想事務会同議事録（控訴院思想係検事及地方裁判所次席検事会同）」社会問題資料研究会編『社会問題資料叢書第一輯（昭和9年5月思想事務会同議事録昭和10年6月思想実務家会同並に司法研究実務家会同議事録）』132頁を参照。
26）荻野・前掲注7）書353頁等を参照。
27）荻野・前掲注7）書89頁以下等を参照。
28）ただし，周知のように，刑法学者の牧野英一は，「確信犯人に対する国家的処置は，今，刑事政策の難問とされているところであるが，その間において，わが国は，治安維持法の極めて厳格な立場から事をはじめて，今，思想犯保護観察法の寛容深き態度により，有終の美を済まそうとしているのである。争ふべからざる進歩がそこに看取されねばならぬのである。われわれは，確信犯人に対しても教育刑の原理を固持するのである。そこに，われわれは，文化国家の能動的な立場が在ると信ずる。そうして，そのかような能動的な立場を更に濃厚ならしめたところに，今次の保護観察法が成立したものと見るべきでなかろうか」（同『刑法の三十年』（有斐閣，1938年）179頁-182頁）と説いて賛成に回った。
29）小野清一郎「（新法令解説）思想犯保護観察法」『法学協会雑誌〈東京大学〉』54巻7号（1936年）107頁以下。
30）森長英三郎「思想犯保護観察法に就いて」『法律新聞』4062号（1936年12月5日）。
31）荻野・前掲注7）書506頁以下を参照。
32）荻野・前掲注7）書506頁を参照。
33）荻野・前掲注10）661頁等を参照。
34）荻野・前掲注10）書505頁を参照。
35）奥平康弘『治安維持法小史』（岩波書店，2006年）182頁。
36）荻野・前掲注10）書671頁。その上で，同672頁以下によると，「思想犯保護観察法の9年間も一本調子ののつぺらぼうの運用であったわけではない。1930年代後半の治安維持法の運用が，社会運動との対抗関係というより，政治・社会状況の転回に対応して，拡張展開され

ていったことと歩調を合わせて，その方針の転換がなされ，しかも拡張されていった。思想犯保護観察法の運用は，1940年前後を境に大きく前後に分けることができる。……保護課の保護局への拡充と保護観察所の拡充はいずれも40年11月であり，『予防拘禁』制を導入した治安維持法の大『改正』は41年3月であり，これらは『保護』から『観察』への転回と密接に連関している。」とされる。

　しかし，そもそも立法当時から「保護観察」の重点が「観察」に置かれていたことからすれば，「保護」から「観察」への転回というのではなく，正確には，消極的な監視による再犯防止から，積極的な補導，それも「物的な補導」ではなく「精神的な補導」，すなわち，「皇民」化による再犯防止へと展開したというべきではないかと考えられる。

　ちなみに，『昭徳』昭和14年11月号（保護観察法実施3周年記念号）31頁以下に寄稿された大阪保護観察所長桜井忠男の「新なる出発点に立ちて」という論文によれば，思想犯保護観察の運用が3期に区分され，第1期（1936年の保護観察所創立から1937年7月の事変勃発まで）は「創業当初であるため，活動の重点も，観察所機構の整備，活動方針の探究，転向者の生活確立等」に置かれたが，第2期（事変勃発後，1939年5月の第4回保護観察所長会同まで）は「国策遂行の大スローガンの下に，思想国防，日本精神の把握，国民戦列への積極的参加，人的資源動員等の具体的活動目標を与へられ」た時期で，第1期・第2期は総じて「生活保護の具体的解決」に重点があった。これに対する「反省期」が第3期の現段階で，現段階では「精神輔導」の強化が図られなければならないとされる（35頁以下等を参照）。

　桜井が注目する1939（昭和14）年5月21日，22日に開催された第4回保護観察所長会同では，「諸諮問事項答申」の中で，「私共は過去半年に於ける本法の実践を通じまして親しく我国体の真髄に触るるの機会を得ましたと共に，一方本法運営の要諦も亦実に一同身を以て我国体精神の顕現に微力を致すの外無きことを深く確信し，茲に君国の為め己を空うして奉公の誠を致さんとするの念願切なるものがあるのであります。」「多数青年の思想的動向の如何は国家の体威に至大の関係を有することは敢えて多言を要せざる処であります。従つて本法運営の成否は思想国防上洵に重大なる結果を招来するものと謂わなければなりません。斯くして本制度は単に司法部内の一保護事業なるに止まらず真に重大なる使命を有する国家的一大事業たるや論を俟たないのであります。」と記されている。

第4章　思想検事

1　思想検事の創設

　司法省，裁判所は，治安維持法の成立と2度の「改正」を分担ないし主導する一方で，同法をはじめとする治安諸法令を運用して，「思想司法」と呼ぶべき機能を創出した。その運用の実質的な主体となったのが「思想検察」であり，その機能を人的に体現するのが「思想検事」（正式には「思想係検事」，通称「思想検事」）であった。思想犯保護観察法についてもその立案を担い，運用の司令塔となったのは，森山武市郎らの「思想検事」であった。この「思想検事」の創設前後の主な動きを思想犯保護観察法の制定までについてみると，次のようになる。

1918（大正7）年4月		平沼騏一郎検事総長が「怖ル可キ危険思想」について訓示する。
	8月	米騒動が起る。
1919（大正8）年3月		朝鮮3・1独立運動が起る。
	4月	朝鮮総督府，「政治ニ関スル犯罪処罰ノ件」を定める。
	6月	司法省，調査課を新設する。
1920（大正9）年1月		森戸辰男事件が起る。
1922（大正11）年2月		過激社会運動取締法案を議会に提出する（審議未了で廃案）。
	7月	日本共産党が創設される（ただし，21年という説も）。
1923（大正12）年9月		関東大震災に伴い，緊急勅令「治安維持ノ為ニスル罰則ニ関スル件」を公布する。
	12月	虎ノ門事件が起る。
1925（大正14）年4月		治安維持法を公布する。
	11月	第1次共産党弾圧事件が起る。

1926（大正15・昭和元）年		
	1月	京都学連事件が起る。
		司法省で林頼三郎司法次官，小山松吉検事総長，各控訴院検事長，各府県特高課長らが協議し，国内最初の治安維持法適用事件の京都学連事件に関わって，学連壊滅の方針を決定する。
	2月	司法大臣訓令「思想問題ニ関スル件」を定める。各種の「詭激ノ思想」に対して機宜を逸せずに「適正ノ処置」をとるようにとの内容。
	5月	東京地検検事だった瀧川英雄を暫定的に刑事局の思想問題担当の書記官に据え，嘱託数人と共に，「独り特殊の事件のみならず，総般的に思想の流れを考察」させる。
1927（昭和2）年	1月	司法省，『思想部報』第1輯を発行する。
	3月	刑事局内に「思想問題調査攻究機関」を創設する。
	6月	司法省刑事部に「思想部」を創設。司法省官制改正により，思想問題専任の書記官1人と属（属官）4人が刑事局に増員され，「思想部」と通称される。初代の書記官には，東京地裁検事局から4月に刑事局に移っていたばかりの池田克が就任する。
		司法省は「司法研究」の場を新設し，「思想問題攻究調査」に活用した。
		「司法研究」第1部の第1回会同では，小山松吉検事総長が「思想問題に就いて」講演し，欧米及び日本の社会主義義運動について解説した。
	8月	3か月にわたった「司法研究」の第2部の第1回会同では，テーマとして「無政府共産主義者に対する刑事上の処分」，「社会進化に伴うて発生する犯罪に就て」，「労働争議と犯罪」，「団体的犯罪に就て」等が据えられた。
	10月	東京地裁検事正に就任した塩野季彦の指示により，東京地裁検事局に特別部として「思想専門」（通称「思想部」）が置かれる。平田勲がその部長（主任）に就任する。
	11月	北海道集産党事件が起る。
1928（昭和3）年	3月	3・15事件。検挙された者は約1600人，起訴された者は488人に上る。
	5月	第55回帝国議会で特高警察拡充のための追加予算約

	200万円と共に，思想検察の創設のための経費約32万円が認められる。
	司法省は刑事局長名で，「思想係検事事務分掌規準」（「思想事務ニ関スル訓令通牒集」）を各検事長・検事正宛に通牒する。
6月	治安維持法が司法省主導の下に緊急勅令として成立する。
7月	内務省警保局保安課を拡充する（特高警察の大拡充）。
	思想検事を全国配置する。裁判所職員定員令の改正により，思想犯罪の捜査と研究に従事させるためとして，検事26人と書記52人が増員された。配置は，東京・名古屋・大阪・広島・長崎・宮城・札幌の各控訴院検事局に1人ずつ，東京・大阪の地裁検事局に3人ずつ，京都・神戸の地裁検事局に2人ずつ，横浜・名古屋・岡山・福岡・熊本・長野・新潟・仙台・札幌の地裁検事局に1人ずつであった。これにより思想検事が正式に誕生した。これら思想検事は思想調査の為の余裕が持てるように，一般事件の処理を担当しないこととされた。なお，思想検事は同時に朝鮮と台湾でも配置された。
	既に思想部を有していた東京地裁検事局では，官制上の定員3人の他に更に4人を配置して，平田勲を部長に7人の陣容を整えた。
9月	区裁判所検事局にも「思想係」を新設する。予審を要する治安維持法違反以外の出版犯罪等を担当した。東京の区検事局では4人が指名された。
	全国思想係検事会同を10日間の日程で開催する。実質的な責任者の刑事局思想部の池田克によれば，会同の目的は思想問題や思想運動の情勢一般についての認識を深めさせ，その上で「思想事犯の捜査上に於ける予備知識」を与えることが目的とされた。
	終了後には，「満朝地方の思想系統調査の為め」として，6人の思想検事が3～4週間の日程で派遣された。平田勲の派遣先は北京であった。
12月	文部省，学生課を設置する。
1929（昭和4）年3月	山本宣治，治安維持法改悪に反対して暗殺される。
4月	大阪地裁検事局が「日本共産党関係治安維持法違反

	事件被疑者取調要綱」を定める。
	4・16事件が起る。
5月	大審院で「無産者新聞」配布事件につき改正治安維持法の目的遂行罪を適用して有罪判決が出る。
9月	泉二新熊刑事局長が満州を視察する。
10月	池田克書記官が満州・朝鮮を視察する。
1930（昭和5）年4月	池田がフランスの思想犯罪に対する法制とその実施状況を調査する為に海外出張。
1931（昭和6）年3月	司法省，「日本共産党関係治安維持法違反事件処分方針ノ件」を定める。起訴緩和の方針を示す。
5月	司法省，「仮釈放審査規程」を定める。
7月	思想係検事事務打合会を開催する
9月	満州事変が起る。
1932（昭和7）年1月	朝鮮人李奉昌による天皇暗殺未遂事件が起る。
2月	血盟団事件が起る。
5月	5・15事件が起る。
6月	特高警察を拡充する（警視庁に特高部の設置等）。
8月	司法省が司法部を拡充する。
	文部省が国民精神文化研究所を設置する。
10月	思想実務家会同を開催する（以後，定例化）。
	熱海事件が起る（共産党再建を弾圧）。
11月	司法官赤化事件が起る。
	東京地裁検事局は「思想事件聴取書作成上ノ注意」を定める。
12月	司法大臣訓令「思想犯人ニ対スル留保処分取扱規程」を定める。
1933（昭和8）年1月	河上肇が検挙される。
2月	長野県教員赤化事件が起る。小林多喜二，特高警察により虐殺される。
3月	国際連盟脱退を通告する。
4月	政府，「思想対策協議委員」を設置する。
5月	瀧川事件が起る。
6月	佐野学・鍋山貞親が転向を声明する。
1934（昭和9）年1月	東京地裁検事局に「右翼思想部」を設置する。
2月	治安維持法改正案を議会に提出する（廃案）。
4月	思想検事を拡充する。
6月	文部省，学生部を思想局に拡充する。
7月	司法省が『思想月報』を創刊する。

1935年（昭和10年）3月		治安維持法改正案を議会に再提出する（廃案）。天皇機関説事件が起る。
	8月	政府，国体明徴を声明する。
1936（昭和11）年2月		2・26事件が起る。
	3月	メーデーを禁止する。
	4月	国号を「大日本帝国」に統一する。

2 思想検事の任務

　3・15事件の直後の1928（昭和3）年5月末，司法省は，思想検事の全国配置に先立って，刑事局長名で，思想検事の任務に関する「思想係検事事務分掌規準」（昭和3年5月26日秘第951号）を各検事長・検事正宛に通牒している。本「思想係検事事務分掌規準」は，「来ル6月1日ヨリ思想係検事ヲ配置致候ニ付テハ概ネ別紙規準ニ依リ執務為致候様御取計相成度尚特ニ其配置ヲ為サザル検事局ニ於テモ適当ノ検事ヲシテ本規準ノ趣旨ニ従ヒ平素執務上ノ注意ヲ促サルル様御配慮相成度候」としている。別紙の「思想係検事ノ事務分掌規準」は，「第一 通則」，「第二 地方裁判所思想係検事」，「第三 控訴院思想係検事」からなるが，その内容は次のようなものである。[3)]

　　第一　通　則
　一，思想係検事ハ主トシテ左ノ思想犯事件竝ニ詭激危険思想懐抱者ノ犯シタル普通犯罪事件ヲ担当ス
　　（1）　左傾思想運動ニ基ク犯罪殊ニ治安維持法及治安警察法爆発物取締罰則等ノ犯罪
　　（2）　刑法第二編第一章第二章ノ犯罪
　　（3）　出版犯罪（朝憲紊乱，秩序壊乱，尊厳冒涜，思想ニ基ク風俗壊乱）
　　（4）　反動運動ニ基ク犯罪及反動団体員ノ犯罪（殊ニ暴力行為等処罰ニ関スル法律違反ノ罪）
　　（5）　労働運動竝労働争議ニ基ク犯罪
　　（6）　農民運動竝小作争議ニ基ク犯罪
　　（7）　水平運動ニ基ク犯罪及水平社員ノ犯罪
　　（8）　騒擾罪
　　　思想犯罪事件ヲ処理スルニハ特ニ其ノ事件ニ関スル押収書類等ヲ熟読精査スルハ勿論平素ノ一般研究ノ結果ニ基キ犯人ノ思想的悪化ノ動機及程度竝思想上ノ諸般環境ヲ明カニシ事件ノ適切ナル処理ニ付違算ナキヲ期スベキモノト

ス
二，思想係検事ハ常ニ思想問題ノ基本観念特ニ本邦ノ国体及固有ノ道義観念ヲ明カニシ社会科学プロレタリア芸術等ヲ攻究シ併セテ精神病理，刑事政策等ヲ研究シテ思想犯ノ原因ヲ詳カニシ根本的ニ予防ノ対策ヲ立ツルコトニ努力スルヲ要ス
三，思想係検事ハ思想犯罪ノ一般予防ノ為学校，青年訓練所，軍人会処女会教化団（以上教育方面）刑務所，矯正院，感化院，司法保護団体（以上改善方面）トノ連絡協調ヲ計ルコトニ注意スベキモノトス
四，思想係検事ハ参考ノ書籍雑誌，新聞紙ノ備付及整理ヲ為スベキモノトス
第二　地方裁判所思想係検事
　　　地方裁判所検事局ニ於ケル思想犯検事ハ第一項ニ依リ事件ヲ担任シ且基本観念ノ研究ヲ為ス外左ノ事項ノ処理ニ当ル
一，左傾的及反動的詭激思想ヲ懐抱スル個人竝団体ノ分布及活動状況ノ調査
二，管内ニ於ケル各種ノ争議団体及解放運動等ニシテ将来事犯ノ惹起スルノ虞アルモノノ調査
　　　以上一及二ノ調査ヲ為スニハ庁府県特別高等課，憲兵隊トノ連絡協調ヲ保チ諸種ノ情報ヲ蒐集スルコトヲ要ス
三，思想犯ノ原因ノ調査
　　甲　個人方面
　　　（イ），精神状態
　　　（ロ），教育職業等ノ経歴
　　　（ハ），思想悪化ノ経路及直接動機
　　　（ニ），家庭ノ資産，職業，犯罪経歴等
　　　（ホ），其ノ他個性調査上参考ト為ルベキ事項
　　　以上ノ調査ヲ為スニハ主トシテ刑務所収容中ノ思想犯人ニ直接又ハ裁判記録「思想研究資料」等ニ依リ個別的研究ヲ為スコトヲ要ス
　　乙　社会方面
　　　管内ニ於ケル
　　　（イ），工場，鉱業其他産業機関
　　　（ロ），出版機関及娯楽機関
　　　（ハ），警察検察裁判行刑感化機関
　　　（ニ），教育及宗教機関
　　　（ホ），社会事業機関
　　　（ヘ），其ノ他思想犯ニ関係スル諸般施設ノ実況視察
四，報告
　　　調査ノ結果ニ付統計及摘要ヲ作成シ之ヲ印刷ニ付シテ所属検事長ニ報告シ猶関係庁ニ配布スルコト
第三　控訴院思想係検事

控訴院思想係検事ハ第一項ノ事務ヲ担任スル外尚左ノ事項ノ処理ニ当ル
　一，特ニ思想係検事ヲ置カザル地方裁判所検事局ニ於ケル思想犯事件ノ処理上必要アルトキハ検事長ノ命ニ依リ其ノ事務ヲ担任スルコト
　二，管内思想関係事務ノ連絡統一
　三，管内思想係検事ノ指導（時々管内思想係検事ヲ検事長ノ許ニ召集シ協議打合ヲ為サシムル等）
　四，管内報告書類ノ摘要編纂
　五，報告
　　調査ノ結果ニ付統計及摘要ヲ作成シ之ヲ印刷ニ付シテ司法大臣及検事総長ニ報告シ管内検事局及関係各庁ニ配布スルコト

　この「思想係検事ノ事務分掌規準」の特徴として，「第1に治安維持法違反にとどまらない広範な思想犯罪事件を担当すること，第2に各管内の社会運動・思想の状況に対する調査を求められていること，第3に思想犯罪の背景や原因の調査に力点が置かれていること」が指摘されている[4]。この指摘については，次の補足が必要であろう。「思想犯事件」の定義に当っては行為類型だけではなく行為者類型も勘案されており，そこから「詭激危険思想懐抱者ノ犯シタル普通犯罪事件」も「思想犯事件」として位置づけられているという点がその第1である。第2は，これとも関わるが，思想犯事件の個人的要因の調査項目として本人の「精神状態」「教育職業等ノ経歴」「思想悪化ノ経路及直接動機」「家庭ノ資産，職業，犯罪経歴等」「其ノ他個性調査上参考ト為ルベキ事項」が挙げられているという点である。起訴猶予や執行猶予，仮釈放等の判断資料等に供するとともに，思想犯の一般予防や特別予防を図る上での参考資料にも供すること等を意図したものといえよう。行為のみならず行為者の人格・性格，思想信条，交友関係，成育歴等をも俎上に乗せるという日本型刑事裁判の特徴がここではより濃厚に看取される。第3は思想犯事件の社会的要因の調査に関わるが，調査の範囲が「工場，鉱業其他産業機関」「出版機関及娯楽機関」「教育及宗教機関」「社会事業機関」「其ノ他思想犯ニ関係する諸般施設」等に及んでおり，そのなかに「警察検察裁判行刑感化機関」も含まれているという点である。連携機関の動向も承知しておく必要があるということであろうか。「左傾的及反動的詭激思想ヲ懐抱スル個人竝団体ノ分布及活動状況ノ調査」や「管内ニ於ケル各種ノ争議団結及解放運動等ニシテ将来事犯ノ惹起スルノ虞アルモノノ調査」も地方裁判所思想犯検事の処理事項とされていることも併せ

勘案すると，思想係検事による「思想犯事件の社会調査」というのは「個別事件のための社会調査」というよりは「治安事象の動向分析のための社会調査」といった性格がより強かったといえよう。「社会科学プロレタリア芸術等ヲ攻究シ」等とされていることも，これと関わるように見受けられる。検察組織が一体となって思想犯事件の処理に当たることとするために，司法大臣→検事総長→（検事長）→控訴院思想係検事→地方裁判所思想係検事というように指揮系統を明示している点も特徴の１つに追加し得よう。

思想検事が戦後，公安検事に容易に転身を図り得た得た理由の１つも上の思想係検事の事務の広範性に存した。

ちなみに，この通牒の約３年後の1931（昭和６）年７月に開催された思想係検事事務打合会の協議事項は思想犯罪の予防及び思想犯人の改善方法であった。協議結果は刑事局長名で「思想犯罪ノ予防並思想犯人ノ改善方法ノ件」（同年８月26日秘第592号[5]）として検事長，検事正宛に通達されているが，その中の「協議」及び「希望」の部分の概要は，次のようなものであった。

 協　議
 （一）思想犯罪ノ予防ニ付テハ思想係検事ハ其ノ職務ノ性質上進テ広範ナル活動ヲ為スコトヲ得ザルモ学校其ノ他教育ニ関スル諸団体ノ職員等社会上指導者ノ地位ニアル者ニ対シ其ノ求メニ応ジテ適当ナル思想問題ニ関スル講演，講習ヲ為シ或ハ学校理事者等ト情報ノ交換ヲ為スハ時宜ニ適シタル方法ナリト思料ス
 （二）思想犯人ノ改善方法トシテ
  （イ）起訴猶予者（改悛ノ有無ヲ観察スル為一定期間起訴不起訴ノ決定ヲ留保シタル者ヲ含ム）ニ対シテハ厳重訓諭ノ上誓約書ヲ徴シ相当ナル視察期間ヲ定メテ父兄親族教師其ノ他ノ保護者ニ身柄ヲ委託シテ観察セシメ其ノ間毎月思想，行動，交友，通信，家庭生活ノ状況其ノ他参考トナル可キ事項ヲ保護者ヨリ報告セシメ又随時主任検事自ラ本人ト面接シテ親シク其ノ観察善導ニ務ム可キモノトス但シ事情ニ依リ司法警察官ヲシテ之ヲ代行セシムルヲ適当ナルト思料スルトキハ之ニ委任シテ単ニ其ノ結果ヲ報告セシムルモ可ナリ而シテ右起訴猶予ノ成績ハ将来ニ於テ同種事件ノ起訴不起訴ノ裁決ニ重要ナル参考資料トナル可キヲ以テ少クトモ六ケ月毎ニ一回取纏メ上司ニ之ヲ報告スルヲ要ス
  （ロ）被告人ハ裁判所ニ於テ審理中ノ者ナルヲ以テ検事単独ニ被告人ニ面接シ其ノ教化ヲ為スガ如キハ特殊ノ場合ノ外不可成之ヲ避クルヲ可トス
  （ハ）受刑者ニ対シテ昭和六年五月六日司法大臣訓示ニ遵ヒ刑務所職員ト協力シテ其ノ改善ノ方策ヲ講ジ検事自ラ受刑者ニ面接シテ其ノ教化ニ務ム可ク

仮出獄ニ付テモ進ミテ意見ヲ開陳スルヲ可トス
　　（ニ）仮出獄者及満期釈放者ニ対シテモ釈放当時ノ情況ニ応ジ保護者及警察官
　　　ト連絡協調シテ其ノ視察及教化ニ務ムルヲ要ス
　希　望
　　尚刑務所ト連絡ヲ図ル為行刑局ニ於テ左記事項ノ励行ヲ取計ハレンコトヲ希
　望ス
　　一，行刑局ハ刑執行ノ為思想犯人ヲ収容シタル刑務所ノ名称ヲ当該事件ノ主任検
　　　事（第一審，第二審共）及所在地ノ検事ニ通知スルコト
　　二，受刑中ニ於ケル思想犯人ノ思想情況ノ経過竝釈放時ニ於ケル思想状況ヲ刑務
　　　所ヨリ当該事件ノ主任検事及所在地ノ検事ニ通知スルコト

後の思想犯保護観察の考え方が早くも現われている。思想係検事が思想犯保護観察制度の立案及び施行の要になって行ったことも極々当然のことであったといえよう。

なお，思想犯保護観察法の施行後の1938（昭和13）年6月に開催された思想実務家会同において，長谷川明東京刑事地裁検事局検事が次のように述べている点も，ここで付言しておかなければならない。

　　極端に申し上げますならば，現在に於きましては1人，2人の被疑者の起訴，不起訴と云ふようなことは，寧ろ多く問題とするに足りないのであります。要するに視点を将来に於きまして，支那事変の終局と睨み合わしつゝ来るべき新たな思想情勢に対する対策を，此の際確立して置かなければならない。其の為には思想情勢に関しまする各種の資料を蒐集し，之に基づいて十分の調査研究を遂げて置く必要があるのであります。従来のやうに思想検事が事件の捜査に追はれまして，調査事務の上に多くを注ぎえないと云ふ状態は，絶対に宜しくないと考へる次第であります。

これによれば，「思想国防戦」のためのいわば調査・企画部といった位置づけが思想検察に与えられており，興味深い。

3　思想検事強化の動き

思想犯保護観察法施行後の思想犯検察強化の動きについて詳しいのは前掲・荻野『思想検事』である。概要，次のように整理されている。

司法省刑事局の拡充・整備にともない，検事局もまた，(19)39年8月，(19)41年1月の二度にわたり，拡充をみた。1939年8月には，当初の検事35名と謂う大幅な増員要求にはとどかないまでも，検事5人（千葉・高松・富山・長崎・樺太の各地裁検事局）が，また，(19)41年1月では，検事4人（東京刑事地裁検事局3人，大阪地裁検事局1人）と書記16人が認められた。この二度の拡充で，思想検事の官制上の定員は5人となった。

　(19)41年の拡充の中心は，東京刑事地裁検事局思想部の増強にあった。官制上の定員は9人となり，思想検察の第一線をいちだんとリードすることになった。

　このとき，思想検事の数的拡充にとどまらず，思想検察強化策も打ち出された。第1に，(19)38年から始まった「思想特別研究員制度」である。これは毎年，3か月から6か月のあいだ，数人の思想検事・判事に研究の機会を提供するものであった。これらの研究の多くは，刑事局から『思想研究特輯』シリーズとして発刊された。第2に，やはり(19)38年からはじめられた各控訴院管内別の思想犯実務家会同の開催である。控訴院ごとの地方的特殊性を考慮し，管内の連絡をはかるためとされた。司法省から清原第5課長や新任の池田検事らが出張して，思想情勢の講演をおこなっている。第3に，思想検事の予備軍養成の会同の開催である。(19)38年10月と(19)39年10月の思想実務家会同は，これから思想事務を取り扱うことになる若手の判事・検事を召集し，思想運動史，最近の思想情勢や社会経済の情勢，思想事務の取扱上必要となる事項に関する認識を深めさせ，今後の執務の参考にさせようとするものであった。こうした方針は，すべての検事を思想検事化しようとする提唱につながっていった。たとえば，(19)38年8月，大阪控訴院管内思想実務家会同で金山季逸検事長は「思想係検事は何時迄も之を専任的なものとなし置くべきに非ず，将来は検事総て思想事務に通じ，思想問題は検事の常識として普遍的なものたらしむべく研究し置くこと肝要なり」と発言した。これは特高警察において，全警察官の特高化が唱道されることと軌を一にしていた。第4に，(19)39年後半から，思想検事が配置されていない地裁検事局でも，思想検事をかならず指名することとした。[7]

　新治安維持法の施行にともなって，司法省・検察機構の拡充がすすめられた。まず，(19)41年5月には，刑事局第5課・第6課の事務量が激増したとして，属2人が増員された。対米英開戦がせまってきた(19)41年9月，池田刑事局長は検事長・検事正に「非常事態に対処すべき思想検察運用方針」を通牒し，その第1では，思想検事には普通事件の分配を少なくして，なるべく専任とすべきことを述べている。そして，同年11月，「思想司法」全体の大幅な拡充が実現する。刑事局第5課・第6課の再拡充と，思想検事・判事の拡充である。刑事局第5課・第6課の再拡充では，事務官・理事官・属各1人が増員となった。思想検事の大幅な増員の内容は，大審院検事1人，地裁判事18人，地裁検事局検事25人，書記76人である。拡充にあたっての理由は，直接事犯の捜査にくわえ，思想情報の蒐集などでも「最前線の責任者」であって，「事件なき事務」の激増に直面することになったこと，そ

して,「高度国防国家体制確立の一翼として,新法の施行を機とし,全国的に有機的関連性を有する統一的捜査陣営を樹立強化するの必要に迫られ」たこと,等々である。東京刑事地裁検事局に6人(計15人),大阪地裁検事局に3人(計8人)のほか,浦和・宇都宮・前橋など,未配置だった16の地裁検事局に各1人の合計25人が増員された。思想検事の拡充は4回目であるが,今回の規模は最大で,思想検事数が最大規模になった。思想検事の官制上の定員は78人,内訳は大審院検事局が1人,控訴院検事局が7人,地裁検事局が70人である。51ある地裁検事局で,官制上,まだ未配置なのは,14検事局に減った。全国の思想検察事務の統括者として,大審院検事局に勅任の思想検事が配置された。

思想検事のかかわる領域と任務が膨張したことは,(19)28年制定の「思想係検事事務分掌規準」をまったく不十分なものとさせた。控訴院検事局の思想検事の位置づけもあいまいであり,思想検察内部の指揮系統でさえ,混乱の生じることもあった。思想検察が主導性を発揮する為には,思想事務の範囲と分掌の明確化が必須となったのである。そのため(19)42年1月,太田第6課長のもとで,全22条におよぶ「思想検察規範」が制定された。池田刑事局長は同年2月,臨時思想実務家会同に於いて,この「規範」の運用方針を指示するにあたり,その冒頭で,「思想検察こそは,凡ゆる反国家的思想とそれに基く反抗とを防遏することに依り,国防思想の醇化を図り,皇基を永久に存続維持せんとするもの」と述べた。これは,「規範」のいう,「思想犯係検事は,国体の本義を体して,真摯なる検察の気風を振興し,思想検察を以て皇謨を翼賛し奉るの信念に徹せんことに佩めるべし」(第2条)に照応するものであった。特高警察に負けじと「陛下の検察官」意識を強調したのである。こうして,思想検察は「国体護持」と結びつくことで,ますます,全検察および司法部全体のなかでも,圧倒的に優位な位置を占めていく。思想検事そして思想判事は,まさに「思想国防の支柱」((19)42年7月の思想実務家会同における池田刑事局長の指示)とされたのである。特高警察が防諜や「流言飛語」の取締を中心に,「民心の動向」に監視と統制をくわえていったのと軌を一にして,思想検察も「国民思想」の監視にゆきついた。[8]

思想犯保護観察制度の運用が,思想係検事の指揮のもとで,このような思想検察強化の動きの影響をもろに受けたことはいうまでもなかろう。

4 思想検事主導の裁判

思想検察は,治安維持法の拡張解釈を開発・定着させるとともに,起訴・公判・行刑・保護観察,そして,1941年からは予防拘禁に至る「思想司法」を一元的に掌握・指揮するように努めたことにより,1930年代半ばになると,特高

警察と肩を並べる存在になって行った。特高警察に対する優位性を発揮することは、当初の目論みのようには行かなかったが、行刑と保護観察における思想検事の関与は圧倒的であった。それは裁判においても同様であった。[9] この優位性を端的に示したのが前述の1938年6月に開催された思想実務家会同における神戸地方裁判所の中川種次郎判事の発言であった。「日本無産党への加入は治安維持法第7条の結社加入罪を認むべきものなりや否や」という諮問事項について次のように発言したからである。[10]

　　日本無産党が果たして、治安維持法第1条に定むる結社に該当するものであるかどうか、即ち結社性の問題が起つたりして一件の終結迄には余程の難関に遭遇せねばならぬと思ふのであります。それに付ては所持品即ち証拠品となるべき文書内容の検討は勿論でありますが、私としましては、それに付て労農無産協議会の運動方針大綱の内容を吟味し、其の指導精神を詳細分析研究し、又日本無産党の結成に至るまでの沿革関係を検討する必要のあることは勿論であります。次に被告人の思想の推移の過程、山川イズム信奉の点、殊に闘争経歴及山川イズム信奉関係は、従来の共産党関係被告人の際よりも一層日本無産党に付ては、重要意義を持つやうに思われますから相当詳細に訊くのが便利であると思ふのであります。被告人の行為の真相を内面的に鋭く追求して置く必要のあることは勿論で、単に合法に仮装して居ります為に、合法と云ふことに籍口して弁解する余地も十分に与へられていると思ふのであります。（略）私としましては是は先程申しましたやうに、日本無産党への加入罪を認定すべきものであると思ひますが、更に皆さまのご教示を仰ぎましたら誠に幸ひと思ひまして、本問題を提案致しましたやうな訳であります。

この中川の問題提起に対しては、思想検事からの返答が直ちに示されている。すなわち、東京地裁検事局の思想検事として人民戦線事件（1937年）やゾルゲ事件（1941-1942年）等を担当し、後に刑事局第6課長（後に思想課長）として戦時下の思想検事を指揮し、戦後は公職追放になったものの、追放解除後、法務省刑事局長、東京高検検事長を経て検事総長に就いた当時東京刑事地裁検事局検事であった井本台吉が同会同で発言し、その中で次のように述べているからである。[11]

　　治安維持法第1条の如きも解釈の許す範囲に於て、社会の情勢に十分適合して活用すべきものであります。治安維持法第1条は従来の例に依りますれば、真向から天皇制妥当と云ふが如き凶悪不逞な「スローガン」を掲げた日本共産党、日本労働組合全国協議会、日本共産主義青年同盟と云ふような団体の処理に適用して居るの

であります。併しながら全評も日無もプロレタリア独裁を目指し，当面の情勢に応じた種々の運動をして居るのであります。プロレタリア独裁と云ふことになれば，我国体変革及私有財産制度の否認に至ると云ふことは，申す迄もなく明瞭なのでありまして，斯様な団体に対して当面の運動方針が社会の情勢に応じたるが故に微温的であると云ふことのみを以て，若し治安維持法第1条を適用しないと云ふやうなことがあつてはならぬと考へるものであります。

　井本によれば，治安維持法の適用対象団体を日本共産党等以外にも拡大するために「社会情勢の変化への対応」を名目とした「柔軟な法解釈・運用」の必要性が力説されており，判事に対してもこのような法解釈・適用を受け入れるように迫ったものといえよう。

　思想検事が優位を占める中で，治安維持法等の運用は思想検事に任せればよいというような笠にかかったような発言も多くみられた。「捜査に関する限りは，裁判所に於て其の必要ありや否やは御分かりにならないものと思ふのであります。それでありますから，之を認める以上は，全部，検事を信用して委して戴きたいと思う。」といった発言もその1つであった。

　思想検事の「指導」する裁判に誰も異論を唱えられないような状況が生まれていた。それは思想犯事件にとどまらずに一般の刑事事件にも広がって行った。その他方で，思想判事の登場にみられるように，思想検事に消極的に追随するだけにとどまらずに，自らも積極的に思想犯事件に対処して行こうという動きも判事側には出てきた。ただし，前述の思想実務家会同における長谷川明検事の発言の中では，「大都市裁判所に於きましては，予審係に思想専門の予審判事を常置し又公判部に思想専門の部を常設することが必要であると考へ……思想係検事に対応して思想係の予審判事及び思想専門の公判部と云ふものを常置してこそ，初めてそこに事案の処理が首尾一貫すると云ふことができると思ふのであります。現在東京に於きましては，幸いに予審係に思想専門の判事が居られまして，頗る好都合に事柄が運んで居るのでありますが，尚公判部に於ては専門の部がないのは甚だ遺憾に考へらるゝ次第であります。」と述べられていた。思想判事の登場も思想検事の要望を背景にしていたといえよう。

　　1）荻野富士夫『思想検事』（岩波書店，2000年）2頁等を参照。
　　2）荻野・前掲注1）書7頁以下及び42頁以下等を参照。

3) 荻野富士夫編『現代史資料45 治安維持法』（みすず書房，1973年）435頁以下に収録。
4) 荻野・前掲注1)書37頁等を参照
5) 荻野・前掲注3)書443頁以下に収録。
6) 荻野・前掲注3)書327頁以下を参照。
7) 荻野・前掲注1)書116頁-120頁等を参照
8) 荻野・前掲注1)書158頁-167頁等を参照。
9) 荻野・前掲注1)書122頁以下等を参照。この点については家永三郎『司法権独立の歴史的考察』（日本評論社，1962年）等が詳しい。
10) 荻野・前掲注3)書337頁以下等を参照。
11) 荻野・前掲注3)書331頁以下等を参照。
12) 1940（昭和15）年5月に開催された思想実務家会同における東京刑事地方裁判所検事局の平野検事の発言。『思想研究資料特輯79号（昭和15年8月）思想実務家会同議事速記録（昭和15年5月）』（社会問題資料研究会編『社会問題資料叢書第1輯』（東洋文化社，1972年））138頁を参照。
13) 荻野・前掲注1)書124頁等を参照。
14) 荻野・前掲注1)書124頁以下等を参照。
15) 荻野・前掲注3)書329頁。

第5章　司法保護事業法の制定と司法保護委員

1　司法保護事業法の制定を求める動き

　前掲『更生保護50年史（第1編）』によれば，思想犯保護観察法制定後，司法保護事業法（昭和14年3月29日法律第42号）の制定に至る司法保護団体の動きが次のようにまとめられている。[1]

　　少年と思想犯に対する保護観察制度が創設されたことに触発され，昭和12年に開催された全国司法保護事業大会では「速ヤカニ全般的ニ司法保護制度ヲ制定センコト」を要望する決議が行われた。また，保護団体の連絡統制組織として全日本司法保護事業連盟が結成された。同連盟は，この頃，各地の保護団体で採用されていた司法保護委員制度について検討を加え，全国に司法保護委員制度を実施することを宣言し，その委嘱を開始したが，その数は14年には全国で12000人を超えた。このような司法保護団体の動きを踏まえ，昭和14年3月に司法保護事業法が制定され，同年9月14日に施行された。この法律は，起訴猶予者，執行猶予者，仮出獄者等を保護する事業と，その指導，連絡又は助成をする事業を「司法保護事業」とした。そして収容保護と一時保護を行う司法保護事業団体と観察保護に当る司法保護委員を制度化した。

　各地に誕生した司法保護団体が一丸となって取り組んだのは国等に対し司法保護事業法の制定を求めるということであった。法律による司法保護事業の国家的認知とそれに基く国等による公的助成の拡充等を求めてのことであった。既に1923（大正12）年より少年保護が実施され，「保護デー」の実施などにより釈放者保護事業への社会的理解も進むなかで，司法保護事業法制定の運動が展開され，1933（昭和8）年の第64回帝国議会では，議員提出の司法保護事業法案が審議された。衆議院は通過したが，貴族院で審議未了となった。第65回帝国議会，第67回帝国議会でも同様であった。提出議員の1人は，思想犯保護観察法案審議のなかで，法案の意図を，「一般ノ犯人ニ対シマシテ恩情ト厳戒トニ依ル所ノ，目ニ見エザル糸ニ依ツテ，之ヲ改過遷善サセルト云フコトハ，一

方ニ於テ犯罪再犯ヲ防止スルト同時ニ，一般ノ犯罪ノ誘致ヲ防グコトガ出来ルノデアリマス」と説明した。保護団体にとっては，思想犯保護観察事業も司法保護事業法を法制化するための「礎石」というように位置づけられたのであった。これによれば，治安維持法「改正」案に「保護観察」が盛り込まれることに民間の保護事業関係者が積極的な評価を与えたことも容易に理解し得よう。

　ちなみに，司法保護事業法の制定に至る司法保護団体などの動きは次のようなものであった。

1936（昭和11）年5月27日	思想犯保護観察法（昭和10年法律第29号）を公布する。
7月14日	司法省は少年審判所長，矯正院長を本省に召致し，会議を開催し，その所管事務に関する協議を行う。
8月28日	宮城控訴院管内司法保護事業研究会会長は司法大臣に司法保護事業法制定を建議する。
10月20日	少年審判所設置ノ件を一部改正し，東京少年審判所の管轄に埼玉県，千葉県を加える。これにより旧少年法施行区域は3府7県となる。
11月13日	思想犯保護観察法施行令を公布する。
11月14日	方面委員令を公布する。民生委員制度の前身である方面委員制度について初めて定める。
11月20日	思想犯保護観察制度を施行する（昭和20年10月15日まで）。保護観察所の名称，位置及び管轄区域が定められ，保護観察所は全国22ケ所に置かれることになった。さらに，仮出獄思想犯処遇規則，保護観察費用規則，保護観察所保護司執務規範等が定められる。また，思想犯保護観察法による思想犯の保護に係る事業奨励費を加えるために免囚事業奨励費取扱規程が司法保護事業奨励費取扱規程に改められる。
11月25日	保護観察所長を本省に召致し，その所管事務に関する協議を行う。
11月30日	名古屋控訴院管内司法保護事業研究会会長は総理大臣・大蔵大臣・司法大臣宛てに司法保護事業法の法制化等につき建議する。
12月5日	保護団体指定ニ関スル件を定める。思想犯保護観察法施行令第2条により，東京保護事業連盟，敵国更新会等が思想犯保護観察法第3条による保護観察の

		委託を受ける保護団体として指定される。
1937（昭和12）年2月12日		思想犯保護団体の指導督励に関し，保護課長通牒が出される。
	5月28日	全日本司法保護事業大会が，財団法人輔成会，同日本少年保護協会，同昭徳会の三者の主催，司法・内務・文部・拓務各省及び東京市の後援により，東京の九段軍人会館で開催される（29日まで）。一般犯人に対する保護観察制度を速やかに実施するため保護観察実務執行官庁を置き，司法保護団体の統制助成を実施し，司法保護委員制度を設けること等，少年保護事業の普及徹底を図るため全国に少年審判所及び矯正院等を設けること等，刑余者の復格を促進するための法改正をすること等を司法省に建議することが決議される。
	8月1日	財団法人輔成会，同日本少年保護協会，同昭徳会が，司法保護の全国的指導連絡のため全日本司法保護事業連盟を結成する。連盟の会長は司法大臣，常務理事は司法大臣官房保護課長をもって充てることとされた。
	9月13日	全日本司法保護事業連盟の発会式が刑務協会の講堂で開催される。事務所を司法大臣官房保護課に置き，保護課の指導の下に，司法事業の連絡統制・調査研究・普及宣伝と司法保護委員制度の全国的設定のための調査連絡を開始する。
	10月1日	全日本司法保護事業連盟が国民精神総動員中央連盟に加入する。
	11月6日	日独伊防共協定に調印する。
	11月13日	日本軍，南京城を占領する。
	12月15日	山川均らを検挙する（人民戦線第1次検挙）。
	12月27日	思想検事の岩村通世（1883-1965年），財団法人昭徳会会長に就任する。岩村は後に検事総長を経て，1941年2月8日に開戦した太平洋戦争時の司法大臣に就任する。
	12月31日	全国保護観察所の嘱託保護司の総数が764人に達し，全国思想犯保護団体数も108団体に達する。
1938（昭和13）年1月		全日本司法保護事業連盟は司法保護委員制度の創設等のため，司法保護制度調査委員会を組織することとし，顧問・委員等の委嘱状を発する。

1月16日	「爾後国民政府を相手とせず」との対中国声明が出される。
2月1日	大内兵衛らを検挙する（人民戦線第2次検挙）。
4月1日	国家総動員法を公布する。
5月15日	築地本願寺において，全日本仏教徒司法保護事業連盟結成大会が開催され，規約・宣言等が決議される。参加者は650名にのぼった。
5月19日	徐州を占領する。
7月12日	日ソ両軍が張湖峰で衝突する。
8月8日	司法省官制及び司法部内臨時職員制を一部改正し，思想犯罪者に対する保護施設の整備拡充のための増員をする。
8月8日	保護観察所官制を一部改正し，保護司，書記を増員する。
9月13日	司法保護記念日開催。長期戦争下における再犯防止の緊急性に鑑み，司法保護陣営の一段の強化を図るとともに，対象者に対し忠良なる国民意識を喚起高揚させる目的の下に，中央並びに各地においてポスター展示，パンフレット配布，標語募集，新聞雑誌等による宣伝，座談会等の行事を行う。 全日本司法保護事業連盟は同連盟を設置主体として司法保護委員制を全国に実施することを宣言する。具体的活動は昭和14年1月1日からとし，その内容は，①司法保護委員の任期は3年とすること，②保護区は原則として警察官署管轄区域を単位とすること，③保護区毎に司法保護委員会を設置すること，④区内の保護事業につき連絡打合せを行うこと，などである。
9月29日	英，仏，独，伊のミュンヘン会議が開催される。
10月27日	日本軍，武漢三鎮を占領する。
11月3日	東亜新秩序建設の政府方針声明が出される。
10月13日	関西司法保護事業連盟が結成され，15日までの3日間，大阪中之島公会堂で結成式及び第1回総会が開催される。
10月21日	関東司法保護事業連盟が結成され，22日までの2日間，甲府市県会議事場において結成式及び第1回総会が開催される。
10月27日	司法保護中部連盟が結成され，司法大臣の諮問に答

	えて司法保護団体法の制定に付き建議する。
1939（昭和14）年2月10日	全国少年審判所の所在地に少年保護相談所を設置する（東京5ケ所，大阪3ケ所，名古屋2ケ所に設置）。
3月29日	司法保護事業法（昭和14年法律第42号）を公布する。従来長年にわたって民間保護事業家の善意に委ねられていた釈放者保護事業に国の刑事政策的位置付けを認め，これを法制化したものである。

2 司法保護事業法の意義

　1939（昭和14）年3月29日，司法保護団体にとってかねてからの念願であった司法保護事業法が公布され，同年9月14日より施行された。『更生保護50年史（第1編）』によれば，同法の意義が次のように記述されている[3]。

　　　釈放者保護や執行猶予者保護の分野ではこれまで国の保護実施機関がなく，明治時代に始められた民間の慈善事業である免囚人保護の流れを汲んだ民間の保護団体が当っていた。この法律により，保護団体と保釈者・執行猶予者の訪問保護に当る司法保護委員が明文をもって制度化された。

　成人の起訴猶予者，執行猶予者，仮釈放者等について民間団体や民間篤志家が行っていた司法保護事業が国の制度として位置づけられたことは確かにその通りであった。しかし，その実施主体はあくまでも民間団体である司法保護団体と民間篤志家である司法保護委員（現在の保護司制度の前身）で，しかも，司法保護委員制度は，司法保護事業法が制定された前年の1938（昭和13）年9月13日，全日本司法保護事業連盟が同連盟を設置主体として同委員制を1939（昭和14）年1月1日から全国で実施することを宣言し，司法保護委員の任期は3年とすること，保護区は原則として警察官署管轄区域を単位とすること，保護区毎に司法保護委員会を設置すること，区内の保護事業につき連絡打合せを行うこと，などとしていたのである。司法保護事業法の制定によって司法保護団体の活動に具体的に新たな何かが加除されるということではなかった。その意味では，同法の何よりの意義は，司法保護事業は国の制度であるからという名目のもとに従来，行政指導等という形で事実上行われてきた国の監督を法律に

基づく監督というように制度化し，この制度化を通じて監督の強化・拡充を図るという点にあったといえよう。現に1938（昭和13）年9月6日の大阪朝日新聞は次のように報じていたのである。

　　政府は来る13日の司法保護記念日から，司法保護委員制度を実施するとのことである。要項は，全国の宗教家，方面委員，市町村有力者のうちから約5000名を司法保護委員に任命し，日常犯罪者ならびに刑余者らと親密なる接触を保ちつつその生活状態，思想傾向などを観察せしめ，思想の善導と生活の安定とをはかって累犯の防止に努める。一方委員は各府県の実情に応じて市町村もしくは警察署管轄単位に委員会を組織し，毎月1回例会を開いて各担当保護区内における保護事務の連絡を全うし，さらに地方裁判所管轄区域ごとに司法保護常務委員会を設置し，各保護区における委員会の連絡統制に当るのである。この委員制度の実施は，近年政府が刑事政策上一般的司法保護事業の振興拡充に積極的に乗り出して来た第一歩として注目すべく，これがもし予期のごとき効果を発揮することが出来たならば，現在55万にものぼる要保護者の指導向上に資するところ極めて大なるを疑わない。
　　しかしながらこの司法保護委員制度も，詮ずるところ司法保護事業制度化の一前提たるに止まるのであって，司法保護事業法の制定こそ，その後に続くべき本質的な重要事項といわなければならぬ。18歳に満たざる少年にして，刑罰法令に触るる行為をなし，また刑罰法令に触るる行為をなす虞れあるものの保護，観察についてはすでに大正11年の少年法があり，14歳に満たざる少年にして，不良行為をなし，また不良行為をなす虞れあるものについては，すでに昭和8年の少年救護法があり，なお治安維持法違反の罪により刑の執行猶予の言渡を受けたもの，起訴猶予中のもの，刑の執行後釈放されたものについては，すでに昭和11年の思想犯保護観察法があるにもかかわらず，一般犯罪者，一般釈放者の保護，観察については，僅に大正元年の出獄人保護規定や，大正9年の免囚保護事業奨励費取扱規程があるばかりで，政府としては殆ど無関心，没交渉の状態に放置し，年々の出獄者4万，執行猶予者8000，起訴猶予者28万，総計約32万8000にも上る一般要保護者の保護事業は全然民間篤志家の経営に一任されつつあるのである。第69議会において，思想犯保護観察法案の審議された際にも，特例的な思想犯罪者よりも，多数の一般犯罪者に対する保護，観察こそ重大であるから，司法保護全般にわたって，組織的，体制的監督奨励をなす必要があるとの意見が述べられたのである。今回司法省保護課が司法保護事業法案を来議会に提出すると同時に，その経費を明年度予算に計上するそうであるが，これが実現されて保護事業が制度化され，全国1200の司法保護団体が当局の適切周到なる監督と奨励とのもとにおかれ，完全なる統制と連繋とを失わず，内容も充実し，経営も改善され，その面目を一新するに至って，初めてわが国の釈放者保護事業もいよいよ正しき軌道に乗り，本格的にその効果を発揮するの緒につくものといわなければならぬ。

本来司法行政なるものは，単に刑罰法令に触れたものの懲罰だけでその使命が終るのではない。懲罰はむしろ最初の出発点であって保護，観察，感化，転向による元の真人間こそ最後の到着点でなければならぬ。単に犯罪者に懲罰の加え放しだけでは，却て懲罰そのものをさえ徒労無用のものたらしむる虞がある。当局の調査によれば，前科者の半数以上は再犯者となり，しかも累犯者中の約半数は，出獄後の保護，観察の不行届，不十分なるがゆえに，半年以内において再び犯罪者となっている。これを見ても，犯罪者の懲罰と，釈放者の保護，観察とは，司法運用の両輪であることがわかるであろう。さきに述べたように，不良や犯罪少年思想犯などに対してはつとに保護，観察の制度を設けながら，今なお一般犯罪者を除外しているのも不可解だが，社会事業法が前議会に成立公布されたがため，児童保護や，生活扶助や，経済保護を目的とする一般社会事業が制度化されながら，これらの社会事業と同様に，民間篤志家によって経営されつつある釈放者保護事業だけが，いつまでも制度化の埒外におかれているのも不可解である。
　支那事変勃発直後においては，暫く各種の犯罪はやや減少の傾向を示し，国民精神総動員，挙国緊張，自戒自粛の結果かとも喜ばれたが，最近に至っては，またまた漸増の趨勢だとのことである。非常時における犯罪者漸増の裏面には，再犯者が重大の役割を演じつつあることはいうまでもない。しからば一般犯罪者の保護，観察の制度化による該事業の充実，奨励は，銃後の治安を確保し，人的資源を増強し，かつ行刑予算を節減する上からいっても，1つの重要事務といわねばならぬ。今年の司法保護記念日も，漸く近づかんとするに当り，特にこの旨を切言しておきたいのである。

　新聞「世論」といえどもこのようなものというよりも，新聞「世論」だからこそこのようなものというのが当時の時代状況であった。新聞「世論」は戦争の拡大を求め，そのための国内治安体制の強化を国に求めた[4]。このような「世論」の追い風を受けて，成立した司法保護事業法も国による統制について次のように規定した。

　　第三条　司法保護事業ヲ経営セントスル者ハ主務大臣ノ認可ヲ受クベシ
　　第四条　主務大臣ハ司法保護事業ヲ経営スル者ニ對シ監督上必要アル場合ニ於テハ其ノ事業ニ關スル報告ヲ徴シ，実況ヲ調査シ又ハ経営ニ關シ指示ヲナスコトヲ得

3　国による統制強化

　民間の保護事業関係者は，思想犯に限るとはいえ思想保護が国営化されたことを，一般保護事業実現の第一歩として歓迎した。彼等の期待は「思想ノ指導」よりも「生活ノ確立」を優先した「保護」にあった。事業関係者は就職の斡旋，復学・就学の斡旋，家族の保護等の観点から思想犯の保護に乗り出した。しかし，思想犯保護観察法の公布後，前述の司法大臣訓示にみられるように，司法省の姿勢が次第に明確になってくると，保護事業関係者の思想犯保護観察制度への期待との間にズレが生じることになった。司法省の姿勢は，「思想ノ指導」にあったからである。第1回保護観察所長会同において，平田勲東京保護観察所長は，大臣訓示に呼応して，諮問事項の「思想犯保護観察法の運用に関し特に考慮すべき点如何」について次のように述べているのである。[5)]

　　　結局彼等が転向致しましたのは，日本人たる自覚に立帰つたといふことに相成るように考へられるのであります。……転向とは彼等が日本人たる自覚を取返したといふことに相成ると私が申上げる所以であります。……従つて転向，非転向の基準を御決めになります場合に於きまして，彼等が本当に日本人としての自覚に帰つて居るかどうかといふことが，転向，非転向を御決めになる基準に相成るべきものと思ふのであります。……共産党に対する嫌悪，反感と云ふことが彼等の中に存在して居るかどうかと云ふことが，彼等が日本人に立帰ったかどうかと云ふことを証明致します1つの方法ではなからうかと思ふのであります。
　　　斯様になりますと此の法律も畢竟するに保護の法律に非ずして，転向者の再犯を防止する為に名を保護に藉りまして，厳重なる監視を加へることに相成らうかと思ふのであります。而して本日拝承致しました大臣の御訓示は実に此の然らざる旨を力強く御力説頂きましたことを，非常に私としては愉快に感ずる次第であります……。
　　　単に健全にして平凡なる日本人に帰つて其の儘で宜いといふことでございましたならば，是は所謂宗教的な転向でございまして，唯転向したと云ふに過ぎませぬが，其の中には只今申し上げましたやうな，日本民族の世界的使命と云ふものをはつきり自覚致しまして，而もさう云ふことも口に致しませぬで日常の生活を平凡なる日本人として送つて行こふと云ふことに，本当に美しい彼等の気持が窺がはれるのであります。
　　　（彼等は―引用者）此の法律が，陛下の大御心通りに実践されるか否かと云ふことに付て多大の関心を持ち，注意する人間であります。若し此の法律運用に関与致

します国家機関が御仁愛の精神に反しまして，反対の行動を執りますと，却って此の法律が出来ました為に，非常に大きな危険を来すやうになるのであります。……それでございますから私共是が運用に関係致します保護の国家機関と致しましては，此の点に充分意を注いで努力しなければならぬ，斯う考へる次第であります。

司法省は，このような平田らの主張に沿って，1936（昭和11）年末に，転向の基準を厳格にし，「日本精神の体現」を思想犯に求めた。これらの5段階のうち，転向の基準としては，第4段階に到達することが条件とされた。[6]

第1段階　マルクス主義の正当性を主張し又は是認する者
第2段階　マルクス主義に対しては，全く又は一応無批判的にして今尚自由主義的，個人主義的態度を否定し得ざる者
第3段階　マルクス主義を批判する程度に至りたる者
第4段階　完全に日本精神を理解せりと認めらるるに至りたる者
第5段階　日本精神を体現して実践躬行の域に到達せる者

このような司法省の姿勢のもとで，上のズレはやがて「保護観察」の重点をどこに置くかという点をめぐって表面化することになった。「思想転向」の促進及び確保を至上命題とする司法省では「非転向者」や「准転向者」も無条件に「保護観察」の対象にしようとしたのに対して，保護事業関係者からは，「観察を主とする意味を強めるならば，むしろ保護観察の対象外に置き特高警察の範囲に属せしむる方が当然ではなからうか[7]」といった異論が呈されたからである。帝国更新会の理事で法施行と共に東京保護観察所の保護司に就任する藤井恵照も保護観察の現状について「法の建前からいうも，必ずしも之を求めるものゝみに加ふるに非ずして，反つて，やゝもすれば保護観察の細目から脱出せんとする者に之を強要し強制せんとするものである[8]」と疑義を呈した。3・15事件で検挙され，懲役3年6か月の刑で下獄，仮釈放後は帝国更新会で思想犯転向者の更生・保護の仕事に従事した小林杜人も，「転向者」の声を代弁して，「最初は此の法律を喜んだ心持で迎へる気持にはなつてゐなかつたやうです」と率直に述べた後で，「改悛者と改悛せざるものに対し，明確に方針をきめず同一に扱ふとする本法は，司法保護法として未だ研究すべき幾多のものが残されてゐると思ひます[9]」と不満を隠さなかった。森山自身，「転向者」の間には「誤解に基づく反感が相当広く醸されて居った[10]」と認めざるをえないほどであった。

それでは，このような保護事業関係者等からの疑義に対して司法省はどのような態度をとったのであろうか。「思想ノ指導」を何よりも重視するという姿勢を修正することで応じようとしたのであろうか。否であった。司法省がとった態度は，むしろ保護事業団体に対する統制を強化するというものであった。それは，次のような法施行後の動きからも明らかであろう[11]。

1939（昭和14）年6月1日	少年審判所長，保護観察所長，矯正院長会議を司法大臣官舎会議室において開催する（3日までの3日間）。
8月14日	保護少年の航空機政策技術工員訓練所を開設する。
9月12日	司法保護事業委員会官制を公布する。同委員会は，司法大臣の監督に属し，司法保護事業法第7条の規定によりその権限に属せしめられた事項を調査審議するほか，司法大臣の諮問に応じて司法保護事業に関する重要な事項を調査審議するものとされた。 司法保護委員会令を公布する。司法保護委員会は司法大臣の監督を受け，保護を行うこと，各地方裁判所の管轄区域ごとに司法保護委員会を置き，司法保護委員の指揮訓練を行わせること等を定めた。
9月14日	司法保護事業法が施行され，司法保護事業がスタートした。保護の種類を「収容保護」「観察保護」及び「一時保護」の3種とし，司法保護事業を経営する者を「司法保護団体」と呼び，この団体が「収容保護」及び「一時保護」に当り，司法保護委員が原則として「観察保護」に当るものとするとともに，直接保護を行う司法保護団体を「猶予者保護団体」「釈放者保護団体」「少年保護団体」及び「思想犯保護団体」に分類して規定した。
9月26日	司法保護団体ノ監督ニ関スル件を公布する。検事長はその管内の司法保護事業団体を監督し，検事正，少年審判所長，保護観察所長又は刑務所長にこれを監督させることができることとされた。
9月29日	司法保護委員執務規範を定める。国体の本義に徹するとともに国策の動向と社会の推移とに留意すること，家族主義の精神を体し刑政の真締を践し常に報国の至誠を保護教化の徹底を期すこと，本人には厳父慈母の心をもって常に厳正温厚，本人をして全幅

	の信頼を寄せること，良俗に従い人情を汲み事に処するには懇切丁寧を旨とし固く秘密を守り本人その他の者の名誉等を毀損しないこと等，その心得及び保護の手続等について規定した。
10月5日	司法保護委員会ノ名称，位置及管轄区域ヲ定ムルノ件を公布する。
10月18日	日本少年保護協会，少年保護職員講習所を開設し，保護職員の育成に着手する。
10月25日	検事長が司法保護委員会，区司法保護委員会及び司法保護の監督を行い，検事長は区司法保護委員会及び司法保護の監督を検事正にさせることができる旨の訓令を定める。
12月2日	財団法人司法保護協会が設立される。司法保護の分野別の中央機関であった財団法人輔成会，財団法人日本少年保護協会及び財団法人昭徳会の3団体を合同して司法保護協会を合同の中央機関とした。
12月5日	全日本司法保護事業大会が5，6日の両日，九段軍人会館において開催される。参加者は司法保護団体関係者，司法保護委員，司法保護委員会職員，司法保護関係官庁職員，嘱託保護司，主催団体及び大会準備委員会において推薦した者等，全国から約1600人が参加し，樺太，朝鮮からも参加。来賓は司法大臣以下，各局長，在京の裁判所，検事局の各長官及び各地の控訴院長，検事長。「長期戦下ニ於ケル司法保護事業ノ重責ニ鑑ミ，特ニ之ガ，充実徹底ヲ期スル要アリ，其ノ方策如何」が大会での諮問事項であった。
1940（昭和15）年2月11日	紀元2600年に当り，優良司法保護団体に御内帑金を下賜する。
4月8日	国民体力法を公布する。
4月26日	改正刑法仮案を発表する。
5月16日	少年審判所長，保護観察所長，矯正院長会同を18日まで司法大臣官舎会議室で開催する。諮問事項は「長期戦争下ノ社会情勢ニ鑑ミ少年及思想犯ノ保護ノ実績ヲ向上セシムル為有効適切ナル具体的方策如何」であった。
6月11日	監獄法改正委員会第1回会議を開催する。刑法改正仮案の内容に鑑み，監獄法改正の眼目を不定期刑と

		保安処分に置くことなどを決定する。
	6月19日	保護事務担当検事ニ関スル件を定める。司法保護関係事務の増加に伴い、保護係検事を指名し当該事務を担当させている庁も少なくないが、指名していない庁もあるので指名方を依頼するとともに、担当検事の氏名の報告方を依頼するものである。
	6月24日	近衛文麿が枢密院議長を辞任する。総力戦体制を急激に作り出すための新体制運動による挙国一致に乗り出す。
	7月6日	社会大衆党が解党大会を開催する（無産政党運動が終焉）。
	7月8日	日本労働総同盟が解散する（戦前の労働組合運動が終焉）。
		政友会両派及び民政党が解党する（政党政治が終焉）。
	8月10日	司法保護夏季講習会を開催する。司法保護の精神を徹底させて、これを実務に反映させる目的で財団法人司法保護協会主催で3講習会（司法保護委員実務講習会、思想戦要員錬成講習会、司法保護団体実務講習会）が実施された。
	11月30日	司法省官制中改正ノ件を公布する。司法省に保護局を置き、これに伴い専任書記官、専任事務官及び属の定員を増加するほか、新たに司法保護事業及び司法保護委員の指導監督に関する事務を掌らせるために専任司法保護官2名、専任司法保護官補9名を置くこととする等。保護局は4課からなり、初代の保護局長には森山武市郎が就任する。
		司法保護委員会事務局官制を公布。司法保護委員会事務局は司法大臣の管理に属し、司法保護委員の指導に関する事務を掌ることとされ、全国7カ所に置かれた。
	12月6日	内閣情報局を設置する。
1941（昭和16）年	3月10日	治安維持法改正法律（昭和16年法律第454号）を公布する。治安維持法を全面改正したもので、国体を変革することを目的とする結社のみならず、これを支援することを目的とする結社等の指導者、参加者等をも処罰することとし、その罰則を強化するとともに、検事による強制捜査、弁護士の指定、控訴院

		の省略等の特別の刑事手続を定め，又予防拘禁制度を新たに設けるもの。
	4月23日	保護観察所官制中改正ノ件を公布する。保護司専任「42名判任内12人ヲ奏任ト為スコトヲ得」を「41名判任内11人ヲ奏任ト為スコトヲ得」に変更する。
	7月7日	青少年不良防止ニ関スル件を公布する。
	7月18日	東京司法保護委員事務局開所式を挙行する。
	10月3日	司法保護委員事務局長会同を官舎会議室で司法大臣が開催。会同員は，各控訴院管内に設置された司法保護委員事務局長7名，参列員は在京裁判所，検事局の6長官。岩村司法大臣の訓示，三宅司法次官の注意，森山保護局長の指示の後，諮問事項「従来ノ実績ニ鑑ミ司法保護委員制度ノ運営ニ付特ニ考慮スベキ具体的方策如何」について協議する。
	1月27日	少年審判所設置ノ件中改正ノ件を公布する。これにより旧少年法施行区域は全国に及ぶ。
1942（昭和17）年	2月15日	日本軍，シンガポールを陥落させる。
	2月18日	大東亜戦争第1次戦勝（シンガポール陥落）祝賀に当り，復権令を公布するとともに，閣議決定された個別恩赦（特赦）の基準が公表される。
	3月5日	東京に初の空襲警報発令が出される。
	4月18日	航空母艦を発進した米軍機16機が日本本土を初空襲する。
	4月30日	第21回衆議院議員選挙に際し翼賛選挙を実施する（推薦381人，非推薦85人が当選）。
	5月20日	翼賛政治会を創立する。
	5月	日本軍，フィリピン全島を占領する。
	6月1日	ミッドウェイ海戦で日本海軍が敗北する。
	7月28日	行政を簡素化し，中央官庁の職員を外地に転出させることを閣議決定する。
	8月7日	米軍がガダルカナル島に上陸する。
	9月13日	司法保護事業法施行3周年式典を司法省講内刑務協会で挙行する。
	12月28日	満洲国ニ於ケル日本人ノ前科ヲ其ノ者ノ日本国本籍地市区町村長ニ通知及照会ノ件を公布する。日満間の前科を共通に取り扱うこととしたものである。
1943（昭和18）年	1月26日	勤労青少年補導緊急対策ニ関スル件を公布する。
	1月27日	矯正院ニ於ケル短期錬成実施ニ関スル件を公布す

		る。在院者に対して短期間に矯正の実をあげ，速やかに戦力増強部門に動員し得るように短期錬成の実施方を通牒したものである。
	3月18日	戦時行政特例法（法律第75号）を公布する。特に必要があるときは，勅令によって，法律による人又は法人の行為に対する禁止又は制限の全部または1部を解除することなどをできるようにしたもの。 許可認可等臨時措置法（法律第76号）を公布する。勅令の定めるところにより，法律による許認可等を要する事項について特別な簡易措置を講じることができることとしたもの。
	4月1日	要保護少年の錬成を実施する。閣議決定された「青少年補導緊急対策」に基づき，関東地区各府県の重要工場の工中要保護少年60名の錬成を群馬県の赤木少年道場で行う。 中学校の徴兵延期を廃止する。
	4月18日	山本五十六連合艦隊司令長官が戦死する。 少年保護婦人会と司法保護協会の主催で一橋共立講堂で少年保護母の会を開催する。
	5月29日	アッツ島の海軍守備隊2500名が玉砕する。
	6月25日	学徒戦時動員体制確立要綱を閣議決定する。本土防衛のための軍事教練と勤労動員の徹底を図る。
	5月22日	全日本少年保護司会を結成する。発会式及び総会が大阪東区の国民会館で開催され，岩村司法大臣ら関係者多数の参列の下に挙行された。
	9月23日	学生の徴兵猶予を停止する。
	10月16日	出陣学徒壮行の為の最後の早慶戦を開催する。
	10月21日	出陣学徒壮行会が神宮外苑競技場で挙行される。学徒数万人が分列行進する。
	11月1日	司法省官制改正を公布する。行刑局と保護局を合わせて刑政局とし，同局の所管事項を定めるとともに，司法理事間等の定員を減らすものである。
1944（昭和19）年	1月1日	全国で出陣学徒が入営する。 機関誌『少年保護』と同機関誌『昭徳』を合併し，『司法輔導』と改題。同誌は4号をもって廃刊となる。
	6月6日	連合国軍，ノルマンディーに上陸する。
	6月17日	仮釈放審査協議会停止ニ関スル件を公布する。事務

	簡素化のために当分の間停止することされた。
7月7日	サイパン島の守備隊が玉砕する（非戦闘員の死者が1万人）。
7月8日	学童集団疎開要綱を発表する。
7月18日	東條英機内閣が総辞職する。
8月1日	1億国民総武装を閣議決定する。各地で竹槍訓練等を開始する。
8月4日	東京の国民学校の3～6年生の学童疎開第1陣が疎開を開始する。
8月29日	連合国によりパリが解放される。
9月13日	司法保護団体の正松塾の発会式を東京造船所において挙行する。本塾は東京造船所に就労中の刑務所造船部隊の釈放者15名を対象とするもので，中野検事総長，秋山東京控訴院長，正木刑政局長ら関係者多数が出席する。
9月26日	仮釈放審査規程中改正ノ件を公布する。受刑者応召の場合における仮釈放の具申について電報・電話による上申のほか，敵襲による人命危険の状況があることを理由とする条件付許可上申，戦力増強作業就業受刑者に付き就業日2日を少なくとも3日に換算して残刑期の計算をする善時制仮釈放の上申等を認めたもの。
9月29日	行政累進処遇令改正を公布する。適用範囲を刑期1年以上の者から6月以上の者に拡張し，入所時調査期間を2月間から15日に短縮し，点数制を考査制とし，1級受刑者の介護補助を認めること等とした。
10月24日	フィリピン沖海戦が起る。
10月25日	連合艦隊が事実上消滅する。
11月11日	関東州少年令を公布する。
11月24日	マリアナ基地発進のB29約80機が東京を2時間にわたり初空襲する。
12月16日	勤労犯罪者特別措置要綱を閣議決定する。
1945（昭和20）年2月11日	ヤルタ協定が締結される。
3月10日	東京大空襲が起る。
3月13日	受刑者からなる「刑政憤激挺身隊」が東京の街頭に初出動し，遺体処理にあたる。
5月8日	ドイツが無条件降伏する。
6月23日	沖縄地上部隊が玉砕する。日本側死者約10万人，う

	ち住民等が15万人。
7月26日	ポツダム宣言を発表する。
8月6日	広島に原爆投下される。死者20万人以上。広島保護観察所も半壊。
8月8日	ソ連が対日参戦する。
8月9日	長崎に原爆投下される。
8月15日	正午のラジオで「終戦の大詔」を放送する。第2次世界大戦が終結する。
9月2日	ミズーリ号艦上で降伏文書に署名する。

　上のような司法省による統制の強化の動きで注目される点の1つは，民間司法保護団体の機能別・分野別の整理とヒエラルキー化を図った上で，その中央組織に対する統制を行うという方法が採用されているという点である。1939（昭和14）年12月，司法保護の分野別の中央機関であった財団法人輔成会，財団法人日本少年保護協会及び財団法人昭徳会の三団体を合同して司法保護協会を創設し，合同の中央機関としたことなどがそれである。もう1つの点は，統制の強化のために法令の整備を図ったことなどである。思想犯保護団体の指導督励に関する保護課長通牒（1937年2月12日）の後，1939（昭和14）年に相次いで整備されている。司法保護事業委員会官制（同年9月12日），司法保護委員会令（同日），司法保護事業法（同年9月14日施行），司法保護団体ノ監督ニ関スル件（同年9月26日），司法保護委員執務規範（同年9月29日）等がそれである。これには司法保護事業法が制定されたことが大きかったといえよう。もう1つの点は，上の統制について思想検事の直接的関与が謳われていることである。「司法保護団体ノ監督ニ関スル件」によれば，検事長はその管内の司法保護事業団体を監督し，検事正，少年審判所長，保護観察所長又は刑務所長にこれを監督させることができることとされたことなどがそれである。同年10月25日には，検事長が司法保護委員会，区司法保護委員会及び司法保護の監督を行い，検事長は区司法保護委員会及び司法保護の監督を検事正にさせることができる旨の訓令を定められている。注目される最後の点は，保護団体に対し「思想ノ指導」をより強く求めている点である。それをよく示しているのは，1939（昭和14）年9月29日公布の司法保護委員執務規範である。司法保護委員に対し，国体の本義に徹するとともに国策の動向と社会の推移とに留意すること，家族主義の精神を体し刑政の真諦を践し常に報国の至誠の保護教化の徹底を期すこ

と，本人には厳父慈母の心をもって常に厳正温厚，本人をして全幅の信頼を寄せること，良俗に従い人情を汲み事に処するには懇切丁寧を旨とし固く秘密を守り本人その他の者の名誉等を毀損しないこと等をもって執務心得と定めているからである。

　森山らが司法保護事業と一般の社会事業とは質的に差があることを繰り返し強調している点も，上の統制の強化との関係で，ここで付言しておかなければならない。例えば，次のような議会答弁などがそれである。

　　一般の社会事業と異なりまして，唯単に生活の安定を図り，或は性格の陶冶を図ると云ふのではなくして，結局従来の色々なることをも共に総合考慮致しまして，専門的にやつて行く場合に始めて其の効果を上げていくのではなからうか。是は思想犯保護観察法の実績に徴しましても，私共はさふ考えて居ります。其の意味に於きまして，司法保護事業の分野に於きましては，一般の社会事業の分野と切り離して特に立法する必要があるだらうと考えて居る次第であります。[12]

　司法省の統制強化の動きは保護団体に大きな影響を与えることになった。司法事業法制定後の1940（昭和15）年に結成された思想保護団体の尚和会は，その「尚和会要覧」の中で，設立の目的を次のように謳っているからである。

　　在来の司法保護事業は再犯を防遏し，社会の安寧を保持せんが為の消極的且慈恵的政策でありましたが，思想保護事業に於ては思想犯釈放者をして単に再犯を防遏するに止まらず，進んで彼等の有する優秀なる能力を発揮して之を国家に奉献せしめ，以て皇国臣民たるの途を履ましむることに努り来たつたのであります。先般司法保護事業法の制定により同事業が国家的干渉と規制の下に行ふことヽなつたのを転機として，従来の慈善的司法保護事業も，赤子育成と云ふ道義国家の自覚に基く積極的事業に発展し，本人の再犯を防止するに止まらず，進んで帝国臣民たるの本分を恪守せしむる様輔導すべきを明らかに規定し，司法保護事業の進むべき指針を明示したのであります。事変の進展と共に国家総力戦体制は愈強化せられ，我国民の総てが従来の客観主義，相対主義をかなぐり捨てヽ主体的に国家の重さを担ふ一柱として起つべきを要望されて居り，且又戦時人的資源愛護，思想国防確立が緊急の課題となりつヽある今日，之等諸問題解決を荷負せられて居る思想保護の目標は，彼等を指導誘掖して帝国々民として完成せしむること，即ち，上御一人の大御心に帰依随順し奉り，天壌無窮の皇運を扶翼し賛らしむることでなければならず，さらに言葉を代ヘれば日本精神を体現し実践窮行の域に達せしむることであります。……本会が目的に帝国臣民としての完成を期する旨を掲げた所以亦此処にあるのであります。[13]

ここに到ると，司法保護事業の対象は犯罪者に止まらず，更生保護関係者も含めた帝国臣民一般ということになろう。森山らもそのように考えていたふしがあり，それは敗戦によっても変わることはなかったといえよう[14]。
　法制定過程に注目すると，司法保護事業法とは，法制定により司法保護事業を国家的に認知させ，それに基づいて国等による公的助成の拡充等を計りたい司法保護団体側の意向と，法制定により司法保護事業に対する国の統制をより強化したい国側の意向とが相まって制定させた法律だといえた。しかし，法制定後に明らかとなってくるのは勿論，後者の部分であった。法制定直後に「司法保護団体ノ監督ニ関スル件」（1939年9月26日）や「司法保護委員執務規範」（同年9月29日）が定められたのも，このような国による統制強化，それもこの統制に思想検事を直接関与させることによって司法保護団体をして対象者に対する「思想ノ指導」をせしめることが目的であったことは前述したところである。司法保護法の制定にかけた司法保護団体の思いから現状はますます離れていった。

4　社会事業から厚生事業への転換

　上に考察したような司法保護事業の転換は一般の社会事業においても見られたところのものだったといえよう。この期においては，「人的資源の保育育成」とその前提としての「国民生活の安定確保」という戦時国家の要請に基づいて，社会事業が戦時厚生事業へと転換されているからである[15]。
　そこで，参考までに治安維持法制定以降のこの社会事業から戦時厚生事業への転換の動きを時系列でみることにすると，次のようになる。

　　1925（大正14）年
　　　　　　　　　　治安維持法を公布する（4月22日）。
　　1927（昭和2）年　昭和恐慌が起る（1931年まで）。
　　　　　　　　　　本期の失業の性格は構造化と慢性化が特徴で，業者層の周辺に膨大な潜在的失業者が存在するとされる。政府の奨励もあって失業者が帰農し，帰農者による社会問題が発生する。朝鮮半島からの渡航者と日本の労働者との賃金格差も問題となる。
　　1929（昭和4）年　社会政策審議会を設置し，事業調節委員会を9月に設置す

る。
資本主義的危機の進化の下での失業問題は社会保障的対策を呼び起こしたが，失業保険を持たない日本では，その対策に失業救済事業でお茶を濁すより方法がなかった。国民健康保険の欠乏にも時局匡救医療保護という形で対処するしかなかった。

救護法を4月に公布する（社会事業を組織化）。公的義務扶助をとったのは貧困は既に個人の自助では如何ともしがかったからである。家族制度，隣保相扶を尊重しつつ，国民生活の不安と思想の動揺を防止する点に思想的根拠が置かれた。

制限救助主義を採用する（対象者は16歳以上の老衰者，13歳以下の幼者，妊産婦，不具廃・疾病・傷痍，その他精神又は身体の障害により労務を行うに故障のある者）。救護の種類は生活扶助，医療・助産・生業扶助（特定の者には埋葬扶助も）。法実施促進運動が展開され，1932年1月にようやく実施された。被救護者は要救護者の3分の1に過ぎない。

1930（昭和5）年　事業調節委員会に代えて失業防止委員会を設置する。
農業恐慌が起る。大豊作にもかかわらず「農作飢餓」が現出した。

1931（昭和6）年　満州事変が起る。「戦時下国民生活総貧困」の出発点となる。社会事業思想が変化し，唯物弁証法的社会事業思想も先頭を切って国家社会主義思想などに転向する。

生活の全般的窮乏（貧困の量的拡大・質的深刻化）が医療，児童その他の諸問題にも波及し，ストライキが頻発する。

農村窮迫過剰人口が流失し，工場・鉱山労働者が半失業化する。零細自営業者も没落する。

入営者職業紹介法を4月に制定する。

労働者災害救助法や労働者災害扶助責任法を公布する。狙いは日雇い労働者の保護で，大都市その他に失業者救助施設を開設する。

全日本私設社会事業連盟を7月に結成する。財界不況と公的社会事業の勃興により私設社会事業は経営が著しく困難化する。社会事業の分野別組織化が進む。

1932（昭和7）年　日雇い賃金の下落がピークを迎える。日雇い労働者の失業率はきわめて高い。

軍部の強い要請で，農村医療に付き臨時時局匡救医療救護事業を開始する（40年迄膨大な資金を投入）。医療利用組合のほか，無産者診療運動も盛んになる。

4　社会事業から厚生事業への転換

	全日本方面委員連盟を結成する。1934年度の委員数は2万9254人である。 児童虐待防止法を4月に公布する。14歳未満の児童の虐待に対し訓戒，条件付け監護命令，委託の保護処分を規定した。 少年救護法を5月に公布する。14歳未満の不良行為をなした少年等のために少年教護院，鑑別機関，少年教護委員を設置した。
1934（昭和9）年	記録的な大凶作が起る。農家生活の窮乏は負債となって現出する。貧困問題の行き着く先は都市の浮浪者と農村の身売り問題で，売春身売りは1934年の大凶作で特に激増した。自殺者，犯罪者も年々増加する。 三井・三菱財閥は農村共同施設の設置を窮乏農村救済資金の寄付（10月）により助成する。
1936（昭和11）年	職業改正法を改正する。職業紹介の所管事務を地方長官への移管，授産場の増加等が内容。準戦時体制に入ると共に，離職者に対する職業補導や失業者の更生指導訓練が強まる。 思想犯保護観察法を5月に公布する。 6月に「社会事業調査会答申」が出される。農村社会事業の基調となるもので，隣保共助による農民の自力更生に重点が置かれる（農村隣保事業に注目）。農村経済更生の一翼として，社会事業（介護事業，医療保護，児童保護，職業保護，経済的保護，生活改善等の事業）を防貧と生活改善のために動員する。農繁季節託児所が激増する。
1937（昭和12）年	方面委員令を1月に実施する。隣保相扶，互助共済による保護指導という指導精神を明確化し，生活状態調査，要保護者自立向上の指導，社会施設との連絡等の職務を明確化する。方面委員は道府県の設置とし，東京市・横浜市は除外。方面委員は地方長官が選任，方面委員を指導する方面事業委員会を設置し，方面委員会に市町村長を出席させ，委員と市町村当局との連絡に留意することとされる。 母子保護法を3月に公布する。13歳以下の子を擁する母に対する生活・養育・生業等の扶助を規定する。 東京市役所は6月に大規模な「市内浮浪者調査」を実施する。 この時期，社会事業調査が数多く行われている（社会事業調査形成期）。 7月に社会事業法を公布する。私設社会事業への助成（額は少額）が内容である。戦時体制が進むに連れて監督や取締

傾向が強まる（違反には罰則）。
日中戦争が7月に勃発する。厚生事業思想への移行が始まり，社会事業は厚生事業に改称を迫られる。
厚生省は12月，保健所を中心とした保健指導網の確立を計る。人的資源的発想の「児童愛護」が狙い。著しい出生減退，死亡増加と保育に欠ける児童の大量発生により「児童愛護」の中心は母性及び乳幼児の問題に置かれる。社会事業的な「児童保護」とは異なり，「国の宝」というパターナリズムが強調される（社会的視点や人権の視点は脱落）。

1938（昭和13）年　1月に厚生省を設置する。原動力は陸軍省医務局で，同省設置による精兵養成，軍需労働力の確保を主張する。勤労行政や衛生行政も所掌。社会事業行政は細りに細る。
国家総動員法を4月に公布する。
国民健康保険法による国民皆保険制度の積極的推進が行われる。戦時下労働力の確保，培養が狙いである。
入営者職業保障法を4月から施行する。軍事援護に付き隣保相扶を理念とし，入営・応召軍人及びその留守家族への援護，傷痍軍人及びその家族への援護，戦没者遺族への援護，帰還軍人及びその家族への援護等を規定する。

1939（昭和14）年　第2次世界大戦が9月に勃発する。
厚生事業思想が登場する（山口正等の厚生事業論）。
軍事扶助法を3月に改正公布する（扶助限度額を改正）。
3月に司法保護事業法を公布する。司法保護事業をほぼ全面的に国家事業化する（社会事業から独立）。
4月に戦時インフレ対策として救護法の給与限度を改正する（1942年3月にも）。
軍事保養院を7月に設立する。
母子保護法も8月，給与限度を改正する（42年3月にも）。戦没者遺族等の母子家庭に関心が集中し，一般母子家庭は顧みられなくなる。

1940（昭和15）年　太平洋戦争が1月に始まる。
平時の社会事業問題とは異なる戦時厚生事業問題（人的資源としての人口問題，体位低下に伴う保健・医療問題，将来の人的資源としての児童問題，戦時下の退廃から生じた非行・犯罪問題，空襲その他の戦時災害問題，貧困をはじめとする要保護問題等）が発生する。
1940年以降，厚生省は全国各地の適当な農村に隣保施設を設置する。

1941（昭和16）年	政府は1月に「人口政策確立要綱」を閣議決定する。 3月に医療保護法を公布する。 8月に厚生省に人口局を設置する。
1942（昭和17）年	1月に旧少年法を全国的に施行する。各地に少年審判所を設置する。治安的視点や生産的視点が濃厚である。 「健民健兵」政策に基づき，2月に国民医療法（結核の撲滅と無医村解消を目的とする日本医療団の新設が眼目）を公布する。 戦時災害保護法を2月に公布する。救済主義を採用する（実効性には疑問）。 妊産婦手帳規定を7月に公布する。
1943（昭和18）年	1月に少年非行対策として「勤労青少年補導緊急対策要綱」を定める。不良化未然防止，不良勤労青少年の強化練成等が内容である。 2月に恩賜財団大日本母子愛育会を設立する。決戦下の保育は日本的練成保育主義に変化する（幼稚園の託児所への転換，保育所も戦時託児所に転換）。児童非行の激増への対策として学童保育所，児童指導所を開設する。児童保護は衰退の一途となる（教護施設では皇道教育や勤労教育が主）。 厭戦感を避けるために要保護問題を隠蔽化する。少年工の非行化が注目される。 敗戦にかけて厚生事業思想が破綻・崩壊する。論理的厚生事業論もその理論的放棄を迫られ，理論的に破綻する。 救貧制度における救護の比率は軍事扶助法53.6％，医療保護法43.2％，救護法1.7％，母子保護法1.5％で，軍事扶助が圧倒的優位を占める。人的資源の保護育成としての医療保護も重視される。労働能力を持たない要保護者の生活窮迫化の一層の進行が進む。
1945（昭和20）年	8月に敗戦を迎える。

これによれば，一般の社会事業の領域における転換と司法保護事業の領域における転換とが，時期にややずれがみられるものの，ほぼ軌を一にしていることが容易に理解されよう。例えば，社会事業法の公布が1937（昭和12）年7月であるのに対して，司法保護事業法の公布も少し遅れるが，1939（昭和14）年3月のことである。社会事業法を制定する目的も，司法保護事業法と同様に，私設社会事業への助成（額は少額）の反面，国による規制を法で制度化する点にあった。そして，この規制は戦時体制が進むに連れて監督や取締の傾向を示

した。違反には罰則も適用された。

　森山らによれば，司法保護事業と一般の社会事業との質的な違いが強調されたが，この違いは，前者を担ったのが司法省であるのに対して後者を担ったのが内務省（後に厚生省）であったという点をも含めて，質的なそれというよりは量的なそれという面が強かった。両者の距離が決定的に開くということはなかった。もっとも，社会事業の性質からいって，更生事業にいくら転換したとしても「生活ノ保護」を放棄し「思想ノ指導」に走ることには限界があったという点は司法保護事業との違いといえたかもしれない。ただし，この点も量的なそれに過ぎなかった。その性格ないし内容に着眼すれば，戦時厚生事業に倣って，戦時司法保護事業というようにも名づけ得た。

　ちなみに，前掲『更生保護50年史（第1編）』によれば，1923（大正12）年から1948（昭和23）年までの時期をもって，「この時期は，更生保護事業の法制化がなされ，旧少年法，思想犯保護観察法，司法保護事業法が制定され，旧制度の基盤が形成された時期である」と画期される。

1) 更生保護50年史編集委員会編『更生保護50年史（第1編）』（全国保護司連盟他，2000年）164頁等を参照。
2) 「昭和11年第69帝国議会議事速記録並委員会議録（思想犯保護観察法案）」『思想研究資料特輯』28号1頁以下を参照。
3) 50年史編集委員会編・前掲注1)書446頁。
4) 保坂正康・半藤一利『そして，メディアは日本を戦争に導いた』（東洋経済新報社，2013年）等を参照。
5) 前掲注1)書94頁以下等を参照。ちなみに，再犯防止のための保護観察を通じた「転向」の確保および推進が重要だとの認識をいち早くもった司法官僚は，まず個人の資格で思想保護団体の創設や育成に関わった。東京地裁検事局検事正の宮城長五郎を会長とし，市ヶ谷刑務所教務主任の藤井恵照を常務理事とする帝国更新会（1926年12月創設）はその先駆であった。1934年6月には，司法次官皆川治広が「刑務所や検事局から釈放せらるる学徒の更生を輔成することを火急の要務」（『法律新聞』1934年6月25日所収の談）として大東塾を創立した。1935年5月には名古屋控訴院検事長の職にあった塩野季彦を中心に明徳会が創立された。2度目の治安維持法「改正」が挫折した直後，司法保護課長に就任した森山がまず着手したのも「思想犯保護の中央機関の設置」，昭徳会の設立であった。1935年9月25日に創立された昭徳会は「思想犯保護事業の全国的指導，統制，助成」を第1の目的とし，総裁を法相，会長を司法次官，常務理事を司法省保護課長（森山）が占めた。寄付金募集などを経て9月に認可されたものの，本格的活動は思想犯保護観察法の成立後となった（荻野富士夫編『治安維持法関係資料集 第4巻』（新日本出版社，1996年）30頁以下に収録）等を参照。
6) 中澤俊輔『治安維持法―なぜ政党政治は「悪法」を生んだか』（中央公論新社，2012年）159頁以下等を参照。
7) 「〔巻頭言〕思想犯保護観察法公布さる 次は一般犯人の保護観察実施へ」『昭徳会報』1936

（昭和11）年7月号。
8) 藤井恵照「思想犯保護観察法に就て」『保護時報』20巻7号（1936年）13頁以下。ちなみに，小林杜人「思想犯の保護を如何にすべきや」『保護時報』17巻6号（1933年）23頁以下によれば，藤井恵照とその指導する帝国更新会の思想犯保護活動が次のように紹介されている。

「帝国更新会に於けるおける思想犯保護は，昭和6年より開始された。そして其の指導者は藤井恵照氏であり，氏は第一線に立って，経営と指導に当られて居る。氏は予て豊多摩に，現に市ヶ谷に教務主任である関係上，本会に於ける被保護人との間に，完全に理解の成立して居ることは，誠に恵まれた状態にあると云わばならぬ。昭和7年度後半期より，積極的に此の種の保護を拡大し，今日迄のその成績を示せば左の如くである。

保護人員　32名
内訳

収容保護ヲナセルモノ		11名	観察保護ヲナセルモノ		11名
一時保護ヲナセルモノ		10名	内他ノ機関ニ移管セルモノ		3名
現在保護人員，収容中ノモノ		7名	間接保護ノモノ		9名

以上の内不就業状態のものは，収容当時にて静養中のもの2名で，其他は何れも就業状態にある。今現在の就業状態を示せば左の如くである。

保護従事員	1名	書籍商	1名	露天支那そば屋	1名
洋服仕立職	1名	他商店通勤	1名	鉄工所職工	1名
古書籍店準備中	1名	弁護士事務員	1名	食堂手伝	1名
家事手伝	3名	農業	2名	静養中	2名

今日に至る迄に，生業資金を貸与せし者3名である。」
小林らが理想とする思想犯保護と森山らの考える思想犯保護観察との間には大きな乖離があった。
9) 小林杜人「思想犯保護観察法に対する若干の考察」『保護時報』20巻7号（1936年）18頁。
10) 小林杜人「思想犯保護観察制度実施の回顧」『昭徳』昭和15年11月号6頁。
11) 50年史編集委員会編・前掲注1)書172頁以下等を参照。
12) 『昭和14年第74帝国議会衆議院人事調停法案委員会議録（速記）第14回（昭和14年3月10日）』7頁を参照。
13) 荻野富士夫編『治安維持法関係資料集　第3巻』（新日本出版社，1996年）392頁以下等を参照。
14) ちなみに，菊田幸一「思想犯保護観察法の歴史的分析（二）」『法律論叢〈明治大学〉』45巻1号（1972年）121頁によれば，「当局は終戦後において，思想犯保護観察法をそのまま維持し，これを基本に一般人に保護観察を拡大する予定であったといわれる」と指摘されている。
15) 吉田久一『日本社会事業の歴史（全訂版）』（勁草書房，1994年）367頁以下等を参照。

第6章　思想犯保護観察法の廃止

1　無条件降伏から1945年末までの主な動き

　1945（昭和20）年8月15日，ポツダム宣言受諾の玉音放送を終えて，鈴木貫太郎内閣は総辞職した。2日後，東久邇宮稔彦王を首班とする内閣が成立した。そして，同年9月2日，日本政府全権の重光葵と大本営（日本軍）全権の梅津美治郎は東京湾上に停泊中の米戦艦ミズーリ号の艦上で降伏文書に調印し，即日発効した。無条件降伏の報は司法保護事業の関係者にももたらされた。GHQ（連合国軍最高司令官総司令部）の対日占領政策の展開と日本側の動き等を中心に，この無条件降伏から1945年末までの主な動きを思想犯保護観察法の廃止（1945年10月15日）を軸として時系列でみると，次のようになる。

1945（昭和20）年9月2日	GHQ（連合国軍最高司令官総司令部），指令第1号を出す。指令第1号の内容は，軍隊の敵対行為禁止・武装解除・軍需生産全面停止などである。
9月3日	GHQ，指令第2号として政府・大本営が行うべき戦後措置の内容を指令する。
9月5日	東久邇宮稔彦首相，帝国議会で施政方針演説を行う。
9月6日	トルーマン米大統領，「降伏後における米国の初期対日方針」を承認し，マッカーサー元帥に指令する。
9月8日	連合国軍の米兵約8000名が東京にジープで進駐を開始する。
9月9日	マッカーサー元帥，日本管理方針に関する声明で「間接統治方針」を発表する。
9月10日	GHQ,「言論および新聞の自由に関する覚書」を日本政府に提示する。GHQに関する事項の報道制限を実施する人の逮捕を指令する。逮捕直前，東条英

	機は拳銃により自殺未遂する。
9月13日	大本営が廃止される。
9月14日	GHQが「言論および新聞の自由に関する覚書」違反で同盟通信社の業務停止を指示する。翌15日正午まで配信停止を命じる。
9月15日	東京日比谷第一生命相互ビルにGHQ本部を設置することを決定する。
	ソ連が千島全島をソ連領とする旨を布告する。
9月17日	GHQが東京へ移転する。
9月18日	西日本を中心に「枕崎台風」が上陸する(室戸台風に次ぐ規模で死者・行方不明者3756人)。
	東久邇宮稔彦首相が外国人記者団との初会見で「憲法修正に関して,内政改革の時間的余裕はない」と発言する。
	GHQが「言論および新聞の自由に関する覚書」違反で朝日新聞社の業務停止を指示する。朝日新聞は「48時間」の休刊を命じられる。
9月19日	GHQが「日本新聞規則に関する覚書(プレス=コード)」を指令する。
9月20日	「ポツダム宣言の受諾に伴い発する命令に関する件」を公布する。即日施行する。「ポツダム勅令」の法的根拠となる。
9月22日	米国政府が「降伏後における米国の初期対日方針」を発表する。
	GHQが「米国の初期対日方針」に基づく初の基本的指令である指令第3号を発令する。指令第3号の主な内容は生活必需品の生産促進・輸出入活動の禁止・金融取引の統制等である。
	GHQが「日本ラジオ規則に関する覚書(ラジオ=コード)」を指令する。
9月24日	「プレス(報道)の政府からの分離に関する覚書」を公布する。新聞・通信社に対する日本政府の統制支配が廃止され,GHQの「直接統治」へ移行する。
9月26日	哲学者三木清が共産主義者をかくまった罪で入獄中,東京豊多摩拘置所内で獄死する(享年49歳)。
	治安維持法が廃止されていない現状を知ったGHQは非民主性を批判する。
9月27日	昭和天皇がアメリカ大使館にマッカーサー元帥を訪

	問する。
9月28日	刑政局は司法保護所管中央部局（昭和18年11月1日，保護局廃止）の独立についての予算を要求する。戦時の保護対象者の増大に対処するためには司法保護所管中央部局を整備する必要があるとした。
9月29日	内務省情報局が昭和天皇のマッカーサー訪問写真掲載を不敬として発禁処分にする。 GHQが戦時諸法令の廃止を指令する。
9月30日	「大日本産業報国会」を解散する。 GHQが特定金融機関の閉鎖を指示する。満鉄・戦時金融公庫など29の特定金融機関を即時営業停止とする。 この月，街頭に「闇市」が氾濫する。
10月1日	GHQが「郵便検閲に関する覚書」を公布する。郵便物の検閲を命令する。 東京地検が占領軍が放出した木綿服地を横領した容疑で足立区長ら3名を起訴する。
10月3日	山崎巌内相が「治安維持法に基づく共産主義者の検挙継続」を発言する。
10月4日	GHQが「政治的，市民的及び宗教的自由についての制限の撤廃に関する覚書」を発出する。①思想・宗教・集会・言論の自由を制限する治安維持法，国防保安法，軍機保護法，宗教団体法等を含む一切の法令の廃止，②政治犯人の即時釈放，③内務省警保局・特別高等警察部・保護観察所等の廃止，④内務大臣・内務省警保局長・警視総監その他府県警察部長・特別警察部員・保護観察所員等の罷免，などを指令する。
10月5日	4日の覚書の実行は不可能として東久邇宮稔彦内閣が総辞職する。
10月6日	全国の特別高等警察が廃止される。
10月8日	近衛文麿がGHQ政治顧問アチソンと非公式に会談する。12項目にわたる憲法改正の具体的提案を受ける。 夕張炭坑で朝鮮人労働者6000余人がストライキに入る。
10月9日	幣原喜重郎内閣が成立する。 東京5紙（朝日・毎日・読売・東京・日本産業）に

	対し新聞事前検閲を開始する。
10月10日	松本烝治国務相が閣議で幣原喜重郎首相に対し「憲法改正の必要性」について打診する。
	徳田球一ら獄中の共産党員約500人を含む政治犯約3000人が釈放される。
10月11日	マッカーサーが幣原喜重郎首相に憲法改正を示唆するとともに「5大改革」（女性の解放，労働者の団結，教育の自由化，経済の民主化等）を口頭で指令する。
	閣議で治安維持法の廃止を決定する。
	外務省が『憲法改正大綱案』をまとめる。
10月13日	閣議で憲法改正のための研究開始を決定する。
	佐々木惣一京都帝国大学教授（憲法学）が内大臣府御用掛に就任する。
	新聞各紙が憲法改正に関する記事を掲載する。
	司法輔導所の設置について通牒する。恩赦釈放者，戦災又は終戦を原因として生活の方途を失った猶予者，釈放者の更生の援護をなすために，適当な司法保護団体の内容を充実して司法輔導所となし，これらの者を収容して保護を行う施設で，検事正が指定し，刑政局長が認定するという手続を定めたものである。
10月15日	近衛文麿内大臣府御用掛が外国マスコミに対し憲法改正構想について会見する。
	「ポツダム宣言ノ受諾ニ伴ヒ発スル命令ニ関スル件ニ基ク治安維持法廃止等ノ件」（昭和20年勅令第542号）により治安維持法，思想犯保護観察法が廃止される。
10月17日	米国務省がGHQ政治顧問アチソンに訓令を通知する。憲法改正の基本的事項のアウトラインを提示する。
	第2次世界大戦終局に当っての大赦令，減刑令，復権令を公布する。規準を公表する。
10月20日	日本共産党機関誌『赤旗』が再刊される。
10月22日	GHQが軍国主義追放の教育制度政策として「日本教育制度に関する覚書」を公布する。
	保護観察所が廃止される。保護観察所官制の廃止に伴い，全国22ケ所の保護観察所が閉鎖され，職員の

	退職が発令された。退職職員は，補導官，保護司，書記官等合計1185名を数える。
	治安維持法及び思想犯保護観察法その他の関係法令の廃止に伴い，予防拘禁及び思想犯保護観察関係の訓令通牒を廃止する。
10月24日	GHQが「信教の自由に関する覚書」を公布する。
	国連憲章が発効する。国際連合が正式発足する。
10月30日	GHQが「教職員の調査，精選および資格決定に関する覚書」を公布する。この覚書により軍国主義的教員の追放が指令される。
	同盟通信社が解散し，11月1日に共同通信社・時事通信社が発足する。
11月2日	日本社会党（書記長・片山哲）を結成する。
11月3日	新日本婦人同盟（会長・市川房枝）を結成する。
11月4日	東京帝国大学経済学部教授会が大内兵衛ら7人の復職を決定する。
11月5日	閣議で「戦争責任に関する件」を決定する。天皇の戦争責任否定を確認する。
11月6日	GHQが「持株会社の解体に関する覚書」を提示する。GHQは4日に提出された「4大財閥自発的解体計画」を承認する。
11月8日	日本共産党が第1回全国協議会を開催し，「新憲法構成の骨子」を決定する。
11月9日	日本自由党を結成する（総裁・鳩山一郎）。
11月10日	GHQ渉外局が「日本の労働統制法規の撤廃」を発表する。国民動員令，工場法戦時特令など8法令が廃止される。
11月17日	閣議で生鮮食品の配給統制撤廃を決定する。36年ぶりの凶作で供給米価が高騰する。
11月18日	GHQが民間航空と航空研究の禁止を指令する。
11月19日	GHQが「封建的」と評価される日本映画236本を上映禁止にする。
	荒木貞夫，小磯国昭ら11名が戦犯として逮捕される。
	京都帝国大学総長が京大再建方針を発表する。主な内容は瀧川事件以前の状態に戻すというものである。翌1946年2月16日に瀧川幸辰は同大学教授職に復帰する。

11月20日	京都学生連盟を結成する。
	「ラジオ通信統制に関する覚書（ラジオ＝コード）」でラジオ放送に対する検閲基準を指示する。
11月21日	治安警察法廃止の件を公布する。治安警察法を廃止する。
11月22日	近衛文麿が「帝国憲法改正要綱」を天皇に提出する。
	閣議で自作農創設の農地制度改革要綱を決定する。
11月24日	内大臣府を廃止する。
11月25日	GHQが財政再編成の覚書を政府に手交す。
11月26日	第89回臨時帝国議会を召集する
12月1日	全日本教員組合（委員長・賀川豊彦）を結成する。
	日本共産党第4回党大会で党を再建する。
	陸軍省・海軍省を廃止する。
12月2日	GHQが戦犯容疑で平沼騏一郎，広田弘毅ら59人の逮捕を命令。
12月3日	東京帝国大学社会科学研究所の世論調査で天皇制支持が78％とされる。
12月6日	GHQが戦犯容疑で近衛文麿が，木戸幸一ら9人の逮捕を命令する。
12月8日	松本烝治憲法問題調査委員会委員長が衆議院予算委で「憲法改正4原則（松本4原則）」を発表する。松本4原則の内容は，①天皇が統治権を総覧するという基本原則は不変であること，②議会の議決決定権を拡充するために天皇大権事項をある程度削減すること，③国務大臣の責任を国務全般にわたるものとし，同時に議会に対して責任を負わせること，④人民の自由および権利保護を拡大し，侵害に対する救済を完全なものとすることである。
	共産党ほか5団体が神田で戦争犯罪人追及人民大会を開催し，犯罪人名簿の最後に昭和天皇を加える。
12月9日	GHQが「農地改革に関する覚書」を提示する。農地改革がスタートする。
12月10日	GHQが捕虜虐待容疑で57名に逮捕命令を出す。
12月12日	GHQが「日本放送協会の再組織に関する覚書」を公布する。
12月13日	GHQが失業者援護計画の立案を指令する。
12月15日	GHQが国家と神道の分離を指令する。

12月16日	近衛文麿が自宅で服毒自殺する。
12月17日	改正衆議院議員選挙法が公布され、婦人参政権が実現する。
	日本で最初の戦犯裁判（BC級）が横浜地裁で開廷する。1949（昭和24）年10月19日の閉廷までに1037人が起訴され、51人が死刑とされる。
12月20日	「国家総動員法・戦時緊急措置法各廃止の件」を公布する（施行は翌1946（昭和21）年4月1日）。
12月22日	「労働組合法」を公布する（施行は翌1946（昭和21）年3月1日）。団結権と団体交渉権が保障される。
12月28日	宗教団体法等廃止の件を公布する。宗教法人会令を公布する。信教の自由を法制度的に保障する。
12月29日	「農地調整法」改正法を公布する。第1次農地改革がはじまる。
	政治犯人等の資格回復に関する件を公布する。
12月31日	GHQが「修身・日本史および地理の授業停止と教科書回収に関する覚書」を提示する。
	内閣情報局を廃止する。

2　戦時更生保護の戦後更生保護への転身

　敗戦後、思想犯保護観察法の廃止までの司法省並びに司法保護事業関係者の、上に垣間見られるような動きの中でも特筆されるのは、1945（昭和20）年9月28日、司法省の刑政局が司法保護の所管中央部局の独立について予算要求している点である。1943（昭和18）年11月1日、司法保護の所管中央部局としての司法省保護局が戦時の行政機構縮小で廃止されていたことから、その復活等を図ろうとしたものである。その理由とされたのは、次のような点であった。

　　司法保護制度ハ、起訴猶予者、刑執行猶予者、仮出獄者、満期出獄者、思想犯、及犯罪竝ニ虞犯ノ少年ヲ、輔導訓練スルコトヲ目的トシ、其ノ保護機関トシテ、少年審判所、矯正院、保護観察所、保護観察審査会、司法保護委員事務局ヲ要シ、更ニ、司法保護委員令ニ依ル司法保護委員、並ニ民間保護団体ノ協力ヲ得テ運用スルモノナル所、是等公私ノ保護機関ニ対スル指導監督ハ、頗ル脆弱ニシテ徹底セル指導監督ヲ為シ得ザル実情ニアリ、之ガ強化ハ、司法保護制度ノ適正ナル運用ノ為メ

喫緊ノ要務トスル所ノミナラズ，終戦後ニ於ケル社会ノ秩序確保ノ重要性ニ鑑ミ，急速ニ司法保護制度を整備充実シ，保護対象者ノ輔導ノ万全ヲ期スル為メ，之ニ関スル調査及ビ企画ヲ為スノ要アルヲ以テ，司法保護ノ中央機関ヲ整備セントス

　この「理由」で注目されることの1つは，「司法保護制度ハ，起訴猶予者，刑執行猶予者，仮出獄者，満期出獄者，思想犯，及犯罪並ニ虞犯ノ少年ヲ，輔導訓練スルコトヲ目的トシ」とされている点である。すなわち，戦時司法保護事業におけるような思想犯保護観察の強調は避け，「司法保護」の対象者を一般の犯罪者並びに虞犯少年にも拡大することによって「司法保護所管中央部局の独立」（司法省大臣官房保護課の復活）を求めているという点である。戦時司法保護事業との違いといえないこともない。より重要なことは，上の対象者の拡大とも関連するが，「終戦後ニ於ケル社会ノ秩序確保ノ重要性ニ鑑ミ，急速ニ司法保護制度ヲ整備充実シ，保護対象者ノ輔導ノ万全ヲ期スル為メ」とされ，敗戦後の混乱に伴う社会秩序の乱れに対し社会秩序を確保するためには司法保護制度を「整備拡充」する必要があるとされている点である。すなわち，これによって司法保護事業の「復興」にとどまらず，更なる整備・拡大を計ろうとしている点である。「終戦後ニ於ケル社会ノ秩序確保ノ重要性」という理由は政府の受け入れるところとなり，時期が少しずれるが1946（昭和21）年6月1日，司法大臣官房保護課が復活することになった。課長に柳川真文（1903-1985年）[1]を迎え，課長の下に2級事務官3人，3級事務官16人，嘱託5人，雇20人というかなりの陣容で，第1部（総務），第2部（少年保護），第3部（釈放者保護）という3部制が採用された。[2] 同日の司法省官制等の一部改正により，刑政局所管中の「少年保護その他司法保護に関する事項」は大臣官房の所管とされ，そして，司法省分課規程の改正により，「司法保護」は保護課の所管とされた。

　思想犯保護観察法の廃止は1945（昭和20）年10月15日のことであるから，同法の廃止が司法保護制度の整備・拡充という司法省の，そして，政府の方針に何らも影響を与えていないことが容易に理解されよう。もっとも，同法の廃止に伴い，保護観察所が廃止され，保護観察所職員（所長・輔導官・保護司・書記）と保護観察審査会の職員1185人が罷免されたことを忘れてはならない。ただし，これも1949（昭和24）年7月1日の犯罪者予防更生法の施行により少年保護観察所及び成人保護観察所が設置されること等に鑑みると，思想犯保護観察

法の廃止が司法保護制度の整備・拡充の見直しを意味しなかったことに注意しなければならない。これとの関係で，保護課が復活した6月1日，少年審判所設置ニ関スル件が改正され，少年審判所の増設及び保護司の増員が行われている点もここで指摘しておかなければならない。新たに静岡，長野，京都，高松，金沢，松江，熊本，秋田の8ケ所に少年審判所が設置されることになった。保護司16人も増員された。

　拡充の動きは官側だけではなかった。事業団体の側でも同様であった。それは，1946（昭和21）年5月30日，東京少年審判所管内の41の少年保護団体が少年保護団体中央連盟を結成していること，また，同年7月31日，執行猶予者・釈放者保護の新施設の司法輔導所が続々と誕生し，設置した司法保護団体は7月末日までのところ15団体（函館和光保護会，福正会（福岡），豊州保護会（大分），佐賀県恒産会，大阪鍛錬会，至誠院（東京），帝国更新会，府中製作所，佐世保護会，石川更新会，和歌山道場，福井福田会，熊本自衛協会，神戸善照会）となったこと，[3]などからもうかがい知れよう。司法省では，司法保護事業復興の先駆として司法輔導所に期待し，特にこれを助長する方針をとり，司法保護協会も補助金を出すなどした。司法省の指導の下での整備・拡充という点は戦前と同様であった。同年10月13日，司法輔導所の設置について通牒が出され，恩赦釈放者，戦災又は終戦を原因として生活の方途を失った執行猶予者・釈放者の更生の保護を援護するため，適当な司法保護団体の内容を充実して司法輔導所となし，これ等の者を収容して保護を行う施設で，検事正が指定し，刑政局長が認定するという手続が定められた。ここでも検事の関与が謳われた。しかし，このような官側の動きは司法保護団体も望むところであった。司法保護の対象者を一般の犯罪者に拡大するというのは保護団体が一貫して国に対し要望してきたところのものだったからである。[4]

3　思想検事の転身

　前掲・荻野『思想検事』によれば，思想検察の公安検察への「転身」が概要，次のように分析されている。

　　「思想司法」にとって「人権指令」は事実上，8・15以上の衝撃をもったとされ

る。当局者はその骨抜きと緩和を画策しつつ、体制としては遂行せざるを得なかった。「人権指令」に列挙されていなかった内務省保安課長・検閲課長らをはじめ、多くの特高経験者が罷免を免れている。一方、列挙されていた司法省関係の保護観察所職員（所長・輔導官・保護司・書記）と保護観察審査会の職員1185人が罷免された。このなかで、当然のことながら、「思想司法」も解体の道を歩む。しかし、じつは「人権指令」には、思想検事の機構・機能の廃止は明記されていなかった。治安維持法などの治安諸機構の廃止をよぎなくされた結果、もはや活動の余地はなくなったと判断した司法省がみずから廃止の道を選んだのであった。司法省は10月8日、大臣訓令で「治安維持法、国防保安法其の他思想関係法規の廃止に伴う思想関係の訓令通牒及び思想事務の廃止の件」を発した。従来思想事務を担当していた判事、検事は今後思想に関する残務及び思想以外の事件を取り扱い、思想係の名称を使用しないこととしたという。同月15日には、司法省分課規程の改正によって、刑事局思想課と刑政局第４課（行刑・保護観察・予防拘禁）が廃止される。おおよそこの時点で「思想司法」は廃止されたといえよう。翌1946年１月の司法省官制・司法部内臨時職員設置法の改正により、官制上でも思想犯罪関係の職員はいなくなった。

　しかし、あくまでそれは制度上の問題であった。思想検事だったものは、保護観察関係者を除き（GHQは何故か「予防拘禁」制度には気づかなかったらしく、東京予防拘禁所の関係者は罷免になっていない。）、罷免されることなく、そのまま通常の検察の業務に移ったのである。おそらく思想判事の場合も同様であったろう。つまり、「思想司法」の負った傷は小さかった。GHQ側の関心が特高警察に集中し、「思想司法」についての認識の不足していたことが、この分岐点になったと思われる。「思想司法」への認識不足はGHQにかぎらない。「人権指令」後、新聞はこぞって特高警察と治安維持法の残虐な弾圧ぶりを暴露して行くが、そこでは思想検察への批判はもちろん、論及さえみられない。それは現在まで続いている。治安維持法の存続を表明した磐田法相はつぎの幣原喜重郎内閣でも留任し、他の司法省・検察トップもそのポストを動かなかった。「人権指令」後の治安体制の立て直しをはかるためであろう、名古屋控訴院検事長だった池田克を、1945（昭和20）年10月31日、大審院検事局次長として中央復帰させた。思想検事を名実ともに育て上げた人物をめぐるこの人事が、思想検事の廃止とは裏腹に、あきらかに「人権指令」の精神と違背していたことは、池田のその後の言動が証明する。司法省は全体として戦前から戦後へ、切れ目なく連続して行った。それは、戦後の治安体制の再編に大きな意味をもった。[5]

　そうした大きな流れのなかで「人権指令」ですどおりされた思想検事の責任をわずかに問うことになったのが、1946年１月の「公職追放」覚書であった。そのなかの「軍国主義者及び極端なる国家主義者」の罷免ないし排除というG項規定である。司法省では資格審査委員会で審査をおこない、1946年７月３日付で、25人を「公職追放」の該当者とした。そのなかには、池田克・森山武市郎・井本台吉らが

ふくまれていた。追放の範囲を思想課長等の経験者以上に限定し，事務官クラスは除外された。実務を担った中堅層は温存された。池田らは公職追放されるとすぐ弁護士に転身し，追放解除と復権の日を待つことになる。弁護士会も彼等の入会を拒まなかった。[6)]

　思想検察の再生として公安検察が成立する契機となったのが，1946年6月25日，池田大審院検事局長名で各検事長・検事正に通牒された「労働争議及び食料闘争関係事犯の検察方針並びに経済事犯の新取締方針に関する件」である。これは，同年5月19日の食糧メーデーをうけて召集された各控訴院検事長と主要都市地裁検事局の次席検事の会同（同月25日召集）での協議にもとづき，生産管理や人民管理等が開始された場合の処置として，検事自身が大衆運動・労働争議に積極的に関与することを求めたものである。注目されるのは日本共産党の指導に言及し，「日本の大衆運動乃至集団運動が単なる経済闘争に止まらず，思想闘争であり，政治闘争であること」とみなしたことである。会同を実質的に主催し，公安検察再生の第一歩というべきこの通牒を発したのが，あの池田であったことは，思想検察から公安検察への継承をなによりも雄弁に物語る。池田は，翌年公職追放されるから，その直前であり，いわば置きみやげになった。この通牒にあらわれる強硬方針は，検察幹部の協議をへて，食糧メーデーで惹起した「不敬プラカード事件」の起訴処分（同年6月22日）として具体化した。この協議で，東京地裁検事局の主任検事として詳細な報告を行った吉河光貞は，ゾルゲ事件などを担当した思想検事であった。ここでも思想検察の継承はあきらかである。激化する労働運動に対し，検察は積極的処分に乗り出していく。たとえば，46年11月の電産争議では，停電ストを争議権の濫用と決めつけ，「検挙を躊躇すべき理由はない」という高姿勢をみせた。そして，1947年の2・1ゼネストへのマッカーサーの禁止指令が，さらに検察を後押しする。かくして，「労働検察」と呼ぶべきものが，検察の重要な領域となった。同年9月22日，司法省刑事局は，検事総長以下に「労働係検事の設置」を指示する。明らかに思想検察の復活であった。「労働情勢に関する資料の蒐集整備に関する事項」をとりあつかうことにも，それはうかがえる。この「労働係検事」は，1952年初頭に正式に「公安係検事」が設置されるまで，その機能を果たしていく。朝鮮戦争勃発（1950年6月）をまえに，GHQが直接，共産党の弾圧に乗りだしたのをうけて，日本の公安警察・公安検察・特審局もそれぞれ機能を拡充しつつ，共産党に対する取締をつよめた。そして，1951年9月のサンフランシスコ講和条約調印後，1952年初頭，各検察庁に「公安係検事」が設置された。設置1年後，法務省刑事局『検察月報』（昭和28年1月号）では，「公安係検事は，名実ともに時の花形として，検察の重要部分を担当することになり，治安攪乱を企図する共産党員，その同調者，北鮮系分子等の組織的活動に対する調査活動も亦強化されたのである」と回顧された。ここに至って，思想検察から公安検察への機能の移行は完了した。しかも，公安検察は全検察の「時の花形」という位置を占めつつあるとの言は，かつての思想検察と瓜ふたつである。[7)]

このような思想検察から公安検察への機能の移行の完了が「司法保護」の領域においてもみられたことは前述したところである。それを担ったのも思想検察（公安検察）であった。ちなみに、その主役を果たした池田克は1952（昭和27）年に公職追放を解除され、1954（昭和29）年11月、最高裁判事となった。吉田内閣によって指名されて1950（昭和25）年3月3日に最高裁長官に就任した田中耕太郎の強い推薦によるものであった。田中コートでは、最高裁判事に池田を起用したことからも容易に理解されるように、「治安維持の一翼」を司法が積極的に担っていくという方針の下に公安事件に対して厳しい判断が下されていった。日本国憲法が与えた役割に反して、司法は「公安検察」、「公安警察」とともに「公安司法」の支柱となった。

1) 佐賀県出身。1927（昭和2）年に東京帝国大学法学部を卒業後、検事に任官。同期の井本台吉、馬場義続とあわせて三羽カラスと称されたという。戦後、司法省が法務府と改組されたのに伴い、佐藤藤佐の後を受けて最後の法務府法務総裁官房長を務めた。その後、横浜地検検事正、東京地検検事正、名古屋高検検事長、大阪高検検事長を歴任した。退官後、中央保護審査会委員長として保護観察制度の整備に貢献した。
2) 更生保護50年史編集委員会編『更生保護50年史（第1編）』（全国保護司連盟他、2000年）185頁等を参照。
3) 50年史編集委員会編・前掲注2）書185頁等参照。
4) ちなみに、中澤俊輔『治安維持法――なぜ政党政治は「悪法」を生んだか』（中央公論新社、2012年）216頁以下は、司法犯保護観察法を廃止せしめることになった1945年10月4日のGHQ「人権指令」が発令された背景として、①日本占領をめぐる米英ソの駆け引き、②東久邇宮内閣が治安維持法を温存しようとしてGHQの不満を買ったこと、等をあげた上で、「人権指令によって治安維持法が廃止されたことは、今後の治安政策がGHQの意思にもとづいて行われることを意味した」と分析している。ただし、司法犯保護観察法の廃止によっても司法保護制度が、政治犯の即時釈放などを除けば、何等の影響も受けることがなかったことは前述したところである。
5) 荻野富士夫『思想検事』（岩波書店、2000年）186頁以下等を参照。
6) 荻野・前掲注5）書190頁以下等を参照。
7) 荻野・前掲注5）書193頁以下等を参照。

第7章　戦後更生保護の生成期ないし整備期

1　戦後更生保護の時期区分と第一期の特徴

　『更生保護50年史（第1編）』によれば，新少年保護法制が施行された1949（昭和24）年から『50年史（第1編）』が刊行された前年の1998（平成10）年までが，ほぼ10年ごとの五期に時期区分される[1]。これに対し，深谷裕は，戦後更生保護の展開を，生成期，移行期，転換期の三期に区分する方法を採用する[2]。ただし，この画期と『50年史（第1編）』の画期は実質的にはそれほど，大きな違いはない。深谷の命名になる「生成期」（1949年から1959年）は『50年史（第1編）』がいうところの第一期（1949年から1958年）に，また，「移行期」（1955年から1993年）は『50年史（第1編）』がいうところの第二期（1959年から1968年），第三期（1969年から1978年），第四期（1979年から1988年），第五期（1989年から1999年）にほぼ該当するからである。しかも，深谷は「移行期」をその上半期に当る1955（昭和30）年から1975（昭和50）年と，下半期に当る1976（昭和51）年から1993（平成5）年とに細別している。この「移行期」上半期は『50年史（第1編）』がいうところの第二期および第三期に概ね該当し，「移行期」下半期は『50年史（第1編）』がいうところの第四期および第五期に概ね該当するから，『50年史（第1編）』と深谷では画期自体についてはあまり大きな違いはないといえないこともない。戦後更生保護の出発を1949（昭和24）年からとしている点も同様である。戦前と戦後の連続性という視点の欠如がこうした時期区分になって現われたものといえようか。

　問題は各時期をどのように特徴づけるのかという点である。この点，深谷は「生成期」をもって，「この時期の更生保護の特徴は，国家の責任による更生保護体制が整えられていく中で，社会の保護という目的が強く打ち出される一方，対象者のもつ権利性が主に自由の側面から捉えられるようになる[3]。」と特徴づける。そして，「移行期」をもって，「この時期は施策的動きの少ない上半

期から，改革への準備が進められる下半期へ，そして次の転換期へと移行する時期と考えることができる。[4]」と特徴づけ，「転換期」をもって，「1994年の更(生)緊(急保護)法改正から2005年現在に至るまでの更生保護政策の特徴は，移行期の処遇強化・充実化の流れが法改革として具現化し，国の責務が拡大される一方，社会に開かれた更生保護の在り方が模索され始めることである。積極的処遇論が展開されるこの時期は，更生保護政策の志向性は複雑な様相を帯びることになる。[5]」と特徴づける。

これに対し，『50年史（第1編）』では第一期をもって，「この時期は，更生保護制度の基盤をなす犯罪者予防更生法，保護司法，更生緊急保護法，執行猶予者保護観察法，そして売春防止法が制定，施行された時期であり，更生保護制度の整備期とでも言える時代である。[6]」と特徴づけられる。また，1959（昭和34）年から1968（昭和43）年の第二期をもって，「この時期は，いわば慈愛の精神と情熱に多くを頼って乗り切ってきたとも言える戦後間もなくの更生保護の一時代が一段落し，保護観察処遇の充実強化や科学的基盤の必要性が一段と強調されるなど，更生保護の効果が問われるようになった時代でもあった。また，少年非行が昭和39年に第二のピークを迎えた。[7]」と特徴づけられ，1969（昭和44）年から1978（昭和53）年の第三期も，「この時期の10年間は，更生保護にとっては，第二期で行われた仮釈放と保護観察の成果を挙げるための実験的施策を実践の場で活かし展開していく時機であった。[8]」と特徴づけられる。さらに，1979（昭和54）年から1988（昭和63）年の第四期が，「この時期の10年間は，制度の運用といった観点から見た場合，第三期で展開された仮釈放と保護観察に関する諸活動の成果を踏まえ，更にその充実に努めつつ，これを更生保護の土壌に吸収させ，根を張らせ，定着させた時期と捉えることができる。[9]」と特徴づけられ，1989（平成元）年から1999（平成11）年の第五期も「この時期は，21世紀を迎える更生保護制度の基盤を強化するための法改正が3度なされたほか，一般少年事件に対する短期保護観察制度の導入，社会参加活動の積極化，更生保護施設の施設整備等，新たな時代を見据えた改正や充実がなされた時期であり，更生保護制度の再整備期とでも言える時代である。[10]」と特徴づけられる。

例えば，「生成期」に対して「整備期」というように，深谷と『50年史（第1編）』とでは特徴づけがかなり異なる。加えて，深谷論文には『50年史（第1

編)』には見られないような興味深い掘り下げた分析が随所にみられる。しかし、それにもかかわらず、両者の違いを過大視することはできない。戦時更生保護との連続性という視点が見受けられないという点では両者は共通しているからである。「生成期」という議論には戦時更生保護を母体にした「生成」だという面の分析が欠けており、他方、「整備期」という議論にも戦時更生保護を継受した上での「整備」だという面の分析が欠けているからである。

そこで、以下では、このような観点から、この「生成期」ないし「整備期」を考察することにしたい。

2　1947年から1948年までの動き

従来、更生保護関係ではあまり触れられることのなかった思想犯保護観察法廃止の翌年の1946（昭和21）年から、新少年法制施行の前年の1948（昭和23）年までの主な動きを時系列でみると、次のようになる。

1946（昭和21）年1月1日	天皇の人間宣言が出される。
1月3日	米陸軍省がマッカーサー元帥の日本管理に関する報告書を発表する。内容は日本の民主化と日本人再教育についてである。
1月4日	GHQが「好ましくない人物の公職よりの除去に関する覚書」を公布する。軍国主義者・超国家主義者の「公職追放」と「超国家主義団体」の解体を指令する。 GHQが「ある種の政党、協会、結社、その他団体の廃止に関する覚書」を公布する。
1月12日	GHQが日本政府に対して総選挙の実施を許可する。 野坂参三が16年ぶりに亡命先の中国から帰国する。
1月13日	幣原喜重郎改造内閣が発足する。
1月19日	マッカーサー元帥が極東国際軍事裁判所条例を承認する。
1月23日	幣原喜重郎が記者会見で立憲君主制維持の必要性を強調する。
1月25日	アイゼンハワーが天皇の戦犯除外に関してマッカーサー元帥宛に書簡を出す。
1月28日	「映画検閲に関する覚書」を公布する。映画検閲が

	開始される。
1月29日	GHQが琉球列島・小笠原諸島などに対する日本の行政権を停止する。
1月31日	GHQが憲法改正問題に関する見解を発表する。
2月1日	第1次農地改革が実施される。
	日本政府が「憲法改正の要旨」を非公式にGHQに提示する。
2月3日	マッカーサー元帥がGHQ民政局へ「マッカーサー3原則」(形式的天皇制の存続,戦争放棄・非武装・交戦権の否認,封建制度(華族制度など)の廃止)に沿った「日本国憲法草案」作成を指示する。
2月4日	GHQ民政局が日本国憲法草案(GHQ草案)の起草作業を開始する。
2月6日	下村定ら19名に対し戦犯容疑で逮捕命令が出される。
	GHQが少年法修正案を提示する。16歳未満は刑事処分の対象としないこと及び少年に対しては死刑,無期刑を科さないことなどが内容である。
2月9日	閣議で公職追放令該当者の範囲を発表する。
	日本農民組合が再建結成される。
2月10日	GHQが憲法草案を脱稿する。
2月12日	警視庁が退蔵物資の一斉取締りを開始する。
	マッカーサー元帥がGHQ草案を承認する。
2月13日	GHQが「GHQ草案(マッカーサー草案)」を吉田茂外相と松本烝治に手交す。
2月17日	食料緊急措置令を公布する。
2月19日	刑事裁判権行使に関する覚書を公布する。占領目的に有害な行為に関して連合国軍事裁判所が裁判権を行使することとされる。
2月21日	京都帝国大学経済学部の全教官が戦争責任を認め辞表を提出する。
	マッカーサー元帥はGHQ草案の受入れを強く日本側に要求する。
2月22日	閣議で「GHQ草案」の受諾を決定する。幣原喜重郎が昭和天皇に謁見する。
2月23日	政党・協会その他の団体の結成禁止等に関する件を公布する。
2月25日	玄洋社など軍国主義45団体に解散命令が出される。

2月26日	閣議でGHQ草案を基本とする新憲法草案の起草を決定する。 日本社会党が「憲法改正案要綱」を発表する。
2月27日	公的扶助に関する原則を指令する。
2月28日	公職追放令を公布する。
3月1日	労働組合法を施行する。
3月3日	物価統制令を公布する。旧円の流通を全面禁止する。「新円生活」が始まる。
3月5日	チャーチル元イギリス首相がアメリカのミズリー州で「鉄のカーテン」演説を行う。冷戦が始まる。 閣議でGHQ修正草案の採択を決定する。日本政府の確定草案が成立する。 マッカーサー元帥が「帝国憲法改正草案要綱」を承認する。
3月6日	マッカーサー元帥が日本政府の「帝国憲法改正草案要綱」(いわゆる「3月6日案」)の全面承認声明を出す。 マスコミ各社が「帝国憲法改正案要綱」に全面的に賛意を表明する。
3月16日	引き揚げに関する覚書を公布する。在外邦人約800万人の引き揚げを指令する。
3月23日	米国第23軍陸軍裁判所は東京地裁検事局管内においてプロベーションを実施し、その保護観察を東京司法保護委員に行わせる。
4月1日	マッカーサー元帥が日本の選挙結果の状況次第では再解散も考慮する旨を極東委員会(FEC)に回答する。
4月3日	総選挙で小党乱立する。
4月4日	GHQが持株会社整理委員会令を承認し、即時実施を指示する。
4月10日	新選挙法による第22回衆議院議員選挙が実施され、日本初の女性議員39人が誕生する。
4月22日	幣原喜重郎内閣が総辞職する。
4月29日	GHQが東条英機らA級戦犯28人の起訴状を発表する。
5月3日	極東国際軍事裁判(東京裁判)が開廷する。東条英機ら28名がA級戦犯として起訴される。 GHQが鳩山一郎の公職追放を発表する。

5月7日	教職員追放令が施行される。40万人を再審査する。
5月19日	食糧メーデーで宮城前広場に25万人が参集する。デモ隊は「ナンジ人民飢えて死ね」のプラカードを使用する。
5月22日	第1次吉田茂内閣が成立する。 検事総長木村篤太郎が司法大臣に任じられる。
5月26日	戦後初の学生メーデーが東京と京都で開催される。
5月27日	日本政府が「内閣憲法改正草案」に若干の修正を加え，枢密院に再び諮問する。
5月30日	東京少年審判所管内41の少年保護団体が少年保護団体中央連盟を結成する。
6月1日	司法大臣官房保護課が独立する。 少年審判所設置ニ関スル件を改正する。少年審判所を増設及び保護司が増員される。
6月8日	枢密院が「内閣憲法改正草案」を無修正可決する。
6月9日	日本警察制度に関する「バレンタイン報告」が発表される。警察の地方分権など11項目を提言する。
6月12日	占領軍の占領目的に有害な行為に対する処罰等に関する件を公布する。
6月18日	キーナン極東国際軍事裁判所米国主席検事がワシントンで「天皇を（戦争犯罪人として）訴追しない」旨を言明する。
6月20日	GHQ案をもとにした「内閣憲法改正草案」を衆議院に提出する。
6月25日	「内閣憲法改正草案」を衆議院本会議に上程する。
6月26日	吉田茂首相が改正憲法第9条は「自衛戦争も放棄」と言明する。
6月28日	文部省が号令・行進・体操などを非軍事的に行うように通牒する。
7月1日	米国が南太平洋ビキニ環礁で原爆実験を行う。
7月6日	国名を「大日本帝国」から「日本国」へ改称する。
7月29日	日独を除く旧枢軸国と連合国がパリ和平会談を開催する。
7月31日	執行猶予者・釈放者保護の新施設の司法輔導所が続々と誕生する。設置された司法保護団体は7月末日までのところ15団体となる。
8月12日	経済安定本部が発足する。
8月24日	衆議院が憲法改正案を可決する。

9月	保護課において少年法，矯正院法，司法保護事業法を改正する方針を確立する。 バーデッド・G・ルイス博士が来日し，GHQ公安部行刑課長に就任する。
9月9日	生活保護法（旧法）を公布する。10月1日施行される。
9月12日	司法次官谷村唯一郎，司法事務次官岡田善一，同柳川真文，判事坂野千里，検事佐藤博が司法保護事業委員会委員に就任する。
9月13日	司法保護事業関係者を表彰する。
9月23日	司法保護事業について26日，27日の3回にわたって御進講が行われる。
9月24日	GHQが財閥解体に関する具体的な方針を発表する。三大財閥所有の証券類を持株会社整理委員会に移管することが内容である。
10月1日	ニュルンベルク国際軍事裁判で判決。ゲーリングやリッベントロップら12人が絞首刑で，16日に刑が執行される。
10月3日	貴族院特別委員会が「修正内閣憲法改正草案」の修正を議決する。
10月6日	貴族院本会議が送付憲法改正案を修正可決し，衆議院に再び回付する。
10月7日	衆議院が貴族院回付案を再可決する。これにより日本国憲法が帝国議会で可決成立する。
10月10日	全国学生自治会連合が発足する。 全炭労が北海道で6万人がゼネストに突入する。
10月16日	GHQが不良・非行少年の保護所管官庁は司法省よりは厚生省の方が適当ではないかとの覚書「保護監督を要する児童について」を発出し，関係各省の意見を求める。
10月21日	農地調整法を改正する。自作農創設特別措置法を公布する。第2次農地改革が開始される。
10月22日	少年審判所長・矯正院長合同会同を開催する。司法大臣の諮問事項「国家再建の新情勢に即応して少年保護の使命を完うするため，どんな具体的な方策を考慮したらよいか」について協議する。
10月29日	枢密院本会議が「修正憲法改正草案」を全会一致で可決する。昭和天皇が憲法改正を裁可する。

	11月3日	日本国憲法を公布する（施行は翌年5月3日）。日本国憲法公布記念祝賀大会を開催する。皇居前に民衆10万人が集まる。
		公布に当って，恩赦の詔書が出される。恩赦に浴する者は全国で33万人，そのうち即日釈放された者は3万1000人を超える。
	12月12日	司法保護協会が司法保護関係法規改正協議会を設けて少年法，矯正院法，司法保護事業法の改正要綱案を検討することになり，その第1回目の会合を開催する。委員には刑事局長佐藤藤左，東京帝国大学法学部助教授団藤重光その他が就任する。
1947（昭和22）年1月1日		吉田首相が「年頭の辞」放送で「不逞の輩」発言を行う。
		司法保護関係法規改正協議会がルイス博士に少年法改正案，矯正院法改正案を提出する。
		司法大臣官房保護課が，GHQルイス博士から「少年法改正に関する提案」の提示を受ける。
	1月13日	保護課が「司法保護事業法改正草案」をまとめる。1939（昭和14）年制定の司法保護事業法は，刑の執行猶予・執行停止中・執行免除の者，仮出獄者，少年法による保護処分を受けた者等に対し，再犯を防止して「進ンデ臣民ノ本分ヲ恪守セシムル為」，性格陶冶，生業助成等を行う「保護」制度を定めていたので，新憲法との関係で法改正が必至となり，司法省は敗戦後まもなく同改正作業に着手していたものである。
	1月31日	GHQがゼネスト中止命令を出す。
	2月10日	保護課が「司法保護事業法改正草案」をGHQのCIS公安課の行刑部に提出する。
	2月22日	京都少年学生連盟が結成される。少年保護運動の一翼に学生を参加させ，新しい力をもって事業を推進する必要性があると考えた京都少年審判所の強い働きかけによるものである。
	3月7日	保護課が仮釈放取消上申書は調査不十分なものが相当あることから，周到な注意を払い，十分調査を遂げた上で上申されたいとする「仮釈放の取消」を発出する。
	3月12日	アメリカが共産主義根絶政策を発表する。

3月28日	恩赦法を公布する。新憲法の制定により恩赦の決定が内閣の権限となったことに伴い，恩赦令に代えて本法が制定された。旧令に比べ，個別恩赦の出願の範囲が拡大され，刑事政策的色彩が強まる。
3月31日	衆議院が解散される（帝国議会が終焉）。
4月1日	教育基本法，学校教育法を施行する。
4月7日	労働基準法を公布する。
4月12日	GHQのCIS公安課行刑部は「司法保護事業法改正草案」に対する最初の修正意見書を司法省保護課に提示する。
4月14日	独占禁止法を公布する。
4月17日	少年審判所が前橋，神戸，旭川に増設される。少年犯罪の増加に対処するために，少年保護機構の整備拡充が図られたもの。これにより全国で18の少年審判所が設置されることになった。これに伴い職員も増員される。 地方自治法を公布する。
4月20日	第1回参議院議員選挙が実施される（社会47議席，自由39議席，民主29議席，共産4議席など）。
4月25日	第23回衆議院議員選挙が実施される（社会143議席，自由131議席，民主124議席など）。
5月3日	日本国憲法が施行され，各地で祭典が行われる。 恩赦令を廃止する。
6月1日	片山内閣が成立する。
10月1日	恩赦制度審議会官制を公布する。
10月26日	刑法一部改正法を公布する。皇室に対する罪，姦通罪などを削除。司法保護関係では，刑の執行猶予を付しうる要件を緩和し，前科抹消の道を開く刑の消滅に関する規定を新設する。
11月3日	減刑令を公布する。
11月15日	前科抹消制度を施行する。
11月21日	少年審判所長協議会を開催する。法務庁設置に伴う少年保護団体の廃止措置等について緊急協議する。
12月15日	保護課がルイス博士から「少年裁判所に関する未完成案」の提示を受ける。
12月17日	法務庁設置法を公布する。政府における一元的な法務に関する統括機関として内閣に法務総裁を置き，その管理する事務を掌る法務庁を設置したものであ

	る。法務庁は，法務総裁の下に，検務長官，法制長官，法務調査意見長官，商務長官，法務行政長官の5長官および官房長を置き，各長官の下に15局が設置された。これにより司法省は廃止され，新たに設置される法務庁には，法務行政長官の下に矯正総務局，成人矯正局，少年強制局の3局が設けられた。
12月26日	法務庁設置に伴う少年保護団体処理要綱を決定する。
1948（昭和23）年1月1日	新司法保護委員執務規範を定める。旧司法保護委員執務規範は廃止する。 司法保護委員会事務章程を定める。
1月26日	帝銀事件が発生する。
2月6日	保護課立法部が「少年法改正案」をルイス博士に提示する。
2月14日	司法省廃庁式が行われる。
2月15日	法務庁が発足する。矯正総務局長岡田善一，成人矯正局長中尾文策，少年矯正局長斉藤三郎を発令する。保護課の設置以来，司法保護事業の強化拡大に尽力した保護課長柳川真文は最高検察庁検事に転出する。
2月26日	中央少年保護団体処理準備協議会が発足する。保護団体代表と斉藤少年矯正局長らが保護団体廃止に伴う問題について第1回目の協議会を開催する。
2月29日	森山武市郎が死去する。
3月10日	芦田内閣が成立する。
3月26日	少年審判所長・矯正院長会同を開催する。
4月5日	少年矯正立法部が「少年裁判所法第1次案」をGHQに提出する。
5月5日	少年矯正局が「少年裁判所法第2次案」をGHQに提出する。
6月14日	少年矯正局が作成した「少年裁判所法第2次案」を「少年法を改正する法律案」として閣議決定する。
6月30日	法務庁設置法等の一部改正法を公布する。従来，司法大臣の管理に属していた司法保護団体の運営に付き法務総裁が厚生大臣と協議しなければならない期限並びに少年保護に関する事務を一部厚生省に移管する期限等を昭和24年1月1日まで延長するものである。

7月15日	少年法改正法を公布する。少年法を全面改正したもので，従来18歳未満を少年としていたものを20歳未満とすることとして適用年齢を引き上げるとともに，一切の少年事件は司法機関たる家庭裁判所が決定することとしたものである。
	少年院法を公布する。家庭裁判所から保護処分として送致される者を収容し，矯正教育を実施する施設である少年院法の設置，種別，少年院における処遇等について定めたものである。これにより矯正院法は廃止される。
7月31日	少年審判所令を公布する。少年審判所の位置，名称，管轄区域を定めるとともに，少年審判官専任45人，少年保護司専任73人，書記108人を置くこと等としたものである。これにより少年審判所設置ノ件は廃止される。
8月4日	法務庁設置後，初めての少年審判所長・少年院長・行刑管区長・拘置所長・刑務所長・少年刑務所長会同を開催する。
9月11日	再犯防止懇話会の発会式を東京築地本願寺で挙行する。
11月15日	司法保護協会による少年保護司・司法保護委員講習会を開催する。
11月22日	少年保護に関する全国学生代表協議会を開催する。
12月21日	裁判所法の一部改正法を公布する。新たに下級裁判所として家庭裁判所を設置することなどとしたものである。
	少年審判規則を公布する。少年の保護事件の取扱いについては，常に懇切にして誠意ある態度をもって少年の情操の保護に心がけねばならないとし，その調査及び審判等について定めたものである。
12月24日	少年保護委員選考規程を制定する。少年保護委員の選任及び解任については各司法保護委員会毎に設けられる「少年保護委員選考会」に諮問することを要するとしたもの。選考委員会は教育委員会委員長，公安委員会委員長，弁護士会会長等の職にある者等で構成される。
12月31日	少年審判所令の一部を改正する政令を公布する。新少年法の施行により当分の間，保護処分を少年審判

所が行うことになったため，少年審判官を14人，少年保護司を135人，書記を14人など，少年審判所の職員を大幅に増員し，少年審判所の管轄区域内に支部を設けることができるとしたものである。

　上のような動きで特筆されることの第1は，1946（昭和21）年6月1日に独立した司法大臣官房保護課が直ちに司法保護関係の法令改正の作業に取り組み，3ケ月後の9月には早くも少年法，矯正院法，司法保護事業法を改正する方針を確立しているという点である。その意味では，戦後更生保護の「生成期」の起点は1946（昭和21）年の上の「確立」に求められるといえよう。司法保護協会が司法保護関係法規改正協議会を設けて少年法，矯正院法，司法保護事業法の改正要綱案を検討することとし，その第1回目の会合を同年12月12日に開催したのも上の「確立」を受けてのことであった。両者が連動していたことは協議会の委員に刑事局長の佐藤藤左が選ばれたことからも明らかであろう。

　特筆されることの第2は，上の方針にもとづいて保護課がまず着手したのが新少年法制を制定する作業だったという点である。敗戦後の混乱に伴う少年非行の急増に対処するという要素以上に，戦前と戦後の違いを印象づけ，新たな装いの下に司法保護の強化・拡充を図る上で「少年の保護」を強調することが最適だったという要素が大きかった。[11]戦前においても大正少年法が司法保護の機関車の役割を果たしたことは前述したところである。少年は更生保護にとって常に戻るべき原点だとされる所以である。

　特筆されることの第3は，新少年法制の制定に至る過程においてはGHQと司法省，法務府との間でキャッチボールが繰り返されているという点である。1947（昭和22）年1月1日，GHQ公安部行刑課長に就任したルイス博士に対して司法保護関係法規改正協議会が少年法改正案，矯正院法改正案を提出したところ，逆にルイス博士の方から「少年法改正に関する提案」の提示を司法大臣官房保護課が受ける。そして，同年12月15日，保護課はルイス博士から「少年裁判所に関する未完成案」の提示を受ける。他方，1948（昭和23）年2月6日，保護課立法部は「少年法改正案」をルイス博士に提示する。同年4月5日，少年矯正立法部は「少年裁判所法第1次案」をGHQに提出する。同年5月5日，少年矯正局は「少年裁判所法第2次案」をGHQに提出する。このよ

うな中で，同年6月14日，ついに少年矯正局が作成した「少年裁判所法第2次案」が「少年法を改正する法律案」として閣議決定され，同年7月15日，少年法改正法および少年院法が公布される。少年院法の公布により矯正院法は廃止される。同月31日には少年審判所令および少年審判所令が公布され，12月21日には裁判所法の一部改正法が公布され，新たに下級裁判所として家庭裁判所が設置されることになる。同日には少年審判規則も公布される。このような経緯に鑑みれば，新少年法制というのは司法省，法務庁，法務府とGHQとのやりとりの中で，しかも司法省，法務庁，法務府がGHQ側を説得するという形で制定されたものだということは明らかであろう[12]。その過程では，戦前の感化法から大正少年法の制定へと至る動きの中でみられた論争とよく似た構図が現出することになった[13]。

特筆されることの第4は，このような法制化の取組みと連動する形で，職員の大幅増を実現しようとしている点である。例えば，司法大臣官房保護課が独立した1946（昭和21）年6月1日，少年審判所設置ニ関スル件を改正し，少年審判所の増設および保護司の増員を図ったこと。翌1947（昭和22）年4月17日，少年犯罪の増加に対処するために，少年保護機構の整備拡充を図り，少年審判所を前橋，神戸，旭川に増設するとともに，これに伴い職員も増員したこと。1948（昭和23）年7月31日，少年審判所令を公布し，少年審判官専任45人，少年保護司専任73人，書記108人を置くこと等としたこと。さらに，同年12月31日，少年審判所令の一部を改正する政令を公布し，新少年法の施行により当分の間，保護処分を少年審判所が行うことになったため，少年審判官を14人，少年保護司を135人，書記を14人など，少年審判所の職員を大幅に増員し，少年審判所の管轄区域内に支部を設けることができるとしたこと。これらがそれである。戦前の更生保護の単なる「復活」「継承」ではなく，その強化・拡充が一貫して図られている点に注意しなければならない。

特筆されることの第5は，1946（昭和21）年7月31日，執行猶予者・釈放者保護の新施設の司法輔導所が続々と誕生し，設置した司法保護団体は7月末日までのところ15団体というように，民間の司法保護団体も，戦後の新しい環境に即応する形で，施設等の強化・拡充に努めているという点である[14]。そして，それが官の強い働きかけによるものであったことは戦前と同様であった。例えば，司法保護協会は前述したように官主導の下に司法保護関係法規改正協議会

を設けているからである。1948（昭和23）年9月11日，司法保護団体等による再犯防止懇話会の発会式が東京築地本願寺で挙行されたことも官の動きと無関係ではなかった。1946（昭和21）年5月30日，東京少年審判所管内の41の少年保護団体が少年保護団体中央連盟を結成する，あるいは1948（昭和23）年1月1日，新司法保護委員執務規範および司法保護委員会事務章程を定める，同年12月24日，少年保護委員選考規程を制定するなど，司法保護団体の中央集権化，ヒエラルキー化を図る他方で，司法保護団体に対する国の統制を強化するという手法も戦前と同様であった。もっとも，1948（昭和23）年12月24日，少年保護委員選考規程が制定され，少年保護委員の選任および解任については各司法保護委員会毎に設けられる「少年保護委員選考会」に諮問することを要するとしたことなどは戦前にはみられなかった新しい動きといえないこともない。しかし，選考委員には教育委員会委員長や弁護士会会長のほか，公安委員会委員長も就任することとされているのである。同年11月22日，少年保護に関する全国学生代表協議会が開催されているが，これも官の強い働きかけによるものであった。

3　司法保護関係法規改正の方針

　1947（昭和22）年5月3日，裁判所関係の事務は最高裁判所の所管に移された。翌1948（昭和23）年2月15日，法務庁設置法の施行により司法省は廃止され，新たに法務庁が発足した。法務庁は性格的には政府の最高法律顧問府として，法務全般をつかさどる新しい官庁として設置され，従来の司法省所管の事務のほか，新たに従前の内閣法制局の事務とされていた法令および条約等の審議事務，司法制度・内外の法制などの調査研究に関する事務のほか，民事・行政に関する争訟に関する事務や人権擁護に関する事務などが所管とされた。その後，1949（昭和24）年6月1日の行政機構改革により，法務庁は法務府と改称され，内部部局がそれまでの5長官16局制から3長官11局制に簡素化された。続く1952（昭和27）年8月1日の行政機構改革により法務府は法務省と改称され，機構の大幅な整理が行われた。総裁・長官制は廃止され，他省の長と同様に法務省の長は法務大臣とされ，その下に事務次官が置かれた。同時に，法制に関する事務を所掌した法制意見第1局ないし第3局を再び内閣に移管

し，大臣官房のほか，民事局，刑事局，矯正局，保護局，訟務局，人権擁護局及び入国管理局の7局制となった。

ところで，後に犯罪者予防更生法の一部改正案の国会審議に政府委員（中央更生保護委員会成人部長）として加わった大坪興一（1903-1982年）によれば，保護課は前述の「司法保護関係法規改正の方針」を説明するための資料として『保護課所管事項参考書』を作成して国会に提出したが，その序説では，「新憲法の公布に伴って，司法保護事業の目標，運営について，民主主義の精神を基幹として，少年法，矯正院法および司法保護事業法を早急に改正し，司法保護事業を文化国家建設に向って，強力に展開する必要がある。」と記されていたとされる。[15]また，同じく保護課が作成した『司法保護事業法改正理由』には，①司法保護事業法の目的が新憲法の精神に反すること，②犯罪前歴者は勤労生活の面で差別的に劣悪な条件を強要されることが多く，新憲法の精神に反するため，平等権を保障すべきであること，③犯罪前歴者に対する観察と指示を通し精神的自由が不当に制限されることがないよう，法律で明記すべきであること，等が挙げられたとされる。[16]

そのように考える人たちが保護課の中にいたことは確かにその通りであろう。その意義を過少評価することはできない。しかし，だからといって，これをもって保護課全体の意見とし得るかというとそうはいえない。この記述を額面通りに受けとめることは難しいように思われる。新憲法下の改正方針として誰も批判し得ないようなものをとりあえず表に掲げたという面が強かったのではないか。表には出てきていないが，秘められた方針があったのではないかと推察される。それでは，この秘められた方針とはどのようなものだったのであろうか。

この点，深谷によると，社会防衛という点が挙げられている。[17]例えば，①犯罪の激増が国家の将来に不安を投じていること，②刑務所は過剰収容状態にあり，多数の犯罪者が社会に放出され，社会不安を増大しつつあること，③犯罪者をことごとく刑務所に収容することは，財政的に問題があるのみならず，再犯防止の点からも良策でないこと，④財政上および効率上，犯罪者を社会において保護監督し，再犯防止することに重点を置くべきと考えられること，⑤執行猶予，行刑，仮出獄，少年保護の各制度の欠陥を是正し，社会不安を緩和して国家再建の要件を確立すること。これらの点がそれである。当時の治安状況

に鑑みた場合，為政者がそう考えたのは極々当然のことといえよう[18]。しかし，理由はそれだけではないように思われる。後に，少年法（昭和23年7月15日法律第168号），犯罪者予防更生法（昭和24年5月31日法律第142号），更生緊急保護法（昭和25年5月25日法律第203号），保護司法（昭和25年5月25日法律第204号），執行猶予者保護観察法（昭和29年4月1日法律第58号）等の制定に関わって詳しく検討するように，法務庁，法務府，法務省の主導の下に戦前の司法保護制度について必要な見直しを行うことによって戦後の司法保護制度の基盤を定めるとともに，その強化・拡充を図るという点こそがこの方針であった。なぜ，法務庁，法務府，法務省の主導の下にということが改めて問題になったかというと，厚生省自身は更生保護を担当することについて慎重であったものの，GHQが釈放者保護事業の管轄を司法省から厚生省へ移すべきではないかと提案していたからであった。GHQは不良・非行少年の保護所管官庁についても司法省よりは厚生省の方が適当ではないかとの覚書「保護監督を要する児童について」を早くも1946（昭和21）年10月16日に発出し[19]，関係各省の意見を求めていたのであった。保護課はGHQを説得する任務を担うことになった。議会対策も必要ということになった。『更生保護50年史（第1編）』によれば，「当初，GHQ側の意向との隔たりが非常に大きく，その後の折衝は延々と2年に及び続けられることとなった[20]」とされていることからも，それはうかがい知れよう。

そして，ここで重要なことは保護課等の苦心の甲斐があってこの説得に成功したという点である。その成果が少年法以下の制定等に結びつくことになる。これには民間の司法保護団体が一致して官を後押ししたということも大きかったといえよう。しかし，それにも増してこれに与ったと思われるのは，公安検察の形成と展開を後押ししたGHQの対日占領政策の転換であった。東西冷戦がはじまる中で，1947（昭和22）年3月12日，アメリカは共産主義根絶政策，いわゆる赤狩りを発表している。それは直ちに対日占領政策に影響を及ぼすことになった。占領政策の転換になって現れた。

前述したように，当時，既に思想検事から公安検事への転身が開始されていた。思想検察の再生として公安検察が成立する契機となったのが，1946年6月25日，池田大審院検事局長名で各検事長・検事正に通牒された「労働争議及び食料闘争関係事犯の検察方針並びに経済事犯の新取締方針に関する件」であ

る。これは，同年 5 月19日の食糧メーデーを受けて召集された各控訴院検事局と主要都市地裁検事局の次席検事の会同（同月25日召集）での協議にもとづき，生産管理や人民管理等が開始された場合の処置として，検事自身が大衆運動・労働争議に積極的に関与することを求めたものである。注目されるのは日本共産党の指導に言及し，「日本の大衆運動乃至集団運動が単なる経済闘争に止まらず，思想闘争であり，政治闘争であること」とみなしたことである。この通牒に現れる強硬方針は，検察幹部の協議を経て，食糧メーデーで惹起した「不敬プラカード事件」の起訴処分（同年 6 月22日）として具体化した。激化する労働運動に対し，検察は積極的処分に乗り出していく。例えば，1946（昭和21）年11月の電産争議では，停電ストを争議権の濫用と決めつけ，「検挙を躊躇すべき理由はない」という高姿勢をみせた。そして，1947（昭和22）年の 2・1 ゼネストへのマッカーサーの禁止指令が，さらに検察を後押しする。かくして，「労働検察」と呼ぶべきものが，検察の重要な領域となった。同年 9 月22日，司法省刑事局は，検事総長以下に「労働係検事の設置」を指示する。明らかに思想検事の復活であった。労働係検事は「労働情勢に関する資料の蒐集整備に関する事項」を取り扱うこととしたことにも，それはうかがえる。この「労働係検事」は，1952（昭和27）年初頭に正式に「公安係検事」が設置されるまで，その機能を果たしていく。朝鮮戦争勃発（1950年 6 月）を前に，GHQが直接，共産党の弾圧に乗り出したのを受けて，日本の公安警察・公安検察・特審局もそれぞれ機能を拡充しつつ，共産党に対する取締りを強めた。そして，1951（昭和26）年 9 月のサンフランシスコ講和条約調印の後の1952（昭和27）年初頭，各検察庁に「公安係検事」が設置された。

　戦後の更生保護の「生成」ないし「整備」もこのような公安検察の形成および展開と密接に関連していた。対日占領政策の転換を受けて公安検察の形成と展開を後押ししたGHQが保護課等による説得を受け入れたのも当然の成り行きであった。ちなみに，占領下の治安法としては次のようなものが挙げられる。

　　1946（昭和21）年
　　　　6 月12日　　連合国占領軍の占領目的に有害な行為に対する処罰等に関する勅令を公布する。
　　1948（昭和23）年

5月1日	軽犯罪法を公布する。
7月12日	警察官職務執行法を公布する。
7月22日	政令201号を公布する。
10月5日	大阪市公安条例を公布する。
12月3日	国家公務員法改正（ストライキ処罰）を公布する。
12月20日	公共企業体等労働関係法（ストライキ禁止）を公布する。

1949（昭和24）年
4月4日	団体等規制法を公布する。
7月3日	東京都公安条例を公布する。
6月3日	屋外広告物法を公布する。
9月19日	人事院規則（公務員の政治活動の制限）を公布する。

1950（昭和25）年
8月10日	警察予備隊令を公布する。
10月31日	占領目的阻害行為処罰令を公布する。
10月31日	連合国人に対する刑事事件等特別措置令を公布する。

1951（昭和26）年
| 10月4日 | 出入国管理令改正令を公布する。 |

　ちなみに，破壊活動防止法が公布されたのは1952（昭和27）年7月21日のことである。

4　社会事業の動き

　刑法，刑事訴訟法のみならず更生保護にも大きな影響を及ぼし，東京帝国大学法学部を定年退職後，貴族院議員となった牧野英一（1878-1970年）は，第90回帝国議会貴族院（1946年）での「帝国憲法改正案」の質疑において次のように発言している。

>　私共ハ新シイ憲法ノ原則トシテ三ツノモノヲ要求致シマス。第一ハ生存権ノ原則デアリマス。第二ハ改善刑，刑ハ犯人ノ改善ヲ目的トスルト云フ改善刑ノ原則デアリマス。サウシテ其ノ第三ハ所有権ヲ以テ，私有財産権デハアルガ，同時ニ公共性ヲ持ツモノデアリ，其レハ義務ヲ包含スルモノデアルト云フ原則デアリマス。[21]

　このように牧野の「生存権」理論は敗戦，そして日本国憲法の制定によっても何ら見直されることはなかった。それどころか，「文化国家」日本の再建の

原理として高唱された。その「国民統合」の立場も不変であった。

> 今，われわれは，解釈論の立場において新憲法をながめているのである。わたくしは，……第12条及び第13条における「公共の福祉」の語から国家の積極的な任務について考え方を広く展開し得るものであることを主張したい。そうして，「公共の福祉」ということは，やがて「国民統合」ということになるのである。[22]

牧野によれば，人権の尊重はこの「国民統合」に反しない限りにおいてで，皇道は日本国憲法の下でも保持されなければならないとされた。

> 新憲法の下における民主主義としてあらゆる伝統を打破しようとしている一種の考え方が，世に行われている。政治的にも，経済的にも，そうして家族生活においても個人の尊厳と両性の本質的平等とだけですべてを律しようとするのがそれである。その1つとして，皇道打破論が叫ばれている。固より，固定した形式においての皇道には批判すべき幾多のもののあることを認めなければならぬのであり，われわれは，強い決意をもって大きな改革をせねばならぬのであるが，それによって，われわれの伝統の中に存立している貴重なものまでをも無批判になげうつことは許されないとせねばならぬ。……20世紀の現在のわれわれのための皇道はこれを保持せねばならぬのである。[23]

その刑事政策論も日本国憲法を先取りしたものとして誇示された。

> 新憲法が，一方において公共の福祉を高唱し，他方において個人の人権の尊重を重要視しているところからいえば，観念的な応報刑論はもはや許されないので，専ら公共の福祉を基礎としてすべてが考えられねばならぬのであるし，そして，公共の福祉を保持することが個人の尊重と調和せねばならぬものとせられるのであり，この調和の関係を明らかにするのが改善刑教育刑の原則であるのほかないのである。[24]
>
> 受刑者は，要するに早晩釈放せねばならぬのである。……その釈放の暁において，われわれは，受刑者が害悪刑による贖罪を全うしたことに満足を感ずるだけでいいか，社会が安心して更生した者を迎え得ようとするのが然るべきであるか。……われわれは，事実として改善に失敗を免れない現下の刑政を，改善のために成功することを考えねばならない。[25]
>
> われわれの仕事は，……裁判所がいかなる趣旨においてその裁判を言い渡したにしても，その言い渡された裁判に対し実体的な効果が挙がるようにするところの独自のものなのであります。われわれは，一方において，受刑者をあずかり，それだけ社会の安寧のために役立つのとともに，他方において，受刑者をできるだけ社会

のために役立ち得るように，骨を折るのであります[26]。

　しかし，戦後の転換によっても何らの反省を呼び起こしていないのは牧野の「生存権」理論だけではなかった。政府の理解も同様であった。例えば，愛知県知事からの「生活の保護を要する状態にある者は，生活保護法により保護を請求する権利を有するか」との疑義照会に対する厚生省社会局長の1949（昭和24）年3月付の回答は，「保護請求権は法律上認められず，これは，新しく制定された日本国憲法とも矛盾しない」という趣旨のものであった[27]。このような「憲法25条プログラム規定」説はその後学界の通説的見解となり，判例理論としても確立していった。家族主義や隣保相互扶助に基づく「自助」及び「共助」の強調と国の責任回避，そして国による社会事業の厳重な監視という戦前の社会事業にみられた特筆は，日本国憲法が制定されても抜本的に見直されることにはならなかった。次のような社会事業の動きもこのような枠組みの中でのものに過ぎなかった。

1945（昭和20）年10月	厚生省社会局が復活する。
	GHQ が救済並に福祉計画の件を指令する。従来の劣等処遇や軍事優先が排除され，無差別平等原則が打ち出される。
12月	閣議決定に基づき緊急生活援護要綱を発表する。生活困窮者（生活困窮者・戦災者・海外引上者・在外者留守家族・復員軍人・傷痍軍人及びその家族並に軍人遺族，その他一般生活困窮者）に対して宿泊・求職・医療・衣料，その他生活必需品の給与を定めた。
	戦災者の民主的活動機関として全国戦災者同盟が結成される。
1946（昭和21）年2月	GHQ が公的扶助の覚書で，①生活困窮者の保護は国家責任，②公私分離の原則，③困窮者の保護は無差別平等，④必要な保護費に制限を加えない，との4原則を指令する。
4月	厚生省社会局長が各地方長官宛に「浮浪児その他児童保護処置実施について」を通牒する。児童相談所の設置や浮浪児の登録保護・指導等を指示する。
10月	政府は GHQ 4原則に基づき，新しい統一的な公的

		扶助法として旧生活保護法を実施する。従来の救護法，軍事扶助法，母子保護法，戦時災害保護法，医療保護法は廃止される。
		方面委員は扶助行政の補助機関となり，民生委員と改称された。民生の安定と社会福祉の増進が民生委員の主眼とされた。
1947（昭和22）年		公私分離の原則に基づき公費の民間支出は禁じられたので，国民の自由意思による「国民たすけあい共同募金」が秋から始まる。
	12月	児童福祉法を公布する。児童の福祉を担当する公的機関の組織や各種施設及び事業に関する基本原則等を定めたもので，基本的な社会福祉法の1つとされることになる。
1948（昭和23）年7月		GHQが経済安定9原則を提示する。ドッジ・プラン（厳しい財政金融引締政策）の強行を求める。その結果，経済恐慌，人員整理が始まり，失業者が町にあふれる。
1949（昭和24）年5月		生活保護法施行規則を改正する。不服申立制度が認められ，保護請求権が明文化される。
	10月	民生委員を補助機関から協力機関とする。有給専任吏員が補助機関として置かれる。
	11月	GHQが厚生省に次年度福祉行政目標として，①厚生行政地区の設定，②市の厚生行政組織の再建，③厚生省による助言的措置および実施事務，④民間団体の公私の分離，⑤社会福祉行政の組織化（社会福祉協議会組織），⑥従事者の現任訓練の実施，の社会福祉行政6原則を指示する。
1950（昭和25）年5月		政府はGHQ6原則に基づき生活保護法を公布する。改正点は，①保護請求権の明文化，②実施者は有給専門職員，③教育扶助・住宅扶助の創設，④医療機関について厚生大臣及び知事の指定制度の確立など。社会福祉主事が置かれる。
	8月	警察予備隊が誕生する。
	9月	朝鮮戦争が勃発する。
1951（昭和26）年9月		対日講和条約・日米安保条約が調印される。昭和30年にかけて防衛費が膨らみ「大砲かバターか」の論争が起る。

このような動きのなかで特筆されるのは生活保護法（昭和25年法律第144号）の公布（5月4日）である。同法は「日本国憲法第25条に規定する理念に基き，国が生活に困窮するすべての国民に対し，その困窮の程度に応じ，必要な保護を行い，その最低限度の生活を保障するとともに，その自立を助長すること」を目的とし，生活保護は次の4原則に則って適用されるとされたからである。すなわち，①無差別平等の原則（生活保護は生活保護法第4条第1項に定める補足性の要件を満たす限り，全ての国民に無差別平等に適用される。生活困窮に陥った理由や過去の生活歴等は問わない），②補足性の原則（生活保護は資産（預貯金・生命保険・不動産等），能力（稼働能力等）や他の法律による援助や扶助などその他あらゆるものを生活に活用してもなお，最低生活の維持が不可能なものに対して適用され，民法に定められた扶養義務者の扶養及びその他の扶養は生活保護に優先して実施される），③申請保護の原則（保護請求権は要保護者本人はもちろん扶養義務者や同居の親族にも認められており，生活保護は原則として要保護者の申請によって開始される），④世帯単位の原則（生活保護はあくまで世帯を単位として能力の活用等を求めて補足性の要否を判定し程度を決定する），がそれである。これにより，伝統的な劣等処遇原則が排除されて，日本の公的扶助は最低生活保障原則へと価値転換した。しかし，現実には最低生活保障原則等が貫徹されることはなかった。社会保障制度が整わない日本にあっては公的扶助がそれを補充するというのが実情であったが，補足性の原則や申請保護の原則という厚い壁に阻まれて，生活保護の受給にまで到達することが難しかったからである。それは，敗戦後の混乱の中で困窮する子どもの保護および救済を打ち出し，時代を担う子どもの健全な育成を計るために1947（昭和22）年に制定され，その後の日本の社会福祉法制の先駆けとなった児童福祉法（12月12日法律第164号）の場合も例外ではなかった。防衛費が膨らむ中で，敗戦の代償で勝ち得た社会事業の近代化方向は後退の危機に直面した。[28]

5　民間依存の更生保護

　更生保護の場合，社会事業の現実にも増して民間依存の傾向が強く，戦前と変わりはなかった。戦後も引き続き更生保護の実務を中心的に担うことになった保護司（司法保護委員に代えて，昭和27年に設置）や更生保護会について『更生

保護50年史(第1編)』は」次のように記している[29]。

　　保護観察の実行機関たる保護司については,昭和27年の保護司法の施行により,従来の司法保護委員を引き継ぐ形で少年・成人別に合わせて約3万5000人が誕生した。また,同年に施行された更生緊急保護法では,保護観察に付されない猶予者・釈放者に対しても国の責任において更生保護の措置を行う旨が明記され,宿泊保護を担う施設として,明治以来の更生保護の原点でもある更生保護会が位置づけられた。更生保護会は,同年末現在143施設を数えた。

　しかし,保護司や更生保護会等の苦労は想像を超えるものがあった。実務を担うことは容易ではなかった。これには内的要因と外的要因があった。保護観察の処遇の原則はケースワークにあるとされる。しかし,当時の現場ではこのケースワークについての理解が十分でなく,「職員は,ケースワークやカウンセリングについて専門に訓練を受けた人はほとんどいない。部外の専門家に治療的面接を依頼するような経済的余裕はない。……保護観察官の勤務はフレックス制ではないから,在会者が帰寮する頃には,保護観察官は家路をめざすことになりかねない。[30]」ということなどが内的要因であった。少年保護司・司法保護委員等を対象に司法保護協会等による講習会等が開催されているが,上の内的要因の解消には至らなかった[31]。

　他方,外的要因というのは,対象者の改善および更生の過程で必要となる制度的な後ろ盾が乏しかったということである。例えば,これを日本更生保護協会の機関紙『更生保護』の創刊号(昭和25年)で特集が組まれた「職業補導」についてみると,労働政策の展開の影響は更生保護の領域には及ばず,当時は労働政策としても社会福祉政策としても更生保護対象者への具体的就労支援策はとられていなかったからである[32]。このような現実を踏まえて,衆議院の法務委員会では保護司の有給化や増員等についても議論がみられ,「保護司の充実という表面的なものだけでなく,社会政策的な基礎づけが必要」との見解も出されているが[33],制度的な手当てを講ずることは法制的に難しく,現場の創意工夫に問題処理を委ねざるを得ないというのが法務庁,法務府,法務省のとった一貫した態度であった。上の国会審議においても政府委員は次のように釈明しているのである。

　　保護観察につきましては,地域の社会福祉協議会とか社会福祉事業審議会である

とかあるいは共同募金会あるいは職業安定所，生活保護法の関係とかいうものと緊密に連携をとっております。……御指摘のように保護司が事件を担当して，多くの場合一番苦労をいたしますのは就職の問題でございます。この場合につきまして非常に苦労をいたされますので，現在どういうことをやつておるかといいますと，観察所におきましても，できるだけそういう対象者であつても男気を出して就職させてやろうというような方をできるだけ——言葉は語弊がございますが，開拓をし，そうして大会でもありますれば，そういう方に表彰状を差上げるというようなこともいたし，それから保護司自身で，また私どものいろいろな機関で，観察所に予算上の措置はまだ講じておりませんが，保護司が就職をあつせんして，かりに不始末をいたした場合に，全額補償ということはできなくても，何らかの金を包んで，誠意を披瀝する程度の金を昨年度初めて全国にわずかでございますが配りまして，保護司の就職についての非常な難点についてできるだけ協力をするということをいたしております。保護司のいろいろな会合においての問題でも，何らかの方法によつて保護司が就職をあつせんしたときに，身元保証をどこかでするような制度を考えてくれという意見が絶えず出ておりまして，私ども常に研究をしておりますが，国がこれを保証するということは，犯罪をしない人について職業安定所が就職をあつせんした場合，身元保証はしておらない，犯罪した人の就職について国が身元保証するというようなことは，どうしてもなかなか理論的に割切れないという点がございまして，現在では民間人という立場でいろいろなそういうふうな金をつくることに努力をして，そうして保護司の活動に資しております。この就職の問題について御指摘のように身元保証をするということがかぎになつておりますので，保護司が身元保証した結果，その対象者がその雇われ先から持ち出しをして損害賠償を受けたというのが現在まで私の聞いておるので2件ございまして，地区の保護司会等が中に入つてうまくまとめておりますが，そういう事件がございます。それにつきましては十分ひとつ研究して——研究だけではなくて，何らかの形に表わしたいと考えておる次第でございます。[34]

　制度的な支援がない中で現場の保護司は孤軍奮闘を強いられた。大幅な民間依存の背景には国家の厳しい財政事情があったといわれる[35]。国家の逼迫した財政事情を背景に，為政者は「国家の責任」といいながらも民間篤志家たちに大幅に依存する形態をとった。それは，衆議院法務委員会における次のような委員発言からもうかがい知れよう。

　　もう一つこの機会に申し上げておかなければならぬのは，今の保護観察制度に対して保護司の待遇が非常に悪いという切々たる上申書がわれわれのところに来ておる。その一部を読んでみますと，私らもよく知らなかつたが，こういうことを言つて来ております。保護司に対する慰労金は年額500円，但しこれは県連合保護司会

の会費として全部寄付しております。それから保護観察1名について月額40円支給されておる。ところがこれは更生保護という雑誌が出ておるので，その代金に充てられておる。しこうしてパトロールに関する調査事務費は全然支給されておらない，刑務所からときどき呼出しがあつて行くが，この旅費も一文ももらつていない，全部ただで，厚生省の母子相談員のごときは年額7500円の支給があるのに，どういうわけで厚生省と法務省とがこんなに違いがあるのでしよう，こういう上申が来ておる。これが事実とすればまことに憂うべきことである。そこで私はそういう不十分なところにこういうものをはめるという考えよりは，ここで新しい制度をつくられたのですから，新しい制度は新しい保護によつてやる。いわゆる新しい酒は新しい皮袋に盛られる考えをもつて，もう少しゆたかな予算をとられて新しい制度をつくられることが最も時宜を得たものである，こう考えますが，この点とくと御考慮願いたい。[36]

　保護司等の待遇が非常に悪いというのは政府委員も認めるところであった。例えば，同法務委員会で次のように発言しているからである。

　　更生保護委員等においてもやはり予算が少い，手当もほとんどないというような実情であるわけであります。私は，人権擁護という立場から言うならば，やはりそういう方面においても十分に考えなければならない大きな問題があると思うのであります。そういうような人権擁護の徹底，ことに司法保護の問題，あるいは更生者の問題，その家族の問題等をほんとうにできるだけやつて，そうすることによって初めて法律というものが，国民から何となく冷やかなものであり近寄りがたいものであると思われている観念を一掃して，ほんとうに信頼され理解されるようなところにまで行くべきではなかろうかというように，私自身も考えておるのであります。法務行政等におきましても，そういう方面に実績を上げるようにできるだけの努力をして行くべきではなかろうかと考えるのであります。しかしながらこれは法務省だけでできる問題ではありません。国家全体の立場からいろいろな関係があるのでありまして，容易なことではなかろうと思うのでありますが，役所はもちろん民間その他有志の協力を得て，こういう問題について十分に研究考慮いたしまして，できるだけの努力をいたしたいと思いますから，この程度で御了解願えればけつこうだと思うのであります。[37]

　それでは，更生保護についての「国の責任」というのはどういうものだったのであろうか。「国が絶対的な全責任を担う趣旨ではなく，単に本人の身体拘束を伴う刑事手続を取り運んだ責任上，その円滑な社会復帰に必要な更生保護措置の主導的役割を約束するに過ぎない」というのが為政者の理解であった。[38]

更生保護については国が主導権を持ち，対象者に対してのみならず司法保護事業関係者に対しても必要な指示・監督措置を講ずることとするが，国がこれらの者に対して義務は負うことはないということであろうか。

戦前，為政者は更生保護を専門家だけに任さずに民間人をも用いるのは「更生保護の網」に漏れが出ないようにするためだと説いていたが，戦後の民間依存を理解するに当っても，財政的な事情だけではなく，この点の認識を欠かすことができない。

6　恩赦法の制定

アメリカが共産主義根絶政策を発表した直後の1947（昭和22）年3月28日，恩赦法（法律第20号）が公布された。第92回帝国議会貴族院恩赦法案特別委員会における木村篤太郎国務大臣の提案趣旨説明は次のようなものであった。

> 恩赦法案の提案理由に付きましては，本會議に於きまして御説明申上げた所と重複する部分がございまするが，更に重ねて御説明申上げたいと思ひます，現行の憲法に於きましては，恩赦は天皇の大権事項でありまして，従つて其の方式，効力，手續は勅令の形式でありまする恩赦令を以て定められて居るのであります，處が改正憲法は，内閣が恩赦を決定し，内閣が決定した恩赦を天皇が認證することと致し，尚新な恩赦の種類と致しまして，刑の執行の免除を定めて居りまするので，今般憲法の改正に伴ひまして，恩赦に關し必要な事項は法律を以て定める必要があるのでございます，而して恩赦は司法権に基く裁判の効果を變更するものであり，又恩赦の惠澤を受けるかどうかと云ふことは國民の権利に重大な影響のある所でありまするので，恩赦に關する基本的な事項は法律を以て規定するのが相當であると致しまして，此の法律案を提出した次第でございます，次に本法案の内容に付きまして御説明申上げたいと思ひます，第一に，現行憲法に依る恩赦令に於きましては，恩赦の種類は大赦，特赦，減刑及復権の4種でありまするが，改正憲法は，此の外に刑の執行の免除と云ふ恩赦の種類を規定致して居りまするので，本法案も之に則つて，恩赦の種類を大赦，特赦，減刑，刑の執行の免除及復権の5種と致したのであります，併しながら従前の特赦には，刑の言渡の効力を失はせる特赦と，刑の執行を免除をする特赦の2種がありますので，本法案に於きましては，前者を特赦とし，後者を刑の執行の免除と致した次第であります，第二に，従前の恩赦は總て刑の言渡を受けた者に對してのみなされたのでありまするが，刑の免除の言渡を受けた者も亦有罪の言渡を受けた者として前科者でありまするので，此の者に對しても恩赦の恩惠を及ぼすのを相當と考へまして，本法案に於きましては，恩赦，特赦

及復權を,廣く有罪の言渡を受けた者に對して之を爲すことと致したのであります. 第三に,現行恩赦令に於きましては,檢事又は監獄の長は司法大臣に對して特赦,特別減刑又は特別復權の申立をすることが出來ることとなつて居りますが,本法案第12條は,之を踏襲致しまして,且其の趣旨を明瞭にして特赦,特別減刑,刑の執行の免除及特別復權は,檢察官又は監獄の長の申出があつた者に對して之を行ふものと致しました. 其の趣旨は,直接裁判,檢察乃至刑の執行に關係致しまして,犯罪の情狀,本人の性行,受刑中の行狀等を熟知致して居りまする檢察官又は監獄の長の意見を必ず徵することに依りまして,恩赦の適切公平に行はれることを期して居るのであります. 第四に,本法案には復權に付ての本人の出願に關する規定は設けてありませぬが,是は復權に付ての本人の出願を認めないと云ふ趣旨では毛頭ないのであります. 此の點は手續規定でありますので,政令に讓つたに過ぎないのであります.[39]

　本恩赦法の制定に先立って,すでに司法省はGHQの「人権指令」(昭和20年10月4日)を受けて同年10月10日付で政治犯の釈放を命じ,約2500人が釈放あるいは保護観察を解除されていた。また,同月17日,第2次世界大戦の終局に際して大赦令,減刑令および復権令を公布するとともに,閣議決定した個別恩赦(特赦,減刑および復権)の基準を公表していた。さらに,翌1946(昭和21)年11月3日,日本国憲法の公布に際して恩赦の詔書が発せられ,大赦令,減刑令および復権令が再び公布されるとともに,閣議決定された個別恩赦(特赦,減刑および復権)の基準が公表され,併せて大赦令又は復権令によって赦免を得た者についての証明に関する件も公布された。この恩赦に浴した者は全国で38万人を超え,そのうち大赦令又は減刑令により即日釈放された者は3万1000人を数えた。その意味では,本恩赦法の制定は実務上の要請というよりは法形式上の要請が強いものであった。すなわち,日本国憲法の規定により恩赦は内閣の権限ということになり,恩赦に関する基本的な事項は法律で定めるのが相当だということから制定されたものである。ただし,旧恩赦令に比べて幾つかの新規性がみられた。日本国憲法の規定と整合するように恩赦の種類を大赦,特赦,減刑,刑の執行の免除および復権の5種としたこと。刑の免除の言渡を受けた者も恩赦の対象としたこと。これらがそれである。

　もっとも,「特赦,特別減刑,刑の執行の免除及特別復権は,檢察官又は監獄の長の申出があつた者に対して之を行ふ」(第12条)としたことは旧恩赦令を踏襲し,かつその趣旨を明瞭にしたものである。この点は,後に恩赦法施行規

則の制定に当って問題にされることになった。GHQから恩赦制度研究のための委員会を設けて検討するように指示があったことから，1947（昭和22）年10月，内閣に恩赦制度審議会が設置され，日本国憲法下における恩赦の運用の在り方について調査，審議が行われ，翌1948（昭和23）年6月，最終意見書および勧告書という形で，刑事政策的見地からの個別恩赦の積極的活用および恩赦制度の民主化のための恩赦の実施に関する諮問機関の設置等を内容とする答申がなされたからである[40]。ちなみに，後に犯罪者予防更生法の制定のところで検討するように，この勧告を受けて，1949（昭和24）年，犯罪者予防更生法が公布され，仮出獄者に対する地方少年保護委員会又は地方成人保護委員会による保護観察が制度化されたことに伴い，恩赦関係法令も一部改正され，両委員会に個別恩赦の上申権を付与することとされた。また，その後の法改正により地方少年保護委員会および地方成人保護委員会が地方更生保護委員会に組織変更される等大幅な組織変更がなされたことに伴い，恩赦の上申権は保護観察所の所長に与えられ，恩赦の民主化のための制度的保障として中央更生保護審査会を置き，個別恩赦の実施は同審査会の申出があった者に対して行うなどとされた[41]。

　しかし，これらの事項はGHQの指示との関係で問題となったものであって，恩赦法の国会審議において個別恩赦の上申権を検察官等に付与することの問題如何とか，恩赦の民主化のための制度的保障をどう構成すべきかとかいった議論はみられなかった。議員が関心を示したのは，例えば，次のような発言に典型的にみられるように，本恩赦法の制定により恩赦が実際に実施されるかどうかに集中していた。

　　　昨年11月3日の大赦により，38萬何千人が恩赦を受けた喜ばしい新憲法公布の喜びの訪れがあつたのであります。その際に不幸にして罪質罪名等の關係でございましょう，あるいは短期間内において一囘恩赦を受けた者，凶惡なる犯罪，あるいは常習犯のようなもの等で，あの恩惠に浴せざりし者が，相當全國各刑務所にあるようでございます。また釋放された者の中においても，あるようでございます。相當刑務所内の座談會等では，不平不満が横溢しておるような状態であります。殊に長期の受刑者は，戰爭中において食糧事情の上から食糧の量を減され，しかも國家のため戰爭完遂のためにはという御指導のもとに，二人前も三人前も勞役を強化され，また喜んで勞働に服した諸君であります。受刑者といえども，戰時中においては非常に働いた諸君であります。罪名罪質のいかんを問わず，一部の者だけが取殘

されて，差別待遇的に恩赦から漏れているということは，まことに残念であります。もしそれこの恩赦法等により新憲法實施の5月3日等を期して，さいわいにも司法大臣のお働きにより，内閣總理大臣より天皇の御認證を受けて，ここに再び新しい恩赦法による第一回の恩赦が行わるるような幸いがあれば，まことに獄裡の中に恩寵に感激するものがあると思うのであります。もしどうしても新憲法の實施日等において，第一回のこの恩赦による恩赦の施行ができないというような事情が萬一ありました場合，さいわいに從來行われております假釋放をひとつ相當擴大強化されまして，10數年あるいは20數年という長い長期刑等において，恩赦に漏れております者等を，假釋放の擴大強化によつてその刑期を短縮され，近き將來において天日を仰ぐことができ得るような措置を講じていただくことが結構なことである，かように考えます。よつて恩赦の施行と同時に，いま一度恩赦關係のことを御考慮を願い，萬一不可能の場合においては，假釋放の擴充をおはかりくださつて，御善處を願いたい。これらに対する司法大臣の御所見を承りたいということを，午前中に申し上げたのであります。重複して委員各位にははなはだ恐縮ですが，さような意味において御所見を承つておきたいと思います。(42)

　これに対する政府委員の答弁は次のようなものであった。更なる恩赦の実施，しからば仮釈放の活用をという議員発言は更生保護の強化・拡充を図ろうとしていた司法省にとっては大いに歓迎するところであった。

　　　來るべき新憲法實施の際に，さらに新しい恩赦法に基く恩赦が行われるようにという御希望を承つたのでありますが，この點は御希望の點を司法大臣に申し傳えましてよくお考えおきを願うつもりであります。なお從來恩赦に漏れておる者に對して，假釋放をできるだけ活用するようにという御希望につきましては，この點は從來とも司法省におきましても，假釋放の制度を極力活用いたしておるのであります。この點につきましては，今後といえども十分努力して，假釋放の制度を活用いたしたいというふうに考えております。(43)

　議員の理解不足を示す「この法案には前科の抹消の條項のないのが，私には物足らない感じがいたすのであります。過つて罪を犯し，法の裁きにより刑を受け，贖罪いたしました者を冷眼視いたしまして，前科者として區別いたしますのは，民主主義の今日，いかがかと私は思われます。」という質問に対しても，政府委員からは「ただいまのお尋ねの點につきましては，委員長からのお言葉もございましたとおり，昨年の大赦令によつて，刑の言渡しの効力を失つた者につきましては，司法次官の通牒によつて，全國の市町村役場において，前科抹消の手續は全部實行いたしておるものと存じております。」と答弁されて

いる。[44]

　GHQの「人権指令」で即時釈放等された思想犯のその後はとか，あるいは服役している戦犯者の仮出所の状況はとかいった質問もみられなかった。ちなみに，戦争犯罪者の仮出所はGHQの下で行われていた。戦争犯罪で極東軍事裁判所およびその他の連合国戦争犯罪法廷に起訴された者4825人のうち有罪とされた者は4182人（死刑902人，無期刑457人，有期刑2823人）で，これら戦犯者はGHQの管理下にあった巣鴨プリズン等において刑の執行を受けたが，その仮出所についてはGHQに設置されていた宣誓仮出所委員会がこれを許可することとされていた。もっとも，仮出所を許可された者の保護監督は日本政府が行うこととされ，保護司がその任に当った。[45]対象者に対して同情の念や畏敬の念を抱きながら保護監督に当っていた者も少なくなかったと推察される。保護司以上に同情心が強かったのは国で，例えば，1952（昭和27）年の第15回国会衆議院法務委員会で法務大臣は戦犯者の仮出所の状況について次のように憂慮しているのである。

　　　いわゆる巣鴨プリズンに在所しております戦犯者諸君の問題につきましては，私も任官以前からあすこにあがりまして実情を拝見したこともございますし，まことに胸に迫る思いをいたしておるのでございます。御承知のようにあすこに入つておられる人も講和をきつかけとしてもつと釈放問題が促進するのではないかという期待を持つておつたのでありますが，講和以前は御承知のようにGHQの取扱いでありまして，すぐに同じ東京都内で話がつく。講和後はアメリカ政府の大統領直属の委員会に移りまして，自然問合せ等も時間もかかる。また同じ東京都内で話を伺うのとは，多少遠隔地のために，率直に申して，問合せ，連絡等の点について歯がゆい点もございます。そんなことで中におられる方々は大分心持としてあせつておられるところを私も拝見して参りました。また留守家族の人たちも大分生活問題なんかありまして，これは1日も早く何かの手を打たなければならぬということを痛感しておるのでございまして，去る4月講和発効と同時に必要な調査を即刻始めまして，今日までに仮出所の資格を認める，許すに至つた方々についてはすべて関係国に対して仮出所の勧告をいたしておるのでございます。……（略）……こういうようにあらゆる機会をとらえて，外務省を通じて勧告をやつておりますが，なかなか個々の問題がはかどらないので，私ども実は憂慮いたしていたのでございます。ところがアメリカの方の大統領直属の委員会でも，全部をいきなり赦免するということについては，そういうような議がまだまとまらないのでございますが，一人一人の方の場合については，私どもの関知する限り，きわめて好意を持つてやつておるように存じます。その結果，10月28日に初めて2名の戦犯者についてアメリカ政府

から仮出所の決定通知がございまして，それから引続き二度にわたりまして，9名の仮出所を認めて参りました。ちょうど11名，アメリカ政府の処置による仮出所が行われているのでございます。私どもとしましては，B，C級及びその次はA級戦犯全部を釈放してくれ，こういうことを申しているのでありますが，今の状態におきましては，一人々々の場合を調査して，できる限りの努力をもつて仮出所を認めるという方針でやつているのでございます。……（略）……そういうわけでありまして，遠隔の地で行われていることに対して，戦犯者の御家族方もさぞかし焦慮と憂慮の心持が深いことと思いますが，今後とも全力をあげてこのことに努力いたしたいということをここにお約束申し上げたいと存じます。[46]

なお，恩赦法の国会審議で注目されることの1つとして，刑の消滅の規定に関して政府委員が次のように発言していることもここで付け加えておかなければならない。

> 今度，新憲法の實施に伴いまして刑法の一部を改正して，その中に刑の消滅の規定をいたすつもりで立案いたしたのであります。昨年の秋に設けられました法制審議會の答申にも，この刑の消滅の事項を刑法の改正案に載せるようにという要求もありましたので，その線に沿うて鋭意立案に努力いたしておつたのでありますが，最近各方面との連絡の都合もありまして，どうもこの議會に刑法の改正案を提出することが，遺憾ながら間に合わなかつたのであります。最近の機會において刑法を改正する準備が整つておりますので，その際には，必ず刑の消滅の事項を刑法に規定いたしまして，御要望に副いたいと考えております。[47]

恩赦法は日本国憲法施行日（昭和22年5月3日）に施行され，議員の要望した恩赦も実施された。そして，同年10月1日，恩赦制度審議会官制が公布され，同月26日，刑法一部改正法が公布された。刑の執行猶予を付しうる要件を緩和し，前科抹消の道を開く刑の消滅に関する規定が新設された。さらに，同年11月3日，減刑令が公布され，同月15日，前科抹消制度が施行された。

7　新少年法の制定

1949（昭和24）年1月1日，少年法を改正する法律（昭和23年7月15日法律第168号）および少年院法（昭和23年7月15日法律第169号）が施行され，新少年法による新しい保護法制が発足した。新少年法は20歳未満の者を少年としたが，後に詳述するように，旧少年法を踏襲して少年に対する保護観察を規定した。た

だし，14歳未満の少年については児童相談所が何らかの強制的な措置を短期間実施する必要があると判断した場合に家庭裁判所に送致してその方法および期間を決定すること，少年院に収容せず保護観察の対象にもしないこととされた。その他，従来の「保護司の観察」を「保護観察所の観察」とし，また，保護処分の種類を3種類に減らし，併科や変更を廃止する等，旧法に大幅な改正を加えた。少年院法では，家庭裁判所から保護処分として送致される者を収容し，これに矯正教育を授ける施設として少年院を設置することとされ，少年院の設置，位置，種別，少年院における処遇等について規定が置かれた。これにより矯正院法（大正11年）は廃止された。さらに，裁判所法の一部と下級裁判所の設立及び管轄区域に関する法律の一部を改正する法律（昭和23年12月7日法律第233号）により，少年に対する保護処分の決定を行う司法機関として家庭裁判所を設置することとされた。ただし，従来，この保護処分の決定を行ってきた少年審判所は廃止せず，保護観察の執行機関として当分の間，存置されることになった。逆に，少年審判所令を一部改正する政令（昭和23年政令第396号）により，少年審判所の職員を大幅に増員し，支部も設置することができることとされた。GHQは当初，少年審判所のような行政官庁が自由を拘束する保護処分を決定することは違憲であるから，少年裁判所を設置すべきであると主張したが，結局，保護処分の審判は家事審判と合わせて，新設される家庭裁判所が行うこととなり，少年裁判所は設置されないことになった。少年の保護事件の取扱いについては，常に懇切にして誠意ある態度をもって少年の情操の保護に心がけなければならないとし，その調査および審判等について定めた少年審判規則（昭和23年最高裁規則第23号）も施行された。これらにより，新少年法制が施行されることになった。施行後，早くも1月13日には少年保護司会の運営についての少年局長通牒が少年審判所長宛てに発出されている。少年審判所の任務が保護観察処分の執行に専念することになったのに伴い，委嘱少年保護司の活動を活発化する必要が生じ，少年保護司運営要綱を示し，その趣旨に則り少年保護司を組織し，その運営の強化を特に考慮するようにと少年審判所長宛てに通達したものである[48]。

ちなみに，1949（昭和24）年1月1日現在，少年審判所は，東京少年審判所のほか17庁に置かれ，職員（専任）の員数は389人，うち少年審判官59人，少年保護司208人，書記122人というような状態であった[49]。戦後の少年保護観察制

度も民間の「嘱託少年保護司」[50]等に多くを依存する形でスタートした。制度的な支援がない中で現場の嘱託保護司等が孤軍奮闘を強いられたことも前述したところである。

問題はこのような法制に至ったプロセスである。というのも、そこには感化法から旧少年法へと至る過程でみられたのと類似の大きな綱引きの構図が現出することになったからである。ただし、戦前の構図は司法省対内務省であったが、戦後のそれは法務庁・法務府対 GHQ・厚生省であった。

国会における政府委員の法案の趣旨説明をまず少年法案についてみると、概要、次のようなものであった。

　　最近少年の犯罪が激増し、且つその質がますます悪化しつつあることは、すでに御承知のことと存じます。これは主として戦時中における教育の不十分と戦後の社会的混乱によるものでありますが、新日本の建設に寄與すべき少年の重要性に鑑みて、これは單なる一時的現象として看過することは許されないのでありまして、この際少年に対する刑事政策的見地から、構想を新たにして、少年法の全面的改正を企て、以て少年の健全な育成を期しなければならないのであります。
　　今回の改正の重要性（ママ）は、第1に、少年に対する保護処分は裁判所がこれを行うようにしたこと、第2に、少年の年齢を20歳に引上げたこと、第3に、少年に対して保護処分を科するか、刑事処分を科するかを裁判所自身が判断するようにしたこと、第4に、兒童福祉法との関連に留意したこと、第5に、保護処分の内容を整備したこと、第6に、抗告を認めたこと、第7に、少年の福祉を害する成人の刑事事件に対する裁判権について特別の措置を認めたこと、等であります。以下順次御説明申上げます。
　　第1は、家庭裁判所の設置であります。新憲法の下においては、その人権尊重の精神と裁判所の特殊な地位に鑑み、自由を拘束するような強制的処分は原則として、裁判所でなくてはこれを行うことができないものと解されますので、従つて行政官廳たる少年審判所が矯正院送致その他の強制的な処分を行うことは、憲法の精神に適合しないものと言わなければなりません。従つて、少年審判所を裁判所に改め、これを最高裁判所を頂点とする裁判所組織の中に組み入れるのは当然のことでありまして、このことは法務廳設置法制定の際、政府の方針としてすでに確定していたところであります。尚当時は少年裁判所の設置を予定していたのでありますが、その後種々研究をし、又関係方面の意向をも参酌しつつ、これを現在の家事審判所と併せて家庭裁判所とすることにいたしたのであります。これは少年の犯罪、不良化が家庭的原因に由来することが多く、少年事件と家事事件との間に密接な関連が存することを考慮したためであります。そうして、この家庭裁判所は地方裁判所と同一レベルにある独立の下級裁判所ということになつているのでありますが、

この裁判所の組織に関する点は，裁判所法の中に規定されるところがありますから，詳しいことは，裁判所法の改正法律を提案する際に御説明申上げることにいたします。

第2は，年齢引上の点であります。最近における犯罪の傾向を見ますと，20歳ぐらいまでの者に特に増加と惡質化が顯著でありまして，この程度の年齢の者は，未だ心身の発育が十分でなく環境その他外部的條件の影響を受け易いことを示しているのでありますが，このことは，彼等の犯罪が深い惡性に根ざしたものではなく，從つてこれに対して刑罰を科するよりは，むしろ保護処分によつてその教化を図る方が適切である場合の極めて多いことを意味しているわけであります。政府はかかる点を考慮し，この際思い切つて少年の年齢を20歳に引上げたのでありますが，この改正は極めて重要にして，且つ適切な措置であると存じます。尚少年の年令を20歳にまで引上げるとなると少年の事件が非常に増加する結果となりますので，裁判官の充員や，少年観護所の増設等，人的，物的，機構の整備するまで1年間即ち來年一ぱいは從來通り18歳を少年年齢とするような暫定的措置が講じてあります。

第3は，保護処分と刑事処分との関係であります。現行少年法においては，原則として檢察官が刑事処分を不必要として起訴猶予した者を少年審判所に廻して，これに保護処分を加えておるのでありますが，今回の改正においては，少年犯罪の特殊性に鑑み，この関係を全然顛倒し，一切の少年の犯罪事件が警察又は檢察廳から家庭裁判所に來て，家庭裁判所が訴追を必要と認めるときは，これを檢察官に送致するようになつているのであります。而もこの檢察官への送致は，16歳末満の少年については絶対に認められません。そうして送致を受けた檢察官は，送致された事件について犯罪の嫌疑があれば，原則としてこれを起訴しなければならないのであります。尚事件が家庭裁判所に送致されるまでの過程において檢察官の手を経るか，それとも警察から直接に送致されるかは，大体においてそれが禁錮以上の刑にあたる罪の事件であるかどうかによるのであります。この点は，今回の改正中最も重要なものの1つでありまして，少年に対する刑事政策上，正に画期的な立法と申すべきであります。

第4は，兒童福祉法との関係であります。昨年兒童福祉法が制定公布され，これが今年の4月1日から全面的に施行されることになりました。この法律は兒童の福祉に関する基本的法律でありますが，この法律で行う福祉の措置は犯罪少年と虞犯少年には及ばず，又それが行政機関によつて行われる結果，強制力を用いることができないのは当然でありますから，これらの点については，家庭裁判所が関與し，少年保護の各機関が相互に協力しつつ少年の福祉を図り，その健全な育成を期そうというわけであります。今回の改正ではこの点についていろいろと意を用いているのであります。

第5は，保護処分の内容であります。從來少年審判所は或る程度において保護処分の執行に関與したのでありますが，これが裁判所となつた以上，むしろ決定機関として留まるべきであり，執行の面に関與するのは適当でないとの見地から，今回

の改正においては，決定と執行とを分離し，一度裁判所が保護処分の決定をしたら，その代り決定に慎重を期するため，從來軽い処分として規定されたものを，多少内容を修正して決定前の措置に切替えたのであります。更に前述の兒童福祉法との関係がこの保護処分の内容としても考慮されており，又いわゆる環境の調整に関する措置も講ぜられております。尚この保護処分の中に地方少年保護委員会に補導を委託するというのがありますが，これは別に提出する予定になつております法律の中に出て來る委員会のことでありまして，少年法との関係においては，委託を受けた少年について主として観察を司るのであります。

　第6は，上訴の制度であります。現行の少年法は保護処分に対しては，本來の不服申立の方法がありますが，今回は人権尊重の趣旨に則り，特に高等裁判所に対して抗告を認めたのであります。その抗告の理由は，決定に影響を及ぼすべき法令の違反，事実の重大な誤認及び処分の著しい不当の3つに限られておるのでありますが，これは改正刑事訴訟法案における控訴の理由と睨み合せて規定したものであります。そうして高等裁判所においては，單に原決定の当否を審査するだけで，自ら保護処分の決定を行わず，原決定を不当と認めるときは，事件を原裁判所に差戻し，又は他の家庭裁判所に移送するわけであります。又違憲問題等を理由として，最高裁判所に再抗告をする道も開かれております。

　第7は，少年の福祉を害するような成人の刑事事件を家庭裁判所が取扱うことであります。少年不良化への背後には，成人の無理解や，不当な処遇が潜んでおることが極めて多いのでありますが，このような成人の行爲が犯罪を構成する場合には，その刑事事件は，少年事件のエキスパートであり，又少年に理解のある家庭裁判所がこれを取扱うのが適当である。又かかる成人の事件は，少年事件の取調によつて発覚することが多く，証拠関係も，大体において共通でありますから，この点から申しましても，この種の事件は家庭裁判所がこれを取扱うのが便利なのであります。尚家庭裁判所は，これらの成人に対して，禁錮以上の刑を科することができず，禁錮以上の刑を科すべきときは，これを地方裁判所に移送するわけでありますが，これは本來少年事件を取扱うべき家庭裁判所が，成人に対して余り重い刑を科することは適当でないとの趣旨によるものであります。

　以上は改正の要点でありますが，尚この外にも例えば18歳末満で罪を犯した少年に対しては，絶対に死刑を科さないとか，その他重要な改正が少くないのであります。この法律案は量的には必ずしも大法典とは申せないのでありますが，少年不良化の問題が刻下の切実な関心事となつております今日，この問題解決のため，必要な幾多の根本的改正を含んでおる点において，質的には極めて重要な法律であると申さねばなりません。何とぞ慎重御審議の上，速かに可決せられんことを希望いたします。[51]

少年院法案の趣旨説明も次のようなものであった。

7　新少年法の制定　　*133*

先に申述べました理由によりまして，この度裁判所法と少年法を改正いたすのでありますが，少年に対して矯正教育を授ける收容設備は，これに伴つて改善されなければ，少年の保護は完璧を期することができないのであります。そこで少年に対し，收容施設における矯正教育を徹底され，且つ日本國憲法の要請する基本的人権の保障を完うするため，新らしい構想の下に收容施設即ち少年院を設け，更に少年裁判所の審判前の少年，即ち未決の少年を收容する施設，即ち観護所を矯正施設から分離独立させるため，少年院法を作ることになつたのであります。この法案によつて設けられる少年院は，家庭裁判所から保護処分として送致された者を收容し，これに矯正教育を授ける施設，即ち矯正施設でありますが，この少年院は從来の矯正施設たる矯正院に比べまして，矯正教育の徹底と基本的人権の保障において格段の進歩を遂げておるのであります。先ず少年院における保護收容の弊害を避けると共に，矯正教育を便宜にするために，少年院を初等少年院，中等少年院，特別少年院及び医療少年院の4種に分つたのであります。初等少年院は心身に著しい故障のない，概ね14歳以上16歳未満の者を收容するのであります。心身の発達より來る生理上の差異の第一段階を概ね16歳で区切つたのであります。中等少年院は16歳以上20歳未満の者を收容するのであります。心身の発達より來る生理上の差異の第二段階を概ね20歳で区切つたのであります。特別少年院は心身に著しい故障がないが，犯罪的傾向の進んだ者を收容するのであります。即ち心身に著しい故障はなくても，年齢が概ね18歳以上で，犯罪的傾向の進んだ者を他の者と同一施設内に置くことは弊害が多く，又かかる者は矯正教育上特殊な方法を用いなければその目的を達することができないので，ここに特別少年院を設けて，彼等に矯正教育を授けることにしたのであります。医療少年院は心身に著しい故障のある概ね14歳以上20歳未満の者を收容するのであります。心身に著しい故障のある者は，特に設けた施設で特殊の矯正教育を授けなければ矯正の目的を達することができないので，医療少年院を設け，そこで特殊な矯正教育を授けることにしたのであります。
　以上のごとく少年院を4種に分つて矯正教育を授け易くしたのでありますが，矯正教育は少年をして社会生活に適應させることを目的とするものでありまして，一面には自覚に愬えて，他面には規律のある生活の下に智的教育，職業輔導訓練，即ち徳育と体育と医療を授けるのであります。そうして智的教育について申しますれば，在院者の年齢，智能程度等を参酌して，第四條各号に揚げる教科を授けることにして，義務教育の年齢にある在院者には必ず義務教育を授け，義務教育年齢を超えた者でも，中途退学者等には必ず義務教育を授け，その他の者には必要な程度に應じて更に進んだ教育を授けるのであります。少年院における矯正教育の一部は，学校教育法における教育と同一のものでありますから，常に文部大臣と密接に連絡を保つ必要があり且つその監督に從つて教育の進歩を図る。少年院の長は前述の教科を修了した者に対して証明書を発行するのでありますが，この証明書は，学校教育法によつて設置された各学校と対應する教科課程について，各学校の長が授與する卒業証書，その他の証書と同一の効力を有せしめて，学校教育法による各学校の

卒業者と同一の資格を有せしめ，又轉校を可能ならしめて，少年院における教育と一般社会の教育との間に自由な交流を認めたのであります。
　次に少年院に累進処遇の原則を採入れたのであります。即ち入院の当初には本人を専ら悔悟反省させるの方法を用い，漸次に処遇を向上して，社会生活に近かずかせるのでありますが，特に成績の不良な者については，その段階を低下させる手段も並行させ，本人をその自覚に愬えて発奮努力させ，成るべく早く矯正の目的を達しようとしたのであります。更に収容者の年齢の限度を一應20歳と定め，原則として20歳で退院させ，少年院の長が在院者の心身に著しい故障があり，又は犯罪的傾向がまだ矯正されていないため，退院させるに不適当であると認めるときは，少年を送致した裁判所に対して収容の継続を申請し，裁判所が収容継続の決定をした場合にのみ継続して収容することができるようにしたのであります。その場合に決定の期間は23歳を超えることができないのでありますが，特に在院者の精神に著しい故障がある場合に限つて，26歳まで収容することができることにいたしました。蓋し人権に関わることでありますから，裁判所の慎重な手続を経るのが妥当であり，年齢その他の條件についても適当な制限を設ける必要があると認められたからであります。尚家庭裁判所の審判決定前の少年は，これを警察の留置所，少年院の出張所，又は拘置監等に収容して置くことは弊害が多いので，この弊害を防止するため，独立した少年観護所を設け，更に医学，心理学，教育学，社会学その他の専門的知識に基いて少年の資質の鑑別を行う少年鑑別所を設置して，少年の科学的分類と矯正教育の基礎の確立を図つたのであります。
　以上が今回の法案の改正の要点でありますが，この改革の精神を十分に実務に反映して少年保護の完璧を期したいと思うのであります。何とぞ慎重御審議の上，速かに御可決あらんことを希望いたします。[52]

　これらの趣旨説明に対して，司法委員会での審議においては衆議院においても参議院においても特段の疑義は提示されていない。強い懸念が表明されたのは衆参の厚生委員会および司法・厚生連合委員会においてであった。例えば，厚生委員会の委員からのものであるが，次のような懸念がそれであった。

　　今回法務廳において案を練つておいでになるという噂がありまする少年法というものを検討して参りますると，むしろ兒童福祉法の分野の殆んど8割までは入つておるような状態ではないか。……保護者の正当な監督に服しない性癖のある少年なり，或いは家庭に寄り付かず，又登校，出勤の常でない少年，又は他人の徳性を害する行爲をする性癖のある少年なり，又は交友關係，趣味，娯樂等の著しく悪い少年なり，或いは保護者に遺棄され，又は保護者から虐待等著しい冷遇を受けておる少年なり，それから保護者が少年の衣食，衛生，教養に關して適当な配慮をしない

無關心な少年とか，保護者の不道德な性行のために，家庭が著しく亂れておるような少年というものは，現在すでに兒童福祉法によつて，それぞれの處置をなし得ることになり，又なすべきことが兒童福祉法の眼目であると存じますのに，只今のお話のように，法務廳において更にそういうものでも擴げておやりになるということになると，兒童福祉法を新らしく設けた趣旨に，むしろ或る意味において反しもし，或る意味においては，却つて曾ての司法行政と，それから厚生行政との混亂を再び來すような情勢になつて，……この弊害を除去するために，我々は長くこれをいろいろ研究をし，漸く兒童福祉法によつてどうやら一本になりかかつたところを，更にこれを法律廳において新らしくお取上げになるということは，矛盾をいたしておるのではないか，かように考えるのであります。……（略）……

　兒童福祉法によつては御案内のような兒童相談所というものを相當國費を掛けて今度やつておりまして，只今お話のようなことを全部取扱うことになつておるのであります。ただ犯罪少年は當然これはあなたの方のいわゆる法務廳關係において處理をするのは當然でありますが，そうじやないどうも性行の少しおかしいような者を全部家庭裁判所なり，その他のいろいろ裁判所系統においてやるということは，この前の國會において相當論議を盡した結果，それじやどうも面白くないから，社會政策的社會事業的の兒童福祉法の根本の建前からやろうというので出發したのであります。だから一方司法少年的な立場でなしに，一方社會政策的な社會事業的な立場でこれを直して行く。勿論その間に兩方の連絡なり，或いは協力なりというものは十分なしながら進んで行かねばならんことは勿論でありますが，併し國家の建前としては，兒童福祉法を昨年作つたときにおいてはそういう建前を採つて來た。それで私は今先のお話で18歳以上だけをやるという場合においては，それはいわゆる兒童福祉法の足らざるところ，法において缺陷があるところを今度やるということについては，これは結構だと思いますが，兒童福祉法の分野まで入つて，更にいろいろな少年，或いは虐待少年，虐待少年等のごときは以前は兒童虐待防止法があり，現在におきましては兒童福祉法の中にそれを全部包含して十分な方法を點てるという建前になつておるのを，更に今囘法務廳において重複した國家の行政を行うがごときことを再び繰返すことは，これは最も國家の現狀において戒しむべきことである。折角改正して行つたのを法律廳がかような觀點からお取扱いになるということは，國家のために不利益になるのではないかと私は考えるのであります。それでこの點は犯罪少年につきましては，これは勿論當然であります。ただ虞犯少年と申しましても，兒童福祉法によつてなし得るものを，更に司法少年的な系統においてこれをなすということは，むしろ逆行する狀態になりまして，それでさような點は今度お考えになつておりまする分野からはつきり除いて行くことが，假に文部省，勞働省，厚生省，司法省，とありましても，國家という立場から考えたらダブツておる點は一つ改めて，そういうものを取り除いて案をお作りになる，又御提出になるということが必要ではないか，かように考えるのでありますから，誠に重復した點もありまするけれども，重ねてこの點を申上げ，又御意見を拜承し

たいと思います。⁵³⁾

　厚生委員会の委員長からも，これでは厚生省と法務庁の合意に反するのではないかとして，次のような経過が紹介されている。

　　この厚生委員會におきましても，兒童福祉法の審議に當つてこれが問題になりまして，山下委員からいろいろ熱烈なる質疑がなされたのでありますが，それに對して鈴木司法大臣が一々お答えになつております。……「私どもは決して餘計，何か不良少年なんかとりたいというのではなくて，事實はできるだけ少いことを希望する。こちらの方は大部分は厚生の方に行くと信じますが，やはり，最少限度においても，そういう刑罰權を行使しなければならん場合がありますから，それらを留保するために，司法省なり，將來できる法務廳なりが，管轄權を持つておる必要があると，こう考えるわけであります。御趣旨においては御説の通り，できるだけ國家行政としてやつて行きたい。大部分は厚生省に委せる，こういうつもりであります。」云々とお答えになつたのであります。それから……その點更に厚生大臣に念を押しましたところ，厚生大臣はこう答えております。「本委員會並びに小委員會におきまして，司法省の所管である兒童保護に關する仕事は，厚生省に移管すべきものではないかという熱心な御希望がおありになつたのであります。……このことに關しましては，厚生省と司法省の方と緊密な連絡を取りまして，適當の時期，なるだけ近き將來において，皆様の御希望に副うように取計らう，かような考えでありまして，殆んどこれが實現は十分達成しようと思いますから，そのことを御討論の前に御報告申上げて置きます。」こういうふうに司法大臣と厚生大臣とが話合いを付けられた結果についても答辯があつたのであります。……こういう經過であることを申上げて置きたいと思います。⁵⁴⁾

　厚生省の政府委員からも善処方が要望されているが，腰が引けている感は否めない。政府委員の答弁は次のようなものだったからである。

　　兒童福祉法との關係が特に深いという關係で，厚生省におきましても，この問題につきましては非常に關心を持つておるのでありまして，從いまして法務廳といたしましても，厚生省といたしましても，本當に兒童のためになるというふうな立法がなされることをお互いに望んでおるということにつきましては，兩者とも意見の相違はないと思うのであります。ただ多少その考え方におきまして，我々の考え方と法務廳でお考えになつておることと多少考え方において相違する點があるのでありまして，この點はまだ兩者の意見の一致を見ていないのであります。從いましてこの問題が，我々といたしましても兒童福祉法制定當時の國會の意思というものをできる限り尊重いたしまして，兒童福祉法と新らしく制定されるところの少年法と

いうものがお互いに重複を避けて，児童のために本當に一元的な正しい立派な行政が行われることは，我々といたしましても児童のために望んでおるような次第でありまして，この點につきましては，法務廳におかれましても，そういうような考えでできる限り厚生省と一緒になつて案が纏るように今いろいろと御研究になつておるようでありまして，我々といたしましても，兩者が完全に一致した意見において少年法が國會に提出されることを非常に念頭しておる次第であります。[55]

　厚生省のこのような抑制的な姿勢の背景には，前述したように防衛費が膨らむ中で敗戦の代償で勝ち得た社会事業の近代化方向は後退の危機に直面していたという大状況に加えて，更生保護に対する厚生省の慎重な態度が伏在していた。1946（昭和21）年にGHQが釈放者保護事業の管轄を司法省から厚生省に移すべきではないかと提案したのに対して，厚生省も意見書をGHQに提出したが，同意見書は，これまで司法省が更生保護事業を担当してきたこと，当時の厚生省の業務が安定せず多忙を極めていたこと等を理由として慎重な態度を示したもので，その結果，移管の話は不確定のまま自然消滅していたのである。[56] これには，社会事業関係者の更生保護に対する理解が不十分だったということも大きかったといえよう。関係者の中には，更生保護に対して蔑視感のようなものさえみられたという。[57] 国会審議で問題が虞犯少年の管轄等に限定されたこともこれに起因していたといえようか。犯罪少年については忌避感が強かった。このような状況では，厚生省が法務庁に対して法案の骨格の見直しを迫るというようなことはおよそ不可能なことであった。14歳未満の虞犯少年については少年院に収容しない，保護観察にも付さないということを守るのがやっとであった。厚生省の足元を見透かしたかのように，14歳以上の少年についても児童福祉法（昭和22年12月12日法律第164号）によることとし，少年法の対象にはしないようにとの要望に対する法務庁の政府委員の答弁は次のようなものであった。

　　只今の御質問に對しては我々も考慮いたしておるところでございますが，最近，まあ御承知の通り，くどくどお耳に達する程のこともないと思いますが，とにかく青少年犯罪が非常に多いのでございますし，尚又青少年が犯罪を犯す虞があるのでありまして，これらの少年をよく見分けまして，そうしてできるだけ親切丁寧に處置する必要があるということを痛感いたしておるのでありまして，飽くまでも虞犯少年を取扱つて參りたいという考を實は持つておる次第でございます。ただ裁判所

にしましたところが，少し言い過ぎた言葉かも知れませんが，神様でもありませんし，その取扱について當を得ないということも考えなければならんのでございますので，とにかくそうした青少年に對してはできるだけ區分的に，分化的に取扱うために，實際の面におきましては從來の厚生省兒童相談所と打合せしまして，そうして家庭裁判所が誤りを犯さないように十分な，愼重な態度を取つて參りたい。こういうふうに考えておる次第であります。[58]

　このように法務庁が強気だった理由としては，厚生省の消極的な姿勢にも増して，GHQ側との間で「妥協」が成立していたことが大きかったといえよう。GHQにとって，少年裁判所ではなく一般裁判所であったが，家庭裁判所を新設して，従前，司法省下の行政機関が行ってきた保護処分の決定をこの家庭裁判所に移すというのは「できない妥協」ではなかった。虞犯少年の処分を家庭裁判所の管轄に委ねるかどうかというのは，この「妥協」を妨げる問題ではなかった。法務庁にとってこの「妥協」は大きな痛手といえなくもなかったが，暫定的だとはいえ少年審判所を残すことができたこと，しかもその職員の大幅増を実現することができたこと，さらに，裁判所との間には人的交流も含めて太い確固としたパイプが築かれており，このパイプを通じて一定の影響力を実質的に行使し続け得ること等に鑑みれば，「できない妥協」ではなかった。[59]

　なお，法案は衆議院司法委員会で修正が行われた。法案第3条第2項に「18歳」とあったのを「14歳」と修正したものである。その理由が次のように説明された。

　　いわゆる虞犯少年を少年法第1條の目的に副いまして，これを矯正いたしますためには，多少の強制力の必要があると思うのであります。全然強制力なくして第1條の目的を達することは，理想ではありますけれども，現実の状態においては，必ずしもその実現は期し得ないと思うのであります。殊に14歳から18歳の少年に至りましては，強制の力を必要とすることは，間々あらねばならないことは現実の状態であります。またこれを実際的に施設の上より見ましても，家庭裁判所の設備となるであろうところの少年審判所は，長く経験を積み，不良の少年補導のために，十分なる識見と力とをもつておるのであります。これを十分に活用することにおいて，本法の第1條の目的を達成する近道であると信ずるのであります。もちろん兒童福祉法に基く兒童相談所において，この目的を達成せんとすることも，われわれはあえて反対するものではございません。しかしながら，兒童相談所は発足いたしてからまだ日が浅いのであります。十分將來設備が整いました場合には，その実

績の結果,経験の結果,これはまた法の修正を考えるということも,必ずしも悪いことではないと存じまするけれども,現実の状態においては,本法の第3条2項をただいま申したように修正することが,最も目的に副うゆえんであり,かつ國家の経済よりいたしましても,適当なものであると信ずるから,第3条2項の修正を考えたのであります。その他の條文の修正は,第3条2項を修正いたしました結果,原案に多少の表現及び條文整理上欠点がありますために,これを整備いたした次第であります。[60)]

修正案は全員一致で可決され,成立した。法務庁の強気の姿勢が厚生省を押し切った形になったといえようか。[61)]ただし,少年の保護処分に関して日本国憲法の謳う三権分立制度が曲がりなりにも導入されたことの意義は少なくなかった。保護処分の新しい担い手として家裁裁判官,家裁調査官,そして付添人(弁護士)が登場することになったからである。

8 犯罪者予防更生法の制定

新少年法等の施行(昭和24年1月1日)を受ける形で,同年4月26日,懸案であった犯罪者予防更生法案が国会に上程された。ここに至るプロセスにおいても少年法の改正においてみられたのと近似した構図が存した。というのも,敗戦後の文部省における青少年不良化防止対策として次のような動きがみられたからである。[62)]

 1946(昭和21)年9月15日-25日 警察は「不良徒輩」の全国的な取締りを実施する。その頃,治安関係懇談会(内務・司法・厚生各大臣,内閣書記官長,同副書記官長,終戦連絡中央事務局総務部長,司法省刑事局長,検事総長,東京地検検事正,内務省警保局長,内務省調査部長,警視総監らにより構成)は「(秘)不良徒輩等の一斉取締について」を決定する。

   10月7日 文部省は事務次官名で各地方長官宛てに「青少年不良化防止について」を通牒し,別記「青少年不良化防止対策要綱」の実施を指示する。「終戦後思想の混迷,経済生活の逼迫に伴ひ最近青少年の犯罪が激増し,しかも悪性の度を加へつつあることは,極め

	て憂慮すべき問題」だとして，要綱の趣旨により地方の実情に即して対策の徹底を図ろうとした。
10月8日	治安閣僚懇談会において「（極秘）風俗対策要綱」がまとめられる。「風俗を害する虞れ」のある新聞紙，出版物，映画，演劇等について「適正な取締」を行い，「健全」な文化の発達を図るため，中央と各都道府県に「風俗委員会」を設け，中央風俗委員会は文部大臣が管理するという「風俗委員会法」（仮称）の制定が計画される。
10月19日	文部省は社会教育局長名で各地方長官，師範学校長および女子専門学校長宛てに「『児童愛護班』結成活動に関する件」を通牒し，青少年不良化防止対策の一助として「『児童愛護班』結成活動要綱」による方策を指示する。
11月3日	日本国憲法を公布する。
1947（昭和22）年2月10日	司法省保護課，「司法保護事業法改正草案」をまとめ，GHQのCIS公安課の行刑部に同草案を提出する。
3月31日	教育基本法を施行する。
4月12日	GHQのCIS公安課行刑部は「司法保護事業法改正草案」に対する最初の修正意見書を司法省保護課に提示する。
5月9日	文部省内に「青少年教護委員会」を設置する。「青少年の不良化防止並びに教護に関し必要なる事項を調査審議し，これに関する具体的方策の企画実施に努め，政府の諮問に応じ又は進んで政府に建議すること」が設置目的とされた。委員長は精神医学者の内村祐之（東京帝国大学医学部教授）で，委員には文部官僚のほか，団藤重光（東京帝国大学法学部助教授），植松正（東京控訴院検事），菊地甚一（東京刑事地方裁判所嘱託，精神衛生学会主幹）をはじめ多方面にわたる民間の有識者や実務家が選任された。
1948（昭和23）年4月26日	青少年教護委員は「青少年教護対策に関する建議」を文部大臣に提出する。青少年の不良化は「教育の根本に触れる大きな問題」であるにもかかわらず「従来文部省は之を重大に扱わなかつたかの感がある」と批判し，政策転換を求めた。

	6月19日	衆議院で「教育勅語排除に関する決議」を採択する。参議院で「教育勅語等の執行確認に関する決議」を採択する。
	10月1日	「犯罪者予防更生法案要綱」を閣議決定する。
	10月3日	教育刷新委員会第7特別委員会（社会教育に関する事項の審査を担当）は第76回総会において「青少年社会教育の振興について」を採択する。
	10月22日	同教育刷新委員会は第81回総会で「所謂低俗文化の排除について」を決議する。
1949（昭和24）年	2月12日	青少年教護委員は「浮浪児対策に関する建議」を文部大臣に提出する。
	4月14日	衆議院本会議で「青少年犯罪防止に関する決議」を採択する。
	4月28日	厚生大臣請議「青少年指導不良化防止対策に関する件」を閣議決定する。別紙「青少年指導不良化防止対策基本要綱」では青少年のための映画読物等各種文化財の「質的向上」「純潔化」を図るため児童福祉審議会による文化財の推薦・勧告制度の活用が謳われる。
	5月20日	参議院本会議で「青少年の不良化防止に関する決議」を採択する。
	5月31日	犯罪者予防更生法を公布する。
	6月14日	「青少年問題対策協議会設置に関する件」を閣議決定する。同協議会要綱に基づき内閣官房に「青少年問題対策協議会」（1950年4月に「中央青少年問題協議会」に改称）を設置する。
	7月11日	文部省社会教育局は「児童愛護班結成活動について」を各都道府県教育委員会宛てに通達する。
1950（昭和25）年	9月4日	文部省社会教育局は「紙芝居対策について」を各都道府県教育委員会宛てに通達する。
1951（昭和26）年	1月3日	文部省社会教育局は「青少年不良化に影響ある映画に関する対策について」を各都道府県教育委員会，日本映画連合会，日本映画倫理管理委員会宛てに通達する。
	8月31日	文部省社会教育局は「昭和26年度模範愛護班結成について」を各都道府県教育委員会宛てに通達する。

　このような文部省の動きの背景に伏在したのはGHQの民間情報局（CIS）公

安課の「中央青少年犯罪者予防更生委員会」構想であった。前述したように，1939（昭和14）年制定の司法保護事業法は，刑の執行猶予・執行停止中・執行免除の者，仮出獄者，少年法による保護処分を受けた者等に対し，再犯を防止して「進ンデ臣民ノ本分ヲ恪守セシムル為」，性格陶冶，生業助成等を行う「保護」制度を定めていたので，新憲法との関係で法改正が必至となり，司法省は敗戦後まもなく同改正作業に着手し，保護課は1947（昭和22）年1月13日，「司法保護事業法改正草案」をまとめ，同年2月10日，GHQの民間情報局公安課の行刑部に同草案を提出したところ，約2か月後の4月12日，同行刑部から最初の修正意見書が提示された。このGHQの修正意見に盛られていたのが「中央青少年犯罪者予防更生委員会」構想であった。内閣レベルで青少年と成人の二系列の中央委員会を作り，地方にも同様の委員会を置き，青少年および成人の犯罪や不良行為の予防事業を行う。そのうち中央青少年犯罪者予防更生委員会は，現職の司法大臣，内務大臣，厚生大臣および農林大臣，その他5名の学識経験者をもって構成し，青少年の犯罪者予防更生事業を管理運営する一般規則・実施規則の制定，関係人の召喚，書類の徴取，宣誓および証言をすべき旨の要求，裁判所，内閣総理大臣および各省大臣，官公庁に対する照会等の権能や職務を有する。成人については司法大臣を副委員長とするが，青少年については文部大臣を副委員長とする。すなわち，青少年については関係各大臣よりも文部大臣を上位に位置づけるというのが構想の主な内容であった。[63] 青少年に対する「治安政策」において教育・文化行政担当機関の役割を重視する構想になっていた。[64]

　GHQの要請により1946（昭和21）年8月10日に設置された教育刷新委員会（委員長は内閣総理大臣）において文部省は青少年不良化防止にあたっての自らの役割を強調し，1946年10月7日に文部次官名で地方長官宛てに発出した「青少年不良化防止対策要綱」においても，単に「不良行為の取締」に終始するのではなく，青少年が「自主的」に問題解決できるよう働きかけ，各々の生活集団が「出来得る限り青少年の立場に立つて」方途を講ずることを求めた。学校，家庭，職場，地域等における「実施事項」では，青少年の「自主的」「自治的」な活動や相互啓発に力点が置かれた。「要綱」が出された頃は青少年を含む「不良徒輩」に対する警察の取締りは強化の只中にあったから，文部省が青少年の「自主性」を掲げて直接的な統制の手段をとらなかったのは治安当局

の対応と明らかに一線を画すものであった。特筆されるが，しかし，それはこのとき文部省が青少年犯罪・不良化問題に実際上立ち入る術をほとんど持っていなかったことの裏返しでもあった[65]。

　このような文部省にとってGHQの構想は追い風になるはずのものであった。しかし，結論的にいえば，文部省がこの構想を活かすことはできなかった。それは，1948（昭和23）年6月11日に未提出・廃案となった「犯罪者予防更生法案」の条文をみれば明らかであった。同法案は，「中央少年保護委員会（中央少年委員会）」の組織について，内閣総理大臣を委員長とし，副委員長には文部大臣ではなく，成人と同様に法務総裁の職にある者を充てると規定していたからである。この委員構成は，10月1日に閣議決定された「犯罪者予防更生法案要綱」に引き継がれた。1949（昭和24）年5月31日に公布された「犯罪者予防更生法」では，後に詳述するように，「犯罪をした者の改善及び更生を助け，恩赦の適正な運用を図り，仮釈放その他の関係事項の管理について公正妥当な制度を定め，犯罪予防の活動を助長し，もつて，社会を保護し，個人及び公共の福祉を増進すること」を目的として，「法務府の外局として，中央更生保護委員会を置き，中央委員会の地方支分部局として，地方少年保護委員会及び地方成人保護委員会を置く」（第3条），「中央委員会は，委員5人で組織する。前項の委員は，両議院の同意を経て，法務総裁が任命する。」（第4条）と規定された。これにより，青少年と成人の二系列の組織が一本化され，内閣の管理下から法務庁の外局へと変更されることになった[66]。

　文部省の消極的な姿勢が目立った。それは対法務庁・法務府に対してのみならず，対厚生省においても同様であった。1949（昭和24）年4月28日，厚生大臣の請議で閣議決定された「青少年指導不良化防止対策に関する件」の別紙「青少年指導不良化防止対策基本要綱」でも，実施事項として，青少年のための映画読物等各種文化財の「質的向上」「純潔化」を図るため児童福祉審議会による文化財の推薦・勧告制度の活用が挙げられた結果，文化財の価値づけ・奨励の役割は，主に児童福祉法の下で児童福祉審議会が担うことになったからである。文部省の関与はより限定的なものとなった[67]。

　1949（昭和24）年4月14日，衆議院本会議で「青少年犯罪防止に関する決議」が，また，同年5月20日，参議院本会議で「青少年の不良化防止に関する決議」が採択され，政府各機関の連絡協調のための適切な機関の設置と綜合的具

体施策の樹立や，各種関係法令の実施に当っての適切な調整と「主務行政の独善的弊害」の排除などが求められ，関係各省庁が提携協力して，政府全体の問題として青少年犯罪・不良化防止問題に統一的に取り組むべきことが課題とされた。しかし，文部省にとってそれは難しいことであった。政府の「青少年問題」対策自体が不振であった上に，政府各機関の中で文部省の位置づけがそれほど大きなものでなかったからである。これには，文部省の「児童」観が戦前とそれほど変わらなかったということも大きかったといえよう。加えて，文部省が所管の地方部局を有しないために，厚生省所管の社会事業団体や法務庁・法務府所管の更生保護事業団体等に匹敵するような民間団体を育成することが難しかったことなども与ったといえよう。日本国憲法を受けて制定された教育基本法では教育委員会の自主性が強く保障されていたので，抑制的な態度を強いられた文部省にとってGHQの構想を実現することは困難であった。新少年法の審議に当って厚生省が行ったような疑義を公式に表明することさえも難しいというのが文部省の置かれた苦しい立場であった。法務庁・法務府対GHQ・文部省の葛藤が顕在化することはなかった。

　1947（昭和22）年4月12日に司法省保護課に示されたGHQの民間情報局公安課の第1次修正案に盛り込まれていた「中央青少年犯罪予防更生委員会」構想，すなわち，「中央青少年犯罪者予防更生委員会」のうち，成人相手の委員会の副委員長は司法大臣とするが，青少年相手の委員会の副委員長は文部大臣とするという構想は採用しないことで決着済みということになった。保護観察の実施機関は戦前と同じく，成人も少年もすべて法務府所管の機関にするということになった。犯罪者予防更生法案もそれを前提として起案された。

　法案の構成は「第一章　総則」「第二章　更生保護委員会」「第三章　更生の措置」からなっており，そのうち第三章は「第一節　仮釈放」「第二節　保護観察」「第三節　保護観察の終了等」「第四節　処分の審査」「第五節　雑則」に分かれていた。政府委員による提案理由説明は次のようなものであった。

　　最近犯罪が激増し，そのため國民の生活が脅かされ，國家再建の障害となっていることは御承知の通りであります。一方刑務所その他の矯正施設は，極度の過剰拘禁の状態にあり，そのため多数の犯罪者が社会放出せられ，しかもこれに対する保護監督の制度が整つていないので，これらの者は常習犯罪者の群に転落して，社会不安を増大しつつあるのであります。しかしながら，犯罪者をことごとく刑務所そ

の他の矯正施設に収容することは，財政的に収容費，増築費その他の莫大な國費を必要とするのみならず，再犯防止の効果から見ましても決して良策と申すことはできないのであります。そこで現下の犯罪対策といたしましては，財政上及び効率上の見地から，犯罪者を社会において保護監督し，これによつてその更生を促し，再犯を防止することに重点を置かなければならないのでありまして，ここに犯罪者予防更生制度を確立する必要があるのであります。すなわち保護観察を中心とする犯罪者予防更生法の制定施行は，刑の執行猶予，行刑，仮出獄並びに少年保護の各制度の欠陥を是正し，現下の社会不安を緩和して，國家再建の要件を確立するため必須緊急の要務であると存じます。

　この法案の目的といたしますところは，具体的に申しますと，まず第1に保護観察の実施によりまして，犯罪をした者の改善及び更生を助けること，第2に恩赦の適正な運用をはかること，第3に社会正義及び犯罪予防の見地から，仮釈放，刑の執行猶予その他の関係制度の公正妥当な運用をはかること，最後に犯罪予防の活動を助長することでありまして，この4つを目標として犯罪を鎮圧し，社会を保護し，個人及び公共の福祉を増進するため，犯罪対策を確立せんとするものであります。

　その機関といたしましては，中央に法務府の外局として中央更生保護委員会を置き，この中央更生保護委員会の地方支分部局として，各高等裁判所の所在地に，それぞれ地方少年保護委員会及び地方成人保護委員会を置き，各委員会にはそれぞれ事務局を付置することになつております。現在の法務廳の成人矯正局，少年矯正局及び檢務局恩赦課の一部は，中央更生保護委員会の事務局に吸収せられることになつております。なお地方の実施機関といたしまして，さらに各地方裁判所の所在地に少年保護観察所及び成人保護観察所を置くのでありますが，これは現在の少年審判所――これは家庭裁判所の設置後，暫定的に存続している少年保護機関でありまして，各地方裁判所の所在地に本所または支所がありますが――この少年審判所と，現在各地方檢察廳の所在地にありますところの司法保護委員会とにそれぞれかわるものであります。すなわち現在の少年審判所は少年保護観察所になり，現有の司法保護委員会は成人保護観察所となる構想であります。

　保護観察に付さるべき者は，少年法により家庭裁判所から送致せられた者，少年院（旧法の矯正院）から仮退院中の者，仮出獄中の者及び刑の執行猶予の言い渡しと同時に保護観察に付する旨の言い渡しを受けた者の4種類であります。保護観察におきましては，本人に対して遵守事項を定め，これを指導監督し，かつ必要な補導援護を與えることになつております。もし本人がその遵守事項を遵守しなかつた場合には，仮出獄及び刑の執行猶予の処分は取消すこともできるようにいたしまして，本人の更生を確保することといたしております。仮出獄及び仮退院の審査及び許可につきましては，本人の更生のためにも，社会の保護のためにも，愼重を期する必要がありますので，これについては特に各地方委員会が愼重に行うことになつております。なおこの保護観察の制度を確立しますためには，刑法，刑事訴訟法

及び監獄法の関係條項について改正を加える必要がありますので，これについては別途御審議を願うことにいたしております。

次に恩赦に関する事項でありますが，恩赦法による恩赦が公正に行われるのみならず，本人の更生を促進する見地からも，適正に行われるようにすることを目的といたしまして，中央更生保護委員会は，恩赦の実施及び恩赦制度の改善について常に調査研究を行うものとし，個別的な恩赦の申立に関する事務も，この委員会が行うことといたしております。

最後に犯罪予防活動の助長であります。ただいま御説明申し上げました保護観察その他の更生の措置も，もとより犯罪防止の目的をもって行うものでありますけれども，さらに一般的に犯罪者の発生を予防するため，科学的な調査研究を行い，世論を啓発指導する等，必要な事項についてもこの法律案によつてその具体化を期しているところであります。

以上申し述べましたように，この法律案は，現下の犯罪問題解決のため必要な措置に関する重要な規定を含んでいるものでありまして，犯罪対策の確立上重要な意義を有するものと信じている次第であります。何とぞ愼重御審議の上，すみやかに御可決あらんことを希望いたします。

この理由説明と同時に行われた同法施行法案の提案理由も次のようなものであつた。

ただいま上程されました犯罪者予防更生法案が成立しました場合，これを施行するにつきましては，その運用の適正をはかるために，同法中2，3の事項について経過的規定を設けるとともに，関係の深い法令について若干の改正を行う必要がありますので，それらの事項をとりまとめまして，犯罪者予防更生法施行法案として提案いたした次第であります。

この施行法案の内容について申しますと，第1は，予算上の観点からの暫定的措置であります。犯罪者予防更生法案によれば，同法の施行は本年7月1日からでありますが，本年度におきましては，同法に規定する中央更生保護委員会の委員の定数を同法の規定の通り5人とすること，各家庭裁判所の所在地に少年保護観察所を設置し，各地方裁判所の所在地に成人保護観察所を設置すること，並びに仮出獄または仮退院を許す場合に，地方少年保護委員会または地方成人保護委員会の委員が個々に面接をすることは，いずれも予算の関係上実施困難な事情がありますので，この施行法案において，これらの事項について昭和25年3月31日までを限り，同法の趣旨に沿いつつ別途適当な措置を講ずることといたしたのであります。

第2は委員の任期に関する点であります。犯罪者予防更生法案によりますと，中央更生保護委員会，地方少年保護委員会及び地方成人保護委員会の委員の任期は，いずれも5年となつておりますが，任期満了の場合に，全部の委員が同時に更

新することは委員会の円滑な運営に支障を生ずるおそれがありますので，これを防止するため，同法施行後最初に任命される委員については，その任期に長短の差を設けることといたしました。

　第3は保護観察の対象に関する規定であります。犯罪者予防更生法施行の際に，従来から少年法の規定により観察中の者，仮退院中の者，仮出獄中の者等に対しては，保護観察を行うことが相当と考えられますので，施行法案ではその趣旨の規定を設けたのであります。

　第4は関係法律の改正であります。犯罪者予防更生法の施行に伴いまして，刑法，刑事訴訟法，監獄法，恩赦法，少年法，少年院法及び特別職の職員の俸給等に関する法律の一部改正を必要とするのでありますが，このうち刑法と刑事訴訟法の改正はそれぞれ別途の法案によることといたしまして，この施行法案においては監獄法，恩赦法，少年法，少年院法及び特別職の職員の俸給等に関する法律のそれぞれ一部を改正する規定を設けました。このうち少年法及び少年院法の改正は，いずれも犯罪者予防更生法が施行されるまでの間のために暫定的に設けられていた規定を削除するものであります。

　第5は犯罪者予防更生法の施行と同時に，現存の少年審判所を廃止し，その廃止の際少年審判所の職員の職にある者が，ただちに新法のもとにおける職務に従事し得るようにする規定を設けたことであります。

　以上申し述べましたように，この施行法案は，犯罪者予防更生法を円滑に施行し，同法の目的を達成するために，必要欠くべからざる規定を設けたものであります。何とぞ慎重御審議の上，すみやかに可決あらんことを希望いたします。[71]

　衆議院法務委員会での審議は1949（昭和24）年4月28日，5月7日，11日，12日の4日間にわたって行われた。委員からは多岐にわたる質問が出された。

> 　保護観察制度というものは，昔の思想犯，特に治安維持法の出獄者に適用した有名な制度でございまして，……少年法に名をかりて保護観察制度を設けることは，われわれのように現にその保護観察制度を体験した者から見ますと，はなはだおためごかしの法律でありまして，いわゆるこの保護を受ける人は相当人権の自由を侵害束縛されるのではないかと思う。……ややもするとこれを思想的方面の人若しくはそういった犯罪に適用してそれがためにかえつてその少年の将来を，むしろその制度によつて誤つて行くということが十分危惧されるわけでありますが，……当局においてはその点をどういうふうにお考えになつておりますか，この際承りたい。[72]

　このような質問もみられたが，思想犯保護観察制度との関係如何を問題とする質問はこれだけであった。この質問に対しては，「この立案に当りまして

は，私ども全然さようなおためごかしに，ある種の目的をもつて弾圧するというようなことは，全然考えたことはありません。……思想犯保護観察法とは全く趣を異にした発足からいいましても，ねらいからいいましても全然別個のものであることをはつきり申し上げたいと存じます。」[73]というのが当然のことながら政府委員の答弁であった。この答弁で興味深いのは，本法案と思想犯保護観察法とが全然別個のものだとする論拠として本法案では満期釈放後の保護観察は認められていない点が次のように挙げられていることである。その後の更生保護の展開の中でこの満期釈放後の保護観察の導入が繰り返し話題となるからである。

　　この條文の33條の２項にはつきり書いておりますが，この保護観察は，思想犯保護観察のように，裁判所がある刑期を言い渡して，満期が来て出た者を，さらに将来のおそれがあるからというて保護観察するというようなことではございませんので，裁判所が３年なら３年という言い渡しをした，その３年の刑を全部務めさして，あのきゆうくつな，自由を拘束されたところからいきなり社会の荒波に直接無條件で出してしまうということが，非常に今日までの行刑なり強制保護の実績から見て危険千万である。それで入つたならばすぐに将來の立ち直りの計画を，本人も参画させて立てさせまして，そしてそれに向つて教育を施して行く。そしてできるだけ早く出して，ある期間本人が社会に復帰するまでのめんどうを見る。しかもその保護観察の期間は，結局裁判所が３年なら３年を言い渡したその期間を絶対に越えない，結局３年の言い渡しを受けて２年で仮出獄になれば，残りの１年間だけ保護観察をするということが，33條の２項にもはつきりと書いてございます。従つてこの條文は私どもから言うと不必要じやないかと思います。と申しますのは，仮出獄中，仮退院中という言葉は，残つている期間という意味でありますから，その裁判所の言い渡した期間以外には出ないということは，解釈上出て来るのでありますが，さらに33條の２項におきまして，重複をいといませんで，はつきりとこの裁判所に言い渡された刑の終期の経過後まで及ぶものと解してはならない。かように書いてございます……[74]。

委員会ではこの外に，「更生に中心を置くと言つていながら，更生をはかるべき予算が何もない，そうしてただこれを監督する，見まわりに行つてはただ監督するという，ただ監督が主になつてしまう法律案ではないか」[75]といった厳しい質問もみられた。予算が少ないことは政府委員も認めるところで，「予算につきましては，……本年度はきわめてわずかな予算であります。……総額で２億円ちよつとであります。……専従の職員だけでは，多数の退所者を保護監

督することは不可能でありますので，条文にもございます通りに，司法保護委員という者を今回やはり使うことにいたしております。ただ人選につきましては特段に留意するつもりであります。」と答弁している。「犯罪者予防更生法案となつているが，犯罪予防については規定するところがほとんどなく，もつぱら更生法案になつているのではないか」という旨の質問に対しても，政府委員からは次のように弁解されている。

> 本法案は非常に長い年月研究せられまして，その途中においてはいろいろな考えが去来いたしまして，構成もいろいろかわったのであります。当初は内閣総理大臣を委員長とし，関係各省，それに民間の方がお入りになりまして，9人という案のときもあつたのでありますが，その当時の考えは，この委員会が広く一般の犯罪防止をやろうということを主眼に考えておりましたので，その場合には各方面の方を煩わさなければならないということであつたのであります。その後研究の結果，やはり犯罪の予防ということになりますと，ひとりこの委員会でもつぱらやるということよりは，第一には警察，あるいは裁判所，その他の各種の行政が，一面においてはいわゆる犯罪の予防ということに関係を持つておるのであります。それをこの委員会が統括してやるのはいささか時期尚早であろうという考えになりまして，これは犯罪の予防も1つの仕事とはいたしておりますが，主としては犯罪者の更生をねらいといたしまして，この法案が組立てられたのであります。

　法案第1条は，「この法律は，犯罪をした者の改善及び更生を助け，恩赦の適正な運用を図り，仮釈放その他の関係事項の管理について公正妥当な制度を定め，犯罪予防の活動を助長し，もって，社会を保護し，個人及び公共の福祉を増進することを，目的とする。」と規定しているが，虞犯少年に対して保護観察を付すというのは法案第1条の枠を外れるのではないかという質問に対しても，「虞犯少年と申しましても，実際の取扱いを見ますと，全然犯罪を犯したこともないというような少年が保護処分に付せられることはきわめてまれでございまして，第11條の表現としては多少不正確のそしりはありますけれども，虞犯少年に対しても保護観察に付することができるということを除外する規定はございませんので，さよう御了承を得たいと存じます。」と答弁された。「政府としてはみずから御修正にはならないというわけですか」という質問に対しても「さよう心得ております」と答弁されている。

　「執行猶予を付すような状況にある者に対して保護観察に付するという新たな条件をもちだすことは本当に更生につながるのか，まじめに更生しようとし

ている者の努力，精進の心持をくじくことになるのではないか」「こういう規定ができると，執行猶予を言い渡すときには，おおむね例外が原則的にすべて保護観察に付するようなことに実際上なると思うが，この点は大きな問題ではないか」という旨の質問に対しても，「執行猶予の幅が廣くなる，そういうふうに運用されるであろうと私ども考えております」と答弁されている。

「中央委員会の委員は，その中の3人以上が，同一政党に属する者となることとなってはならない。」(法案第5条第3項)，「日本国憲法又はその下に成立した政府を暴力で破壊することを主張する政党その他の団体に加入している者は，中央委員会の委員になることができない。」(同第2項) その他の委員会委員に関する「政党」条項についても質問が寄せられている。常識的な法運用がなされるので特段の問題は生じないというのが政府委員の答弁であった。「日本共産党並びにこれを支持する團体が含まれるかどうか」という質問に対しても含まれないと答弁されている。

「仮出獄者を当然に保護観察の対象にするのは如何なものか，弊害があるのではないか」という旨の質問に対しても，「仮出獄を許可するかどうかはまったく裁量でございますが，仮出獄は当然にこの保護観察というものを予定いたしまして，そうして当然に保護観察に付する，こういう建前になつておるのであります。これは現行法でもそうでありますが，ただ仮出獄を許して，そうして保護観察に付するということは，これはやり方が悪ければ，あるいはそこにまずい結果が起ることも考えられますが，仮出獄というものと保護観察というものを同じ機関がそういうふうにやるということが，本人の更生，社会の犯罪からの防衞上最も有効な方法であるということを考えまして，この案ができておる次第であります。」と答弁されている。

多くの質問が寄せられたのは保護観察の遵守事項についてであった。法案第34条では，保護観察に付された者の遵守事項として「一定の住居に居住し，生業に従事すること」「善行を保持すること」「犯罪性のある者又は素行不良の者と交際しないこと」「住居を転じ，又は長期の旅行をするときは，あらかじめ，保護観察を行う者の許可を求めること」と規定されていたからである。濫用の危険性はないのか，政治信念に基づく行動を原因として処罰されたような場合の者までも「犯罪性のある者」となり，その者との交際が制限されるのではないか等の懸念に加えて，「この条文の運用が従来の思想犯に関する保護観

察的な方向に逸脱することを防止する意味合いにおいて，政治的な犯罪を除外するという具合に明記しては」との修正提案も出された。しかし，適正な法運用に努めるので特段の問題は生じない。「正しい意味での労働運動，組合運動は幾らやっても犯罪性ある者と認定されないと考えるので，その点……委員の考えと食い違いがあって，どうも隔靴掻痒の感をもっておるのでありますが，決して弾圧というようなことは毛頭考えておりませんので，その点にまた見方の相違というか，考え方が違っているところがあると思いますが……。[83]」「この制度全体がさような犯罪については適用されないということになりますので，御説もさることながら，除外するという考えはないのであります。[84]」というのが答弁であった。法案第41条の「地方少年委員会及び地方成人委員会は，いつでも，保護観察に付されている者を呼び出し，質問することができる。」というのは基本的な人権に対する制限になるのではないかとの質問に対しても「運用については万全を期したい[85]」と答弁された。

　更生保護と国の責任に関わって，法案第60条の規定も問題とされた。「地方少年委員会及び地方成人委員会は，第40条第2項……の規定により支払った費用を，期限を指定して，本人又はその扶養義務者から徴収しなければならない」と規定されていたからである。憲法第25条に反するのではないかとの質問に対しても憲法違反にならないと答弁されている。ただし，論拠は不明である。「社会事業の福祉施設でまかなえないという場合がいろいろあると思います。その場合に委員会が予算の範囲内で支拂うのでありまして，今日までの研究では，憲法には抵触しないものと考えて提案いたしておる次第であります。[86]」というのがその論拠だったからである。

　委員会審議では，法案の修正が行われている。政府提出の原案では自由刑の執行猶予を受けた者については成年も少年も保護観察に付する前提で立案せられていたが，懲役又は禁錮につき刑の執行猶予の言渡しを受けた者が18歳未満の場合に限り保護観察に付することに改められたのに伴い，法案第30条第1項，第34条第2項，第46条について必要な修正を行ったことがそれである。従来無条件で執行猶予にしておった者について，遵守事項を定めて，それを保護観察に付するということは甚だ運用上不当な結果を生ずる虞れがありはしないかという点を非常に心配したことから修正されたものである。会期末が迫っており，このような大きな変革を行うためには検討の時間が足りないという点も

考慮された。

修正案は参議院に送られ，参議院法務委員会の審議は1949（昭和24）年5月18日，19日の両日に行われた。

審議の様相は，衆議院とは大きく異なった。何よりも異なったのは厚生省児童局長を委員会に呼んで質疑がなされたことであった。議員からの質問は「14歳未満の虞犯少年のうち，悪質な不良少年については児童福祉法ではうまく対応できていないのではないか。」「14歳未満の虞犯少年についても少年院に収容するようにすべきではないか，保護観察の対象とすべきではないか。」等というものであった。これに対する児童局長の答弁は次のようなものであった。

> 私共といたしましては，最近或る縣におきましては，学童関係のいわゆる不良化傾向というものの全部一齊調査をいたしました。そうしてその不良化傾向というものの家庭，交友関係を全部に亘りまして1つの表ができておるのでありますが，それによりますと，その子供というものが或いは新制中学におきまして，或いは小学校におきまして2％或いは3％という数字が出ておるのであります。そうしてその内容をよく調べて見ますというと，非常にその家庭的におきまして，或いはお兄さんとか，或いはお父さんの関係とか，家庭におきましてそういうような非常に子供を繞る関係におきましての環境が極めて悪いのが大部分であります。そういう意味におきまして兒童の不良化の問題，子供自身の性格も無論ありましようけれども，家庭ということに相当の注意，指導を向けるということが不良化防止の根本の1つの方針であるというように我々は考えております。今のようにどうしてもやらなければならん1つは，非常に悪質の不良少年に対してはどういうふうに考えておるか。これは今のような兒童委員ではなかなか困難ではないかと思います。これらの問題につきましては，現在のところにおきましては，兒童福祉司という専門のケース・ワーカーによつて指導しなければならん，かように考えておるのであります。[87]

14歳未満の少年と14歳以上の少年を区別することについては法務府の政府委員からも次のような答弁がなされている。

> 要するに14歳未満の者は刑事責任がないのだ，そうしてこの犯罪者予防更生法案は，1つの刑事政策の意味を多分に持つておるというもので，それは法務廳でなすべきだ，併し刑事政策以外のものは一般の社会政策，社会事業と申しますか，そういう方面で担当すべきだという考え方，これが結局は少年院から14歳未満を落すというようなことになつておるのでありまして，この犯罪者予防更生法案は，要するに少年についての非常に有利な点，犯罪を犯してから観察に付せられて，そうして

少年につきましてだけでございますが相当の犯罪を犯しても少年委員会の観察に付する，そうしてその観察が無事に解除せられれば，それで既判力を生じまして，その犯罪については何ら改めて責任を問われるようなことはない。この犯罪者予防更生法案が，一般の社会事業的というよりは，非常に刑事政策的な色彩が濃厚でありまして，さような点から14歳未満については一般の社会政策，その方面で手当てすべきである。こういう考えで，この問題を決定したと，私はさように考えるのであります。」[88]

　議員の少年非行および少年法制に対する理解不足，そして，それによる社会防衛的措置の強調が法務庁・法務府の犯罪者更生制度の強化・拡充を後押ししている状況がこの質疑からも容易にうかがえよう。

　厚生省の予算についても執拗に質問が行われているが，「予算といたしましては，私の方といたしましては，いわゆる養護施設に入った者，そういうような教護施設に入った者を一応全部纏めて予算をとつております。……全体といたしまして，それらを含めて本年度において約5億円，こういうことになつております。」[89]というのが児童局長の答弁であった。少年非行および不良化問題についての予算，人的資源は厚生省の方が多かったのである。ちなみに，法務府政府委員の同種の質問に対する答弁は「この法案についての予算が，全体で2億円程度でございますが，……結局現有勢力を結集いたしまして，それを切り替えてこの法案の運用に当る。かようなことになつておりますので余りに低く，対象者の数が殖えると十分の実績を挙げ得ないという解釈もあるのでありまして，……日本において初めての制度でありまするので，十分研究もし，又十分勉強もして実績が上がりまするならば，相当の予算も頂戴して，そうして執行猶予の幅を広くするなり，或は又更に一歩を進めまして，宣告猶予制度と，この保護観察の制度を並びとるというところまで進めたいものだと考えております。」[90]というものであった。

　中央の委員会は1つにまとめられているのに，地方の委員会を少年委員会と成人委員会の2本立てにした理由はとの質問に対しても，「やはり少年には少年の特殊性がある。従つて少年の扱いは成人の扱いと，やはり保護観察をやるについても亦対象につきましても，対象に収容されておる施設につきましても違うのでありまして，処遇の内容も違うのでございまして，さような点から少年には少年らしい地方の委員会及び観察所を置いて，そうして鮮明にさした方

が効果があるだろうし，又末梢的でありまするが，別個の成るべく接触のないように処理することもいいというような点もございまするが，主としてはやはりその特殊性に應じていたす。それならば中央委員会も別個の方がいいのではないかということになると存じまするが，これも或いは中央委員会も別個にするという案もあつたのでございまするが，なかなか予算の関係，又実際問題を考えまして，中央委員は直接当るのではないから，1本でもよろしくはないかという程度の考え方でこうなつたのでございます。」と説明されている。

参議院法務委員会では，起訴猶予者を対象外にしたのは如何なものかとして，次のような委員質問もなされている。

> 更生法制定の殆んど対象となるべき大部分というものが除かれることになりまするならば，全く声の法案であつて，実を掴んでいないというようなことになるのではなかろうかと思うのであります。そこで起訴猶予というものに対する処置並びにこの執行猶予に該当いたしまする者と雖も，観察に付するという一段進んだ方法，手段を以てするならば，23年度において7万の執行猶予者があるとするならば，この制度によつて裁判所は必ずやこの新らしき制度を活用されて7万が14万，或いは20万になるんじやなかろうか，こういうふうにも考えられるのであります。ここで私はこうした当初狙いとされましたる法案の提案理由中にもありますこととは，著しき変化が生じて参りましたときには，もう一歩私は退いて，折角のこの案については完全と行かなくとも，せめてもの狙いとするところの大部分を掲げて，そうしてこの案を活用するということに政府としてお考えになる意思なきや否やということをこの際お伺いしたいと思います。

これに対する政府委員の答弁は次のようなものであった。

> 終戦後の青少年の犯罪について非常に御苦心なり，或いはいろいろお考えなり，その構想については私共全く同感でございます。さような根本的な観点からこの法案，殊に修正された法案を考えますと，まだ十分でない点は多々あると思います。ただ私共考えまするのは，本年度経済九原則というきつい鉄のたがに入りまして十分の予算も取れない，十分の人も頂けない。その際の非常に対象者を從來よりも飛躍的に多くするということになりますと，職員が幾ら勉強しても十分の成績を擧げ得ないということになりますと，却つて元も子も無くするようなことも考えられるのでありまして，さような点も考慮いたしまして，私共といたしましては，與えられたる予算で，與えられた人間でできるだけの勉強をいたしまして，そうしてこの保護観察制度，日本で眞に新らしい制度のいわゆるパロール・プロベーションの制度を確立いたしまして，そうして次の國会，或いは次年度の國会におい

て予算も頂戴し，増員も認めて頂いて，そうして逐次対象者も殖して，そうして理想的なものにする以外にはないのではないか。かように考える次第でございます。只今御指摘のように起訴猶予者の数が非常に多いのでございます。この起訴猶予者のうち，何人が又犯罪を犯して処罰せられるかということにつきましては，統計を持つておりませんので，調査の上お答え申上げたいと存じます。……（略）……今後私共は保護観察制度の確立と一緒に，簡易なる決定その他によつて裁判所が簡易なる手続きで保護観察に付するというふうな制度を作ることが適切ではないかと，かように考えておりまするが，廣汎の改正になりまするので，今度の國会には提案する段通りにまで至らなかつた次第でございますが，立案に当りましては，その点もいろいろ研究いたした次第でございます。[93]

法案制定後の拡大の方針が既に表明されているのである。法案第1条第2項の「すべて国民は，前項の目的を達成するために，その地位と能力に応じて，それぞれ応分の寄与をするように努めなければならない」という規定についても興味深い答弁がなされている。次のような答弁がそれである。

第1條第2項は1つの精神的な規定でございまして，犯罪をした者が法律上は10年経てば前科者でない，復権をいたすのでございますが，併し社会感情において，又ややもすると白い目で見られる。そういうことのないように，この法案の趣旨に賛成をして1つ精神的に協力援助をして頂きたい，こういう意味で物質的な寄附というものは書いていない，かような次第であります。[94]

犯罪者予防更生法案は同年5月23日，衆議院での修正のまま参議院で可決され成立した。同法施行法案も同日，可決成立し，ともに5月31日に法律第142号及び法律第143号として公布された。これにより戦後の更生保護制度が発足することになった。

法務府の外局として中央更生保護委員会が置かれ，その地方支分部局として地方少年保護委員会及び地方成人保護委員会が置かれ，地方少年保護委員会の事務分掌機関として各地方裁判所の所在地に少年保護観察所が，地方成人保護委員会の事務分掌機関として成人保護観察所が設置された。保護観察所は在來の少年審判所，司法保護委員会にとって代わることになった。また，現在の法務庁の成人矯正局，少年矯正局，檢務局恩赦課の一部は中央更生保護委員会の事務局に吸収されることになった。保護観察に付せられる者は，家庭裁判所からこの地方委員会に送致せられた者，少年院仮退院中の者，仮出獄中の者及び少年で執行猶予の言渡しを受けた者の4種類で，遵守事項を定め，これを指導

監督し，且つ必要な補導援護を与えることになった。政府提出の原案では自由刑の執行猶予を受けた者については成年も少年も保護観察に付することとされていたが，衆議院で修正され，懲役又は禁錮につき刑の執行猶予の言渡しを受けた者が18歳未満の場合に限り保護観察に付することに改められたことは前述したところである。本人が遵守事項を守らなかつた場合には地方委員会で仮出獄を取消すことができるものとされた。仮出獄及び返退院の審査及び許可も各地方委員会で行うこととされた。恩赦に関する事務も中央更生保護委員会の所掌となったので，法務府組織規程の一部改正（昭和24年法務府令第26号）により，検務局恩赦課が調査課に改められるとともに，恩赦法施行規則の一部改正（昭和24年法務府令第29号）により，恩赦上申に関する手続，恩赦状の公布等についての規定が改められた。恩赦の実施及び恩赦制度の改善についての調査研究と個別的な恩赦の申出に関する事務も中央更生保護委員会が行うこととされた。司法保護団体の監督についても所要の改正が行われた。従来，司法保護団体の監督は，検事長が検事正，少年審判所長，保護観察所長又は刑務所長をして行わせていたが，犯罪者予防更生法の施行に伴い，「中央更生保護委員会をして司法保護事業法により司法保護事業を経営する者の監督に関する事務を行わせる件」により中央更生保護委員会が監督することになった。犯罪の予防活動の助長を目的として，一般的に犯罪者の発生を予防するための科学的な調査研究，世論の啓発，指導等についても必要な事項が本法で規定された。[95]

ところで，加藤倫子によれば，犯罪者予防更生法の制定について，次の2点が指摘されている。犯罪者予防更生法は，その対象を少年に限定していないにもかかわらず，国会での審議過程においては主に少年の受け皿を用意することが目的とされていた。予算の都合から，刑務所等の矯正施設の代替的措置として，刑罰ではなく，「教育」を施すことによって社会復帰を図ることが推奨されていた。そして，それは，「少年」や「教育」というレトリックを法案審議の中に忍び込ませることによって，戦前の思想犯保護観察法が持っていた「保護観察」における観察＝監視的なイメージを払拭し，保護＝見守ることを前面に出すことによって，制度の成立に反対する勢力を押さえて，保護観察制度を成立しやすくしていたと推測できる。[96]

加藤の指摘は的を射ているといえよう。既に詳しくみたように，犯罪者予防更生法案の国会審議においては，14歳未満の虞犯少年をどうするかという点は

別にしても，少年の保護観察については，成人の保護観察についてのような強い疑問は格別，示されていないからである。官僚という立場から，コスト（予算）を押さえつつ，刑務所や裁判所と同等のパフォーマンスを期待できる「保護観察」という制度の導入を図ったのではないかと読むこともできるという指摘[97]もその通りであろう。加藤が引用するように，法案が可決成立した1949（昭和24）年5月23日の参議院本会議で，緑風会の岡部常は，「只今上程になりました7法案につきまして，それぞれ簡単に法務委員会における議事の審議の模様並びに結果を御報告いたします。」と前置きした上で，犯罪者予防更生法案についても次のように報告しているからである。

> 近時犯罪は激増の一途を辿つているのでありますが，これに伴う刑務所その他の矯正施設の収容力は著しく不足しているのであります。そこで勢い刑の執行猶予，仮出獄及び少年保護の諸制度が活用せられるのでありますが，その運営及びそれらの観察を要する者の指導，更生，保護という点について，従來の機構及び法規では十分でないものがありますので，その機構を統制と秩序ある1本の形態にまとめて，保護観察を中心とする刑余者等の福利更生を図ろうというのが本法律案の趣旨であります。……（略）……，尚，当初政府提出の原案では，自由刑の執行猶予を受けた者については，成年も少年も保護観察に付する前提で立案せられて参つたのでありますが，衆議院におきましては，懲役又は禁錮につき刑の執行猶予の言渡しを受けた者が18歳未満の場合に限り保護観察に付することに改めました。委員会におきましては，本法案の審議に当りまして，各委員会より幾多の有益適切なる質疑が続出したのでありますが，その説明は省略させて頂きます。討論は省略の上，衆議院の修正の原案につきまして採決いたしましたところ，全会一致を以て可決せられたのであります。[98]

幾つかの点をここで補足しておかなければならない。その1つは，犯罪者予防更生法における「犯罪の予防」と「犯罪者の更生」の関係で，法第16条第4号で「犯罪の予防に関する適当な計画を樹立し，犯罪の予防を目的とする諸活動の発達を促進し，援助すること」が中央更生保護委員会の権限の1つとされているものの，法務府として特段の「予防」のための施策が考えられているわけではなく，主眼は「犯罪者の更生」に置かれ，この「犯罪者の更生」を通じて「犯罪の予防」を図ることとされているという点である。ある意味では当然のことといえなくもないが，このために「犯罪者の更生」が当事者のためのそれというよりは「犯罪の防止」のためのそれになっており，現に国会答弁で

は,「犯罪者の更生」のもつ一般の社会事業とは異なる「非常な刑事政策的な色彩」が強調されているのである。厚生省児童局長の国会答弁にみられるような「少年非行・不良化問題においては家庭が問題だ」といった発想は弱く,虞犯少年を対象とすることがどうして「犯罪者の更生」になるのか,枠を外れるのではないかという質問に対しても十分な説明はなされていない。それは仮出獄者に対する必要的保護観察制度に関する質問についても同様である。「犯罪の予防」のための「犯罪者の更生」ということから,「犯罪者の更生」概念が拡大解釈されたものといえよう。運用によって更に拡大する危険性が内包されている点に注意しなければならない。

　指摘しなければならない点の第2は,「犯罪者の更生」における本人・家族(「自助」)と国民・社会(「共助」)と国(「公助」)の役割如何に関わる。「自助」「共助」が主であるということを前提として,犯罪者予防更生法では,「公助」について規定されているという点である。法第1条第1項の「この法律は,犯罪をした者の改善及び更生を助け,恩赦の適正な運用を図り,仮釈放その他の関係事項の管理について公正妥当な制度を定め,犯罪予防の活動を助長し,もって,社会を保護し,個人及び公共の福祉を増進することを,目的とする」という規定も,このような観点から理解する必要がある。法第1条第2項で「国民の義務」を取り上げ,「すべて国民は,前項の目的を達成するため,その地位と能力に応じ,それぞれ応分の寄与をするように努めなければならない。」と規定しているにもかかわらず,「国の義務」については規定するところがないのもそのためだといえよう。ただし,国会答弁ではこの法案第2項の趣旨について,「犯罪をした者が法律上は10年経てば前科者でない,復権をいたすのでございますが,併し社会感情において,又ややもすると白い目で見られる。そういうことのないように,この法案の趣旨に賛成をして1つ精神的に協力援助をして頂きたい」というような曖昧な説明しかされていない。法第60条の費用徴収規定は憲法第25条に違反するのではないかという質問に対して違憲ではないと答弁されたが論拠が示されていないのも,上の国の役割如何に関わるからだといえよう。

　指摘しなければならないことの第3は,この国の役割(「公助」)には「支援・促進」と「整序・統制」という2つの側面があるという点である。「更生保護」は対象者との関係において「保護」と「観察」が区別されているが,こ

の「支援・促進」と「整序・統制」の区別は対象者との関係においてではなく，国と本人・家族及び国民・社会との関係においてである。「保護」と「観察」を巧みに使い分けたように，この「支援・促進」と「整序・統制」も国は巧みに使い分けた。ただし，前述したように「支援・促進」が予算的にも制度的にも乏しい中では，国の役割（「公助」）は自ずから「整序・統制」に傾斜することになった。

　指摘しなければならないことの第4は，保護観察の包含する人権侵害ないし人権制限の危険性に対して配慮するという姿勢が脆弱だという点である。保護観察の遵守事項に関わって国会審議で示された，濫用の危険性はないのか，政治信念に基づく行動を原因として処罰されたような場合の者までも「犯罪性のある者」となり，その者との交際が制限されるのではないか等の懸念に対しても，適正な法運用に努めるので特段の問題は生じないとの答弁しかなされていない。「この条文の運用が従来の思想犯に関する保護観察的な方向に逸脱することを防止する意味合いにおいて，政治的な犯罪を除外するという具合に明記しては」との修正提案も直ちに退けられている。法第41条の規定する地方少年委員会及び地方成人委員会による対象者の呼出・質問について弁護人の付添は認められるのかという質問に対しても適正な法運用に努めるとしか答弁されていない。新憲法第31条で規定された適正手続保障を保護観察についても及ぼしていくといった発想は見受けられない。

　そして，ここで重要なことは，保護観察による対象者への強制措置の正当化根拠として，パレンス・パトリエが前面に押し出されているという点である。例えば，問題があるとして国会で修正されることになった「執行猶予者に対する保護観察」についても，1949（昭和24）年5月7日の衆議院法務委員会では，「従来であれば，裁判所は，執行猶予の言い渡しをしないだろうような犯罪者に対しましても，保護観察に付するならば執行猶予を言い渡すことが本人のために非常に更生を助けると考える場合が相当多いと考えますので，そういうに場合には，裁判所は進んで執行猶予に付すると同時に，保護観察の手続をとつて保護観察に付する，こういうことになろうと思います」と答弁されているのである。しかし，他方では，「保護観察における刑事政策的色彩」にみられるように，ポリス・パワーによる正当化も図られており，パレンス・パトリエとポリス・パワーとが巧みに使い分けられていることに注意しなければなら

ない。巧みに使い分けられているのは「保護」と「観察」だけではない。パレンス・パトリエとポリス・パワーを巧みに使い分けることによって「保護観察」の正当化が図られているのである。しかし，ポリス・パワーによる場合は格別，パレンス・パトリエによる場合であっても，人権侵害の問題は依然として残されるのである。

　指摘しておかなければならないことの第5は，法案作成過程における「保護観察の効果」についての検討が十分ではなかったように見受けられるという点である。釈放者を保護観察に付すことは却って更生を妨げることになるのではないかという委員質問に対しても説得力のある答弁はなされていない。「効果」を十分に検討した上での制度設計とはなっていない。衆議院法務委員会での法案修正理由の1つも，原案にあった成人の執行猶予者に対する保護観察の是非については検討に時間を要するというものであった。はじめに結論ありきの印象は拭い難い。保護観察を担う現場は人的資源の面でも，制度的な面でも，予算的な面でも脆弱であったことを勘案すると，十分な効果を挙げ得るかどうかについては当局も確信が持てなかったのではないか。政府委員によれば，犯罪者予防更生法の採用する更生制度はアメリカのパロール制度やプロベーション制度等に学んだものだと自負されたが，現場の力量との間には大きな開きがあった。担い手の意識は戦前と変わりはなかった。

　にもかかわらず，法案の国会審議の中で早くも法制定後の拡大・強化の方針が表明されているのである。執行猶予者に対する保護観察，宣告猶予者に対する保護観察，起訴猶予者に対する保護観察等がそれである。ちなみに，1945（昭和20）年9月28日，司法省の刑政局は司法保護の所管中央部局の独立について予算要求したが，その理由として「司法保護制度ハ，起訴猶予者，刑執行猶予者，仮出獄者，満期出獄者，思想犯，及犯罪並ニ虞犯ノ少年ヲ，輔導訓練スルコトヲ目的トシ」ということが挙げられていることは既にみたところである。そして，この拡大方針が着々と実現されて行くことは後にみる通りである。[99]

　指摘しておかなければならないことの最後は，思想犯保護観察法との関係である。「（思想犯）保護観察制度を体験した者から見ますと，（犯罪者予防更生法は）はなはだおためごかしの法律でありまして，いわゆるこの保護を受ける人は相当人権の自由を侵害束縛されるのではないか」という質問に対する答弁

は,「この立案に当りましては，私ども全然さようなおためごかしに，ある種の目的をもつて弾圧するというようなことは，全然考えたことはありません。……思想犯保護観察法とは全く趣を異にした発足からいいましても，ねらいからいいましても全然別個のものであることをはつきり申し上げたいと存じます。」というもので，その論拠として本法案では満期釈放後の保護観察は認められていない点が挙げられているという点である。すなわち，思想犯保護観察法に対する当局の反省はこの程度のものであったという点である。思想犯保護観察法の廃止がGHQの「人権指令」によるものだったということからすれば，それも当然のことだったといえるかもしれない。廃止を契機に戦前の更生保護の展開を自ら批判的に検証し，この検証の上に戦後の更生保護の再出発を図るというような姿勢はうかがえない。そのことは，過ちを繰り返す危険性が残されたということを意味した。現に，思想犯保護観察法の保護観察制度との分水嶺だとされ，上の1945（昭和20）年9月28日の刑政局の予算要求の中にはみられたものの犯罪者予防更生法では落とされた「満期釈放者に対する保護観察」はその後，長期的な，しかも秘められた課題として復活することになった。そして，それは，長い年月を経たが，2013（平成25）年6月13日，懲役や禁錮刑の一部を執行した後に残りの刑期を猶予する「一部執行猶予制度」の創設を盛り込んだ刑法一部改正法案が全会一致で可決成立したことにより，実現に大きく近づくことになったのである。

　なお，法施行1周年を目前にした1950（昭和25）年6月13日，地方保護委員会事務局長・保護観察所長会同が開催された。中央更生保護委員長は訓示で，①少ない職員をもって最大の能率を発揮すること，②職員に研究と修養の機会を常に与えること，③ケース・ワーカーたるの資質と能力とを有する適格者を保護司に選ぶこと，③中央更生保護委員会，地方少年更生保護委員会・地方成人更生保護委員会，少年保護観察所・成人保護観察所，少年保護司・成人保護司が縦の関係においても横の関係においても水も洩らさない血の通ったチームワークを堅持すること，④児童相談所その他児童福祉施設および児童委員等との連携にも留意すること，⑤戦争犯罪者で仮出所を許された者の保護観察を担当する保護司の選定に慎重の上にも慎重を期すこと，⑥恩赦の上申に努めること，⑦都道府県単位に1つの強力な更生保護助成会を組織し，この助成会をして保護司の活動，更生保護会の経営に対し指導助力の活動をさせること，等を

指示している。犯罪者予防更生法の施行上の課題を知る上で興味深い。

9　更生緊急保護法および保護司法の制定

　更生緊急保護法（昭和25年5月25日法律第203号）は，①犯罪者予防更生法により国の保護を受けられない者のうち，身柄の拘束を解かれてから6か月以内の期間，本人の申出によって国が保護を加えることの他，②従来比較的ゆるやかな監督のもとに置かれてきた司法保護団体運営の方式を変更し，更生保護事業の認可その他各般の監督を適正に行い，国がみずから直接この事業を全面的に行う場合と実質上ほとんど異ならないように管理すること，等を規定したものである。犯罪者予防更生法と並んで，国家の刑事政策上，重要な使命を果たすものと位置づけられた。また，保護司法（昭和25年5月25日法律第204号）は，司法保護委員令が廃止されることになったことから，犯罪者予防更生法その他の関係法令と完全に調和した独立法を制定することとし，保護司の公的な身分と責任の範囲，保護司の推薦および委嘱，欠格条項，保護司選考会，保護司の任期並びに保護司の解嘱等について規定したものである。この緊急更生保護法および保護司法の制定の経緯について，『更生保護50年史（第1編）』は，次のように紹介している。

　　更生緊急保護法は，犯罪者予防更生法から約1年遅れて制定された。犯罪者予防更生法制定後，法務府は，犯罪者予防更生法に基づき保護観察や仮釈放の円滑な実施という課題とともに，犯罪者予防更生法に載せ切れなかった司法保護団体及び司法保護委員に関する立法に着手した。司法保護委員制度を内容とした保護司法の立案にはさして問題はなかったが，司法保護団体の立案には，当時，釈放者保護事業は厚生省の所管とすべきではないかというGHQや厚生省の意向もあって調整に難航し，結局，保護期間を6カ月以内に限定するなど修正を余儀なくされた。法律の名称の「緊急」の2文字は，当時の難航した調整の末の妥協の結果を痕跡としてとどめている。保護司法，更生緊急保護法はいずれも昭和25年5月25日に公布，施行された。

　いずれの法案も1950（昭和25）年4月4日に衆議院法務委員会に付託されたが，更生緊急保護法案の内容は次のようなものであった。

第一条　この法律は，左に掲げる者が刑事上の手続による身体の拘束を解かれた後，更に罪を犯す危険を防止するため，これに対する緊急適切な更生保護に遺漏なきを期し，あわせて犯罪者予防更生法（昭和二十四年法律第百四十二号）第四十条の規定による保護観察中の者に対する応急の救護を円滑に実施するとともに，更生保護に関する事業の健全な育成発達を図ることを目的とする。
　一　懲役，禁こ又は拘留につき刑の執行を終つた者
　二　懲役，禁こ又は拘留につき刑の執行の免除を得た者
　三　十八歳以上で懲役又は禁こにつき刑の執行猶予の言渡を受け，猶予中の者
　四　訴追を必要としないため公訴を提起しない処分を受けた者
第二条　この法律で「更生保護」とは，前条各号に掲げる者が親族，縁故者等からの援助若しくは公共の衛生福祉その他の施設から医療，宿泊，職業その他の保護を受けることができない場合，又はこれらの援助若しくは保護のみによつては更生できないと認められる場合は，これに対し帰住をあつ旋し，金品を給与し，若しくは貸与する等の一時保護又は一定の施設に収容して，宿泊所を供与し，必要な教養，訓練，医療，保養若しくは就職を助け，環境の改善調整を図る等の継続保護を行うことにより，本人が進んで法律を守る善良な社会人となることを援護し，もつてその速やかな更生を保護することをいう。
　2　この法律で「更生保護事業」とは，更生保護を行う事業及びその指導，連絡又は助成をする事業をいう。
第三条　更生保護は，第一条各号に掲げる者に対し，その更生に必要な限度で，国の責任において，行うものとする。
　2　更生保護は，二十三歳未満の者に対しては，少年保護観察所長が，二十三歳以上の者に対しては，成人保護観察所長が，それぞれ，中央更生保護委員会（以下「中央委員会」という。）及び地方少年保護委員会又は地方成人保護委員会の監督のもとに，自ら行い，又は地方公共団体若しくは第五条第一項の認可を受けて更生保護事業を営む者（以下「更生保護会」という。）に委託して行うものとする。
　3　更生保護は，本人が刑事上の手続による身体の拘束を解かれた後六月をこえない範囲において，その意思に反しない場合に限り，行うものとする。
　4　更生保護を行うに当つては，本人が公共の衛生福祉その他の施設から必要な保護を受けるようにあつ旋するとともに，更生保護活動の実効を上げることに努めて，この法律による更生保護の期間の短縮と費用の節減を図らなければならない。
　5　更生保護に関し職業のあつ旋の必要があると認められるときは，公共職

業安定所は，更生保護を行う者の協力を得て，職業安定法（昭和二十二年法律第百四十一号）に基き，本人の能力に適当な職業をあつ旋することに努めるものとする
第四条　更生保護は，本人の申出があつた場合において，少年保護観察所長又は成人保護観察所長がその必要があると認めたときに限り，行うものとする。
2　検察官又は監獄の長は，第一条各号に掲げる者につき，刑事上の手続による身体の拘束を解くときは，本人に対し，この法律に定める更生保護及びその申出の手続を示さなければならない。
3　少年保護観察所長又は成人保護観察所長は，第一項の規定により更生保護の要否を定めるには，本人の刑事上の手続に関与した検察官又は本人が拘禁されていた監獄の長の意見を聞かなければならない。但し，仮出獄期間の満了によつて第一条第一号に該当した者については，この限りでない。
4　少年保護観察所長又は成人保護観察所長は，前条第二項の規定により更生保護を委託しようとするときは，更生保護の円滑な実施を期するため，地方公共団体又は更生保護会のうち本人の更生保護に最も適当なものを選び，これに対し事前に連絡することに努めなければならない。地方少年保護委員会又は地方成人保護委員会が，犯罪者予防更生法第四十条第二項の規定により応急の救護を更生保護会に委託しようとするときも，同様とする。
第五条　国及び地方公共団体以外の者で更生保護事業を営もうとするものは，あらかじめ，左に掲げる事項を記載した申請書を中央委員会に提出して，その認可を受けなければならない。
　一　名称
　二　事務所
　三　更生保護事業の種類及び内容並びに被保護者に対する処遇の方法
　四　設立者の氏名，住所，経歴及び資産状況並びに経営の責任者の資産状況
　五　経理の方針
　六　建物その他の設備の規模及び構造並びにその使用の権限
　七　経営の責任者及び更生保護の実務に当る幹部職員の氏名及び経歴
　八　寄附行為，定款その他の基本約款
2　中央委員会は，前項の認可の申請があつたときは，左の基準によつて審査し，これに適合するものを認可しなければならない。
　一　当該事業を営む者の経済的基礎が確実であること。
　二　経営の組織及び経理の方針が公益法人又はこれに準ずるものであること。

三　経営の責任者が社会的信望を有すること。
　　　四　建物その他の設備の規模及び構造が，中央委員会の規則の定める基準に適合するものであること。
　　　五　更生保護の実務に当る幹部職員が，中央委員会の規則の定める資格又は経験並びに更生保護に関する熱意及び能力を有すること。
　　　六　被保護者に対する教養，給興その他の処遇の方法が，中央委員会の規則の定める基準に適合するものであること。
　　　七　職業紹介事業を自ら行おうとするものにあつては，職業安定法の規定により職業紹介事業を行う許可を得ていること。
　　3　中央委員会は，前項第四号及び第六号の基準を定めるに当つては，労働基準法（昭和二十二年法律第四十九号）及びこれに基く命令の規定を尊重し，又，これに違反しないように意を用いなければならない。
　　4　第一項の認可には，更生保護事業を営む期間，その種類又は内容等について，この法律の目的を達成するために必要と認める条件を附することができる。
　第六条　更生保護会は，少年保護観察所長又は成人保護観察所長から第三条第二項の規定による委託があつたとき，更生保護を開始するものとする。
　　2　更生保護会は，地方少年保護委員会又は地方成人保護委員会から犯罪者予防更生法第四十条第二項の規定による保護観察中の者の応急の救護の委託を受けることができる。
　　3　更生保護会は，被保護者の更生保護又は応急の救護につき必要があるときは，地方公共団体，公共職業安定所その他公私の関係団体又は機関に照会して協力を求め，又，特に必要があると認められるときは，職業安定法の定めるところにより，自ら職業紹介事業を行うことができる。
　第七条　更生保護会は，第五条第一項第一号から第三号まで又は第五号から第八号までに掲げる事項を変更しようとするときは，あらかじめ，その理由を明らかにして中央委員会の認可を受けなければならない。
　　2　第五条第二項の規定は，前項の認可の申請があつた場合に準用する。
　　3　更生保護会は，更生保護事業を廃止しようとするときは，あらかじめ，その理由を明らかにし，現に更生保護中の者に対する措置及び財産の処分方法を明らかにし，且つ，第十二条の規定により支給を受けた費用に残存額があるときはこれを返還して，廃止の時期について中央委員会の承認を受けなければならない。
　第八条　更生保護会は，中央委員会に対し，毎年，十二月一日までに次年度の事業計画を，二月末日までに前年度の事業の成績を，会計年度の終了後六十日以内に前会計年度の経理状況を，それぞれ，書面をもつて報告しなければならない。
　　2　更生保護会は，中央委員会の規則の定めるところにより，その事務所に

左の帳簿を備え付け，遅滞なく所要事項を記載しなければならない。
　　一　更生保護の状況を明らかにする帳簿
　　二　更生保護を受けている者の名簿
　　三　会計簿
　　四　寄附金について，その寄附者及び金額を明らかにする帳簿
　　五　保管金品台帳
　3　中央委員会は，この法律の目的を達成するため，更生保護会に対し，第一項以外の事項についても必要と認める事項の報告を求め，地方少年保護委員会及び地方成人保護委員会の職員をして施設及び備付の帳簿並びに事業経営の状況その他必要な事項を調査させることができる。
　4　中央委員会は，更生保護会が第五条第二項の基準に適合しないと認められるに至つたときは，その更生保護会に対し，同条同項の基準に適合するために必要な措置をとるべき旨を命ずることができる。
第九条　更生保護会が，第五条第四項若しくは第十四条第二項の規定による条件に違反し，第七条第一項の認可の申請，前条第一項の報告若しくは同条第二項の帳簿の備付及び記載を怠り，同条第三項の報告の求に応ぜず，又は正当の事由なく同条第四項の規定による命令に違反したときは，中央委員会は，更生保護事業を営むことを制限し，その停止を命じ，又は第五条第一項の認可を取り消すことができる。
　2　更生保護会が法人である場合において，理事その他の業務を執行する役員が，その事業により個人の営利を図つたときも，前項と同様とする。
　3　第五条第一項の規定による認可を受けないで更生保護事業を営む者（国及び地方公共団体を除く。）が，その事業に関し営利を図り，若しくは被保護者の処遇につき不当の行為をしたときは，中央委員会は，その者に対し更生保護事業を営むことを制限し，又はその停止を命ずることができる。
　4　中央委員会は，前三項の規定による更生保護事業の制限，停止又は認可の取消の処分をする場合には，その処分を受ける者に，中央委員会の指定した職員に対して弁明する機会を与えなければならない。この場合においては，中央委員会は，その処分を受ける者に対し，あらかじめ，書面をもつて，弁明をなすべき日時，場所及びその処分をなすべき理由を通知しなければならない。
　5　前項の通知を受けた者は，代理人を出頭させ，且つ，自己に有利な証拠を提出することができる。
　6　弁明を聴取した者は，聴取書及び処分の決定についての意見を附した報告書を作り，これを中央委員会に提出しなければならない。
第十条　地方公共団体は，更生保護事業を営むことができる。
　2　地方公共団体は，更生保護事業を営もうとするときは，あらかじめ，第

　　　　　五条第一項第一号から第三号まで，及び第五号から第八号までに掲げる
　　　　　事項を中央委員会に届け出なければならない。届け出た事項を変更しよ
　　　　　うとするときも，同様とする。
　　　3　第七条第三項並びに第八条第二項及び第三項の規定は，更生保護事業を
　　　　営む地方公共団体について準用する。
第十一条　中央委員会の委員長の諮問に応じて更生保護事業の向上に関する重要
　　　　事項を審議させるため，中央委員会の附属機関として更生保護事業審
　　　　議会（以下「審議会」という。）を置く。
　　　2　中央委員会は，左の場合においては，審議会の意見を聞かなければなら
　　　　ない。
　　　　一　第五条第一項の認可をし，又は認可をしない処分をするとき。
　　　　二　第五条第二項第四号から第六号までの規則を定めるとき。
　　　　三　第九条第一項から第三項までの規定により，更生保護事業を営むこと
　　　　　を制限し，その停止を命じ，又は第五条第一項の認可を取り消すとき。
　　　3　法務総裁は，次条第一項及び第二項の基準を定めるには，審議会の意見
　　　　を聞かなければならない。
　　　4　この法律に定めるもののほか，審議会の組織，所掌事務，委員その他の
　　　　職員については，政令で定める。
第十二条　国は，法務総裁が大蔵大臣と協議して定める基準に従い，第三条第二
　　　　項の規定に基く委託によつて生ずる費用を支弁する。
　　　2　国は，更生保護会に対し，法務総裁が大蔵大臣と協議して定める基準に
　　　　従い，予算の範囲内において，左の各号に掲げる費用につき，補助金を
　　　　交付することができる。
　　　　一　事務費
　　　　二　第八条第四項の規定に基く命令による施設の改善に要する費用
　　　3　第三条第二項の規定に基く委託は，第一項の規定により国が支弁する金
　　　　額が予算の金額をこえない範囲内において行わなければならない。
第十三条　少年保護観察所長又は成人保護観察所長は，前条第一項の費用を，期
　　　　限を指定して，本人又はその扶養義務者から徴収しなければならな
　　　　い。但し，本人及びその扶養義務者が，その費用を負担することがで
　　　　きないと認めるときは，この限りでない。
　　　2　前項の規定による費用の徴収は，本人又はその扶養義務者の居住地又は
　　　　財産所在地の市町村（特別区を含む。以下同じ。）の長に嘱託すること
　　　　ができる。
　　　3　国は，前項の規定により，市町村の長に対し費用の徴収を嘱託した場合
　　　　においては，その徴収金額の百分の四に相当する金額を，その市町村に
　　　　交付しなければならない。
第十四条　更生保護事業を営み，又は営もうとする者が，その事業の経営に必要

な資金を得るために寄附金を募集しようとするときは，その計画に着手する一月前までに，中央委員会に対し，その規則の定めるところにより，募集の期間，地域，方法及び使途等を明らかにした書面を提出して，その許可を受けなければならない。
2　前項の許可には，寄附金の使途及び寄附金によつて取得する財産の処分につき，条件を附することができる。
3　第一項の許可を受けて寄附金を募集した者は，募集の期間経過後遅滞なく中央委員会に対し，その規則の定めるところにより，募集の結果を報告しなければならない。

第十五条　法務総裁は，審議会の意見を聞き，成績の特に優秀な更生保護会又は更生保護事業に従事する職員を表彰し，その業績を一般に周知させることに意を用いなければならない。

第十六条　この法律の規定は，更生保護事業に関し労働基準法及びこれに基く命令の規定が適用されることを排除する趣旨に解してはならない。

第十七条　左の各号の一に該当する者は，六月以下の懲役又は五万円以下の罰金に処する。
一　第九条第一項から第三項までに規定する制限又は停止の命令に違反した者
二　第九条第一項又は第二項の規定により認可を取り消されたにかかわらず，引き続きその更生保護事業を営んだ者
三　第十四条第一項の規定による許可を受けないで寄附金を募集した者
四　第十四条第二項の規定による条件に違反して寄附金を使用し，又はこれによつて取得した財産を処分した者

第十八条　左の各号の一に該当する者は，一万円以下の罰金に処する。
一　第八条第二項第三号から第五号までに掲げる帳簿の備付をせず，又はこれに所要の事項を記載せず，若しくは虚偽の記載をした者
二　第十四条第三項の規定による報告をせず，又は虚偽の報告をした者

保護司法案の内容も次のようなものであった。

第一条　この法律は，犯罪者予防更生法（昭和二十四年法律第百四十二号）第十九条の規定により地方少年保護委員会及び地方成人保護委員会の権限に属する事項に関する事務に従事する保護司について，これに適用すべき各般の基準を定め，もつて同法の円滑な実施を期することを目的とする。

第二条　保護司は，中央更生保護委員会（以下「中央委員会」という。）が都道府県の区域を分けて定める区域（以下「保護区」という。）に置くもの

とする。
2　保護司の定数は，全国を通じて，五万二千五百人をこえないものとする。
3　保護区ごとの保護司の定数は，中央委員会が地方少年保護委員会及び地方成人保護委員会の意見を聞いて定める。
4　前項の定数を定めるに当つては，その土地の人口，経済，犯罪の状況その他の事情を考慮しなければならない。

第三条　保護司は，左の各号に掲げるすべての条件を具備する者のうちから，中央委員会の委員長が，委嘱する。
　一　人格及び行動について，社会的信望を有すること。
　二　職務の遂行に必要な熱意及び時間的余裕を有すること。
　三　生活が安定していること。
　四　健康で活動力を有すること。
2　中央委員会の委員長は，前項の委嘱を，地方少年保護委員会又は地方成人保護委員会の委員長に委任することができる。
3　前二項の委嘱は，少年保護観察所長及び成人保護観察所長が推薦した者のうちから，第五条の規定による保護司選考会の意見を聞いて行わなければならない。

第四条　左の各号の一に該当する者は，保護司になることができない
　一　禁治産者及び準禁治産者
　二　禁こ以上の刑に処せられた者
　三　日本国憲法の施行の日以後において，日本国憲法又はその下に成立した政府を暴力で破壊することを主張する政党その他の団体を結成し，又はこれに加入した者

第五条　中央委員会，地方少年保護委員会又は地方成人保護委員会の委員長の諮問に応じて保護司の委嘱及び解嘱に関する意見を述べさせるため，各地方裁判所の所在地に，中央委員会の附属機関として，保護司選考会を置く。
2　保護司選考会は，委員十三人（東京に置かれる保護司選考会にあつては，十五人）以内をもつて組織し，うち一人を会長とする。
3　保護司選考会の委員には，給与を支給しない。
4　この法律で定めるもののほか，保護司選考会の組織，所掌事務，委員及び事務処理の手続については，中央委員会の規則で定める。

第六条　保護司を分けて，少年保護司及び成人保護司とする。
2　少年保護司は，主として青少年に関する事務を担当し，成人保護司は，主として成人に関する事務を担当するものとする。
3　少年保護司及び成人保護司の別は，各保護司につき，地方少年保護委員会及び地方成人保護委員会が協議して定める。

第七条　保護司の任期は，二年とする。但し，再任を妨げない。

第八条　保護司は，その置かれた保護区の区域内において，職務を行うものとする。但し，地方少年保護委員会又は地方成人保護委員会から特に命ぜられたときは，この限りでない。
第九条　保護司は，常に人格識見の向上とその職務を行うために必要な知識及び技術の修得に努め，社会奉仕の精神をもつてその職務を遂行しなければならない。
　2　保護司は，その職務を行うに当つて知り得た関係者の身上に関する秘密を尊重し，その名誉保持に努めなければならない。
第十条　保護司は，青少年に関する事務については，地方少年保護委員会の，成人に関する事務については，地方成人保護委員会の指揮監督を受ける。
第十一条　保護司には，給与を支給しない。
　2　保護司は，中央委員会の規則の定めるところにより，予算の範囲内において，その職務を行うために要する費用の全部又は一部の支給を受けることができる。
第十二条　中央委員会の委員長は，保護司が第四条各号の一に該当するに至つたときは，これを解嘱しなければならない。
　2　中央委員会の委員長は，保護司が左の各号の一に該当するに至つたときは，保護司選考会の意見を聞き，これを解嘱することができる。
　　一　第三条第一項各号の一に掲げる条件を欠くに至つたとき。
　　二　職務上の義務に違反し，又はその職務を怠つたとき。
　　三　保護司たるにふさわしくない非行があつたとき。
　3　前二項の規定による解嘱は，当該保護司に解嘱の理由が説明され，且つ，弁明の機会が与えられた後でなければ行うことができない。但し，第四条第一号又は第二号に該当するに至つたことを理由とする解嘱については，この限りでない。
第十三条　法務総裁は，中央委員会の意見を聞き，職務上特に功労がある保護司を表彰し，その業績を一般に周知させることに意を用いなければならない。
第十四条　この法律の実施のための手続，その他その執行について必要な細則は，中央委員会の規則で定める。

　4月4日の衆議院法務委員会における提案理由趣旨説明は次のようなものであった。

　次に保護司法案の提案理由について御説明申し上げます。
　いわゆる刑余者等のよき相談相手として，何ら報酬を目当とすることなく，ひたすら奉仕の精神をもつてこれら社会の落伍者の更生補導に当つて来ましたわが国司

法保護委員の制度は，昭和14年9月現行司法保護事業法施行の以前から，その献身的な努力によりまして幾多の犯罪者を更生させ，犯罪の防遏に大きな功績を築いて参つたのでありますが，別途この国会に上程になりました更生緊急保護法案を実施のあかつきには，これに伴いまして，司法保護事業法と，これに基く司法保護委員令が廃止されることと相なります。ところが一方この司法保護委員は，犯罪者予防更生法による保護観察その他犯罪前歴者の改善更生並びに犯罪の予防活動等に必要不可欠の重要な任務を帯びておりますので，ぜひともこの種事務に従事する者の組織，権限に関する法律を新たに制定する必要が生じたのであります。よつて本法案は，この機会に犯罪者予防更生法その他の関係法令と完全に調和した独立法を制定することといたし，従来の司法保護委員にかえて，その任務にふさわしい名称の保護司を置き，これに適用すべき各般の基準を定めまして，同法の円滑な実施を期そうとするものであります。かような本法案の趣旨は第1条に法の目的として掲げたところでありますが，以下その他の条文の内容について重要な点を概略御説明申し上げます。
　第1に，保護司の職務の執行区域，服務，監督，事務の執行に要した費用の支給及び表彰について規定いたしておりますが，これらはこの法案第1条の法の目的及び後述の保護司の任期に関する規定と相まつて，保護司の公的な身分と責任の範囲を明かにいたすものであります。保護司は大体従来の司法保護委員の性格を受継ぎまして，その服務の基本態勢は社会奉仕の精神をもつて職務を遂行するものであり，またこれには給与を支給いたしません。けれども現実に職務の遂行上要した費用につきましては，これを全部保護司の負担にまつことは，事務の性質及び実効の点等から見て当を得ませんので，国が予算の範囲内でその費用の両部または一部を支給できる道を開くことにいたしております。保護司は，以上のごとくまつたく奉仕的にこの国の事務に従事する篤志家でありますから，職務上特に功労のあつた方々に対する表彰の道を法文上明確にいたしますことは，国としていささかその労に報ゆる当然のことと存ずるのであります。なおこの保護司の性質，すなわち国家公務員法または刑法との関係についてでありますが，保護司は，それぞれ実社会で現に活動中の方々にお願いして，その本職のかたわら無報酬で奉仕的にこの仕事に携つていただくのでありますから，これに国家公務員法を全面的に適用することは妥当でないのでありまして，人事院もまた同様の解釈であります。しかし，その身分はこの法案による委嘱をまつて発生するものであり，またその従事します事務は本法案及び犯罪者予防更生法に規定するものでありまして，すなわち保護司は法令により公務に従事する職員にほかならないのでありますから，刑法上は公務員として取扱うべきものと解するのであります。第2に，保護司の推薦及び委嘱，欠格条項，保護司選考会，保護司の任期並びに保護司の解嘱について規定いたしまして，全保護司が常に適任者のみで充実されることを期しております。法務総裁が司法保護委員を任命または解任する従来の形を改めまして，この法律による保護司は，中央更生保護委員会が委嘱または解嘱するものとし，その委嘱または解嘱にあたつて

は，各地に置かれる保護司選考会の意見を聞き，また解嘱の場合に当該保護司に弁明の機会を与えることにいたしましたのは，法の運用を犯罪者予防更生法の規定に調和させ，かつ保護司の進退に特に慎重を期する意図にほかならないのであります。第3に，保護司の設置区域及びその定数と保護司の種別に関する規定を設けておりますが，これは，保護司の従事します事務が，広く全国的に発生散在し，かつその内容，対象ともきわめて複雑多岐多様にわたりますのにかんがみまして，保護司の最も適正な配置に意を用いているのであります。以上が本法案の要旨であります。

　最後に更生緊急保護法案の提案理由について御説明申し上げます。

　最近犯罪の累増，凶悪化が国民生活の平穏を脅かし，平和国家建設の前途に大きな暗影を投じまして，社会関心の的となつておりますことは御承知の通りでありますが，この憂うべき犯罪現象の陰には，多くの場合，すでに犯罪の経験を過去に持ついわゆる前歴者がおどつているのでありまして，その者があるいは新しい犯罪集団の中核となり，あるいは自暴自棄に走り，または一層無謀大担な犯行に出るなど，その現象に大きな役割を演じておりますことを考え合せますと，この前歴者の再犯を完全に防止することが今日の社会不安を一掃し，国家再建の基礎を確立するためにきわめて重要な事柄であると存ずるのであります。しかしてこの再犯防止の大きな1つの基本的措置といたしまして，去る第5国会で御審議可決を得まして，昨昭和24年7月1日から施行に相なつております犯罪者予防更生法があるのでありますが，同法によりますと，その保護観察の対象は，仮釈放中の者，仮退院中の者，少年法により家庭裁判所において地方少年保護委員会観察の保護処分を受けた者，及び少年時刑執行猶予の言い渡しを受け猶予中の者の4者に限定されておりまして，これに漏れたいわゆる満期釈放者，起訴猶予者または大半の成人の刑執行猶予者等のうちにも，その再犯防止に何らか的確な保護の措置を必要とするものが少くありませんにもかかわらず，これについては現在ほとんど放任の状態にあり，国の施策といたしましては，わずかに今日すでに無力に近い状況に陥っている司法保護事業法（昭和14年法律第42号）が存するに過ぎません。またこの犯罪者予防更生法も，国の財政等を考慮して，専用の収容保護施設に関する規定が設けられておりませんため，同法による保護観察中の者に対する応急の救護の措置に万全を欠くうらみがあるのであります。

　そこでこの法案は犯罪者予防更生法の適用を受けないいわゆる満期釈放者，起訴猶予者等のうち再犯率の最も高いと認められる状況にある，すなわち刑事上の手続によつて身体の拘束を解かれた後一定の期間内の者に対しまして，強制力を伴わない緊急適切な更生保護の措置を講じて，その再犯防止に遺漏なからしめることを期し，あわせて犯罪者予防更生法の規定する保護観察中の者に対する応急の救護を円滑に実施するとともに，さらにこれらの更生保護に関する事業の健全な育成発達をはかりますために，現行司法保護事業法を廃止いたしまして，新たに生活保護法，職業安定法その他の関係法令とも十分に調和し，また実効の期待できる法律を制定

しようとするものであります。以下この法案の内容の重要な点につき概略申し上げます。

第1に，ただいま申し述べましたこの法律の目的のほか，更生保護及び更生保護事業の定義，更生保護の責任と範囲，事業経営の許可と届出，国の委託費支弁とその他の費用補助及び附則等にわたりまして規定を設け，更生保護措置の内容及びその措置に対する国の責任と範囲を明らかにし，またこの種の事業の運営上，特に重要で，かつ関連の多い他法律との関係に意を用いまして，犯罪者予防更生法を初め刑事訴訟法，監獄法はもちろん，生活保護法，職業安定法及び労働基準法等との間の結びつき及びその適用関係を明確にいたしております。これらの規定の中で，更生保護の措置を国の責任で行うことの原則を明確にいたしますとともに，国みずからの機関で直接これを行い得ない場合に処するため，一定の国費支給の裏づけを持つた委託の制度を開き，その委託先を国の監督が適切に行き届く地方公共団体，または更生保護会に限定しておりますが，これは本来この事務が，その性質上国の刑事政策の一環として行われるべきものとする考え方に基くものでありまして，つとに旧監獄則当時から官営の保護事業たる別房留置制度等の姿で認められ，その後国家財政等の理由により国は一歩後退し，わずかに奨励金の支出をもつてこの種事業の経営をもつぱら民間篤志家の手に依存する近状にありましたものを戦後の経営困難その他諸般の事情にかんがみ，ここにその本然の姿に帰そうとするものであります。

第2に，保護の開始手続及び更生保護会の行う更生保護について規定いたしまして，更生保護の措置は本人の申出があつた場合にのみ適用が考慮されること，及びその当面の事務の取扱い責任者たる保護観察所長を初め，関係機関のとるべき保護の手続，委託の場合の保護措置の内容を明らかにし，あわせて犯罪者予防更生法の規定による保護観察中の者に対する応急の救護に，更生保護会を容易に活用できる道を開いております。

第3に，更生保護事業の経営の認可と認可事項の変更，廃止，更生保護会または地方公共団体の営む事業の監督，事業経営の制限停止，認可の取消し，事業の運営監督に関する重要事項審議のための更生保護事業審議会，寄付金の募集の監督及び罰則等について詳細な規定を設けておりますが，これらはただいま申し述べましたこの事業の本質及び今日の経済その他各般の事情にかんがみまして，従来比較的ゆるやかな監督のもとに置かれてきた司法保護団体運営の方式を一掃いたしまして，新たなる構想のもとに，この法案による更正保護事業が真に社会の信頼にこたえ，また治安の確保に寄與できますように事業の認可その他各般の監督を適正に行い，もつて国がみずから直接この事業を全面的に行う場合と実質上ほとんど異ならない支配のもとにおいてこれを管理しようとするものであります。

第4に，費用の徴収及び表彰について規定しておりますが，これは前述の厚生保護開始の手続の規定と相まつて，国と被保護者との関係を明らかにし，また報酬をも度外に置き，この困難な事業に献身される更生保護会またはこの事業の従事職員

に対し，特に国として表彰の道を開く旨を法制上明確にいたすものであります。
　以上が本法案の要旨であります。新憲法の公布後，その精神を具現するため，犯罪前歴者の再犯防止に関する抜本塞源的な法的措置は，刑事政策の一環として，まず第2国会において新少年法及び少年院法が，次いで第5国会において犯罪者予防更生法及び同法の施行法がそれぞれ可決成立し，すでに実施に移されて，逐次その実効をあげているのでありますが，本法案関係と別途提案の保護司法案関係の分野に関しては，事務の性質上その他各般の事情から今日までその改廃が遅延していたものであります。今回この両法案の法制化によりまして，初めてここに前歴者の再犯防止に関する法制が総合的な体系として整い，すでに実施されております右の各関係法令も，全面的にその効果を発揮することと相なるのであります。
　何とぞ慎重御審議の上，すみやかに御可決あらんことをお願いいたします。[102]

　法案提出に先立ってGHQ・厚生省との調整がついていたことから国会審議では特段の反対意見は出なかったかというと，そうではなかった。更生緊急保護法案については厳しい反対意見が出された。反対の理由は，例えば，次のようなものであった。

　　第1は，この法案はいわゆる6箇月のお礼奉公をさせることに相なつて来る。というのは，仮釈放にならない者は，どうせその官僚的な，圧制な，いわゆる獄卒，獄吏に対して，覚めでたくない者であることは，仮釈放の制度から見て明らかであります。従つてそのような者に対しましては，事実は強制的に——こういうふうな身寄りのない者，資力のない者は，緊急保護ということで——更生とか保護とか名前はりつぱですけれども，結局出てからもここに勤めなければならない，収容されるのだという制度まで行きますと，これが背景になりまして，刑務所における一般の服役者に対しまして，心理的な，外形的な強制をやる，懲役労働の強化に相なる危険なしとせざるものであります。しかも出て参りましたときに，そこにまた6箇月勤めねばならぬということになりますれば，これはお礼奉公に相なつてしまうのであります。
　　第2の点は，本法案の中の費用の負担の問題ですが，費用の負担能力のない者からは一応とらないということにはなつておりまして，恩恵的な條文も見えることは見えるのですが，見のがすことのできないのは，寄付金の募集ができるというくだりであります。これは強制的なものではないかもしれませんけれども，生活の資力のない者が作業所に収容されて，働いた乏しい収入の中からこれを寄付というような名目で——外部のものからも寄付を募集するのに，内部の者が寄付に応じないという理由は成り立たないじやないかというような口実，その他の方法をもちまして，実質上その作業所の乏しい収入の中から強制寄付を命ぜられる。すなわち出さなければおさまりがつかないようなものになりますと，結局働いた金の中から，そ

の間にかかつた費用をとつて行くというようなことになりますから，言葉はどぎついようでありますけれども，監獄部屋の再現性が，この法律によつて危惧されないということにはならないと思います。従いましてこれがさらに一転いたしますと，従来のいわゆる免囚保護事業というものが，食えない者を皮肉にも，悪辣にも食つていつたという，こういうふうな事態が，この法案によつてなお絶滅を期されていないという点……。

　第3の点は，保護事業を営むその作業所におきまして，保護事業でありながら，しかもそこに収容される者はまつたく資力のない者を対象にしておるのですが，結局そこは刑務所外の作業であつて，しかも懲役ではないのでありますけれども，最低条件である労働基準法もこれを行わないでもよろしいというような，非常にこれを適用すること，これにのつとることが回避され，これを合理づけるような條文のある点は見のがせないことであります。進んでこれはせつかく資力のない者が服役を終つて出て来たのでありまするし，それの更生を保護するのであります。そして緊急に6箇月の期間に一人前にするのでありますから，最低の基準よりももつと高いものを與えるべき積極的な意図がこの法案に盛り込まれなかつたこと，これが反対の第3の理由であります。

　第4といたしましては，現在の犯罪者は，先ほど政府からお届け願いました統計を見ましても，これはやや古いようで，（昭和）23年度でありますけれども，やや有資産，それから無資産というものを比べますと，実に犯罪者受刑者の99.65%，ほとんど100%が無資力者であるということであります。これは少年保護処分の普通ないし余裕のない者というような統計が，今申し上げた成年者の受刑者の数字と違つて出て来ている点は興味深いものでありまして，その点から判断いたしますと，現在の成年者の犯罪者というものは無資産者が全部であります。というのは，働いても低賃金，ベースのくぎづけ，また働こうとしても首を切られる。多少働けば一切のものが重税の対象になる。このたびの地方税の改正というような立法は最もその優たるものでありまして，そこへもつて来てとうとうたる不景気，こういうような結果は全部が裸鳥のように毛をむしりとられ，収奪されて，結局落ち行く先は一家心中か犯罪入獄の道しか許されてないわけであります。従つてこれらの無資産者いわゆる犯罪人は，簡単に言つて現在の内閣の邪政，悪政の結果だといつて間違いはないと思うのであります。こういう点から見て，犯罪者の累増あるいは無資産者の受刑者，釈放者が多いということに対する多少の保護を與えるという，いわゆるこの邪政，悪政を欺瞞するために，鬼の目にも涙があるというようなジエスチユアを示すものが本法案立法の根本的なねらいであると私は思うのです。しかしながら今申し上げました内容の点等からいたしまして，無資産者は刑務所にたたき込まれる，刑務所に追いやられる。出て来てみれば，そこで無資産者は保護作業所に収容される，そこを卒業すればまた不景気のすさまじいこの実社会，そこから無資産者は逆手にまた刑務所に強制送監されざるを得ない。いわゆる刑務所から刑務所への中継ぎに作業所があるだけでありまして，そのたらいまわしの政策，実に無慈

悲なものがこの法案の中に見届けられることをまことに遺憾とするものであります。[103]

もっとも、保護司法案についてはこのような強い反対意見は出されていない。ただし、法案第4条第3号の保護司の欠格条項については懸念が表明された。

> 戦時中に、民主主義者や自由主義者、その他の進歩主義者、あるいは戦争をきらう者といつたような者を、いわゆる好ましからざる者として全部これを除外し、圧殺し、投獄して行つた経験を持つのですが、最近そういう傾向がまた強くなつて来ておる。団体は今ないと言うが、団体に所属しない者でも、いわゆるレッド・マークで一切の好ましからざる者を追放して行く、ロック・アウトして行くという傾向が強い。そういうようなことのために時の政府が、しかも反民主的なフアッショ的な考え方を持つた政府が、保護司というようなところまでそういう分子をロック・アウトしてしまうということになると、たいへんなことに相なりますので、その点を厳重に注意して本條の適用をやるべきであるという希望を、私は強く主張するものです。[104]

この懸念に対する答弁は、「欠格條項第4條の1号、2号につきましては、これはもう非常にはつきりした事案でありますので、特に聴聞方式を設けておりませんけれども、この第3号につきましては、ここで聴聞方式を解嘱の場合に設けるという慎重な手続をとつておるのであります。これはただいま御指摘のような趣旨で特に書き込んだものでありましてこれの運用には十分慎重を期しております。」「33條に規定いたしております仮釈放中の者とか、仮退院中の者とか、あるいは少年法第24條第1項第1号の少年保護観察処分中の者といつたようなことになりますと対象になる、そうでなければ対象にはならない、こういうことになると思つております。」[105]というものであった。

法案反対は一部にとどまった。参議院で更生緊急保護法案の附則について修正がなされたということから、両法案は衆議院に再付託された。本会議に再付託されたのは1950（昭和25）年4月26日で、法務員会委員長から、更生緊急保護法案および保護司法案について委員会における審議の経過並びに結果の概要が報告された。報告は次のようなものであった。

まず更生緊急保護法案について御説明を申し上げます。
　本法律案は，いわゆる犯罪前歴者の犯罪活動が，おおむね最近の犯罪の激増とその兇悪化の一大原因となつている現状にかんがみまして，刑事政策，社会政策の見地から，これらの者の再犯を防止するための措置として，犯罪者の予防更生の適用から漏れた者で，刑事上の手続きによる身体の拘束を解かれた一定期間内の者に対して応急の更生保護を行うため，本人の申出によりまして6箇月を越えない期間の範囲内において，国または地方公共団体もしくは認可を受けた更生保護会が，国の監督のもとに，帰住のあつせん，金品の給與あるいは貸與等の一時保護または宿泊所の供與，就職のあつせん等の継続保護を行い，もつて犯罪前歴者の更生をはかり，あわせて犯罪者予防更生法により保護観察中の者に対する応急の救護を円滑に実施するとともに，更生保護に関する事業の健全なる育成発達をはかろうとするものであります。
　委員会は，4月21日，参議院から送付を受け，同月22日審議いたしましたが，1，委託保護の場合における費用の負担関係，2，保護開給前（ママ）における民間人の意見採用の必要，3，人権侵害の危険性の有無，4，労働基準法との関係等の諸点について質疑及び政府の答弁があり，ついで自由党及び社会党から賛成，また共産党から反対の討論がありまして，採決の結果，参議院送付案の通り多数をもつて可決されたのであります。
　次に保護司法案について御説明を申し上げます。
　この法案は，一口に申しますと，司法保護委員にかわるものとして保護司を設けようとするものでありまして，本法案の内容は，保護司にできるだけ適任者を得るようくふうすると同時に，保護司の進退について特に慎重な考慮を拂い，また保護司の服務，監督，費用の支給，表彰等についてそれぞれの規定を設け，その身分と責任の範囲を明らかにしております。また保護司の設置区域，定数，種別等その適正配置に関する規定を設けまして，犯罪者予防更生法に規定する者の保護観察をなし，その他犯罪前歴者の改善更生及び犯罪予防活動等に遺憾なからしめようとするものであります。
　委員会におきましては，第4條第3項の，政府を暴力で破壊することを主張する政党または団体が現存するかという審議に対しまして，政府から，現在はない，また将来もないと思うが，国家公務法にもこの規定があるので万一の場合に備えてこの規定を設けたのであるという答弁がありました。
　4月22日，討論省略，採決の結果，多数をもつて政府原案の通り可決された次第であります。[106]

　両法案は1950（昭和25）年4月27日，賛成多数で可決，成立した。「緊急」という名称が付せられていたが，法務府にとって更生緊急保護法が制定されたことの意味は極めて大きなものがあった。法務府が種々の理由から自己抑制した

ために，あるいは国会での修正のために犯罪者予防更生法では積み残されることになった，「懲役，禁こ又は拘留につき刑の執行を終つた者」（いわゆる満期釈放者），「懲役，禁こ又は拘留につき刑の執行の免除を得た者」（執行免除者），「18歳以上で懲役又は禁こにつき刑の執行猶予の言渡を受け，猶予中の者」（執行猶予者のうち18歳以上の者），「訴追を必要としないため公訴を提起しない処分を受けた者」（起訴猶予者）について，「本人の申出があつた場合において，少年保護観察所長又は成人保護観察所長がその必要があると認めたときに限り，行うものとする。」（法第4条）という限定の下においてではあったが，保護観察に付する道が開かれることになったからである。犯罪者予防更生法の国会審議の際，当局は拡大の方針を既に表明していたが，更生緊急保護法の制定は，この拡大を実現するための大きな一歩であった。それは，法案提案理由説明において，更生緊急保護法は犯罪者予防更生法の規定による保護観察中の者に対する応急の救護に更生保護会を容易に活用できる道を開いたものだと説明されたことにも現われているといえよう。その意味では，犯罪者予防更生法を上回る問題性，それも存立に関わる原理的なそれを内包していたといえよう。しかし，国会審議でこの問題性が顕在化されることはなかった。①委託保護の場合における費用の負担の問題，②保護開給前における民間人の意見採用の必要の問題，③人権侵害の危険性の有無の問題，④労働基準法との関係等の問題，等について質問があったものの，犯罪者予防更生法の審議の際にみられたような，思想犯保護観察法との関係如何，「効果」如何といったような本質的な疑問は出されていない。異常事態の日常化が進みつつあったといえようか。

　法務府にとって，このように対象者が拡大する更生保護の「受け皿」となる更生保護事業に対して国の統制をより強化するという観点からみても，この更生緊急保護法は大きな意味をもつものであった。更生緊急保護法により，国がみずから直接この更生保護事業を全面的に行う場合と実質上ほとんど異ならないような支配・管理のもとに更生保護事業を置くことにほぼ成功したからである。これまでも，司法省・法務庁・法務府は更生保護事業の統制に一貫して努めてきたところであったが，更生緊急保護法が採用した方式はこれまでとは明らかに質が異なるものであった。更生保護事業の経営の認可と認可事項の変更，廃止，更生保護会または地方公共団体の営む事業の監督，事業経営の制限停止，認可の取消し，事業の運営監督に関する重要事項の審議のための更生保

護事業審議会，寄付金の募集の監督等，国の支配・管理のために必要な規定をいわば余さず残さず網羅的に，かつ体系的に配置し，しかも違反に対して罰則さえも用意したからである。犯罪者予防更生法その他の関係法令と完全に調和した独立法として保護司法が制定され，保護司の公的な身分と責任の範囲，保護司の推薦および委嘱，欠格条項，保護司選考会，保護司の任期並びに保護司の解嘱等について洩れなく詳細に規定されたのもこれと軌を一にしている。更生緊急保護法で更生保護団体の統制を行い，保護司法で保護司の統制を行うということがそれである。更生保護団体の統制に係る規定と保護司の統制に係る規定とでは異なるところがあるということから別個の法律にされたものと考えられる。

更生保護団体の統制に関わって，1950（昭和25）年6月13日に開催の地方保護委員会事務局長・保護観察所長会同において，中央更生保護委員会委員長は次のように訓示しており，興味深い。

> この法律（更生緊急保護法—引用者）は，民間更生保護事業の健全にして，強力な指導育成を目的の1つにしているのでございますが，既存の司法保護団体は，本法施行後，6ヶ月間は本法による更生保護会とみなされ，本法の適用を受けることになつておりますので，中央におきましても，至急，更生保護会の設置に関する基準を設けてお示しする予定でございますから，各位におかれましては，この機会に既存の更生保護会の実体を検討せられまして，なるべくこれらの更生保護会の全部が新法の趣旨に副いますよう，極力育成せられたいのであります。なお，指導助成を目的とするものにつきましては，都道府県毎に1つの強力な更生保護助成会を組織し，この更生保護助成会をして保護司の活動，更生保護会の経営に対し指導助力の活動をさせることがもっとも妥当と考えますので，新法によつて更生保護会とみなされた聯合保護会，保護観察協会が6ヶ月以内に只今申し上げた趣旨に基いて一元化されますよう，各位におかれましては，関係者と緊密な連絡，円満な諒解を保持しつつ，妥当な措置を執られることを切望して止みません。[107]

更生緊急保護法第3条が「更生保護は，第1条各号に掲げる者に対し，その更生に必要な限度で，国の責任において，行うものとする。」と規定し，「更生保護の措置を国の責任で行うことの原則を明確にした」のも，上の統制に関係しているように見受けられる。もっとも，政府の提案理由では，この点は，前述したように，「(本来この事務が，その性質上国の刑事政策の一環として行われるべきものとする考え方は) つとに旧監獄則当時から官営の保護事業たる別房留置制

度等の姿で認められ，その後国家財政等の理由により国は一歩後退し，わずかに奨励金の支出をもつてこの種事業の経営をもつぱら民間篤志家の手に依存する近状にありましたものを戦後の経営困難その他諸般の事情にかんがみ，ここにその本然の姿に帰そうとするものであります。」「国みずからの機関で直接これを行い得ない場合に処するため，一定の国費支給の裏づけを持つた委託の制度を開き，その委託先を国の監督が適切に行き届く地方公共団体，または更生保護会に限定しておりますが，これは本来この事務が，その性質上国の刑事政策の一環として行われるべきものとする考え方に基くものであります」と説明されている。為政者がそのような考え方に立っており，それを実現するための予算，施設，人員等の確保に不断に努めていたことは確かにその通りであろう。そして，同原則をいつか法で謳うことをうかがっていた当局が，漸く具体化できる状況になったので，更生緊急保護法において規定したといえないこともない。しかし，なぜ，犯罪者予防更生法においてではなく更生緊急保護法においてなのか。上の説明だけではこの疑問に対する十分な答えになっていないように思われる。更生緊急保護法において規定したことの理由としては，国が自ら直接これを行い得ない場合においても，国が自ら直接この更生保護事業を全面的に行う場合と実質上ほとんど異ならないような支配・管理のもとに更生保護事業を置くことに同法の主要な目的の1つがあったという点がやはり大きかったのではないか。本来この事務はその性質上国の刑事政策の一環として行われるべきものであって，たとえ，国以外の機関が行うとしても，それは国の委託に基づくものであって，委託に反する運営は許されない。国は指導に努め，委託に反していないかどうかを不断に監督する必要がある。左のような国の支配・管理を根拠づけるためにはこのような法規定を用意する必要があったのではないか。「国の責任」という原則が本来果たすべき役割は民間依存の是正にあった。しかし，民間依存という状況は更生緊急保護法の制定によっても是正されることはなかった。その意味では同原則が果たした現実の役割というのは，民間依存の是正ではなく，国の支配・管理を正当化する点にあったといえようか。

10　刑法の一部改正

　治安法等の制定は1952（昭和47）年以降も続いた。動きはむしろ激しくなった。主なものをみると次のようになる。

　　1952（昭和27）年4月28日　　外国人登録法を公布する。
　　　　　　　　　　5月7日　　日米安保条約及び地位協定の実施に伴う刑事特別法を公布する。
　　　　　　　　　　7月21日　　破壊活動防止法を公布する。
　　　　　　　　　　　　　　　　公安調査庁設置法を制定する。
　　　　　　　　　　7月31日　　保安庁法を制定する。
　　　　　　　　　　　　　　　　法廷等の秩序維持に関する法律を制定する。
　　1953（昭和28）年8月7日　　電気事業及び石炭鉱業における争議行為の方法の規制に関する法律（スト規制法）を公布する。
　　1954（昭和29）年6月3日　　義務教育諸学校における教育の政治的中立の確保に関する臨時措置法を公布する。
　　　　　　　　　　6月8日　　警察法一部改正法を公布する。
　　　　　　　　　　6月9日　　防衛庁設置法を公布する。
　　　　　　　　　　　　　　　　自衛隊法を公布する。
　　　　　　　　　　　　　　　　日米相互防衛援助協定等に伴う秘密保護法を公布する。
　　1955（昭和30）年11月17日　　下級裁判所事務処理規則を改正する。
　　1956（昭和31）年6月30日　　地方教育行政の組織及び運営に関する法律を公布する。
　　　　　　　　　　10月8日　　警察官職務執行法改正案を国会に上程する。
　　1960（昭和35）年4月　　　　法務省から改正刑法準備草案（未定稿）が発表される。
　　　　　　　　　　6月25日　　道路交通法を公布する。
　　1961（昭和36）年5月13日　　政治的暴力行為防止法案を国会に上程する。
　　　　　　　　　　6月1日　　酒によって公衆に迷惑をかける行為の防止等に関する法律を公布する。
　　1962（昭和37）年10月11日　　公衆に著しく迷惑をかける暴力的不良行為の防止に関する条例（東京都条例）を公布する。
　　1963（昭和38）年3月22日　　銃砲刀剣類所持等取締法を改正する。
　　1964（昭和39）年8月1日　　東京都青少年の健全な育成に関する条例を公布する。

6月24日　　暴力行為等処罰に関する法律を改正する。

　このような動きを背景として刑法の一部改正作業も進められることになった。1951（昭和26）年1月30日，法制審議会総会が開催され，法務総裁から，「成人に対しても保護観察の制度を採用する必要があるとすれば，その法案の要綱を示されたい。」および「刑事訴訟法運用の実情にかんがみ，早急に改正を加えるべき点があるとすれば，その法案の要綱を示されたい。」という2項目が諮問された。検討を重ねた刑事法部会は，同年5月9日に開催された第6回法制審議会総会において，部会長草野豹一郎から「成人に対しても保護観察制度を採用する必要があるとすれば，その法案の要綱を示されたい」という諮問に関する審議経過の報告を行った。報告を受けた総会は部会決議の答申案を一部修正の上議決し，法務総裁に答申した。執行猶予の範囲を拡大するとともに，18歳以上の者に対しても保護観察を付し得ることとするというのがその内容であった。答申を受けた法務府は，これを盛り込んだ刑法等の一部を改正する法律案を国会に上程した。その内容は，次のようなものであった。

　　近時，受刑者の増加とともに，執行猶予の言渡しを受ける者も激増しましたが，同時にそれを取消される者も相当多数に上るに至つたのでありますが，現在これら執行猶予者に対し必要な保護と指導とを与える制度がないのであります。また他方執行猶予の要件がきわめて厳格である上に，猶予中さらに罪を犯した場合は必ず取消され，また取消し得ることとなつておるのでございます。そこで，本案は，刑事政策の目的達成上，これらの欠陥を補うため刑法，刑事訴訟法，犯罪者予防更生法，更生緊急保護法等につき，おのおの必要な改正を行おうとするものであります。

　　改正の主なるものをあげますと，第1点は，刑法の改正に関するもので，現行規定の前に禁錮以上の刑に処せられたことがあつても，その執行を終りまたは執行の免除を得た日より7年以内に禁錮以上の刑に処せられたることなき者という「7年以内」の制限を，「5年以内」に短縮し，また，執行猶予中の者であつても，言渡し刑が1年以上の懲役または禁錮の場合にも，情状によりさらに再度の執行猶予を与え得ることとし，他面，執行猶予中の者は，これを保護観察に付そうとするものであります。第2点は，右に伴う刑事訴訟法上の改正でありまして，この保護観察は，手続上，刑の言渡しと同時に判決で言い渡すこととすることであります。第3点は，犯罪者予防更生法及び更生緊急保護法の改正で，刑の執行猶予をうけた者を犯罪者予防更生法による保護観察に付そうとするものでありまして，その他，保護

観察官による引致，留置等の事項を定めようとするものであります。[108]

衆議院法務委員会には1952（昭和27）年7月13日に付託された。国会審議では初度目の執行猶予者を保護観察に付すことは認められない等の他，多くの疑問が出された。次のような鋭い疑問も出されている。

　　どうも御答弁の要旨を聞いておりますと，保護観察ということを絶対の建前のようにお考えになつて，それから出発しておられるような気がするのであります。私どもは保護観察が一体どれだけの効果をあげるか，あげぬかがまず疑問である。またこの原案の内容程度では，いわば五里霧中です。一体，日本のこのごろの制度は，あまりに制度が多過ぎやせぬか。何でもかでもちよつとまずいところがあると，すぐに立案をして，それによつてやる。それには費用がいる，予算がかさんで行く，こういう結果を招来しているのが現在の状態であると私は思うのであります。御説のようなことになりましても，私は，これは考え方がむしろ反対であつて，そういう場合の点を推して行くと，それ応報的な考えに陥るような感じを持つものであります。さらに保護観察中の者の猶予を許されないということになりますと，保護観察に当る者の任務ですが，これはいぜんからも大分問題になつているようでありますが，非常に重要なことになつて来ると思います。どこまでも観察の任に当る人は，責任を持つて保護善導し，再び罪を犯さないように努力する義務があるということは当然でありまするが，人間でありますから，ことに今，われわれが想像する保護観察の程度では，はなはだそれが満足に行くかどうかを心配するのであります。保護観察中にまた悪いことをして起訴されたという場合に，その責任をどこまでも本人だけに転嫁する。責任を本人だけに負担させるというようなことに陥るきらいを考えぬでもないのであります。こういう点についての御所見を伺つておきたいと思います。[109]

これに対する政府委員の答弁は内容があるものではなく，「仰せの通りでありまして，保護観察に付せられた場合にいろいろな意味で本人が利益と不利益とを受けるわけでありまして，もしそれが再犯で起訴されるような場合には非常な不利益を受けますので，その点については保護観察に当る者としては負荷された責務というものを自覚して，さような不当なことのないように，ほんとうに責任を持つてやらなければいかぬというふうに考えます。[110]」でしかなかつた。初めに保護観察を拡大するという結論があって，受け皿をどうするかはこれから考えるという印象は拭えなかった。1953（昭和28）年7月30日に開催の衆議院法務委員会に議員から修正法案が提出されたが，その内容は法案の「第

一条中第二五条ノ二第一項前段の改正規定を削る。」等とするもので，理由は次のようなものであった。

　　現在，犯罪者予防更生法による保護観察制度については，幾多の欠陥が認められるので，この現状のもとに執行猶予者の保護観察を新たに改正案のごとく広汎に実施することは適当なことと思われないので，今回は，再度の執行猶予の場合にだけ，保護観察を付することとし，初度目の執行猶予に保護観察を付することは，今後保護観察機構が整備充実された時期において実施することが適当な措置であり，ことに執行猶予者は，少年あるいは仮出獄者とはその取扱い上区別するのが，この制度本来の目的達成のために必要であると考えますので，政府はこれらの諸点を考慮し，すみやかに執行猶予者の保護観察に関する独立の法律を国会に提出し，これが有効適切な実施をはかることが妥当であると考えるのであります。初度目の執行猶予者を保護観察に付することは，その趣旨においてはけつこうなことであると考えますが，今回は，この改正を一応以上の理由のもとに削除するのがよいと思われ，いずれ保護観察機構の整備充実を見た上，この点を新たに附加することが，よりよいと考えるのであります。[111]

　同日の法務委員会には，「政府は，保護観察制度の完璧を期するため，予算その他これに必要な諸般の措置を講ずるとともに，初度目の執行猶予についても，保護観察に付することができる等適切な法案を準備し，速やかに，国会に提案すべきである。」との附帯決議案も提出された。[112]修正案および附帯決議案はいずれも賛成多数で可決され，衆議院本会議に送られた。法務委員長による経過説明は同年8月3日になされたが，その内容は次のようなものであった。

　　……さて，当委員会における質疑の主なるものは，第1に，人的及び予算の面において必ずしも十分な裏づけのない現在の保護観察機構のもとにおいて，執行猶予者を仮出獄者あるいは少年犯罪者同様の保護観察に付して，はたして本案のねらいとする目的を達し得るか否か，すこぶる疑問であるというのであつて，これに対し政府は，執行猶予者に対する保護観察については，すみやかに別法を制定し，最も適切妥当な方法によつて，制度本来の目的を達成したい，また，目下行われている保護観察の制度は，過去の警察監視的なものと根本的に異なり，たとえば，就職のあつせん，家庭条件の調整をはかる等，本人が再び罪を犯す原因をなくすることに重点を置き，この仕事に当る職員は，民間保護司とともに，社会奉仕者としての自覚と熱意とをもつて努力しておるのであるが，今後とも，その任に当る者に有能適格者を得るとともに，予算面においても十分な措置を講じ，万遺憾なきを期したい旨の答弁がありました。第2に，再度の執行猶予の場合を，言渡し刑1年以下の懲

役または禁錮とした理由いかん，むしろ進んで言渡し刑1年6月または2年以下としてはどうか，また，遵守事項違反を取消し事由とすることの当否等の質疑に対し，政府から，再度の執行猶予を与える犯罪は，目下のところさしあたりこの程度にとどめたい，また，遵守事項違反の場合の取消しには，特に慎重を期したい，なお，将来宣告猶予の制度を設けることについても，十分考慮したい等の答弁があつたのであります。

かくして，審議の結果，小会派を除く各派共同の修正案が提出されるに至つたのであります。その内容は，本改正案が初めての執行猶予者をも保護観察に対することを得る旨定めておつた点を削除いたしまして，保護観察は再度の執行猶予の場合だけに限ることといたしましたこと，その他これに伴う附則を若干修正したことであります。

かくて，討論は省略し，修正案並びに修正部分を除く政府原案をそれぞれ採決いたしましたところ，いずれも全会一致をもつて可決されました。すなわち，本案は委員会において修正議決せられた次第でございます。

なおその際，多数をもつて本案に対し附帯決議を附することを決しました。すなわち，その内容は，政府は保護観察制度の完璧を期するため，予算その他これに必要な諸般の措置を講ずるとともに，初度目の執行猶予者についても保護観察に付することができる等適切な法案を準備し，すみやかに国会に提案すべきものであるというのであります。[113]

衆議院本会議は賛成多数で修正法案を可決し，参議院に送付した。参議院法務委員会では質疑は割愛して直ちに採決に移り，賛成多数で可決された。1953（昭和28）年8月6日に開催された参議院本会議でも審議経過の説明の後，直ちに採決に移り，賛成多数で可決され，成立した[114]。これにより，1952（昭和27）年8月1日に発足した法務省は念願の1つである執行猶予者に対する保護観察の実現に向けて大きな一歩を印すことになった。ただし，保護観察の方では受入れ態勢は完全にできているのかという質問に対する答弁は次のようなものであった。

大体人員等については今局長からお話した通りであります。しかしながら正直に申し上げて実際の面においては，ほんとうに受入れて保護観察の職務を全うするようなことには非常に心配するものであります。何となれば現在の保護司に対する待遇，やり方においては予算面から見ましても……，それらの人に対する待遇なり，あるいはその人たちがほんとうに職務を遂行するための現在の国家の待遇なり，やり方に対しては足らないことは当然でありまして，ただ人員だけ，態勢だけはいいのでありますが，実際の仕事の面においては非常に心配する点が多いのであります。

この制度を活用し，この制度をしてほんとうに目的を達するためには国家予算なり，あるいはそういう制度を充実するための予算的裏づけに対しましては，どうしても今後考えなければならないことでありまして，こういう点に対しましてもでき得る限り努力しなければならないものだと思つております。……（略）……この法の運用については，一方においては予算的の問題，一方においては司法保護司や何かの人格，その人を得なければもちろんいけないのであります。そういう点におきまして，りつぱな観察官なり，りつぱな司法保護司を選ぶことが，まず根本の必要な問題だろうと思うのであります。そういうような点に対しましても，今後の選考に当つても，十分——今までも，もちろんそういうりつぱな適当な人を選んでおるようでありますが，今後の選考方法等においても，保護司なり観察官は，ややともすると社会から遠ざけられ，社会から受入れられないような人がほんとうに信頼して，何事でも打明けて相談されるような人格的な人でなければならないように考えておるのでありまして，この選考等につきましても，そういうような人を選ぶことに努力し，受入れ態勢に対しても十分慎重にし，りつぱにやらなければならぬというように，私は考えておるのであります。[115)]

　このように答弁されているが，それでも，法務省の拡大方針は止まるところを知らなかった。拡大の方針が見直されるということも，拡大のスピードが見直されるということもなかった。上の刑法等の一部改正法の可決・成立から1年も経っていない1954（昭和29）年2月，再び刑法等の一部改正法が国会に上程された。衆議院法務委員会に付託されたのは同月24日であった。提案説明のうち刑法改正に関する部分は次のようなものであった。

　　この法律案は，刑法のうち，刑の執行猶予に関する第25条ノ2の規定を改正し，初度目の執行猶予者をも保護観察に付し得ることにして，刑政の目的を達成し，犯罪対策に寄与することを根幹とするものでありますが，なおこれに附加して，日本の航空機が国外航空を開始したことに伴い，国外にある日本の航空機内の犯罪についても処罰することができるようにする規定をも含めてございます。
　　執行猶予者のうち，少年に対しましては，早くからこれを保護観察に付する制度が行われていましたが，成人の執行猶予者に対しましては，昨年初めてその一部につき保護観察に付することができるようになつたのであります。すなわち昨年の第16国会は，執行猶予の範囲を拡張するとともに，軽微な犯罪で情状特に憫諒すべき場合は，再度の執行猶予を許してこれを保護観察に付し，初度目の執行猶予者に対しては，必要に応じて保護観察に付することができるようにする趣旨の政府拠出の法律案を審議されたのでありますが，諸種の理由のもとに，初度目の執行猶予者を保護観察に付する点を削除し，かつこの点については，予算その他の措置を講じ，

10　刑法の一部改正

適切な法案を準備し，すみやかに国会に提出すべきであるとの附帯決議がなされ，再度の執行猶予者のみを保護観察に付する法律が成立したのであります。

そのため政府は，右の国会の審議の状況にかんがみ，さらに種々検討を加えた結果，執行猶予者の保護観察は，その成績により実施の必要がないと認められるに至つたときは，仮出獄の例にならい，行政官庁の処分をもつてかりに解除することができるようにするとともに，仮解除の期間中の行為については，再度の執行猶予を除外する規定，及び遵守事項違反を理由として執行猶予を取消す規定を適用しないことにし，かつ遵守事項違反を理由として執行猶予を取消す場合は，情状重しと認められるときに限ることにする等の規定を附加することにして，初度目の執行猶予者をも保護観察に付することができるような改正法案を立案するとともに，別に，執行猶予者の保護観察を規定する独立の単行法として，執行猶予者保護観察法案をも同時に御審議をいただくよう準備をいたし，予算については，昭和29年度の予算案において所要の限度において増額を考慮して，この法律案を提出いたした次第であります。[116]

　刑法改正の部分についても委員会審議が開始されたが，初度目の執行猶予者も保護観察に付することができることとするというように重要な変更点が含まれていたにもかかわらず，前回の一部改正法案の審議の場合と異なり，委員会で反対意見が出されるということは衆議院においても参議院においてもなかった。執行猶予と保護観察は矛盾しないのかといった本質的な質問は格別，効果はどうかといったような質問もみられなかった。附帯決議に従って法案を準備し，提案したと説明された以上，異論を出しにくかったということであろうか。1954（昭和29）年３月25日の法務委員会で賛成多数で可決され本会議に送付された。同年３月26日に開催された本会議でも特段の異論は出されていない。

　　この両案につきましては，私は感激を以て賛成いたします。私ども長い間待ち望んでおりました初度目の執行猶予者に対しましての保護観察を付けられるということは，これは実に多くの人たち，たとえ犯罪者と申しましても，国家の救いの手を延べ，一つの大きい刑事政策から申しましても，画期的な段階だと存じて非常に喜ぶことでございますが，特に犯罪少年に対しまして，この保護政策によつて将来ある少年たちが如何に救われますかということについて，非常に喜んでおる次第でございます。

　　ただ，ここに問題がございますのは，現在政府の説明等を総合いたしまして，保護司の人員の点，それからその保護司の保護に対しますところの教養といいますか，その内容の点につきまして，なお一段の政府の研究を要するのではないかとい

うふうに考えております。殊に予算措置が不十分でございますということは，大変仕事の上に不十分でございます結果を来すことを思いまして，この点を一層政府当局にお考え願うことをお願い申すわけでございます。殊に今までパロールに対しましては十分の研究もされておりますが，新らしい制度としてのプロベーションのやり方につきまして，ここに保護司，あるいは監察官その他の直接にお当り下さいますその方々に対しましての研修方法などというようなこともここで非常に必要なことでございますので，こういう点につきまして非常に予算が不足しておりますと考えるのでございます。この予算のことにつきまして強い政府の力を頼んでおきます次第でございます。

それでなお大事なことは，この刑事政策においての格段に飛躍をいたしましたときに，一体この保護観察制度というようなものなり，それから保護観察の対象者につきましての一般人に対します理解や，それから仕事の内容というようなものを宣伝し，同時に一般人の啓蒙運動というようなことをこの際特に加えて頂きたいということをお願いいたしまして私は両案に対しまして賛成申すわけでございます。[117]

このような発言さえもみられるのである。このようななかで，初度目の執行猶予者に対する保護観察の導入が短期自由刑にどのような影響を及ぼすかについての質疑があった点は見逃せない。「初度目の執行猶予に対する制度が確立いたしましたら，今までのこの短期自由刑のまあ刑の決定というようなものはどういう取扱いになるんでしようか。」「今度初度目の執行猶予に対する制度ができましたら，私はこの短期自由刑の言渡というものは殆んどなくなる結果になりはしないかと思いますが」という質問に対して，「誠に御指摘の通りでございまして，私もこの改正案によりましてできるだけ短期で刑務所へ入るような事案ならば保護観察に廻してもらう。保護観察の手によつて本人が更生できる，そうして仮出獄のほうも保護観察の期間が短いために目的を達成しないというようなことのないようなことにいたしたい，かような方針で今後進んで参りたい，かように存じております。現在保護観察の期間でございますが，家庭裁判所の決定になつて保護観察になつておりますものの，昭和27年でございますが，平均期間が1年6か月，仮退院が1年3か月，それから仮出獄が8か月というような関係になつておりますので，又刑務所の収容者の状況も非常に短期の人が多うございまして，この制度がうまく発達して行くならば，さような短期自由刑の弊害を解消し得るのではないか，又そういうふうにすべきであるというふうに存じております。」と答弁されているからである。[118]

これらの質疑を踏まえて，1954（昭和29）年4月1日の参議院本会議では，

10　刑法の一部改正　*189*

法務委員会委員長から審議の経過等が報告された後，法案の採択に入り，全会一致で原案通り可決すべきものと決定された[119]。一部改正法のうち刑法改正法は同日，法律第57号として公布された。これにより保護観察の対象は初度目の執行猶予者にまで拡大されることになった。

11　執行猶予者保護観察法等の制定

執行猶予者保護観察法案は，刑法一部改正法案とあわせて刑法等一部改正法案として，1954（昭和29）年2月に国会に上程された。先の国会で執行猶予者の保護観察については犯罪者予防更生法とは別の独立の法律で行うべきであるとされたことから，法務省において準備され，上程されたものである。法案の内容は次のようなものであった。

第一条　この法律は，刑法（明治四十年法律第四十五号）第二十五条ノ二第一項の規定により保護観察に付された者がその期間中遵守しなければならない事項を定めるとともに，保護観察の方法及びその運用の基準等を定めることによつて，保護観察の適正な実施を図り，もつて，保護観察に付された者のすみやかな更生に資することを目的とする。

第二条　保護観察は，本人に本来自助の責任があることを認めてこれを補導援護するとともに，第五条に規定する事項を遵守するように指導監督することによつて行うものとし，その実施に当つては，画一的に行うことを避け，本人の年齢，経歴，職業，心身の状況，家庭，交友その他の環境等を充分に考慮して，その者にもつともふさわしい方法を採らなければならない。

第三条　保護観察は，保護観察に付されている者の住居地（住居がないか，又は明らかでないときは，現在地又は明らかである最後の住居地若しくは所在地とする。）を管轄する保護観察所がつかさどる。

第四条　保護観察所の長は，刑法第二十五条ノ二第一項の規定により保護観察に付する旨の言渡があつて，その裁判の確定前本人から申出があつたときは，保護観察の開始を円滑ならしめるため，その者の境遇その他環境の状態の調整を図ることができる。

第五条　保護観察に付された者は，すみやかに，一定の住居を定め，その地を管轄する保護観察所の長にこれを届け出るほか，保護観察に付されている期間中，左に掲げる事項を遵守しなければならない。

一　善行を保持すること。

二　住居を移転し、又は一箇月以上の旅行をするときは、あらかじめ、保護観察所の長に届け出ること。
第六条　補導援護を行うにあたつては、公共の衛生福祉その他の施設にあつ旋する等の方法によつて、本人が就職し、又は必要な職業の補導、医療、宿所等を得ることを援助し、本人の環境を調整し、その他本人が更生するために必要な助言、連絡その他の措置をとるものとする。
　2　前項の措置によつては必要な援護が得られないため、本人の更生が妨げられるおそれがある場合には、本人に対し、帰住旅費、衣類、食事等を給与し、医療又は宿泊所を供与し、その他更生のために必要な援護を行うことができる。
第七条　指導監督を行うにあたつては、本人の更生の意欲を助長することに努めるとともに、本人が遵守しなければならない事項の範囲内で、その性格、環境、犯罪の動機及び原因等から見て、違反のおそれが多いと思われる具体的事項を見出してこれを本人に自覚させた上、その遵守について適切な指示を与える等、本人をして遵守事項を遵守させるために必要な措置をとるものとする。
第八条　刑法第二十五条ノ二第二項の規定による保護観察の仮解除は、本人の保護観察をつかさどる保護観察所の所在地を管轄する地方更生保護委員会（以下「地方委員会」という。）が、保護観察所の長の申請に基き、決定をもつて、するものとする。
　2　保護観察の仮解除をした地方委員会は、本人の行状により再び保護観察を行うのを相当と認めるときは、決定をもつて、仮解除の処分を取り消すことができる。
第九条　保護観察所の長は、刑の執行猶予の言渡を受けて保護観察に付されている者について、刑法第二十六条ノ二第二号の規定により猶予の言渡を取り消すべきものと認めるときは、本人の現在地又は最後の住所地を管轄する地方裁判所又は簡易裁判所に対応する検察庁の検察官に、書面で、刑事訴訟法（昭和二十三年法律第百三十一号）第三百四十九条第二項に規定する申出をしなければならない
第十条　地方委員会又は保護観察所の長は、保護観察に付されている者を呼び出し、質問することができる。
　2　保護観察所の長は、左の場合には、裁判官のあらかじめ発する引致状により、保護観察を受けている者を引致させることができる。
　　一　本人が一定の住居に居住しないとき。
　　二　本人が遵守すべき事項を遵守しなかつたことを疑うに足りる充分な理由があり、且つ、その者が前項の規定による呼出に応ぜず、又は応じないおそれがあるとき。
　3　前項の引致状及び引致については、犯罪者予防更生法（昭和二十四年法

律第百四十二号）第四十一条第三項から第七項までの規定を準用する。この場合において，同条第七項但書中「第四十五条第一項の決定」とあるのは，「第十一条第一項の決定」と読み替えるものとする。

第十一条　保護観察所の長は，引致状により引致された者につき，第九条の申出をするために審理を行う必要があると認めるときは，審理を開始する旨の決定をすることができる。

2　前項の決定があつたときは，引致状により引致された者は，引致後十日以内，監獄若しくは少年鑑別所又はその他の適当な施設に留置することができる。但し，その期間中であつても，留置の必要がないときは，直ちにこれを釈放しなければならない。

3　前項の期間内に刑事訴訟法第三百四十九条の請求がなされたときは，同項本文の規定にかかわらず，裁判所の決定の告知があるまで，継続して留置することができる。但し，留置の期間は，通じて二十日をこえることができない。

4　刑事訴訟法第三百四十九条の二第二項の規定による口頭弁論の請求があつたときは，裁判所は，決定で，十日間に限り，前項但書の期間を延長することができる。その決定の告知については，刑事訴訟法による決定の告知の例による。

5　第三項の決定が刑の執行猶予の言渡を取り消すものであるときは，同項本文の規定にかかわらず，その決定が確定するまで，継続して留置することができる。

6　第二項から前項までの規定により留置された日数は，刑の執行猶予が取り消された場合においては，刑期に算入する。

第十二条　地方委員会が行つた保護観察の仮解除の取消処分について不服がある者は，処分の日から三十日以内に，中央更生保護審査会（以下「審査会」という。）に対し，審査を請求することができる。

2　審査の請求は，法務省令の定める方式に従い，書面でしなければならない。

3　審査の請求は，処分の執行を停止する効力を有しない。

4　審査会のする審査の手続及び処分については，犯罪者予防更生法第五十条及び第五十一条の規定を準用する。

第十三条　審査会，地方委員会又は保護観察所の長は，この法律に定めるもののほか，犯罪者予防更生法第十六条第一項から第三項まで，第四十一条の二，第五十五条第一項及び第二項，第五十五条の二から第五十八条まで並びに第六十条第一項及び第二項の規定に準じ，その権限を行使することができる。この場合において，同法第五十五条の二第四項中「第三十四条第二項の規定により本人が居住すべき場所」とあるのは，「第五条の規定により本人が届け出た住居」と，同法第六十条第

一項中「第四十条第二項（第五十三条第二項において準用する場合を含む。）の規定により支払った費用」とあるのは，「第六条第二項の規定による援護に要した費用」とそれぞれ読み替えるものとする。
2 　犯罪者予防更生法第五十五条第三項又は第六十条第三項の規定は，審査会若しくは地方委員会又は保護観察所の長が，前項の規定により，同法第五十五条第一項及び第二項又は第六十条第一項及び第二項の規定に準じてその権限を行使する場合に準用する。
3 　審査会，地方委員会又は保護観察所の職員又は職員であつた者は，この法律に定める職務を行うに当り知り得た事実で他人の秘密に関するものについては，犯罪者予防更生法第五十九条の規定に準じ，証言を拒むことができる。

衆議院法務委員会における提案理由説明は1954（昭和29）年 2 月24日に，参議院法務委員会における提案理由説明は同月25日に行われたが，説明は次のようなものであった。

　　この法律案は，その第 1 条が明記するように，「刑法第二五条ノ二第一項の規定により保護観察に付された者がその期間中遵守しなければならない事項を定めるとともに，保護観察の方法及びその運用の基準等を定めることによつて，保護観察の適正な実施を図り，もつて，保護観察に付された者のすみやかな更生に資することを目的とする」ものでありまして，別に提出する刑法の一部を改正する法律案と関連し一体をなすものであります。
　　保護観察を規定する法律といたしましては，すでに犯罪者予防更生法が施行されており，現在執行猶予とともに保護観察に付する旨の裁判を受けている者は，同法により保護観察を受けているのでありますが，執行猶予者に対し保護観察を付することを創始した第16国会において，この旨を規定する政府提出の刑法等の一部を改正する法律案を審議した際，犯罪者予防更生法には，執行猶予者の保護観察については適当でないものがあるから，適切な法案を準備し，すみやかに国会に提案すべきであるとの附帯決議をせられたのであります。
　　そのため政府は，右の国会の審議の状況にかんがみ，さらに種々検討を加えた結果，別に提出する刑法の一部を改正する法律案を立案するとともに，執行猶予者の取扱いは，犯罪者予防更生法による少年あるいは仮出獄者等の取扱いとは区別する必要があると認め，独立の単行法としてこの法律案を提出いたした次第であります。
　　この法律案におきましては，まず第 3 条に，保護観察は保護観察所をしてつかさどらしめるものとし，第 5 条に，保護観察の中核をなす遵守事項を規定し，「保護

親祭に付された者は，すみやかに，一定の住居を定め，その地を管轄する保護観察所の長にこれを届け出る」ほか，保護観察に付されている期間中，善行を保持し，住居を移転しまたは1箇月以上の旅行をするときは，あらかじめ，保護観察所の長に届け出ることとし，第2条において，「保護観察は，本人に本来自助の責任があることを認めてこれを補導援護するとともに，第五条に規定する事項を遵守するように指導監督することによつて行うものとし，その実施にあたつては，画一的に行うことを避け，本人の年齢，経歴，職業，心身の状況，家庭，交友その他の環境等を充分に考慮して，その者にもつともふさわしい方法を採らなければならない。」とし，第4条において，裁判の確定前であつても，本人から申出があつたときは，確定後における保護観察の開始を円滑ならしめるため，環境の状態の調整をはかることができることとし，執行猶予者の保護観察に適切な規定を設けたのであります。このほか，刑法の一部を改正する法律案の成立を前提として，保護観察の仮解除並びに仮解除の取消しを，地方更生保護委員会をしてつかさどらしめることとし，かつ，仮解除の取消をする処分についての不服申立を，中央更生保護審査会に審査せしるめることを規定し，さらに，遵守事項違反を理由とする執行猶予の取消につき必要な呼出，引致，留置及び検察官への申出等の手続を規定し，これらの機関のその他の権限については，犯罪者予防更生法に準じて行使できるようにしたのであります。

　なお，附則においては，この法律を施行する日を規定するほか，この法律の施行前に犯罪者予防更生法に基きなされた手続及び処分をこの法律施行後も有効ならしめる経過規定を設け，また犯罪者予防更生法，更生緊急保護法及び刑事補償法の一部を，本法の制定により必要な限度において改正する規定を設けております。

　以上述べましたように，刑の執行猶予者に対する保護観察の実効を収め，刑政の目的を達成し犯罪対策に寄与するため，この法律案を提出いたした次第であります。[120]

同年3月16日に開催された参議院法務委員会における法案の逐条説明も概要，次のようなものであった。

　第1条は法律案の目的と趣旨を明らかにし，同時に本法律が刑法第25条ノ2第1項の規定によつて付せられるその保護観察の内容を規定するということを明らかに宣言いたし，そうして保護観察の内容中に重要な遵守事項及び保護観察の方法や運用の基準その他を定めることを明らかにし，保護観察の目的が懲罰的に本人の自由を制限するものではなく，本人の更生を助長するためのものであるということを明らかに宣言いたしておるのでございます。

　次に第2条は，保護観察の方法と運用の基準でございます。刑務所であるとか，少年院とかいうような矯正施設に収容された経験のある仮釈放者や或いは問題の少年とは異なる対象者が多いと考えられます。又その対象者の多くが一家の経済的な

柱として社会生活を営む者が多いとも認められますので、みだりにその社会活動を制限することのないよう、その職業等にも十分注意を払つて、そうしてその実施はケース・ワーカーによつて画一的に行うのではなくて、本当に本人の置かれておる環境なり、本人の性格なり、本人の家庭なり、そのときそのとき、最も必要なことに合うように、画一的に行うのではない、個別的に本人の更生を図つて行くのだ。こういう趣旨を明らかにして、保護観察の運用の根本の考え方をはつきりさした次第でございます。

　第3条は、保護観察を掌る機関について規定いたしたのでございまして、保護観察所の権限を定めておりまする犯罪者予防更生法第18条と相待つて、この第3条によりまして法務省設置法によつて各都道府県に置かれておりまする保護観察所が、この法律による保護観察を掌るということを明らかにいたしたのでございます。。

　次に第4条でございます。保護観察の宣告を受けた者のうちで、その場で釈放されてもどこにも住むところがない、又住居はあつても遠隔の地であつて、汽車に乗つて帰るという旅費等もないというような場合がございます。さような場合に、裁判の確定後保護観察が円滑に開始され、そしてその効果を挙げるというために、本人の申出ということを条件といたしまして、保護観察所の長が本人の環境調整につき善処することができるように本条を設けた次第でございます。なお、この法案の附則第4項におきまして、更生緊急保護法という法律を改正いたしまして、必要な場合には、これらの者に対しまして、国が委託費を出して保護会に収容ができるというような援護措置もとることができるようにいたしてございます。

　次に第5条は、保護観察中本人が遵守すべき事項を規定いたしたのでございまして、この遵守事項につきましては、従来の他の種類の保護観察の者よりも条件を緩和いたしております。現行の2度目の執行猶予者の保護観察と同じように、一般的な法定遵守事項だけによらしめ、特別遵守事項を定めるという制度を採用いたさなかつたのでございます。これは特別遵守事項ということを考えまする場合に、その性質上、裁判所が定めるということが相当ではないかというふうに考えられまするが、現行の刑事司法手続の下にあつては種々の困難が予想されます。同時に法定遵守事項だけでありましても、保護観察を担当する者の指導監督のやり方によつては十分成果を挙げることもできるというふうに考えたからでございます。本条におきましては、保護観察の言渡の確定した者に対しまして、先ずその当初において速かに住居地を定めて、且つこれを観察所のほうに届出ることを義務づけ、保護観察を実施する上においては是非とも本人の連絡を保つことが必要でございまするので、その連絡の保持を図つたのでございます。

　次に、保護観察に付されている期間中遵守すべき事項といたしましては、現行法の遵守事項の内容を著しく緩和して、正業に従事すること、犯罪性のあるもの、素行不良のものと交際しないこと、この2つの遵守事項を廃止して、更に住居の移転、長期の旅行という場合には、期間を明確にし、且つ許可を届出に改めるということにいたしたのでございます。現在残つておりまする善行を保持するということ

でございまするが，これは必ずしも本人が非常な人の模範になるという善行をやらなければいかんという意味合いではなくして，善良な一般の市民生活を送るということでございまするが，ただ遵守事項というのが本人の指導監督上の努力目標でございまするので，悪いことをするなというふうなことを規定することは望ましくないというふうに考えましたので，善行を保持するという規定をここに持つて参りまして，同時に遵守事項違反による取消の条件にその情状重きときという字句を入れまして，調整を図つたような次第でございます。

　次に第6条の補導援護の規定でございますが，保護観察の目的は第1条に規定しておりますように，本人の更生を図るものでございまして，その方法といたしましては消極の面と積極の面と両面あろうと存じております。即ち消極面としては本人が個人的な自由を無分別に用いるということを防いで，そうして再犯を防ぐという消極面がございます。と同時に，積極面では，本人が更生をして行くという積極の面でございまして，どちらに重点があるかということを考えてみますと，保護観察の目的から言いましてやはり補導援護という積極面を重点に考えるべきであると考えて，第6条に補導援護とし，第7条において指導監督という順序を考えた次第でございます。

　この第6条におきましては，補導援護のうち，専ら外的な，物的な面について例示をいたしたのでございまして，その第1としては就職を援助するというようなこと，それから職業の補導或いは医者の治療を受けさせるとか，或いは泊り場所を援助する或いは本人の家庭，その他の環境を調整するというようなことを例示いたし，そのやり方といたしましては，先ず第1段階としては公共の衛生福祉，その他の施設に斡旋するというような方法を講ずる。そうして第2段階としてさような公共の施設から必要な援護が得られず，そのために本人の更生が妨げられる虞があるというような場合には，保護観察所みずから国の予算を以て行うことができる，かようにいたして一般の無差別平等に行うべき社会福祉関係の施設の優先，そういう公共の優先の原則を示しておるのでございます。公共の衛生福祉施設としては，官公立の病院或いは生活保護法による市町村が設ける授産所であるとか，無料宿泊所その他養老院等の保護施設，或いは児童福祉法による母子寮であるとか，養護所というような児童福祉施設，更に職業関係におきましては職業安定法による職業安定所，職業補導所等を先ず第一番にそこに斡旋をする，それらから十分の援護が得られるように努めるということを考えておるのでございます。なお，犯罪者予防更生法の第40条は，これは大体同趣旨の規定でございまするが，その規定には，これに必要な費用は予算の範囲内で支払うものといたしておりまするが，これは当然のことでございまするので，さような規定は今回は抜いておるのであります。

　なお，更生緊急保護法の規定を改正いたしまして，執行猶予者の保護観察も，必要によつては更生緊急保護法によつてできておりまする更生保護会に委託ができるように附則において改正をいたしておるのであります。そうして第6条の補導援護の措置が洩れなく行われるようにいたそうといたしております。

次に第7条, 指導監督でございます。この指導監督は保護観察の消極面でございまして, 本人の更生を助長するために補導し或いは監督するという方法でございまするが, これも警察官等の一方的な監視というものとは全く異にするものでありまして, 保護観察を行うもの, これを受けるもの, 本人との相互の人間としての信頼の関係において成立つものでございまして, この条文においても方法において規定いたし, 現行の犯罪者予防更生法35条の必要にして且つ適切と認められる指示を与えるというのと趣旨において同一でございまするが, 更にこれを詳しく敷衍して本人が遵守事項の違反或いは再犯等に陥る危険を防止するために, 性格であるとか, 環境であるとか犯罪の動機, 原因等を十分に考慮した上で, 本人の指導目標を抽出し, これを本人に納得さして, わしも一つこれをまじめにやりましようという本人に覚悟を起させて, その覚悟をゆるめることのないように, その目標を忘れることのないようにして適切な指示を与えて更生を完成させようという趣旨を第7条で書いた次第でございます。なお, この指示ということは, 法定遵守事項の範囲を超えることはできませんし, 又特別遵守事項でございませんから, その指示に従わなかつたと言つて法律上何らの不利益な措置もないというふうに考えております。
　次に, 第8条は, 保護観察の仮解除の規定でございます。保護観察を開始して, その後の状況の変化によつて本人が保護観察の措置を受ける必要はない。そういうことをしなくても本人が遵守事項を守つて, そうして更生に励むという十分の見通しがついたというときは, 無論保護観察を何らかの形で打ち切るということが, 却つて本人の更生を励ますきつかけとなりますので, 今回仮解除の規定を刑法に出しまして, 又その重変な法律上の効果を刑法のほうに規定すると同時にその実施の手続等を保護観察について全般的に所要の事項を規定する法律で書く, その規定といたしまして第8条を設けた次第でございます。この仮解除の許可を地方委員会の権限といたしましたのは, 現に地方委員会が仮出獄を許可する権限を有しておるのであつて, 而も管内の保護観察を監督する立場にございますので, 地方委員会の権限といたしましてそうして仮解除の運用において不均衡のないことを期するほか, 保護観察所が実際に本人の保護観察を掌つて, 本人の成績を最もよく承知いたしておりますので, 保護観察所の申請に基いてそうしてやる, 地方委員会がその許可を決定して行くということによつて, 仮解除の許可が適正妥当に行われることを期した次第でございます。
　仮解除の規定は, 現在の再度の執行猶予によつて保護観察に付されておる人にも適用されることになりまするので, 現在再度の執行猶予に伴つて保護観察に付されたものが, この法案の施行後成績良好の故を以て仮解除の決定を受けますと, その後の犯罪については刑法第25条2項2号の適用を受けて, 重ねて執行猶予が可能となるということに相成ると存じております。
　本条の第2項は, 仮解除の決定を受けたものが, 不幸にしてその後環境が非常に悪化したとか, 或いは本人の態度がよくなくなつたというような場合で, やはり保護観察において行う補導援護, 指導監督がなされなければ, 遵守事項を遵守して更

生を期待することが困難だという場合には，地方委員会が仮解除の処分を取消すことができることとして，それによつて保護観察を再開して，本人ができるだけ再犯行に陥らないで，更生の途を進ましたい，こういう趣旨でございます。

次に第9条は，執行猶予の取消の申出の点でございますが，これは現行と同じように遵守事項違反の場合には保護観察の長が検察官に申出るということが適当であると思いまして，犯罪者予防更生法の46条の規定をここに持つて参つた次第でございます。なおこの規定をここへ移しますると犯罪者予防更生法の第46条は不必要に相成りまするので，附則第3項におきまして不必要となる犯罪者予防更生法の第46条を削除いたすことにいたしております。

次に第10条は，呼出，引致でございます。これも現行法と殆ど同じでございまして，第1項は，地方委員会又は保護観察の長が必要によつて保護観察に付されているものを呼出し又は質問し得る権限を規定しておるのであります。ただ保護観察に付されておるというふうに申しておりまして，保護観察を受けているというふうに規定いたしておりませんので，仮解除中の者も呼出すことができる。これは実際上仮解除を取消すという場合に，やはり地方委員会，保護観察所に呼出しをして，そうして本人から事情を聴取するというようなことも実際上あろうかと存じております。

第2項はこれは引致の規定でございまして，この対象者は保護観察を受けているものでございまして，仮解除のものは含まない，かように考えております。引致の要件につきまして，第1号が現行の犯罪者予防更生法の規定と異なつておりまするが，実際は変らないというふうに考えております。この執行猶予者保護観察法は犯罪者予防更生法と違いまして，遵守事項等において居住すべき場所を特別遵守事項として定めるというふうな規定がないので，それらに関連いたしまして「一定の住居に居住しないとき。」というふうに1号を改めております。犯罪者予防更生法でも居住すべき場所に居住しないという場合には，結局特別遵守事項に違反するということで，第2項に当ります。結局残るのは一定の住居に居住しないというようなことになりますので，犯罪者予防更生法の附則においてこの本条の第1号と同じように改正するのが適当であると考えまして改正いたすことに考えております。

本条の第3項は，引致状及び引致について犯罪者予防更生法41条第3項から第7項までの規定を準用することと，所要の読替規定を設け，なお附則の第3項において犯罪者予防更生法の第41条の第3項を改正いたしておりまするが，これは引致状を発する裁判官を明確にするために，従来の規定を補い正したに過ぎないのでございます。

次に第11条の留置の規定でございますが，これは執行猶予の取消を審理し，又は決定するに際し，従来のように本人がすでに確定判決によつて在監をしているという場合だけでございますると，身柄を拘束する必要はないのでございまするが，保護観察中に遵守事項違反があつたということを理由として取消をする場合がありますので，かような場合にはあらかじめ本人について遵守事項の違反の有無，或いは

取消の当否等について審理を行う必要がありますので，この審理のために或る期間の身柄拘束を必要とする場合が多いので，留置に関する規定が必要でございまして，本条はその内容におきまして，現在の犯罪者予防更生法第45条の規定と異なるところなく，そのままこの法案に移して若干の補足を加えておるに過ぎないのでございます。

次に第12条の審査の請求でございます。本条に言う中央更生保護審査会，これは法務省設置法の第13条の7によつて犯罪者予防更正法第3条に定める事務を掌るために置かれておる審査会を言うのでありまして，犯罪者予防更生法の第3条は，地方更生保護委員会がした決定についてこの法律の定めるところにより審査を行い，決定をする。その他この法律又は他の法律により審査会に属せしめられた権限等に関する事務を掌ることを規定いたしておりますので，この法律によつて地方委員会が保護観察の仮解除の取消をしたという取消の処分について不服のある者が審査を請求する。その場合の審査の権限を中央更正保護審査会に与える所要の規定を2項以下に規定した次第でございます。

第13条は，審査会，地方委員会又は保護観察所の長がこの執行猶予者保護観察法によつて保護観察を行う場合に権限を行使し得る今までの各条に掲げた以外の手続に関する権限を，犯罪者予防更生法の規定に準じて改めようとするものでございます。

第2項は，犯罪者予防更生法中の，関係人が再度の呼出しに正当の事由なくして応じなかつたというような場合に，裁判所に申出て，裁判所が科料を言い渡すことができる。それから援護に要した費用を市町村に頼んで，市町村長が徴収することができるという規定が犯罪者予防更生法にございまするのを，この法律の実施の上でも必要であろうと存じてそれを準用する規定でございます。

第3項は，中央更生保護審査会或いは地方更生保護委員会又は保護観察所の職員又は職員であつたものが，保護観察に関するこれらの事務の遂行上，本人の家庭内或いは本人の身の上についていろいろな秘密に関する事項を知る場合もございます。その秘密に関する事項に関しての証言を場合によつては拒否することができる。現在の犯罪者予防更生法と同じ建前をこの法律にも盛つて参つた次第でございます。[121]

衆議院では特段の質問はなく，法案は1954（昭和29）年3月25日の衆議院法務委員会で，また，27日の衆議院本会議で賛成多数で可決された。参議院に送付されたが，参議院法務委員会でも特段の反対意見は出されていない。

「法案を拝見いたしますと，犯罪者予防更生法の中からさしつかえのない条文を除外しただけで，……いわば題名をとりかえられた程度で，少くとも三大法案として，適切妥当だ，これはいい制度であるというほどのものは残念ながら見出されない感じがするのであります。」[122]という質問も，「心配いたしますの

は何分にも初度の執行猶予は野放しではいけない。それにはどうしても裏づけがいる。何でも早くやれといつても，少年と同じようなかつこうそのままの法律ではいけないことは，だれが指摘しなくてもわかつている。いわば拙速主義でこうやつた，そういうふうに見られる危険がある。」という観点からのものであった。

「被害弁償をやれば執行猶予にしてやりたい場合でも，どうにも被害弁償のできない者がある。これらの者については助けたい場合もされない。しかしこれは保護観察法関係の制度において，それは大体3年なり5年なりの間にできるという見通しがつけば，裁判所は裏づけがありとして，そういう制度が活用せられるという点を考えて，これは制度として考慮されていいのじやないか，こう思うのです。」「保護観察制度の中に，少くとも被害弁償を確約できるような制度もおつくりになる気持はありませんか」という質問も法案に賛成する立場からのものであった。

予算についても衆議院法務委員会で質問されているが，政府委員の答弁は次のようなものであった。

> 予算につきましては，私どもも前国会の附帯決議の趣旨もございますので，できるだけの努力を払いまして，……心ずしも十分でないとは存じますが，ある程度の増強をはかることができたと思つております。保護司関係の予算でございますが29年度は28年度に比して4割幾らというような金額が出ております。その中で保護観察所が対象者を直接保護をする費用でございますが，医者にかける費用，あるいは帰住するのに旅費がないという場合に，本人に帰住の旅費を与えるというような予算，あるいは本人か住むところがない，めんどう見てくれる人がないという場合に保護施設に委託をする費用，その内容としましても，着物がない，夏入つて冬出獄したというような——これは執行猶予の場合にも若干そんな場合があるかと思いますが，そんな関係で着物を与えるという予算でありまして，それらの費用等も増額に相なつております。前回いろいろと御鞭撻をいただきまして，大蔵省の御意見を伺いまして，保護観察というこの保護の面について私どもとしては相当認識を新たにしていただきまして，従来からの保護観察の費用も増強されましたし，それから今度のこの法案に対応する執行猶予者の保護観察の費用につきましては，昨年度が260万円，今年は2100万円というように増強されております。全額で申し上げますと，官庁の職員の費用を除きまして8500万円ほど昨年度，いろいろ御審議をいただき，また大蔵省に対していろいろと御鞭撻をいただきまして予算が増額いたしております。

法制化によって対象者の拡大を先行させ，次いでその実施のために必要な予算要求を行い，予算増を獲得していくとの方針が垣間見れよう。法案は同年3月31日に開かれた参議院法務委員会でも全会一致で可決され，参議院本会議に付託された。4月1日に開催された本会議で議題として取り上げられ，法務委員長から審議経過等についての報告がまずなされた。報告は次のようなものであった。

　　委員会におきましては，慎重審議がなされました。その詳細は，会議録に譲りまして，主な点を申しますと，大体次の通りであります。
　　保護観察に付せられた者の遵守事項が，善行の保持と住居の届出の2項目となり，犯罪者予防更生法の場合に比し，非常に緩和されているが，実際問題としてそれで足りるか。殊に善行なる概念は，判断する人によって差異の生ずることが大きい。而もそれの違反が，直ちに執行猶予の取消の原因となるので，具体的な規定を置くべきではないかということ，或いは刑が短期である場合に保護観察の期間も短かくなり，その効果が挙らないことが憂えられるが，その辺に検討の余地はないかという点，その他保護司の活動状況，実費弁償の問題等の諸点であります。これに対しまして政府側の説明の大略を申しますと，遵守事項は，考え方としては，従前のものが，曾つて収容施設に収容された経験のある者を対象としたのに対し，今次のそれは，さような経験のない者が対象となるので，そこに質的な相違もあつて緩和したのであるが，大体において内容を等しくするもので，正業に就くことが，善行保持の内容ともなつているというのであります。又予算的には，保護司の十分な活動を期するにはなお不足である。就職の斡旋保証について思わぬ損害をこうむつた例がかなりあること等，詳細な説明がなされたのであります。
　　かくて質疑を終り，討論に入りましたところ，宮城委員より「保護観察制度が全面的に採用されたことは，刑事政策上画期的なことであつて賛成する」旨の発言があり，更に保護司等の研修の要あること，その活動に予算面の裏付けが不十分であること，この制度の宣伝啓蒙を要すること等に関連して政府に要望の意見が述べられました。
　　採決におきましては，両法案を一括して採決いたしましたところ，全会一致を以て可決すべきものと決定いたした次第であります。[126]

　参議院本会議でも全会一致で可決され，成立した。法律第58号として即日公布された。犯罪者予防更生法とは別の独立した法律と説明されたが，提案理由説明でも明らかなように，犯罪者予防更生法の規定のうち，執行猶予者に適用するのは相当でないと考えられるものをとりあえず除外して作りあげた法律だとの印象は拭い難かった。法原理的な問題のほか，「効果」如何，「運用」如何

その他,多くの重要な問題がすべて棚上げされたままでの可決・成立であった。保護観察の目的からいって「補導援護」という積極面を重点に考えるべきだと考えて第6条に補導援護とし,第7条において指導監督という順序を考えたことと補導援護について「公共の優先の原則」を規定したこととの整合性如何はという問題も俎上にあげられることはなかった。前述したように,社会事業法では更生保護事業は同法にいう社会事業から除くとされており,社会事業関係者の更生保護の対象者に対する忌避感が強いということに鑑みれば,保護観察の対象者が「一般の無差別平等に行うべき社会福祉関係の施設」を利用することは制度的にも心理的にも難しかったからである。もっとも,この問題は執行猶予者に特有の問題といえないが,保護観察の対象者が拡大していく中で,保護観察の内包する矛盾もまたそれに比例する形で質的,量的に肥大化していくことになった。

12 売春防止法の一部改正等

売春防止法(昭和31年5月24日法律第118号)は,売春を助長する行為等を処罰するとともに,性行又は環境に照して売春を行うおそれのある女子に対する保護更生の措置を講ずることによつて,売春の防止を図ることを目的として,1956(昭和31)年に制定された。これにより,いわゆる赤線等は廃止されることになった。同法の内容は,次のようなものであった。

 第一章 総則
  第一条 この法律は,売春が人としての尊厳を害し,性道徳に反し,社会の善良の風俗をみだすものであることにかんがみ,売春を助長する行為等を処罰するとともに,性行又は環境に照して売春を行うおそれのある女子に対する保護更生の措置を講ずることによつて,売春の防止を図ることを目的とする。
  第二条 この法律で「売春」とは,対償を受け,又は受ける約束で,不特定の相手方と性交することをいう。
  第三条 何人も,売春をし,又はその相手方となつてはならない。
  第四条 この法律の適用にあたつては,国民の権利を不当に侵害しないように留意しなければならない。
 第二章 刑事処分

第五条　売春をする目的で，次の各号の一に該当する行為をした者は，六月以下の懲役又は一万円以下の罰金に処する。
　一　公衆の目にふれるような方法で，人を売春の相手方となるように勧誘すること。
　二　売春の相手方となるように勧誘するため，道路その他公共の場所で，人の身辺に立ちふさがり，又はつきまとうこと。
　三　公衆の目にふれるような方法で客待ちをし，又は広告その他これに類似する方法により人を売春の相手方となるように誘引すること。
第六条　売春の周旋をした者は，二年以下の懲役又は五万円以下の罰金に処する。
　2　売春の周旋をする目的で，次の各号の一に該当する行為をした者の処罰も，前項と同様とする。
　一　人を売春の相手方となるように勧誘すること。
　二　売春の相手方となるように勧誘するため，道路その他公共の場所で，人の身辺に立ちふさがり，又はつきまとうこと。
　三　広告その他これに類似する方法により人を売春の相手方となるように誘引すること。
第七条　人を欺き，若しくは困惑させてこれに売春をさせ，又は親族関係による影響力を利用して人に売春をさせた者は，三年以下の懲役又は十万円以下の罰金に処する。
　2　人を脅迫し，又は人に暴行を加えてこれに売春をさせた者は，三年以下の懲役又は三年以下の懲役及び十万円以下の罰金に処する。
　3　前二項の未遂罪は，罰する。
第八条　前条第一項又は第二項の罪を犯した者が，その売春の対償の全部若しくは一部を収受し，又はこれを要求し，若しくは約束したときは，五年以下の懲役及び二十万円以下の罰金に処する。
　2　売春をした者に対し，親族関係による影響力を利用して，売春の対償の全部又は一部の提供を要求した者は，三年以下の懲役又は十万円以下の罰金に処する。
第九条　売春をさせる目的で，前貸その他の方法により人に金品その他の財産上の利益を供与した者は，三年以下の懲役又は十万円以下の罰金に処する。
第十条　人に売春をさせることを内容とする契約をした者は，三年以下の懲役又は十万円以下の罰金に処する。
　2　前項の未遂罪は，罰する。
第十一条　情を知つて，売春を行う場所を提供した者は，三年以下の懲役又は十万円以下の罰金に処する。
　2　売春を行う場所を提供することを業とした者は，七年以下の懲役及び

三十万円以下の罰金に処する。
第十二条　人を自己の占有し，若しくは管理する場所又は自己の指定する場所に居住させ，これに売春をさせることを業とした者は，十年以下の懲役及び三十万円以下の罰金に処する。
第十三条　情を知つて，第十一条第二項の業に要する資金，土地又は建物を提供した者は，五年以下の懲役及び二十万円以下の罰金に処する。
 2　情を知つて，前条の業に要する資金，土地又は建物を提供した者は，七年以下の懲役及び三十万円以下の罰金に処する。
第十四条　法人の代表者又は法人若しくは人の代理人，使用人その他の従業者が，その法人又は人の業務に関し，第九条から前条までの罪を犯したときは，その行為者を罰するほか，その法人又は人に対しても，各本条の罰金刑を科する。
第十五条　第六条，第七条第一項，第八条第二項，第九条，第十条又は第十一条第一項の罪を犯した者に対しては，懲役及び罰金を併科することができる。第七条第一項に係る同条第三項の罪を犯した者に対しても，同様とする。

　第三章　保護更生
第十六条　都道府県は，婦人相談所を設置しなければならない。
 2　婦人相談所は，性行又は環境に照して売春を行うおそれのある女子（以下「要保護女子」という。）の保護更生に関する事項について，主として次の各号の業務を行うものとする。
　一　要保護女子に関する各般の問題につき，相談に応ずること。
　二　要保護女子及びその家庭につき，必要な調査並びに医学的，心理学的及び職能的判定を行い，並びにこれらに附随して必要な指導を行うこと。
　三　要保護女子の一時保護を行うこと。
 3　婦人相談所に，所長その他所要の職員を置く。
 4　婦人相談所には，要保護女子を一時保護する施設を設けなければならない。
 5　前各項に定めるもののほか，婦人相談所に関し必要な事項は，政令で定める。
第十七条　都道府県は，婦人相談員を置かなければならない。
 2　市は，婦人相談員を置くことができる。
 3　婦人相談員は，要保護女子につき，その発見に努め，相談に応じ，必要な指導を行い，及びこれらに附随する業務を行うものとする。
 4　婦人相談員は，非常勤とし，社会的信望があり，かつ，前項に規定する婦人相談員の職務を行うに必要な熱意と識見をもつている者のうちから，都道府県知事又は市長が任命する。

第十八条　都道府県は，要保護女子を収容保護するための施設（以下「婦人保護施設」という。）を設置することができる。

第十九条　民生委員法（昭和二十三年法律第百九十八号）に定める民生委員，児童福祉法（昭和二十二年法律第百六十四号）に定める児童委員，保護司法（昭和二十五年法律第二百四号）に定める保護司，更生緊急保護法（昭和二十五年法律第二百三号）に定める更生保護事業を営むもの及び人権擁護委員法（昭和二十四年法律第百三十九号）に定める人権擁護委員は，この法律の施行に関し，婦人相談所及び婦人相談員に協力するものとする。

第二十条　都道府県は，次の各号に掲げる費用を支弁しなければならない。
　一　婦人相談所に要する費用（第五号に掲げる費用を除く。）
　二　都道府県の設置する婦人相談員に要する費用
　三　都道府県の設置する婦人保護施設の設備に要する費用
　四　都道府県の行う収容保護（市町村，社会福祉法人その他適当と認める者に委託して行う場合を含む。）及びこれに伴い必要な事務に要する費用
　五　婦人相談所の行う一時保護に要する費用
2　市は，この設置する婦人相談員に要する費用を支弁しなければならない。

第二十一条　都道府県は，市町村又は社会福祉法人の設置する婦人保護施設の設備に要する費用の四分の三以内を補助することができる。

第二十二条　国は，政令の定めるところにより，都道府県が第二十条第一項の規定により支弁した費用のうち，同項第一号及び第二号に掲げるものについてはその十分の五，同項第五号に掲げるものについてはその十分の八を負担するものとする。
2　国は，厚生大臣の定める基準に従い，市が第二十条第二項の規定により支弁した費用の十分の五を補助するものとする。
3　国は，予算の範囲内において，都道府県が第二十条第一項の規定により支弁した費用のうち，同項第三号に掲げるものについてはその十分の五以内，同項第四号に掲げるものについてはその十分の八以内を補助することができる。
4　国は，予算の範囲内において，都道府県が前条の規定により補助した金額の三分の二以内を補助することができる。

　売春防止法の施行は1957（昭和32）年4月1日から（ただし，完全実施は翌1958（昭和28）年4月1日から）とされていた。しかし，法務省は，完全施行に先立つ1958（昭和33）年2月，同法の一部改正法案および婦人補導院法案を国会に上程した。売春防止法第5条の罪を犯した者に対する保安処分として補導処分

を導入することが目的であった。これには，法務庁・法務府・法務省が一貫して更生保護の対象者の拡大に努めてきたということに加えて，刑法全面改正作業が進行中であったということも与った。

　小野清一郎を議長とし，検事・裁判官の他，団藤重光，植松正，日沖憲郎，伊達秋雄，平野龍一，吉川経夫，藤木英雄（幹事）の刑法学者等から構成された刑法改正準備会の審議は1956（昭和31）年10月から始まっていた。法務省が資料の第1号として出してきたのは戦時下の1940（昭和15）年にまとめられたもので，危険思想から皇室，国体および家族制度を道義的に擁護しようとする性格が強かった「改正刑法仮案」の現代語訳であった。この刑法改正問題の中で大きな論点の1つとされたのは「保安処分」の新設の可否およびその内容如何であった。準備会では刑罰のほかに保安処分を新設すること自体にはほとんど異論がなかった。ただし，保安処分の内容については，戦前の「仮案」よりも狭く，精神障害者に対する「治療処分」と薬物乱用者に対する「禁断処分」の2種類だけに限定した。1960（昭和35）年4月に発表された「改正刑法準備草案（未定稿）」にはかなりの批判があったが，保安処分の新設についてはむしろ賛成の意見の方が多かった。1963（昭和38）年からは法制審議会の中に刑事法特別部会が設けられ，本格的な審議が始まった。審議会は1974（昭和49）年に「改正刑法草案」を公表した。改正刑法草案に対しては審議の過程から内外の批判が顕在化した。法務省は「修正案」を用意したものの，結局，この草案による立法化は挫折するという経過を辿った。しかし，1958（昭和33）年当時にあっては，法務省が保安処分の新設には特段の反対がないと考えて，「改正刑法準備草案」では外された「補導処分」を売春防止法の中に盛り込もうとしたということは十分に考えられることであった。現に法案の国会審議においては，後にみるように「仮案」に言及されているのである。

　売春防止法の一部改正法案および婦人補導院法案が衆議院法務委員会に付託されたのは1958（昭和33）年2月18日のことであった。同日，政府委員から提案理由説明がなされた。売春防止法の一部改正法案についてのそれは次のようなものであった。

　　戦後における世相の混乱と道義の頽廃並びに性道徳の低下によって，売春を行う
　　女子の数が著しく増加し，他面，これに寄生して利益を収奪することを業とする者

が増加の傾向にあったことにかんがみ，善良の風俗の維持，保健衛生，女子の基本的人権の確保等の観点からして，第24国会において売春防止法の成立をみるに至ったのであります。当時，国会における同法案の審議に当り，参議院法務委員会において，同法案第5条の罪を犯した女子に対する保安処分の規定を設けること等の決議が行われたことは御承知の通りであります。一方，政府としては，閣議了解のもとに設けられました売春問題対策協議会の昭和30年9月2日の答申及び同31年3月7日総理府に設置されました売春対策審議会の同年4月9日の答申について慎重に検討を続けていたのでありますが，さらに昨年9月18日売春対策審議会から立法措置に関する適切な意見の具申もありましたので，ここに売春防止法第5条の罪を犯した成年の女子に対する補導処分に関する規定を立案し，売春防止法の一部を改正する法律案として提案する運びに至った次第であります。

　以下この法律案の要点につき御説明申し上げます。

　売春防止法第5条の罪を犯した満20歳以上の女子に対し，その売春の習性を矯正し，社会復帰をはかるために，保安処分としてすでに刑法で認められている保護観察のほかに補導処分なるものを認め，裁判所が自由刑の執行を猶予するとき同時に補導処分の言い渡しをすることができるものといたしております。

　補導処分の内容は，婦人補導院に収容して，生活指導等その更生のため必要な補導を行うことといたしております。婦人補導院への収容期間は6カ月とし，地方更生保護委員会が相当と認めるときは仮退院を許すことができるとともに，仮退院を許された者が順守すべき事項を順守しなかったときは仮退院の取り消しをすることができるものといたしております。

　婦人補導院を退院したとき，または仮退院を許された後補導処分の残期間を経過したときは，刑の執行猶予の期間を経過したものとみなすことといたしております。

　売春防止法第5条の罪のみについて懲役の言い渡しをし，または刑法第54条第1項の規定により売春防止法第5条の罪の刑によって懲役の言い渡しをするときは，刑法第25条第2項ただし書きの規定を適用しないこととし，さらに自由刑の執行を猶予して補導処分に付し得ることといたしております。

　右に申し述べましたほか，手続上必要な規定を設けております。

　最後に，この法律の施行期日についてでありますが，売春防止法の完全実施は来たる昭和33年4月1日からでありますので，同日を施行期日とすることにいたしております。

　以上が売春防止法の一部を改正する法律案の趣旨であります。何とぞ慎重御審議の上すみやかに御可決あらんことをお願い申し上げます。

婦人補導院法案についての提案理由説明も次のようなものであった。

このたび提案されました売春防止法の一部を改正する法律案によりますと，新たに同法第5条の罪を犯した成人の女子に対して補導処分の言い渡しができることになりますので，これらの補導処分に付せられた婦人を収容補導する施設を必要とするのであります。この法案はその施設たる婦人補導院に関して必要な諸種の事項を規定するものでありまして，この法案によって制度化されます婦人補導院は，申すまでもなく，補導処分に付された者を収容して，これを更生させるために必要な補導を行う施設，つまり矯正施設の1つでありますが，その補導処分が，売春の習性を矯正し完全な社会復帰をはかるためのものであること，在院者が成人の女子であること等の特殊性にかんがみまして，他の矯正施設におけるとは相当異なった特色を有せしめているのであります。

　以下この法案の要点につき御説明申し上げます。

　婦人補導院は，売春防止法第17条の規定により補導処分に付せられた者を収容して，これを更生させるために必要な補導を行う国立の施設といたしております。

　婦人補導院で行う補導は，規律のある生活のもとで，社会生活に適応させるため，必要な生活指導及び職業の補導を行い，また，その更生の妨げとなる心身の障害に対する医療を行うものといたしております。生活指導は，相談，助言その他の方法により，婦人の自由と尊厳とを自覚させ，家事その他婦人として必要な基礎的教養を授け，その情操を豊かにさせるとともに，他面において勤労の精神を体得するようこれを指導するものといたしております。

　補導の実施につきましては，施設みずからがこれを行うばかりでなく，学校，病院，事業所，宗教団体，婦人団体または学識経験者に委嘱し，広く外部の援助を受けられるようにいたしております。

　職業の補導につきましては，その制度の趣旨とするところにかんがみまして，本人の更生に十分適応する業種を選ばなければなりませんので，補導を受ける者を施設外の事業所等に通わせることができるようにいたしております。また，職業の補導を受けた者に対しましては，相当の賞与金を与えることができるようにいたしております。

　こうした補導を徹底的に行うためには，補導を受ける者の個性，心身の状況，家庭その他の環境等を十分に考慮した上で最もふさわしい方法によらなければならないのでありますが，在院者の処遇については，本人の性格その他入院時及びその後においてしばしば行います多角的な科学的分類調査の結果に基いて，これを適当な級に分けて行い，分類処遇の徹底を期することにいたしております。

　右に申し述べましたほか，在院者の処遇に関しましては，補導処分の性質にかんがみまして，適切妥当な諸種の措置を定めることといたしております。

　最後に，この法律の施行期日についてでありますが，売春防止法の完全実施は来たる昭和33年4月1日からでありますので，補導処分に関する同法の一部改正規定の実施を予想される同日を施行期日とすることにいたしております。

　以上が婦人補導院法案の趣旨であります。何とぞ慎重御審議の上すみやかに御可

決あらんことをお願い申し上げます。[128]

　国会では両法案を一括して審議することとされた。法務委員会では，主に衆議院を中心にしてであったが多岐にわたる質疑が繰り広げられた。まず質問されたのは「売春婦」対策の現状で，政府委員から次のような答弁がなされた。

　　本年1月末現在の業者2万2000強，……それから，女子従業婦の数は，……昨年の12月末現在では，……私どものところにおいて一応売春婦と認められるものを計算いたしますと，……9万弱というふうに推定いたしておるのであります。
　　婦人相談所……，これは大体昨年の暮れまでに全部の県に設置済みでございます。……婦人保護施設の設置，これは非常におくれまして，……昨年の10月ごろまでいろいろ転廃業が進まなかったために，現実にそういった収容するような婦女子が出てこなかったということも1つの原因かと思いますが，いずれにしても非常におくれました。最近，1月になりまして，大体全府県がこれを置くことの目鼻がつきましたので，一応そういった義務設置の法律の改正をする必要がなくなったような状況でございます。それから，各都道府県，5大市に売春対策本部を置くというようなことも，県自体で，従来のやり方でやるとか，いろいろ工夫があるようでございますが，必ずしも画一的に参りませんので，現在では41府県に売春対策本部を設置いたしまして，売春対策全般についての推進の中心になっておるような次第でございます。全般的に見まして非常におくれましたけれども，昨年の11月ごろから急速にそういった措置がとられて参りました。あとわずかの期間でございますが，全国的に進むように指導いたして参りたいと思います。[129]

　予算関係についても質問が出された。法務省および厚生省の政府委員からの各答弁は次のようなものであった。

　　法務省関係の予算は（昭和）33年度予算として査定を受けました金額は1億2468万3000円でございます。この内訳は，……矯正局の関係，つまり補導院並びに女子少年院の新設並びに運営に関する経費を含めまして1億1300万，……でございます。これを計画といたしましては約10億6294万4000円の要求をいたしたのでございますが，査定結果は右申しましたような次第でございます。
　　厚生省関係は，（昭和）33年度の要求が2億9912万7000円でございます。このうちで2億3300万円が大体婦人保護，残りが性病予防費になっております。当初要求いたしました額は約8億でございます。……（昭和）32年度におきましては，御承知のように，婦人相談所を各都道府県に1カ所ずつ，それから婦人保護施設を39カ所置きまして，すでにあります16カ所と加えてとにかく各府県に1カ所ずつの婦人保護施設を設けよう，こういう予算がありました。本年度はそういった臨時的な予

算が少うございまして，保護施設といたしましては12カ所の予算が入っておるだけでございます。そういう点で今年度と来年度の予算で大きな差が出てきたわけであります。やりますことは，（昭和）32年度の予算に掲げたことと大体同じでございますけれども，ただ，婦人の保護更生資金，それから医療費と被服費を交付する，ごくわずかでございますけれどもそれが入っておりますのが目新しい項目でございます。[130]

　より本質的だと思われる論点についても質疑が繰り広げられた。その1つは根本対策に関するもので，次のような質問がそれであった。

　　法務大臣に，根本対策についてお伺いいたしたいと思うのでございます。先ほど来申し上げておりますように，売春というような忌まわしい，いやな行為がわれわれの社会からなくなったらいい，なくしたいということについては，何人も異論がないと思います。なくさなければなりません。文化的な民主社会の恥ずべき社会悪であることは言うまでもありませんが，果してなくなるだろうか，どうしたらなくすことができるか，ここに根本の問題があり，根本対策の研究工夫というものが必要になってくるんだと私は思います。原因はもとよりいろいろありますが，……1つは経済的貧困から来るものであります。つまり貧乏です。その貧乏と，長い人間生活の中にいつの間にか根をおろしてしまった社会的風習，この2つは，売春の業というものを社会の一部に存在せしめ，売春行為というものを存在せしめる原因になっておると思う。つまり，人間の本能的欲望と享楽を対象に生まれてきた社会構造の一部分であります。従いまして，売春行為，売春業者のあり方は，その時代の時代的環境あるいは経済的，社会的条件によって常に変ってきております。いつの時代でも，その時代の人間社会に好ましい存在でないことは言うまでもありませんが，それはそれなりに存在理由はどこかにあったというところにわれわれは目を向けなければいけないと思います。……人間社会が今日のごとく科学と知性によって構成され，前進し，進歩していく世の中になったのでありますから，売春問題についてもこのような観点から私はその対策を検討していく必要があると思います。……たとえば常習売春といいますか，防止法の第5条の対象になるような者でも，これを従来の刑法概念で律することは無理だ，間違いだ。一体こういったものがどこから出てくるのだということにわれわれは深く思いをいたして，その社会的，経済的条件というものを掘り下げて，これをなくしていくということが政治でなければいけないのだ，同時に民主国家の行政的任務でなければいけないのだということであります。従って，第1に社会環境を変えていくことなのだ。どうして変えていくか。これは教育もあります。あるいはまたその集団の社会的秩序といいますか，そういうものを確立していくことも必要であろうと思います。すなわち，経済的原因——貧乏なるがゆえに食うために売春をやるような社会的，経済的欠陥をなくす

る。岸総理の言う貧乏追放と非常に重要な関係があるのであります。根本はそこまでいかなければならぬと思う。つまり，これは社会保障の大きな一環でありますが，同時に，単なる社会保障でなくて，人間社会の環境，社会的構造というものにわれわれは目を向けて，もっと前進せる１つの新しい構造を持っていかなければけないのだ。……教育者もあるいは文化人もすべての者が協力して作り上げるということが私はどうしても必要だと思うのであります。……売春行為そのものが恥ずべき行為だ，隠れてやろうと公然とやろうと，他人に恥かしいというのではなくて自分の心に恥かしいのだ，こういう環境を作らなければ，これはなくなるものじゃない。そこまで法律は踏み込んでいけません。せいぜい法律の踏み込んでいけるものは，憲法の条章にある公共の福祉に反しない限度において社会的悪を除いていく，立法的処置で除いていくか行政的処置で除いていくか，そのいずれか２つしかないのであります。それだけでなくて，環境を変えていくのだというところに大きな使命がなければいけないと思います。これは人員が幾人だから幾らの予算ということではいけないと思う。……そういう簡単なことじゃないのです。これは全体に関連する大きな社会的病根でありまして，ひとり青少年犯罪の問題を取り上げてみても，年々ふえていく青少年の犯罪，ここに社会人が，新聞人がレポートした事実がたくさんありますが，そういったものがどんどん伸びていく姿をそのまま放任しておいて，ただ法律の処置だけやっても，なくなるものじゃない。……一つの社会的環境を作っていかなければならぬのなら，法務大臣に大いに勇気をふるっていただいて，今年度は間に合わぬかもしれませんが，少くとも画期的な，むしろ革命的とも言われる売春防止法完全実施を契機として，この好ましくない社会悪を除いていく努力が私は必要であると思います。……根本問題にどのようにメスを入れていくか，根本対策の基底となるものをどこに置いていくかということについて法務大臣の御所見を伺っておきたいと思います。[131]

このような質問に対する政府委員の答弁は次のようなものであった。

　……売春防止の基本的の考え方についてのお尋ねでございまして，この問題のいかにむずかしいかということについてのだんだんの御意見，なおその他の御意見については，私も大体同感でございます。ただいまお言葉にもありました通り，これは長い期間社会的に大目に見ておったことを一挙に改めようということでございますから，わが国の社会史，風俗史，文化史等においては全く画期的のことでございます。今日といえども法律の表ではこれを禁止しておりますけれども，実際においては大体野放しになっておったわけでございます。それというのも，ただ法を軽視するというのではなく，いかにこの問題の法律によって禁止することの困難であるかという根本問題がそこに現われてきておったわけであろうと思うのでございます。そういうようなわけで，一片の法律でこれを清掃することができないということで長い間大目に見られてこられたわけでございます。しかしながら，この売春行

為というものが社会悪であることには変りはないのでございますから，売春防止法というものが社会の要求としてできてきたことは当りまえであると考えております。いよいよ4月1日から刑罰規定の実行にも入るわけでございますが，この問題の根本は，だんだんと御意見のありましたように，まず経済の面に相当根深い原因があると見なければなりません。お言葉にもありましたように，端的に言えば貧乏の追放，この問題が政府の施策によりまして解決いたしますならば，この問題もおのずから流れてしまうようにも思います。それからまた，もう1つには，健全なる道徳観念の養成，健全なる社会風俗の確立，こういうふうな面からも考えていかなければならぬと思うのでございまして，これらの点こそほんとうに売春を世の中から追放する根本の施策と考えておるのでございます。その意味から申しますれば，法律や処罰をもってこれに臨んで，そして売春を絶滅するというようなことは，極端な言葉で言えば末のことであるように私は思うのでございます。しかしながら，あらゆる政策をこれに集中いたしましてこの社会悪を清掃しなければならぬ。その意味におきましては，われわれ法務担当の者といたしましては，まずこれを犯罪として——今日まで法の規定はありますけれども，それが完全に実施できておらなかった。このたびは新たに売春防止法を制定してこれからはこれを法律をもっても取り締る，こういう建前になったのでございますから，私どもの立場といたしましては，法による矯正という部門を担当いたしておるわけでございます。しかしながら，この犯罪につきましては，先ほどもお話のありましたように，普通の犯罪とこれを同一視して検察の仕事をするということは，これはどうかと考えるわけでございまして，もちろん，業者であるとかあるいはひもつきというような者につきましては，これは仮借するところなく検察をいたしていきたいと思っておりますけれども，婦女子につきましては，いわゆる罪を憎んで人を憎まずという昔からの言葉があるように，そういうような考え方をもってこれに臨みまして，そして，刑罰をもって処罰するということよりは，これを補導し善導して，健全なる国民，健全なる市民として戻ってくるように，こういうことに主眼を置きまして検察の仕事もやっていきたいと考えるわけでございます。これにつきましては，だんだんと厚生省の方であらかじめの転廃業についての十分な施策をやっていただきたいと思います。また，文部関係におきましては，健全なる道徳観念，健全なる社会慣習の確立という方に力を注いでいただきたいと思いますが，それでもなお一朝にしてこの違反者をなくすということはできなかろうと思いますから，不幸にして法に触れる者ができてくるというようなときには，刑事政策としては，先ほど申し上げましたような心持をもってこれに臨みまして，そして，この補導院法でごらんの通り，刑罰というよりは保安処分でこれを善導し更生保護するという建前をもちましてこの補導院に収容して参りたい。これも人数等は必ずしもこれで十分とは考えておりませんけれども，とにかく初めての試みでございまして，できるならば転廃業が円満に参りまして，そして補導院に連れてこなければならないというような悪質の違反者がなるべく少いことを希望しておるわけでございます。[132)]

「補導処分の性格」についても質問がみられた。「一体，補導処分というのは，刑罰的な意味を持つものであるのですか，あるいは，いわゆる保安処分の一種というふうに解すべきものなのですか，その点はいかがですか」という質問に対して，「補導処分は保安処分の一種であるというふうに考えておりまして，その内容は，処分に付せられる者の主として保護更生を内容とするものである，かように考えておるのであります。」と答弁され，次のように補足説明されている。

　御指摘のように，婦人補導院に収容しますのは強制収容でございますので，いかにも強制力が加わる関係から刑罰のようにお考えになる向きもあろうかとは存じますが，一体この補導処分と申しますのは刑罰ではないのでございまして，御案内のこととは存じますが，刑法の改正仮案というのが昭和15年に発表されております。その中にも補導処分というものが一応考えられておりまして，日本の刑法は，もし仮案の通りにできますならば，刑罰と保安処分との2本立によって臨んでいこうという態度を示しておるのでございます。その刑法改正仮案の規定しております保安処分というのは4種類掲げてございますが，この補導処分は保安処分だと私ども申しておるわけなんでして，それでは，その刑法仮案の保安処分との関係においてはどういうふうに理解したらいいかということを申し上げることによって，これが刑罰でないということに御理解がいただけると思うので，申し上げたいと思います。
　仮案では，矯正処分と労作処分——そのほか監護処分などがございますが，仮案で申しますとこの2つの性質を帯びたものが今回の補導処分であるというふうに私ども考えておるのでございます。この矯正処分と申しますのは，仮案の規定からいきますと，酒を飲んだ，あるいは麻薬を使ったという習癖がある者に対して，酩酊だとかあるいは麻酔の状態で罪を犯した，そういう習癖を矯正する必要がある場合に言い渡されるというような規定の仕方になっております。習癖の矯正という点におきまして補導処分とよく似ておるわけでございます。また，他方，労作処分と申しますのは，浮浪者だとかあるいは労働嫌忌の常習として罪を犯した，そういう者に対して言い渡すということになっておりますが，この補導院に入れますことは，やはり規律ある習慣をここで打ち立てようということをねらっておるものでございまして，この労作処分にも一部似ておるのでございます。いわば，この補導処分と申しますのは，仮案の方から申しますと，矯正処分あるいは労作処分といったようなものの考え方を取り入れてあるものであります。なお，保安処分の目的となっておりますものは，本人の保護ということでございまして，この保安処分には本人の保護を目的とする保安処分と，社会を犯罪から守るというために言い渡す場合と2つございますが，この補導処分は，本人の保護を目的とした，いわば少年法と同じ考え方に立ったものでございまして，これが，売春対策審議会で保安処分として何

らかの立法を考えろ，こう御答申になっております趣旨をできるだけくみ取りまして考えたことでございまして，これをもって刑罰であるというふうには考えておらないのでございます。

　任意に更生したいというような意欲のあります者は，おそらく厚生省関係で保護指導をしていただくことに相なるわけでございますが，さような線に乗らない婦人たちを婦人補導院に入れて将来の道を立てさせてやろうということなんでございます。従いまして，……仰せのごとく，自由を拘束してやらざるを得ない場面もあるわけでございます。……かような自由を拘束するような処分では，やはり厚生省の所管にあらずして，裁判の執行としてやる役所として法務省所管とすべきものだというふうに，私考えておるのでございます。

　この身柄を拘束するということは，なるほど，仰せのごとく刑罰に類似したものではございますが，一番類似したものは，少年法に基く少年院送致の手続が最も酷似した手続だと私は思っております。これは，しかし，御承知のごとく，刑罰にあらずして保安処分として現在執行いたしておるのでございます。その点，最も明らかにわかるものは，少年たちは無犯者に対しましてもこの処分ができるということであります。刑罰でありますならば，法に触れた者でなければ私はできないことだと思うのでございますが，この少年院送致は，法に触れざる者に対しましても行うことができるわけでございます。決してそれは刑罰のものではないということを私は言うて差しつかえないと思うのでありますが，さような趣旨から，身柄を拘束するものはすべて刑罰類似と言うことは私はできないと思うわけでございます。目的が那辺にあるかということにあるのではなかろうかと私考えるのでございます。従いまして，婦人補導院の補導処分というものは，なるほど判決によりまして刑事の手続をとって進行していくものではございますが，その本質におきましては，少年法における少年院送致のこの手続，処分と同様に保安処分，本人の保護更生というものを主眼点といたしました保護の処分であるというふうに私考えておるのでございます(135)

補導処分が保安処分だとすれば刑罰との関係はどうか，補導処分を導入するのであれば刑罰と保安処分を並存する「二元主義」をどうして採用しないのか，このような質問についても次のように答弁されている。

　……確かに，保安処分という考え方を刑法の中に取り入れまして，刑罰とそれから保安処分との二本建で刑事政策を打ち立てていくというのがよろしいように考えております。また，外国の例によりましても，すでに二本建をとっておる国もあるわけでございます。ただ，しかしながら，日本の現法制のもとにおきましては，多年の間一本建でやって参りましたので，これを二本建にかえますということはかなり刑罰体系の問題として重要な問題でございますし，また学者も論議しておるとこ

ろでございます。売春防止法の一部改正に当りまして保安処分を急遽取り入れましたために，二本建を一挙に解決するというところまでは御指摘のように踏み切れませんので，とりあえず保安処分を設けるについて一本建の現在の機構の上に乗せて，刑事手続に乗せてやるということからいたしまして，やむなく執行猶予をすべき場合に補導処分ということをいたしたのでございます。御承知のように，刑法改正仮案におきましても，保安処分二本建の制度を考えておりまして，この保安処分がもしわが国において二本建の刑罰体系として取り入れられる暁におきましては，当然補導処分を刑にかえてというような場合があり得るかと思うのでございます。これをもって全く理想の姿であるというふうには考えておらない点を申し上げます(136)

執行猶予にして補導処分に付することの意味は何かという点についても多くの質問が寄せられている。例えば，次のような質問がそれである。

> 執行猶予の制度というものは，情状等によりまして実刑を科する必要がないという者に自由を与えることによって刑の目的を達しようというのが根本の趣旨ではないかと思うのであります。そういたしますと，この5条の罪を犯した売春婦に限って執行猶予になった場合にさらに補導院に強制収容せられる。補導院が任意に出入りができる場所なら別でありますけれども，強制収容されるということになりますと，実刑を科されて刑務所につながれるというのが自由を与えられて執行猶予の恩典に浴す，これがまたこの罪を犯した者に限って補導院に強制収容せられて補導の対象になっていく，こういうことは，結局執行猶予によって与えた自由を束縛する，その恩典を剥奪することになるのではないだろうか。5条の罪を犯した成人である女子だけがこのように執行猶予の恩典に浴しないということ，これは憲法の基本的人権にも影響すべき問題が内在しておるのではないだろうか，こういうふうに思うのでありますが，この点に対する御見解はいかがでしょうか。(137)

このような質問に対しては，政府委員から繰り返し次のような答弁がなされている。

> 17条の補導処分に関しまして，「執行を猶予するときは」という書き方からして，ただいま御質疑のような御疑念が起ると思うのでございますが，これは，実際の意味が，執行猶予にするときに補導処分をさらにつけ加えてするというふうな，そういう内容のものではございませんで，実刑に処すべきような場合に補導処分に付することができるのであります。その場合には，刑事手続に乗せます関係上，その自由刑につきまして執行を猶予するという裁判をしなければならぬというふうに書いたのと同じような意味におとり願いたいのでございます。ただいまの点につきましては，売春対策審議会でも討議されましたし，本法案のような補導処分は実刑と保護観察による執行猶予とのいわば中間的なものと考えられたものでございま

して，売春婦の更生のために必要な措置であるというふうに考えておるのでございます。執行猶予というのは，申すまでもなく刑の執行を猶予するというのでございまして，その間に補導処分に付することを許さないという本質的なものではないというふうに今考えておるのでございます。[138]

　従来の考え方から申しますと，執行猶予になりました者は何らの拘束を受けない自由なからだになるということでございます。これは刑を執行することを猶予するわけでございますから，この猶予する場合はさような刑を科する必要がない場合ということにならざるを得ないと思うのでございます。従いまして，このまま刑を科さないでも再びかような間違いをしでかすおそれがないというふうに裁判所で諸般の状況から考えられましたときに，この執行猶予の判決ということになると思うのでございます。ところで，先般刑法の改正によりまして，保護観察制度を取り入れられまして，執行猶予に付せられた上保護観察に付するという制度ができたのでございますが，これは，今までの関係でございましたならば，これだけの範囲しか執行猶予の範囲がなかった。ところが，この保護観察の制度ができましたために，保護観察をうしろだてにいたしまして，これに付することによりまして再び犯罪を犯すおそれがないということになりますと，今までの執行猶予を受けました範囲がさらに倍加してくる。倍より以上になりましょうが，執行猶予を受ける範囲が非常に広がったと私は考えるのでございます。この保護観察をうしろだてとしまして，そういうふうに保護司が側面的にこれを援護することによりまして，本人たちは，今までの範囲でございましたならば再び犯罪に陥ったと思われる者でも，その保護司の補導援護によって再び犯罪を犯すおそれがないということが裏づけされますれば，それだけ執行猶予の範囲が広がったということになると思うのでございます。今度は，さらに，かような婦女子に対しましては補導処分という国家のそういうところへ入れていろいろと矯正教育を施していくという，もう1つのうしろだてが広がったわけでございます。従いまして，そのうしろだてを背景といたしまして，再び犯罪に陥るおそれがないというふうに裁判所で判断されましたならば，それだけ執行猶予の面が広がってきたということになると私は思うのでございます。従いまして，この執行猶予の裁判には結局3種類あり得る。ほんとうに何らの手段も講ぜずして再びかような犯罪を犯すおそれのないという者には，従来通り今までの観念の執行猶予だけの言い渡しも十分ある。どんどんそれはやるべきものだと存ずるのでありますが，今度はさらに3種類の執行猶予のできる範囲が広がってきたというふうにわれわれは考えるわけでございます。従いまして，今までならば何も手を下さずに済んだ者に補導処分をやろうというのではないのです。今までならば刑務所に入れてやらなければならなかった者を入れずに補導処分をやって，本人の更生を期していこう，そうして刑罰を科さずに済ましてやろうという，ほんとうに法制の目的を達するための刑事政策の新しい面だと私は考えておるわけでございます。[139]

　補導処分を実効性あらしめるためには必要な資料の収集が欠かせないのでは

ないかという質問に対しても，次のように答弁されている。

　売春防止法第5条の趣旨から申しますと，御指摘のように，刑罰を科するところにねらいがあるのではなくて，これを手がかりとしてなるべく保護更生の方策をはかるというところにあるのでありますから，軽微なものにつきましては起訴猶予等の処分によって保護更生の道をはかり，あるいは執行猶予にして保護観察に付し，あるいは実刑を科さなければならぬような事案のものにつきましては補導院に入れるというようなことが，第5条運用の上において十分考えなければならない点であるというふうに考えるのであります。そこで，この補導処分に付せられます成年の女子については，ただ罪を犯したというだけで補導処分に付せられるのではなくして，今回の改正によって第1条の目的に明らかにいたしましたように，性行又は環境に照して売春を行うおそれのある者という性格のものであり，かつ第5条の違反を犯した者ということに相なるわけであります。そこで，補導処分に付せられます場合には性行又は環境に照して売春を行うおそれのある常習性の者であるということを，十分裁判官をして納得せしめるような資料を提供する義務がある。そこで，そういう資料はいかにして得るか。家庭裁判所等に専門の調査官がおりまして，そういう方々によって資料を集めるということも確かにいい方法でございますが，先般も御説明申し上げましたかと思いますが，この種の事件は刑事裁判手続において実施するのでございまして，刑事裁判手続において，秘密書類であるその調査結果報告というようなものを基礎として裁判を言い渡すわけにはいかないのであります。そこで，今申しました性行，環境といった常習性を認定するような資料その他は，警察並びに検察側におきまして十分整えて，裁判所の判断に遺漏のないようにすべき義務があるわけでございます。そして，そういう資料を集めます場合には，ただいま私どもの予定しておりますことは，御案内のように今回の予算でも一部認められておりますが，検察庁に更生保護相談室というものがございまして，ここには日々保護観察官あるいは婦人相談員等がおいで下さって，検察庁において不起訴処分にします場合の売春婦の保護更生に尽力をして下さっておりますが，その起訴猶予にします条件として，やはり同じようなことが必要なわけでございます。そこで，その方面の調査は保護観察官その他の関係の方々が十分環境調査等をいたされまして資料を提供してくれておるのでございます。そして，今回の補導処分に付せられるような事件につきましても，そのやり方をさらに拡充いたしまして，これを資料化し，証拠化し，法廷に提出するという措置を進めまして，補導処分が調査不十分のために行われがたいということのありませんように，最善の努力を払うつもりであります。[140]

これに対しては，次のような厳しい質問が出されている。

　この婦人補導院に入れて補導なさる問題は，おそらくは生活指導だと思う。生活

指導というものは何をさすのか知りませんけれども，それは家庭生活の慣習，あるいは個人としての何か社会へ復帰するためのいろいろな教養，そういうこともあろうし，職業の補導，これも何をなさるか知りませんけれども，いずれにしても，このような一種の弱者と言いますか，社会のもてあそびの対象になっておるような，性欲過剰で心身どうにもならぬというような人でありますので，普通の裁判官だけの手ではどうにもならぬし，また検察官だけの手でもどうにもならぬと思う。やはりこれは少年の場合と同様に調査官の制度を必ず付置して，弁護人といえどもつき添い人制度を必ず付置して，そして本人の心身，社会的，経済的，あらゆる条件に適切な指導と援助と協力とをしながら，最も適切妥当な処分としていろいろな材料を提供していく，こういうことが私は絶対に必要だと思うのです。一体どうして調査官の制度を置かなかったのだろうか。調査官もなしに普通の刑事裁判所で扱われていくというのでは，裁判官も神ならぬ身の実はお困りだろうと思うのです。こういう点につきましても，実は私は，この法律はまた新しい一種のざる法になるというそしりを免れないと思うのですが，これはいかがなものでしょうか。[141]

　家庭裁判所の方が，司法裁判所，普通の刑事裁判所に比較いたしまして，保護とか，指導とか，あるいは本人のみずからの原因ではなくして社会的貧困等の原因から犯した微罪，こういうものを扱うのは，やはり家庭裁判所を作った目的にむしろぴったり合うのではないだろうか。どうしてこれを家庭裁判所の所管と明らかにしなかったのか，この点が実に私には不思議にたえぬのでありますが，これは基本的な問題でございますので，一つ大臣御説明願いたいと思います。[142]

　このように調査官の制度を置くためにも補導処分の決定等は家庭裁判所にすべきではないかとの質問に対しては次のように答弁されている。

　　この点につきましては，売春問題対策協議会でも，また売春対策審議会等におきましても，いろいろと御議論のあったところでございますが，対策協議会におきましては，家庭裁判所で扱うべきではないかという案さえも用意されたものでございます。私どもも，やはり補導処分でございますので，しかもその保安処分の内容が少年の保護措置と実質的に同じでございますので，家庭裁判所の方でこの事件を取り扱ってもらうようにした方がいいのではないかということで，事務的に折衝いたしましたところが，裁判所側の見解としましては，現在の家庭裁判所の機構，人員等から申しまして，補導処分の決定機関になることになった場合に，とてもやり切れない，事実上不可能だというような御意見がありました。……もう1つ重要なことは，そのような決定機関となる場合に，家庭裁判所としては，現在軌道に乗っておりますところの少年保護処分の機能をこのために阻害する危険があるという意見がございました。御承知のように，家庭裁判所の事件は少年事件でございまして，その取扱い方の考え方が縦割りじゃなくて横割りで，つまり20歳というところを境

にいたしまして，20歳以上の者と20歳以下の者とにつきましては，取扱いその他すべてがはっきりと分けられたことになっております。それで，その下の方の部分を一生懸命やっておる家庭裁判所としては，今その処分が似ておるからといって20歳以上の者を導入して参りますことは，運用上非常に支障を生ずるし，また阻害する危険もあるというので，こればかりはお断わり申し上げたいというのが裁判所側の意見でございます。その意見を私どもの方でしさいに検討いたしましたところ，それもまことに無理からぬというふうに考えまして，家庭裁判所にこの判断を求めるという対策協議会等の御意見に従って立案することをやめた次第でございまして，ただいまの案のように作ったわけでございます。[143]

　調査官の点も確かに問題の１つであります。もしもこれが家庭裁判所でさばきをするということになりますと，これは御承知のように家庭裁判所には調査官がございますので，その調査官制度を活用するということも考えられるわけでございますが，これを一般の裁判所でやることになりますと，一般裁判所には調査官制度というものは現在ございません。しかのみならず，調査官制度はアメリカでは発達しておりますが，日本の訴訟構造におきましては，刑の量定その他に関するものを，これを証拠に供することなくして裁判官だけできめるということは，ちょっとまだ日本の訴訟構造においてはそこまで割り切れていないのが現状でございまして，それやこれやを考えまして，調査官の制度ももう少し様子を見ようということに実はなったのでございます。[144]

最高裁家庭局長からも次のような答弁がなされている。

　家庭裁判所は，ただいま全国各地に14の独立庁がございまして，その他２，３の独立庁舎がございますが，ただいま大体普通裁判所と併設されておりますので，そういう刑事裁判所と併設されておるということ自体がすでにまずいのでございまして，できたら離したいというふうなことも考えておる次第でございます。いわんや，売春婦のような人が入ってきますと，本来の平和の，しかも静かなうちに話し合いをつづけるということが家庭裁判所の一番大きな目的でございますので，そういう面が阻害される。と同時に，家庭裁判所は，御承知の通り，ただいま判事，判事補を含めまして全国で300何人しか専任の裁判官がおられません。しかも専任の裁判官は多くは事実上ほかの地方裁判所あるいは簡易裁判所の事務を取り扱っておられますので，人手不足の点もございます。そこで，家庭裁判所といたしましては，婦人を取り扱う面におきましてはあるいはやわらかいという感じをこういう売春をした人たちに与えるかもしれませんけれども，しかし，本来の大きな目的が阻害されるという点が，家庭裁判所が売春事件を取り扱うことに反対した根拠でございます。

　そこで，そういう意味におきまして，家庭裁判所がもし売春事件を引き受けるといたしますと，たとえば庁舎を別にするとか，あるいは入口を別にするとか，一般

の婦人の方が出入するところと障壁を設けるとかいうような手数と費用をかけることになりますと，現在の状態におきましては，家庭裁判所で引き受けるのはむずかしいというふうな結論になりましたので，そういう御議論のあることは重々承知いたしておったのでございますけれども，あえてそういうことでお引き受け申さなかった次第でございます。[145]

しかし，これらの質疑も法案の成立に反対するということにまでは至らなかった。法案は1958（昭和33）年3月6日に開催の衆議院法務委員会において全会一致で可決され，[146]同日に開催された衆議院本会議に付託された。ただし，可決後，委員会では，「売春防止法（本改正案を含む。）の立法趣旨にかんがみ，政府は，裁判所等の意見を参酌して，補導処分制度の運用に関し，可及的速かに，裁判所調査官制度を調査，検討すべきである」との附帯決議が採択された。決議案提出の趣旨は次のようなものであった。

　　売春防止法の完全実施を目前に控えまして，政府は本国会に売春防止法の一部を改正する法律案と婦人補導院法案を提出いたしました。よって，本委員会においてその審議をいたして参ったのでありますが，その審議の過程におきまして，裁判所の調査官制度をめぐって法務省側の意見と最高裁判所の意見とが対立いたしました。なぜこのようなことになったかと申しますと，これは要するに，裁判所調査官制度を刑事手続に取り入れるかいなかについてまだまだその結論を得るところまで研究が十分遂げられていないことを意味するものと思うのであります。申し上げるまでもなく，裁判所調査官制度を採用すべきかどうかという問題は，これは非常に意味のある問題であります。しかしながら，またむずかしい問題であるとも考えるのであります。そこで，外国の制度の中にもいろいろと参考にすることもあるでありましょうし，また現行制度のもとにおける刑罰体系，裁判所の職分，刑事訴訟の構造等から根本的に検討して参る必要もあろうかと考えるのであります。このようにこの問題は非常に深い意味があるものでありまして，今まで本委員会での法務省または最高裁判所の考え方を聞きましても，まだまだいずれとも最終的な結論を出すまでに熟しておるものとは考えられないのが現状と思うのであります。従いまして，今の段階におきましては，政府は責任を持ってこの問題を調査研究してその結論を出すことに資すべきであると信じます。その検討のやり方といたしまして，最高裁判所の意見を十分しんしゃくすべきものであると信ずるのであります。なぜかと申しますと，裁判手続の実際の衝に当るのは裁判所でありますから，裁判所の意見というものが非常に実情に即したものがあるはずでございます。もちろん最高裁判所の意見に盲従すべきものであると申すのではありません。また最高裁判所の意見と相違があるからというので政府の立法措置がはばまれるというようなことも，

あるべきはずではないと思います。しかしながら，最高裁判所の意見は，さっき申し上げましたような立場にあるものでございますから，十分参酌され尊重さるべきであると信じます。そして，そのような態度で，ほかに，あるいは実務家なり学者の見解なり，またさらに国民の世論等をも正しく生かして，そうしてよき結論を出そうという態度に政府は出らるべきものとわれわれは主張するものであります。それに，いま1つ，これはやはり今国会において大きく取り上げられた問題でございますから，可及的すみやかにこの措置を講ぜらるべきであるというのが，われわれのまた願望でもあるのであります。[147]

　法務委員会から送付された衆議院本会議は1958（昭和33）年3月6日の本会議において全会一致で法案を可決し，[148] 参議院に送付した。送付を受けた参議院法務委員会も同月17日，全会一致で法案を可決した。[149] ただし，婦人補導院法案については，「本法の運用に当り，いたずらに婦女子の自由を拘束することのないよう特に留意し，具体的運用において，その実を上げ得ない場合は，政府は可及的すみやかにその改正案を提出し得るよう検討すべきである」という趣旨の附帯決議が付せられた。[150] 送付を受けた参議院本会議では法務委員会委員長から審議経過等についての報告を受けた。報告は次のようなものであった。

　　売春防止法の一部を改正する法律案の内容の要点を申し上げますと，まず第1に，社会生活に適応させるため，規律ある生活のもとで，生活及び職業の指導を行い，更生の妨げとなる心身の障害に対して医療を行うものとし，第2に，補導の実施については，学校，病院，宗教団体等に委嘱して，広く外部の援助を受けられるようにし，第3に，在院者の処遇については，本人の性格その他を考慮して，適切妥当な措置を定めることとしたこと等であります。
　　当委員会におきましては，2月18日，政府当局より右二法案の提案の理由を聴取したあと，前後7回にわたりまして慎重に審議を重ねました。この間，多数の委員各位によってなされた質疑の詳細は，会議録に譲りたいと存じますが，そのおもな点を申し上げます。
　　まず，売春防止法の一部を改正する法律案の質疑としましては，刑にかえて，補導処分をすべきではなかったか，現実に補導処分に付されるのは，むしろ常習の傾向の強度な者であるから，本人の更生という観点からすれば，初期において補導の手を打つべきではないだろうか。また，現在の裁判制度では，売春婦の性格，環境などの十分な調査は困難であるから，調査官制度を検討する必要はないか等でありましたが，これに対し，政府当局から，現行の刑事法体系の内部にあって，刑事手続に乗せてこの補導処分が考えられているので，今，早急に刑にかえる制度を持ち込むことは困難である。従って，この制度は，実刑の執行にかえて行われるもので

あるが，この方法で十分本人の保護更生を期待し得るものと思う。また，本人の性格等については，検察庁の調査で十分であると思うとの答弁がありました。
　なお，調査官制度について最高裁側の意見をただしたところ，政府当局のものとは若干の相違があることを認めましたので，特に3月4日，委員懇談会を開き，両者から各個に，さらに一そう詳しい意見を聞く機会を持ち，当委員会の審議の参考にいたしました。
　次に，婦人補導院法案につきましては，この施設が身体の自由の拘束を伴うものであって，その処遇等，刑務所とほとんど差別がないではないか，健康診断の際の医学的措置，信書の検閲，懲戒としての謹慎，手錠類似の保護具の使用，連れ戻し収容状の発行等について，収容者の人権尊重の趣旨に沿わないおそれがあるのではないか，補導院の長及び職員の選任について，男子を充てることは補導上不適当ではないか等，大川，一松，棚橋，宮城，赤松，藤原，斎藤，大谷，辻，古野，小林，雨森の各委員から，強い建設的意見を含む質疑が行われました。これに対し，政府当局より，御趣旨に沿って慎重に行うとの答弁がありました。
　なお，本2法案の重要性にかんがみ，2月25日には，参考人として，売春対策審議会会長菅原通済，東京地方検察庁八王子支部長金子満造，警察庁浅草警察署長斉藤良治，青葉女子学園園長菊沢鋭子，東京都婦人相談員西村好江の5君を招いて，有益な意見を聴取したのであります。
　かくして3月17日質疑を打ち切り，討論に入りましたところ，大川委員から，「保安処分としての補導処分のあり方並びに裁判所調査官制度の採用について，今後，政府に対し，特段の検討を希望するが，売春防止法全面施行を目前に控えた現段階では，本法案の程度の内容でもやむを得ない」として，賛成意見が述べられ，続いて売春防止法の一部を改正する法律案につき，「本法の運用の適正妥当を期するため，政府は可及的すみやかに裁判所調査官による判決前調査制度の法制化について検討すべきである」，また，婦人補導院法案については，「本法の運用に当り，いたずらに婦女子の自由を拘束することのないよう特に留意し，具体的運用において，その実を上げ得ない場合は，政府は可及的すみやかにその改正案を提出し得るよう検討すべきである」という趣旨の附帯決議をなすことの動議が提出されました。続いて棚橋委員から，「保安処分の本質にかんがみ，いたずらに婦女子の身体を拘束することなく，人権と自由を尊重すべきであり，また，調査官制度の検討も必要である」旨の賛成意見が述べられました。
　かくして討論を打ち切り，本2法案及び附帯決議につき採決いたしましたところ，それぞれ全会一致をもってこれを可決すべきものと決定いたしました。
　以上，御報告申し上げます。[151]

　参議院本会議も1958（昭和33）年3月19日，全会一致で法案を可決し，法案が成立した。[152] 売春防止法一部改正法は法律第16号として，また，婦人補導院法

は法律第17号として3月25日に公布され，いずれも同年4月1日から施行された。

　両法自体は，ともに特殊な時代状況の中で立案された一過性が強い性格のものであった。しかし，その国会審議は，日本における更生保護の展開にとって常に問題となり得る普遍的な論点であるにもかかわらず，新少年法，犯罪者予防更生法，更生緊急保護法および保護司法，刑法の一部改正法，執行猶予者保護観察法等の国会審議では十分には顕在化しなかった論点を見事に浮上させたという意味で，日本における更生保護の展開を考察する上で極めて重要な論争であったということができる。

　その理由の第1は，両法によって新たに導入された補導処分は明確に保安処分であって，しかも，それは「改正刑法仮案」に淵源を有する保安処分を基にして考案されたものだということが政府委員の答弁の中で明言されている点である。新少年法で採用された保護処分も同種の保安処分だとされている。更生保護が保安処分に結びつくことが明言されているのである。そして，この保安処分の一環として保護観察が定められたということである。補導院仮退院者に対する保護観察がそれである。補導処分も保護観察も「犯罪予防」を目的としていることから，この仮退院者に対する保護観察は「予防」のための更なる「予防」ということになろう。

　理由の第2は，上の保安処分には「本人の保護を目的とする」保安処分と「社会を犯罪から守るというために言い渡す」保安処分とがあり，補導処分は少年に対する保護処分と同様，「本人の保護を目的とする」保安処分だとされている点である。すなわち，更生保護における強制措置はパレンス・パトリエに基づいて正当化される場合とポリス・パワーに基づいて正当化される場合があり，補導処分はパレンス・パトリエに基づく場合だとされている点である。周知のように医療観察法の制定に当たっては，同法の定める強制入院等はパレンス・パトリエに拠らしむべきか，あるいはポリス・パワーに拠らしむべきかという綱引きがなされたが，その萌芽が既に補導処分の国会審議でみられるのである。「仮案」とは異なる新規性といえようか。

　しかしながら，この新規性をもって過大に評価することはできない。保護観察のもつ「保護」と「観察」という両側面を巧妙に使い分けることによって，保護観察制度の温存とその強化・拡大を図ってきたというのが更生保護の歴史

だったからである。だとすれば，この更生保護と密接な関係を有する保安処分についてもパレンス・パトリエの側面とポリス・パワーの側面を巧妙に使い分けることによって，保安処分の導入とその強化拡大を図るということは十分に考えられることだからである。反対を少なくするために「本人の保護を目的」とする側面を前面に押し出しただけで，補導処分や保護処分についても「社会を犯罪から守るというために言い渡す」という側面が秘められていた点に留意しなければならない。

　前述したように「改正刑法草案」は挫折したが，更生保護サイドの保安処分は着々とその強化拡大が進行していたのである。そのことを示したのが売春防止法一部改正法案等の国会審議であった。しかし，「仮案」から「改正刑法準備草案」を経て「改正刑法草案」に至る刑法改正作業の中に内包されていた矛盾が更生保護サイドの保安処分だからといって解消されることはなかった。むしろ，この矛盾は更生保護サイドの保安処分の方がより強かったともいえよう。「仮案」等の場合は社会防衛で貫かれていたためにその当否は別にしても矛盾は少なかったのに対して，更生保護サイドの保安処分の場合はパレンス・パトリエをも取り入れたためにパレンス・パトリエ対ポリス・パワーという新たな矛盾を抱え込むことになったからである。

　理由の第3は家庭裁判所に委ねるべきかどうかという点に関わる。最高裁によれば，家庭裁判所を受け皿とすることに反対した理由として，前述したように，「家庭裁判所は，ただいま全国各地に14の独立庁がございまして，その他2，3の独立庁舎がございますが，ただいま大体普通裁判所と併設されておりますので，そういう刑事裁判所と併設されておるということ自体がすでにまずいのでございまして，できたら離したいというふうなことも考えておる次第でございます。いわんや，売春婦のような人が入ってきますと，本来の平和の，しかも静かなうちに話し合いをつづけるということが家庭裁判所の1番大きな目的でございますので，そういう面が阻害される。」という点が挙げられている点である。家庭裁判所と刑事裁判所の分離の必要性が強調されているからである。しかし，その後，最高裁が家裁少年審判の刑事裁判化を図ることからみて，この理由を額面通りに受け取ることはできない。補導処分と保護処分とでは性格が異なる。保護処分の場合はパレンス・パトリエの側面が強いのに対して，補導処分の場合はポリス・パワーの側面が強い。このように考えていたこ

とから反対したのでないかと想像される。額面通りに受け取ることができないのは法務省の説明の場合も同様である。家庭裁判所に委ねるのが適当だと考えて最高裁に打診したが断られたことから断念した旨が述べられているが、法務省も最高裁と同じように考えていたのではないか。ただ、そのことを表に出すと法案の制定に支障が出かねないことから、最高裁が反対したことを理由に掲げた。このように考えられるからである。

　理由の第4は、補導処分の内容に関わる。前述したように、厚生省の「売春婦」保護予算については、「厚生省関係は、（昭和）33年度の要求が2億9912万7000円でございます。このうちで2億3300万円が大体婦人保護、残りが性病予防費になっております。当初要求いたしました額は約8億円でございます。」「やりますことは、（昭和）32年度の予算に掲げたことと大体同じでございますけれども、ただ、婦人の保護更生資金、それから医療費と被服費を交付する、ごくわずかでございますけれどもそれが入っておりますのが目新しい項目でございます。」と答弁されている。これに対して、法務省の「補導処分」予算については、「法務省関係の予算は（昭和）33年度予算として査定を受けました金額は1億2468万3000円でございます。この内訳は、……矯正局の関係、つまり補導院並びに女子少年院の新設並びに運営に関する経費を含めまして1億1300万円、……でございます。これを計画といたしましては約10億6294万4000円の要求をいたしたのでございますが、査定結果は右申しましたような次第でございます。」と答弁されている。しかし、その予算内容をみると、両者は極めて類似している。例えば、犯罪者予防更生法第36条の「補導援護の方法」では、保護観察は医療や就職を得ることを助ける役割が規定されている。また、更生緊急保護法第2条では、公共の衛生福祉その他の施設から医療、宿泊、職業の保護を受けることができない場合や、それだけでは更生できない場合は一時又は継続の措置を実施することを規定しているからである。これでは、厚生省所管の「売春婦」保護等と法務省所管の「補導処分」等の相違はその内容ではなく、対象者の違いということになろう。すなわち、「任意に更生したいというような意欲のあります者は、おそらく厚生省関係で保護指導をしていただくことに相なるわけでございますが、さような線に乗らない婦人たちを婦人補導院に入れて将来の道を立てさせてやろうということ」がそれである。それは何も「補導処分」に限ったことではなく、更生保護全般についていえることで

あったが，その結果，国会での議員指摘の如く「ざる法」に陥る危険性を内包することになったという点である。

　更生保護においては，このように内容が厚生省等のそれと酷似していることから，更生緊急保護法で規定されたように「公共の優先の原則」が強調されている。この「公共の優先の原則」に従って厚生省所管の「保護指導」等にアクセスしたとしても，関係者の忌避感その他の諸事情から事実上の拒否にあった場合，法務省所管の更生保護はその受け皿となって，厚生省等のそれらに代替する役割を果たすことが必要不可欠ということになるが，仮にこの役割を果たせないということになれば，対象者にとってはこの更生保護は「絵に描いた餅」ということになり，対象者に残るのは監視を受けることだけだということになるからである。

　理由の第5は，「売春防止法（本改正案を含む。）の立法趣旨にかんがみ，政府は，裁判所等の意見を参酌して，補導処分制度の運用に関し，可及的速かに，裁判所調査官制度を調査，検討すべきである」との附帯決議に関わる。決議案提出の趣旨は，前述したように次のようなものだったからである。

　　　申し上げるまでもなく，裁判所調査官制度を採用すべきかどうかという問題は，これは非常に意味のある問題であります。しかしながら，またむずかしい問題であるとも考えるのであります。そこで，外国の制度の中にもいろいろと参考にすることもあるでありましょうし，また現行制度のもとにおける刑罰体系，裁判所の職分，刑事訴訟の構造等から根本的に検討して参る必要もあろうかと考えるのであります。このようにこの問題は非常に深い意味があるものでありまして，今まで本委員会での法務省または最高裁判所の考え方を聞きましても，まだまだいずれとも最終的な結論を出すまでに熟しておるものとは考えられないのが現状と思うのであります。従いまして，今の段階におきましては，政府は責任を持ってこの問題を調査研究してその結論を出すことに資すべきであると信じます。その検討のやり方といたしまして，最高裁判所の意見を十分しんしゃくすべきものであると信ずるのであります。なぜかと申しますと，裁判手続の実際の衝に当るのは裁判所でありますから，裁判所の意見というものが非常に実情に即したものがあるはずでございます。……そして，そのような態度で，ほかに，あるいは実務家なり学者の見解なり，またさらに国民の世論等をも正しく生かして，そうしてよき結論を出そうという態度に政府は出らるべきものとわれわれは主張するものであります。それに，いま1つ，これはやはり今国会において大きく取り上げられた問題でございますから，可及的すみやかにこの措置を講ぜらるべきであるというのが，われわれのまた願望で

もあるのであります。[153]

　この附帯決議の提言は今日でも未解決の課題として残されているといえよう。

13　小　括

　『更生保護50年史（第1編）』によれば，この生成期ないし整備期をもって次のように特徴づけられている。少し長いが，紹介することにしよう。

　　終戦の翌年早々から，時の司法大臣官房課では，司法保護事業法等を改正し，新たな時代にふさわしい制度を制定するべく検討を始めていた。昭和22年には，早くも連合国軍総司令部（GHQ）にその成案を提出し，審査を受けている。しかし，閣僚をもって構成する中央少年・成人保護委員会構想や，更生保護の組織をすべて少年・成人別に設置すること，犯罪前歴者に対する救護措置を厚生省の所管とすべきこと，保護観察所のみによって保護観察を行うべきことなどに関して，当初，GHQ側の意向との隔たりが非常に大きく，その後の折衝は延々と2年に及び続けられることになった。

　　一方，戦後の貧困と混乱の中で犯罪は激増し，社会不安が増大する中，その対策は焦眉の急を告げ，犯罪対策の有力な担い手が待ち望まれていた。折しも，昭和23年暮れには，GHQの指示により，犯罪者予防更生法と同時進行を予定していた新少年法の施行期日が，急遽翌24年当初に繰り上げられることになり，法務庁は，折衝の長引いていた新法案の国会提出を早急に行う必要に迫られた。すでに24年度予算案が組まれて居り，要求の変更も許されない時期であったが，こうした経緯もあって（昭和）24年4月に犯罪者予防更生法は国会に上程されたのである。

　　昭和24年5月，犯罪者予防更生法が成立，同年7月1日に施行された。明治以来の先覚者による善行の積重ねが実を結んだといえる「更生保護制度」の成立である。制度発足当時の組織は，法務府の外局として中央更生保護委員会が置かれるというものであった。しかし，新制度とその組織にふさわしい財源と人員の裏打ちがないままの出発であり，その後の更生保護行政の長い苦難の始まりともなったのである。制度発足当初，多くの保護観察所は庁舎もなく，更生保護施設や検察庁等の関係団体・機関の一室や倉庫，寺院の一隅などを借りて業務に取りかかった。組織としては一庁平均10人足らずの職員数である一方，昭和27年には，この50年間で最高の約4万5000人の仮出獄者を数えており，当時の苦闘の有様が容易に想像できる。

　　一方，保護観察の実行機関である保護司については，昭和25年の保護司法の施行

により，従来の司法保護委員を引き継ぐ形で少年・成人別に合わせて約3万5000人が誕生した。また，同年に施行された更生緊急保護法では，保護観察に付されない猶予者・釈放者に対しても国の責任において更生保護の措置を行う旨が明記され，宿泊保護を担う施設として，明治以来の更生保護の原点でもある更生保護会が位置付けられた。更生保護会は，同年末現在143施設を数えた。

更生保護制度発足当初の難局は，こうした保護司，更生保護会を始めとする民間組織の強力な支えにより乗り越えていくことができた。殊に更生保護会は常時1万人に近い状況にあって新規設立が相次ぎ，昭和30年代半ばには170余の施設数にまで達した。また保護司組織のほかBBS会，更生保護婦人会の組織化が進められたほか，昭和26年に始まった"社会を明るくする運動"も各地に次第に根付いていった。

昭和27年の組織改革により，保護局及び中央更生保護審査会が設置され，少年と成人に分かれていた保護観察所が統合されるなど，現在の組織に近い姿になった。そして，（昭和）27年，（昭和）28年の両年にまたがり，執行猶予者保護観察制度が成立。（昭和）33年には売春防止法が一部改正されたことにより婦人補導院仮退院者に対する保護観察制度が創設され，現行の5つの保護観察の種別がすべて出揃うことになった。[154]

このようにして作りあげられた戦後の更生保護制度であるが，それでは，この更生保護制度は戦前のそれと比較してどのような特徴があるとみるべきあろうか。この点を検討した加藤倫子は，旧制度との相違点を以下の9点に要約している。[155]

（1）更生保護の頂点に，法務府に外局として中央更生保護委員会を新設し，仮釈放，保護観察，更生緊急保護，恩赦，犯罪者予防等を統括させた。
（2）全国8か所に少年・成人別の各地方保護委員会を置き，また，その事務局の事務分掌機関として49か所に少年・成人別の各保護観察所を置いた。これにより，史上初めて各地裁に対応する国の更生保護機関の全国配置が実現した。
（3）従来の大陸型仮釈放に代えて，合議体である地方保護委員会が仮釈放を決定し，改善更生を目的として保護観察を行わせるアメリカ型のパロール制度を採用した。行刑当局による決定と警察官署による監督は廃止された。
（4）矯正施設収容者の社会復帰を円滑にする社会内の環境調整が実施されるようになった。
（5）保護観察に付されていない釈放者の更生保護も国の責任で行うことになった。同時に，必ず本人の明示の意思に基づき，期間を限定して行い，従来のような「観察保護」（「収容保護」）等の運用を排した。

（6） 恩赦及び犯罪者予防を更生保護機関の所掌に加えた。
（7） 処遇に従事する者の専門知識ならびに調査研究を行う部署・職員について随所に規定するなど，専門的，科学的更生保護への指針を明らかにした。
（8） 審査請求手続きを法定するなど，個人の尊厳と人権に一層配慮を加えた。
（9） 少年審判所を廃止し，少年の保護処分は家庭裁判所に，少年院の所管は矯正組織に移した。

その上で，加藤は次のように指摘している。

> 戦前から戦後復興期への保護観察制度の変遷は，他のさまざまな制度がそうであったように，アメリカによる民主改革の影響を強く受けたものであったことがわかる。しかしながら，民間の篤志家である保護司によって主に担われている（非専門家である）点，……「保護」すべき個人の尊厳や人権が立法の際のレトリックとして用いられてきたことを見ていくと，現実的にはアメリカ側が意図していたような民主的な制度とは言い難いものであったといえよう。[156]

戦後の更生保護制度の新規性としては，加藤の挙げる諸点のほか，少年の保護処分に関して日本国憲法の謳う三権分立制度が曲がりなりにも導入されたこと，保護処分の新しい担い手として家裁裁判官，家裁調査官，そして付添人（弁護士）が登場することになったこと，更生保護の正当化根拠としてパレンス・パトリエが強調されたこと，補導処分や保護処分が「本人の保護を目的とする」保安処分だと明確に位置づけられたこと，国民の義務が規定され，国の責任も明示されたこと，なども付け加えられなければならない。保護観察の効果如何という考え方がみられるようになったことも新規性といえるかもしれない。

しかし，他方で，戦時下更生保護制度の特質とされるものが温存されたことにも注意しなければならない。「犯罪者の更生」を通じて「犯罪の予防」を図ることとされたこと。「犯罪者の更生」概念が運用によって更に拡大する危険性が内包されていること。ポリス・パワーによる更生保護の正当化も図られていること。執行猶予者に対する保護観察の実現など対象者の拡大が一貫して図られていること。保護観察の包含する人権侵害ないし人権制限の危険性に対して配慮するという姿勢が脆弱なこと。地方少年委員会及び地方成人委員会による対象者の呼出・質問について新憲法第31条で規定された適正手続保障を保護観察についても及ぼしていくといった発想はみられないこと。「犯罪者の更生」

における本人・家族（「自助」）と国民・社会（「共助」）と国（「公助」）の役割如何に関して「自助」「共助」が主であるということを前提として犯罪者予防更生法では「公助」について規定されたこと。「犯罪者の更生」のもつ一般の社会事業とは異なる「非常な刑事政策的な色彩」が強調されたこと。厚生省所管の保護事業の内容と法務省所管の更生保護事業の内容が酷似しており，両者の違いは対象者の違いに求められること。公共優先の原則が維持されたこと。「ざる法」に陥る危険性を内包することになったこと。更生緊急保護法により国が自ら直接この更生保護事業を全面的に行う場合と実質上ほとんど異ならないような支配・管理のもとに更生保護事業を置くことにほぼ成功したこと。国の役割（「公助」）の「支援・促進」と「整序・統制」を国は巧みに使い分けたこと。更生保護の第一線の担い手である保護司等の意識が戦前と変わらなかったこと。これらの点がそれである。思想犯保護観察法に対する反省が不十分なことも付け加えておかなければならない。

　これらの新規性が付け加わった結果，戦後の更生保護制度はむしろ戦前以上に矛盾を拡大することになった。国の責任のもつ矛盾，保護と観察の矛盾，パレンス・パトリエ対ポリス・パワーの矛盾，国の役割と国民・社会の役割の矛盾，支援・促進と整序・統制の矛盾，社会事業と更生事業の矛盾，公共優先の原則のもつ矛盾，家裁の刑事裁判所化と刑事裁判所の家裁化の矛盾，保護司等の矛盾，これらの矛盾を抱えて，戦後の更生保護は次の移行期に入って行くことになった。

1) 更生保護50年史編集委員会編『更生保護50年史（第1編）』（全国保護司連盟他，2000年）139頁。
2) 深谷裕「戦後における更生保護制度の変遷——就労支援の位置づけを中心に」『社学研論集〈早稲田大学〉』1巻7号（2006年）168頁以下。
3) 深谷・前掲注2）論文170頁。
4) 深谷・前掲注2）論文175頁。
5) 深谷・前掲注2）論文178頁。
6) 50年史編集委員会編・前掲注1）書196頁。ちなみに，大坪興一『更生保護叢書第3号　更生保護の生成』（日本更生保護協会，1996年）第5章「司法保護事業法改正草案」及び第6章「GHQから来た最初の修正意見書」によれば，1939（昭和14）年制定の司法保護事業法は，刑の執行猶予・執行停止中・執行免除の者，仮出獄者，少年法による保護処分を受けた者等に対し，再犯を防止して「進ンデ臣民ノ本分ヲ恪守セシムル為」，性格陶冶，生業助成等を行う「保護」制度を定めていたので，新憲法との関係で法改正が必至となり，司法省は敗戦後まもなく同改正作業に着手し，保護課は1947年1月13日，「司法保護事業法改正草案」をまとめ，2月10日，GHQのCIS公安課の行刑部に同草案を提出したところ，約2カ月後

の4月12日,同行刑部から最初の修正意見書が提示されたとされる。
7) 50年史編集委員会編・前掲注6)書246頁。
8) 50年史編集委員会編・前掲注6)書278頁。
9) 50年史編集委員会編・前掲注6)書306頁。
10) 50年史編集委員会編・前掲注6)書304頁。
11) ちなみに,加藤倫子「戦前から戦後復興期における保護観察制度の導入と変遷」『応用社会学研究〈立教大学〉』55号(2013年)229頁-230頁によれば,「制度の策定側である官僚にしてみれば,戦後間もない時期に社会の秩序を守るため,どんなレトリックを使ってでも『立法することそのもの』が最優先課題であったとしてもおかしくない。戦後間もない時期に潤沢な予算を準備するのは困難であろうし,他の省庁や既存の法律との関係とのあいだで調整の必要も生じてくる。こうした調整の結果につじつまを合わせるために,あらゆる点で『都合の良い』レトリックとして採用されたのが『少年』の『保護』だったのではないだろうか。」「戦後の『保護観察』は戦前のそれとは異なり,保護(教育)の対象としての『少年』を前提化させることにより,『観察しつつ』保護する権力として成立してきた。……『保護観察』という相反する二つの権力からなる制度は,その時々の社会の秩序を維持するために,『保護』や『観察』というそれぞれのレトリックと結びつけられやすいカテゴリー(少年,思想犯)を用いることによって成り立ってきたといえるだろう。」と分析される。
12) ちなみに,岩井敬介「更生保護の生成と発展——犯罪者社会内処遇50年の軌跡」日本更生保護協会編『更生保護の課題と展望——更生保護制度施行50周年記念論文集』(日本更生保護協会,2000年)71頁によれば,GHQと日本側との大きな溝を埋めるという難問題も時の経過,人の異動,相互の理解を通して解決に向かい,やがて全く新しい法律が生まれ,少年・成年別の地方組織の設置,少年保護団体の廃止等全面的にGHQ案に従った事項があるなかで,保護司制度は強い反対に抗して存置に至ったとされる。

なお,司法省が敗戦後まもなく,新憲法との整合性を確保するために司法保護事業法(1939年制定)の改正作業に着手し,保護課は1947(昭和22)年1月13日,「司法保護事業法改正草案」をまとめ,2月10日,GHQのCIS公安課の行刑部に同草案を提出したところ,約2か月後の4月12日,同行刑部から最初の修正意見書が提示されたことは前述したところである。
13) ちなみに,岩井・前掲12)論文70頁によれば,GHQ側が対案の中で求めてきたのは,「保護組織の頂点に総理大臣を委員長とし閣僚数名を含む高度の行政委員会を置く」ことや「地方レベルにも委員会を組織すること,すべての組織を少年・成年別に分けること,嘱託少年保護司・司法保護委員及び少年保護団体を廃止し,必要十分な数の保護観察官を配置すること,犯罪予防をも業務に加えること等」であったが,このうち日本側当局と直ちに合意に至ったのは「犯罪予防業務の付加くらいであった」と指摘される。
14) 例外は少年保護団体の廃止である。少年保護団体は廃止に反対し,全国の少年保護団体の代表者らが参集して法務庁に陳情等を行ったが,法務庁設置法附則第15条により1947(昭和22)年3月31日限りで廃止された。民間の団体に少年の矯正保護を委ねることは問題があると考えたGHQの指示によるものであった。165あった少年保護団体は少年院や教護院等の社会福祉施設等に転換した団体を除いて109団体が廃止になった。50年史編集委員会編・前掲注6)書234頁等を参照。成人の矯正保護についても同様のことがいえたが,GHQが問題にしたのは少年の矯正保護だけで,少年問題についてのGHQの格別の関心がうかがわれる。ちなみに,鳥居和代「敗戦後の『青少年問題』への取り組み:文部省の動向を中心として」『金沢大学人間社会学域学校教育学類紀要』3巻1号(2011年)5頁によれば,GHQの民間情報局の発想は,青少年に対する治安政策においては教育・文化行政担当機関の役割を重視する構想だったとされる。

なお，深谷・前掲注2) 論文174頁によれば，GHQ は更生保護は本来公務員が行うべきという根強い考えをもっていたため，1950（昭和25）年の保護司法成立時には協議会や連合会という形での保護司の組織化は行われなかったともいわれていると紹介されている。表面的にはそうだとしても，実質的な意味での組織化が図られたことは既に述べたところである。

15) 大坪・前掲注6) 書41頁-42頁等を参照。
16) 大坪・前掲注6) 書39頁-41頁等を参照。
17) 深谷・前掲注2) 論文170頁。なお，深谷によると，「新憲法の制定により民主主義の精神という更生保護の前提が敷かれ，この前提に基づき国家の治安維持を究極の目標とした，慈善でない保護事業が，改善更生主義，福祉主義，人道主義という3つの理念の下に実施されるようになった。」とされる。
18) ちなみに，1958（昭和33）年当時，法務省保護局長にあった福原忠男は保護事業の究極の目標は国家社会の治安維持にあると論じている。同「更生保護の進むべき道」更生保護制度施行十周年記念全国大会事務局編『更生保護論集——更生保護制度十周年記念』（更生保護制度施行十周年記念全国大会事務局，1959年）31頁等を参照。
19) 大坪・前掲注6) 書171頁-181頁等を参照。ちなみに，岩井・前掲注12) 論文70頁によれば，日本側とGHQ との隔たりは「犯罪者に対する強い人権上の配慮と敗戦国の伝統・文化，国の規模等に対する理解不足と，自国で必ずしも果たし得なかった更生保護制度の理想を他国において実現したいという想像以上の熱意とによるものであった」と分析される。
20) 大坪・前掲注6) 書196頁。
21) 『帝国議会貴族院議事速記録72』（東京大学出版会，1985年）261頁。
22) 牧野英一『新憲法と法律の社会化』（日本評論社，1948年）184頁。
23) 牧野英一『刑法研究第14巻——理論刑法と実践刑法』（有斐閣，1952年）289頁。
24) 牧野・前掲注23) 書88頁。
25) 牧野英一『刑法研究第16巻——刑法の在り方』（有斐閣，1958年）103頁。
26) 牧野英一「文化事業としての矯正保護」『刑政』63巻2号（1952年）18頁。
27) 村上貴美子『占領期の福祉政策』（勁草書房，1987年）242頁以下等を参照。
28) 吉田久一『日本社会事業の歴史（改訂版）』（勁草書房，1966年）300頁等を参照。
29) 50年史編集委員会編・前掲注1) 書196頁。
30) 安形静男「（二）更生緊急保護，任意保護」菊田幸一・西原春夫編『犯罪・非行と人間社会』（評論社，1982年）508頁。
31) ちなみに，衆議院法務委員会で政府委員は，「私どもといたしましては，必要な予算は獲得することに努め，同時に保護司の教養，訓練といいますか，観察官，保護司の内容の充実，整備に，今後ますます努力いたしたい，かように考えております。」（『昭和28年第16国会衆議院法務委員会議録第12号（昭和28年7月13日）』13頁）と述べている。内的な要因の存在を十分認識した上で民間に依存していたといえよう。
32) 深谷・前掲注2) 論文174頁以下等を参照。なお，同174頁によれば，更生保護の領域と異なり，矯正施設での刑務作業には，矯正施設における職業訓練期間の延長や職業訓練履修証明書の交付など，労働政策の展開の影響が及んだとされる。
33) 次のような井伊誠一議員の発言（『昭和28年第16国会衆議院法務委員会議録第21号（昭和28年7月28日）』7頁）を参照。
「実際上保護観察をいたしまして，保護を与えるという面になるならば，これは相当の経済的な施設を考えて，そうしてこれに対するところの自立の道を与えるようなことの方が活動の相当多きを占める部分ではないか，こういうふうに考えるのであります。そういたしますと，これは単に個人的な親切心だとか，こういう問題について非常な同情心を持っておるといつたような善良の人だけではとうていこれを処理することはできないと考える，そうい

たしますと，この問題は社会政策的な裏づけがどうしても必要なのでありまして，保護司の待遇を若干かえるとか，あるいは人数を増すとかなどでは及びもつかない問題に私はなつて来ると考えます。」

34) 『昭和28年第16国会衆議院法務委員会議録第24号（昭和28年7月28日）』8頁。
35) 伊福部舜児「社会変動と犯罪統制」日本犯罪社会学会編『犯罪社会学研究Ⅰ』（立花書房，1976年）46頁以下等を参照。
36) 『昭和28年第16国会衆議院法務委員会議録第23号（昭和28年7月25日）』1頁。
37) 『昭和28年第16国会衆議院法務委員会議録第9号（昭和28年7月9日）』6頁。
38) 池田浩三「更生緊急保護法をめぐる諸問題」更生保護制度施行十周年記念全国大会事務局編『更生保護論集――更生保護制度施行十周年記念』（更生保護制度施行十周年記念全国大会事務局，1959年）235頁等を参照。
39) 『昭和22年第92帝国議会貴族院恩赦法案特別委員会議録第1号（昭和22年3月5日）』1頁。
40) 前掲注39)会議録51頁等を参照。
41) 前掲注39)会議録51頁等を参照。
42) 『昭和22年第92帝国議会衆議院統計委員会議録第3号（昭和22年3月14日）』5頁。
43) 前掲注42)会議録4頁。
44) 前掲注42)会議録1頁-2頁。
45) 50年史編集委員会編・前掲注1)書243頁等を参照。
46) 『昭和27年第15国会衆議院法務委員会議録第2号（昭和27年11月11日）』3頁。ちなみに，加藤・前掲注11)論文230頁によれば，「斉藤（当時少年矯正局長の斉藤三郎―引用者）がアメリカに派遣され関係者と（戦犯者釈放問題について―引用者）交渉してきた。その中で，赦免ではなく，『減刑あるいはパロール』という，いわゆる『保護観察』に相当するような処遇によって戦犯者の問題を解決したいというアメリカ側の思惑を日本側が察知したようである。というのも，当時アメリカは大統領選の前の時期で，日本の戦犯者問題について『世論を刺激することを避けたい』ということが背景にあったようである。」と指摘される。アメリカ側が赦免は認められないというのはよく理解し得るところである。日本側との溝は大きかったといえよう。

なお，前掲注1)書209頁以下によると，思想犯保護観察法関係者の公職追放解除について，「昭和26年9月5日，政府は，特高警察，思想犯検事関係者等の公職追放解除につき，連合国最高司令官の承認を求めていたが，正式にその承認を得たので，その氏名を発表する。解除された者は，思想検事及び保護観察関係者32名，特高警察関係者304名である。」と指摘されている。
47) 前掲注46)会議録7頁。
48) 50年史編集委員会編・前掲注1)書198頁等を参照。
49) 50年史編集委員会編・前掲注1)書198頁等を参照。
50) 現在の「保護司」制度は，1939（昭和14）年に制定された司法保護事業法によって制度化された「司法保護委員」制度と，1923（大正12）年に旧少年法が施行された際に設けられた「嘱託少年保護司」制度を前身としている。「司法保護委員」は1950（昭和25）年に保護司法が制定されたことから「保護司」に改称されたが，改称当時は少年を担当する保護司を「少年保護司」，成人を担当する保護司を「成年保護司」というように区別していた。しかし，1952（昭和27）年に法務省の地方支分部局である保護観察所が設置され，これに合わせて少年法が一部改正され，従前，地方少年保護委員会の保護観察に付することとなっていた少年の保護観察が保護観察所の保護観察に付されることとなり，保護観察は保護観察所の所掌事項となったので，保護司についても少年と成人とが単に「保護司」というように一本化され

ることになり，現在に至っている．
51）『昭和23年第2国会参議院司法委員会議録第47号（昭和23年6月25日）』4頁．
52）前掲注51）会議録5頁．
53）『昭和23年第2国会参議院厚生委員会議録第10号（昭和23年6月10日）』3頁-4頁．
54）前掲注53）会議録5頁．
55）前掲注53）会議録7頁．
56）深谷・前掲注2）論文173頁等を参照．肝心の厚生省自体が，前述のGHQへの意見書の中で釈放者による再犯の危険性を繰り返し強調していたような状況であった．
57）大曾根寛・小澤温『障害者福祉論』（放送大学教育振興会，2005年）52頁によれば，身体障害者の「更生」という言葉が犯罪者の「更生」と同じ言葉使いであったことに当時から反発が生じていたとされる．ちなみに，1951（昭和26）年に制定された社会福祉事業法（同年3月29日法律第45号）第2条第4項では，「この法律における『社会福祉事業』には，次に掲げる事業は，含まれないものとする．」とされ，その1つとして「更生保護事業法（平成7年法律第86号）にいう更生保護事業（以下『更生保護事業』という．）」が掲げられた．更生保護事業は既に立法されていた更生緊急保護法（昭和25年5月25日法律第203号）で規定されているからというのがその理由で，法務省の強い意向によるものであったが，他方，社会福祉事業法第74条第6項は「都道府県協議会，市町村協議会及び地区協議会は，社会福祉事業若しくは更生保護事業を経営する者又は社会福祉事業に奉仕する者から参加の申出があつたときは，正当な理由がなければ，これを拒んではならない．」と規定し，更生保護事業団体が社会福祉協議会に参加することを認めており，また，同法第71条は「この法律において『共同募金』とは，都道府県の区域を単位として，毎年1回，厚生大臣の定める期間内に限つてあまねく行う寄附金の募集であつて，その寄附金をその区域内において社会福祉事業，更生保護事業その他の社会福祉を目的とする事業を経営する者（国及び地方公共団体を除く．）に配分することを目的とするものをいう．」と規定し，共同募金の配分対象とされていた．このような更生保護事業の特異な（法務省にとって都合のよい）位置づけについて，国会では「更生保護事業が社会事業でありまするこは世界の通説であります．これはいろいろ刑事制度に関係があるから一応向うへ持つて行つておるが少年法と同じことでありまして，その本質は社会福祉事業であります．ここに除外されてあるのは私どもは奇異に感ずるのでありますが，然るに後に至りまして社会福祉協議会のメンバー，或いは共同募金の対象の中には入つておる．誠にこれは私ども何と申しますか奇異に感じまして，我々はこの社会福祉事業法の掣肘を受けんぞ，その代り金は欲しい，こういうような形に見えるような気持がいたしまして，非常に不愉快に感ずる．」（『昭和26年第10国会参議院厚生委員会議録第15号（昭和26年3月19日）』19頁）との発言がみられた．
58）『昭和23年第2国会参議院厚生委員会議録第10号（昭和23年6月10日）』7頁．
59）もっとも，家庭裁判所が発足してしばらくは，日本国憲法や教育基本法の理念を胸に「少年の健全育成」に情熱的に取り組む家裁裁判官が輩出し，法務庁・法務府・法務省の考えとの間に乖離が生じた．しかし，それも最高裁判所による裁判官統制が強まる中で家庭裁判所の少年審判の刑事裁判化が進んだ．そして，2000（平成12）年の少年法一部改正法（平成12年法律第142号）により，検察官にとって念願であった重大事件の原則検察官送致と少年審判への検察官関与がついに実現することになった．長い年月を要したが，少年法の公布から50年後のことであった．
60）『昭和23年第2国会衆議院司法委員会議録第49号（昭和23年7月3日）』3頁．
61）法学界も，司法機関である家庭裁判所に少年事件の専属的管轄権を与えたこと，「少年の健全な育成を期す」ことを目的としたこと等から，法案に概ね賛成であった．それは現在でも同様で，たとえば，澤登俊雄『少年法入門（第5版）』（有斐閣，2011年）30頁以下によれ

ば，現行少年法の特徴として，①人権保障を強化したこと，すなわち，司法機関である裁判所に少年事件の専属的管轄権を与えたこと，旧法では手続が無方式であったのに対して少年司法手続の形式性を強化したこと，②旧法の基本構造が改められ，健全育成の充実が法の目的とされ，保護主義の拡充・強化が図られたこと，が挙げられる。また，守屋克彦他・斉藤豊治編『コンメンタール少年法』（現代人文社，2012年）7頁以下によれば，戦後少年法の特徴として，①少年の健全育成を法の目的としたこと，②少年の年齢を20歳まで引き上げ，死刑・無期刑を行為時18歳以上に限定したこと，③司法機関である家庭裁判所に少年事件の専属的管轄権を与え，保護処分の決定を行わせたこと，④保護処分優先主義を採用しつつ，刑事処分及び福祉的措置への振り分けも可能にしたこと，⑤家庭裁判所調査官，少年鑑別所を設けて科学的調査を重視したこと，⑥保護処分の内容を整理して，事実上の処分を保護処分から除外したこと，⑦保護処分に対して少年に抗告権を認めたこと，⑧保護処分の決定と執行を分離したこと，⑨少年の福祉を害する刑事事件を家庭裁判所の管轄としたこと，が挙げられている。これに対し，菊田幸一『概説 少年法』（明石書店，2013年）29頁以下によれば，新少年法の「旧少年法と比べての功罪は種々提起できる」とした上で，「ほんらい刑務所を管轄する法務省が少年院をも管轄するところに少年法のもつ矛盾が結果した」，「（新少年法が採用した家裁の少年審判は―引用者）旧法に比べていちじるしく形式化し，刑事訴訟法化した」と指摘されており，興味深い。

62) 鳥居和代「敗戦後の『青少年問題』への取り組み――文部省の動向を中心として」『金沢大学人間社会学域学校教育学類紀要』3巻1号（2011年）13頁以下等を参照。
63) 大坪・前掲注6)書67頁以下（第6章「GHQから来た最初の修正案」）等を参照。なお，同・大坪「犯罪者予防更生法成立事情回顧」日本更生保護協会編『更生保護と犯罪予防』22巻1号（1987年）16頁以下によれば，このようなCIS公安課の案は同課の行刑部の長であったルイスの意見が強く影響していたとされる。
64) 鳥居・前掲注62)論文6頁を参照。
65) 鳥居・前掲注62)論文2頁等を参照。ただし，同頁によれば，「戦時下に『人的資源の保護・育成』という国策の視点から従来の『児童保護』に取って代わることになった『児童愛護』という言葉を敗戦後にそのまま用いていることからすれば，先の『青少年不良化防止対策要綱』において青少年の『自主性』『自治』が謳われたところで，文部省の『児童』観にさほど大きな変容があったようには思われない。」とされる。
66) 鳥居・前掲注62)論文6頁等を参照。
67) 鳥居・前掲注62)論文9頁等を参照。
68) 鳥居・前掲注62)論文10頁等を参照。
69) このような状況下の文部当局者の思いを示すものとして，たとえば，前田偉男「不良化対策はなぜ振るわないか」『月刊社会教育』5巻2号（1950年）56頁以下等を参照。文部省の施策の現状や展望についてはほとんど言及されていない反面，法務府と厚生省の青少年不良化対策の課題については詳述されている。
70) 『昭和24年第5国会衆議院法務委員会議録第13号（昭和24年4月8日）』10頁。
71) 前掲注70)会議録10頁。
72) 『昭和24年第5国会衆議院法務委員会議録第16号（昭和24年5月7日）』10頁。
73) 前掲注72)会議録10頁。
74) 前掲注72)会議録10頁。
75) 前掲注72)会議録7頁。
76) 前掲注72)会議録7頁。
77) 『昭和24年第5国会衆議院法務委員会議録第18号（昭和24年5月11日）』9頁。
78) 前掲注70)会議録13頁。

79) 前掲注72) 会議録11頁。
80) 前掲注72) 会議録8頁。
81) 前掲注77) 会議録9頁。
82) 前掲注77) 会議録8頁。
83) 前掲注77) 会議録7頁。
84) 前掲注77) 会議録6頁。
85) 前掲注77) 会議録8頁。
86) 前掲注77) 会議録8頁。
87) 『昭和24年第5国会衆議院法務委員会議録第18号（昭和24年5月11日）』9頁。
88) 前掲注87) 会議録7頁。
89) 前掲注87) 会議録6頁。
90) 前掲注87) 会議録4頁。
91) 『昭和24年第5国会参議院法務委員会議録第16号（昭和24年5月18日）』7頁。
92) 前掲注91) 会議録9頁。
93) 前掲注91) 会議録10頁。
94) 前掲注91) 会議録11頁。
95) 50年史編集委員会編・前掲注1) 書200頁等を参照。同書234頁によれば，犯罪者予防更生法の立法事情が取り上げられ，「法務庁はこのルイス博士の構想をどう取り入れるかで苦労した。しかし日本の敗戦直後の経済力等の実情から考えれば，この構想は到底実施不可能であると考え反対したので，折衝は一時暗礁に乗り上げた……昭和23年の暮れにルイス博士が休暇を取ってアメリカに帰って不在中，斉藤少年矯正局長は彼の代理という人と交渉し，最大の隘路となっていた首相や閣僚を中央委員にするという構想を修止した案でGHQの了解を取り付け，国会に提出する法案とした。……斉藤氏は退官後，次のように述懐している，『犯罪対策には，あの位大きな気構えが必要なのではなかろうか。（ルイス構想は）大きな犯罪対策を考えるのに絶好の機会であったのだ。私ども事務官僚はルイス構想を支持し，日本政府の最高部に持って行かせ検討させるべきではなかったろうか。』」と記述されている。

これに対し，瀬川晃「仮釈放の現代的動向と課題」『同志社法学』38巻3号（1986年）5頁によれば，「戦前における仮釈放制度は，例外的に少数の者を対象に恩恵として機能するシステムにすぎなかったが，仮釈放制度の基本構造に変革がもたらされたのは戦後においてである。このような変革は，昭和24（1949）年の犯罪者予防更生法によってもたらされた。」とされる。研究者の方が実務家以上により実務的だといえようか。
96) 加藤・前掲注11) 論文228頁。
97) 加藤・前掲注11) 論文228頁。
98) 『昭和24年第5国会参議院本会議録第32号（昭和24年5月23日）』55頁。
99) 犯罪者予防更生法の施行（1949年7月1日）後，早くも1950（昭和25）年4月に，「満期釈放者，起訴猶予者等のうち再犯率の最も高いと認められる状況にある，すなわち刑事上の手続によつて身体の拘束を解かれた後一定の期間内の者に対しまして，強制力を伴わない緊急適切な更生保護の措置を講じて，その再犯防止に遺漏なからしめることを期（す）」ことを目的として，更生緊急保護法案が国会に上程され，同月4日から衆議院法務委員会で審議が開始されている。
100) 50年史編集委員会編・前掲注1) 書237頁以下等を参照。

なお，犯罪者予防更生法は間もなく一部改正法（昭和27年6月3日法律第208号）により一部改正されることになった。仮釈放の審理に当たって地方保護委員会は中央更生保護委員会規則が定める一定の場合，本人との面接を省略することができるとして弾力的な取扱いを認めるとともに，仮出獄中の者に限らず，仮退院中の者，家庭裁判所により保護観察の処分

を受けた者等に対しても一定の場合には引致することができるものとするほか，従来の仮出獄の停止の制度を改めて保護観察の停止とし，その手続，要件効力等に関する規定を整備することを内容とするものであった。

101) 50年史編集委員会編・前掲注1) 書236頁。
102) 『昭和25年第7国会衆議院法務委員会議録第19号（昭和25年4月4日）』9頁。
　なお，同日の委員会審議では，「矯正保護作業の運営及び利用に関する法律案」の審議も行われており，刑務作業の現状等についての委員の質問に対して，政府委員の方から次のような説明がなされており，興味深い。
　「通産大臣官房統計課の資料と，こちらの資料等によりまして，刑務所作業と民間作業との比率を一応とつてみました。それは要するに現在において両方の力がどのくらいあるかという比であります。それは各木工，印刷，金属，皮工，洋裁等，これだけの部面について一応とつてみたのであります。大体従業者の数と生産額と両方にわけてとつてみました数字は，何人という数字は省略いたしまして，パーセントで申し上げることにいたします。木工については，民間の力を98.1％といたしますと，刑務所の数は1.9％に当るのであります。これが従業者の数であります。生産額の数から申し上げますと，民間の方が99.7％，刑務所は0.3％になるのであります。次は印刷でありますが，従業者の数から申し上げますと，民間が97.6％，刑務所が2.4％になるのであります。生産額の方から申し上げますと，民間が99.7％刑務所が0.3％という比率になるのであります。次に金属でありますが，従業者の数から申し上げますと，民間は98％，刑務所は2％になるのであります。生産額から申しますと，民間が99.94％，刑務所が0.06％になるのであります。次に皮工についてでありますが，従業者の数から申しますと，民間が92.4％，刑務所が7.6％であります。生産額の点から申しますと，民間が99.5％，刑務所が0.5％となるのであります。次に洋裁でありますが，従業員の点から申しますと民間が97.6％，刑務所が2.4％，生産額から申しますと，民間が99.9％，刑務所が0.1％，大体こういう数字を示しているのでありまして，これが従業者及びその生産額の上から見て，民間の企業と刑務所の企業のウエイトを調べたものであります。大体こういう点から見て，従業者から見まして，多くて2％前後である。そうして生産額から見ますと，1％まで行つているものはよいのであつて，中には0.06％というような，全体から見ますと，ほとんど言うに足らないというような数字を示しておるのであります。これらの基礎の上に立ちまして――もとより刑務所も1つの企業でありまして，この法律によつて若干官の仕事をこちらの方にいただくことになりますれば，今まで民間へ流れたものがこちらに来るということになりまして，その部分が若干の影響はもとよりあることでありましようが，それはしかし重大なものではない。しかも私どもといたしましては，従来刑務所においても苦労して民間の仕事をとつていたわけでありますが，今度は従来刑務所においてとつた民間の仕事は刑務所でもらわないことになつた。今度その仕事が民間の方に流れて行く。トータルの上から見れば，彼此相殺されて，結局仕事の量から見れば同じことになるというふうに考えられまして，しかし重大なる影響を與えないものであろうというような大体の測定を，この問題については考えていたわけであります。」（『同法務委員会議録第19号（昭和25年4月4日）』15頁）
103) 『昭和25年第7国会衆議院法務委員会議録第33号（昭和25年4月22日）』2頁。
104) 前掲注103) 会議録4頁。
105) 前掲注103) 会議録4頁。
106) 『昭和25年第7国会衆議院本会議録第43号（昭和25年4月27日）』15頁。
107) 50年史編集委員会編・前掲注1) 書239頁。
108) 『昭和28年第16国会衆議院法務委員会議録第35号（昭和28年8月3日）』1頁。
109) 『昭和28年第16国会衆議院法務委員会議録第16号（昭和28年7月17日）』14頁。

110) 前掲注109)会議録14頁。
111) 『昭和28年第16国会衆議院法務委員会議録第26号（昭和28年7月30日）』1頁。
112) 前掲注111)会議録1頁。
113) 前掲注108)会議録1頁。
114) 『昭和28年第16国会衆議院法務委員会議録第35号（昭和28年8月6日）』71頁。
115) 前掲注109)会議録14頁。
116) 『昭和29年第19国会衆議院法務委員会議録第10号（昭和29年2月24日）』3頁。
117) 『昭和29年第19国会参議院法務委員会議録第14号（昭和29年3月31日）』2頁。
118) 『昭和29年第19国会参議院法務委員会議録第13号（昭和29年3月30日）』6頁。
119) 『昭和29年第19国会参議院本会議録第27号（昭和29年4月1日）』6頁。
120) 前掲注116)会議録1頁及び『昭和29年第19国会参議院法務委員会議録第4号（昭和29年2月25日）』1頁。
121) 『昭和29年第19国会参議院法務委員会議録第9号（昭和29年3月16日）』3頁。
122) 前掲注121)会議録6頁。
123) 前掲注121)会議録6頁。
124) 前掲注121)会議録7頁。
125) 『昭和29年第19国会参議院法務委員会議録第21号（昭和29年3月18日）』9頁。
126) 前掲注119)会議録2頁。
127) 『昭和33年第28国会衆議院法務委員会議録第5号（昭和33年2月18日）』10頁。
128) 前掲注127)会議録10頁。
129) 『昭和33年第28国会衆議院法務委員会議録第6号（昭和33年2月20日）』12頁-13頁。
130) 前掲注129)会議録10頁-11頁。
131) 前掲注129)会議録13頁。
132) 前掲注129)会議録14頁。
133) 前掲注129)会議録16頁。
134) 前掲注129)会議録16頁。
135) 前掲注129)会議録16頁-17頁。
136) 『昭和33年第28国会衆議院法務委員会議録第8号（昭和33年2月27日）』14頁。
137) 前掲注129)会議録16頁。
138) 前掲注129)会議録16頁。
139) 前掲注136)会議録14頁。
140) 前掲注136)会議録10頁。
141) 前掲注129)会議録19頁。
142) 前掲注129)会議録19頁。
143) 前掲注129)会議録18頁。
144) 前掲注129)会議録19頁。
145) 『昭和33年第28国会衆議院法務委員会議録第9号（昭和33年2月28日）』1頁。
146) 『昭和33年第28国会衆議院法務委員会議録第11号（昭和33年3月6日）』10頁。
147) 前掲注146)会議録第11号10頁。
148) 『昭和33年第28国会衆議院本会議録第13号（昭和33年3月6日）』22頁。
149) 『昭和33年第28国会参議院法務委員会議録第17号（昭和33年3月17日）』19頁。
150) 前掲注149)会議録11号16頁。
151) 『昭和33年第28国会参議院本会議録第15号（昭和33年3月19日）』15頁。
152) 前掲注151)会議録16頁。
153) 前掲注149)会議録16頁。

154) 50年史編集委員会編・前掲注1) 書196頁。
155)156) 加藤倫子「戦前から戦後復興期における保護観察制度の導入と変遷」『応用社会学研究〈立教大学〉』55号（2013年）223頁。

第8章　戦後更生保護の移行期（上半期）

1　『50年史』による概括等

　深谷がいう「移行期」上半期は『更生保護50年史（第1編）』がいうところの第三期および第四期にほぼ該当する。この第三期について『更生保護50年史（第1編）』は次のように概括している。

　　この時期の始まりである昭和34年は，皇太子殿下美智子妃殿下の御成婚，東海道新幹線の着工，東京オリンピックの開催決定といった華やかな話題に彩られた。経済の面でも岩戸景気や，（昭和）36年を初年度とする池田内閣の「所得倍増計画」に象徴されるように，急激な経済成長へと向かった時代であった。経済白書に書かれた「もはや戦後ではない」のフレーズが流行語となり，テレビ，洗濯機，電気冷蔵庫の「三種の神器」を手に入れることが新しい日本人のステイタスとされるなど，社会全般に戦後間もなくの困窮の時代を脱した安定感や豊かさを求める風潮が芽生えてきた時代とも言える。
　　一方，狭山事件，吉展ちゃん誘拐事件（いずれも昭和36年），金嬉老事件（（昭和）43年）などの重大事件が起こったほか，戦後一時期なりをひそめていた右翼活動の活発化の中で，（昭和）35年10月には，東京・日比谷公会堂で開催された自民・社会・民社三党党首の立会演説中，当時の社会党委員長・浅沼稲次郎が，全アジア反共青年連盟の連盟員を名乗る17歳の少年に刺殺されるという事件も起きた。この事件は，その刺殺の瞬間が全国的にテレビで放映されたこともあり，当時，社会に大きな衝撃を与え，また，その少年が保護観察中であったことから，更生保護行政にとって大きな転機をもたらすことになる。すなわち，この事件がきっかけとなり，青少年犯罪の凶悪化等に伴う保護観察の強化がうたわれ，その翌年の（昭和）36年には保護観察官100名の増員が認められたのである。
　　折しも，この時期は，いわば慈愛の精神と情熱に多くを頼り切って乗り切ってきたとも言える戦後間もなくの更生保護の時代が一段落し，保護観察処遇の充実強化や科学的基盤の必要性が一段と強調されるなど，更生保護の効果が問われるようになった時代でもあった。また，少年非行が昭和39年に第2のピークを迎えた。
　　このため，この時期には各種の実験的施策が検討され，保護観察官が直接処遇を

行った場合と取扱い事件数を軽減した場合の処遇効果の測定実験(昭和36年),矯正処遇から更生保護への円滑な移行を図るため保護観察官を矯正施設に試験的に駐在させる施策(昭和36年),青少年非行の都市集中化に対応し,東京・大阪・名古屋の各保護観察所において青少年保護観察対象者に対する保護観察の初期に保護観察官が直接担当する初期観察の施策((昭和)40年),保護観察官による仮釈放準備調査の実施((昭和)41年),処遇の難易度に応じた保護観察官の処遇関与の規準を設けた処遇分類制の導入((昭和)42年)などの施策が実行に移された。また,モータリゼーションの進展に伴う青少年の交通事件の増加に対応し,(昭和)40年には,おおむね6カ月という短期間を目途として実施する道路交通法違反少年に対する保護観察が実施され,併せてその保護観察の方法の1つとして集団処遇が導入された。

一方,更生保護会関係では,昭和34年は更生保護会の数が制度施行後最高を数えた(直接保護事業を営む更生保護会数は同年末で174団体)年であった。更生保護会の監督については,従来,事業経営については保護観察所が,法人については法務局の2つの監督系統に分かれていたが,昭和39年には省令改正によりこれが一元化され,保護機関のみの監督とされ,更に複式簿記が導入されるなど更生保護会の近代的・合理的な監督指導体制が整備された。

この時期に実施された,このような数多くの施策は,その後の更生保護の在り方に多くの示唆を与えることになる。[1]

第三期についても次のように概括されている。

この時期の幕開けを象徴する出来事は,昭和44年1月の学生らによる東大安田講堂占拠事件など学生運動の高揚であった。政治的にも,ベトナム反戦,日米安保条約反対,公害闘争など,様々な形での反体制運動が盛り上がり,学園紛争も全国的に吹き荒れ,内ゲバが頻発し,(昭和)45年3月の赤軍派によるよど号ハイジャック事件,(昭和)47年の連合赤軍による浅間山荘事件等,公安事件の多発期で,これにより保護観察に付される者も少なくなかった。また,(昭和)44年4月に連続ピストル射殺犯で1号観察中の永山則夫が逮捕されたのをはじめ,(昭和)46年5月には連続女性誘拐殺人事件の犯人として仮出獄中の大久保清が逮捕されるなど,保護観察中の者による重大事件が続発した時期でもあった。一方,(昭和)44年7月のアポロ1号月面着陸,(昭和)45年の大阪での万国博覧会,(昭和)47年の札幌冬季オリンピック,沖縄の本土復帰など,明るい話題も少なくなかった。

社会経済情勢については,昭和45年に第1次石油ショックで一時の動揺はあったものの,前期から続く高度経済成長は国民総生産を世界第2位にまで押し上げ,これがもたらした超完全雇用状態やモータリゼーションの進展は国民全体に中流意識を植え付けていった。一方,道路などのインフラ整備や交通安全活動の強化,刑事司法面での交通反則通告制度,業務上過失致死傷罪に対する法定刑の引き上げ施策

等の結果が相まって，交通事故や違反が減少し，加えて少年有責人口の減少等を背景として，刑法犯検挙人員，家庭裁判所係属の少年保護事件とも逓減し，これを受けた保護観察事件数も減少傾向を示していたが，（昭和）50年からは，主にその後における交通短期保護観察事件の増大を背景とする保護観察処分少年の増加により，再び新規受理人員が増勢に転じた。

　この時期の10年間は，更生保護にとっては，第2で行われた仮釈放と保護観察の成果を上げるために実験的施策を実践の場で活かし展開していく時期であった。そのためには，それにふさわしい態勢を整える必要があり，昭和44年には地方委員会における委員定数の増員，委員会事務局の部制廃止，専任事務局長の設置といった改革がなされた。また，（昭和）45年には，八王子市，堺市，北九州市にそれぞれ保護観察所支部が設けられ，さらに，（昭和）47年5月には沖縄の本土復帰に伴い，那覇保護観察所が発足した。また，（昭和）49年には，従来，規則，通達，暫定的細則等で運用されていた仮釈放や保護観察の手続規定が一本化され，これと相前後して，仮釈放審理の充実，保護観察の充実強化等の各種の方策が実施された。具体的には，仮釈放準備調査の拡充強化，分類処遇による保護観察の効果的実施，青少年保護観察対象者に対する直接処遇の実施，交通事件少年対象者に対する短期の保護観察の実施等である。

　昭和40年代から50年代にかけては，科学化，専門化，そして処遇の多様化の追求が求められた時代でもある。このような時流の中で，この時期には，種々の処遇の開発に努力が注がれ，（昭和）46年には，処遇効果に関する「処遇態様別研究」が，また，処遇の第一線では，ファミリィ・ケース・ワーク，グループ・ワーク，カウンセリングなどの実践とその評価が繰り返し行われるようになった。さらに，（昭和）45年には，「竹内基金」による保護観察官の海外派遣が財団法人青少年更生福祉センターの事業として行われるようになったのをはじめ，同年8月には「国際更生保護協会（IPAA）総会」「犯罪防止及び犯罪者の処遇に関する第4回国際連合会議」が京都国際会議場で開催され，国際交流を深めることになった。

　その一方，高度成長により就職転職が容易になり，一般に生活水準が向上するに従って，更生保護施設における収容実績が年々低下し，惜しくも廃止に至る施設が相次ぐなど厳しい現実もあったが，更生保護制度全体としては，相対的に成熟期の安定が加わった上，昭和46年には島津久子氏が全国更生保護婦人連盟会長に就任したこと，また，社明運動のシンボルマークが定められたことなどもあって，更生保護に対する国民の理解，認識は深まった。[2)]

これに対し，深谷は次のように分析している。

　戦後約10年の間に成立したさまざまな更生保護関係立法は，1994年の更（生）緊（急保護）法改正に至るまでの約40年間，抜本的な改正を経ることなく施行されて

いる。この時期の上半期にあたる1955年から1975年の間には，保護観察官施設駐在の試行（1961年），仮釈放準備調査制度の開始（1966年），分類処遇制度の導入（1971年）等の仮釈放施策がとられてはいるが，改革への兆しが表立っては見えない。満期釈放者に対する保護施策に至っては，ほとんど動きが無い。そして下半期にあたる1976年から1993年の間には，実質的な改正には至らないまでも，法務省内部では改革に向けての準備に着手している。したがって，この時期は施策的動きの少ない上半期から，改革への準備が進められる下半期へ，そして次の転換期へと移行する時期と考えることができる。この時期の特徴は，犯罪内容に変化が見られるようになり，更生保護実務を担当する保護司や更生保護会の限界説が強まるということである。

　上半期に当たる1955年から1975年にかけては，小さな変化は見られるものの，更生保護制度において目立った改革はなされていない。……抜本的制度改革がなされない間も，法務省の研究機関である法務総合研究所が，保護観察や更生保護会についていくつかの研究を実施しており，更生保護実務への関心は注がれていたと判断できる。

　この時期，施策の判断基準として大きな意味を持っていたのは対象者の就職率であった。1964年には，安定性のある永続的な，しかも保護観察対象者に適した職業の補導と援助という観点から，機関紙上で保護司らによる座談会が開かれており，制度的支えが不足した状況でも，篤志家による就労支援の努力が継続的に実施されていたことがわかる。この時期の就労支援は，1960年頃から始まった高度経済成長を背景に，就職先の確保にはさほど問題は生じていなかった。……この時期は就職率が良好であるということを理由に，大きな制度改革の必要性がないと判断されていたことがわかる。しかし実際は，その体制を揺るがすような事件は生じている。具体的には，たとえば1960年に保護観察中の男性が母親を殺害する事件が，そして1971年には群馬県で保護観察中の男性による暴行殺害事件が発生している。これらの事件は，更生保護体制の見直しの起爆剤となるに十分な要素を秘めていると考えられる。それは，2005年に発生した相次ぐ保護観察事犯により，法務省内に『更生保護のあり方を考える有識者会議』が立ち上げられたことからも明らかである。この時期の保護観察事件から更生保護制度見直しの必要性が強く主張されることがなかったことは，就職率の動向が更生保護政策の判断基準として重視されるなかで，良好な就職率を維持していたためと考えられる。

　保護観察事犯から社会の保護を意図した更生の強化へと発展しなかったことや，就職状況を優先させ，対象者の生活の安定を重視していることを考慮すると，当時の更生保護施策は，一見対象者志向性が強いように見える。しかし『昭和36年版犯罪白書』には，失業状態がまねく再犯の可能性に対する危惧が示されており，社会全体の保護を重視する傾向は顕在していたとみるのが妥当であろう。では，この時期に導入された施策はどうであろうか。保護観察官駐在の試行や仮釈放準備調査制度，そして分類処遇制度を導入した直接的理由は，管理体制の円滑化であったと考

えられる。たとえば分類処遇制度は対象者をわずか2群（処遇困難であるか否か）に分けている。仮にこの制度が対象者志向型であるならば，対象者の個別性に応じてさらに細かく分類したのではないか。2群に分けたのは，保護司にとっての負担を考慮したものであり，対象者ではなく，保護司のニーズに基づくものと捉えられる。したがって，分類処遇制度の導入から，この時期の更生保護施策が対象者志向型であったと判断することは困難である[3]。

問題はこの期の更生保護制度が新たに抱え込むことになった戦前以上の矛盾に対してどのように取り組んだかである。以下では，このような観点から，この期の動きを考察することにしたい。

2　各種の実験的施策の検討・実施

この時期には仮釈放審理の充実，保護観察の充実強化等のための各種の実験的な施策が検討され，実施された。保護観察官矯正施設駐在の試行（1961年），青少年保護観察対象者に対する直接処遇の実施（1965年），仮釈放準備調査制度の開始（1966年），保護観察の処遇効果に関する調査研究の実施（1971年），分類処遇制度の導入（1971年），交通事件少年対象者に対する短期の保護観察の実施（1977年），などがそれである。

このうち，保護観察官矯正施設駐在の試行は局長通達によるもので，1961（昭和36）年12月22日，保護局長及び矯正局長通達「保護観察官を矯正施設に駐在させることについて」（保護第565号）が発出された。矯正処遇から更生保護への円滑な移行と仮釈放制度の一層適切な運営とに資するため，実験的施策として東京保護観察所の保護観察官1人を中野刑務所に駐在させることに関する申し合わせを行い，1962（昭和37）年1月1日からおよそ2年間実施することとするものであった。

青少年保護観察対象者に対する直接処遇の実施も同じく局長通達によるもので，1965年4月1日，保護局長通達「三大都市における青少年保護観察対象者に対する保護観察の実施について」（保護観甲第208号）が発出された。1960（昭和35）年10月12日，当時の社会党委員長・浅沼稲次郎が保護観察中の17歳の少年によって刺殺される事件が起こったのを契機として，青少年犯罪の凶悪化等に伴う保護観察の強化がうたわれ，その翌年の1961（昭和36）年に保護観察官

100名の増員が認められていた。また，1964（昭和39）年3月24日，当時のエドウイン・O・ライシャワー駐日アメリカ大使が保護観察中の19歳の少年によって右太腿を刺される事件が起きたのを契機として，1964（昭和39）年3月28日付の保護局長通達「青少年（特に精神障害者）の犯罪・非行対策の充実強化について」が発出された[4]。1965（昭和40）年4月1日の保護局長通達もこれらを受けたもので，東京都，大阪市，名古屋市の三大都市において，保護観察の初期の期間（保護観察開始後おおむね2カ月間），保護観察官をして直接に保護観察の実行に当らしめるというものであった。『更生保護50年史（第1編）』[5]によれば，この直接処遇のその後の変遷が次のように紹介されている。

　　昭和49年4月1日からは初期2カ月に限定されていた初期観察の限界と問題点を解消する目的で東京，大阪の2庁に「直接処遇班」が設置され，1年間継続して直接処遇することとされた。この制度は，昭和56年と59年の2度にわたって改正され，制度の趣旨・目的を「調査研究」と「直接処遇」の二本立てから「直接処遇」にシフトさせるなどの改正を経て，平成7年の「新任保護観察官処遇実務要綱」においては新任保護観察官の能力向上を図るための「直接処遇実施班」へと変遷していった。直接処遇制度においては，カウンセリング，読書療法や家族療法，BBSのともだち活動等，保護観察官の専門性を形成していく上での重要と思われる処遇実験や試みがなされ，また数多くの有能な保護観察官が育成された[6]。

　仮釈放準備調査制度の開始も局長通達によるもので，1966（昭和41）年9月28日，保護局長，矯正局長依命通達「仮釈放準備調査の実施について」（保護観甲第393号）が発出された。矯正と保護の連携を一層緊密にして，矯正処遇と更生保護との有機的関連性を深め，個々の収容者の社会復帰を更に適正円滑にするため「仮釈放準備調査実施要綱」を定め，10月1日から実施することとするという内容のものであった。同要綱によると，当分の間は青少年収容者を実施の対象とし，地方更生保護委員会が管内の少年院及び刑務所のうちから適当な施設を選定し，当該施設の収容者全員を実施の対象とすることとされた。ちなみに，1967（昭和42）年5月23日に開催された地方更生保護委員会委員長・保護観察所長会同において本井田昇保護局長は「処遇分類制，仮釈放準備調査について」指示しているが，そのうち，「仮釈放準備調査」の部分は，次のようなものであった。

仮釈放審理の適正を期するため，客年10月から，仮釈放審理開始前における保護観察官の調査活動を主たる内容として，仮釈放の準備調査を実施に移したのであります。仮釈放制度の適正と充実化をはかる方策として，施設への入所入院直後から，本人の社会復帰を円滑にするための調査活動を開始することの必要性は，従来から痛感されていたところであります。すなわち，わが国における運用の実際をみますと，具体的事案に即して仮釈放審理の充実がはかられてはおりますが，その審理は通常仮釈放の申請がなされた後において行われ，これがため，慎重な調査を行なう等審理を充実させることが，かえって本人の仮釈放の時期の遅延をきたし，ひいては，保護観察の実効を狭める結果になりかねないというような面もあるやに見受けられたのであります。一方，地方更生保護委員会に配属されている保護観察官の機能をみますと，従来のような仮釈放審理の方法の中では，その専門性が必ずしも効果的に活用されているとは言えないのでありまして，多くは，デスクワークを主とする補助的な役割をになっているにすぎないような観があったのであります。仮釈放準備調査の実施は，これらの問題に対処するための1つの段階として実行に移されたものでありまして，その成果には深い関心と期待を寄せているところであります。人員，予算等の制約のもとでこのような準備調査を進めることについては，幾多の障壁もあろうかと存ずるのでありますが，各位の適切な指導と直接その任にあたる者の努力とによって，これを打開し，十分に所期の成果を収められたいのであります。[7]

　その後，1971（昭和46）年3月31日に保護局長依命通達「仮釈放準備調査要綱の改正について」（保護観甲第89号）が発出された。仮釈放準備調査は1966（昭和41）年9月28日の通達による「仮釈放準備調査実施要綱」に基づいて実施されてきたが，従来の実績に鑑み，更にこれを拡大するという内容のものであった。

　保護観察の処遇効果に関する調査研究の実施も局長通達によるもので，1971（昭和46）年8月10日，保護局長依命通達「保護観察の効果に関する調査研究の実施について」（保護観甲第210号）が発出された。保護観察の実効を高めるために，対象者の分類およびそれに対応する処遇の多様化を推進する必要があることに鑑み，処遇の在り方を異にする保護観察の諸方法を実施し，それぞれにより適する対象者の分類の在り方を探るとともに，これが実践上の諸問題を明らかにすることを目的とし，東京および大阪保護観察所を調査のための処遇の実施庁に指定して，調査研究を行うこととするという内容であった。

　これと密接に関係する分類処遇制度の導入も局長通達によるもので，1971（昭和46）年8月31日，保護局長依命通達「分類処遇による保護観察の実施につ

いて」（保護観甲第227号）が発出された。保護観察対象者を処遇の難易により A，Bのいずれかに分類し，その区分に応じ，保護観察官と保護司の協働態勢のもとにおいて両者が適正かつ効果的な処遇活動を行い，保護観察の実効を高めることを目的とする「保護観察分類処遇要綱」を定め，10月から実施することを内容とするものであった。『更生保護50年史（第1編）』によれば，この分類処遇制度の誕生についても次のように解説されている。

> 我が国の保護観察は，保護司と保護観察官の協働態勢により行われているのが特徴であるが，少ない保護観察官がどのような方法で保護観察事件にかかわるかということについて，種々な施策が行われた。分類処遇は，保護観察官が積極的に関与すべき事件を分類し，処遇するものであるが，分類処遇への動きは昭和39年に始まった重点観察として始められ，これが昭和42年7月13日付け保護局長通知による処遇分類制度へとつながっていった。処遇分類制度は保護観察所在地に居住する23歳未満の対象者については保護観察官が毎月2回以上面接を行うとするものであったが，これがなかなか実施されなかったことから，現実に実施可能な実施体制を作ることを目的とした分類処遇制度が誕生したものである。

交通事件少年対象者に対する短期の保護観察の実施も局長通達によるもので，1977（昭和52）年5月25日，矯正局長依命通達「少年院の運営について」（矯教第1154号）が発出された。少年院の運営を改善し，処遇の充実を図るという観点から少年院における処遇を短期処遇（運用上，収容期間6カ月以内の一般短期処遇と収容期間4カ月以内の交通短期処遇）及び長期処遇に大別し，処遇の多様化と収容期間の弾力化を図り，少年院における処遇と仮退院後の保護観察を一体として運用することを内容とするものであった。これにより，1976（昭和51）年5月25日付の矯正局長通達「少年院の運営の改善について」（矯教第2497号）は廃止された。そして，上の矯正局長通達の発出を受けて，矯正局長，保護局長依命通達「少年院からの仮退院に関する手続について」（保観第286号）が同日付けで発出された。少年院の運営改善に関する矯正局長通達が発出されたのに伴い，少年院からの仮退院に関する手続を定めたものである。ちなみに，1977（昭和42）年6月21日に開催された地方更生保護委員会委員長・保護観察所長会同において常井善保護局長は「少年院運営改善，交通短期保護観察について」指示しているが，そのうち，「交通短期保護観察」の部分は，次のようなものであった。

いわゆる車社会の影響を受けて，当然のことながら交通事件は増加し，その全事件に対する構成比も大きく，特に1号観察ではこれらの傾向が顕著であります。既に刑事司法の分野では，交通事件に対し簡易，迅速に事が運ぶ特別な手続を設けて，効率的な処置に努めてまいりましたが，保護行政の分野でも，今後とも送致が予想される多量，多様な交通事犯の少年の中には，交通非行性の進度が浅く，より短期間に保護観察を終了させ得る類型が認められることから，この種の類型のものに対して，従来の交通事件対象者に対する保護観察とは，更に異なる取扱いを定め，本年4月1日から交通短期保護観察として実施することとしたのであります。ところで，この交通短期保護観察は，資質，非行の内容，その進度等において等質性を有し，その処遇目標も画一的に設定できる少年について，一定の期間のうちに，集団処遇により効率的に教育的措置を施すことをもって，改善更生を期することができるという考え方に基づくものでありますから，その取扱いを，直接保護観察官の処遇によることとしたのでありまして，この趣旨は，従来の一般事件の処遇困難者に対する直接処遇とは異なるものであることに，特に留意されたいのであります。[10]

　従来の一般事件の処遇困難者に対する直接処遇と交通短期保護観察における直接処遇とは趣旨が異なることが強調されている点が注目される。

　なお，『更生保護50年史（第1編）』によれば，「昭和40年代から50年代にかけては，科学化，専門化，そして処遇の多様化の追求が求められた時代でもある」とされているが，そこにいう「科学化」「専門家」「処遇の多様化」というのは，上にみたような保護観察官矯正施設駐在の試行，青少年保護観察対象者に対する直接処遇の実施，仮釈放準備調査制度の開始，保護観察の処遇効果に関する調査研究の実施，分類処遇制度の導入，交通事件少年対象者に対する短期の保護観察の実施等を意図したものであった。

3　小　　括

　それでは，上のような各種の実験的施策の検討・実施を促した要因は何だったのであろうか。保護局長指示のなかでもしばしば言及されているように，保護観察中の少年による重大事件の再発が社会の関心を集める中で保護観察官の増員が実現したが，その再増員をはかるとともに，保護観察，特に少年対象者に対する保護観察の意義，それも保護観察の担い手の質的な中核である保護観察官の保護観察に占める存在意義を「処遇効果」[11]という観点から具体的に示し

ていく必要に迫られたことが大きかったのではないかと考えられる。すなわち，矯正処遇との連携をより緊密にして保護観察の「処遇効果」をより高めるために保護観察官の矯正施設駐在を試行させること。保護観察官をして青少年保護観察対象者に対する直接処遇を実施させること。保護観察の科学化，専門化，そして処遇の多様化を図るための具体的方策を検討するために保護観察の処遇効果に関する調査研究を実施させること。保護観察に対する保護観察官の関与度如何という観点から分類処遇制度を導入させること。これらがそれである。仮釈放準備調査制度の開始も，当局によれば，仮釈放審理において保護観察官の活用を図ることによって仮釈放審理期間が遅延するのを防ぎ，保護観察の実効性が狭められていた状況を改善することが目的だとされているのである。

　しかしながら，他方で，交通事件少年対象者に対する短期保護観察が実施され，これについては保護観察官が直接処遇にあたるとされたことに注意しなければならない。保護観察に対する保護観察官の関与の増大は，一般事件の処遇困難者に対するそれのような質的な場面だけではなく，「その進度等において等質性を有し，その処遇目標も画一的に設定できる少年について，一定の期間のうちに，集団処遇により効率的に教育的措置を施すことをもって，改善更生を期することができる」ような，いわば量的な場面においても実行に移されたという点である。処遇困難者ではないことから保護観察官の直接処遇としてもそれ程の負担にならないということに加えて，画一的処遇は保護司ではなく保護観察官に任せた方が適当ではないかと考えられたものといえようか。

　注意しなければならないことの第2は，保護観察中の少年による重大事件の再発等が直接の契機となって上のような各種の実験的施策の検討・実施がなされたという経緯に鑑みれば，保護観察官の関与の増大は「保護」を強化するということよりは「観察」を強化する方向で働くことになったという点である。深谷によれば，前述したように，「保護観察官駐在の試行や仮釈放準備調査制度，そして分類処遇制度を導入した直接的理由は，管理体制の円滑化であったと考えられる。例えば分類処遇制度は対象者をわずか2群（処遇困難であるか否か）に分けている。仮にこの制度が対象者志向型であるならば，対象者の個別性に応じてさらに細かく分類したのではないか。2群に分けたのは，保護司にとっての負担を考慮したものであり，対象者ではなく，保護司のニーズに基づ

くものと捉えられる。」とされる。しかし，より正確には，「より実効的な観察の実施とそのための管理の強化」というべきではないか。「保護観察の科学化，専門家，そして処遇の多様化をはかるための各種の実験」といえども保護観察の矛盾を解消する方向に導くものではなかった。

　注意しなければならないことの第3は，上にみたような保護観察に対する保護観察官の関与の増大はしかしながら保護観察の担い手の有する非科学性や非専門性といった矛盾の解消にはほど遠いものだったという点である。増員されたといっても保護観察官の数は依然として圧倒的に不足で，この少ない人員の中から直接処遇に割ける人数は限られていたからである。この期においても保護観察の担い手の中心は量的には保護司であったが，この保護司が「保護観察の科学化，専門家，そして処遇の多様化をはかるための各種の実験」に直接，参加することは予定されていなかったといえよう。

1）　更生保護50年史編集委員会編『更生保護50年史（第1編）』（全国保護司連盟他，2000年）246頁。
2）　50年史編集委員会編・前掲注1）書278頁。
3）　深谷裕「戦後における更生保護制度の変遷――就労支援の位置づけを中心に」『社学研論集〈早稲田大学〉』1巻7号（2006年）175頁-176頁。
4）　武内孝之保護局長は1964（昭和39）年6月9日に開催された地方更生保護委員会委員長・保護観察所長会同において「保護観察官の増員，精神障害者対策について」指示しているが，そのうち，「精神障害者対策」の部分は，次のようなものであった。
　　「精神障害者対策については，本年3月依命通達をもって特に各位のご留意を煩わしているところでありますが，今後とも引き続き地方更生保護委員会においては精神障害者またはその疑いのある者に対する仮釈放の審理を特に綿密に行い，必要によっては精神科医を利用し，また保護観察所においてはこの種対象者の発見および処遇のため専門機関を十分活用する等その対策の充実強化方について格段のご配慮を願いたいのであります。なお，本年4月，保護観察強化の一環として，資質的に問題があると認められる保護観察対象者に対する精神医学的措置の状況等について全面的に実態調査を実施してきましたところ，精神病院等への入院入所を要すると認められるものおよび専門家の精神医学的措置ないし指導を要すると認められるものが合計約850件あることが判明しましたが，これらの者については専門機関との分業，社会福祉機関の活用という観点から，事案に即して，必要な診断，治療の方法を講ずるよう配慮する必要があると存ぜられるのであります。また，この種対象者の実態を把握して今後における当局の施策樹立の資料とするため，当分の間，随時実態調査を継続実施する予定でありますから，常時，関係資料を整理しておかれたいのであります。」（50年史編集委員会編・前掲注1）書273頁-274頁に掲載）
5）　井嶋磐根保護局長は1961（昭和36）年10月17日に開催された地方更生保護委員会委員長・保護観察所長会同において「保護観察の充実強化，職員の士気の昂揚について」指示しているが，そのうち，「保護観察の充実強化」の部分は，次のようなものであった。
　　「今後も増員要求を続けなければならないと考えているのであります。しかしながら今後

の増員は，今回の増員が保護観察の充実強化にどんな効力をもたらしたか，その実績を示すことなくしてはおそらく不可能ではないかと考えるのであります。このような意味におきまして，きわめて窮屈な100名の中から特に8名をさいて，すでに御案内のとおり東京及び横浜の両保護観察所において保護観察の充実強化の方策を検討するための実験を行なうことにいたした次第であります。この方法は，第一種として，保護観察官が直接事件を担当して保護観察を行なう方法と，第二種として，主任官としての担当件数を減軽する方法との2種がありますが，特に前者につきましては，犯罪者予防更生法に規定する保護観察のあるべき姿，即ち保護観察実施の主体を保護観察官におく立前を実際的にとることとし，主任官は，担当者である保護司に対して事件の処理について具体的に指揮助言を行なうばかりでなく，必要に応じ，主任官自身直接本人及び家族等と接触して適切な措置を講じることを徹底して行なおうとするところにそのねらいがあります。そして，この2種の実験による具体的データーにもとづいて保護観察の充実強化をはかるための方策を具体的に検討しようとするものであります。」(50年史編集委員会編・前掲注1)書272頁-273頁に掲載)
6) 50年史編集委員会編・前掲注1)書275頁。
7) 50年史編集委員会編・前掲注1)書276頁に掲載。
8) ちなみに，前述の1967（昭和42）年5月23日に開催された地方更生保護委員会委員長・保護観察所長会同における本井田昇保護局長の指示によれば，分類処遇導入の意図が次のように説明されている。

「多数の保護観察対象者の中には，暴力団の構成員等暴力的性癖の認められる者や精神障害を有する者等処遇が著しく困難であって再犯の恐れもまた大きいものが含まれており，これらについては保護観察の実施上特段の考慮を必要とすることは申すまでもないところであります。また，都会およびその周辺における生活様式の急速な変化等により，地域住民相互の連帯感が失われ，これがため，対象者に対してとるべき保護観察の手段方法も，おのずから従来と異ならざるを得ない場合も生じつつあるのであります。これらを合わせ考えますと，保護観察官の専門的な知識と経験を処遇場面に直接かつ積極的に活用することは，現下喫緊の要請ともいえるのでありまして，現在の科学と経験の中で最も合理的と考え得る基準を検討して具体的事件を分類することにより，そのうち必要度の高い事件について，保護観察官の処遇活動の活発化をはかりつつ処遇効果を高めることが，更生保護制度の一層の発展を期し，かつ，社会の期待に応えて責任を果たし得る所以であると考え，あえて処遇分類制の一部の実施に踏みきろうとするものであります。」(50年史編集委員会編・前掲注1)書275頁に掲載)
9) 50年史編集委員会編・前掲注1)書302頁。ちなみに，「重点観察」というのは，前述の浅沼稲次郎社会党党首刺殺事件がきっかけとなって保護局長通達「青少年犯罪の凶悪化に伴う保護観察の強化等について」が1970（昭和35）年11月11日付で発出されたのを受けて，1971（昭和36）年7月1日，九州地方更生保護委員会が「重点観察実施要項」を定め，九州管内保護観察所はこれにより重点観察を実施し，その後，この重点観察が次第に全国的に波及していったというものである（50年史編集委員会編・前掲注1)書272頁等を参照）。
10) ちなみに，同常井局長の指示によれば，処遇期間の短期化についても言及されている。次のような内容のものであった。

「現在の対象少年に対する処遇にあっては，満齢を限界とする保護処分の不定期制度の下で，その処遇期間の長期化を可能とする要素が少なからず存在しておるやにうかがわれます。しかしながら，時代の要請として，人権意識などを考慮に入れつつ，効率的な処遇を重点的，計画的に実施することが要求されるものと思われますので，今後の処遇は個別主義の原則にのっとりながらも，その実行を担保するために，運用上，処遇手段を多様化して類型化し，処遇期間を弾力化して長期に固定しがちなものを，より短期化する努力が必要である

と考えます。さきに申し述べた新しい諸施策も，つまりはこのような方向を示すものと解せられますから，各位は，すべての保護観察少年の取扱いに際しても，要するところ，必要にして相当な程度の処遇とはどのようなものか，更に一層の検討を加え，特に1号観察の一般事件に対する処遇のあり方を中心に，本会同の協議を通じ，きたんのない意見を発表していただきたいのであります。」(50年史編集委員会編・前掲注1) 書304頁に掲載)

11) 1978年（昭和53年）11月20日に保護局長通達「保護観察の成績の評定について」（保護観第439号）が発出されている。これによれば，保護観察の成績評定は，「良」「梢良」「普通」「不良」の4段階に評定することとされていたが，これを改め，成績評定は「良好」「普通」「不良」の3段階にすることとされた。

第9章　戦後更生保護の移行期(下半期)及び転換期

1　『50年史』による概括等

　深谷がいう「移行期」下半期は『更生保護50年史（第1編）』がいうところの第四期および第五期に概ね該当する。この第四期について『50年史（第1編）』は次のように概括している。

　　この時期は，いわゆる「東西冷戦」が深刻化した時代であり，昭和55年のモスクワ・オリンピックは当時のアフガン問題がきっかけで日・米など西側59カ国がボイコット，（昭和）59年のロス五輪は共産圏から15カ国が不参加であるなど，両陣営が互いに角突き合わせた時代であった。さらに，その渦中にあって，（昭和）58年には，ソ連領空内での大韓航空機爆破事件，あるいはビルマ・ラングーンでの韓国閣僚らに対する爆弾テロ事件や，その後の大韓航空機爆破事件等，深刻な国際問題が続発した時代でもあった。
　　また，国内に目を転じると，昭和55年の，川崎市の予備校生が金属バットで両親を撲殺した「金属バット殺人事件」，（昭和）58年，横浜市の中学生等によって惹起された「浮浪者襲撃殺人事件」，あるいは，（昭和）61年，東京都中野区富士見中学2年生の鹿川君いじめ自殺事件など，少年が関わる陰惨な事件が続発したのもこの時代を象徴するものといえよう。
　　この時期の（昭和）58年には少年非行が第3のピークを迎えたが，非行の低年齢化と家庭内・校内暴力が大きな社会問題となった。これを受け，更生保護の動きとしては，昭和58年に「中学生等低年齢対象者に対する保護観察の充実強化」が通達され，同年の保護司等中央研究協議会においても研究協議事項として同問題が取り上げられた。また，（昭和）55年から続発した，新宿西口でのバス放火事件，東京・江東区で母子ら4人を殺害した通り魔殺人事件など市中の凶悪事件を契機として，保安処分の導入が法務省の懸案となり，更生保護では療護観察制度について検討がなされたりもしたが，刑法改正には至らなかった。
　　一方，第3期から始まった交通短期保護観察の実施など，保護観察の「短期化」傾向は，昭和50年台半ば以降の非行の増大と相まって，保護観察事件の著しい増加をもたらし，（昭和）55年の受理総数は，（昭和）24年以降で最大の8万3652件を記

録した。

　以上のほか，この時期の10年間は，制度の運用といった観点からみた場合，第3期で展開された仮釈放と保護観察に関する諸活動の成果を踏まえ，更にその充実に努めつつ，これを更生保護の土壌に吸収させ，根を張らせ，定着させた時期と捉えることができる。つまり，具体的には，昭和54年4月に実施に移された長期刑受刑者に対する中間処遇制度，（昭和）55年の指定交通保護司の制度，（昭和）59年の「仮出獄の適正かつ積極的な運用」施策，同年導入された委員会保護観察官の矯正施設駐在制度，家庭内や校内暴力に関わる低年齢対象者，無職や覚せい剤など薬物乱用者，あるいは無期刑対象者などに対する類型別把握の制度等にそれを見ることができる。

　そのほか，この時期の特筆すべき事項としては，昭和54年に開催された更生保護制度施行30周年記念全国大会，（昭和）56年の瀬戸山三男先生の全（国）保（護司）連（盟）・全（国）更（生保護法人）連（盟）・日（本）更（生保護）協会長への就任，（昭和）58年に出された臨調答申「ブロック機関再統合案」への対応，……（昭和）59年から始められた更生保護事業従事者の自己啓発セミナー，（昭和）61年から開始された更生保護婦人会によるミニ集会モデル地区計画，（昭和）62年の更生保護会館落成式典，同年から同会館で始められた「カウンセリング教室」，同年全国キャラバン隊……などで盛り上がったBBS運動発足40周年記念全国大会，社明運動の協賛行事として発足した「有芽の会」，（昭和）63年の保護司証票及び記章の改定，同年の更生保護官署OBによる全国組織「更生保護同友会」の発足，同じく同年に開催された「更生保護会設立百周年記念大会」などがある。また，この時期の（昭和）62年には，斯業の偉大な理解者であられた高松宮殿下……が永眠されている。[1]

　第五期についても次のように概括されている。

　　昭和64年1月7日に昭和天皇が崩御され，翌1月8日，元号が昭和から平成に改元され，平成時代がスタートした。昭和天皇崩御に際して，（平成元年）2月13日には，大赦令及び復権令が公布され，閣議決定された個別恩赦（特赦，特別減刑，刑の執行の免除及び復権）の基準が公表された。（同年）10月5日には日本武道館において更生保護制度施行40周年記念全国大会が開催され，天皇皇后両陛下が御臨席された。……
　　平成時代のこの時期は，政治・経済ともに転機を迎えた時代であった。すなわち，東西ドイツが統一され，ソ連邦が崩壊し，東欧の共産党政権が次々と倒れ，自由主義陣営と社会主義陣営という対立構造が崩れていった。日本においても，55年体制が崩壊し，自民党単独内閣から連立内閣時代へと移行し，政党の流動化がみられた。また，経済面でも，地価や株価の異常な高騰によって支えられていた好景気

の日本経済はバブル経済と呼ばれていたが，株価も地価も平成3年ころから下降線を辿って行った。バブル経済の崩壊は，金融機関の経営を圧迫し，一流の銀行，証券会社の倒産等未曾有の不況時代に突入し，失業率は上昇し，平成11年は過去最高の失業率になった。

こうした経済情勢は，犯罪・非行にも影響を与え，バブル経済崩壊後，刑法犯認知件数は一貫して増加し，オウム真理教によるサリン事件等の凶悪事件が起こり，また少年非行においても，女子高校生コンクリート詰め殺人事件，神戸における小学生殺人事件，黒磯市における生徒による女教師殺人事件等が社会に衝撃を与え，少年法改正論議が巻き起こった。

更生保護を扱う事件においては，環境調整事件は平成4年を，保護観察事件は平成7年を，それぞれ底として年々増加し，また更生保護施設に保護された者の人員は平成3年から一貫して増加し，扱う事件は複雑・多様化している。

更生保護の動きを見ると，保護観察の分野においては，保護観察官の処遇能力を向上させるために，新任保護観察官に直接処遇を経験させる制度が平成7年4月からスタートした。更生保護事業の分野においては，（平成）6年に更生緊急保護法の一部改正が行われ，施設の全面改築の際に国が補助金を交付できるように改められ，（平成）6年度の予算で更生保護施設整備費補助金が認められ，更に（平成）7年には更生保護事業法が成立するなど，更生保護事業の振興策が次々と打ち出された。更生保護事業法によって，更生保護法人制度が創設され，更生保護事業は新たな段階に入ったものと言える。また，予算面においても，更生保護施設の委託費が大幅に伸長した。

平成10年のBBS運動発足50周年記念大会に続き，平成11年は，更生保護制度施行50周年に当たる年であり，各種の記念行事が行われた。

この時期は，21世紀を迎える更生保護制度の基盤を強化するための法改正が3度なされたほか，一般少年事件に対する短期保護観察制度の導入，社会参加活動の積極化，更生保護施設の施設整備等，新たな時代を見据えた改正や充実がなされた時期であり，更生保護制度の再整備期とでも言える時代である。[2]

これに対し，深谷は次のように分析している。

　移行期中頃から終わりにかけては，社会変化にともない新たな課題が浮き彫りになってくるとともに，更生保護施策の社会志向性が強まるようになる。この時期の事柄としてまず注目しなければならないのは，1978年の衆議院法務委員会で明らかにされた，中間施設（ハーフウェイハウス）構想と，保護司法を除く4つの更生保護関係法規を一本化する構想（更生保護基本法）である。これらの構想は法制審議会が1974年に答申した「改正刑法草案」の内容に沿う必要があったので，草案の準備と並行してその準備作業を開始していたという。改正刑法草案はそれが治療処分

及び禁絶処分の2種類の保安処分を含んでいることから強い批判が浴びせられた。具体的には①収容施設は保安施設であり，十分な治療を行うことは困難なこと，②刑罰先執行の併科主義が原則であることから，保安優先主義的色彩が極めて顕著なこと，③保安拘禁と同様に用いられ，政治的弾圧等の目的に利用される可能性があること等である。これらの批判が示すように，改正刑法草案は治療よりも保安に重点が置かれていた。このような法案に沿った更生保護施策とは，すなわち保安要素の強い，社会志向型の施策ということになる。

そして，前述の中間施設構想が，ある程度の強制力を持たせながら更生保護施設を処遇の場として使うことを意図していたことから，処遇効果が対象者の自由の保障を先行するようになったということになる。このような変化が，1979年の長期刑仮出所者に対する中間処遇プログラムの開始という形で次第に姿を見せるようになる。

一方この時期の更生保護実務は，移行期上半期の良好な景気と犯罪数の減少による，更生保護会の利用者数の低下が，更生保護会に経営状況のさらなる悪化をもたらしていた。また，一般病院が犯罪前歴者の受け入れを躊躇するという理由から，更生保護会関係で病院を設立して欲しいという意見が出されており，更生保護会が財政的な問題だけでなく，利用者個人の医療面での保護に関わる問題も抱えていたことがわかる。さらに，実態としては，1972年頃からの更生保護会の収容者の内容の逆転があった。法が成立した当初は満期釈放者への更生保護が中心で，保護観察対象者への救護・援護は付け足しであったが，1972年頃には，4分の3が救護・援護になっており，本来更生保護会は更生保護という業務の遂行を意図していたはずが，行刑の一環を担うようになっていた。

同じ時期には保護司の専門性の向上と有給化についての提案も活発に出されている。社会奉仕の精神や家族ぐるみの関わりの効果が強調される一方で，保護司の専門性の問題は，保護司の高齢化と，覚せい剤事犯のような困難事例の増加や社会変化にともない浮上し，処遇の強化と保護司の限界説が唱えられ始める。また，1975年頃からは，労働市場が売り手市場から買い手市場に変わり，それにともなって保護観察対象者の失業率及び取消率が上昇し始めていた。

このように，移行期上半期は高度経済成長により，更生保護対象者の良好な就職率と低い取消率が保たれていたが，移行期下半期になると，刑法改正にともなう新構想の形成，実務におけるひずみ，更生保護対象者の失業率の上昇等が処遇強化への流れをもたらすこととなった。そして，1994年から始まる転換期における法改正により，この流れが具体化するようになる。[3]

ここでも問題はこの期の更生保護制度が新たに抱え込むことになった戦前以上の矛盾に対してどのように取り組んだかである。このような観点から，この期の動きを考察することにしたい。

なお，深谷によれば，更生緊急保護法の一部改正や更生保護事業法の制定等は「転換期」（1994-2005年）の出来事として扱われ，「移行期」と「転換期」が明確に区分されている。しかし，ここでは「移行期」下半期と「転換期」を合わせて考察することにしたい。深谷も指摘するように，「転換期」の特徴は移行期の中間処遇の充実・強化の流れが法改革として具体化した点に求められるからである。

2 更生保護基本法構想

前期に検討・実施された各種の実験的施策はこの期に制度化され，本格的に実施されることになった。

青少年保護観察対象者に対する直接処遇の実施については，1974（昭和49）年4月1日の保護局長通達（保護観第77号）を経て，1981（昭和56）年3月4日付けの保護局長通達「直接処遇の実施」（保護観第64号）が発出された。1974（昭和49）年4月から東京および大阪の両保護観察所で実施されてきた青少年保護観察対象者に対する直接処遇の実施状況を踏まえながらも，従来，直接処遇とともに実施されていた対象者の分類，診断および処遇に関する技法等の調査研究を緩和するものであった。実施の対象を成人にまで拡大するとともに，分類処遇のA対象者および薬物乱用，暴走族等類型の対象者等が対象とされたこと。矯正施設収容者の環境調整も実施することができるとされたこと。1人の担当件数は環境調整事件を含めて40件とされたこと。これらが新通達と1974年通達との違いであった。この通達を受けて，1981（昭和56）年7月16日，直接処遇連絡協議会が開催された。1984（昭和59）年1月27日，各地の保護観察所に直接処遇班が設置され，同年4月1日から直接処遇が実施された。新任保護観察官に直接処遇を経験させる制度も1995（平成7）年4月からスタートした。

交通事件少年対象者に対する短期の保護観察の実施等については，1977（昭和52）年3月25日，保護局長通達「交通事件少年対象者に対する短期の保護観察の実施について」（保護観第125号）が発出され，この短期処遇が同年4月1日から実施されることになった。同通達は，最高裁判所事務総局家庭局との協議に基づき，家庭裁判所が短期間の保護観察を相当と認めて保護観察に付する

決定をした交通事件対象者について，集団処遇を中心とした特別の処遇を集中的に実施することにより，原則として3カ月ないし4カ月の短期間で保護観察の解除がなされる取扱いを図ることとする交通短期保護観察実施要領を定めるものであった。実施要領は1980（昭和55）年6月20日付けの保護局長通達「交通短期保護観察実施要領の改正について」（保護観第395号）により改正され，離島その他保護観察所から遠隔にある地の一部においては，特定の保護司にも集団処遇を行わせることができるとしたものである。

保護観察の処遇効果に関する調査研究の実施についても成果がまとめられ，1982（昭和57）年10月25日，『処遇態様別保護観察効果に関する調査研究報告書』が青少年更生福祉センターから刊行され，その後の保護観察の改善等に生かされることになった。

保護観察官矯正施設駐在の試行を踏まえて，1984（昭和59）年9月17日，矯正局長・保護局長依命通達「仮釈放準備調査の実施について」（保護観第329号）が発出され，地方更生保護委員会の保護観察官を矯正施設に駐在させて準備調査を行うことができる旨が明記された。新たに九州更生保護委員会において保護観察官を福岡刑務所に駐在させることとし，広島刑務所と合わせ，駐在施設は2施設となった。

1986（昭和61）年7月9日，「保護観察分類処遇実施要領」が通達され，同年8月1日から実施されることとされた。事件の号種別，再犯・再非行の危険性等に着目した新たな分類票が採用された。また，1990（平成2）年3月22日，保護局長通達「保護観察類型別処遇要領の制定について」が発出され，同年5月1日から実施された。本制度は「保護観察対象者の持つ問題性その他の特性を，その犯罪・非行の態様，環境条件等によって類型化して把握し，各類型ごとにその特性に焦点を当てた効率的な処遇を展開すること」を目的としたものである。15の類型項目の改正等を経て現在に至っている。覚せい剤事犯，問題飲酒，暴力団関係，性犯罪等，精神障害等，高齢，無職等，家庭内暴力，ギャンブル等依存，などの類型がそれで，各類型の保護観察対象者に対しては，類型別処遇の実施方法等を定めた処遇要領に基づき処遇が実施されているほか，一部の保護観察所では保護観察対象者に対する集団処遇や保護者・引受人を対象とする講習会が実施されている。1990（平成2）年3月31日に保護局長通達「中学生等低年齢対象者に対する保護観察官の直接的関与の強化等について」

が発出される等，中学生等低年齢対象者に対する保護観察の充実・強化も強調された。

　しかし，この期の新規性はこれらの動きではなく，刑法全面改正作業や少年法全面改正作業の影響の中にみられる。

　刑法改正問題の中でも保安処分の新設の可否およびその内容如何は大きな論点の1つであった。戦前の「改正刑法仮案」（昭和15年）を基礎としてまとめられ，1960（昭和35）年4月に法務省から発表のあった「改正刑法準備草案（未定稿）」では，「仮案」よりも狭く，精神障害者に対する「治療処分」と薬物乱用者に対する「禁断処分」の2種類が規定された。「準備草案」には当時から批判がかなりあったが，刑罰のほかに保安処分を新設すること自体にはほとんど異論がなかった。1974（昭和49）年5月29日に法制審議会総会で決定され，法務大臣に答申された「改正刑法草案」でも「準備草案」同様の保安処分の規定が置かれた。ただし，草案の審議過程では，「準備草案」を受け継いだA案のほかに，「保安処分」という名称を避けて，治療ないし保護の面を重視する「療護処分」と呼ぶB案も提案されたが，多数決でA案が採択されたものであった。しかし，1970（昭和45）年頃から，精神神経学会を中心に，精神障害者に対する無期限の予防拘禁に至るとする原則的な反対論が急速に台頭し，日弁連等からも反対意見が相次ぐという事態が発生した。刑法学会でも反対論が拡がることになった。その後，保安処分について法務省が「刑事局案の骨子」（昭和56年）を提案したが，結局は「改正刑法草案」自体が棚上げされ，改正は「現代用語化」（昭和60年）の方向に向かい，現代用語化等のための「刑法の一部を改正する法律」が1995（平成7）年5月12日に法律第91号として公布され，同年6月1日から施行された。保安処分の新設は一旦立ち消えの状態になった。そして，「心神喪失者等医療観察法」（平成15年）の立法化に至るのである。[4]

　他方，少年法に目を転じると，1966（昭和41）年5月，法務省は「少年法改正に関する構想」を発表した。しかし，この構想に対しては発表後直ちに，成年層設置と検察官先議に反対だとの意見が最高裁判所，日本弁護士連合会から出された。法学者を含む専門家からも多くの疑問点が指摘され，反対等の声が寄せられた。[5] しかし，法務省は構想を基本に改正作業を続けた。そして，1970（昭和45）年6月，法務大臣は法制審議会に対し，少年法改正要綱を示して「少

年法を改正する必要があると思われるので別紙要綱について承りたい」との諮問を行った。この要綱の特徴としては，①満18歳以上20歳未満を青年とすること，②検察官に青年についての起訴・不起訴，少年について送致・不送致の選択権を与えること，③検察官による簡易手続（先決裁判手続）を設けること，④捜査機関による不送致処分を導入すること，⑤検察官に抗告権を与えること，⑥保護処分の種類を整理すること，⑦少年・青年の刑事裁判権を家庭裁判所に与えること，⑧必要的付添や必要事項の告知など，少年側の手続上の権利を若干整備すること，等が挙げられた。法務大臣の諮問について法制審議会少年法部会は6年余り，66回にわたって審議を行ったが，最終結論に到達することができなかった。膠着状況の中で，1975（昭和50）年，「現行法の手続構造を基本的に維持しつつ，その中でさしあたり改正すべき事項を取り上げた」とする「部会長試案」なるものが提示されるにいたった。この試案は，①年長少年の特別取扱い，②一定の事実認定手続に関する規定の整備，③審判立会権と決定に対する抗告権の検察官への付与，④捜査機関に一定の範囲で不送致処分権を認めること，⑤付添人（弁護士）制度等，少年側の権利保障の拡充，⑥保護処分の多様化と事後的変更の是認，⑦試験観察に関する規定の整備，⑧観護措置に関する規定の整備，等を主な内容とするものであった。少年法部会はこの「部会長試案」に基づいて「部会中間報告」を出し，翌年，法制審議会総会に「少年法部会中間報告」として送付した。送付を受けた法制審議会総会は「中間報告」を法務大臣に答申することを決定し，1977（昭和52）年6月29日，「中間報告」と同内容の「少年法改正に関する中間報告」を法務大臣宛てに提出した。[6] いわゆる「少年法の中間答申」と呼ばれるものである。

　このような刑法全面改正作業および少年法全面改正作業は更生保護の領域にも影響を及ぼすことになった。保護司法を除く4つの更生保護関係法規を1本化する「更生保護基本法」の構想と「中間施設」（ハーフウエイ・ハウス）の構想とがそれで，これらの構想は1978（昭和53）年2月17日に開催された衆議院法務委員会で明らかにされることになった。更生保護を「改正刑法草案」および「少年法改正に関する中間報告」等に沿う内容にするためのものであった。同委員会における政府委員の説明のうち基本法構想に関する部分は次のようなものであった。

ただいま私どもにおきまして，私どもと申しますのは保護局におきまして，犯罪者予防更生法，それから執行猶予者保護観察法，それから更生緊急保護法，それから売春防止法，これら全部あるいはその一部でございますが，それらを整備統合いたしまして一本化する準備を進めております。

　更生緊急保護法とそれから売春防止法につきましては関連部分になろうかと思いますが，いずれにいたしましても，この４つを一本化するという作業でございます。保護司法は必ずしも一本化の対象にはならない，かように考えております。

　ただいま申し上げました立法準備でございますが，……これはずいぶん昔から準備を進めておることでございます。特に昭和49年の５月に刑法の全面改正に関します法制審議会の答申がなされておりますが，もともとこの刑法の改正の準備の過程におきまして，ある程度並行して私どもも準備作業を進めていたわけでございますが，ただいま申し上げました答申の時期以後本格化いたしまして，準備作業を進めてきたわけでございます。と申しますのは，改正刑法の草案の中にございます刑の執行猶予，それから仮釈放，保護観察に盛られました思想は，社会経済情勢の新しい事態に対応した国内，国外の刑事政策の成果をまとめたものでございますので，いずれも私どもの更生保護の制度として取り入れなければならないわけでございますが，これらが法案としてどう固まっていくかという前提に私どもは１つ左右されるわけでございます。

　それからまた，御承知のように昭和52年の６月に少年法の中間答申がございましたが，この内容にも保護処分の弾力化，多様化，その他私どもが取り入れなければならない政策が多分にございます。

　なお，法制審議会でただいま監獄法を審議中でございますが，この結果がどうなるか，いわば私どもの役割り，出番は，裁判が始まりまして刑の執行段階になりまして，仮釈放になってからの保護観察というのを持っておりますためにいわば最後の出番でございますので，逐次前提が固まりませんと私どもの方針を固めることができないという点がございますので，その点をひとつお含みおき願いたいと思うのでございます。そういう意味におきまして私どもだけで決める，法務省保護局だけでもちろん決めることはできませんが，法務省の中におきましてもいま申し上げたような法案が固まり，そしておのおのの所を得，順序が定まりました段階におきまして私どもの最後の形も決まるということでございまして，これを飛び越して私どもの方が先に決めるというわけにはいかないのでございます。

　「改正刑法草案」の内容ならびに「少年法改正に関する中間報告」の内容に鑑みれば，基本構想のめざしていた方向もおのずから明らかであった。そして，刑法全面改正作業や少年法全面作業が一時頓挫したことから，基本法構想もその影響を受けることになった。一時立ち消えということになった。

3　中間施設構想

1978(昭和53)年2月17日に開催された衆議院法務委員会における政府委員の「中間施設」(ハーフウエーハウス)構想についての説明は次のようなものであった。

　更生保護会の将来の位置づけにつきまして，補足して申し上げさしていただきます。これは……いわゆる中間処遇の場，向こうから入りましたので……英語で申し上げて失礼でございますが，ハーフウエーハウスというところに起源がございますが，現状は必ずしもハーフウエーハウス的な運営がなされておりません。これは現行の法律制度がそのようになっております。……保護観察の対象者の中で応急の救護，援護を要する者たちが一定の条件のときにここへ送られるということでございまして，いわば補足的あるいは補充的に，そして暫定的に処遇の場として与えられておるのが現行法制下の更生保護会でございます。これを第一義的な処遇のために自由に使える場とするというのが，ただいま申し上げた，ハーフウエーハウスそのものとして運営をするという構想でございます。これは，中間施設でございますので，施設から釈放されました場合に，実社会の生活の仕方と大変距離がございますので——比喩的な意味での距離でございますが，そこを埋める役割りを果たす。それから他方，執行猶予の保護観察対象者あるいは家庭裁判所で保護観察を言い渡された，いわゆる術語でこれをプロベーションと申しておりまして，こういう対象者に対して施設を使って集中的な処遇をする必要がございます。いわば処遇の多様化でございますが，この面でも更生保護会を十分第一義的に使うという考えでございます。

　先ほど申し上げました居住指定その他の制度でハーフウエーに戻すというのは，ある程度の強制力を持たせましてそういうところで処遇をするという構想でありますので，その点は御了解いただきたいと思います。現に少年法の改正に伴います法制審議会の中間答申におきましても，居住指定という制度が具体的に入っておりますが，これはやはりその方向へ具体化する構想であろうかと存じております。

　やはり何といいましても，処遇効果を上げましてそこで収容者がふえるということが，現状におきましては更生保護会の経営を一番よくするもとでございますので，私どももそうなるように，またそうするように努力したいと思っております。

　私どもの方は50％でございますので，これは何としても，先ほど申し上げましたように収容率を高める，つまり実効を挙げて収容率を高める，更生保護会の方も御努力をいただきますし，私どももまたそういうふうに指導して適当なものをそこに入れる。結局，先ほど申し上げました構想のハーフウエーハウスを，第一義的な法

制にする。法律制度そのものがそうなっておりませんので，そこに努力をいたしたいと思うのであります。
　それでは見通しはどうかということでございますが，収容者を調べますと，たしか昭和37年を100といたしますと，この2，3年は約その半分，52，3という減り方でございます。こういう状況でございますので，やはり収容率とあわせてそういう絶対数が減っておりますので，この時期に国家財政に対しまして定員定額制をということは，努力はしたいとは思いますが，なかなか受け入れがたいのではないかと思うのでございます。繰り返しますが，先ほど申し上げたような形でこの実績を上げていくというほかに道はないのではないかというふうに思っております。[8]

　これによれば，移行期上半期の良好な景気と犯罪数の減少による更生保護会の利用者数の低下が更生保護会に経営状況のさらなる悪化をもたらしていたという事情が「中間施設」（ハーフウエーハウス）構想を後押ししていたことが明らかであろう。すなわち，収容率を高めるために，更生保護会を補助的，補充的な施設としてではなく刑事政策上の「中間施設」として明確に位置づけ，執行猶予の保護観察対象者あるいは家庭裁判所で保護観察を言い渡された対象者に対して施設を使って集中的な処遇をする。そのためにある程度の強制力を持たせて処遇をするという点がそれである。ここでも施設側の事情が優先されていることが垣間見れる。「中間施設」構想は，刑法全面改正作業や少年法全面改正作業の挫折の影響を受けることなく着々と進められた。一部は長期刑受刑者に対する中間処遇制度として具体化されることになった。この中間処遇制度の実施について，『更生保護50年史（第1編）』は次のように紹介している。

　　昭和54年4月から中間処遇制度が施行された。この制度は，無期刑及び執行刑期8年以上の長期刑受刑者の円滑な社会復帰を図るため，本人の同意に基づいて仮出獄直後一定の期間（制度導入当初は3月，昭和61年の改正で1月）更生保護会に居住させて，社会復帰のために必要な訓練，職業を得るための援助等特別な処遇を集中的・計画的に行うとするものである。無期刑及び長期刑仮出獄者のほとんどがこの中間処遇を受けており，平成10年には133人が新たに中間処遇を受けた。なお，中間処遇を実施する更生保護施設は平成11年現在21施設となっている。中間処遇終了後は，肉親等のもとに帰住するが，引受人のいない者は，引き続き更生保護施設に保護される。[9]

　ちなみに，1979（昭和54）年6月21日に開催された地方更生保護委員会委員長会同では，この「長期刑仮出獄者に対するいわゆる中間処遇について」が協

議事項の1つとされている。また，同月28日に開催された矯正保護審議会第25回更生保護部会でも，「長期刑仮出獄者の円滑な社会復帰を促進するための方策について―特に中間処遇の活用について―」が審議事項とされている。本問題の扱いの大きさがうかがえよう。

このような協議の成果を踏まえて，1983（昭和58）年11月30日，保護局長通達「仮出獄の適正かつ積極的な運用について」（保護観第37号）が発出され，翌1984（昭和59）年3月15日，保護局長通達「仮出獄の適正かつ積極的な運用の推進について」（保護観第68号）が発出された。この通達を踏まえて，吉田淳一保護局長は同年6月19日に開催された地方更生保護委員会委員長及び保護観察所長会同において，「仮出獄の積極化」について次のように指示した。

> 申すまでもなく，仮釈放制度の目的は，矯正施設収容者を最適な時期に社会内処遇に移行させ，保護観察によってその改善更生を図るところにあります。当局においては，最近における仮出獄制度の運用の現状にかんがみ，犯罪のすう勢，受刑者の状況等を考慮しつつ，本制度の刑事政策的機能をより一層営ましめることが喫緊であると判断し，仮出獄の積極化，すなわち，より早期に，また可能な範囲においてより広く受刑者に仮出獄の機会を与え，保護観察を受けさせることによって本人の社会復帰を促進するため，関係部局との協議を経て本年度から仮出獄の積極化を具体的に実施することとし，去る3月15日「仮出獄の適正かつ積極的な運用の推進について」通達したところであります。……実施にあたりこの際改めて留意願いたい若干の点について申し述べます。
> 　その1は，仮出獄の公正妥当な運用についてであります。仮出獄の積極化を契機に本制度の運用は多くの注目を集めているところであります。かりそめにも対象者及び時期の選択に適正を欠くことがあるとすれば，仮出獄制度に対する国民の厳しい評価を受けることは必至であります。そこで仮出獄の審理・決定に当たっては，客観的・合理的基準にのっとり公正を保持しながら，一方でできる限り事案に即した具体的妥当性が確保されるように心掛け，社会内処遇によって再犯を防止し得る仮出獄事案及び仮出獄時期を選定することに特段の意を用いられたいのであります。
> 　その2は，施設の意義について更生保護関係者の理解と協力を得ることであります。この施設につきましては，一部の新聞報道等の結果，それがあたかも国の財政事情に起因する一策であるかのような疑念を与えている向きなしとしないのでありますが，この施策は，仮釈放の刑事政策的意義を踏まえ，社会内処遇の一層の推進を図るため当局が既に数年来検討し，要望してまいってきたものであり，関係部局の理解と協力を得て今回これを具体的に実施に移すこととしたものでありまして，この点を保護司をはじめ更生保護関係者に周知し，このような誤解のある向きに対

してはその払しょくに努め，民間関係者の正しい理解と協力が得られるよう図られたいのであります。

その3は，仮釈放準備調査の充実強化についてであります。この制度は，従来主流であった申請後調査に比べ，収容者の環境調整の促進及び仮釈放の審理の充実に資するところ，はるかに大なるものがあり，近年は，行刑施設についても逐次拡大が図られていることは誠に喜ばしいことであります。……今後も引き続き仮釈放準備調査の対象者及び対象施設の拡充をはかり，もって仮出獄対象者の選定及び仮出獄時期の適正化に資せられたいのであります。

その4は，在監・在院者の環境調整の充実強化についてであります。……環境調整においては，本人の帰住後の住居の確保，就職先の開拓をはじめとして家族間の人間関係の調整に至るまで多岐にわたる調査と調整を必要としますが，従来環境調整が表面的であったために仮釈放後すぐに指定帰住地を離れ再犯に陥るという事例も少なくないのであります。帰住予定地の環境については，その真相を見極めることに努め，環境に困難を伴う事案については保護司まかせにせず，主任官が直接的に関与し，あるいは調整方針を明示するなどして適正な処理を期されたいのであります。なお，短期刑受刑者あるいは短期処遇実施少年院在院者等については，迅速な事務処理に努め，いやしくも環境調整事務の遅滞によって仮釈放の審理手続に支障が及ぶことがないように配慮されたいのであります。

ところで，最近仮出獄を許される受刑者の約4人に1人は更生保護会に帰住して居るのが実情でありますが，更生保護会の受け入れ姿勢にはかなりの格差があり，対象者についていわばより好み傾向をうかがわせるものも認められます。もとより，更生保護会の有する個別的事情を考慮すべきではありますが，親族・縁故者等に見放され，適当な帰住地がない者にとって更生保護会はいわば最後の頼りなのでありますから，釈放者の受入れが一層積極的に行われるよう管内更生保護会を指導されたいのであります。帰住地のない者については，更生保護会のみに依存することなく，住込み就職のできる協力雇用主の開拓に努め，広く社会資源の活用を図ることも今後必要になると考えられますので，この点についても，各位の留意を願いたいのであります。[10]

　この指示によれば，通達を出し，「仮出獄の適正かつ積極的な運用の推進」に踏み出したものの，積み残しの課題が山積みであったことがうかがえる。興味深いのは，仮出獄の「刑事政策的な意義」が繰り返し強調されているという点である。これらの課題が積み残されたままでは，「刑事政策的な意義」の内容として「保護」と「観察」のバランスを取ることが困難で，「観察」に傾斜せざるを得ないといえるからである。にもかかわらず実施に踏み切ったのはどうしてであろうか。更生保護に対する社会の関心が高まり，保護観察の「効

果」如何が重視されるようになるなかで、保護観察の存在意義が文字通り問われ出したということが大きかったといえようか。それだけに関係者の危機感は強いものがあった。詳しいのは『更生保護50年史（第1編）』で、通達が発出された経緯が次のように解説されている。

　　仮出獄の運用状況を運用率、すなわち刑務所を出所する者のうち仮出獄によって出所する者の割合でみると、戦後まもなくの昭和24年には77.9％という最高を記録したが、その後は低下傾向を示し、昭和57年には50.8％にまで落ち込んだ。こうした傾向に歯止めをかけ、仮出獄の積極的運用を図るよう委員長・所長会同では、度々、指示がなされていたが、いっこうに改善の兆しは見られなかった。
　　こうした仮出獄の運用に対しては、保護観察によって改善更生の可能性がある者に仮出獄を与えず、満期釈放によってかえって再犯しやすい状態に追い込むことになり、結果的に出所者全体の再犯率を高めることになり、刑事政策的運用としては望ましくないとの基本的な考え方の下に、昭和58年11月30日には、その準備のための通達が発出され、昭和59年3月15日に「仮出獄の適正かつ積極的な運用の推進について」の保護局長通知が発出された。
　　この通達を発出するに当たっては、保護局と矯正局との間に事前の協議がなされ、仮出獄率及び平均仮出獄期間の当面の目標が定められた。
　　本施策の実行を促進するために、仮釈放準備調査の充実を図る必要があり、これまで試行的に行われていた保護観察官を矯正施設に駐在させる制度の拡充を図ることとされ、昭和59年からそのための増員要求がなされ、平成4年度までこの要求は続けられた。（本要求により認められた人員は、昭和60年度2（人）、昭和61年度1（人）、昭和62年度2（人）、平成元年度1（人）の計6人。）なお、平成11年度現在10の刑務所に保護観察官が駐在している。
　　本施行実施後、仮出獄率はおおむね57％程度で推移し、平均仮出獄期間も若干伸長し、また、出所者全体の再入所率は低下していることがうかがわれる。[11]

　仮出獄率を改善し、出所者全体の再犯率を低下させるためにトップ・ダウンで実施に踏み切ったことが分かる。
　その後、1986（昭和61）年3月1日、保護局長通達「長期刑受刑者に対する仮出獄の審理及び仮出獄者に対する処遇等の充実について」（保護観第70号）が発出され、同年6月1日から実施された。1979（昭和54）年4月から実施されてきた中間処遇制度を改正したもので、長期刑受刑者は原則として中間処遇を受けるものとした反面、処遇実施期間を3カ月から1カ月に短縮したものである。

4 更生保護会

　この期の更生保護を理解する上で欠かせないのは更生保護会をめぐる動きである。契機となったのは，福原忠男矯正保護審議会会長の島崎均法務大臣宛ての1985（昭和60）年10月15日付の建議「直接保護事業を行う更生保護会の処遇体制の整備及び施設改善の促進に関する建議」であった。その内容は次のようなものであった。

　　　直接保護事業を行う更生保護会の処遇体制の整備及び施設改善の促進については，更生保護会の自主的な経営努力とともに，その事業が国の責任において行われることにかんがみ，適切な計画を策定の上，予算措置を得てその改善整備に努めること。
　　（理由）
　　　更生保護会は，公益法人として法務大臣の認可を受けた民間団体であるが，その事業は，国に代わって更生保護の措置を行うものであって，社会内処遇における中間処遇施設として，犯罪者の改善更生と社会復帰を促進することにより犯罪の再発を防止し，国民生活の安寧に多大の寄与をしている。
　　　とりわけ，最近の社会情勢の変化により，矯正施設からの釈放者に対する親族，その他の者の引受けが減少し，更生保護会への帰住者が増加しているほか，昭和59年度から実施された仮出獄の適正かつ積極的運用による対象者の増加，さらに，内容的には累犯者や覚せい剤中毒者などの処遇困難者の増加などから，現下の更生保護会に期待される役割，機能は，ますますその重要の度を増している。
　　　しかるに，更生保護会の現状を見ると，経営基盤がぜい弱であることから，職員配置が十分でなく，職員に過重な負担を強いる結果となり，処遇及び運営体制に支障を来しているほか，施設・設備の不備や老朽化も認められ，犯罪者の更生と犯罪の予防を目的とする更生保護事業を的確に推進する上において，極めて憂慮すべき状況となっている。
　　　かかる事態は，これを早急に改善する必要があり，そのためには，更生保護会の自主的な経営努力と併せて，政府としても適切な計画を策定して予算措置を講じていく必要がある。[12]

　「仮出獄の適正かつ積極的運用」の実施を受けて建議されていることが分かる。建議の翌年の1986（昭和62）年6月11日に開催された地方更生保護委員会委員長・保護観察所長会同において，俵谷保保護局長が「更生保護会について」と題して次のように指示していることも特筆されよう。

更生保護会の現状を見ますと，地域における都市化をはじめ，各般にわたる社会的経済的変化にともなって，住居意識の変容，国や地方公共団体の財政的事情の悪化など，更生保護会を取り巻く諸条件には厳しいものがあり，個々に見ても，地域住民の反対運動によって，6年間にわたって事業休止を余儀なくされている団体を始め，事業休止中の更生保護会が未だ3団体あるほか，実働している更生保護会においても，著しい経営不振に陥っている団体，施設の老朽化がはなはだしい団体，あるいは全面改築も住民の反対によってその実施を阻まれている団体，更には，役員の選任をめぐる混乱からその運営に著しい支障を来たしている団体等多種多様な問題を抱え，その対策の遅延が憂慮されているものが散見されるのであります。そこで，所管官庁である保護観察所及び地方更生保護委員会において，その改善指導を推進すべきことは，各種の機会に，当職がしばしば，かつ，具体的に指示してきたところでありますが，数年にわたり，同じ問題点の存在を指摘されながら改善の成果が上がらない団体も見られる上，その指導に当たる所管官庁においても，積極的な姿勢が見受けられなかったり，あるいは，従前の方針を漫然と踏襲するにとどまり，何ら具体策を講じていないかのように見受けられるところもなしとしないのであります。
　そこでこの際，各位の配慮を煩わしたい点は，各更生保護会の監督指導に当たっては，経営基盤，資産，施設設備，管理運営の実情，経営状態，管理者等の人的関係，地域の動向など実態を詳細に視察把握して，問題点の有無を見極め，問題の伏在を察知したときは，できるだけ早期かつ表面化しない段階から，きめ細かな指導，助言を進めるとともに，ひとたび顕在化した問題については，いっそう深い分析・把握を行い，当面の対策とともに，根本的な対策を講ずることが肝要であります。
（略）
　もとより，更生保護会には，それぞれ独自の背景，事情があり，また，その法人としての自主性，主体性は尊重されなければならないのでありますが，同時に所管官庁の指導を受けるべきものであることは言うまでもないことであり，むしろ現状においては施設側において，官側の適切な関与を期待していると考えられるのでありまして，各位におかれては，本日の協議の意図するところを洞察し役職員との連携を一層強化し，更生保護会の充実・強化に当られたいのであります。
　次に，更生保護会の施設改善につきましては，各庁からの報告等によりますと，現に，未だ木造の施設が17ある上，これらのうち15は耐用年数を超え，長いものは建築後50年以上を経過している施設もあり，コンクリートあるいはブロック建築であっても，通常であれば居住に支障を来たすまでに傷んでいるなど，その対応が喫緊事であると考えられる施設もあるのであります。
　このことにつきましては，現在，財団法人日本更生保護協会においても，直接更生保護会の施設改善に対する助成を事業の重点課題とし，その資金造成も検討されているのでありまして，今後これらが具体化した段階においては，国による補助

金，日本自転車振興会等による補助，助成金等と組み合わせて活用されることになり，当該更生保護会の自己資金造成の負担軽減が図られるものと考えるのであります。そこで，この施設改築，補助等につきましては，各位において，その所管する施設をよく調査した上，改善を要するものについては，今後具体的な計画策定を進めるなどして，適切に対処されたいのであります。[13]

　更生緊急保護法により国がみずから直接この更生保護事業を全面的に行う場合と実質上ほとんど異ならないような支配・管理のもとに更生保護事業を置くことにほぼ成功したものの，それを予算的に担保する国の財政措置等は極めて貧困だったことのつけがこの期に顕在化することになったものといえよう。国もようやく「施設改善の促進」に動くことになった。これには，更生保護会の施設問題等があまりにも深刻だったということに加え，「仮出獄の適正かつ積極的運用」の実施等のために更生保護会の施設等が欠かせなかったことが大きかったといえよう。ただし，「施設改善の促進」と「所管官庁による指導」の強化とが抱き合わせの形にされている点に注意しなければならない。
　建議に先立つ1978（昭和53）年には更生保護会における対象者に対する医療環境の整備の問題も浮上していた。「基本法」構想等が明らかとなった同年2月17日に開催された衆議院法務委員会では，「更生保護会関係で近畿とか関東とかそういう大きな管区単位ぐらいに病院をつくってほしいという声が大分あると思うのですけれども，一般の病院でございますと，刑務所から出てきた人をいやがってなかなか受け付けてくれない。そのために病院をつくってほしいという声が以前から出ておるようでございますが，それがつくれる見通しとか法務省のお考えとか，そういうものをお聞かせ願いたいと思います。どうも一般の病院では看護婦がひやかされたりとか，そういうような傾向もちょっとあるらしいのですね。」[14] という議員質問に対して，政府委員は次のように答弁していた。

　　病院も総合病院あるいは専門の精神科の病院，いろいろございますが，関東の管内には更生保護会で精神病院を営み，しかもそういう収容者を引き受ける施設自体がございます。御指摘の病院は，あるいは内科，外科みんな整った病院でございますが，これは望ましいことだとは思うのでございますが，先般来申し上げておりますように，更生緊急保護法，緊急のあるいは応急の，しかも前提となるある一定の条件を満たさない場合に補充的にめんどうを見るところであるという現行の法制に

なっております。したがいまして,公共の病院とか家族等が引き取る場合にはそちらを優先する,そしてその補充的に何とかめんどうを見なさいというのが現行法でございますので,できればといいますか,法の趣旨といたしましては公の病院を利用する。結局生活保護その他の手段によりましてそちらにお願いするというのが現行法のたてまえであろうと思うのでございます。それでありますがゆえに,私どもは現行法を改正して,そうではないのだ,病院へ送りたければ初めから病院へ送るし,それから更生保護会もそういう施設を持つことができるのだというものにしたいというのが私どもの法改正の趣旨でございます。現行法の方は,いま申し上げましたように二次的な応急的なものである。しかも,あえて申し上げますと,できるだけ能率を上げて,短期に,国費を使わないようにしなければいけないという趣旨の法律の条文もございますので,私どもといたしましてはそれに拘束されるのでございまして,もう少し積極的な形にしたいというので,まず法律改正からいかなければならぬだろうというふうに思っておる次第でございます。[15]

「公共の優先の原則」の見直しも「基本法」構想には盛り込まれていると答弁されており,興味深い。

ちなみに,この委員会では,社会福祉事業法(昭和26年3月29日法律第45号)による事業の場合と更生保護事業の場合における国の補助・助成面での格差についても質問がなされている。

> 現在社会福祉事業法等におきましても,いろいろな融資を受けるときにも更生保護事業関係は除くとかいうように一般の社会福祉とは別に扱われておりまして,別にというのが,いいようにではなしに冷遇される方にどうもなってしまっておるようなんでございます。たとえば更生保護会の施設を建てかえるときでも,普通の社会福祉施設のときには政府の方が利子補給をしてくれるとかあるいは地方自治体が出してくれるとかというような方法がとれるようでございますけれども,更生保護会関係の方はどうもできない。そのために現在あるところの保護司会とか更生保護会とか更生保護婦人会とかBBS,これを一本にまとめて特殊法人として,そして厚生省所管の社会福祉施設と同じように融資の道が与えられるようにしてほしいという強い声がございますが,これについては何かお考えは進んでおりますのでしょうか。[16]

これに対して,政府委員は次のように答弁している。

> 厚生省関係の方ほど融資を得られないということでございますが,国の補助金がございますのは御承知だろうと思いますが,そのほかに日本自転車振興会,これは

４分の３補助をしております。この金を受けまして更生保護会の約90％が全面改築をしてきたという実績も御了解願いたいと思います。それから全額の補助につきましては、お年玉つき郵便はがき寄付金の配分がございます。なお、日本船舶振興会からの補助も受けられるのでございます。確かに全体を検討いたしますと、厚生省関係の施設ほどの道はあるとは申し上げかねますが、しかしそういうことがあることも御了解いただきたいと思うのでございます。
 それから更生保護会は連絡、助成の更生保護会がございまして、これは寄付金その他の金を集めましてこういう事業を援助する組織でございます。これも法務省所管の中にございます。そういう組織であるということを御了解願いたいと思います。
 なお、３つの御指摘の保護司会、更生保護会、更生保護婦人会でございますが、これはいわば官製のものと申し上げるよりは、本来地域社会に根を生やしてでき上がったおのおのの団体でございますので、多分にいろいろの利害といろいろの事業目的、主張を持っております上に規模も違いますし、すでに法人になっているのもございますし、それらを統合して一本にするということは、私の感じといたしましては、生き物を殺してしまうというようなマイナスの面もあるのではないかということをおそれるのでございます。なお検討させていただきたいとは思いますが、御必要に応じましていまのお話しになりました個々の３つの団体の差異等につきましては申し上げたいと思いますが、いずれにいたしましても、結論としていま申し上げたような感じを持っておるのでございます。しかし、なお御趣旨のあるところは体して努力をしたいと思っております[17]。

 この段階では保護局の姿勢は腰が引けている印象は否めなかった。しかし、前述したように、1980年代半ばに入ると、保護局も「施設整備の促進」に積極的に取り組んで行くことになった。

5　更生緊急保護法の一部改正及び更生保護事業法の制定

 更生保護を担う民間施設が全面改築する際に国が補助金を交付できるように改めること等を内容とする更生緊急保護法の一部改正法案は、1994（平成６）年に国会に上程された。本案は、更生保護会の事業を充実強化するため、更生保護会に対する監督および補助金交付に関する現行の規定を改め、保護観察中の者に対する救護および援護の状況を明らかにした帳簿等を更生保護会に備えつけるべきものとするとともに、法務大臣は更生保護会に対し、その施設の整備等について、積極的に助言、指導または勧告を行うとともに、法務大臣の施

設改善命令を前提とすることなく，補助金を交付できるようにするものであった。同案の付託を受けた衆議院法務委員会では，同年6月3日に開催の委員会において法務大臣から次のような簡単な提案理由説明があった。

> 犯罪者の矯正処遇につきましては，対象者に暴力団関係者，覚せい剤事犯者のほか，施設への入出所を繰り返している累入者等改善困難な者の占める割合が増加しているのに加え，外国人被収容者が増加し，あるいは高齢化傾向が顕著であるなど処遇の複雑，困難化が著しくなってきていることから，これらの者の年齢，犯罪傾向，刑期その他の特性等を考慮した適切な処遇を推進するとともに，医療体制の拡充や社会内処遇への円滑な移行を図るなどして，処遇の一層の充実に努めてまいりたいと考えております。また，これらの者の社会復帰及び再犯防止につきましては，犯罪のない明るい社会の実現のために多大な貢献をしている民間篤志家，団体との緊密な連携を保って，社会内処遇の一層の充実，発展に努めてまいりたいと考えております。中でも更生保護会の保護施設につきましては，緊急にこれを整備する必要がありますところ，昨年10月，矯正保護審議会から建議を受けまして，施設の整備を図るため，更生緊急保護法の一部を改正する法律案を今国会に提出いたしました。[18]

その後，質疑に入った。質疑が集中したのは，「戦後50年たってこれだけ経済大国になって，これだけの大規模な国家予算を持っているのに，こういうものの施設を直すのに半分はみんな篤志家から集めてきなさいよと。それから，職員の給与についても，定員を割った場合は寄附を集めて職員の給与を埋めなさいよと。そういう発想の転換がどうしてできないのか。」といった点についてであった。たとえば，次のような質問がそれであった。

> 今回の改正で更生保護会への補助金の支出基準の緩和と国の責任を明確にするということと，施設整備補助金として保護会への補助金を増額をするというようなことにはもちろん私どもは賛成であります。また，先ほど法務大臣の提案理由説明でも「更生保護会は，仮釈放及び保護観察制度の運用上不可欠な施設となっており」というように言われておりました。
> しかし，資料を拝見すると，法改正前ですが，昨年の更生保護会の施設改善の実施状況を見ますと，総事業費9億3600万円に対して，国の費用はわずか2300万円しか出されておりません。それで地方自治体が1億円，日本更生保護協会が5500万円，それから日本自転車振興会が3億3300万円で，その他が4億2500万円ということで，先ほど他の委員の質問に対するお答えを聞いておりますと，法務大臣は，民間の協力が非常に大きい，日本人は非常にすばらしいという表現だったのですが，

日本人がすばらしい，民間がすばらしいというより，国が余りすばらしくないというか，やっていないから，やむなくそういうところから出しているのじゃないか。決して責めるつもりで言っているのじゃないのですが，それで，今度はこういう法改正になりましたから，改善命令が出たもの以外でもお金が出せるということで，今年度の予算ではたしか1億4000万余り，大幅に改善されたということだろうと思うのですね。しかし，全体の額から見ると，それでもなお僅少だということですので，財政状況が苦しいことは，私も大蔵委員を法務大臣同様相当やっておりましたのでよく知っておりますが，しかし，この法改正を機会として，今年度は最初の年ですが，来年度以降，総額の中での国の比率が余りにも少ないというのはやはりよくないので，増額する方向で考えていかれるべきだと思いますが，その御決意，お気持ちについて，まず伺っておきたいと思います。[19]

更生保護業務に従事する職員の人員とその質の問題についても質問がなされた。

施設の充実ももちろん大事ですが，その次といいますか，それにも増して大事なのは，更生保護業務に従事する職員の人員とその質の問題であります。
更生保護関係の職員の人員は今大体1300人前後と承知しておりますが，そのうち管理職と一般事務官を除いた保護観察官はほぼ800人程度と思われます。ところが，その人員で大体どういうぐあいにやるかといいますと，保護司が全国で5万人弱おられる。それから，1人の保護司が，例えば，私は江戸川区をちょっと調べたのですが，江戸川区では全体で350人の観察対象者がいる。それに対して保護観察官はわずか3人ぐらいなので，1人で100人以上の面倒を見ているということで，なかなか実のある観察あるいは保護をすることができないということで，全国の更生保護官署から増員要求がされていると思いますが，職員がどのぐらい不足していると局長は承知しておりますか。[20]

更生保護官署の職員を増員せよという国会請願が過去14年間にわたり毎年採択されていることについても法務大臣の答弁が求められている。

これらの質問に対しては，法務省も大幅な改善の必要があることを認めざるを得なかった。その上で，「先ほどからお答えを申し上げておりますように，当面急いで改善をしていただかなければならない施設だけでも26あるわけでございます。本年度予算が通りますと，4つの施設でこの予算を使って改善をしていただく，こういうことになりますので，そこから計算しても，まだまだ時間のかかることでございます。したがいまして，少しでも来年度予算を増額できるようにして，一刻も早く施設改善が進行しますように努力をいたしてまい

ります。[21]」等と答弁するしかなかった。

　委員会では，全会一致で次のような附帯決議が付せられた上で，法案が可決された。

> 更生保護は，国の責任において行う事業であって，更生保護会が，犯罪や非行を行った人たちの円滑な社会復帰を図る上で欠くことのできない施設として我が国の刑事政策上重要な機能を果たすべき存在となっていることにかんがみ，政府は，その健全な育成，発展のため，法制度の整備に努めるとともに，施設についてなお一層の改善・充実が行われるよう，格段の努力をすべきである。

　委員会から法案を送付された衆議院本会議は1994（平成6）年6月7日，委員会委員長から審議経過等に関する報告を受けた後，直ちに採決に入り，全会一致で法案を可決した。参議院法務委員会も同年6月21日の委員会で直ちに法案の審議に入った。

　同委員会でも，「私はこの法案を拝見いたしまして，基本的には更生保護行政の前進のためにいい法案だな，こういうふうに思います。ただ，その前進と申し上げましたけれども，ささやかな前進でございまして，法案自体もあるいはまた法案を背景とする更生保護行政というふうなものももっとしっかりした基盤を持って推進されなければならないのじゃないかなというふうな感じを実は強く持っているわけでございます。[22]」などをはじめとして厳しい質問が相次いだ。

　「社会福祉事業と比べて給与面でどういうような関係にあるのか，まずその点をお伺いいたしたいと思います。[23]」という質問に対しても，次のように答弁されるだけで，何故，格差があるのかについて国は返答に窮している。

> 社会福祉施設と更生保護施設の比較という観点についてのお尋ねでございますが，いずれも民間の事業として営んでいるという事業があるという点につきましては，同じような形態のものが多いかと思います。
> 　更生保護事業につきましては，御案内のように，これはすべて法務大臣の認可によりまして民間の団体が民法上の財団法人あるいは社団法人というような法律形態で公益法人として営んでいるわけでありまして，その事業について法務大臣が公益上の観点から種々の監督を行うという形になっております。そして，言ってみれば民間のよさを生かした更生保護事業を営んでいただいているというのが実情でございます。

一方,社会福祉事業につきましては,私どもの知る限りにおきましては,国あるいは地方公共団体が直接営む形の事業というものもある反面,更生保護事業と同様に民間の公益法人として営んでいるといったものもかなりあるようでございます。
　そういう意味においては共通の基盤を持っておりますし,また事業の内容につきましても,言ってみれば社会的弱者についての保護という観点では共通するものがあろうかと思います。
　ただ,社会福祉事業の場合には,言ってみれば身体障害者とかあるいはそのほかのいろんな生活保護的な措置を必要とするような社会的弱者がいろいろございますが,そういった人たちに対する保護ということに限られるわけですが,犯罪者の更生保護事業の場合には,そういった福祉的な措置だけではなくて,やはり犯罪者の再犯防止という刑事政策的な目的がそこに一つつけ加わっているということが違うかと思います。
　それで,それに関する財政的な……[24]

関係法規定に不備があるのではないかという質問に対しても次のように答弁されている。

　御指摘のように,更生緊急保護法3条では更生保護は国の責任において行うものとするというふうに規定いたしておりまして,救護及び援護,犯罪者予防更生法における救護,それから執行猶予者保護観察法における援護については特に規定しておりません。
　しかし,反面で,犯罪者予防更生法における救護というものにつきましては,これは保護観察所が更生保護会に委託することができるということになっておりまして,また執行猶予者保護観察所（ママ）における保護観察中の者についてもその援護措置を更生保護会に委託することができるというふうになっておりまして,この救護及び援護というのは保護観察の一環として行われる国の業務でありますことから,国の業務の一環として行われる救護,援護を更生保護会に委託するということもただいま申し上げました更生保護と同様に国の責任で行われるというふうに考えております。[25]

この答弁に対しては次のような厳しい指摘が議員からなされた。

　局長はそういうふうな御答弁をなさいますけれども更生緊急保護法そのものにストレートには書いていないですね。ストレートには書いていない。
　今おっしゃいました犯罪者予防更生法,これの40条の2項によりますと,「保護観察所の長は,その救護を行い,これに必要な費用を予算の範囲内で支払うものとする。」,そういうふうに書いてある。それから執行猶予者保護観察法の第6条の2

項の中に「必要な援護を行うことができる。」、この程度の記述なんですね。そして、私どもがいただいたこの資料の中には、執行猶予者保護観察法の中には犯罪者予防更生法の中に書いてあるように、保護観察所の長は救護を行って必要な費用を予算の範囲内で支払うものとする、そういうふうな記述もない。どこかにあってそういうふうなことをされているんだろうと思うんですけれどもね。要するに、この更生緊急保護法そのものはあくまでも、更生保護事業といいますか、いわゆる更生保護が中心であって、救護だとか援護だとかいうのはつけ足しだったんですね。

　そこで、伺いますけれども、それは昭和25年、この法律が制定されたときには、いただいた資料を見ますと、例えば昭和40年においてすら更生保護の方が救護・援護より大体2倍とまではいきませんけれども、あくまでも更生保護というのが中心であったんですね。ところが、法務省からいただいたその付表の5の図を見てもわかりますように、更生保護は今や23.6％で、救護・援護が76.4％になってる、そういうのが実態ですね。ところが、その法律そのものは救護・援護についてはあくまでもつけ足しの姿勢です。私はそこに基本的な、何といいますか、矛盾というか、いろいろな問題が介在されているんじゃないかと思うんです。更生保護については、今お話しいたしましたように国の責任であるとはっきり書いてあるんです。局長は、救護も援護も国の責任だとおっしゃるけれども、そういうふうな言葉は見当たらない。やはりその辺のところで、私は、実態が救護・援護がもう4分の3になっているという現状を踏まえてその辺の法令上の対応なり何なりというふうなのも整備される必要があるんじゃないだろうか。なるほど、更生保護法が制定された昭和25年の段階においては、それは救護・援護ということは後からつけ加えたことかもしれませんよ。あくまでも中心は更生保護だったわけなんですが、今の実態はもう過半数、70数％、これによると76.4％が救護・援護の事業だと、こういうふうな実態です。

　この辺につきまして、更正保護事業が大事だとおっしゃるんなら、この際やはり全部洗い直してみて、そして現在の体制に対応するような法令の整備なりなんなりされるべきじゃないか。実態が変わっているんだから、昭和25年の段階にとどまっているべきじゃないんじゃないか。変なことを言いますと、大体そういうふうなところに法務省の、何というか、体質といってはおかしいけれども、世の中の流れにもうおくれておくれて対応するような姿勢というものが見受けられるんだけれども、いかがでございますか。[26]

　このように更生緊急保護法が予定していた更生保護会の業務の内容と実態とがずれてきていることは政府委員も次のように認めざるを得ないところであった。

　　結論的には先生の御指摘のとおりだと考えておりますが、若干敷衍いたします

と，この更生緊急保護ができた当時は，この更生保護事業というものを更生保護というものを業とする更生保護会というものを中心に据えて，そしてあわせてこの更生緊急保護法の1条にも規定しておりますように，犯罪者予防更生法上の救護，執行猶予者保護観察法上の援護も行うということを目的とする法律として制定されたものだと思います。

その後昭和40年代にその更生保護会の収容者の内容が逆転したということは御指摘のとおりでございまして，そういう意味におきましては，この更生緊急保護法で規定する更生保護会の本来予定していた業務の内容と実態とが若干ずれてきている。そしてこの規定ぶりにつきましても，確かに更生保護の対象者に対する更生保護と，それから救護・援護の内容を比較してみましても，実態は，実際は同様の保護的措置をとるわけでございますから，そういう意味におきまして，この三法の規定ぶりに若干ふぞろいな面があるということも私も御指摘のとおりだと考えております。

したがいまして，こういう点につきましては今後なお検討をさせていただきたいというふうに考えております。[27]

ただし，議員の批判は改正自体にではなく改正の不十分さに向けられていたため，同日の参議院法務委員会でも法案は附帯決議が付せられた上で，全会一致で可決された。附帯決疑の内容は次のようなものであった。

　　　政府は，次の諸点につき格段の努力をすべきである。
　　一　更生保護が国の責任において行われるべきものであることにかんがみ，更生保護事業の健全な育成，発展のため，法整備を含めて制度の改善，充実に努めること。
　　二　更生保護事業の充実を図るため，社会福祉事業との均衡にも留意し，被保護者に対する補導援護体制の強化に努めること。
　　三　更生保護施設の改善については，緊急度，優先度を考慮して計画的かつ早期の実現を図ること。
　右決議する。

委員会から法案を送付された参議院本会議は1994（平成6）年6月22日，全会一致で法案を可決し，法案は成立した。同年6月29日に法律第58号として公布，施行された。1994（平成6）年度の予算では「更生保護施設整備費補助金」が認められることになった。

このように更生緊急保護法の一部改正が実現したことから，翌年の1995（平成7）年2月，更生保護事業法案並びに更生保護事業法の施行及びこれに伴う

関係法律の整備等に関する法律案が国会に上程された。

　更生保護事業法案は更生保護法人制度の創設などを内容とするもので，「第一章　通則」「第二章　更生保護法人」「第三章　更生保護事業」「第四章　雑則」「第五章　罰則」からなり，「第二章　更生保護法人」は「第一節　通則」「第二節　設立」「第三節　管理」「第四節　解散及び合併」「第五節　監督」から，また「第三章　更生保護事業」は「第一節　事業の経営等」「第二節　事業の監督及び補助」から構成されていた。「更生保護法人」の「監督」及び「更生保護事業」の「監督及び補助」の部分は次のようなものであった。

　　第二章　第五節　監督
　（改善命令等）
　　第四十一条　法務大臣は，更生保護法人が，法令，法令に基づいてする行政庁の処分若しくは定款に違反し，又はその運営が著しく適正を欠くと認めるときは，当該更生保護法人に対し，期限を定めて必要な措置をとるべきことを命ずることができる。
　　　2　更生保護法人が前項の命令に従わないときは，法務大臣は，当該更生保護法人に対し，期間を定めて業務の全部若しくは一部の停止を命じ，又は役員の解職を勧告することができる。
　　　3　法務大臣は，前項の規定により役員の解職を勧告しようとする場合には，当該更生保護法人に，法務大臣の指定した職員に対して弁明する機会を与えなければならない。この場合においては，当該更生保護法人に対し，あらかじめ，書面をもって，弁明をすべき日時，場所及びその勧告の原因となる事実を通知しなければならない。
　　　4　前項の通知を受けた更生保護法人は，代理人を出頭させ，かつ，自己に有利な証拠を提出することができる。
　　　5　第三項の規定による弁明を聴取した者は，聴取書及び当該勧告をする必要があるかどうかについての意見を付した報告書を作成し，これを法務大臣に提出しなければならない。
　（公益事業又は収益事業の停止）
　　第四十二条　法務大臣は，第六条第一項の規定により公益事業又は収益事業を行う更生保護法人につき，次の各号のいずれかに該当する事由があると認めるときは，当該更生保護法人に対し，一年以内の期間を定めてその事業の停止を命ずることができる。
　　　一　当該更生保護法人が定款で定められた事業以外の事業を行うこと。
　　　二　当該更生保護法人が当該収益事業から生じた収益を当該更生保護法人の営む更生保護事業又は公益事業以外の目的に使用すること。

三　当該公益事業又は収益事業の継続が当該更生保護法人の営む更生保護事業に支障があること。
（解散命令）
第四十三条　法務大臣は，当該更生保護法人が，法令，法令に基づいてする行政庁の処分若しくは定款に違反した場合であって他の方法により監督の目的を達成することができないとき，又は正当な事由がないのに一年以上にわたってその目的とする事業を行わないときは，解散を命ずることができる。
（報告及び検査）
第四十四条　法務大臣は，この法律の施行に必要な限度において，更生保護法人に対し，その業務若しくは財産の状況に関し報告をさせ，又はその職員に，更生保護法人の事務所その他の施設に立ち入り，その業務若しくは財産の状況若しくは帳簿，書類その他の物件を検査させることができる。
　　２　前項の規定により立入検査をする職員は，その身分を示す証明書を携帯し，関係人にこれを提示しなければならない。
　　３　第一項の規定による立入検査の権限は，犯罪捜査のために認められたものと解してはならない。
第三章　第二節　監督及び補助
（事業成績等の報告）
第五十一条　認可事業者は，毎会計年度の終了後二月以内に，法務省令で定めるところにより，その終了した会計年度の会計の状況及び事業の成績を，法務大臣に報告しなければならない。
（帳簿の備付け等）
第五十二条　認可事業者は，法務省令で定めるところにより，その事務所に次に掲げる帳簿を備え付け，これに所要事項を記載し，及びこれを保存しなければならない。
　　一　被保護者に対する処遇の状況を明らかにする帳簿
　　二　被保護者の名簿
　　三　保管金品台帳
　　四　会計簿
　　五　寄附金について，その寄附者及び金額を明らかにする帳簿
（適合命令）
第五十三条　法務大臣は，認可事業者が，第四十六条第一項各号に適合しないと認められるに至ったときは，当該認可事業者に対し，これに適合するために必要な措置をとるべきことを命ずることができる。
（認可の取消し等）
第五十四条　法務大臣は，認可事業者につき次の各号のいずれかに該当する事由

があると認めるときは，当該認可事業者に対し，一年以内の期間を定めて，更生保護事業を営むことを制限し，若しくはその停止を命じ，又は第四十五条の認可を取り消すことができる。

　一　第四十六条第二項又は第六十条第二項の規定により付された条件に違反したとき。
　二　第四十七条第一項の規定に違反したとき。
　三　第五十一条の規定による報告をせず，又は虚偽の報告をしたとき。
　四　第五十二条の規定に違反して，帳簿の備付け，記載若しくは保存をせず，又はこれに虚偽の記載をしたとき。
　五　前条の規定による命令に違反したとき。
　六　次条第一項の規定による報告をせず，若しくは虚偽の報告をし，又は同項の規定による検査を拒み，妨げ，若しくは忌避したとき。
2　更生保護法人以外の認可事業者が，更生保護事業に関し不当に営利を図ったときも，前項と同様とする。
3　認可事業者の代表者その他の業務を執行する役員（法人でない団体で代表者又は管理人の定めのあるものの代表者又は管理人を含む。）が，更生保護事業により不当に個人の営利を図ったときも，第一項と同様とする。

（報告及び検査）
第五十五条　法務大臣は，この法律の施行に必要な限度において，認可事業者に対し，その事業に関し報告をさせ，又はその職員に，認可事業者の事務所その他の施設に立ち入り，その事業の運営の状況若しくは施設，帳簿，書類その他の物件を検査させることができる。
2　第四十四条第二項及び第三項の規定は，前項の規定による立入検査について準用する。

（助言，指導又は勧告）
第五十六条　法務大臣は，被保護者に対する処遇の適正な実施を確保し，又は認可事業者の健全な育成発達を図るため必要があると認めるときは，認可事業者に対し，その事業に関し，必要な助言，指導又は勧告をすることができる。

（届出事業者に対する監督）
第五十六条の二　第五十一条，第五十二条，第五十五条及び前条の規定は，届出事業者（第四十七条の二の届出をして一時保護事業又は連絡助成事業を営む者をいう。以下同じ。）について準用する。
2　法務大臣は，届出事業者につき次の各号のいずれかに該当する事由があると認めるときは，当該届出事業者に対し，一年以内の期間を定めて，更生保護事業を営むことを制限し，又はその停止を命ずることができる。
　一　被保護者の処遇につき不当な行為をしたとき。
　二　前項において準用する第五十一条の規定による報告をせず，又は虚偽

　　　　　の報告をしたとき。
　　　三　前項において準用する第五十二条の規定に違反して，帳簿の備付け，記載若しくは保存をせず，又はこれに虚偽の記載をしたとき。
　　　四　前項において準用する第五十五条第一項の規定による報告をせず，若しくは虚偽の報告をし，又は同項の規定による検査を拒み，妨げ，若しくは忌避したとき。
　　　五　第六十条第二項の規定により付された条件に違反したとき。
　３　更生保護法人以外の届出事業者が，更生保護事業に関し不当に営利を図ったときも，前項と同様とする。
　４　届出事業者の代表者その他の業務を執行する役員（法人でない団体で代表者又は管理人の定めのあるものの代表者又は管理人を含む。）が，更生保護事業により不当に個人の営利を図ったときも，第二項と同様とする。
（更生保護事業を営む地方公共団体の報告義務）
第五十七条　第五十一条（事業の成績の報告に係る部分に限る。）及び第五十五条（事業に関する報告に係る部分に限る。）の規定は，更生保護事業を営む地方公共団体について準用する。
（その他の事業者に対する監督）
第五十七条の二　認可事業者及び届出事業者以外の者（国及び地方公共団体を除く。）であって更生保護事業を営むもの（本条において「その他の事業者」という。）が，その事業に関し不当に営利を図り，又は被保護者の処遇につき不当な行為をしたときは，法務大臣は，その者に対し，一年以内の期間を定めて，更生保護事業を営むことを制限し，又はその停止を命ずることができる。
　２　その他の事業者の代表者その他の業務を執行する役員（法人でない団体で代表者又は管理人の定めのあるものの代表者又は管理人を含む。）が，更生保護事業により不当に個人の営利を図ったときも，前項と同様とする。
　３　第五十五条の規定は，その他の事業者について準用する。
（補助）
第五十八条　国は，更生保護法人に対し，法務大臣が財務大臣と協議して定める基準に従い，予算の範囲内において，その営む更生保護事業に要する費用につき，補助することができる。

　他方，更生保護事業法の施行及びこれに伴う関係法律の整備等に関する法律（整備法）案は，更生緊急保護法を廃止し，更生緊急保護に関する諸規定を犯罪者予防更生法に移すことのほか，更生緊急保護法による公益法人の更生保護法人への移行等について規定したもので，その内容は次のようなものであった。

（更生緊急保護法の廃止）
第一条　更生緊急保護法（昭和二十五年法律第二百三号）は，廃止する。
（更生保護法人への組織変更）
第二条　この法律の公布の際現に更生緊急保護法第五条第一項の認可を受けて更生保護事業を営んでいる民法（明治二十九年法律第八十九号）第三十四条の規定により設立された法人（以下「公益法人」という。）は，平成八年九月三十日までに，その組織を変更して更生保護法人（更生保護事業法（平成七年法律第八十六号）第二条第六項に規定する更生保護法人をいう。以下同じ。）となることができる。

2　前項の規定により公益法人がその組織を変更して更生保護法人となるには，その公益法人の定款又は寄附行為の定めるところにより，組織変更のため必要な定款又は寄附行為の変更をし，法務省令で定めるところにより，法務大臣の認可を受けなければならない。この場合においては，財団である公益法人は，寄附行為に寄附行為の変更に関する規定がないときでも，法務大臣の承認を得て，理事の定める手続に従い，寄附行為の変更をすることができる。

3　更生保護事業法第十二条の規定は，前項の認可について準用する。

4　第二項の認可がこの法律の施行の日（以下「施行日」という。）前にされたときは，定款又は寄附行為の変更は，施行日にその効力を生ずる。

5　第二項の組織変更は，更生保護法人の主たる事務所の所在地において，政令で定めるところにより，登記することによって，その効力を生ずる。

6　法務大臣は，第二項の認可をし，又は認可をしない処分をするときは，更生保護事業法第五十九条に規定する審議会の意見を聴かなければならない。

（更生保護事業の認可に関する経過措置）
第三条　この法律の施行の際現に第一条の規定による廃止前の更生緊急保護法（以下「旧法」という。）第五条第一項の認可を受けて更生保護事業を営んでいる者は，その事業につき，更生保護事業法第四十五条の認可を受けたものとみなす。

（委託費の支弁等に関する経過措置）
第四条　旧法第三条第二項の規定に基づく委託によって生じた費用の支弁又は徴収については，なお従前の例による。

2　平成七年度以前の年度における事業の実施に係る国の補助で，平成八年度以降の年度において支出するもの及び平成八年度以降の年度に繰り越されたものについては，なお従前の例による。

（旧法の規定による処分等の効力）
第五条　前二条に定めるもののほか，施行日前に旧法の規定によってした許可その他の処分又は申請その他の手続は，更生保護事業法の相当規定によっ

てした許可その他の処分又は申請その他の手続とみなす。
（罰則に関する経過措置）
第六条　この法律の施行前にした行為に対する罰則の適用については，なお従前の例による。
（省令への委任）
第七条　第二条から前条までに定めるもののほか，更生保護事業法及びこの法律の施行に伴い必要な経過措置は，法務省令で定める。
（犯罪者予防更生法の一部改正）
第八条　略
（執行猶予者保護観察法の一部改正）
第九条　略
（売春防止法の一部改正）
第十条　略
（健康保険法の一部改正）
第十一条　略
（資産再評価法の一部改正）
第十二条　略
（地方税法の一部改正）
第十三条　略
（地方税法の一部改正に伴う経過措置）
第十四条　施行日前の前条の規定による改正前の地方税法第七十三条の四第一項第四号に規定する更生保護事業を経営する者がその事業の用に供する不動産の取得に対して課する不動産取得税については，なお従前の例による。
　２　前条の規定による改正後の地方税法第三百四十八条第二項第十号の規定は，平成九年度以後の年度分の固定資産税について適用し，平成八年度分までの固定資産税については，なお従前の例による。
（社会福祉事業法の一部改正）
第十五条　略
（土地収用法の一部改正）
第十六条　略
（国有財産特別措置法の一部改正）
第十七条　略
（厚生年金保険法の一部改正）
第十八条　略
（所得税法の一部改正）
第十九条　略
（法人税法の一部改正）

第二十条　略
（登録免許税法の一部改正）
第二十一条　略
（消費税法の一部改正）
第二十二条　略
地価税法の一部改正）
第二十三条　略
（旧社会福祉事業振興会法の一部改正）
第二十四条　社会福祉・医療事業団法（昭和五十九年法律第七十五号）附則第十条の規定によりなおその効力を有するものとされる旧社会福祉事業振興会法（昭和二十八年法律第二百四十号）の一部を次のように改正する。附則第八項中「及び更生緊急保護法（昭和二十五年法律第二百三号）」を「並びに更生保護事業法（平成七年法律第八十六号）」に改め、「営む」の下に「更生保護法人及び」を加える。

　両法案についての提案理由説明は1995（平成7）年3月14日に開催の参議院法務委員会で行われたが，法務大臣による提案理由説明は次のようなものであった。

　　更生保護事業は，民間篤志家のたゆまぬ努力によって維持・運営され，犯罪をした者の社会復帰に大きく貢献するとともに，国が行う保護観察その他の更生の措置を円滑に実施する上で重要な機能を果たしております。しかるに，更生保護事業の中核的存在である更生保護会は，その多くが建築後相当年数を経過して老朽化しているなど種々の問題を抱えておりますことから，昨年の第129国会において更生保護会に対する補助制度の改善を内容とする更生緊急保護法の一部改正がなされたところであり，これに基づき，平成6年度予算において更生保護施設整備費補助金が認められるなど更生保護会の施設整備の面では相応の改善措置を講じたところでございます。
　　ところで，ただいま申し述べた更生緊急保護法の一部改正の際，衆参両院において「更生保護事業の健全な育成，発展のため，法整備を含めて制度の改善，充実に努めること。更生保護事業の充実を図るため，社会福祉事業との均衡にも留意し，被保護者に対する補導援護体制の強化に努めること。」などを趣旨とする附帯決議をいただきました。更生保護会の現状を見ますに，その経営基盤はなおも脆弱であり，また，近年，高齢者やアルコール・薬物乱用者など，処遇に特別の配慮を要する保護対象者が増加し，更生保護会における補導援護体制の強化が特に重要な課題となっているなど，更生保護事業は多くの困難に直面しており，早急にその改善を

図る必要があります。このような現状にかんがみ，先ほどの附帯決議の趣旨を踏まえまして，ここに更生保護事業法案並びに更生保護事業法の施行及びこれに伴う関係法律の整備等に関する法律案を提案することといたした次第であります。

　次に，更生保護事業法案の概要について御説明申し上げます。

　第1に，この法律の目的は，更生保護事業の適正な運営を確保し，その健全な育成発達を図ることにあると定めまして，更生保護事業に関する国の責務を明らかにするとともに地方公共団体の協力に関する規定を定めております。

　第2に，更生保護事業を，継続保護事業，一時保護事業及び連絡助成事業の3種類と定め，それぞれの内容を明らかにしております。

　第3に，更生保護事業を営むことを目的として，この法律の定めるところにより法務大臣の認可を受けて設立される法人を更生保護法人とし，その設立手続，法人の組織，管理，解散，合併及び法務大臣による監督について所要の規定を設けております。

　第4に，更生保護事業の法務大臣による認可並びに監督及び更生保護法人に対する国の補助について所要の規定を設け，また地方公共団体も更生保護事業を営むことができることを定めております。

　次に，更生保護事業法の施行及びこれに伴う関係法律の整備等に関する法律案の概要について御説明申し上げます。

　この法律案は，ただいま御説明いたしました（更生保護事業）法の施行に伴い，更生緊急保護法を廃止し，これに伴う経過措置を定めるほか，犯罪者予防更生法その他の関係法律の規定の整備を行うものであります。

　その主な内容は，次のとおりであります。

　第1に，既存の更生保護会は，組織変更により更生保護法人になることができる旨を規定しております。

　第2に，地方税法の一部を改正して，更生保護法人については法人住民税の均等割を課さないこととしております。

　第3に，土地収用法の一部を改正して，更生保護事業を収用適格事業とすることと規定しております。

　以上が，これら2法律案の提案理由及びその内容の概要であります。

　何とぞ御審議の上，速やかに御可決くださいますようお願い申し上げます。[28]

　理由説明を受けた法務委員会はその後，直ちに両法案の一括審議に入った。更生保護事業法案についての審議においてまず問題となったのは「国の責任」ということであった。すなわち，更生緊急保護法第3条第1項にいう「国の責任」の内容と更生保護事業法案第3条第1項にいう「国の責任」の内容に変化があるのかどうかという点がそれであった。この点に関しては次のように答弁された。

国の措置の実施に当たりまして国が責任を持つという意味におきましては，この両法の関係におきまして何ら異なるところはございません。ただ，……その文脈の違いから申しますと，そこで用いられている意味にやや違いがあるかと思いますのは，更生緊急保護法やそれからこのたび改正して犯罪者予防更生法に取り入れられました規定の中での特に国の責任というふうに規定している意味合いは，これらの法律によりまして更生緊急保護法の措置をとるべきものというのは，本来国の監督から離れてしまっているものでございますので，本人からの申し出がありまして国が保護の必要があると認めたその段階から国が責任を持って本人に対し更生緊急の保護をとるということを明らかにしたということでございまして，いわゆる国の責任がそこから生じるという意味におきましてこの言葉を使っているということでございます。これに対しまして，更生保護事業法におきます第3条第1項の方の国の責任ということは，「国の責任において行う更生の措置」というものを示しまして，先ほどの更生緊急保護のほかに，保護観察あるいは救護あるいは援護もあるわけでございますけれども，このような国の責任において行う更生の措置を実施する上におきまして，更生保護事業が重要な役割を果たしているということを明らかにするというねらいのもとに，この国の責任という言葉をここで用いさせてもらったということでございます。[29]

　地方公共団体の役割についても質問が出された。更生保護事業法案第3条第2項において「地方公共団体は，更生保護事業が犯罪をした者及び非行のある少年の改善更生を助け，これにより犯罪を防止し，地域社会の安全及び住民福祉の向上に寄与するものであることにかんがみ，その地域において行われる更生保護事業に対して必要な協力をすることができる。」と新たに規定されたからである。この点についての政府答弁は次のようなものであった。

　　これまで地方公共団体，伺いますと全国で3300あるそうでございますが，そのうちの約3分の1の団体から各更生保護会に対して多額の援助をいただいているというのが実情でございます。その根拠とされる規定は，地方自治法の232条の2という規定がございまして，これは地方公共団体は，必要がある場合には，補助または寄附をすることができるという規定になっております。従来，更生保護会が補助をちょうだいいたしましたのはこの規定によるものでございました。
　　そういうことで，従来から財政面の協力はいろいろやっていただいてきたわけでございますが，更生保護会が地方におきまして地元の福祉あるいは安全に非常に寄与しているという実態を考えますと，なお一層地方公共団体からの御協力をいただけるのではないかということで，このたび第3条第2項におきまして「その地域において行われる更生保護に対して必要な協力をすることができる。」という規定を

設けたわけでございます。
　その協力の態様につきましては，この条文の文字づらからは特段の限定はございませんので，極めて広い範囲に，広範囲なものというふうに解する余地はございますが，財政的協力につきましては先ほど申し上げた地方自治法の規定もこれありますので，今度新たに規定いたしましたこの「必要な協力をすることができる。」ということは，それぞれ地方公共団体の判断におきまして，更生保護事業に対し，例えば人的な支援の問題あるいは行政面での支援，そういったことを中心として協力をいただけるということの根拠として意味があるというふうに考えているところでございます。[30]

　更生保護事業への国の補助に関わって，1994（平成6）年度の予算で認められた「更生保護施設整備費補助金」についても具体が質問されている。これに対する政府答弁は次のようなものであった。

　　保護会の施設整備の点でございますが，更生緊急保護法の一部改正が129国会で行われまして，それに伴いまして施設整備の補助金を新設していただきました。平成6年度予算におきましては，1億4200万円の予算をちょうだいいたしました。これは50％補助でございます。これによりまして，4団体が現在地域住民の方々の御理解と御協力を得ながら順調に施設改善を進めているところでございます。なお，施設改善につきましては，この国の補助を得て行っているもののほかに，自前の資金をもちまして，小規模のものも含めましてこのほかに4カ所ほどで施設改善を進めているのが現状でございます。[31]

　更生保護会の経営基盤の脆弱さとこれに起因する施設職員の待遇の悪さ，職員確保の難しさ等をどう改善するかについても多数の議員から質問が出された。抜本的な改善策を講じなければならないというのは政府も認めざるを得ないところであった。施設職員の待遇についても「給与の面からいきますと，委員御指摘のとおり，社会福祉法人の同レベルの職員から比較いたしますと低いということは事実と認識いたしております。」[32]と答弁されている。

　　経営基盤の強化ということで具体的に2点ほどお伺いしたいと思います。1つは，先ほど来，更生保護会の収入のうち6割が国からの委託費であるというお話でございますが，こういう厳しい経営状況ということを考えますと，本当に6割でいいのか。来年度予算は4.7％増というお話ではございましたけれども，大幅にふやして，6割でなくて7割あるいはそれ以上という姿が望ましいのではないかというのが1点でございます。

もう1つは，委託費のあり方でありますけれども，現在の計算方法というのは，委託をした実人数によって掛けていくというお話でございますが，これは委託を受ける側の方から考えますと，100％常に稼働しているのであればそれでいいと思いますが，実際は，稼働率と言うと語弊がありますが，平均6割ぐらいではないかというふうに言われているわけでありまして，その収容の割合によって国からの委託費が相当高くなったり低くなったりというのが1つの経営の圧迫要因ではないかと思うんです。仮に100％の人がいてもあるいは60であっても人件費等の固定費は全く変わらないわけでありまして，そういう意味からしますと，委託をした実人数によって計算をしていくという考え方を，計算方法を再検討した方がいいのではないか。要するに，固定費部分は基礎的な委託費として託して，そのプラスアルファ分としてこの実人数を考慮していくという，そういうあり方が私は適切ではないかと思うんですが，この点どうですか。[33]

このような質問に対しても，政府委員から次のような答弁がなされた。

　委員御指摘の人件費の問題につきましては，現在の予算の組み立て方が，今，委託費という形でその中に人件費分を含め，それを交付することによりまして人件費を賄っていくという方式がとられているわけでございますけれども，予算の要求の仕方といたしましてはこれはいろいろのやり方があるということは私どもも承知いたしております。いろんなアイデアというものは考えられるかと思います。
　そういう意味におきまして，抜本的な対策というのはどういうのかというのは，これは民間の更生保護会でございますから，常に100％を補償するのが最も望ましい形なのかどうかという基本的な問題もございますので，これは十分慎重に検討する必要があると私は考えておりますが，予算の組み方ということでは，例えば人件費を補助金化するとかいうふうなやり方とか，いろいろあると思います。この点については私どもも問題意識は持っておりまして，今後この人件費のアップという点に焦点を当てまして，予算の要求の仕方ということについてなおいろいろ工夫をして臨んでみたいというふうに考えております。[34]

施設入所者の高齢化についても，議員の質問に応える形で次のように紹介されている。

　委員御指摘のとおり，更生保護会に入会する人の高齢化というのは非常に進んでいるところでございます。私どもの統計を見ますと，一応更生緊急保護法に基づいて委託を受けている方々の数をもとにして申し上げますと，平成5年におきましては60歳以上の者が14％でございましたが，10年前はわずかに5％であったということ，率にしまして約3倍近い伸びを示しているということでございまして，その傾

向は今後も続くと予想されておりますので，今後の更生保護会における処遇あるいは運営に相当の負担がかかるということは十分予想しているところでございます。[35]

更生保護事業法案の附則の2に置かれた「政府は，この法律の施行後5年を目途として……この法律の規定について検討を加え，その結果に基づいて所要の措置を講ずるものとする。」というサンセット条項についても，その意図するところが質問されている。これに対して次のように答弁されている。

> このいわゆるサンセット条項によりまして，私どもといたしましてはこの法律の施行状況をつぶさに検討し，多角的に問題点を洗い出して改善すべきところは改善するということが必要だということでこの規定を設けさせていただいたわけでございますから，私どもとしては，自発的に5年を目途にこの法律の成果というものに検討を加えて，この規定にさらに改善を加えるべきことがあるかどうかということの結論を出し，必要に応じ当委員会にも報告をする予定はございます。[36]

他方，整備法案の審議においては，更生保護会が更生保護法人に組織変更する，いわゆる移行の問題が取り上げられた。すべてうまく移行することができるのかといった質問に対しては次のように答弁されている。

> 組織変更の点でございますが，更生保護事業法の施行及びこれに伴う関係法律の整備等に関する法律の第2条の規定によるところでございまして，この組織変更に関する規定は，公布と同時に施行されることになりまして，準備期間といたしましては，平成8年9月30日までの間にこの組織変更の手続をとることができるということにいたしております。
> 手続でございますが，各団体において更生保護法人の定款を定めまして，法務大臣に対しまして組織変更の認可申請を行います。法務大臣は，先ほど申し上げましたが，矯正保護審議会がございますが，ここの意見を聞いた上で認可を行うということになります。また，各団体は認可を得た後に組織変更の登記を行う，こういうことで手続が完了するということに相なるわけでございます。
> 当局といたしましては，連絡助成を行う更生保護会も含めて165，すべての更生保護会が円滑に更生保護法人に移行いたしますように，全国及び地域別に行われております更生保護会の会議，研修会等におきまして必要な手続について十分説明いたしますとともに，各所管の保護観察所においても個別に助言，指導，支援を行う所存でございます。[37]

税制上の優遇措置についても質問が出されているが，次のように答弁されて

いる。

　このたびの立法措置によりまして，税制上の優遇措置といたしましては，整備法の方に掲げてありますとおり，地方税法上の法人住民税均等割部分の非課税ということがございますが，もう一つ，これは政令レベルでございまして，法人税法の施行令によりまして，収益事業を営む更生保護法人がその収益事業に属する資産のうち更生保護事業のために支出した金額，これはいわゆる部内のものでございますからみなし寄附金と呼ばれていますが，それの損金算入限度額を，現行は100の27となっておるところでございますけれども，これを社会福祉法人並みに100の50に相当する金額，あるいはその額が200万円に満たない場合には年額200万円まで引き上げる……。[38]

特筆されるのは，「関係法令の統合整備といった抜本的な法体制が整ったとは言えないわけであります。例えば保護観察につきましても，犯罪者予防更生法あるいは執行猶予者保護観察法の二本立てという体制はいまだに続いているわけでありまして，そういう意味ではさらにこの関係法律の抜本的な整備に取り組んでいく必要があると思いますが，大臣の所信をお伺いします。[39]」という質問に対して次のように答弁されている点である。今回の整備法案も「基本法」構想に沿ったものだということが容易にうかがえるからである。

　御指摘の更生保護法制につきましては，制定から現在まで45年を経ておりまして，幾つかの問題点が御指摘になっておりますことから，犯罪者予防更生法，執行猶予者保護観察法等，関係法律につき抜本的の改正を行う必要があると考えているところでございまして，先生の御指摘のとおりでございます。現在，保護局を中心に，犯罪者予防更生法と執行猶予者保護観察法を統合して新たに更生保護の基本法を立案するというような方向で検討を進めておるところでございます。今まで関連法案4本ございまして，保護司法はこれはまた別でございますが，更生緊急保護法は今回なくすということになりまして，残る2本をまとめて新たな基本法として立法していくというような検討を始めておるところでございます。[40]

このような質疑を経て，両法案は1995（平成7）年3月17日に開催の同法務委員会において全会一致で次のような附帯決議が付せられた上で可決された。

　政府は，次の諸点につき格段の努力をすべきである。
　1　更生保護会の組織変更が円滑に推進されるよう適切な指導・助言を行うとと

もに，更生保護法人の健全な育成，発展を図るため，税制上の問題については，社会福祉法人等他の特別法に基づく公益法人の取り扱いを考慮し，均衡を失することのないよう配意すること。
2 更生保護に係る法体系については，更生保護基本法制定の必要性も含めて検討し，社会，経済情勢の変化に対応し得るよう一層の整備に努めること。
3 更生保護は，国が行う保護観察その他の更生の措置を円滑に実施する上で重要な機能を果たしていることにかんがみ，その中核的存在である更生保護会への更生保護委託費及び更生保護施設整備費の在り方について検討を加え，経営基盤の強化に努めること。

右決議する。

委員会から両法案を送付された参議院本会議は同3月17日，委員会委員長から審議経過等に関する報告を受けた後，直ちに採決に入り，全会一致で両法案を可決した。同月28日に付託を受けた衆議院法務委員会も翌4月26日から実質審議に入った。審議に先立って，参議院におけるのと同趣旨の提案理由説明が同月11日の法務委員会で行われた。同月26日の質疑で興味深いのは更生保護会の役割が変わってきているのではないかという次のような質問である。

調査室がつくってくれた資料に，関東地方更生保護委員会委員長の宮野さんの「更生保護の課題と展望」という論文が載っております。ほかにもいろいろ同種の資料があるのですけれども，更生保護会の役割が大方変わってきていると思うのですね，そこの部分を読んでみますと，「更生保護会は，事実上その役割を大きく変更したと言えます。」40ページですが，「更生保護会には，刑務所を満期釈放された者，起訴猶予で釈放された者などの，いわゆる「更生保護」の対象者のほかに，仮出獄者など保護観察中の者が収容保護されています。」こういうことで，「新しい更生保護制度発足当初は，被保護者のうちに「更生保護」の対象者が多くを占めており，更生保護会の役割は，これらの者に宿泊場所，食事，就職先等を提供することにより，彼等の更生を促進することにありました。しかし，日本の経済的繁栄により，満期釈放者を受け入れる職場等も拡大したことから，「更生保護」の対象者は年々減少していったのに対し，仮出獄者を中心に保護観察中の者が増加し，昭和47年ころから両者の数が逆転して，現在では保護観察中の者が被保護者の7割を超えるまでになっています。」別の資料では4分の3を超えておるという資料があるのですね。そこで，「単に宿泊場所や食事を提供することに止まらず，さらに進んで，被保護者の生活訓練，即ち処遇に重点が置かれてきます。」「こうして，更生保護会は，近年ますます処遇施設としての機能を期待され，また，この機能の充実に努めております。」これは事実なんですね。

そうしますと，更生保護会には，満期釈放者とかあるいは執行猶予がついた者とかあるいは起訴猶予になった者とか，本来行刑だとか刑罰ではないのですね。もう自由の身なんですから何してもいいのです。静岡の勧善会から始まったようですが，そういう人を民間団体が援助するという性質から外れて，4分の3を超える者はある意味では仮出獄とかいうことで，行刑が満期ならずっと入れているわけですから，仮出獄をやって，それで保護観察のついた者を受け入れて処遇するということですから，単に刑事政策上の理由だけでなしに，行刑の一環を担っておるということで，この2つは明らかに性格が違うのですね。まさに国が責任を持ってやるべきことであるというように私は思わざるを得ないのですね。
　今同僚委員の中からも，更生保護会で国の施設をつくらなければ処遇がいろいろ，この論文にも書いてありますが，非常に適した処遇をしなければならない。麻薬関係者とかあるいはいろいろな分類がある，今11ぐらいに分けているようですが。そういう点からいえば，本当は，民間に任せて，それが最適だという大臣の答弁もありましたが，最適ではなしに，我が国の明治以来の貧乏さかげんからやむなく慈善事業に頼ってきたのであって，私が今言った今4分の3以上を占めている分野については，まさに国が前へ出なければならないのですね。[41]

　しかし，この質問はポイントが「国の補助」の強化という観点からのものであったために，補助の強化に努力しますという答弁で終わってしまった。「中間施設」における「中間処遇」のもつ意義ないし問題点如何という点が掘り下げられることはなかった。
　同4月26日の委員会は，全会一致で両法案を可決し，本会議へ送付した。委員会から法案を送付された衆議院本会議は翌27日，全会一致で両法案を可決し，両法案は成立した。5月8日に法律第86号および法律第87号として公布された。施行は翌1996（平成8）年4月1日からとされた。
　更生保護事業法によって，更生保護法人制度が創設され，更生保護事業は新たな段階に入ることになった。更生保護事業の振興策が次々と打ち出された。国は「基本法」構想および「中間施設」構想の具体化を着々と進めていった。国会審議で指摘された犯罪者予防更生法と執行猶予者保護観察法の一本化等の問題は次期の課題として先送りされることになった。

6　保護司法の一部改正

　更生緊急保護法の一部改正や更生保護事業法等の制定に際しての国会審議等

でも保護司制度についてはその専門性の向上や有給化等の提案がみられた。更生保護事業法等の制定によって更生保護会の更生保護法人への移行を図った国が次に取り組んだのは保護司制度の見直しとそのための保護司法の改正であった。[42] 更生保護事業法等の制定の翌年の1996（平成8）年6月18日に開催された地方更生保護委員会委員長及び保護観察所長会同でも，木藤繁夫保護局長は「保護司制度の充実強化について」と題して次のように指示していた。

　　我が国の更生保護制度は，民間のボランティアである保護司をその実行機関の一部として取り入れ，保護観察処遇に地域性及び民間性を導入することによって，必ずしも十分といえない人員及び予算措置にもかかわらず高い実績を上げ，世界的にも優れた制度として評価されてきたところであります。
　　しかし，この更生保護制度を支えております保護司制度は，昭和25年に保護司法が制定されて以来46年間にわたり，ほとんどその骨格を変えずに今日に至っているのであり，この間の社会・犯罪情勢の変動により，十分にその機能を発揮できなくなっていると思われる点や，新たな状況に対応できていないと思われる点も生じてきているのであります。
　　すなわち，犯罪者処遇の分野においては，保護観察処遇の多様化が進み，交通事件や薬物事犯における集団処遇の導入や，短期保護観察事件における社会参加活動など，従来から行われてきた保護観察官と保護司との1対1の協働態勢による個別処遇以外にも，保護司の活動すべき分野が広がってきていると考えられるのであります。ところが，これらの活動に保護司が従事したとしても，現制度においては十分な実費弁償がなされていないのが実情であります。
　　また，保護司の活動分野として犯罪予防活動がありますが，この活動は保護司個々人で行うことは容易ではなく，現実には，保護区ごとに保護司が任意で結成している地区保護司会が，組織として地域活動の中心となって行っているところであります。地区保護司会は，このほかにも，保護司の研修，関係機関・団体との連絡，新人保護司の発掘，更生保護思想の普及宣伝など様々な活動を行い，それぞれの分野において重要な役割を果たしているのであります。特に，地域社会における連帯感の希薄化や家庭における教育機能の低下など，更生保護を取り巻く社会環境は厳しいものがあり，地区保護司会が地方自治体などの関係機関・団体との連携を進めて，これら地域社会の改善に寄与することが，強く期待されているのであります。
　　このように保護司組織は，更生保護において重要な役割を果たしているのでありますが，先に述べましたように任意の団体として位置付けられていることから，柔軟な運営が可能である反面，その活動に対しての国の財政支援が十分でなく，地方自治体との関係においても，協力関係を深めることが容易でないなどの問題を有し

ているのであります。
　さらに、保護司候補者につきましても、保護観察事件の対象者のうち、約7割を少年事件が占めているという現状において、世代間のギャップを埋めるため、若い世代からの保護司の登用や、処遇の柔軟性に対応する様々な能力を有する人材を幅広く求めることが必要であります。しかしながら、保護司の業務の特殊性、負担の大きさなどから希望者が多くない上、現在の保護司の推薦手続においては、必ずしも地域の有能な人材に関する情報を幅広く入手することができていえるとは言えない状況にあります。
　以上のような問題を解決するには、様々な視点から現行の保護司制度について検討を加え、改善に向けての具体的な方策を策定する必要があると考えるのであります。また、制度改正を待たずとも実行可能な方策につきましては、その実施について特段の配慮を煩わしたいのであります。[43]

　矯正保護審議会も1998（平成10）年2月27日付で「保護司制度の充実強化を図るため、保護司法の一部を改正し、保護司の職務の遂行に関する規定の整備、保護司組織の法定化等の措置を講ずること」を内容とする「保護司制度の充実強化に関する建議」を法務大臣に提出していた。建議の理由とされたのは次のようなものであった。

　保護司は、官民協働を基調とする我が国の更生保護制度において、保護観察制度を支え、地域の犯罪予防活動を推進するなど、極めて重要な役割を果たしており、保護司に対する社会の期待はますます高まっている。
　しかし、近時の都市化、産業構造の変化に伴う住民構成の変動、個人主義的な社会風潮を反映して、犯罪者処遇のような地味で困難な活動に参画しようとする社会奉仕の精神は希薄化し、保護司としての適任者の確保が困難になっている一方、様々な問題点を抱える処遇困難な者が増加するなど、処遇活動に伴う保護司個人の負担はますます重くなってきている。そこで保護司とその活動に対する一般国民や地域社会の理解を深め、また、保護司組織による組織的な支援態勢の強化を図るなど、保護司制度の充実強化を図ることが、喫緊の課題となっている。
　ところで、保護司の職務のうち、保護観察及び矯正施設被収容者の環境調整については、その活動の内容が比較的分りやすいものの、犯罪予防活動のように様々な活動形態が有り得るものについては公務と非公務との境界があいまいで、保護司がどのような活動をどのように行うかが必ずしも明確ではないことから、一般国民の保護司に対する理解、協力が十分得られない原因の1つとなっている。
　また、保護司を構成する保護司組織は、保護司相互の研修や協力雇用主の開拓、福祉機関との連携等を行っており、保護司の処遇活動や社会資源の活用による処遇

基盤の整備を図る上で重要な機能を担っているが，現状の法律に根拠のない任意組織のままでは社会的評価が低く，組織の役割，機能もあいまいであるため，保護司の職務に対する組織的な支援を行う上で組織の活性化を図ることが困難となっている。

さらに，保護司及び保護司組織の活動が地域社会の安全及び住民福祉の向上に寄与していることから，地方公共団体においては，保護司及び保護司組織に対し様々な支援を行っているが，その法律的な根拠が明確でない。

そこで，早急に保護司法の一部を改正し，保護司の職務の遂行に関する規定を整備するとともに，保護司組織を法定化し，また，地方公共団体の保護司及び保護司組織に対する協力規定を設けるなど所要の措置を講ずる必要がある。[44]

これによれば保護司法の一部改正が目指している方向もすでに明らかであろう。保護司の職務の遂行に関する規定を整備すること，保護司組織を法定化すること，地方公共団体の保護司および保護司組織に対する協力規定を設けることがそれであった。

法案は1998（平成10）年4月に国会に上程され，同月2日に開催の参議院法務委員会で法務大臣から提案の理由および法案の概要の説明がなされた。

> 保護司制度は，地域社会の穏健篤実な奉仕家たちが犯罪や非行をした者を無報酬で補導援護するという世界にたぐいまれな制度として発展し，その立ち直りや地域社会の安全に大きく寄与しておりまして，我が国の刑事政策上極めて重要な役割を果たしているところであります。
>
> しかし，近時の社会風潮等によって，保護司としての有能な人材の確保が容易でなくなりつつある一方，さまざまな問題点を抱える処遇困難な対象者が増加して保護司の負担が増している状況の中で，保護司とその活動に対する一般国民や地域社会の理解及び保護司組織による組織的な支援体制の強化が喫緊の課題となっております。
>
> ところで，保護司の職務のうち，保護観察や矯正施設に収容中の者の環境調整につきましてはその内容がはっきりしておりますが，犯罪予防活動のようにさまざまな活動形態があり得るものにつきましては，どのような活動をどのように行うのが公務であるのか必ずしも明確ではなく，一般国民の保護司に対する理解が不十分となり，十分な協力を得がたい原因の一つとなっております。
>
> また，現在，保護司を構成員とする保護司組織が全国に結成され，保護司相互の研修や福祉機関との連携を図る等，保護司の活動を支える上で重要な機能を担っておりますが，これらの保護司組織は，現状においては任意組織にすぎず，その役割，機能について明確な規定がないため，対外的に保護司組織について理解を得る

のに障害となっており，また組織運営の負担が一部保護司に偏るなどして組織活動の充実を図ることが難しくなっております。

　さらに，保護司及び保護司組織の活動が地域社会の安全及び住民福祉の向上に寄与しておりますことから，地方公共団体からさまざまな支援を行っていただいておりますが，今後，地方公共団体との協力関係を推進していくためには，その法律的な根拠を明確にすることが必要であります。

　そこで，保護司制度の充実強化を図るため，保護司の職務の遂行に関する規定を整備するほか，保護司組織を法定化するとともに地方公共団体の保護司及び保護司組織に対する協力規定を設けるなどの必要があると考えられますので，ここに本法律案を提案することとした次第であります。

　次に，保護司法の一部を改正する法律案の概要について御説明申し上げます。

　第1に，保護司は，地方更生保護委員会または保護観察所の長から指定を受けて当該地方更生保護委員会または保護観察所の所掌に属する事務に従事するほか，保護観察所の長の承認を得た保護司会の計画の定めるところに従い，当該保護観察所の所掌に属する一定の事務に従事するものとしております。

　第2に，保護司の職務を支援する組織として保護司会及び保護司会連合会を法定化しております。

　第3に，地方公共団体は，保護司及び保護司組織に対し必要な協力をすることができることを規定しております。

　以上が保護司法の一部を改正する法律案の提案理由及びその内容の概要であります。

　何とぞ，慎重に御審議の上，速やかに御可決くださいますようお願い申し上げます。
[45]

　理由説明を受けた同法務委員会はその後，直ちに法案の審議に入った。審議においてまず問題となったのは法改正についての当事者の意向はどうかという点で，次のような質問が出された。

　　ここに保護司制度に関する調査結果というものを資料としていただいたんですけれども，これは昨年の6月号の法務省保護局編「更生保護」という雑誌に出ていたものでございます。平成8年12月から平成9年1月まで調査されたもので，全国に976の地区保護司会長という方がいらっしゃるようですが，その方と，それから2000人の保護司の方たちを無作為に抽出して調査をしたものなんです。

　　ここに，保護司法に保護司の職務に関する規定を設けるかという質問について，その地区保護司会長の方たちでは，新たに設ける必要はないという方が34.2％，設ける必要があるの方が圧倒的に多くて49.9％。ところが，会長とかそういった方ではない一般の保護司の方は，新たに設ける必要はないの方が多くて46.3％，設ける

必要があるは26.6%と少ないんですね。

　それからもう一つ，保護司組織を法律で定めてその職務や立場を明確にする，つまり法制化することについてはどうかということに関しても，地区保護司会長の方は法制化した方がよいが70.9%，そして一般保護司の方は法制化した方がよいは48.3%と少ないわけですね。

　このあたりのことについてちょっとお聞きしたいんですが，まず地区保護司会長というのはどういう方がなられるんでしょうか。それから，一般保護司の方たちと地区保護司会長とは随分アンケート結果が違うんですが，なぜこういう違いが出てくるのか分析なさったんでしょうか。もし分析結果がありましたら教えていただきたいんです。[46]

これに対する答弁は次のようなものであった。

> 　組織の法定化及び保護司の職務の明確化につきましては，一般の保護司は必ずしも賛成意見が多くはなっておりませんが，このうち保護司組織の法定化につきましては，やはり一般の保護司は組織活動に関する関心が保護司会長に比べると低いという面が反映しているのであろうと考えております。
>
> 　また，職務の明確化につきましては，この規定を設けることによって新たな職務を設けることになるのではないかという負担感があって，このアンケートの段階ではそういうことがあってもらっては困るというような危惧感から必ずしも賛成ではないということでありました。
>
> 　ただ，その後いろいろな会合において具体的に意見を聞いてみまして，今回の職務の規定を新たに設置することが職務を別にふやすことではないんだ，保護司の職務を支援する観点からむしろ法律的にはより緩和しているんだということを説明しますと，賛成する方が非常に多くなってまいりました。
>
> 　今回の改正に当たりましては，保護司連盟の方で代表者を選んでいただきまして，保護局の方からも数人が出まして，一昨年の9月から合わせて6回にわたって詳細な検討会を実施いたしました。その結果，保護司連盟の方もぜひこの3点については改正してもらいたいという要望のあったものだけを今回法文化したものでございます。[47]

委員組織体について規定がない経緯についても質問が出されたが，これについては次のような説明がなされた。

> 　保護司制度は戦前の司法保護委員の制度を引き継いだものでございまして，その司法保護委員に関して，戦前には司法保護事業法というのがございました。昭和24年にこの司法保護事業法を改正いたしまして現在の犯罪者予防更生法になったのでございます。その際に，保護司組織についての規定は消えたのでございます。その

１年後ぐらいに，昭和25年に保護司法は成立しているわけですが，そこでは実は当時の連合（国）軍総司令部，GHQ の方と意見の対立があったとされております。
　その対立の主たる点は，連合（国）軍の考え方としては，更生保護というものは本来公務員が行うべきであって，民間に任せるべきものではないという根強い考え方があったそうでございます。そういうことで，事務当局が作成したこの改正案の中には保護司についての詳細な規定があり，組織についてもあったそうでございますが，それらが消えて保護司組織が法定化されない状態になったと思われます。[48]

　地方公共団体による協力規定を特に設けた理由は何かという質問に対しても次のように答弁されている。

　　今回の法改正においては，地方公共団体の保護司組織に対する協力，必要な協力をすることができるという規定を設けました。それと同時に，保護司の職務としても地方公共団体の防犯活動に協力するという規定も設けました。お互いに犯罪の防止という観点で相互の協力関係が深まることを期待しての規定でございます。
　　具体的には，このような規定を設けることによって犯罪防止活動が一層効果的に行われるようになるとか，あるいは地方公共団体の方から人的，物的支援をいただく機会が多くなるということを期待しているのでございます。
　　この必要な協力というのを具体的に申し上げますと，例えば人的な協力としては，地方公共団体の職員を保護司組織が行う研修へ講師として派遣していただくとか，あるいは保護司組織の事務局の事務を支援していただくというようなことが考えられますし，物的な協力ということになりますと，保護司組織の会議，研修などに地方公共団体の会場を使わせていただくとか，あるいは研修に際して地方公共団体のバスを無償提供していただくとか，こういうことは実際には全国各地でその程度はまちまちでありますけれども既にやられておりまして，こういうことをできるだけお願いしたい。さらにまた，保護司の候補者の人材に関して情報を提供していただくとか，あるいは地方公共団体の広報紙に保護司関連記事を載せていただくとか，あるいは保護司の顕彰といったことなどを考えております。
　　最後に，財政的支援の問題については，今回の改正では地方公共団体から補助金をいただくというようなことは念頭に置いておりませんで，そちらの方は既に地方自治法の232条の２の方で地方公共団体によっては財政的支援をいただいているところでございます。したがって，今回の17条関係では人的，物的な支援を想定してのものでございます。[49]

　保護司の定員の充足率についても次のように答弁されている。

> 委員がおっしゃいましたとおり，保護司の定数は保護司法の2条2項によって現在全国で5万2500人となっております。
> 御質問の保護司の充足状況につきましては，少年犯罪が激増しておりました昭和35年には94.5％となりましたが，その後90％以上の充足率を保っているものの，過去に1度も定数を満たしたことはございません。
> その理由としては，確かに特定の地域に保護観察事件が集中した場合などに備えて若干の余裕を持っておくということもございますけれども，主たる原因は，何と申しましても大都会等を中心といたしまして地域社会の連帯感が希薄化し，あるいは犯罪者の処遇という地味で困難な活動に参画するという社会奉仕の精神が希薄化しているということで，後継者の確保に困難を来しているということでございます。
> 今回の保護司法の改正を契機に保護司活動を強化いたしまして，少しでも現在の保護司さん方の負担を軽減するべく今後とも充足率の向上に努めてまいりたいと考えております。[50]

関係予算，無給制，保護司の研修制度，災害補償制度等のほか，保護司の高齢化等の問題も取り上げられている。保護観察官の定員についても次のように答弁されている。

> 保護観察所の保護観察官は全国で951名でございまして，議員仰せのとおり，管理職員，更生緊急保護や保護司の研修等に専門的に従事している者を除きまして，直接事件処理に当たる保護観察官は現在約600名であります。保護観察官1人当たりの年間担当事件数を平均してみますと，保護観察事件237件，環境調整事件122件の計359件でございます。現場第一線の保護観察官はそういうわけで極めて多忙な状況となっております。そこで，引き続いて事務処理の合理化に努めるとともに，保護観察をめぐる情勢変化を踏まえて所要の人員の確保に努めてまいる所存でございます。[51]

保護観察中の再犯率の問題にも質問が及んでいるが，政府委員の説明は次のようなものであった。

> 今御指摘がございました保護観察中の再犯率の問題でございますけれども，ただいま委員御指摘のとおりに，私どもの格付でいわゆる4号観察というのは保護観察つき執行猶予者，これが再犯率34.8％になっております。
> この保護観察つき執行猶予者といいますのは，御承知のとおり執行猶予者の中でも保護観察をした方がいいというふうに，どちらかというとその犯情が進んでいる人について行っているわけでございます。これが34.8％となっておる。全体として

私は減少傾向にあるとは思うんですが，平成8年で見ますと，保護観察処分の少年で14.4%，少年院仮退院少年で19.7%，それから仮出獄者で0.9%，そして委員今御指摘の保護観察つき執行猶予者で34.8%になっているわけでございます。
　私どもは，これを毎年毎年下げるように，これは保護観察所の者でございますとか保護司の方々，いろいろ協力して努力していかなくちゃならないと思いますし，私どももそういうふうな方向でできるだけのお力添えなり我々自身の努力もしてまいりたい，このように思います。[52)]

　このような質疑を経て，法案は1998（平成10）年4月14日に開催の同法務委員会において全会一致で可決された。同委員会から法案を送付された参議院本会議は同月17日，委員会委員長から審議経過等に関する報告を受けた後，直ちに採決に入り，全会一致で法案を可決した。付託を受けた衆議院法務委員会でも5月6日の同委員会において参議院におけるのと同趣旨の提案理由説明が行われた。実質審議が行われたのは同月8日の法務委員会で，日本のように濃厚な保護観察を民間人に任せているという国はほとんどないのではないかという質問に対して，政府委員から次のような答弁があった。

　私ども，欧米を初め諸外国の更生保護に関する制度についてそう詳しく調べているわけではないので申しわけございませんけれども，現在まで承知いたしておりますところによりますと，欧米諸国の中ではスウェーデンに我が国の保護司制度によく似た制度があるというように承知しております。それ以外の一般の欧米諸国においては，特に保護観察というような制度は本来の公務員が行うべきであって，民間ボランティアに任すべきではないという思想がかなり強うございまして，日本の保護司のように濃厚な保護観察を民間人に任せているという国はほとんどないのだろうと思っております。
　その理由としては，つまびらかなところはわかりませんけれども，我が国の制度が，保護観察というのは刑の執行猶予や仮出獄に伴う付随的な措置であるというのに対して，アメリカやイギリスなどのように保護観察が独立した刑罰だ，つまり刑罰の執行だということが大きく影響しているのではないかと言われております。
　また，実際のところ，アメリカについて申し上げますと，日本の状況とは犯罪情勢が決定的に違っておりまして，最近の統計によりましても，例えば殺人事件では，人口10万人当たり日本が約1件に対してアメリカでは8件から9件ぐらい起こっている。あるいは強盗事件に関しては，人口10万人当たり日本は年間約2件の発生率でありますが，アメリカでは235件とか237件も発生しているという状況でございますし，私どもが承知している統計によりますと，1996年末の保護観察事件の

> 係属件数が，連邦政府では3万4301人，州政府においては全州合わせると314万6000人というような，保護観察事件そのものの数字が日本に比べると格段に違うという状況もございます。
> 　日本では，ある時点で保護観察事件を切ってみますと，現在のところ大体6万4000件ぐらいで推移している状況でございます。こういう犯罪情勢の推移が，こういう刑事司法制度のあり方にも大きく影響しているのではないかと考えている次第でございます。[53]

　この答弁に対して更に質問がなされるということはなく，議論がこれ以上深められるということはなかった。保護司の定員配分はという質問に対しても次のような答弁がなされた。

> 　保護司の定数の問題でございますが，この定数は，保護司法の2条2項によって定員は5万2500人と定められております。これを法務大臣が都道府県の区域を分けて定める保護区ごとに，土地の人口，経済情勢，犯罪の状況その他の事情を考慮して定めることとなっております。実際には，この法務大臣の権限は，全国に8カ所ございます地方更生保護委員会に委任されております。そして，この地方更生保護委員会が常時各保護区の人口の増減や保護観察事件の増減等を見ながら，状況を見て配分を変えているわけでございます。北海道とか東北とかそういうブロック別及び各都道府県別に見ますと，現行の保護司法が制定された昭和25年以来，都市化による人口移動に伴いまして，ブロック別の保護司定数を見直したのが3回，都道府県別の保護司定数については，ブロック別の見直しを行った際に行ったのを合わせて合計8回の見直しを行っているところでございます。[54]

　保護司の職務中の事故についても政府委員から生々しい具体例が次のように紹介された。

> 　おっしゃるとおり，保護司は，ある意味では大変危険で困難な職務をやっていただいているわけでございます。私どもが把握しております中で刑事事件に発展したものとしては，次の2件がございます。
> 　1件は，昭和39年に北海道で，保護観察つき執行猶予者が，保護観察を終了した後に担当保護司から，本人が刃物を持ち歩いているとの風聞について問いただされて注意を受けたことに立腹して保護司の腹部を包丁で突き刺し殺害したという事件がございました。この事件は，起訴されまして，懲役10年になっております。またもう1件は，平成7年に東京都において，環境調整のため引受人宅を訪問した保護司が，飲酒中の引受人から殴打され顔面に1週間の傷害を負った事件がございます。これについても，刑事処分，罰金処分に処せられております。

> このほかに，刑事事件にはならないまでも，保護司が保護観察対象者から暴行を受けて負傷した事件は何件かありますが，正確には把握しておりません。また，このほかにも，私が直接聞いた話でも，夜間に対象者が包丁を持って家に押しかけてきて，だんなさんのその保護司を殺すと言ってわめいたという事件があったことを聞いております。
>
> そういう意味で，非常に危険な職務に従事していただいているということで，しかも無償で従事していただいているということで，私どもは常日ごろから大変感謝しているところでございます。[55]

保護観察事件を担当しない保護司がいるのではないかという質問に対しても次のように答弁された。

> 確かに，保護司になられた方全員が保護観察事件を担当しておられるというわけではございません。その大きな理由といたしましては，全国を903の保護区に分けておりまして，津々浦々，僻地に至るまで，保護司を常時配置しているという体制でやってきております。したがって，人口の少ないところは必然的に定員数が少ないのでございますが，その中でも，保護観察事件の過疎地域といいますか，事件が非常に少ない地域もございまして，そういうところの保護司の方々は事件を担当しない時期が結構長くあるということもございます。
>
> さらにまた，都会部の中でも，同じ保護区といっても，いろいろ交通の便が不便であって，対象者が帰住する町内と保護司の住んでおられる町内とが交通の便でなかなか通いにくいというようなときには，対象者の帰住地の近くに住んでおられる保護司に担当していただくということもございます。そういうことが結構あるそうでございまして，団地の近くの保護司の方には，団地の中に保護司がおられる場合は逆に件数が非常に少なくて，団地に保護司がおられないときには集中するというようなこともございます。これは，対象者が困ったときなどに，気軽に，余り困難を伴わないで保護司を訪ねることができる体制をつくるという配慮からでございます。
>
> そういうことで，保護観察事件を担当しておられない保護司の方もたくさんおられます。さらにまた，今申し上げました保護観察事件あるいは環境調整事件を担当しておられないで，主として地域の犯罪予防活動の方に力を注いでくださっている保護司の方々もおられるわけでございます。
>
> そういうわけで，保護観察事件を担当しているかだけで，保護司の職務に熱心に取り組んでいただいているかどうかを判断するわけにはまいらないというように考えている次第でございます。[56]

より本質的だと思われたのは「保護司の専門化」にかかわる次のような質問であった。

保護司の今後のあり方を考える上で，調査室からいただいた資料に大変大事な指摘がなされておると思うのです。同志社大学法学部教授の瀬川晃先生の「保護司制度の課題」と題する文章でありまして，要するに，今保護司に求められている1つの大きな方向として専門化が必要じゃないかという指摘なんですね。今の現行法の建前は，保護観察官が専門性，そして保護司というのは民間性，地域性，そういう図式で法が組み立てられている，保護司はサポーターにすぎない，そういう図式はもう当てはまらぬのじゃないかということを先生は指摘しております。保護司の皆さんにも現在の犯罪情勢，刑事政策等々についての専門的な知識をしっかり持っていただくということ，医学，心理学，福祉などの専門家を保護司として採用する道を開くことも大事だ，そういうことまで指摘されているわけであります。この基本，保護観察官が専門家であって保護司は民間，地域，補充者である，そういう今までの図式はもう通用しないのじゃないか，こういう基本的な指摘に対して，法務当局としてはどういう認識でしょうか。[57]

しかし，この点も議論が深められることはなかった。政府委員からは次のような答弁がみられただけであった。

　　保護司に専門性が必要だということ，それが望ましいということはおっしゃるとおりでございます。私どももそういう方向で目指してはおります。
　　ただしかし，例えば，現在，対象者の中には精神的に欠陥のある人，あるいは高齢者で社会福祉的な分野で手を差し伸べなければならないような人もふえてきております。そういう場合に，精神医で保護司の方がおられればこれにこしたことはないのでありまして，また今後ともそういう努力はしていかなければならないと思いますが，そういう専門家で保護司になっていただくということは並大抵のことではない。できるだけ努力はしてまいりたいと思います。
　　それと同時に，現在もう既に行っておりますのは，保護司に対して，例えば薬物事犯を犯した対象者についてはどういう精神構造にあり，心理状態にあって，どう導くべきか，あるいは少年問題についての保護観察のあり方等，それぞれ専門分野については，全国的に保護観察所がやったり保護司会がやったりして研修を充実させる方向で努力しております。現に，それはできるところからやってきております。
　　おっしゃるとおり，できるだけ専門性を持った保護司を確保するように今後とも努力はしてまいりたいと思っております。[58]

かつてのように保護司を少年保護司と成人保護司に再び区分することについても質問が出されたが，政府答弁は次のようなものであった。

　　確かに，それぞれの領域を受け持つことにいたしますと，それぞれの専門性が高

まるといったメリットがあろうかと思われますけれども，他方で，全国津々浦々に成人担当の保護司と少年担当の保護司を二重に確保する必要がある，研修についても二重に実施する必要があるということなどの困難も伴うのであります。このような区分を設けずに，1人の保護司が成人と少年の双方の保護観察対象者を取り扱うことができるといたしますと，ある地域で少年と成人の保護観察対象者の数にばらつきがある場合におきましても保護司の負担を均一化することができますし，人材確保の面でも無理がなく，どちらかというと現実的であると言えるのではないかと思われるのであります。

保護司が成人と少年の双方を取り扱うといたしましても，それぞれの保護司の資質や処遇能力，経験年数などを考慮して，少年事件に適した保護司，成人の仮出獄者の処遇に精通している保護司というように，いわば自然に得意分野を持った保護司ができたり，また保護観察所の方で意図的にそういうことを育成の過程で行っていく場合もあるのでございます。

現段階では，成人保護司と少年保護司を分けることなく，そのあたりを柔軟にしていった方が無理のない運用ができるのではないかと考えている次第でございます。[59]

このような質疑の後，同5月8日の衆議院法務委員会は全会一致で法案を可決し，本会議へ送付した。同委員会から法案を送付された衆議院本会議は同1998（平成10）年5月12日，全会一致で法案を可決し，法案は成立した。同月20日に法律第61号として公布された。施行は翌1999（平成11）年4月1日からとされた。

しかし，無給制を含めた制度のあり方そのもののほか，保護司の高齢化の問題，適任者の確保の問題，保護司の専門性の問題，保護司における意識格差の問題等々，保護司制度の抱える問題は本一部改正によって解消されることはもちろんなかった。

7 小　括

「移行期」上半期においては少年対象者に対する保護観察の分野を中心として各種の実験的な試み等が試行されたことは既に詳しく検討したとおりである。これには保護観察，特に少年対象者に対する保護観察の意義，それも保護観察の担い手の質的な中核である保護観察官の保護観察に占める存在意義を「処遇効果」という観点から具体的に示していく必要に迫られたことが大き

かったといえよう。再犯防止率の上昇を抑える等のために「仮出獄の適正かつ積極的運用」が強調されたが，それは「中間処遇の充実強化」を抜きにしてはなし得ないことであった。

しかし，「中間処遇」の「受け皿」ともいうべき更生保護会の現状は組織管理の面でも施設の面でも大幅な「てこ入れ」を必要とする状態にあった。法人に対する監督の強化およびその実施する更生保護事業に対する監督の強化という国による二重の「監督の強化」の下に施設面での「てこ入れ」も行うこととされ，そのための立法として更生保護事業法並びに同法の施行及びこれに伴う関係法律の整備等に関する法律の制定が目指されることになった。更生保護会の更生保護法人への改組は既存の法運用では不可能なことで，新たな立法によらなければならなかったからである。

同法の制定の目的はそれだけではなかった。整備法では「基本法」構想の一部実現も盛り込まれたからである。これにより，国は，保護司法を除く更生保護関係法の統一に向けて大きな一歩を踏み出すことになった。統一を導くコンセプトが問題となった。

残された保護司法の改正も国にとっては焦眉の課題であった。保護観察における保護観察官の関与の増大はしかしながら保護観察の担い手の内包する非科学性や非専門性といった矛盾の解消にはほど遠いものだったからである。更生保護会の「てこ入れ」を図った国は，今度は保護司および保護司組織の「てこ入れ」に乗り出すことになった。それも運用によってではなく法改正によって実現することが目指された。改正の柱の1つが保護司組織の法定化と併せた保護司組織に対する国の監督の法定化にあったからである。更生保護は再び「立法の時代」を迎えていた。保護司法の一部改正に成功した国はその後，更生保護関係法の統一による一元的な法体制の樹立へと走ることになった。

これらの動きを一瞥して看取されることは，それらがボトム・アップによってではなくトップ・ダウンによって一貫して推進されているという点である。それは国会審議でも指摘された保護司法の一部改正に対する保護司側の消極的な反応からも容易にうかがい知れよう。このトップ・ダウンによる保護司および保護司組織の「てこ入れ」は新たな問題を生みだすことになった。それは国会審議において様々な問題点が指摘されたことからも明らかであろう。トップ・ダウンと大幅な民間依存という矛盾の中にあって「支援・促進」と「整

序・統制」のバランスを取ることはますます難しい問題となった。

　ちなみに，保護司法の一部改正に伴う保護司組織の指導について，1998（平成10）年6月18日に開催された地方更生保護委員会委員長及び保護観察所長会同において本江威憙保護局長は次のように指示した。

> 　本改正の主眼は，第1に，保護司会の自主的・自発的な計画に基づく保護司の地域活動の活発化を促すこと，第2に，保護司組織を法定化し，保護司の職務遂行を支援する組織，公的性格を有する組織としてその機能を充実強化すること，そして，第3に，保護司及び保護司組織と地方公共団体等地域の関係機関・団体との連携を強化することにありますが，施行後の円滑な運用を図るためには，保護司及び保護司組織の十分な理解と協力が必要なことは申すまでもありません。当局といたしましても，できるだけ多くの機会を通じて保護司及び保護司組織の実情や意向を聴取するなどして，保護司組織の法定組織への円滑かつ適正な移行を期するとともに，関係省令，通達等の制定を行っていきたいと考えておりますが，この意味からも本日の協議におきましては，各地域の実情に基づいた忌たんのない意見を開陳願いたいのであります。……今後当局から示す運用方針等に細心の注意を払い，保護司及び保護司組織に対し，その内容を正確に伝え，いやしくも説明が不十分であったり，不適正であったり，あるいは統制するような態度で接したりすることにより，無用の混乱や反発を招かないよう十分に配慮願いたいのであります。[60]

　しかし，「支援・促進」と「整序・統制」のバランスを取るということは地方更生保護委員会委員長や保護観察所長に問題解決を指示するだけで解消し得るような類の問題ではなかった。

　一方，刑法全面改正作業が水面から出入りする形で進められる中で，少年法の保護処分や売春防止法の補導処分との矛盾は拡大することになった。刑法全面改正作業において最大の争点の1つとされた保安処分は，保護処分や補導処分と同じ保安処分であっても，「本人の保護を目的とする」保安処分ではなく「社会を犯罪から守ることを目的とする」保安処分だったからである。この矛盾の解消を図るというのも少年法改正作業の眼目の1つであった。それは別の角度からみれば，パレンス・パトリエかポリス・パワーかという問題でもあり，保護観察のうち「保護」を重視するか「観察」を重視するかという問題でもあった。ここでも立法による問題解決が目指された。更生保護関係法の統一は，各種規定間における不具合の解消，整合性の確保といった形式面に止まるものではなく，ますます拡大する矛盾をどのような方向において解決を図って

行くのかという，優れて価値判断に関わる事柄であった。21世紀の日本の更生保護を導くのはいかなるコンセプトかという問題であった。まさに「基本法」構想と名称される所以であった。

1) 更生保護50年史編集委員会編『更生保護50年史（第1編）』（全国保護司連盟他，2000年）306頁。
2) 50年史編集委員会編・前掲注1) 書340頁。
3) 深谷裕「戦後における更生保護制度の変遷——就労支援の位置づけを中心に」『社学研論集〈早稲田大学〉』1巻7号（2006年）177頁-178頁。
4) 中山研一「吉川先生と刑法改正問題」『法学志林〈法政大学〉』105巻4号（2008年）13頁以下等を参照。
5) 菊田幸一「思想犯保護観察法の歴史的分析（二）」『法律論叢〈明治大学〉』45巻1号（1972年）121頁以下によれば，前述したように，この少年法改正構想が次のように批判された。
   「戦後の新しい装いのもとでの保護観察は徐々に変容しつつある。その第一は，少年法改正の動きと関係する。」「わたくしは少年法の改正は過激派学生に対する，あるいは新左翼集団に対する施策として使われる可能性が十分にあると考える。それはまさしく思想犯保護観察法と結びつく。」
6) 渡辺則芳「少年法改正と少年問題」『比較法制研究〈国士舘大学〉』9号（1986年）20頁等を参照。
   この答申に対して，日本弁護士連合会は同日，直ちに次のような声明を記者発表した。
   「法制審議会は，本日，当連合会をはじめとする国民各層からの，少年法改正に対する意見や批判を無視して，少年法部会の中間報告を，法務大臣に，答申することの決定をした。そもそも，少年法は，少年政策の一環をになうものとして，単に非行少年だけでなく，すべての青少年の幸福と成長開花に直接・間接深くかかわり，またその周辺の成人の日常生活の領域にも甚大な影響を与える法であり，そのことを通して，未来の社会のあり方を左右する重要な法である。現行少年法は，かかる少年法制の性格をふまえ，人間の尊厳を重んじ，民主的な社会の実現を目指す憲法の理念に基づき，人類の歴史的経験と科学的知見に支えられて教育・福祉の法として制定された。捜査機関の影響の排除と，家庭裁判所を中心とする教育的処遇の体制の整備とは，その骨格をなすもので，その目指すところは，多くの支持を得，国際的にも高く評価され，過去20数年にわたる運用の実績をもつものとして定着している。答申は，かかる少年法制を，さしたる理由もなく，充分な検討を経ぬまま，根幹から改めようとするもので，厳しく批判されなければならない。すなわち，内容の上では，家庭裁判所を中心とする教育的処遇の体制を失なわせ，代りに警察・検察の影響を全手続過程に貫徹させることを目指しており，その結果，青少年の健やかな成長を犠牲にして，国民の人権とわが国の民主主義の将来を危うくするものというべきであり，手続の上でも，一方的な結論を押しつけ，必要性や結果についての検討もなされないまま行なわれた中間報告を，実質審議を深めず，いわば責任を放棄して答申としたもので，問題といわざるをえない。当連合会は，国民の批判を無視して行なわれた答申に強く抗議すると共に，今後ともこの答申の問題性を国民に訴え，国民と共に，答申による法『改正』の阻止に全力を挙げてとりくむものである。」
7) 『昭和53年第84国会衆議院法務委員会議録第4号（昭和53年2月17日）』14頁。
8) 前掲注7) 会議録14頁-15頁。

9) 50年史編集委員会編・前掲注1) 書328頁。
10) 50年史編集委員会編・前掲注1) 書329頁-330頁に掲載。
11) 50年史編集委員会編・前掲注1) 書328頁-329頁。
12) 50年史編集委員会編・前掲注1) 書330頁-331頁に掲載。
13) 50年史編集委員会編・前掲注1) 書331頁-332頁に掲載。
14) 前掲注7) 会議録16頁。
15) 前掲注7) 会議録16頁。
16) 前掲注7) 会議録17頁。
17) 前掲注7) 会議録17頁。
18) 『平成6年第129国会衆議院法務委員会議録第2号(平成6年6月3日)』2頁。
19) 前掲注18) 会議録34頁。
20) 前掲注18) 会議録34頁。
21) 前掲注18) 会議録34頁。
22) 『平成6年第129国会参議院法務委員会議録第4号(平成6年6月21)』1頁。
23) 前掲注22) 会議録1頁
24) 前掲注18) 会議録2頁。
25) 前掲注18) 会議録2頁。
26) 前掲注18) 会議録2頁。
27) 前掲注18) 会議録2頁。
28) 『平成7年第132国会参議院法務委員会議録第5号(平成7年3月14日)』1頁。
29) 前掲注28) 会議録2頁。
30) 前掲注28) 会議録2頁。
31) 前掲注28) 会議録4頁。
32) 前掲注28) 会議録6頁。ちなみに，本答弁では，施設職員の数等についても次のように説明されている。
「当局におきまして平成6年の調査を実施いたしました結果で，直接更生保護会，いわゆる収容施設を持っているところでございますが，有給職員は全部で531人でございます。次に，直接更生保護会に対して奉仕的に協力している職業別の人員でございますが，ボランティアとして一時的あるいは継続的に御協力いただいている方々の職業については調査を行っておりませんために，そのような方々を除きまして，直接更生保護会の理事やあるいは評議員など，無償で役員に就任している方々の職業を比率の高い順に申し上げますと，役員総数が約2300人でございますが，一番多いのが会社，団体役員の35％，二番目が主婦，無職の方々で22％，第三番目に宗教家の方でございまして，12％を占めている，こうなっております。」(前掲注28) 会議録11頁)
33) 前掲注28) 会議録6頁。
34) 前掲注28) 会議録7頁。
35) 前掲注28) 会議録9頁。
36) 前掲注28) 会議録7頁。
37) 前掲注28) 会議録11頁。
38) 前掲注28) 会議録3頁。
39) 前掲注28) 会議録7頁。
40) 前掲注28) 会議録7頁。
41) 『平成7年第132国会衆議院法務委員会議録第7号(平成7年4月26日)』11頁。
42) ちなみに，1980(昭和55)年6月20日付けの保護局長通達「交通短期保護観察実施要領の改正について」(保護観第395号)により，離島その他保護観察所から遠隔の地の一部につい

ては,特定の保護司にも集団処遇を行わせることができるとする「指定交通保護司」の制度が設けられていた。

43) 50年史編集委員会編・前掲注1)書378頁-379頁に掲載。
44) 前掲注1)書384頁に掲載。
45) 『平成10年第142国会参議院法務委員会議録第8号(平成10年4月2日)』12頁。
46) 前掲注45)会議録3頁。
47) 前掲注45)会議録3頁。
48) 前掲注45)会議録6頁。
49) 前掲注45)会議録8頁。
50) 前掲注45)会議録2頁。
51) 前掲注45)会議録9頁。
52) 前掲注45)会議録3頁。
53) 『平成10年第142国会衆議院法務委員会議録第13号(平成10年5月8日)5頁。
54) 前掲注53)会議録6頁。
55) 前掲注53)会議録8頁。
56) 前掲注53)会議録2頁。
57) 前掲注53)会議録10頁。
58) 前掲注53)会議録10頁。
59) 前掲注53)会議録10頁
60) 50年史編集委員会編・前掲注1)書384頁-385頁に掲載。

第10章　21世紀における更生保護の展開

1　少年法の一部改正

　少年法の一部改正が2000（平成12）年，2007（平成19）年，2008（平成20）年と相次いだ。2000（平成12）年の一部改正法案は第147回国会に上程された。同年5月11日に開催された衆議院本会議における提案理由説明は次のようなものであった。

　　少年法等の一部を改正する法律案につきまして，その趣旨を御説明いたします。
　　少年審判において，的確に非行事実が認定され，事案が解明されることは，非行のある少年に適切な保護処分を施し，その健全な育成を図るという少年法本来の目的を実現する上で不可欠であり，一方，非行のない少年についてこれを誤って処分することがないようにし，かつ，その判断が国民に信頼をもって受け入れられるようにすることが，裁判制度のあり方からも，また，その少年の利益のためにも肝要であります。しかるに，近時，いわゆる山形マット死事件を初め，少年審判手続における事実認定が問題となる事件が相次いで生じたことなどから，少年審判における事実認定手続のあり方が問われるに至っております。また，犯罪の被害者に対する配慮を求める声が高まりを見せており，このような声に誠実にこたえることが関係各方面に求められているところであります。また，家庭裁判所で取り扱う家事審判についても，近年，法律上及び事実上の争点が複雑多岐にわたるなど，解決困難な事件が増加しております。
　　そこで，この法律案は，このような状況を踏まえまして，少年審判における事実認定手続の一層の適正化を図り，被害者に対する配慮を実現するための法整備を図るとともに，あわせて家事審判についても所要の法整備を行おうとするものであります。
　　この法律案の要点を申し上げます。
　　第1は，少年法の改正であり，次の点を主な内容としております。その1は，少年審判における事実認定の手続に検察官が関与した審理を導入することとし，検察官が審判の手続に関与する場合において，少年に弁護士である付添人がいないときは，家庭裁判所が弁護士である付添人を付することであります。その2は，一定の

場合には，観護措置の期間の更新を，現行の1回を超えて，さらに4回を限度として最長12週間まで行うことができることとし，あわせて，観護措置及びその更新の決定に対する不服申し立て制度を整備することであります。その3は，検察官に事実認定及び法令の適用に関する抗告権を付与することであります。その4は，保護処分終了後において，審判に付すべき事由の存在が認められないにもかかわらず保護処分をしたことを認め得る明らかな資料を新たに発見した場合の救済手続を整備することであります。その5は，家庭裁判所が被害者等に対し少年審判の結果等を通知する制度を導入することであります。

　第2は，裁判所法を改正して，家庭裁判所に地方裁判所と同様の裁定合議制度を導入することであります。

　第3は，家事審判法を改正して，家事審判について，合議体で審理する場合の受命裁判官に関する規定を設けることであります。

　その他所要の規定の整備を行うこととしております。以上が，この法律案の趣旨であります。[1]

　内容が内容だけに，国会審議は翌5月12日（衆議院法務委員会で趣旨説明，質疑），同月16日および18日（同法務委員会少年問題に関する小委員会で質疑），同月23日-10月27日（質疑），10月31日（法務委員会で修正案提出，修正案を否決，原案を可決），同10月31日（衆議院本会議で委員長報告，修正案を否決，原案を可決），11月8日（参議院本会議で提案趣旨説明，質疑），同月14日（参議院法務委員会で提案趣旨説明，質疑），同月16日（質疑），同月17日（参考人質疑），同月24日（法務委員会で可決），同月27日（参議院本会議で委員長報告，採決，可決・成立，附帯決議）という経過を辿った。注目されるのは11月17日の参考人質疑で，東京都立大学法学部教授の前田雅英らが法案賛成の立場から発言したのに対して，龍谷大学法学部教授の村井敏邦は反対の立場から次のように発言したからである。

　　私は，少年法改正法案，今回の法案に反対という立場から意見を申し述べさせていただくわけですけれども，その前に，少しこの改正法案の手続的なところについて御意見を申し上げたいと思うんです。……少年法を改正する立法の妥当性という観点から私は意見を述べさせていただきます。

　　立法をつくる場合に大事な点は，事実的な基礎があるかということ，立法事実というように言いますけれども，立法するだけの事実があるかということが問題になります。先ほど前田参考人の方から意見が言われました。なるほどごもっともな意見でもあるかと思いますけれども，凶悪化と少年犯罪の増加という点に関しまして，検挙率と掛け合わせての数値を出すということの是非については，これは議論を要するところです。したがって，その数値をもとにして議論をするということは

差し当たり私は避けたいというふうに思っております。それは1つの見方としてはあり得ますけれども，ただそれの妥当性については議論を要します。いずれにしましても，仮に増加，凶悪化ということが1つの事実だとした場合で議論をしていきたいと思うんですが，第1に現在の少年法制定の背景に，前田参考人も言われましたけれども，非行の増加，凶悪化があったということですね。

　レジュメに，第2回国会，衆議院司法委員会での議事録の一部を，趣旨説明の部分を書いておきました。この中で，趣旨説明として，少年法を改正する法律案の提案理由の中では，最近少年の犯罪が激増し，かつその質がますます悪化しつつあるということで現在の少年法を制定する必要があるんだと。これからの新日本の建設に寄与すべき少年の重要性にかんがみ，これを単なる一時的現象として看過することは許されない，その際，少年に対する刑事政策的見地から，構想を新たにして少年法の全面的改正を企て，もって少年の健全な育成を期しなければならないということで現行の少年法が制定されております。したがって，現行の少年法というのは，まさに刑事政策的観点は全く無視しているわけではないという御指摘はそのとおりだと思いますが，それに加えて，単なる刑事政策的観点だけではなくして，少年の立場に立ち，少年を保護教育することによって現在の少年犯罪の激増と凶悪化に対応していくという観点を持っていたわけです。それが現実的に機能しているかどうかという点については，前田さんのような見方もございますけれども，他方で，前田さんの御本の中でも指摘されておりますけれども，いわば少年の年齢が上がるに従って率が下がっているということ，成人の場合には下がっているということが指摘されているわけですけれども，要するに少年法の仮に犯罪抑止効果ということで考えますと，二度と犯罪を犯さない人がふえているかどうかというのは非常に重要な点です。少年院を出た人の再犯率というのは低いというように言われております。この点は既に統計でもここの法務委員会の資料としても出されているところでもあると思いますけれども，こういう点から，元少年院長などには厳罰化で対応する必要はないという意見を述べている人が多いと思います。

　第2点は，少年犯罪が統計的に増加しているというので少年法改正論議がその都度起きてきているわけですけれども，その増加している重点というのが必ずしも時代によって同じではないということです。現在，低年齢化ということが問題にされております。確かに，低年齢の少年層の問題というのはあるだろうと思います。しかも，いろいろその都度重大な犯罪などが起きたりすると，まず低年齢少年に対して対応しなければならぬという意見が出てきます。しかし，果たしてそういった形でのそれぞれの時代の移り変わる状況にその都度応じた改正論議というのが将来を展望したものであるか，この点については私は大変に疑問を持っています。それから，少年非行，少年の質的変化ということが議論されています。これは，凶悪化，強盗罪がふえている等も1つの論拠になっておりますけれども，数的に果たしてそういうことなのかどうなのかということについては，私自身は疑問を持っております。強盗として認定されているものの中身を見なければいけないということを考え

ます。その点で，むしろ現在のところ問題になっているのは，種々，17歳の少年の事件等々大きな事件が起きる，そこで大変に社会的衝撃を与えているというところからそういった事件の解決といいますか，事件を契機として改正論が出てきたというように考えています。それは果たして長期的展望を持ったものかという点について疑問を感じております。

　それから，仮に低年齢少年による非行が凶悪化しているんだ，犯罪が凶悪化しているんだということが言えたとしても，それが直ちに少年法改正を根拠づけることができるのかということが問題になります。立法の妥当性という点で考えてみますと，凶悪犯罪を犯した低年齢少年に対して少年法が対処し得ないということが科学的に証明されなければならないこと，少年法以外に適当な対処方法がほかにある，その方法が少年の保護という観点から妥当であることなど，現行の少年法以外に実証的なデータが示されていないということです。そういった意味で，むしろ現在の低年齢少年の犯罪に対して，果たして刑罰をもって対応するのが妥当であるかということを考えてみますと，今回の改正法案の中でも出てきておりますけれども，例えば逆送をして，16歳未満の少年を少年院（ママ）に収容して刑罰を科すという形で矯正教育を行うんだということですけれども，刑罰というのは現在懲役刑ですね。懲役刑というのは労働を科す，作業を科すということになっております。この作業を科すということを低年齢の少年に対してするのか，これは大変に問題が大きいわけですね。低年齢少年に対する労働作業として強制的に科していくということは，これは従来の我々の考え方とはかなりかけ離れているものです。むしろ，こういう少年には教育こそ必要です。その教育をやってきたのがまさに少年院という場であって，少年法の精神であるわけです。低年齢でいろいろ問題を起こす少年に対して教育を施すということこそ最も重要な点になるかと思います。それを刑罰というのは逆行させる形になる，むしろ問題を深めることになるだろうというように考えています。

　それから，ちょっと時間がもうありませんので他の点は省きまして，法案の具体的な問題点について２，３指摘をしておきます。第１は，逆送，検察官に送って刑事処分を受ける少年をふやすということは，むしろ少年の問題を早期の解決ということから困難にしてしまう。特に，長期刑を選択させる，無期刑を選択させるというような改正によっては少年の立ち直りはかえって困難になるだろうということが予想されます。それから，原則的に16歳以上の少年に対しては原則逆送させるということについては，これは捜査段階を変質させることになるのではないかということを危惧します。逆送が原則であるということになりますと，捜査の段階から刑事的な観点からその少年を取り調べる，捜査を行うということになる。少年の特殊性への配慮が失われていくのではないかということを懸念します。その意味で，捜査を通じ，審判の過程も含めて少年手続の刑事手続化が一層進むことによって，まさに少年法，少年手続というものが大きく変質することになるだろうということを今後の少年法のあり方を考える点から大変に危惧を感じます。何といっても，低年齢

少年への刑の執行というのは，処遇現場にこれが実施された場合の混乱というのはかなり予想されます。処遇現場は大変に当惑しているということを聞きます。そういう点を考えますと，今回の法案の中に盛られている基本的な厳罰化，刑罰化という方向については，私は，これからの将来，長期的な展望に立った少年法の問題を考える上から大変に危惧を感じていると言わざるを得ません。[2)]

弁護士の山田由紀子も少年事件付添人をしてきた経験などから次のように反対の発言を行った。

　それでは，本題に入らせていただきます。
　まず，規範意識ということが今提案者の方で問題視されています。少年に悪いことをすれば厳しい処罰があるのだぞということを示すことによって非行をなくすということだそうですけれども，非行少年が規範意識というものをどのようにとらえているのか，2つに分けてみたいと思います。
　1つは，いきなり型非行と呼ばれる，今までほとんど非行歴のない少年についてです。実は私も，今までいい子だいい子だ，学級委員もやった，生徒会副会長もやった，そのように言われてきた少年がある朝学校に行く前に台所で包丁を持って母親をめった刺しにしてしまったという事件を担当したことがございます。幾ら調べてもいい子だいい子だという話しか聞こえませんし，本人と会っても本当にそのような印象なんです。私は本当に付添人としてどうしていいかと思いましたが，鑑別所に行きまして鑑別結果が出たときに非常に鋭い指摘がございました。ちょっとその内容を御紹介したいと思うんです。少年は，幼いころから周囲にいい子と思われようとして，常に自分を周囲に合わせてきた。学級委員になったのも生徒会副会長になったのも，教師や親の意向に自分を合わせ，いい子と思われたかったからで，自分から選び取ったことではなかった。常に周りの意向を気にする余り，自分が本当は何をしたいのかと自分の内面を見つめることがなく，したがって自己と他者の対立というものも深く自覚しないままに成長してきた。思春期に至り，いつまでも他者に合わせてばかりはいられない，自我が成長してきた。にもかかわらず，少年には他者，殊に母親との対立，葛藤を意見の違いを前提として乗り越える問題解決能力が養われておらず，ひたすら葛藤を避けることしかできなかった。その結果，無理なひずみがある日突然無視できないほどに大きなものとなり，少年はパニックに陥ったように本件殺人を犯すに至ってしまったのである。
　私はこれを読みまして，正直申しましてぞっといたしました。私も3人の子供の母親なんですけれども，うちの子供も含めて，ここに書かれていることは日本のほとんどの普通に学校に行っている子供たちに当てはまることなんです。この事件の家庭裁判所は次のような決定を出しました。本件非行に至る原因として，少年の対人関係の持ち方や自主性，主体性の欠如に起因する問題解決能力の低さなどの性格

上の問題点を指摘することができ，これらの問題点を改善して社会適応能力を高めさせることが少年にとって必要不可欠と考えられる。したがって，少年に対しては，刑事処分をもって臨むよりも保護処分に付し，今後の健全育成に期するのが相当であると。キーポイントは自主性，主体性なんですね。このような今までいい子と言われてきた少年は規範意識というものは持っています。何が問題かというと，大人たちの規範に自分を無理やり合わせようとする，そのためにむしろ主体性，自主性を失ってしまっている，それが非行に結びついていると言えると思います。
　先日，不登校の子供たちと一緒に少年法を考える会がありました。そのときに，今は不登校から立ち直りまして活発に前向きに生活しているある少年が言っていました。佐賀のバスジャック事件の少年が親に病院に入れられようとしたときに，親に対して覚えてろよという言葉を言ったそうだけれども，自分はその言葉がよくわかる。自分も不登校だったときに，学校に行けないのはおかしい，病気じゃないかと言われて，カウンセリングを受けに連れていかれたり病院に連れていかれたりした。そのときに同じ思いを持った。今振り返ってみると，自分はただ自分色でいたかった。僕はただ僕色でいたかっただけなんだ。それなのに，どうして大人たちは無理やり僕のことを大人色に染めようとするんだ。少年法もそうだ。子供の声なんかちっとも聞かないで，勝手に大人たちで決めて大人色に染めようとしている。そのように言っていました。
　私は，このような日本の子供たちにさらに厳しい規範を示すことは，何ら非行防止に役立たないだけでなく，かえって子供たちの閉塞感を強めて，いきなり型非行をふやしてしまうのではないかと恐れるものです。
　次に，一応従来型といいましょうか，万引き，バイク窃盗，それから非行グループ，暴走族，そのようなルートをたどるような通常の非行少年について考えてみたいと思います。彼らに規範意識が欠けていること，それを養わなければならないことについては私も全く同感です。ただし，その方法については厳罰がそれに結びつくとは思いません。なぜならば，彼らの規範意識が欠けている原因は，1つには彼ら自身が被害体験を持っていること，暴力的な環境で育ってきたことにある。もう1つの原因は，規範が単に上から彼らを縛るものとして与えられているだけであって，彼らの内面から規範が育つように仕向けられていないということです。
　従来型の非行少年の多くは，いじめあるいは恐喝の被害，体罰，親からの虐待をたくさん受けています。皆さんのお手元にあります資料では，2000年4月28日の読売新聞で，警察庁の調べで補導，逮捕された少年の8割がいじめや犯罪被害に遭っているという資料があります。また，アメリカの統計では，殺人犯53人のグループ中85％は子供のころひどい虐待を受けている。また，その他の重罪犯人についても85％に虐待の体験が見られた。日本におきましては，笠松刑務所の女子受刑者についての調査があるんですが，その7割が性的虐待を受けた体験を持っていたという資料があります。このような体験を持っておりますと，例えば少年がいわゆるカツアゲをやって相手を怖がらせたりけがをさせたりしましても，この程度のけがは，

この程度の恐ろしさは自分だって体験している，自分はもっとひどい目に遭ってきた，そんなに大したことではないと思ってしまうわけです。自分がなれっこになっているからです。

　また，彼らは規範というものは学校や親から教えられてはいます。ただし，先ほども申しましたように，決まりは決まりといったぐあいに，なぜそのようなルールが出てくるのかということを教えられることなく上から与えられているために，身についていないということです。そもそも規範とかルールとかいうものは，まず自分自身が大切だと思えて，そしてそれと同じぐらい他人も大切だと思えるところから初めてそれを守る気持ちが生まれてくるものです。自分自身を大切に思えない人間は当然他人を大切にも思えず，他人のためにルールを守るということにも結びつきません。5月以来，メディアで取り上げられた大きな殺人事件，17歳，14歳，そういった子供たちの特異な殺人事件が世上をにぎわせているわけですけれども，その事件の中にほとんど自己破壊行為であったような殺人が多々見受けられたのもこれに等しいと思います。

（略）

　厳罰化するということは，学校に例えますと，校則を厳しくしてこれを破ったら退学処分にするということに似ています。しかし，学校現場で校則を厳しくすることによって子供たちの規範意識が養われたでしょうか。そうではなく，例えば年間13万人の不登校児，11万人の高校中途退学者を出しています。学校の閉塞感がこれらを生んでいるわけです。そのため，厳しい校則につきましては，文部省は80年代終わりから一貫して何度も校則の見直しをするようにということを言っております。この同じ過ちを繰り返すべきではないと思います。

　また，厳罰化で有名なニューヨークですけれども，確かに立法者は票をとらなければなりませんので，被害者の声が上がりますと，それにこたえるように次から次へと厳罰化の立法をつくりました。しかし，草の根で少年と接している人たちは全くこれとは別な行動をとっております。これは裁判官もしかりです。マンハッタンの刑事裁判所にコリエールさんという有名な裁判官がいます。日本の「家栽の人」のような裁判官が何と刑事裁判所にいるんです。この方は，更生の可能性のある子供を次々とケーシーズという社会処遇をして教育をする施設の方にダイバートさせています，リバージョンさせています。アメリカについてはそういう草の根の運動も知っていただきたいと思います。

　次に，被害者の権利と少年の責任についてです。私は少年事件でこういう事件を担当しました。ある少年が路上でガンをつけられたということで，暴走族風の少年を刺してしまったんです。事実関係に争いがありましたので証人尋問をいたしました。証人が審判廷に来て裁判官の質問に答えるとき，その内容は，まず彼は暴走族でも何でもなかった，まじめな学生だった，そしてまた証言の姿勢もいたずらに少年を責めるとか非難するとかそのような態度が全くなく，淡々と公平に事実ありのままに証言していた。その顔を横から見ていた少年の顔色が見る見る変わっていき

ました。あっ自分はとんでもない間違いをしたんだということに気がついたようです。そして証言が終わって証人が立ち去るとき，少年は自分から立ち上がって深々と頭を下げました。証人の方もそれを受け入れてくれました。

　最近は論文でもまたマスコミでも紹介されていると思いますので皆さんも御存じと思いますが，近年，全世界では修復的司法という考え方が各国に広まっております。今19カ国で実施されておりまして，ヨーロッパで900，アメリカで300のプログラムが実施されています。この修復的司法という考え方は，犯罪を地域の問題としてとらえる，被害者と加害者と地域とでその回復力をもってみずから修復をしていく，このような手法をとるわけです。具体的には，市民ボランティアが司会者となりまして，被害者・加害者調停といって，調停というと１対１のイメージかと思いますが，１対１の場合もありますし，少年の場合ですと親が付き添ってくるので人数がもう少しふえる場合もある。さらに大規模なものとしては，地域の人が参加する，30人，40人，時には100人というのもあるそうです。なぜそんな大勢で参加するかといいますと，例えば，被害者なき犯罪でも，薬物中毒の少年に対して地域の人が，いや，実はおれも若いころやっていたんだよ，だけれどもそのおかげで家族はめちゃめちゃになったし，自分も大変なマイナスだった，だから君にはそういう人生を歩んでもらいたくないから，だから僕はここに来たんだよという，見ず知らずの地域の人がこのカンファレンス，修復的司法に参加するということもあるわけです。

　少年事件の場合，特に少年の可塑性の点で効果があるというふうに言われています。被害者は，ここで自分がどんなにこの事件でつらい思いをしたか，あるいはその後も後遺症等でどんなに苦しんでいるかということを話すことができます。少年の方は，やってしまったことはいけないことなんだけれども，そうなってしまうについてはこんな事情があったのだということを話したり，今どんなに後悔しているか，反省をしているか，そういうことを話すことができます。被害者は通常，加害者というものは悪魔のような凶悪な犯罪者というふうにイメージしているものなんですが，実際に会えばそれは弱いところのある生身の人間であることがわかります。そのような話し合いによって，２人の間，あるいは地域の人も参加する中で，少年が立ち直るためには，あるいは償いをするためにはどのようなことをしたらいいのか，被害者はどうしてほしいのか，これを話し合いまして，最後にこれを書面にしてまとめます。時にはそれをしっかり約束どおり守るかどうかを２回目の会議を開いて確認いたします。フォローアップするということです。

　今，この少年法改正論議の中では，被害者の権利と少年の厳罰化ということがいわばシーソーゲームのようになっている面があります。これは非常に悲しいことだと思います。被害者自身も決して厳罰化そのものを望んでいるわけではありません。ただ，今のように実質的な手厚い，心からの被害者へのケアがない中では厳罰化ぐらいしか言うことがないという悲しい状況に置かれているのが実情だと思います。私は皆さんにぜひともこの修復的司法というものを考えていただきたい。そし

て，これは皆さんのお手元の文書，ペーパーにちょっと書いておきましたけれども，4カ国における詳しい調査研究の結果，被害者の90％が満足している。それから，少年の更生につきましては別紙2を見てください。これまでの衆議院，参議院の議論の中で，厳罰化が果たして犯罪抑止に効果があるのかどうかはわからないという状況になっていると思います。しかし，修復的司法は明らかに更生に効果があります。上の欄，メディエーションと書いてあるのが調停を経て被害者と対面した少年たちの再犯率です，19％。これを行わなかった同程度の犯罪，同年代の少年が比較されたグループで28％です。計算しますと32％，修復的司法の経験をした少年たちは再犯率が低いということが言えます。

　時間ですので，私からは厳罰化よりも修復をということを強く申し上げて，終わりとしたいと思います[3]。

　しかし，法案は賛成多数（参議院本会議では賛成192に対して反対36）で可決され，成立した。平成12年12月6日法律第142号として公布され，施行は2001（平成13）年4月1日からとされた。ただし，参議院で施行の5年後に改正後の規定の施行状況について国会に報告し，必要がある場合には法制の整備その他の措置を講ずることを政府に求めることを内容とする修正案が提出され，この修正案も併せて可決された。

　2007（平成19）年の一部改正法案は2006（平成18）年11月14日，第165回国会に上程された。同14日に開催の衆議院本会議における提案趣旨説明は次のようなものであった。

　　少年法等の一部を改正する法律案につきまして，その趣旨を御説明いたします。
　　近年，少年人口に占める刑法犯の検挙人員の割合が増加し，強盗等の凶悪犯の検挙人員が高水準で推移している上，いわゆる触法少年による凶悪重大な事件も発生するなど，少年非行は深刻な状況にあります。このような現状を踏まえ，平成15年12月，青少年育成推進本部が策定した青少年育成施策大綱において，触法少年の事案について，警察の調査権限を明確化するための法整備を検討すること，触法少年についても，早期の矯正教育が必要かつ相当と認められる場合に少年院送致の保護処分を選択できるよう，少年院法の改正を検討すること，保護観察中の少年について，遵守事項の遵守を確保し，指導を一層効果的にするための制度的措置について検討することが示されたほか，同月，犯罪対策閣僚会議が策定した「犯罪に強い社会の実現のための行動計画」においても，非行少年の保護観察のあり方の見直し及び触法少年事案に関する調査権限等の明確化について検討することが取り上げられましたが，これらの検討事項は，いずれも，かねてから立法的手当てが必要と指摘

されていたところでもあります。また、平成14年3月に閣議決定された司法制度改革推進計画において、少年審判手続における公的付添人制度について積極的な検討を行うこととされました。

そこで、この法律案は、少年非行の現状に適切に対処するとともに、国選付添人制度を整備するため、少年法、少年院法及び犯罪者予防更生法等を改正し、所要の法整備を行おうとするものであります。

この法律案の要点を申し上げます。

第1は、少年法を改正して、触法少年及びいわゆる虞犯少年に係る事件の調査手続を整備するものであります。すなわち、触法少年の事件について警察官による任意調査及び押収等の強制調査等の手続を、虞犯少年の事件について警察官による任意調査の手続をそれぞれ整備するとともに、警察官は、調査の結果、家庭裁判所の審判を相当とする一定の事由に該当する事件については児童相談所長に送致しなければならないこととし、児童相談所長等は、一定の重大事件に係る触法少年の事件については、原則として家庭裁判所送致の措置をとらなければならないことといたしております。

第2は、少年法及び少年院法を改正して、14歳未満の少年の保護処分を多様化するものであります。すなわち、14歳未満の少年についても、家庭裁判所が特に必要と認める場合には、少年院送致の保護処分をすることができることとしております。

第3は、少年法、少年院法及び犯罪者予防更生法を改正して、保護観察に付された者に対する指導を一層効果的にするための措置等を整備するものであります。すなわち、遵守事項を遵守しなかった保護観察中の者に対し、保護観察所の長が警告を発することができることとした上、それにもかかわらず、なおその者が遵守事項を遵守せず、保護観察によってはその改善更生を図ることができないと認めるときは、家庭裁判所において少年院送致等の決定をすることができることとするほか、少年院及び保護観察所の長が保護処分中の少年の保護者に対し指導助言等をできることといたしております。

第4は、少年法及び総合法律支援法を改正して、国選付添人制度を整備するものであります。すなわち、一定の重大事件について、少年鑑別所送致の観護措置がとられている場合において、少年に弁護士である付添人がないときは、家庭裁判所が職権で少年に弁護士である付添人を付することができることといたしております。

その他所要の規定の整備を行うことといたしております。以上が、この法律案の趣旨でございます。[4)]

同法案も対決法案であった。国会審議も、2007（平成19）年3月23日（衆議院法務委員会に付託、趣旨説明、質疑）、同月28日および4月13日（質疑）、同4月18日（修正案趣旨説明、質疑、修正案の採決）、同月19日（衆議院本会議で委員長報告、

採決），同19日（参議院議本会議で趣旨説明），同4月27日（質疑），翌5月8日（法務委員会に付託，趣旨説明，質疑），同月15日および17日（質疑），同月25日（参議院本会議で修正案趣旨説明，質疑，修正案を採決，可決・成立）という経過を辿った。衆議院では約17時間に及ぶ審議に加え，少年院，児童自立支援施設などの視察も行われた。少年院に送致可能な年齢の下限をおおむね12歳とすること等を内容とする修正が行われた上で賛成多数で可決されたが，本会議では採決に際して次のような反対意見が出された。

　　まず冒頭，昨日の法務委員会で，与党及び七条明委員長が職権により委員会を開催し，強行採決を行ったこと，これに強く抗議いたします。憲法改正の国民投票，米軍再編に続く，1週間で3回の強行採決という安倍内閣の強硬姿勢にも重ねて強く抗議するところであります。
　　さて，与党修正案及び原案に反対する理由を申し上げます。政府提出の少年法改正案は，触法少年や虞犯少年に対する警察官の調査権限の付与，強化，14歳未満の少年の少年院送致など，ただ単に厳罰化をすると。本当に少年事件は凶悪化，低年齢化しているのか，また，そういった立法事実があるのかという疑問の声に答えないまま，厳罰化にひた走ろうとする安倍総理そして内閣の姿勢は，良識ある国民や私たち野党のみならず，安倍政権の与党，自民党，公明党の中からさえも疑問の声や不安の声が上がっていたところでございます。
　　民主党が提出した修正案では，第1に，触法少年及び虞犯少年に係る事件の調査に関し，触法少年に係る事件についての警察官等の調査を，児童相談所長の要請を受けた場合またはその同意を得た場合に限定するとともに，虞犯少年に係る事件についての警察官等の調査に関する規定を削除することとしておりました。この点，与党修正案では，虞犯少年についての調査規定を削除したという，民主党の主張を受け入れたことは評価いたしますが，触法少年については警察が独自の判断で調査，事件送致できるとする原案の仕組みを残しており，極めて問題があると考えています。
　　民主党修正案では，第2に，少年に対する質問に関し，その保護を図る等のため，少年及び保護者は弁護士の中から調査付添人を選任できること，少年に対する質問に際しては，児童福祉司または調査付添人の立ち会いを認めること，質問に際し，警察官は，少年に対し答弁を強要されることはないこと等を告げなければならないこと，少年の答弁及び質問の状況のすべてを記録媒体に記録しなければならないこと等としておりました。この点，与党修正案では，弁護士の付添人選任については民主党の主張を盛り込みましたが，その他の措置については盛り込まれず，ただ訓示規定を追加したにとどまっています。14歳以上の犯罪少年については刑事訴訟法で明確に認められている黙秘権告知の権利が，なぜか，同様に少年院に送致さ

れる可能性のある14歳未満の少年には認められていないというのは明らかに矛盾しており，欠陥法案，欠陥修正案と言わざるを得ません。

　第3に，民主党修正案は，少年院送致年齢の下限を撤廃するという政府案に対し，おおむね14歳を下限とすることとしておりました。これに対し，与党修正案は「おおむね12歳」としておりましたが，おおむね12歳というのは11歳も含み，しかも，これは行為時の年齢ではなく収容時の年齢であり，行為時に10歳の児童をも含むことになってしまいます。このように，小学校の児童をも少年院に入れようとする趣旨であるとするならば，児童福祉を大きく後退させるものであり，全く不適切，到底容認できるものではありません。昨晩，安倍総理は，記者団の質問に対し，小学生でも少年院に入れるのはやむを得ないと答えたようですが，少年の健全育成のための育て直しという趣旨から考えると，本当にまだ幼い小学生を少年院に収容するべきなのでしょうか。大いに疑問が残ります。

　民主党修正案は，第4に，保護観察中の者に対する措置に関し，遵守事項を遵守せず，保護観察によっては改善更生を図ることができないと認めるときは，家庭裁判所が少年院送致の決定をすることができる旨の規定を削除することとしておりました。このように，保護観察処分となった少年を，保護司の呼び出しに応じない，朝ちゃんと起きてこないといったような，もとの事件に比べればささいな理由で少年院送致をできるようにすることに関し，長勢法務大臣も，その前の事案を考慮してそうするのだと答弁しており，やはり二重処罰の疑いが晴れません。

　民主党の修正案は，第5に，国選付添人制度に関し，国選付添人の選任は，少年がその選任に係る事件について審判を終局させる決定前に釈放されたときはその効力を失う旨の規定の削除をすることとしておりました。この点に関しては，与党修正案も全面的に受け入れており，評価いたします。

　民主党修正案では，第6に，国及び地方公共団体は，触法少年及び虞犯少年に係る事件に適切に対処できるよう，家庭的な雰囲気の中での育て直しを重視して，児童相談所について，必要な体制の整備に努めるようにとしておりましたが，与党修正案及び原案ではこの児童相談所の役割を非常に軽視しており，当然評価できません。

　以上のように，委員会でのこれまでの審議を十分に踏まえて民主党が出した修正案の一部が与党によって取り入れられた点については，委員会審議の成果として率直に評価いたします。しかし，既に述べたとおり，与党修正案は，政府の原案の幾つもの問題点を放置し，修正部分についても不十分と言わざるを得ない内容であり，与党修正案及び残余の政府原案ともに反対すべきものと考えます。

　また，最後に，今回の少年法改正は，教育ということを最重要と掲げている安倍内閣が，少年をむちをもって追うような厳罰化のみで解決しようとする，大人の責任を放棄した全く無責任なものであり，我々民主党が，少年を育て直そうという観点から修正案を出したところ，一部は取り入れられましたけれども，共同修正がまだ始まったばかり，その初日にいきなり強行採決をしてしまうという安倍内閣の国

会運営に強く抗議いたしまして，原案及び与党修正案に反対の討論といたします[5]。

参議院でも参考人からの意見聴取[6]，愛光女子学園および国立武蔵野学院の実情調査，厚生労働委員会との連合審査会の開催などが行われた。しかし，本会議では討論抜きで採決に入り，賛成106，反対88で可決された。2000年改正法案よりも反対は多かった。2007年改正法は平成19年法律第68号として6月1日に公布され，公布の日から起算して6月を超えない範囲内において政令で定める日から施行することとされた。

2008（平成20）年改正法案は第169回国会に上程された。2008（平成20）年5月22日に開催の衆議院本会議における提案趣旨説明は次のようなものであった。

> 少年法の一部を改正する法律案につきまして，その趣旨を御説明申し上げます。
> 少年審判手続において，被害者やその遺族の方々への配慮を充実させることは極めて重要であり，これまでもさまざまな取り組みが行われてきましたが，多くの被害者等にとって，その被害から回復して平穏な生活に戻るためには依然としてさまざまな困難があることが指摘されています。このような現状を踏まえ，平成16年には犯罪被害者等のための施策の基本理念等を定めた犯罪被害者等基本法が成立し，これを受けて平成17年に閣議決定された犯罪被害者等基本計画には，法務省において，平成12年に改正された少年法のいわゆる5年後見直しの検討において，少年審判の傍聴の可否を含め，犯罪被害者等の意見，要望を踏まえた検討を行い，その結論に従った施策を実施することが掲げられております。また，少年法第37条第1項に掲げる成人の刑事事件に，より適切に対処するため，その裁判権を家庭裁判所から地方裁判所等に移管することが必要であるとの指摘がかねてからなされております。そこで，この法律案は，犯罪被害者等基本法等を踏まえ，少年審判における犯罪被害者等の権利利益の一層の保護等を図るため，少年法を改正し，所要の法整備を行おうとするものであります。
> この法律案の要点を申し上げます。
> 第1は，被害者等による少年審判の傍聴を許すことができる制度を創設するものです。すなわち，家庭裁判所は，殺人事件等一定の重大事件の被害者等から，審判期日における審判の傍聴の申し出がある場合において，少年の年齢及び心身の状態，事件の性質，審判の状況その他の事情を考慮して相当と認めるときは，その申し出をした者に対し，これを傍聴することを許すことができることとしております。
> 第2は，被害者等による記録の閲覧及び謄写の範囲を拡大するものです。すなわ

ち，少年保護事件の被害者等には，原則として，記録の閲覧または謄写を認めることとするとともに，閲覧または謄写の対象記録の範囲を拡大し，非行事実に係る部分以外の一定の記録についても，その対象とすることとしております。

　第3は，被害者等の申し出による意見の聴取の対象者を拡大し，被害者の心身に重大な故障がある場合におけるその配偶者，直系の親族または兄弟姉妹をもその対象者とするものです。

　第4は，成人の刑事事件に関し，少年法第37条第1項に掲げる罪に係る第1審の裁判権を，家庭裁判所から地方裁判所等に移管するとともに，家庭裁判所が少年保護事件の調査または審判により同項に掲げる事件を発見したときの通知義務について規定した同法第38条を削除するものです。

　このほか，所要の規定の整備を行うこととしております。以上が，この法律案の趣旨でございます。[7]

　法案の国会審議は，翌23日（衆議院法務委員会で趣旨説明），同月27日（質疑），同月30日（参考人質疑，修正趣旨説明，質疑），翌6月3日（修正可決，附帯決議），同日（衆議院本会議で議決），翌4日（参議院本会議で趣旨説明），翌5日（参議院法務委員会で趣旨説明，衆議院修正部分趣旨説明，質疑），同月10日（参考人質疑，質疑，採決），翌11日（参議院本会議で委員長報告，可決・成立）を辿った。参考人として参議院法務委員会に出席した日本弁護士連合会副会長の角山　正は反対の立場から次のような意見を述べた。

　　日弁連は，この少年審判における被害者傍聴制度の導入については基本的に反対であるという立場を一貫してまいりました。いろいろこれまで御説明申し上げてきたことを繰り返すことになるわけですけれども，やや視点変えまして，現実に少年審判の現場，さらには被害者，私自身も娘さんを殺されたという事件の被害者代理人として相当長期にその代理人を務めたという経験もございますので，被害者側のお気持ちも十分分かり，かつ少年審判の実務に携わった者としての経験も踏まえまして，若干御意見を述べさせていただきたいというふうに思うわけであります。

　　私自身，その被害者代理人の経験を通じて，被害者の方々の事実を知りたい，真実を知りたい，少年に向き合いたいというお気持ち，これはまさに生のものとして向き合ってまいりましたので，そのお気持ちの深さということはもう十分に承知をしております。しかしながら，現在の少年審判というものの持っている基本構造，これを変えるということについてはやはり慎重でなければならないのではないかというふうに考えているわけであります。

　　これは，現在の日本の少年司法は極めて高い水準にあります。国際的にも高い評価を受けております。いい結果を出しているわけであります。これを大きく変えな

ければならないというその契機は少年審判の中にはございません。結局，被害者の権利利益の保護というものがどれだけ今現在十分に，十分にといいますか，それはどのレベルの結果を求めるかによるわけでありますけれども，少年審判に持ち込むことによって得られるものと失われるものとを慎重に比較考量していただきたいということでございます。もちろん，少年の健全育成，端的に言えばそういう少年の更生改善という問題と，そういう被害者の権利利益の保護という問題，これは全く次元を異にするもので単純に比較することはできません。いずれも意味を持ち，尊重されなければならない。双方を実務として経験した1人の弁護士としても痛感するわけですが，いずれについてもそれは大切なものであろうというふうに思います。しかし，事は制度の問題でありますから，制度としてどういう制度が最も適切かということは，やはり全体的な考察ということをしなければならず，日弁連としては，そういう意味において，今まで十分に機能してきたこの少年審判を大きく変えるということに関しては十分に慎重な御審議をいただきたいということをずっとお願いをしてまいりました。

　その理由ということは再三申し上げているわけですけれども，やはり被害者の傍聴の下で少年が萎縮し，事実を説明したり心情を語ったりすることが果たしてできるだろうかということでございます。さらには，審判を担当する裁判官は，傍聴している被害者に配慮することによって審判の持っている教育的な機能，福祉的な機能，これを十分に発揮することができるだろうかということでございます。さらには，少年の適切な処遇選択に不可欠であるところの少年の特性，生い立ち，家族関係，深くプライバシーにかかわる事項，それを取り上げるということに対してちゅうちょをすることが起きないかということでございます。

　さらには，これは傷つくか傷つかないかは被害者の側の選択ではないかというお話もございますけれども，しかし率直に言って，審判というのは非常に時間的制約がございますので，審判が行われるのは事件があってからさほど時間がたっておりません。そういう，まだ時間が経過せず，端的に言えば内省が深まっているとは言い難い少年を目の当たりにするということによって被害者が更に傷つくということは，これは十分に起こり得ることでありますし，現実に私の担当した被害者は，これは事件は娘さんを殺されたという事件だったんですが，加害者は未成年者で，大部分が逆送されて刑事事件になり，一部は家庭裁判所に行ったわけですが，端的に言えば，刑事裁判を傍聴することによって非常に傷ついたということをおっしゃっておりました。つまり，要するに被告人の姿を見ることによって更になぜだというう，なぜこういう者たちに自分の娘が殺されたのかという苦しみをそこで言わば繰り返したということだと思うんですけれども。しかし，私自身は，それはだけど傍聴するなということは申し上げられず，ただつらい思いをするということは覚悟して行きなさいというふうに申し上げたわけですけれども。しかし，そういう権利があるんだということになれば，それはもう行かざるを得ないということになると思うのですね。そこで，被害者が選べるということではなくて，もし傍聴ができると

いうことであれば，ほとんどすべての被害者の方はそれは傍聴に行かれるんではないかというふうに思います。

　更に言えば，これは現在の審判廷の構造にも深くかかわるのですけれども，非常に狭い。現在の家庭裁判所の実情からして，あそこで被害者傍聴を実施したときに，何といいますか，問題なく傍聴が行われるという環境にはないということもこれ率直に申し上げざるを得ない。そういうような意味において，仮に傍聴を導入するにしても，十分な物的，人的対応体制を構築して，そこで被害者が２度傷つくことのないようなそういう十分な体制の下に導入をするということであれば，またそれは１つの選択肢かもしれませんが，少なくとも現在の家庭裁判所の審判廷の構造の下に被害者の傍聴を持ち込むということは非常な問題性をはらんでいるということは，これは指摘せざるを得ないわけでございます。

　そういうことで，日弁連としては，この法改正の重大性にかんがみ，国会において徹底した審議ということを要望してまいりました。率直に申し上げまして，衆議院においてそういう徹底した審議がされたかということについてはやはりいろいろ申し上げたい点もございます。ただ，その衆議院の審議におきまして，少年法の理念と目的の重要性ということが再確認をされたという形で修正がされたということについては，これは非常に重く受け止めたいというふうに思っております。特に，少年の健全育成を妨げるおそれがないということを明記したということは，これまで日弁連が申し上げてきたことの一定の御理解を得たかなというふうに考えております。さらに，審判傍聴を許すためには，あらかじめ弁護士付添人の意見を聴かなければならないということも付されたということも，これは非常に大きい意義があるというふうに考えております。さらに，12歳未満の少年の事件についてこれを除外し，12歳，13歳については未熟であることを十分に考慮するということを明記したということも，これは大きなことであるというふうに考えております。そういう意味で，修正された中身について極めて意義は大きいというふうに考えてはおりますが，しかし，今申し上げましたように，現段階における被害者の傍聴の導入ということについて基本的に反対であるという日弁連の立場に変更はございませんので，是非とも参議院においても更に一層慎重な御審議をお願いしたいというふうに考えております。

　あと，それから，修正された規定に関しましてもかなり大きな部分が最高裁判所規則の方にゆだねられておりますので，そこでその規則のありよういかんによっては，例えば先ほど，あらかじめ弁護士付添人の意見を聴かなければならないということなどにつきましても，これは少年及び保護者が付添人は不要であるということを言えば付かないということになっておりまして，その辺，規則の定め方あるいは運用のいかんによっては形骸化するおそれなしとは言えないようなこともございまして，そういう意味で，法の趣旨がきちんと最高裁の規則の中に生かされるというようなことをも今後見守っていきたいというふうに考えておる次第でございます。[8]

しかし，参議院本会議における議決の状況は賛成215，反対14であった。これには民主党・無所属クラブが賛成に回ったことが大きかった。2008年改正法は平成20年法律第71号として6月18日に公布され，公布の日から起算して6月を超えない範囲内において政令で定める日から施行するなどとされた。ちなみに，衆議院における修正は，傍聴の対象となる少年審判の下限年齢の設定，弁護士である付添人からの意見の聴取，被害者等に対する審判状況の説明等についてであった。また，参議院本会議における附帯決議の内容は次のようなものであった。

　　政府及び最高裁判所は，本法の施行に当たり，次の事項について格段の配慮をすべきである。
1　犯罪被害者等の尊厳にふさわしい処遇の保障という犯罪被害者等基本法の基本理念を十分に尊重しつつ，今後とも少年の健全な育成という少年法の目的が確実に達成されるよう努めること。
2　犯罪被害者等による少年審判の傍聴は，審判に支障が生じない範囲で認められるものであることを踏まえ，少年が萎縮し率直な意見表明ができなくなることがないよう，広めの審判廷の使用，座席配置の工夫等適切な審判廷の在り方について検討の上周知すること。
3　犯罪被害者等が別室でモニターにより少年審判を傍聴する方法については，犯罪被害者等からの要望等を勘案しつつその利点及び問題点を検証し，幅広い検討を行うこと。
4　犯罪被害者等による記録の閲覧及び謄写の範囲の拡大については，社会記録が少年や関係者のプライバシーに深くかかわる内容を含むものであるとして引き続きその対象から除外された趣旨を踏まえ，法律記録の閲覧又は謄写をさせることの相当性の判断をする場合においても，少年や関係者のプライバシーの保護に十分留意する旨周知すること。
5　犯罪被害者等による少年審判の傍聴や犯罪被害者等への少年審判の状況の説明の適切かつ円滑な実施等のために，家庭裁判所がその責務を十分に担えるよう，家庭裁判所調査官，裁判所書記官等の増員，広い審判廷の確保その他の必要な人的・物的体制の整備・拡充に努めること。
6　少年審判手続における犯罪被害者等への配慮に関する制度の在り方についての検討に資するため，関係省庁は，国会に対し，本法に基づく犯罪被害者等による審判の傍聴，記録の閲覧・謄写，犯罪被害者等への審判の状況の説明等の実施状況等について，適時，積極的に情報提供をすること。
7　犯罪被害者等基本法の基本理念を踏まえ，犯罪被害者等の権利利益の一層の保護を図るため，関係機関は連携して，幅広い分野における支援・救済措置の充実

に努めること。

　自動車の運転により人を死傷させる行為等の処罰に関する法律が2013（平成25）年11月27日に法律第86号として公布された。同法の附則により少年法も一部改正され，少年法第22条の4第1項に，次の1号，すなわち「3　自動車の運転により人を死傷させる行為等の処罰に関する法律（平成25年法律第86号）第4条，第5条又は第6条第3項若しくは第4項の罪」が加えられることになった。

　これらの少年法の一部改正のうち，更生保護との関係で大きかったのは，いうまでもなく，①児童相談所長等は一定の重大事件に係る触法少年の事件については原則として家庭裁判所送致の措置をとらなければならないとしたこと，②14歳未満の少年についても家庭裁判所が特に必要と認める場合には少年院送致の保護処分をすることができるとしたこと，③一定の場合には観護措置の期間の更新を現行の1回を超えてさらに4回を限度として最長12週間まで行うことができるとしたこと，④遵守事項を遵守しなかった保護観察中の者に対し保護観察所の長が警告を発することができるとしたこと，⑤その者が遵守事項を遵守せず，保護観察によってはその改善更生を図ることができないと認めるときは家庭裁判所において少年院送致等の決定をすることができるとしたこと，⑥少年院及び保護観察所の長が保護処分中の少年の保護者に対し指導助言等をできるとしたこと，等であった。「保護」よりも「観察」が重視された。保護処分の目的も「本人を保護すること」よりも「社会を犯罪から守ること」に著しく傾くことになった。それは保護処分ないし保護観察の実施に直接携わる者等と対象者との信頼関係の形成にとって大きな阻害要因となった。

　なお，日弁連は，2008（平成20）年改正法の「施行3年経過後の見直し」規定（附則3条）にのっとって，2011（平成23）年10月18日，「『改正』少年法の施行3年後見直しに関する意見書」を公表している[9]。しかし，このような意味での見直しは現在までのところ行われていない。

　それどころか，法務大臣は，2013（平成25）年3月13日に開催された衆議院法務委員会において「少年法については，少年審判手続のより一層の適正化及び少年に対する刑事事件における科刑の適正化を図るため，家庭裁判所の裁量による国選付添人制度及び検察官関与制度の対象事件の範囲拡大並びに少年の

刑事事件に関する処分の規定の見直しについて，法制審議会の答申を踏まえて必要な法整備を進めてまいります。」と表明したのである。①国選付添人制度の対象事件の範囲の拡大，②検察官関与対象事件の範囲の拡大，③有期刑の上限引き上げ，等を内容とする改正少年法案が2014（平成26）年2月7日に閣議決定されたことから，研究者や弁護士会等から反対の声が上がった。例えば，仙台弁護士会は，2014（平成26）年2月6日，次のような会長声明を発表した。

1　平成26年1月24日召集された通常国会において，少年法の一部を改正する法案が2月上旬に提出される見込みとなった。この法案は，国選付添人制度の対象事件の範囲を拡大することを内容に含むものではあるが，他方，検察官関与対象事件の範囲も拡大し，かつ，有期刑の上限引き上げをも含んでいる点において，少年法の改悪以外の何ものでもない。
2　少年法は「少年の健全な育成」を目的に掲げ（法1条），保護主義を基本理念とする。すなわち，非行を少年の成育環境や少年期の不安定さ等に起因する成長過程に生じる「歪み」と捉え，少年が自らの抱える問題を克服し成長し得る力と可塑性に依拠し，教育的な措置によりその問題性の解決を援助し，調和のとれた成長を確保するということである。そして，少年が自らの抱える問題を克服し成長していくためには，少年が自らの気持ちを率直に語り，少年と裁判官ら大人との対等な対話の中で，内省を深め，自らの真の問題性に気付き，これを克服する覚悟を決め，問題を解決する方法を探る必要がある。そのため，審判は，もともと表現力，理解力の未熟な少年らが心を開き自由に語れる場でなくてはならず，決して糾問的，弾劾的な場であってはならない（法22条1項参照）。ところが，平成12年の少年法改正により検察官関与制度が創設されたことによって，上記のような少年法の理念は後退を余儀なくされた。少年は，捜査段階で，長期間自由を拘束され，時には一方的な厳しい追及を受け，場合によっては虚偽自白を迫られることもある。そのような捜査機関の一員である検察官が審判にも関与した場合，少年が検察官の前で萎縮し，取調べ段階での供述に縛られ，あるいは検察官への反発から感情的になり，自由に本心を語り自分自身の問題性を深く掘り下げることができなくなるおそれがある。このように重大な問題を孕む検察官関与の対象事件が更に拡大されれば，少年法の保護主義の理念はなし崩し的に骨抜きにされ，取り返しのつかない重大な変容が生じかねず，ひいては，検察官が関与しない審判においてすら，保護主義は忘れ去られ，少年審判が，行為責任を追及する刑事裁判と同質のものとなることが懸念される。そして，このような状況下においては，いくら国選付添人制度が拡大されたとしても，検察官関与拡大による弊害を解消することはできない。少年が，自らの問題性に気づき克服していこうとする姿は，審判を捜査機関の影響から遮断し，懇切かつ和やかな雰囲気の中

で，少年の立ち直りを援助する保護主義のもとでこそ実現するものであり，決して付添人弁護士単独の力によってなしえるものではない。したがって，上記法案に国選付添人対象事件の拡大が含まれていることは，上記法案に賛成する理由にはなりえない。

　3　さらに，上記法案には，少年法における有期刑の上限引き上げ規定が含まれているが，この点も決して是認できない。少年法が不定期刑を導入し，成人に比べて有期刑の期間を大幅に短縮しているのは，少年の可塑性や，未熟ゆえに成人に比べてその責任が減少すること，情操保護の必要性等，少年の特性を踏まえた理由があるのであり，成人の有期刑の上限が引き上げられたことから直ちに少年の有期刑も上限を引き上げるべきということにはならない。特に少年受刑者は，刑執行開始後3年間は，少年受刑処遇要領の下で処遇するとされているが，その後は成人と同様の処遇になる。このような点からも，長期間の受刑は，少年の社会復帰を著しく困難にする。少年事件は凶悪犯罪を含め，減少傾向にあることが統計上明らかである。このような中で，重大事件を対象に厳罰化しなければならない立法事実は存在しない。ゆえに，少年の刑の厳罰化を図るべき根拠はなく，そもそも，厳罰化は非行の問題を解決することにはつながらず，逆に少年の社会復帰を困難にし，少年の更生を阻害するものであるから，このような観点からも，上記法案は決して容認できないものである。

　4　以上のとおり，当会は，少年の刑を厳罰化し，少年法の理念の崩壊という極めて重大な弊害をもたらす上記法案に，強く反対する。

　現行少年法が制定当初から内包してきた少年事件については刑事裁判を少年審判化するのか，あるいは少年審判を刑事裁判化するのかという問題はいよいよその帰趨が明らかになって行った。少年事件は今や重罰化を牽引する機関車の役割を担うことになった。この重罰化の波は保護処分にも及ぶことになった。現に法務大臣が2013（平成25）年10月29日に開催された衆議院法務委員会において「法務省では，現在，……少年法の見直し，少年院法案を初めとする少年矯正の基盤整備等につき，所要の検討，準備を進めております。いずれも国民生活や個人の権利義務に関する重要な法整備であり，私は，法務大臣として，引き続きこれらの法整備を速やかに，かつ，着実に進めてまいる所存です。」[12]と表明しているのである。少年法改正問題だけではなく，少年矯正関係法の動きについても注意が必要であろう。

　なお，閣議決定を受けて国会に上程されていた少年法の2014（平成26）年改正法は同年4月1日の衆議院本会議で可決，同月11日の参議院本会議でも可決され，成立した。「成人と比べて刑が軽すぎる」等の批判を受けて量刑を重く

したもので，主な改正点は，①18歳未満の少年に対する有期刑の上限を現行の15年から20年に引き上げたこと，②20歳未満の少年に対する不定期刑の上限を短期は現行の5年から10年に，また長期は現行の10年から15年に引き上げたこと，③仮釈放の条件を現行の「3年経過後」から「刑の3分の1が経過後」に改めたこと，④検察官や弁護士が少年審判に立ち会える対象事件の範囲を拡大したこと，などである。ただし，政府によれば厳罰化を意図するものではなく量刑の幅を広げること等が目的だと説明された。2014年改正法は平成26年法律第23号として4月18日に公布され，公布の日から起算して20日を経過した日（ただし，一部の規定については，公布の日から起算して2月を経過した日）から施行することとされた。

2　医療観察法の制定

「心神喪失等の状態で重大な他害行為を行った者の医療及び観察等に関する法律」の政府案は2002（平成14）年3月15日に閣議決定され，同月18日に第154回国会に提出された。同年5月28日に開催の衆議院本会議での国務大臣による趣旨説明は次のようなものであった。

> 　心神喪失等の状態で重大な他害行為を行った者の医療及び観察等に関する法律案につきまして，その趣旨を御説明いたします。
> 　心神喪失または心神耗弱の状態で殺人，放火等の重大な他害行為が行われることは，被害者に深刻な被害が生じるだけではなく，精神障害を有する者がその病状のために加害者となる点でも，極めて不幸な事態であります。このような者につきましては，必要な医療を確保し，不幸な事態を繰り返さないようにすることにより，その社会復帰を図ることが肝要であり，近時，そのための法整備を求める声も高まっております。そこで，本法律案は，心神喪失等の状態で重大な他害行為を行った者に対し，その適切な処遇を決定するための手続等を定めることにより，継続的かつ適切な医療の実施を確保するとともに，そのために必要な観察及び指導を行うことによって，その病状の改善とこれに伴う同様の行為の再発の防止を図り，もって本人の社会復帰を促進しようとするものです。
> 　この法律案の要点は，以下のとおりです。
> 　第1は，処遇の要否及び内容を決定する審判手続の整備についてです。心神喪失等の状態で殺人，放火等の重大な他害行為を行い，不起訴処分にされ，または無罪等の裁判が確定した者につきましては，検察官が地方裁判所に対してその処遇の要

否及び内容を決定することを申し立て，裁判所におきましては，1人の裁判官と1人の医師とから成る合議体が，必要に応じて精神障害者の保健及び福祉に関する専門家の意見も聞いた上で審判を行うこととしています。この審判におきましては，被申立人に弁護士である付添人を付することとした上，裁判所は，精神科医に対して被申立人の精神障害に関する鑑定を求め，この鑑定の結果を基礎とし，被申立人の生活環境等をも考慮して，処遇の要否及び内容を決定することとしております。

第2は，指定入院医療機関における医療についてです。厚生労働大臣は，入院をさせる旨の決定を受けた者の医療を担当させるため，一定の基準に適合する国公立病院等を指定入院医療機関として指定し，これに委託して医療を実施することとしています。指定入院医療機関の管理者は，入院を継続させる必要性が認められなくなった場合には，直ちに，裁判所に退院の許可の申し立てをしなければならず，他方，入院を継続させる必要性があると認める場合には，原則として6カ月ごとに，裁判所に入院継続の必要性の確認の申し立てをしなければならないこととし，あわせて，入院患者側からも退院の許可等の申し立てができることとしております。また，保護観察所の長は，入院患者の社会復帰の促進を図るため，退院後の生活環境の調整を行うこととしています。

第3は，地域社会における処遇についてです。退院を許可する旨の決定を受けた者等は，厚生労働大臣が指定する指定通院医療機関において入院によらない医療を受けるとともに，保護観察所に置かれる精神保健観察官による精神保健観察に付されることとしております。また，保護観察所の長は，指定通院医療機関の管理者及び患者の居住地の都道府県知事等と協議して，その処遇に関する実施計画を定め，これらの関係機関の協力体制を整備し，この実施計画に関する関係機関相互間の緊密な連携の確保に努めるとともに，一定の場合には，裁判所に対し，入院等の申し立てをすることとしております。

以上が，この法律案の趣旨であります。[13]

この政府案に対して，日本精神病院協会や日本医師会は賛成したものの，日本精神神経学会などの関連医学会や精神保健関係団体，日本弁護士連合会，精神障害者団体などからは反対あるいは慎重な対応を求める声明が出された。日本精神神経学会は，「心神喪失等の状態で重大な他害行為を行った者の医療及び観察等に関する法律案の国会審議に際しての抗議声明――再犯予測は不可能である」（2002年5月11日）との声明を発表した。また，これとは別に，「心神喪失者等の強制医療観察法に反対する精神科医の集い」（代表幹事・岡田靖雄＝富田三樹生）は「精神科医157名の声明」を同月24日に発表した。その他，日本看護協会・日本精神科看護協会の反対声明（2002年5月9日），日本臨床心理学会運営委員会の反対声明（2002年5月15日）などをはじめとして，多くの医療団

体から反対声明が上がった。国会審議でも多くの疑義が出された[14]。その結果，政府案はこの国会では成立せず，第155回臨時国会へと継続審議になった。

臨時国会では与党議員による修正案が提出されて，目的条項に対象者の「円滑な社会復帰の促進」（第1条第2項）が加えられた。この法律による処遇が決定される要件も，原案にあった「再び対象行為を行うおそれ」が削除され，「対象行為を行った際の精神障害を改善し，これに伴って同様の行為を行うことなく，社会に復帰することを促進するため，この法律による医療を受けさせる必要があると認める場合」（第42条第1項第1号および第2号）と書き換えられた。精神医療の改善こそが重要だという指摘に応えるために，法の附則で「政府は，この法律による医療の必要性の有無にかかわらず，精神障害者の地域生活の支援のため，精神障害者社会復帰施設の充実等精神保健福祉全般の水準の向上を図るものとする。」等の文言が追加された。見直し条項も追加された。修正案は，医療観察法が「触法精神障害者」の医療と社会復帰を促進するための法律であることを文言上明確にし，医療観察制度の創設と併せて，精神保健福祉施策全体の改善を図る，いわゆる「車の両輪」論を明記する形となった。野党は政府案に内在していた根本的諸問題が修正案によって解消されたわけではないとして反対したが，修正案は衆議院で強行採決され，次の第156回国会の参議院審議に持ち越された[15]。

第156回国会では，法案は参議院本会議（2003年6月6日）で強行採決という形で可決され，2003（平成15）年7月10日に衆議院本会議でも強行採決で可決され，成立した[16]。そして，同月16日に平成15年法律第110号として公布され，2005（平成17）年7月15日から施行された。

国会での詳しい審議経過等は下記のとおりである。

【第154回国会】
2002（平成14）年5月28日　　衆議院本会議で趣旨説明及び質疑
　　　　　　　　5月31日　　衆議院法務委員会で趣旨説明
　　　　　　　　6月7日　　同法務委員会で質疑
　　　　　　　　6月28日　　同法務委員会で質疑
　　　　　　　　7月5日　　衆議院法務委員会・厚生労働委員会連合審査会で質疑
　　　　　　　　7月9日　　同連合審査で参考人招致及び質疑

【第155回国会】

2002（平成14）年11月27日		衆議院法務委員会で修正案提出等
	11月29日	衆議院法務委員会・厚生労働委員会連合審査会で質疑
	12月3日	同連合審査で参考人招致及び質疑
		同日，衆議院法務委員会で質疑
	12月4日	同法務委員会・厚生労働委員会連合審査会で質疑
	12月6日	同法務委員会で質疑，討論，（強行）採決（修正）
	12月10日	衆議院本会議で委員長報告，趣旨弁明及び（強行）採決
	12月11日	参議院本会議で趣旨説明
【第156回国会】		
2003（平成15）年5月6日		参議院法務委員会で趣旨説明（衆議院修正部分）
	5月8日	同法務委員会で質疑
	5月13日	同法務委員会で参考人招致及び質疑
	5月15日	同法務委員会で質疑
	5月20日	同法務委員会で参考人招致及び質疑
	5月26日	同法務委員会・厚生労働委員会連合審査会で質疑
	5月27日	同法務委員会で質疑
	5月29日	同法務委員会で質疑
	6月2日	同法務委員会・厚生労働委員会連合審査会で質疑
	6月3日	同法務委員会で質疑，修正案趣旨説明及び（強行）採決（修正）
	6月6日	参議院本会議で委員長報告及び（強行）採決
	7月8日	衆議院法務委員会で討論及び（強行）採決
	7月10日	衆議院本会議で委員長報告及び（強行）採決

このようにして一部修正の上，成立した「心神喪失等の状態で重大な他害行為を行った者の医療及び観察等に関する法律」は，「第一章　総則」「第二章　審判」「第三章　医療」「第四章　地域社会における処遇」「第五章　雑則」「第六章　罰則」「附則」からなる。このうち，保護観察所関係の規定は次のようなものである。

第一章　総則
　第四節　保護観察所
　　（事務）
　　第十九条　保護観察所は，次に掲げる事務をつかさどる。
　　　一　第三十八条（第五十三条，第五十八条及び第六十三条において準用す

　　　　る場合を含む。）に規定する生活環境の調査に関すること。
　　　二　第百一条に規定する生活環境の調整に関すること。
　　　三　第百六条に規定する精神保健観察の実施に関すること。
　　　四　第百八条に規定する関係機関相互間の連携の確保に関すること。
　　　五　その他この法律により保護観察所の所掌に属せしめられた事務。
　（社会復帰調整官）
　第二十条　保護観察所に，社会復帰調整官を置く。
　　２　社会復帰調整官は，精神障害者の保健及び福祉その他のこの法律に基づく対象者の処遇に関する専門的知識に基づき，前条各号に掲げる事務に従事する。
　　３　社会復帰調整官は，精神保健福祉士その他の精神障害者の保健及び福祉に関する専門的知識を有する者として政令で定めるものでなければならない。
　（管轄）
　第二十一条　第十九条各号に掲げる事務は，次の各号に掲げる事務の区分に従い，当該各号に定める保護観察所がつかさどる。
　　　一　第十九条第一号に掲げる事務　当該処遇事件を管轄する地方裁判所の所在地を管轄する保護観察所
　　　二　第十九条第二号から第五号までに掲げる事務　当該対象者の居住地（定まった住居を有しないときは，現在地又は最後の居住地若しくは所在地とする。）を管轄する保護観察所
　（照会）
　第二十二条　保護観察所の長は，第十九条各号に掲げる事務を行うため必要があると認めるときは，官公署，医療施設その他の公私の団体に照会して，必要な事項の報告を求めることができる。
　（資料提供の求め）
　第二十三条　保護観察所の長は，第十九条各号に掲げる事務を行うため必要があると認めるときは，その必要な限度において，裁判所に対し，当該対象者の身上に関する事項を記載した書面，第三十七条第一項に規定する鑑定の経過及び結果を記載した書面その他の必要な資料の提供を求めることができる。
　第二章　審判
　　第四節　処遇の終了又は通院期間の延長
　　　（保護観察所の長による申立て）
　　　第五十四条　保護観察所の長は，第四十二条第一項第二号又は第五十一条第一項第二号の決定を受けた者について，対象行為を行った際の精神障害を改善し，これに伴って同様の行為を行うことなく，社会に復帰することを促進するためにこの法律による医療を受けさせる必要があ

ると認めることができなくなった場合は，当該決定を受けた者に対して入院によらない医療を行う指定通院医療機関の管理者と協議の上，直ちに，地方裁判所に対し，この法律による医療の終了の申立てをしなければならない。この場合において，保護観察所の長は，当該指定通院医療機関の管理者の意見を付さなければならない。
2　保護観察所の長は，第四十二条第一項第二号又は第五十一条第一項第二号の決定を受けた者について，対象行為を行った際の精神障害を改善し，これに伴って同様の行為を行うことなく，社会に復帰することを促進するために当該決定による入院によらない医療を行う期間を延長してこの法律による医療を受けさせる必要があると認める場合は，当該決定を受けた者に対して入院によらない医療を行う指定通院医療機関の管理者と協議の上，当該期間が満了する日までに，地方裁判所に対し，当該期間の延長の申立てをしなければならない。この場合において，保護観察所の長は，当該指定通院医療機関の管理者の意見を付さなければならない。
3　指定通院医療機関及び保護観察所の長は，前二項の申立てがあった場合は，当該決定により入院によらない医療を行う期間が満了した後も，前二項の申立てに対する決定があるまでの間，当該決定を受けた者に対して医療及び精神保健観察を行うことができる。

第五節　再入院等
（保護観察所の長による申立て）
第五十九条　保護観察所の長は，第四十二条第一項第二号又は第五十一条第一項第二号の決定を受けた者について，対象行為を行った際の精神障害を改善し，これに伴って同様の行為を行うことなく，社会に復帰することを促進するために入院をさせてこの法律による医療を受けさせる必要があると認めるに至った場合は，当該決定を受けた者に対して入院によらない医療を行う指定通院医療機関の管理者と協議の上，地方裁判所に対し，入院の申立てをしなければならない。この場合において，保護観察所の長は，当該指定通院医療機関の管理者の意見を付さなければならない。
2　第四十二条第一項第二号又は第五十一条第一項第二号の決定を受けた者が，第四十三条第二項（第五十一条第三項において準用する場合を含む。）の規定に違反し又は第百七条各号に掲げる事項を守らず，そのため継続的な医療を行うことが確保できないと認める場合も，前項と同様とする。ただし，緊急を要するときは，同項の協議を行わず，又は同項の意見を付さないことができる。
3　第五十四条第三項の規定は，前二項の規定による申立てがあった場合について準用する。

第三章　医療
　第四節　入院者に対する措置
　　（生活環境の調整）
　　　第百一条　保護観察所の長は，第四十二条第一項第一号又は第六十一条第一項第一号の決定があったときは，当該決定を受けた者の社会復帰の促進を図るため，当該決定を受けた者及びその家族等の相談に応じ，当該決定を受けた者が，指定入院医療機関の管理者による第九十一条の規定に基づく援助並びに都道府県及び市町村（特別区を含む。以下同じ。）による精神保健及び精神障害者福祉に関する法律第四十七条，第四十九条その他の精神障害者の保健又は福祉に関する法令の規定に基づく援助を受けることができるようあっせんする等の方法により，退院後の生活環境の調整を行わなければならない。
　　　２　保護観察所の長は，前項の援助が円滑かつ効果的に行われるよう，当該指定入院医療機関の管理者並びに当該決定を受けた者の居住地を管轄する都道府県知事及び市町村長に対し，必要な協力を求めることができる。
第四章　地域社会における処遇
　第一節　処遇の実施計画
　　（処遇の実施計画）
　　　第百四条　保護観察所の長は，第四十二条第一項第二号又は第五十一条第一項第二号の決定があったときは，当該決定を受けた者に対して入院によらない医療を行う指定通院医療機関の管理者並びに当該決定を受けた者の居住地を管轄する都道府県知事及び市町村長と協議の上，その処遇に関する実施計画を定めなければならない。
　　　２　前項の実施計画には，政令で定めるところにより，指定通院医療機関の管理者による医療，社会復帰調整官が実施する精神保健観察並びに指定通院医療機関の管理者による第九十一条の規定に基づく援助，都道府県及び市町村による精神保健及び精神障害者の福祉に関する法律第四十七条，第四十九条その他の精神障害者の保健又は福祉に関する法令の規定に基づく援助その他当該決定を受けた者に対してなされる援助について，その内容及び方法を記載するものとする。
　　　３　保護観察所の長は，当該決定を受けた者の処遇の状況等に応じ，当該決定を受けた者に対して入院によらない医療を行う指定通院医療機関の管理者並びに当該決定を受けた者の居住地を管轄する都道府県知事及び市町村長と協議の上，第一項の実施計画について必要な見直しを行わなければならない。
　　（処遇の実施）
　　　第百五条　前条第一項に掲げる決定があった場合における医療，精神保健観察及び援助は，同項に規定する実施計画に基づいて行われなければならな

い。
第二節　精神保健観察
（精神保健観察）
第百六条　第四十二条第一項第二号又は第五十一条第一項第二号の決定を受けた者は，当該決定による入院によらない医療を行う期間中，精神保健観察に付する。
2　精神保健観察は，次に掲げる方法によって実施する。
一　精神保健観察に付されている者と適当な接触を保ち，指定通院医療機関の管理者並びに都道府県知事及び市町村長から報告を求めるなどして，当該決定を受けた者が必要な医療を受けているか否か及びその生活の状況を見守ること。
二　継続的な医療を受けさせるために必要な指導その他の措置を講ずること。

（守るべき事項）
第百七条　精神保健観察に付された者は，速やかに，その居住地を管轄する保護観察所の長に当該居住地を届け出るほか，次に掲げる事項を守らなければならない。
一　一定の住居に居住すること。
二　住居を移転し，又は長期の旅行をするときは，あらかじめ，保護観察所の長に届け出ること。
三　保護観察所の長から出頭又は面接を求められたときは，これに応ずること。

第三節　連携等
（関係機関相互間の連携の確保）
第百八条　保護観察所の長は，医療，精神保健観察，第九十一条の規定に基づく援助及び精神保健及び精神障害者の福祉に関する法律第四十七条，第四十九条その他の精神障害者の保健又は福祉に関する法令の規定に基づく援助が，第百四条の規定により定められた実施計画に基づいて適正かつ円滑に実施されるよう，あらかじめ指定通院医療機関の管理者並びに都道府県知事及び市町村長との間において必要な情報交換を行うなどして協力体制を整備するとともに，処遇の実施状況を常に把握し，当該実施計画に関する関係機関相互間の緊密な連携の確保に努めなければならない。
2　保護観察所の長は，実施計画に基づく適正かつ円滑な処遇を確保するため必要があると認めるときは，指定通院医療機関の管理者並びに都道府県知事及び市町村長に対し，必要な協力を求めることができる。

（民間団体等との連携協力）
第百九条　保護観察所の長は，個人又は民間の団体が第四十二条第一項第二号又

は第五十一条第一項第二号の決定を受けた者の処遇の円滑な実施のため自発的に行う活動を促進するとともに，これらの個人又は民間の団体との連携協力の下，当該決定を受けた者の円滑な社会復帰に対する地域住民等の理解と協力を得るよう努めなければならない。

第四節　報告等

（保護観察所の長に対する通知等）

第百十条　指定通院医療機関の管理者は，当該指定通院医療機関に勤務する精神保健指定医による診察の結果，第四十二条第一項第二号又は第五十一条第一項第二号の決定を受けた者について，第三十七条第二項に規定する事項を考慮し，次の各号のいずれかに該当すると認める場合は，直ちに，保護観察所の長に対し，その旨を通知しなければならない。

一　対象行為を行った際の精神障害を改善し，これに伴って同様の行為を行うことなく，社会に復帰することを促進するため，この法律による医療を行う必要があると認めることができなくなったとき

二　対象行為を行った際の精神障害を改善し，これに伴って同様の行為を行うことなく，社会に復帰することを促進するため，入院をさせてこの法律による医療を行う必要があると認めるに至ったとき

2　指定通院医療機関の管理者は，当該指定通院医療機関に勤務する精神保健指定医による診察の結果，第四十二条第一項第二号又は第五十一条第一項第二号の決定を受けた者について，第三十七条第二項に規定する事項を考慮し，対象行為を行った際の精神障害を改善し，これに伴って同様の行為を行うことなく，社会に復帰することを促進するために当該決定による入院によらない医療を行う期間を延長してこの法律による医療を行う必要があると認める場合は，保護観察所の長に対し，その旨を通知しなければならない。

第百十一条　指定通院医療機関の管理者並びに都道府県知事及び市町村長は，第四十二条第一項第二号又は第五十一条第一項第二号の決定を受けた者について，第四十三条第二項（第五十一条第三項において準用する場合を含む。）の規定に違反する事実又は第百七条各号に掲げる事項を守らない事実があると認めるときは，速やかに，保護観察所の長に通報しなければならない。

第五節　雑則

（保護観察所の長による緊急の保護）

第百十二条　保護観察所の長は，第四十二条第一項第二号又は第五十一条第一項第二号の決定を受けた者が，親族又は公共の衛生福祉その他の施設から必要な保護を受けることができないため，現に，その生活の維持に著しい支障を生じている場合には，当該決定を受けた者に対し，金品を給与し，又は貸与する等の緊急の保護を行うことができる。

2 　保護観察所の長は，前項の規定により支払った費用を，期限を指定して，当該決定を受けた者又はその扶養義務者から徴収しなければならない。ただし，当該決定を受けた者及びその扶養義務者が，その費用を負担することができないと認めるときは，この限りでない。

（人材の確保等）
第百十三条　国は，心神喪失等の状態で重大な他害行為を行った者に対し専門的知識に基づくより適切な処遇を行うことができるようにするため，保護観察所等関係機関の職員に専門的知識を有する人材を確保し，その資質を向上させるように努めなければならない。

同法案でまず問題となったのは「改正刑法草案」等で規定されていた保安処分との関係である。政府参考人の答弁は次のようなものであった。

> この法律案におきまして，先ほども申し上げましたけれども，十分な医療を確保するという要請から，おのずと自由に対する制約や干渉を伴う，これはどうしても出てくるということは事実でございます。そういうことから，先ほども申し上げましたような，さまざまな権利保障という手続も定め，一方で，十分な資料に基づいて判断ができる，またその資料が十分吟味できるような裁判体，合議体という構成を考える，こういうふうな考えによってできているものでございますので，いわゆる社会防衛を直接の目的とするというふうなものではなくて，あくまで適切な医療の確保，それの継続の確保，これを通じまして，その効果としてのもちろんいろいろな問題行動の防止ということはございますが，その目的は社会復帰を図るということにあるものでございます。[17]
> 　改正刑法草案におきます保安処分は，刑事手続で，刑事裁判として，刑事訴訟法の手続によりまして決める，そういうものでございました。その処分を受けた者は法務省が所管する保安施設に収容するということとされておりました。これに対しまして，この法律案による処遇制度は，刑事裁判を審理する裁判所とは別の，つまり刑事手続とは切り離された別な手続によるもので，先ほども申し上げましたとおり，精神科医をもその構成員とする新しい裁判の仕組みをつくりまして，それによって，法的側面と医療的側面が十分反映することができるような仕組みにしているわけで，刑事処分とは違うものでございます。また，その後の治療につきましても，例えば入院が必要だと判断された人につきましては，厚生労働大臣の御所管の病院，国公立というお話でございましたけれども，そこに入院等をして治療を受けるということになっているわけでございます。そういうことで，手続あるいはその後の治療の施設，これにつきましても，改正刑法草案のいわゆる保安処分とは今申し上げた点で非常に大きく違っております。
> 　なおもう一点申し上げますと，刑法にこういう処分を規定する場合には，刑法という性格からいたしまして，やはり一部に社会防衛ということは直接の目的とする

こととなるわけでございますけれども，今回の法案は，先ほど申し上げましたように，要するに，適切な医療を確保して，これが継続されるようにし，それによって本人の社会復帰を促進するということが目的でございまして，そういう社会防衛というのは直接の目的とはしていないわけでございます。[18]

他方，一般の精神保健福祉法による医療との関係についても次のように答弁された。

> 精神保健福祉法によります措置入院というのがございますが，この制度では精神障害者一般を対象としておりまして，本制度の対象者につきましても，この法律による一般の精神医療の対象としてきたところでございます。しかし，このような心神喪失等の状態で重大な他害行為を行った者につきましては，特に国の責任において手厚い専門的な医療を統一的に行う必要があると考えられまして，精神保健福祉法における措置入院制度等とは異なりまして，裁判官と医師が共同して入院治療の要否，退院の可否等を判断する仕組みや，退院後の継続的な医療を確保するための仕組み等を整備することが必要であると考えたところでございます。特に，本法律案の新たな制度による処遇は自由に対する制約や干渉を伴うものでございまして，それが適切な医療を継続的に確保する必要から強度になることもあり得ると考えられますので，このような処遇を行うか否かの判断は，対象者の防御権が適切に保障された手段によりまして，十分な資料に基づいて中立公正になされることが必要であると考えられますことから，一般に，行政機関における手続よりも，厳格性，慎重さなどを有する裁判所における手続によりこれを行うということが適当ではないかと考えたわけでございます。
>
> また，本制度による処遇につきましては，既に申しましたとおり，国の機関が中心となってこれを行うことが適当であると考えられること，地域社会におきまして通院患者の観察及び指導を行い，必要に応じて入院や処遇終了等の申し立てを行う本制度の枠組みは保護観察の枠組みと類似しているということ，さらに，関係機関との連携確保につきましても，保護観察所が保護観察を実施する上で培ってきたノウハウをこの制度にも生かすことができるというふうに考えられますこと，また，保護観察所は各都道府県に少なくとも1カ所は置かれておりまして，その全国的なネットワークによって，生活環境の調整，精神保健観察等の事務を円滑に実施することができるということなどを総合的に考えまして，この制度に保護観察所を関与させることとしたわけでございます。
>
> これらによりまして，継続的かつ適切な医療の確保が図られまして，その病状の改善とこれに伴う同様の行為の再発の防止を図ることができ，対象者の社会復帰を促進することができると考えたところでございます。[19]

ただいま森山大臣から御答弁があったところでありますが，これまで，心神喪失

等の状態で他人に重大な他害行為を行った者につきましても，現在の精神保健福祉法のもとでは，措置入院等の方法によって一般の精神病院で治療が施されている，そういうことでありますが，となりますと，一般の精神病院でありますから，施設もそれからスタッフも特別ということではなくて，一般のレベルのものでありますから，したがって，専門的なスタッフもとりわけ配置されているというわけでもないわけでありますし，また，ほかの一般の入院しておられる方にある面では悪い影響もいろいろ出てきておる，そういう側面も否定できないわけであります。そしてまた，その入退院の決定が，都道府県知事が形の上ではやることになっておるわけでありますが，実質的にはこれはお医者さんにゆだねられておるということでありますので，そのお医者さんの負担といいますものも大変重たいものがあるというのが率直なこれまでの実情であります。また，退院後の医療にいたしましても，しっかりとしたものが確保されている，そういうことではないわけでありますし，また，都道府県知事の入退院の決定ということでありますので，都道府県の枠を超えたといいましょうか，都道府県の範囲を超えた連携というものも必ずしも十分でないといったような幾つかの問題点が指摘をされておるわけであります。今回のこの法案によりまして，その処遇を，先ほど来御議論ありますように，裁判官とそれから医師が一体となった合議体，裁判所の合議体ということで決定をさせていただく，また，これは国が責任を持って，厚生労働大臣が責任を持って国公立の指定医療機関にそうした方に入院していただいて，ちゃんとした専門的な医療を施していく，また，退院後の医療につきましても，これはちゃんと手だてを講ずる，こういうことでありますので，その病状の改善を従来に増してしっかりとやることが可能となり，そして，そうした他害行為の再発防止，ひいてはその人の社会復帰に大いにこれは貢献するということになるんではないか，このように思っておるところであります。[20]

対象者の数等についても次のように答弁されている。

　　実際に，当省で調査いたしましたところ，精神障害により心神喪失等の状態で殺人，放火等の重大な他害行為を行った人で不起訴あるいは無罪の裁判を受けた人の数は，先ほども申し上げましたとおり，年間約３百数十人から４百人程度に上っている。この人たちに対する治療も，犯行当時必ずしも十分には行われていなかったというケースもしばしばあるように見受けられているわけで，やはりそういうことを考えますと，本当に不幸なことですけれども，こういう事態に至った場合に，そういうことが二度と起こらないようなきっちりした医療の継続が確保されるような処遇システムということは必要ではないかと考えているところです。[21]

1991（平成４）年の国連の「精神障害者の保護及びメンタルヘルスケア改善のための原則」に反することはないかとの質問に対しても，次のように答弁さ

れている。

　御指摘のいわゆる精神病者の保護及び精神保健ケアの改善のための原則におきましては，1つは，今，委員御指摘のように，非自発的に精神保健施設に入院させられるのは，権限ある精神保健従事者が当該患者が精神障害者であると判断した場合であり，かつ自己又は他人への危害のおそれが強い場合であるが，入院をさせなければその者の状態に重篤な悪化を引き起こす見込みがある場合に限られること。2番目が，入院等の判断を行う審査機関は国内法によって設置された司法的又は独立かつ公正な機関であって，1人以上の資格を持つ精神医療従事者の意見を求め，その助言を考慮すること。3つ目が，患者は自らを代理する弁護士を選任する権利を有すること等々，定めているものと承知しております。これらの点につきまして，本制度におきましては，入通院の決定は専門的な学識経験を有する精神保健判定医の中から任命される精神保健審判員をも構成員とする裁判所の合議体により，その構成員とは別の精神科医の鑑定を基礎として行われることとしていること，精神障害を有する者のすべてが本制度による処遇の対象となるのではなく，その精神障害の改善に伴って同様の行為を行うことなく社会に復帰できるよう配慮する必要があると認められる者だけが対象となること，対象者は常に弁護士である付添人を選任する権利を有しており，仮に最初の処遇の要否，内容を決定するための審判に付添人がないときは必ず対象者に弁護士である付添人を付することとした上，対象者，保護者及び付添人に対し審判における意見陳述権，資料提出権，決定に対する抗告権等を認め，入院の決定を受けた後におきましても入院患者側に退院許可等の申立て権を認めるなど，対象者の適正な利益を保護するため様々な権利を保障していること等から，本制度は御指摘の原則に照らしても特に問題はないと考えております[22]。

地域医療の充実について参考人からは次のような発言が相次いだ。

　多くの方が長い間精神病院に入院していますので，地域の中の一員として認知されてこなかったわけです。ですから，まずは，長い間入院している方，社会資源が整えば退院できる方を大勢地域に迎え入れる，そういうシステムをつくることが非常に大事だと思います。それで，この法案との関係でいえば，もしこの法案が通って，重大な犯罪を犯してしまったような方だけが別枠で治療されるようなことになってしまうことが，地域医療を進めるのに役に立つどころか，私はむしろ，精神障害者の方はああいうことも起こして別の施設に入れなきゃならないんだというような，そういうことの方が世間の人には先に伝わって，そういう先入観が入っちゃうんじゃないかと。やはり，どんな重大な事件を起こしても，本当に病気で起こした方であれば地域で支えていけるんだよ，そういうことをやっていくことが本当に精神障害者の方の社会参加が進むんじゃないか，そういうふうに思っております[23]。

私は，現在の精神障害者の，特に長期入院の患者さんたちの生活障害というのは病院がつくったと言っても過言ではないというふうに思っております。なぜならば，人間が変化する，成長する，社会の中で暮らすということは，体験する機会が与えられなければこれはどうにもできないことであります。皆さん，浦島太郎の状態になっているんですね。私どもでも日々目まぐるしく変わる今の社会になかなかついていけません。何十年も病院という限られた空間の中で暮らしていて，とてもとても不安が強い方たちを外に連れ出し，一緒に同行し，一つ一つの体験をともにする中でその不安を解消していく，彼らに安心感を持ってもらう，こういうことにどれだけの労力がかかるか，御存じでしょうか。これをする人員が配置されていないのが今の精神医療の状況なんです。これをまた，地域に暮らすようになった方々の地域生活支援までをもなぜ医療機関の限られたマンパワーでやらなければならないのでしょうか。今，地域の精神保健福祉のマンパワーも圧倒的に足りません。こういう中にあって，なぜ新たな法案では，現行の精神保健福祉領域の機関の中にマンパワーを充足することをしないで，いきなり保護観察所といったようなところに名前だけを変えた社会復帰調整官を置こうとしているのか。社会復帰調整というのは言葉を唱えればできるものではありません。[24]

　この法案に関して１つ気がかりになっているのは，入院治療とそれから通院治療を大事にしているというところは非常に評価できることですが，問題は，精神保健福祉法との関係で，いわゆる社会復帰病棟に転棟したり，または社会復帰のいろいろな機関を活用することが，この人たちができるかどうかということがいま一つあいまいであることが気になっています。地域の中に多様なサービスを提供することができて初めて，私は患者さんの本当の退院はあると思います。私は，1960年代にアメリカにいまして，ちょうど地域医療，精神医療に大波が打たれたときにアメリカにいました。そのときに，受け皿のサイドが精神衛生センターだけで，クライシスインターベンションだけでやっていても再発予防にはならなかったということを私は見ています。実際に，きめ細やかな，日常生活におつき合いしていく専門家が，地域精神医療を推進していくのには非常に重要だというふうに思います。そのためには，国民の理解を深めていく施策も重要だというふうに考えています。[25]

　このような参考人発言を踏まえて，議員から，例えば，「今度の法案をよく吟味しているんですが，入院は確かに重厚になると私は思うんです。お金と人をかければ重厚になると思うんです。しかし，地域で障害者を支えるその手当てがほとんど皆無と言っていい法案の形になっているんじゃないかと思わざるを得ないんです。」「必要なのは，司法的判断じゃなくて，地域での医療だけじゃなくて，これを支える福祉社会ではないかと思うんですが，いかがでしょうか。」という質問がなされている。また，社会復帰施設等の市町村別設置率

が10％という現状についても次のような質問がなされている。

　きょう皆さんにお配りしております資料の中に，ちょっと資料5というところから見ていただきたいと思うのですが，ここには，精神障害者の社会復帰施設等市町村別設置率というのがございます。これを見てみますと，全国で設置されている市町村は10％です。1割しかないんですね。9割の自治体はこの精神障害者の社会復帰施設が何にもないという，こういう状態なんです。そういうところに，こういう特定医療機関から退院して，通院も社会復帰もしなきゃならない人たちが出されて，実際に行くところないでしょう。どうするんですか。今でも，精神障害者の人たちが，これは後でお話ししますけれども，なかなかそういう受け入れ体制がないということで退院できないという状況になっている。ましてや，あなたたちが言う特定医療機関から出た方々，そういう人たちこそ，きちっとした社会復帰の体制が必要でしょう。それが全くない。例えばどこか離れた施設に，それはあるかもしれません。しかし，そうしたら，そこには家族も来ないような，ある意味では，自分の知人や友人，それを援助する人たちも，だれも来ないようなところに閉じ込めるか，どっちかになっちゃいますよね。こういう形で本当に通院が保障されるんでしょうか。いかがですか。[26]

　これらの質問に対する政府答弁は次のようなものであった。

　　訪問診療，いわゆる往診と訪問看護サービスでございますが，これらは，先ほどもお話がございましたとおり，ややもすれば通院が中断しやすい精神障害の患者さんにとって非常に貴重な資源であると考えております。この点につきましても，そういうふうな点をしっかり踏まえまして，充実強化を図ってまいりたいと考えております。[27]
　　地域医療とそれから専門的な司法精神医療ないしはその他の専門的な精神医療の領域というふうなものは車の両輪でございまして，どちらが欠けてもうまくはいかない，そういうふうに考えておるところでございまして，一般的な医療の能力につきましても，医師制度，研修制度の改善であるとか，それからさらに精神科領域につきましては，講習会を行ってある程度の専門性を担保しておるとか，さらにその上に，今後必要になってくる司法精神医療の専門家も養成していく，そういうふうなことでございまして，委員御指摘のとおりでございます。[28]
　　医療制度と社会復帰制度，そして社会復帰後の在宅福祉サービス，そういったものにつきまして総合的に議論していただきまして，この夏をめどに精神医療領域におきます総合的な計画を策定いたしまして，それを明年度を初年度といたします障害者基本法に基づきます障害者計画，そして，それに基づきます前期プラン，これは今年度いっぱいぐらいかかるのかなと思っておりますが，私どもじゃございませ

ん，内閣府の方で全体調整がなされる予定でございますが，その中に，私どもの取りまとめた精神保健，医療，福祉の総合計画といったものを反映させていただきたい。その中身は，病床であるとかマンパワーであるとか，そういったものが中心になろうかと思っております。[29)]

入院をしておみえになる皆さん方が，いつかは必ず退院をされるわけでありますから，退院をされましたときに，やはり地域でそれがきちんと受けられるような体制というものは整備をしていくということで，今法務省と十分協議をさせていただいているところでございます。[30)]

精神障害者の社会復帰施設は，精神障害者が地域に自立して生活していくために必要な訓練や福祉サービスを提供するものでありまして，その整備は極めて重要な施策であると考えております。これは触法の精神障害者の方に限らず一般的に必要なわけでございまして，こうした認識のもとで，障害者プランに基づき，精神障害者社会復帰施設を設置運営するに必要な経費についての補助を行うなど，計画的に社会復帰施設の整備を図ってきているところであり，今後ともなお一層努力してまいりたいと考えております。また，御指摘の，いわゆる9割の市町村にないのではないかということでございますが，社会復帰施設の整備につきましては，例えば，生活訓練施設や通所授産施設といった基本的なものにつきましては，障害保健福祉圏域に少なくとも一施設設置することを目標に掲げておりまして，各種施設の整備を促進しているところであります。しかしながら，一方，精神障害者社会復帰施設の設置については，地域の方々の理解，協力を得るのに時間を要することも事実でございまして，整備が進んでいないということもございますが，今後とも全力を挙げて，理解と支援を求めるために地域交流スペースを整備するなど，精神障害者に対する理解の促進に努力してまいりたいと考えております。[31)]

現在の医療の中で，科別に見ると，精神神経科と申しますか，この分野のやはりおくれというのは否めない，私も率直にそう思います。さて，ここをどう整備していくのか。これは病院の中の整備だけではいけない。やはり地域にこの人たちを受け入れるための整備をしていくということは，大変これは幾重にも行わなければならない，非常に時間とそれから財源のかかる話ではあるというふうに率直に思うわけですが，しかし，ここはやはり少しずつでもやっていかないと，入院しておみえになる皆さん方を受け入れていくことができ得ない。大変大きな問題だというふうに私も認識をいたしております。ですから，地域にお帰りをいただきますときには，その皆さん方にやはり働いていただくような場所をどうつくるかといったこともございますし，それからもちろん，先ほどから出ておりますように，地域における治療の問題，いわゆる医療機関の分散の問題もあるわけでございますし，全体として非常に少ないという問題点も存在する。そうしたことを，整備を一つ一つやっていかなければならないわけでございますので，その問題意識というのは十分に持っているつもりでございまして，今審議会でいろいろ御議論をいただきまして，ことしの秋には審議会の結論も出るというふうに聞いておりますから，そのことも

十分に参考にさせていただきながら，やはり精神神経医療というものの改善というものを進めていかなければならない，そういうふうに思っております。[32]

今御指摘のように，条件が整えば退院が可能な者であるとされている人は約7万200人おいでになるわけでございまして，このことは極めて重要な課題であると考えておるところでございます。このため，先生御指摘のとおり，ホームヘルプサービスなど在宅生活を支援する福祉サービスの充実，グループホーム，福祉ホームなどの住まいの確保，生活訓練施設，地域生活支援センターなど社会復帰施設の整備，精神科救急システムの整備，また，私は，クリニック等がもっともっと地域にふえて退院された方々が気楽にぱっと相談に行ける，そういうような地域医療というのが本当に重要じゃないか，こう考えておるわけでございますけれども，新しい障害者プランにおきましても，可能な限り具体的な数値目標を掲げまして，先生が御指摘のように，今後10年間においても，速やかに解消が進むように取り組んでまいりたい，このように思っておるんです。ただ，速やかにというのは非常にいい言葉でありまして，余り急激に，例えば来年，再来年どうしろなんといったってできるわけありませんから，その辺のことはまた十分に御理解をいただけるんじゃないか。やはり一定期間の中において，まさに速やかに解消していくのが重要じゃないかな，このように思っているわけであります。いずれにいたしましても，社会的入院の解消のためには，障害者施策だけではなくて，一般の福祉や医療施策などとの有機的，総合的な連携が重要である，このように思っておりまして，厚生労働省挙げて全力で取り組んでまいりたい，このように思っておるような次第であります。[33]

お尋ねの具体的な取り組みでございますけれども，これは，地域の事情によりまして異なる点があり，またさまざまな態様があると考えられますけれども，例えば精神障害者の社会復帰を支援するボランティア団体などの協力を得たり，またこれらの団体などと共同して本制度の対象者の社会復帰の必要性について理解と協力を求めるための啓発活動を実施したり，あるいは地域の実情に即して対象者や家族と地域住民との交流の機会を設けるなど，地道に息の長い活動を続けていくことなどが考えられます。さらに，新たな処遇制度におきまして対象者の社会復帰の実績を積み重ねていくことが，長期的に見れば，長い目で見れば地域住民等からの理解と協力を得ることにつながっていくものと考えております。[34]

厚生労働省におきまして坂口厚生労働大臣を本部長といたします精神保健福祉対策本部を設置いたしました。そして，省を挙げて検討を進めているところでございますが，そこでは，精神科プライマリーケアの充実，つまりもっともっと身近に精神科の先生方に接し，相談できるような，そういうことも重点を置いていこうとか，精神科救急医療体制の全国的整備，救急医療体制におきましても整備を着実に進めていこうとか，地域における精神医療体制の充実を図ることを主要な検討項目の1つの柱として今後しっかりと検討をさせていただき，身近な地域での適切な精神医療が受けられるような体制の確立を図ってまいりたいと，このように思っているような次第でございます。[35]

このように，条件整備については「最大限努力します」「省を挙げて検討を進めています」等というのが政府の答弁であった。地域医療の整備を長年にわたって怠ってきた国の責任を棚上げにして「来年，再来年どうしろなんといったってできるわけありませんから」というような開き直りにも似た答弁もみられた。条件を整備した上で法を制定するというのではなく，条件整備には時間がかかるから，とりあえず見切り発車的に法を制定するというのが政府の判断であった。国の誤ったハンセン病強制隔離政策に対する反省を踏まえて精神科医療を入院医療から地域医療に抜本的に切り替えるべきではないかという委員質問に対しても，入院医療と地域医療とは「車の両輪」だというのが政府答弁であった。しかし，地域医療の条件整備を後回しにして見切り発車する以上，入院医療と通院医療とは「車の両輪」だとされても，現実には入院医療だけの片肺飛行に陥るのは必定であった。医療観察法の制定に当たっての国の態度は依然として隔離優先主義であった。

　ところで，医療観察法によれば，保護観察所の役割は地域ケアのコーディネーターとして，①生活環境の調査，②入院医療を受けている対象者の退院後の居住予定地における生活環境調整，③ケア会議の開催，④通院医療中の精神保健観察，⑤処遇実施計画の作成や見直し，等を行うこととされている。ケア会議では，指定通院医療機関や市町村，精神保健福祉センター，保健所，精神障害者社会復帰施設等と協議して処遇の統一が図られる。また，関係機関それぞれの役割分担を明確にして処遇の実施計画を作成し，実施計画が円滑に機能するよう関係機関相互の連携が図られる。ケア会議には，基本的に対象者本人や保護者も出席し，実施計画への意見や希望を述べることもできるとされている。保護観察所のこれらの業務を実際に担うのは精神保健福祉士や精神障害者の保健及び福祉の専門的知識を有する者（社会福祉士，保健師，看護師，臨床心理士）として保護観察所に新たに配置される社会復帰調整官である。社会復帰調整官はその専門的知識を活かし，①生活環境の調査や調整（退院地の選定・確保のための調整，退院地での処遇実施体制の整備），②精神保健観察の実施（継続的な医療を確保するための生活状況の見守り，必要な指導等），③ケア会議の実施，等の業務を行い，対象者の社会復帰支援等の要としての役割を担うものとされている。また，保護観察所の長は，必要に応じて処遇終了，通院期間の延長，通院期間中の入院に係わる申立てを行うとされており，この申立てにあたっては指

定通院医療機関等との協議やケア会議の意見を聴取し，慎重に行うことが求められている．
　問題はこのような保護観察所の役割について国会でどのような審議がなされたかである．保護観察所を関与させることについては衆議院においても参議院においても次のような疑問が寄せられた．

　　次に通院医療についてお伺いします．率直に言って，この部分は現行措置入院制度には基本的にないですね．全く異なっております．かつての保安処分制度の療養観察制度に非常に近いんじゃないかと思えてなりません．人権侵害のおそれが色濃く出てきてしまうのではないかと危惧されるのがこの法案の通院治療の問題であります．このやり方では，私は，通院治療効果も逆になってしまうんではないかと危惧します．私は，日本共産党の提言にもありますように，通院治療にも，むしろ入院治療以上に医療，福祉の観点が求められているんじゃないか，精神障害者，医療関係者を中心に組織された医療，福祉の地域でのチームワークによってこそ通院治療体制は組まれるべきではないかと考えるんです．犯罪者の更生を主目的とする保護観察所を処遇機関としていることは，私は根本的な間違いだと思います．せっかく入院の方はこれだけ手厚い重厚な治療をやろうと言っているのに，なぜ通院の方は保護観察所が乗り出さなきゃならぬのですか．法務大臣，答弁ください．[36]
　　現行の保護観察所にはそんな能力はもう全くないんです．ゼロですよ．私は，継続的な通院治療の確保のために保護観察所を使うなんというのはとんでもない間違いだ，まさに，継続的な通院治療の確保には，医療，福祉の観点からこそその確保のために努力することがその対象者の治癒につながっていくんじゃないかと思えてなりません．法務省の当事者がつくっている全法務省労働組合の意見書によりますと，そんな体制は全然ない，現在保護観察官は600人程度しかいない，そしてどんなに忙しいか．犯罪者の更生のために物すごい仕事をしているんですよ．保護観察件数は約6万8000件，環境調整事件数が約3万件，更生緊急保護受理件数が1万7000件．物すごい仕事を，大変な仕事を担っているんですよ，保護観察所の皆さんは．医療と関係ないところで物すごい仕事．こんなところに精神障害者の通院治療確保のために任務を与えたって，そんなことできやしない．そうすると，結局，保安処分的な発想から要するに縄をつけるような発想になってしまうんではないか．私は，ここはもう根本的に政府案が間違っているところだと重ねて指摘をいたしまして，（質問を─引用者）終わります．[37]
　　精神保健福祉士は，どんな状況にあっても自己決定を尊重し信頼関係を築く中で精神障害者の権利と尊厳の回復の支援に努めるところに国家資格者としての存在価値があるということを精神保健福祉士協会の方たちもおっしゃっているわけでございますけれども，この本来の役割とこの法案の中で期待されている精神保健観察という役割とが矛盾するということはないのでしょうか．[38]

新たな処遇制度の地域社会における処遇につきましては保護観察所が一定の役割を持って関与することとされておりまして，この点につきまして種々の懸念が示されているところでございます。最大の懸念は，これまで保護観察所は犯罪者の改善更生を図ってきたところであり，本制度の対象者を犯罪者として扱うことにならないか，また，刑事司法の機関である保護観察所が精神障害者の社会復帰の促進を図ろうとするのは不適切ではないかというものであります。この制度の地域社会での処遇において，なぜ保護観察所が関与することとしたのかを改めてお尋ねしたいと思います。刑事司法の機関が関与することは適当ではないという批判につきましてはどのようにお答えになるのでしょうか，併せてお聞きしたいと思います。[39]

　新たな処遇制度には保護観察所が関与することになっております。この点については懸念する声が上がっているわけでございます。その懸念の中には，保護観察所が行う精神保健観察が監視的な色彩を帯びるのではないかという危惧の声でございます。この危惧の声に対しては，どのようにおこたえになりますでしょうか。[40]

　このような懸念の声に対して，保護観察所を関与させることにした理由について次のように答弁されている。

　現在の保護観察所にはそのような専門家がおりませんので，対象者の処遇に必要となる精神保健や精神障害者福祉に関する専門的な知識経験を持つ職員を何とか配置いたしたいと考えまして，いろいろ工夫いたしました結果，全国の保護観察所に精神保健観察官，そういう方々を相当数確保いたしまして，その体制整備を図りたいというふうに考えております。精神保健観察はこの精神保健観察官が中心になってやっていただくということでございますが，心神喪失の状態で重大な他害行為を行った者について継続的に，かつ適切な医療を確保するということは，やはり通院の際のそのような観察が不可欠であるというふうに思うからでございまして，その改善更生を促すことにも大変重要な方法だと思います。たまたま全国に50カ所ほど保護観察所がございまして，そのネットワークを使うということが，今このような御時世，行政改革の御時世におきまして適当ではないかということでございまして，この者が行います仕事は，ほかの保護司あるいは保護観察官の仕事とは全く違うものでございます。[41]

　保護観察所は，医療機関はもとより地域社会で精神障害者に対する援助業務を担っております保健所等の関係機関と連携しつつ，通院患者の生活状況を見守り，その相談に応じ，通院や服薬を行うよう働き掛けることといたしております。精神保健観察は，このように社会復帰の促進を図るために継続的な医療を確保し，地域社会における生活を支援しようとするものであります。通院患者の中には，あるいは例えば何らかの理由で医療機関から指示された服薬を怠るような事態も想定されないわけではありませんが，仮にこのような場合であっても，保護観察所は関係機

関と協議しながら,まずは誠心誠意本人の理解を求め,また家族等に更なる働き掛けを依頼したりするものであります。したがいまして,このような地道な働き掛けについて,監視というような御指摘は当たらないものと考えております。また,保護観察所が精神保健観察を行うに当たりましては,精神障害者の保健福祉等に関する専門的知識及び経験を有する者を社会復帰調整官として新たに相当数配置いたしましてその事務に当たることとしておりまして,精神保健観察が監視的な色彩を帯びるというようなことはないものと考えております。[42]

本制度の対象となる者は,精神障害を有します上に,その病状のために重大な他害行為の加害者となった者でありまして,極めて不幸な事実を背負っておりまして,その円滑な社会復帰におきましては多大な困難が伴うものと考えられるところであります。そこで,このような方々につきましては,国が後見的な立場からその社会復帰を促進する必要があり,そのためには国の責任において手厚い専門的な医療を統一的に行うとともに,地域における継続的な医療を確保するための仕組みを整備することといたしております。したがいまして,地域社会における処遇につきましても,国の機関が中心となって統一的に実施するとともに,対象者の退院や転居による遠隔地への移動に的確に対応するためにも,都道府県の枠を超えて円滑に実施することが必要であると考えております。この点,保護観察所は各都道府県に少なくとも1か所は置かれております国の機関でございますし,その全国的なネットワークによりまして,本制度による地域社会における処遇を統一的かつ円滑に実施できるものと考えております。さらに,保護観察所は,従来から地域社会におきまして非行から立ち直ろうとする人たちや少年たちに対しましてもケアを行い,保健,福祉等の関係機関とも連携しつつ,その社会復帰の促進に努めてまいってきた実績がございます。また,本制度による処遇を実施するに当たりましては,新たに精神保健や精神障害者福祉等に関する専門的知識及び経験を有する社会復帰調整官を各保護観察所に相当数配置し,言わば処遇のコーディネーターとして医療機関や保健所等の関係機関と連携を図りつつ必要な援助等を確保することといたしております。このような点を総合的に考慮いたしますと,本制度による地域社会における処遇を効果的に推進する機関として保護観察所が最もふさわしい機関であると,このように考えております。[43]

社会復帰調整官の業務量に関わって,「この制度で,社会復帰調整官は,まず裁判所における裁判時の生活環境調査,次に入院治療中の生活環境の調整,さらに通院治療中の実施計画を定め,それに基づく精神保健観察をやるという,こういう3つの大きな仕事になりますが,大体5年後,この生活環境調査,生活環境の調整,精神保健観察,それぞれ何件程度になると想定をされているでしょうか。」という質問がなされているが,これに対する答弁は次のよ

うなものであった。

　本制度におきまして，まず前提となりますが，検察官による申立ての対象となる者の数でございますけれども，年間約400人程度であると考えられております。この数字を基に類推いたしますと，生活環境の調査につきましては年間これとほぼ同程度の数が予想されるところでございます。本制度の施行後でございますが，まずどの程度の人員に対して入院決定や通院決定がなされるのか，それから入院決定された者がどの程度の期間，入院することになるのか，それから退院した後にはどの程度の期間を経て本制度の処遇を終えることになるのか，これらのことにつきましては，処遇事件を取り扱う裁判所の合議体におきまして個々の事件に応じて決定される事柄でございますので，生活環境の調整と精神保健観察の事件数の予測につきましては確定的なことを申し述べることは困難でございます。なお，精神保健観察につきましては，先ほど申し上げましたとおり，検察官の申立ての対象となる人員が年間約400人程度見込まれるところでございますので，当初から通院決定を受けた者，あるいは指定入院医療機関から退院した者につきましては数年にわたって精神保健観察を実施することを考えますと，本年施行後数年のうちに千数百名程度になることが予想されるところでございます。[44]

　保護観察所の役割については参考人から「現状ではうまくいかない」のではないかという次のような発言が見られた。

　　保護観察所の中に専門のそういう精神保健福祉士を置いてアフターケアを行うということですが，私は，現状ではうまくいかないと思っています。2つの問題があります。1つは，やはりその患者さんが地域の中で再発せずに安定して生活できるという条件としては，専ら支えるという視点。再犯のおそれがあるんじゃなかろうかとか，また事故を起こすんじゃなかろうか，専らそういう視点で患者さんにかかわっていくということでは信頼関係もできませんし，そして，精神保健観察に当たる方も恐らく，自分で自信がなくなったら，どうも心配だからといって申し立てる，今通院の命令が下って入院でない医療を受けている方に関しても，自信がなくなって入院の医療に持っていってしまうんじゃなかろうか，そういう心配をしております。そういう意味で1つの問題です。
　　もう1つは，保護観察所の置かれている場所の数とか，それから精神保健にかかわる方の人数の問題というのは，今明らかになっておりませんけれども，できるだけもともと生活していたところで支えていくというのが原則です。全然違うところでこういう観察に置かれてもうまくいかないと思います。できるだけ従来住んでいた地域で支えていくということにならないと思います。そういう意味では，地域ケアを充実するということをまずやらないで，こういう通院のシステムをつくっても

うまく動かないんじゃないかというふうに心配しております。[45]

　保護観察所というのも，……1つの県に1か所ですよね。1つの県に1か所で果たして手が回るのかという問題があります。今ですらも忙しいと言われているのに，1つの県に1か所でしょう。これに対して，ヨーロッパあるいは欧米の世界的な流れとしてはキャッチメントエリア方式というふうになって，大体人口30万でチームを組んで，医者とか福祉とか心理とかいろんな人がチームを組んで，そして地域の中でケアしていこうというのが主流なわけですよね。それを，例えば青森県，人口150万しかないですけれども，1か所で全体をコーディネートするなんてことはまず不可能だと思います。[46]

　司法におきまして社会復帰の困難性というのは，今現在，精神科においての社会復帰の困難性と同じような問題，それ以上の困難が生じるんじゃないかと考えております。で，今現在，私たちが現状の中で起こっております問題としまして，やはり受け入れる家族，御家族の方の問題が1つあります。御家族の高齢化であるとか又は経済的な問題，それから兄弟世帯への意向等によりまして，かなり入院前の状況のところに退院するということが難しい状況が起こっております。そうなりますと，やはり社会復帰施設というものが必要になるわけでございますが，現在のところ，まだ十分な社会復帰施設があるというわけではございませんし，ほとんど援護寮等，満杯になってなかなか空きがない，又は住居の問題も含めて，やはり社会復帰が難しいということがございます。そういうような状況の中で，退院後のアフターケアということになりますと，やはり，まず退院に向けての状況をどう作っていくのかというのが1つ大きな問題で，先ほども議論されていましたように，社会復帰調整官の数の問題というのは，これは絶対に必要なマンパワーでございますが，現在の状況，言われている状況では，到底そういう役割を担うことができないだろうという予測がされます。しかしながら，マンパワーが十分になったときには，やはり社会復帰調整官，精神保健福祉士，その他が当たるということにはなってございますが，やはり精神科の看護師が同行して一緒に参るというのがいいんじゃないかと思います。で，業務としましては，病状の把握であるとか服薬の管理というような部分もありまして，やはり社会復帰調整官一人では少し難しいんじゃないか，マンパワーの確保とともに看護師もやはり同行した方が，訪問看護師も同行した方がいいと私は考えております。[47]

このような懸念についても次のように答弁されている。

　御質問にお答えいたします。社会復帰調整官につきましては，まず法務省においてその確保及び質の向上が図られるものと承知しているところでございますが，厚生労働省といたしましても，社会復帰調整官に対する研修等が行われる際，必要に応じまして医療機関，精神保健福祉センター，保健所等の関係機関の協力を得られるよう努力してまいりたいと，このように思っておるような次第でございます。[48]

保護司の関与についても次のように答弁されている。

　保護司の方々につきましては，本制度において必要とされますような専門的知識でございますとかあるいは経験を有する方というのはほとんどおられないというのが実情でございまして，このような保護司の方々に対しましてこの制度におきますような処遇に直接関与していただくということは適当でないと，このように考えております。この制度におきます精神保健観察は，観察の内容からいたしましても，また地域の精神保健関係者等の協力を得て実施することが不可欠であるということからいたしましても，精神保健について知識を有する者がその調整に当たることが必要で，その知識を有する専門的な職種でございます，先ほど申しました社会復帰調整官を全国の保護観察所に配置することが必要であると，このように考えております。[49]

　政府答弁によれば，極めて困難な任務を新任の社会復帰調整官に委ね，研修等によって必要な手当てをすればその任務を果たすことも十分に可能だとされているが，無責任な態度だという謗りは免れ難い。ここでも「見切り発車」がみられる。
　参考人から「やっぱりアメリカのような差別禁止法みたいなものをすべてのいわゆる障害と言われるものを持つ人に対して作る必要があると思っています。」[50]との発言があったが，この差別・偏見の解消についても次のように答弁されている。

　御指摘のとおり，地域社会におきまして対象者の円滑な社会復帰を促進いたすためには地域住民の方々の精神障害者に対する差別や偏見を取り除くことが必要であると考えております。そのためにも精神障害者の社会復帰を支援しておられます個人や民間団体の協力を得ることが重要であると思います。本法案109条におきましても，保護観察所の長は，本制度の対象者に対する民間の支援活動を促進するとともに，民間の方々らと連携して，対象者の円滑な社会復帰に対する地域住民の理解と協力を得るよう努めなければならないとしているところでございます。具体的な取組といたしましては，例えば精神障害者の社会復帰を支援するボランティア団体等の協力を得まして，本制度の対象者の社会復帰について理解と協力を得るための啓発活動を実施し，あるいは地域の実情に即して対象者やその家族と地域住民との交流の機会を設けるなど，地道に息の長い活動を続けていくことが考えられます。また，本件の新たな処遇制度を実施する過程で対象者が円滑に社会復帰する実績を積み重ねていくことが，長期的に見ますれば精神障害者に対する差別や偏見の解消

につながっていくものと考えております[51]。

　国の誤ったハンセン病強制隔離政策を違憲だと断罪した2001（平成13）年5月11日の熊本地裁判決は「らい予防法」の存在がハンセン病差別・偏見を醸成してきたと判示した。同様のことは精神病強制隔離政策についても妥当すると考えられるが、国にはこのような発想は認められなかった。「本件の新たな処遇制度を実施する過程で対象者が円滑に社会復帰する実績を積み重ねていくことが、長期的に見ますれば精神障害者に対する差別や偏見の解消につながっていくものと考えております。」というのも、WHO等からの度重なる勧告を無視して誤ったハンセン病強制隔離政策を1996（平成8）年まで廃止しなかった国が言い訳に採用した論理と同様であった。しかし、この論理の下で何が起ったか。強制隔離政策の存続が差別・偏見を醸成し、この醸成された差別・偏見の故に円滑な社会復帰が困難となり、社会入院を余儀なくされる。このような悪循環が生じた。
　国会に参考人として招致された長野英子は、当事者の立場から次のように発言した。

> 　私は現在49歳になります。17歳のときに、生まれて初めて単科の精神病院に入院しました。それ以来私は通院を続けておりますし、入退院も何度も繰り返してまいりました。その意味では、私は確かに精神障害者の本人であり当事者であるとも言えると思います。
> （略）
> 　恐らく、今私の語る言葉も、その本当の当事者にとってはむなしいと思います。あるいは、この本人抜きの審議に私自身が加担している、裏切り者の言葉だと彼らには受け取られるかもしれません。それでも私はあえてここに来ましたのは、この法案は精神障害者差別だからです。再び三たび、私たち精神障害者は人間でない、おまえらは人間でない、私たちには人権はないと国会が宣言しようとしているからです。
> （略）
> 　私たちは常に一方的に対策の対象としてすべてが語られてきました。今この法案をめぐる審議もそうです。そして、この国の精神医療政策もそうです。そして、あえて言えば、精神医療自体もまた、私たち抜きに勝手に強引な医療を続けてきました。発病した途端、私たちは人間ではなくなります。すべてが、私たち本人抜きで、他人によって決められていってしまいます。

私たちは，確かに病気は苦しいです。病気の苦しさもあります。しかしもっと苦しいのは，私たちが人間として，人として扱われない，差別の苦しさです。発病によって，友は離れていきます。職を失う，学園から追放される，家庭からも追い出される，地域からも排除される，こういうことはまれではありません。そのあげくに精神病院，病院と名はついているけれども，単なる収容所です。収容所に閉じ込められて，拘禁されていく。私たちは，私自身も含め，多くの仲間が多かれ少なかれこういう経験を重ねております。この差別の中で，最悪の自殺という選択を選ぶ仲間が余りに多過ぎます。今12月ですね。12月の年末，それからお正月，これは私たちにとって魔の季節です。皆が温かい家庭で家族とともに過ごすこのシーズンに，何の支援もなく地域でひとりで暮らす仲間が，毎年この12月とお正月にどれだけ死を選んできたか。それを今私は思い浮かべております。
　こうした差別の現実の中で池田小事件がありました。そして，資料でお配りしました人権救済申し立ての添付資料1に，そこで，とりわけ大阪でどんな事態があったか報告されております。せっかく決まった職を失った方や，出かけようとしたらいきなり近所の人に取り囲まれて，おまえは精神病院に通院しているだろう，危なくてしようがない，おまえ，さっさと入院しちまえというようなこともありました。今，大阪の精神病院は池田小以降満床だそうです。それだけではありません。さまざまな患者会や人権活動をしている団体には，いろいろな嫌がらせや脅迫の電話などもありました。
　こうしたときに，政府は何をすべきだったか。まず，精神障害者に対する正しい知識を広報すべきですし，偏見を払拭するための広報活動をすべきでした。ところが，それをするどころか，小泉首相は何をしたか。精神的に問題のある人が逮捕されても社会に戻ってひどい事件を起こすことがかなり出ている，医療，刑法の点でまだまだ対応しなければならない，こう言ったんですね，小泉首相は。まだ，この事件で逮捕された方が精神障害者であるのかどうか，実際にやった事件が精神障害ゆえのものであるのかどうか全くわからない事件直後です。何と軽率な，しかし，一国の首相の発言です。どれだけ我々の生活に大きな影響があったか小泉首相は自覚すべきだと思いますが，それは撤回されることなく，しかも，今回のこの法案の準備作業が始められました。
（略）
　精神障害者の事件がとても多いわけでもなく，近年非常にふえているわけでもない。再犯が特別多いわけでもない。しかも，余りに精神障害者が監禁されている実態がある。再犯予測など単なる決めつけにすぎない。それなのに，なぜこの法案が上程されたんでしょうか。皆さん，不思議に思われないでしょうか。何でこんな法案が必要とされるんでしょう，出てくるんでしょうか。
　1つの具体例を見てみましょう。お手元に，「「ポチ」と呼ばれた患者」という読売新聞の記事が引用されていると思います。これは，大阪の私立精神病院箕面ケ丘病院で，職員水増しとか違法拘束とかいろいろな問題が昨年暴露されまして，この

病院はことしの1月に保険医療機関指定取り消しとなりましたけれども，この中で，1人の患者さんのことが話されています。大勢の人間が出入りするデイルーム，いわば食堂みたいなところですね，精神病院ではデイルームなどと言いますが，そこの窓の鉄さくに2メートルのひもをつけて，患者を犬のように縛っていたんです。10年近くだそうです。トイレも便器で済まし，食事もそこで済まし，この半径2メートルだけが彼の生活範囲でした。このようなことが実際にありました。

本来，人をかぎをかけて閉じ込めるとか，あるいは縛るとか，そういうのは犯罪です。皆さんよく御存じだと思います。しかし，精神保健福祉法は，本人の医療と保護に欠くことのできない限度でという建前ですが，一定の手続のもと，閉鎖病棟にかぎをかけて閉じ込めるとか，あるいは身体拘束ですら一定認めております。つまり，刑法上の逮捕監禁罪を免責するために精神保健福祉法がありまして，そして，その決定ができるのは精神保健指定医だという構造になっております。

このポチと呼ばれた患者にされたこと，10年にもわたってひもに縛りっぱなしだったということは，さすがに精神保健福祉法ですら合法化できません。犯罪です。単なる犯罪です。刑法上の罪です。しかし，この箕面ケ丘病院のこのポチと言われた患者をつないでいた人はだれ1人逮捕されていません。警察が調べたかどうか私は存じませんけれども，だれも逮捕者が出ていません。さらに，精神保健福祉法違反ということですら挙げられていません。この病院は，保険の請求が水増しだった，単にそろばん勘定のことだけで挙げられたんです。ところが，1人の人間を犬のように縛っていたことに関しては，だれも問題にしなかった，この国はだれも問題にしなかった，そのことをもう1度言いたいと思います。

例えば，同じように1人の少女を監禁していた新潟の事件がありました。この事件は大変な騒ぎになりましたよね。マスコミも非常に大きく取り上げました。そして，この犯人と言われた人は逮捕されて，公判に回されて，刑罰を受けようとしています。確かに，この少女の監禁事件も，ポチと言われた患者さんを縛っていた事件も，本当に憎むべき犯罪だと私は思います。実りあるべき人生を奪った許せない犯罪です。しかし，この国では，精神障害者とみなされた人，この新潟の事件はそのように報道されました，みなされた人が何かをすると大騒ぎになります。マスコミで大々的に問題にされます。ところが，このポチと言われた患者さんが縛られていた事件は，読売新聞ですら全国版に載りませんでした。最近，私，何人かのドクターに聞きましたけれども，このこと自体を知らない精神科のお医者さんも結構いらっしゃいました。同じような犯罪が起こっても，加害者が精神障害者であるときと被害者が精神障害者であるときと，なぜこれほど差があるんでしょうか。やはり私たちは，精神障害者は，人間ではないんでしょうか。

今現在ですら，違法行為の前歴があって措置となった方の入院は長期化しています。

（略）

措置解除イコール退院，社会復帰ではないことをもう1度御確認くださいませ。

何か半年で措置入院の半分とかが措置解除だという御答弁があったそうですけれども，措置解除イコール退院ではございません。措置解除されても，医療保護入院や任意入院で入院し続けている方がたくさんいらっしゃいます。昨日私に手紙を下さったある方も，放火事件を起こして措置になって，措置はすぐ解除されましたが，16年間入院なさっています。このように，20年入院している方の実名，顔写真報道がされて，こんなやつが実は松沢病院では外出可で，時々周辺に買い物まで行っているんだというような書き方をされています。この法案の対象者というものは，精神障害者で，かつ重大な事件を起こして，さらに再犯の危険があった，三重の烙印を特別に押されるんですね。こういう人たちは永久にマスコミに追いかけられると思います。なぜ社会復帰などできるでしょうか。それこそ買い物だって行けない状態になると思います。

　政府は，60年代に精神病院をやみくもに増床しました。それまで，ある意味では放置されていたと言ってもいいかもしれませんが，辛うじて町の中で精神障害者は生きていたわけですね。ところが，町にいたその精神障害者が皆精神病院に駆り集められて監禁されていきました。したがって，人々は，日常的に精神障害者とおつき合いする機会というのを奪われてしまいました。精神障害者というのは鉄格子の中に入れられて，どこかずっと遠い精神病院に閉じ込められているものだという状況がつくり出されたんですね。これはまさにつくり出された，政府の政策によってつくり出されたんです。いわば，精神障害者は見えない存在，具体的な存在じゃなくて，非常に言葉だけの観念的な存在になってしまいました。それゆえに人々は，精神障害者は怖い，だから鉄格子の中に閉じ込められているんだと思い込むようになりました。この国の政策が人々の精神障害者差別をつくり，助長したのです。この過ちを二度と繰り返してはならないと思います。

　一たんつくられた隔離収容を解消するということがいかに困難か。これは今まで坂口大臣も，たくさんの厚生省のお役人の方たちも答弁していますけれども，いわゆる社会的入院の方が社会復帰するのに10年かかるなどとおっしゃっている。それぐらい困難だ，一たん閉じ込めた政策をとったら社会復帰は非常に困難になるわけです。この状況で新たな隔離収容施設をつくることを決して許してはなりません。

　ハンセン氏病の判決の中で，国の政策が差別を作出助長した，そして隔離状態を放置してきたことに関して，行政はもちろん，立法の不作為が問われたことを，今，皆さん，思い出してください。国会議員一人一人の責任が非常に厳しく問われたんです。今現在の精神病院の人権侵害状況，お手元に配りました読売新聞の表が載っておりますね。毎年毎年よくぞというぐらい，いわゆる不祥事というのが精神病院で起きていますね。この状況を放置していらっしゃるのも，もちろん行政がまず責任がありますが，やはり立法の不作為でもあると私は思います。

　しかし，この今問題になっている法案が万一にも成立することがあれば，これは立法の不作為ではありません，精神障害者差別宣言を積極的にする行為です。精神障害者差別と隔離の法を二重に成立させるという行為です。精神障害者は精神障害

ゆえに犯罪を起こしやすいんだ，危険だ，だから特別な法律をつくって予防拘禁して，強制入院医療をさせなければいけないんだ，こういう精神障害者差別を再び三たび人々に植えつけるということです。

　民主主義というのは確かに多数決原理かもしれませんが，私たちは200万ですが，やはり少数者です。殊人権に関する限り，少数者の人権に関する限り，多数決で決められていい問題ではありません。今まさに国会議員の皆さん一人一人の見識が問われています。直ちにこの法案を葬り去ることを皆さんに訴えます。精神医療の今後の歴史の中で，そしてこの国の人権をめぐる歴史の中で，この法案に賛成した国会議員の名前は永久に刻み込まれるということを私たちはここで宣言します。[52]

　しかし，この当事者の悲痛な訴えが国に届くことはなかった。国によれば医療観察法による強制措置は「本人の保護を目的とする」保安処分だとされたが，その具体的な根拠は示されないままであり，社会復帰のための条件整備はすべて後日の課題だとされた。

3　更生保護のあり方を考える有識者会議の提言

　法務大臣により設置された「更生保護のあり方を考える有識者会議[53]」の第1回会議は2006（平成17）年7月20日に開催された。有識者会議はその後，約9カ月，16回にわたって意見交換を重ねた。有識者会議の座長は元法務大臣の野沢太三で，座長代理は日本司法支援センター理事長・日本更生保護女性連盟会長の金平輝子であった。また，元法務省保護局長の本江威憙も委員として参加するなど，官製の会議という性格が濃厚であった。委員にはその他，清原慶子（三鷹市長），佐伯仁志（東京大学法学部教授），佐藤英彦（前警察庁長官），瀬川晃（同志社大学法学部教授），田中直毅（21世紀政策研究所理事長，現・国際公共政策センター理事長），堀野紀（弁護士），桝井成夫（前読売新聞東京本社論説委員）も加わった。有識者会議における検討事項は次のようなものであった。

　　1　更生保護の理念
　　　〇更生保護の理念及び守備範囲
　　　〇保護観察対象者の種類（保護観察処分少年，少年院仮退院者，仮釈放者，保護観察付執行猶予者）とそれに応じた保護観察のあり方
　　2　少年の保護育成を社会全体で担うための新たな制度のあり方の検討
　　　〇満期出所者への対応

3 保護観察の充実強化
　○保護観察付執行猶予者に対する保護観察の強化（特別遵守事項の設定，転居等の許可制の導入）
　○運用面での保護観察の強化
　　薬物事犯者，性犯罪者等に対する処遇プログラムの策定及び実施のあり方
　○遵守事項違反に対する措置の強化・積極化
　○医療機関，福祉機関等との連携強化，情報の共有等
　○施設内処遇と社会内処遇の連携の強化
　　刑事記録及び矯正施設における処遇記録等の活用
　　保護観察事例の調査・分析及び分析結果の活用
　○保護観察の強化のための新たな制度の導入
　　処遇プログラムの受講や医療機関への受診，尿検査，社会奉仕活動等の義務付け
　　仮釈放や執行猶予の取消しに至る前の中間的措置の導入（遵守事項の付加・変更，居住指定や定期出頭の義務付け等）
　　立入調査権，生活状況等の報告義務の導入等
　　裁判所又は検察庁等から処遇に有用な情報の提供を受けられる仕組みの構築（判決前調査制度の導入等）
　○ハイリスク対象者に対する指導監督のあり方
　○保護観察処遇と被害者
4 仮釈放のあり方
　○仮釈放の許可基準，審理手続の見直し
　　受刑者本人の審理手続への関与のあり方
　　仮釈放許可基準のあり方
　　ハイリスク対象者を適切に発見するための仮釈放審理のあり方
　　仮釈放後の保護観察をより実効性のあるものとするための仮釈放審理のあり方
　　被害者意見の取扱い
5 矯正施設との連携
　○受刑者をより早期かつ円滑に社会復帰させるための方策（必要的仮釈放制度等の導入による仮釈放の原則化，仮釈放の早期化，改善更生に必要な保護観察期間の確保等）
　○地方更生保護委員会の組織のあり方
6 保護観察官
　○保護観察官の専門性，指導力の向上
　○保護観察官の採用，研修，育成，昇任及び人事交流等のあり方
　○保護観察所の人的体制の整備と保護観察官の適切な配置のあり方
7 保護司
　○保護司に求められる資質，能力

○保護司適任者確保の方策
　　　公募，市町村長からの推薦，青年・女性団体等関係機関からの推薦，定年制の再考，ベテラン保護司の活用，保護司のインセンティヴを確保するための方策，面接場所の確保その他保護司活動の障害を除去するための方策等
　　○報酬制導入の検討及び実費弁償金のあり方
　　○保護司活動・保護司組織に対する支援のあり方
　8　更生保護施設
　　○更生保護施設の充実・強化
　　　更生保護施設に対する予算措置のあり方
　　　更生保護施設の改良整備
　　　特色のある更生保護施設の育成（多様性と一定基準の確保）
　　　更生保護施設の相互の連携，更生保護施設と社会福祉施設等の関係機関との連携強化
　　○特別で多様な機能を有する中央施設（更生保護センター）の創設等
　9　官民協働態勢
　　○保護観察官と保護司の役割分担のあり方
　　○24時間体制（保護観察所及び保護観察官の執務時間外における対応）のあり方
　　　関係機関等との連携
　　○更生保護女性会，BBS会，協力雇用主との連携強化
　　○地方自治体や地域の関係機関・団体との連携強化及び双方向的なネットワークの構築（警察署，医療機関，社会福祉機関，NGO，NPO等）
　　○関連する分野との社会資源の適切な配分（そのための調査）
　10　円滑な社会復帰のための施策
　　○就労支援の充実強化（協力雇用主の発掘，雇用主に対するインセンティヴの付与等）など
　11　その他
　　○社会奉仕命令，自宅拘禁等新たな制度の導入
　　○恩赦制度の運用のあり方
　　　など

　有識者会議ではこのように多岐にわたる検討が行われた。そして，これらの検討を踏まえて，2007（平成18）年6月27日に開催された最後の第17回会議で，報告書『更生保護制度改革の提言――安全・安心の国づくり，地域づくりを目指して』が取りまとめられ，法務大臣に提言された。有識者会議の姿勢を明確に示しているのは提言の「はじめに」の部分で，次のように記されている。

我が国の「更生保護制度」は，今，抜本的な改革を必要としている。
　更生保護制度の目的は，犯罪や非行をした人の改善更生を助け，その人による再犯を防止し，社会を保護することである。しかし，今日，更生保護制度は，機能不全に陥りかけており，その目的を十分に果たせていない。
　更生保護制度が直面している事態の深刻さは，保護観察対象者による重大再犯事件が相次いだことなどから，露呈した。再犯を防止する機能の現状に対し，国民の厳しい目が向けられ，更生保護制度全般を抜本的に検討・見直すことが急務となった。
　そのような中で，当会議は，国民の期待にこたえる「更生保護制度のあり方」を明らかにして必要な改革を早期に実現するため，法務大臣により，平成17年7月20日に設置された。
　当会議は，保護観察対象者による重大再犯事件が繰り返されることのないようにする制度改革の実現を議論の原点とし，明治以来の更生保護制度の過去，現在を検証し，今後のあり方，方向性の検討を重ねた。
　更生保護制度は，年間約6万人の保護観察対象者に対し，5万人弱の保護司と約1100人の保護観察所職員（現場の第一線で保護観察事件を担当する保護観察官は約650人）が「官民協働」で支えている。
　しかし，官民協働といいながら，現実には，少人数の「官」が「民間」に依存し，その結果，再犯防止機能の弱さなど問題点が常に内在して今日に至ったという現実が認識された。確かに，更生保護制度は，人的・物的な面の不十分さにもかかわらず，保護司を始めとする民間ボランティアや保護観察官による懸命の努力により一定の効果をあげてきたものの，近年，保護司が高齢化し，後継者の確保も困難な中で，地域社会や犯罪情勢の変化に伴い，問題点が，いや応なく顕在化してきたといえる。
　我が国の更生保護制度は，これまで国民の十分な理解を得られず，国や法曹三者の認識が十分でなく，余りにも脆弱な人的・物的体制の配分の下で推移し，民間篤志家に過度に依存してきた。この報告書は，国が必要な制度改革や体制整備等を先送りにし，上記状況を放置してきたことが，更生保護制度の歴史的な構造上の問題点であると認識する。これを踏まえ，現場の第一線で保護観察事件を担当する保護観察官を少なくとも倍増し，さらに，制度面・運用面の改革により，これまでの我が国の更生保護制度では改善更生・再犯防止が十分に図れなかった一定の処遇困難な対象者や仮釈放の対象とできなかった者に対しても有効な社会内処遇を実施し，安全・安心の国づくり，地域づくりに貢献し，国民の期待にこたえることのできる強靱な更生保護制度の確立を目指すものである。同時に，更生保護制度がその効果を十全に発揮するために前提となる国民や地域社会の理解と協力を得ることを目指すものである。
　「更生保護」は，犯罪や非行を摘発し，刑罰や保護処分を行う「刑事司法制度」の最終段階を担う重要な一環であり，その改革は，「裁判員制度」や行刑改革など

一連の刑事司法改革の最後の仕上げである。
　この報告書が，将来にわたり，更生保護が国民の期待にこたえることができるよう，更生保護の進むべき道を指し示すものになることを願っている。

　有識者会議が改革の前提とするのは「国民の理解の拡大」である。次のように説かれている。

　　保護司や更生保護施設等の民間のごく一部に負担を集中させるのでなく，国民一人一人が，地域社会における安全・安心の確保を自らの問題としてとらえ，更生保護への応分の寄与を果たすことによって，犯罪や非行に対する社会全体の強靭性が高まる。これは，犯罪や非行をした人が，改善更生を果たし得ることによって，再挑戦可能な社会を築くことにもつながる。更生保護制度の改革は，安全・安心の国づくり・地域づくりのための刑事司法制度の改革における最後の仕上げである。すべての国民が，更生保護制度に関心を持ち，その存在意義に理解を示すことが改革の前提となる。

　改革はこの前提の上に構築されなければならないとされる。改革の方向を示しているのは「第2　問題の所在と改革の方向性」の部分で，次の方向性が提示されている。

（1）　更生保護が国民の期待にこたえていくためには，その中心となる保護観察を充実強化し，その有効性を高めることが重要である。保護観察官は，後述する新たな手段を適切に運用して，指導監督や補導援護を密度高く行うべきである。
（2）　社会内処遇は有効であるが，おのずから限界もあること，施設内処遇と社会内処遇は連続しており，刑事司法制度の一環をなすことなどを踏まえ，仮釈放や保護観察の運用を行う必要がある。その意味で，遵守事項違反があり，保護観察による改善更生が困難と認められる状況に至った場合には，適切に仮釈放の取消し等の措置をとり，再犯を未然に防止すべきである。もちろん，そこに至るまでの過程においては，対象者自身の社会復帰のための努力を，周囲が十分に支援する必要がある。併せて，保護観察が効を奏し，改善更生が図られたと認められる事例については，漫然と保護観察処遇を継続することなく，保護観察の解除・仮解除等の良好措置を適切に行う必要がある。また，保護観察による改善更生の可能性が高いと認められるのに，帰住先の調整がつかず，そのことが仮釈放許可を困難にし，満期釈放になるようなことは避けなくてはならない。そのために，環境調整を更に充実させる必要がある。
（3）　更生保護が，刑事司法の一翼を担い，犯罪や非行をした人の改善更生を助け，再犯を防止し，社会を保護することを目的とする制度であることを改めて認

識し，国がそのために必要な役割を果たすことを明確にすべきである。また，保護観察官は，この点を明確に意識すべきである。保護観察官は，更生保護制度が社会を保護することを目的とすることを明確に意識し，立ち直りのための種々の資源を援助することと，社会の順良な一員となれるよう対象者を十分に律することをバランスよく実施すべきであり，保護観察が刑事司法制度の一翼を担う保護観察所が行うものであり，信頼関係の構築を重視して活動するとともに，必要があれば，仮釈放の取消し等の措置をとらなければならない立場にあることを認識すべきである。さらに，社会内処遇においては，再犯に直結しかねない事象や対象者を取り巻く環境の変化等がいつ起こるか分からないこと，日常的な処遇の大半を担当する保護司が，対象者の生活に配慮し，現に夜間休日を分かたずに面接を行うなどの職務を行い，刑事司法の充実のために献身的な努力を傾けていることなどを踏まえ，保護観察所は，1日24時間1年365日の少なくとも緊急連絡に対応できる態勢をとってこれにこたえる責務があり，個々の保護観察官がその心構えを持つことが重要である。

　保護観察を担うキーパーソンたる保護観察官に対し，保護観察の取消し，解除・仮解除等を適切に実施するために，保護観察対象者との信頼関係の形成を重視するあまり，更生保護制度が「社会を保護する」ことを目的とするものであり，保護観察が刑事司法制度の一翼を担う保護観察所が行うものであることを没却したり，軽視したりすることがないように求めている点が注目される。これによれば，有識者会議が社会防衛という観点から更生保護の改革を図ろうとしていることが明らかであろう。ただし，他方で，バランスをとるという観点から「就労支援及び定住支援の強化」等を謳っている点にも注意が必要であろう。このような改革の方向性に沿った改革の提言も多岐にわたっている。「提言事項」のうち「当面の課題」とされるのは次のようなものである。

　1　保護観察の充実強化
　　（1）　保護観察処遇の内容の充実と実効性の確保
　　（2）　保護観察対象者との接触の強化
　　（3）　保護観察官による直接的関与を強めた特別処遇部門の設置
　　（4）　仮釈放の取消し等の措置（いわゆる不良措置）の適切な実施
　　（5）　就労支援及び定住支援の強化
　　（6）　関係機関との連携強化及び情報の共有化等
　2　執行猶予者保護観察制度の運用改善等
　3　仮釈放のあり方の見直し
　　（1）　仮釈放制度全般の運用の改善

（2）　仮釈放許可基準の改正
　（3）　地方更生保護委員会委員への民間有識者の登用，審理手続の改革等
　（4）　被害者意見の適切な取扱い
　（5）　受刑者本人の関与
　4　担い手のあり方の再構築
　（1）　官民協働
　（2）　保護観察官
　（3）　保護司
　（4）　更生保護施設
　（5）　社会復帰のための強力な支援と強靱な保護観察実現のための自立更生促進センター（仮称）構想の推進
　（6）　更生保護官署における人的・物的体制の大幅な拡充
　5　国民・地域社会の理解の拡大
　（1）　地方公共団体との連携強化
　（2）　民間ボランティアによる地域社会におけるネットワークの構築と更生保護の考え方の普及
　（3）　広報活動の充実等
　（4）　第三者機関の設置
　（5）　犯罪被害者等への支援
　6　更生保護制度に関する所要の法整備

　このうち，「更生保護制度に関する所要の法整備」をみると次のように提言されている。

　　今後の更生保護制度は，刑事司法制度の一翼として，犯罪や非行をした人の改善更生を助け，再犯を防止し，社会を保護するとの目的を明確化し，保護観察の充実強化と実効性の高い官民協働の実現等を果たす必要がある。同時に，国民に開かれた存在となり，社会にとって有意義な制度として十分に認知され，理解される必要がある。そのために，更生保護制度の目的を一層明確にし，今後の更生保護制度に必要となる新たな制度を導入する立法措置を行う等，関係法律の整備を進め，国民に分かりやすい法律とすることを目指すべきである（別紙4「国会附帯決議」参照）。

　ちなみに，別紙「国会附帯決議」というのは次のようなものである。

　　〇昭和50年3月14日衆議院法務委員会，犯罪者予防更生法の一部を改正する法律案（中央更生保護審査会の委員4人のうち2人を常勤とし，これに伴う規定の整備

を行った改正）に対する附帯決議
一　政府は，更生保護制度を社会，経済情勢の変化に対応しうるよう次の事項について速やかに検討すべきである。
　　1　関係法律の整備，統合を行うこと。
　　2　更生保護施設の運営改善及び更生保護対象者の拡大などについて必要な措置を講ずること。
　　3　保護司の実費弁償金並びに保護司関係経費の大幅な増額を図ること
二　（略）
○昭和50年3月27日参議院法務委員会，犯罪者予防更生法の一部を改正する法律案に対する附帯決議
一，二　（略）
三　政府は，保護司の使命の重要性にかんがみ，保護司の実費弁償金及び研修経費の大幅な増額を図るべきである。
○平成6年6月3日衆議院法務委員会，更生緊急保護法の一部を改正する法律案（更生保護会（当時）施設整備に対する国の補助金制度の改善を図ること等を内容とした改正）に対する附帯決議
　更生保護は，国の責任において行う事業であって，更生保護会が，犯罪や非行を行った人たちの円滑な社会復帰を図る上で欠くことのできない施設として我が国の刑事政策上重要な機能を果たすべき存在となっていることにかんがみ，政府は，その健全な育成，発展のため，法制度の整備に努めるとともに，施設についてなお一層の改善・充実が行われるよう，格段の努力をすべきである。
○平成6年6月21日参議院法務委員会，更生緊急保護法の一部を改正する法律案に対する附帯決議
　政府は，次の諸点につき格段の努力をすべきである。
一　更生保護が国の責任において行われるべきものであることにかんがみ，更生保護事業の健全な育成，発展のため，法整備を含めて制度の改善，充実に努めること。
二　更生保護事業の充実を図るため，社会福祉事業との均衡にも留意し，被保護者に対する補導援護体制の強化に努めること。
三　更生保護施設の改善については，緊急度，優先度を考慮して計画的かつ早期の実現を図ること。
○平成7年3月17日参議院法務委員会，更生保護事業法案及び更生保護事業法の施行及びこれに伴う関係法律の整備等に関する法律案に対する附帯決議
政府は，次の諸点につき格段の努力をすべきである。
一　更生保護会の組織変更が円滑に推進されるよう適切な指導・助言を行うとともに，更生保護法人の健全な育成，発展を図るため，税制上の問題については，社会福祉法人等他の特別法に基づく公益法人の取り扱いを考慮し，均衡を失することのないよう配意すること。

二　更生保護に係る法体系については，更生保護基本法制定の必要性も含めて検討し，社会，経済情勢の変化に対応し得るよう一層の整備に努めること。

三　更生保護事業は，国が行う保護観察その他の更生の措置を円滑に実施する上で重要な機能を果たしていることにかんがみ，その中核的存在である更生保護会への更生保護委託費及び更生保護施設整備費の在り方について検討を加え，経営基盤の強化に努めること。

○平成14年4月4日　参議院法務委員会，更生保護事業法等の一部を改正する法律案（継続保護事業が行う保護内容に「職業を補導し，社会生活に適応させるために必要な生活指導」を新たに加え，一時保護事業及び連絡助成事業につき，許可制から届出制に改め，併せて事業経営の透明性の確保に関する規定の整備を行ったもの）に対する附帯決議

政府は，本法の施行に当たり，次の諸点につき格段の努力をすべきである。

一　犯罪者等の自立更生を図るためには，社会全体の理解と協力が不可欠であることにかんがみ，更生保護に係る法体系について，更生保護基本法の検討を含め，国民に分かりやすい制度となるよう関係法律の整備・統合に努めるとともに，更生保護施設の運営について，その広報・啓発活動を行うなど，地域に開かれた更生保護施設の実現に向けて必要な施策の推進に努めること。

二　更生保護について国の果たすべき責任がより重要性を増していることにかんがみ，更生保護法人の経営基盤の強化を図るため，委託費及び施設整備費等国の財政措置の在り方について検討を加えるとともに，更生保護施設と保護観察実施機関や民間協力団体との連携を一層密にして，犯罪者等の更生と社会復帰のための処遇機能を強化すること。

三　更生保護施設の職員体制の整備を図るため，職員の配置の充実に引き続き努めるとともに，処遇に特段の配慮や専門性を必要とする者の増加に対処するため，生活技能訓練等の専門的処遇の普及・定着のための職員の研修の実施等に努めること。

四　更生保護事業が，地域社会の安全及び住民福祉の向上に寄与することにかんがみ，より地方公共団体の必要な協力を得ることができるよう努めること。

○平成14年5月17日衆議院法務委員会，更生保護事業法等の一部を改正する法律案に対する附帯決議

政府は，本法の施行に当たり，次の事項について格段の配慮をすべきである。

一　更生保護に係る法体系については，今後の社会情勢及び犯罪情勢の変化に対応し，国民に分かりやすい制度となるよう，更生保護基本法の検討を含め，関係法律の整備・統合に努めること。

二　更生保護法人の経営基盤を強化するため，委託費及び施設整備費等国の財政措置の在り方について検討を加え，更生保護施設のなお一層の改善・充実を図ること。

三　更生保護施設における処遇を充実強化するため，更生保護施設職員の配置の確

保に努めるとともに，犯罪者の改善更生という高度に専門的な業務を担うにふさわしい職員を養成するため，職員に対する研修の一層の充実に努めること。
四 犯罪者の社会内処遇には，地域社会の理解と協力が不可欠であることにかんがみ，更生保護に関する広報・啓発活動を積極的に行うとともに，地方公共団体・その他の関係機関との連携に必要な施策の推進に努めること。
五 公益事業及び収益事業に係る省令を定めるに当たり，更生保護法人が行うことができる収益事業の収益を充てることができる公益事業の範囲を可能な限り広範囲になるよう配慮すること。

○平成18年3月14日衆議院法務委員会，犯罪者予防更生法の一部を改正する法律案に対する附帯決議
政府は，本法の施行に当たり，次の事項について格段の配慮をすべきである。
一 仮釈放の審理に当たり多様な判断者が多元的な視点から検討することができるようにするため，地方更生保護委員会の委員に民間人，女性及び専門的知見を有する者を積極的に登用することができるよう努めること。
二 社会内処遇の適格者を適切に選別し，重大再犯に及ぶおそれのある者等が仮釈放されないようにするため，仮釈放手続における調査・審理の充実に努めるとともに，専門家・関係者の意見を十分に聴取すること。
三 仮釈放審理事件の増加に対応し，地方更生保護委員会の運営の円滑化を図るため，常勤の委員の充実に加え非常勤の委員の活用等についても検討を加えること。

○平成18年3月30日参議院法務委員会，犯罪者予防更生法の一部を改正する法律案及び執行猶予者保護観察法の一部を改正する法律案に対する附帯決議
政府は，両法の施行に当たり，次の事項について格段の配慮をすべきである。
一 国民の安全と安心を守ることこそが，政治の最も基本的な役割であることを改めて確認し，国民の安全を守るための施策に関しては十分な財政措置を講ずること。
二 刑務所内における矯正教育を更に徹底させて，犯罪者更生プログラムを完成させるとともに，受刑者らが出所後，再び犯罪を犯し，国民の安全と安心を妨げることのないよう，再犯防止のための施策を一層向上させること。
三 地方更生保護委員会における仮釈放に関する審理が，合理的で，かつ透明性が高く，犯罪被害者はもとより広く国民の理解を得られるよう，改善と改革を試みること。
四 保護観察を離脱して，所在不明になった者に関しては，改善更生の可能性が低く重大な再犯に及ぶ危険性が高いことが懸念されることに鑑み，所在不明者への抜本的な対応策を迅速に検討すること。
五 「更生保護のあり方を考える有識者会議」の最終報告を尊重しつつ，今の時代に適応した更生保護のあり方を検討し，更なる改善に努めること。
六 保護観察官の専門性を高める施策を講ずるとともに，その大幅増員も検討し，

併せて，保護司制度の発展になお一層配慮すること。

　「提言事項」のうち「中・長期的課題」とされるのは，①刑期満了者に対する新たな制度の検討，②執行猶予の取消し等いわゆる不良措置制度についての総合的な見直し，③保護観察における情報機器の活用等（諸外国で行われている電子監視装置や電話による音声認識システム等を利用した行動監視等の制度の調査研究の継続等），等である。刑期満了者に対する新たな制度の検討が課題として挙げられているが，次のように説明されている。

　　　現行制度では，刑期満了出所者は，社会内処遇の対象とされておらず，受刑者の円滑な社会復帰を促進する観点からは，社会内処遇の一層の充実を前提としつつ，刑期満了の前後を問わず，すべての受刑者に社会内処遇を受けさせるかどうかについても検討すべきであると思われるが，具体的な制度設計のあり方については，そのために必要となる社会内処遇の内容がどのようなものであり，施設内処遇と社会内処遇を期間的にどのように組み合わせるのが適当かという観点から検討を加える必要がある。この点に関しては，刑期満了者に対する指導・支援等の仕組みについて，刑事責任を果たし終えた者の自由を制約できるかという問題があることも踏まえつつ，更生保護分野だけでなく，広く関係機関において検討する必要がある。なお，自立更生促進センター（仮称）構想は，この課題に対しても，一定の意義のある取組であると考える。

　刑期満了者に対する新たな制度の検討については，刑事責任を果たし終えた者の自由を制約できるかという問題があることも踏まえつつ，更生保護分野だけでなく，広く関係機関において検討する必要があるために，結論に至るまでには時間を要するものと思われるが，その間においても自立更生促進センター（仮称）構想はこの課題に対しても一定の意義のある取組であると考えるとされている点が特筆されよう。その後，官民挙げてこの自立更生促進センター（仮称）構想の実現に精力が注がれた理由がよくわかるからである。[54]21世紀に入っても日本の更生保護制度は対象者を拡大する歩みを続けている。
　刑期満了者に対する新たな制度の検討に負けず劣らず重要だったのは，提言において「犯罪被害者等への支援」という発想を更生保護の領域に入れることが公式に認知されたことである。その影響は甚大であった。しかし，有識者会議でもこの影響が過小評価されたきらいがあった。提言では上の支援が次のように記述されていたからである。

犯罪被害者等基本計画に基づき，更生保護官署と保護司の協働態勢の下，刑事司法についての知識と保護観察処遇で得られた経験を活用して，刑事裁判終了後の加害者情報の犯罪被害者等に対する提供，犯罪被害者等の心情等の加害者に対する伝達，刑事裁判終了後の犯罪被害者等の支援，犯罪被害者等の意見を踏まえた仮釈放審理の実施等を実現するよう取り組み，必要な体制を整え，犯罪被害者等のための施策を適切に実施していくべきである。

　しかし，「犯罪被害者等への支援」という大波はこれにとどまるような類のものではなかった。刑事裁判の基本構造を揺さぶったのと同様に，更生保護制度の基本構造自体をも大きく揺さぶることになった。問題はこの大波をどう食い止めるかであったが，「犯罪被害者等への支援」という発想を更生保護の領域に入れた以上，この大波を食い止める防波堤を更生保護制度の本質から導き出すことは困難となった。以後，日本の更生保護制度はこの大波の直撃をまともに受け続けることになった。更生保護制度の将来を考える場合，更生保護制度に対する国民の理解の拡大が必要不可欠であるが，国民の理解の拡大のためにも更生保護制度を犯罪被害者等が納得するようなものに近付けていく必要がある。このような考え方が支配的となっていった。改善か再犯防止かという論争を凌駕し，改善を主張する論者といえども犯罪被害者問題を考慮せざるを得ない状態に追い込まれることになった。爾来，「修復的司法」という考え方が強調されるようになる。

4　更生保護法の制定

　2007（平成19）年3月2日，犯罪者予防更生法と執行猶予者保護観察法を整理・統合することを目的とした新法として更生保護法案が第166回国会に上程された。法案は「第一章　総則」「第二章　仮釈放等」「第三章　保護観察」「第四章　生活環境の調整」「第五章　更生緊急保護等」「第六章　恩赦の申出」「第七章　審査請求等」「第八章　雑則」「附則」からなるが，これらのうち主だった規定は次のようなものであった。

　第一章
　　第一節　目的等

（目的）
第一条　この法律は，犯罪をした者及び非行のある少年に対し，社会内において適切な処遇を行うことにより，再び犯罪をすることを防ぎ，又はその非行をなくし，これらの者が善良な社会の一員として自立し，改善更生することを助けるとともに，恩赦の適正な運用を図るほか，犯罪予防の活動の促進等を行い，もって，社会を保護し，個人及び公共の福祉を増進することを目的とする。

（国の責務等）
第二条　国は，前条の目的の実現に資する活動であって民間の団体又は個人により自発的に行われるものを促進し，これらの者と連携協力するとともに，更生保護に対する国民の理解を深め，かつ，その協力を得るように努めなければならない。
　2　地方公共団体は，前項の活動が地域社会の安全及び住民福祉の向上に寄与するものであることにかんがみ，これに対して必要な協力をすることができる。
　3　国民は，前条の目的を達成するため，その地位と能力に応じた寄与をするように努めなければならない。

（運用の基準）
第三条　犯罪をした者又は非行のある少年に対してこの法律の規定によりとる措置は，当該措置を受ける者の性格，年齢，経歴，心身の状況，家庭環境，交友関係等を十分に考慮して，その者に最もふさわしい方法により，その改善更生のために必要かつ相当な限度において行うものとする。

第二節　中央更生保護審査会
第四条　法務省に，中央更生保護審査会（以下「審査会」という。）を置く。
　2　審査会は，次に掲げる事務をつかさどる。
　　一　特赦，特定の者に対する減刑，刑の執行の免除又は特定の者に対する復権の実施についての申出をすること。
　　二　地方更生保護委員会がした決定について，この法律及び行政不服審査法（昭和三十七年法律第百六十号）の定めるところにより，審査を行い，裁決をすること。
　　三　前二号に掲げるもののほか，この法律又は他の法律によりその権限に属させられた事項を処理すること。

（略）

（委員長及び委員の服務等）
第八条　委員のうち二人は，非常勤とする。
　2　委員長及び委員は，在任中，政党その他の政治団体の役員となり，又は積極的に政治運動をしてはならない。

         3　委員長及び常勤の委員は，在任中，法務大臣の許可がある場合を除き，報酬を得て他の職務に従事し，又は営利事業を営み，その他金銭上の利益を目的とする業務を行ってはならない。
         4　委員長及び委員の給与は，別に法律で定める。
（略）
第三節　地方更生保護委員会
　（所掌事務）
　　第十六条　地方更生保護委員会（以下「地方委員会」という。）は，次に掲げる事務をつかさどる。
　　　一　刑法（明治四十年法律第四十五号）第二十八条の行政官庁として，仮釈放を許し，又はその処分を取り消すこと。
　　　二　刑法第三十条の行政官庁として，仮出場を許すこと。
　　　三　少年院からの仮退院又は退院を許すこと。
　　　四　少年院からの仮退院中の者について，少年院に戻して収容する旨の決定の申請をすること。
　　　五　少年法（昭和二十三年法律第百六十八号）第五十二条第一項及び第二項の規定により言い渡された刑（以下「不定期刑」という。）について，その執行を受け終わったものとする処分をすること。
　　　六　刑法第二十五条の二第二項の行政官庁として，保護観察を仮に解除し，又はその処分を取り消すこと。
　　　七　婦人補導院からの仮退院を許し，又はその処分を取り消すこと。
　　　八　保護観察所の事務を監督すること。
　　　九　前各号に掲げるもののほか，この法律又は他の法律によりその権限に属させられた事項を処理すること。
（略）
第四節　保護観察所
　（所掌事務）
　　第二十九条　保護観察所は，次に掲げる事務をつかさどる。
　　　一　この法律及び売春防止法の定めるところにより，保護観察を実施すること。
　　　二　犯罪の予防を図るため，世論を啓発し，社会環境の改善に努め，及び地域住民の活動を促進すること。
　　　三　前二号に掲げるもののほか，この法律その他の法令によりその権限に属させられた事項を処理すること。
（略）
第五節　保護観察官及び保護司
　（保護観察官）
　　第三十一条　地方委員会の事務局及び保護観察所に，保護観察官を置く。

2　保護観察官は，医学，心理学，教育学，社会学その他の更生保護に関する専門的知識に基づき，保護観察，調査，生活環境の調整その他犯罪をした者及び非行のある少年の更生保護並びに犯罪の予防に関する事務に従事する。
　（保護司）
　第三十二条　保護司は，保護観察官で十分でないところを補い，地方委員会又は保護観察所の長の指揮監督を受けて，保護司法（昭和二十五年法律第二百四号）の定めるところに従い，それぞれ地方委員会又は保護観察所の所掌事務に従事するものとする。
第二章　仮釈放等
　第一節　仮釈放及び仮出場
　（略）
　（申出によらない審理の開始等）
　第三十五条　地方委員会は，前条の申出がない場合であっても，必要があると認めるときは，仮釈放又は仮出場を許すか否かに関する審理を開始することができる。
　　　2　地方委員会は，前項の規定により審理を開始するに当たっては，あらかじめ，審理の対象となるべき者が収容されている刑事施設（労役場に留置されている場合には，当該労役場が附置された刑事施設）の長又は少年院の長の意見を聴かなければならない。
　第三十六条　地方委員会は，前条第一項の規定により審理を開始するか否かを判断するため必要があると認めるときは，審理の対象となるべき者との面接，関係人に対する質問その他の方法により，調査を行うことができる。
　　　2　前項の調査を行うに当たっては，審理の対象となるべき者が収容されている刑事施設（労役場に留置されている場合には，当該労役場が附置された刑事施設）又は少年院の職員から参考となる事項について聴取し，及びこれらの者に面接への立会いその他の協力を求めることができる。
　（略）
　（被害者等の意見等の聴取）
　第三十八条　地方委員会は，仮釈放を許すか否かに関する審理を行うに当たり，法務省令で定めるところにより，被害者等（審理対象者が刑を言い渡される理由となった犯罪により害を被った者（以下この項において「被害者」という。）又はその法定代理人若しくは被害者が死亡した場合若しくはその心身に重大な故障がある場合におけるその配偶者，直系の親族若しくは兄弟姉妹をいう。次項において同じ。）から，審理対象者の仮釈放に関する意見及び被害に関する心情（以下この条において「意見等」という。）を述べたい旨の申出があっ

たときは，当該意見等を聴取するものとする。ただし，当該被害に係る事件の性質，審理の状況その他の事情を考慮して相当でないと認めるときは，この限りでない。

 2 （略）

（仮釈放及び仮出場を許す処分）

第三十九条 刑法第二十八条の規定による仮釈放を許す処分及び同法第三十条の規定による仮出場を許す処分は，地方委員会の決定をもってするものとする。

 2 地方委員会は，仮釈放又は仮出場を許す処分をするに当たっては，釈放すべき日を定めなければならない。

 3 地方委員会は，仮釈放を許す処分をするに当たっては，第五十一条第二項第五号の規定により宿泊すべき特定の場所を定める場合その他特別の事情がある場合を除き，第八十二条の規定による住居の調整の結果に基づき，仮釈放を許される者が居住すべき住居を特定するものとする。

 4 地方委員会は，第一項の決定をした場合において，当該決定を受けた者について，その釈放までの間に，刑事施設の規律及び秩序を害する行為をしたこと，予定されていた釈放後の住居，就業先その他の生活環境に著しい変化が生じたことその他その釈放が相当でないと認められる特別の事情が生じたと認めるときは，仮釈放又は仮出場を許すか否かに関する審理を再開しなければならない。この場合においては，当該決定は，その効力を失う。

 5 （略）

（仮釈放中の保護観察）

第四十条 仮釈放を許された者は，仮釈放の期間中，保護観察に付する。

第二節 少年院からの仮退院

（仮退院を許す処分）

第四十一条 地方委員会は，保護処分の執行のため少年院に収容されている者について，処遇の最高段階に達し，仮に退院させることが改善更生のために相当であると認めるとき，その他仮に退院させることが改善更生のために特に必要であると認めるときは，決定をもって，仮退院を許すものとする。

（略）

第三節 収容中の者の不定期刑の終了

 （略）

（刑事施設等に収容中の者の不定期刑の終了の処分）

第四十四条 地方委員会は，前条に規定する者について，同条の申出があった場合において，刑の執行を終了するのを相当と認めるときは，決定をもって，刑の執行を受け終わったものとしなければならない。

２　地方委員会は，前項の決定をしたときは，速やかに，その対象とされた者が収容されている刑事施設の長又は少年院の長に対し，その旨を書面で通知するとともに，当該決定を受けた者に対し，当該決定をした旨の証明書を交付しなければならない。
　　３　第一項の決定の対象とされた者の刑期は，前項の通知が刑事施設又は少年院に到達した日に終了するものとする。
（略）
　第四節　収容中の者の退院
　　（少年院に収容中の者の退院を許す処分）
　　第四十六条　地方委員会は，保護処分の執行のため少年院に収容されている者について，少年院の長の申出があった場合において，退院を相当と認めるとき（二十三歳を超えて少年院に収容されている者については，少年院法（昭和二十三年法律第百六十九号）第十一条第五項に規定する事由に該当しなくなったと認めるときその他退院を相当と認めるとき）は，決定をもって，これを許さなければならない。
　　２　地方委員会は，前項の決定をしたときは，当該決定を受けた者に対し，当該決定をした旨の証明書を交付しなければならない。
（略）
　第三章　保護観察
　　第一節　通則
　　　（保護観察の対象者）
　　第四十八条　次に掲げる者（以下「保護観察対象者」という。）に対する保護観察の実施については，この章の定めるところによる。
　　　一　少年法第二十四条第一項第一号の保護処分に付されている者（以下「保護観察処分少年」という。）
　　　二　少年院からの仮退院を許されて第四十二条において準用する第四十条の規定により保護観察に付されている者（以下「少年院仮退院者」という。）
　　　三　仮釈放を許されて第四十条の規定により保護観察に付されている者（以下「仮釈放者」という。）
　　　四　刑法第二十五条の二第一項の規定により保護観察に付されている者（以下「保護観察付執行猶予者」という。）
　　　（保護観察の実施方法）
　　第四十九条　保護観察は，保護観察対象者の改善更生を図ることを目的として，第五十七条に規定する指導監督及び第五十八条に規定する補導援護を行うことにより実施するものとする。
　　２　保護観察処分少年又は少年院仮退院者に対する保護観察は，保護処分の趣旨を踏まえ，その者の健全な育成を期して実施しなければならない。

（一般遵守事項）
第五十条　保護観察対象者は，次に掲げる事項（以下「一般遵守事項」という。）を遵守しなければならない。
　　一　再び犯罪をすることがないよう，又は非行をなくすよう健全な生活態度を保持すること。
　　二　次に掲げる事項を守り，保護観察官及び保護司による指導監督を誠実に受けること。
　　イ　保護観察官又は保護司の呼出し又は訪問を受けたときは，これに応じ，面接を受けること。
　　ロ　保護観察官又は保護司から，労働又は通学の状況，収入又は支出の状況，家庭環境，交友関係その他の生活の実態を示す事実であって指導監督を行うため把握すべきものを明らかにするよう求められたときは，これに応じ，その事実を申告し，又はこれに関する資料を提示すること。
　　三　保護観察に付されたときは，速やかに，住居を定め，その地を管轄する保護観察所の長にその届出をすること（第三十九条第三項（第四十二条において準用する場合を含む。次号において同じ。）の規定により住居を特定された場合及び次条第二項第五号の規定により宿泊すべき特定の場所を定められた場合を除く。）。
　　四　前号の届出に係る住居（第三十九条第三項の規定により住居を特定された場合には当該住居，次号の転居の許可を受けた場合には当該許可に係る住居）に居住すること（次条第二項第五号の規定により宿泊すべき特定の場所を定められた場合を除く。）。
　　五　転居又は七日以上の旅行をするときは，あらかじめ，保護観察所の長の許可を受けること。

（特別遵守事項）
第五十一条　保護観察対象者は，一般遵守事項のほか，遵守すべき特別の事項（以下「特別遵守事項」という。）が定められたときは，これを遵守しなければならない。
　　2　特別遵守事項は，次条の定めるところにより，これに違反した場合に第七十二条第一項，刑法第二十六条の二及び第二十九条第一項並びに少年法第二十六条の四第一項に規定する処分がされることがあることを踏まえ，次に掲げる事項について，保護観察対象者の改善更生のために特に必要と認められる範囲内において，具体的に定めるものとする。
　　一　犯罪性のある者との交際，いかがわしい場所への出入り，遊興による浪費，過度の飲酒その他の犯罪又は非行に結び付くおそれのある特定の行動をしてはならないこと。
　　二　労働に従事すること，通学することその他の再び犯罪をすることがな

　　　　く又は非行のない健全な生活態度を保持するために必要と認められる
　　　　特定の行動を実行し，又は継続すること。
　　三　七日未満の旅行，離職，身分関係の異動その他の指導監督を行うため
　　　　事前に把握しておくことが特に重要と認められる生活上又は身分上の
　　　　特定の事項について，緊急の場合を除き，あらかじめ，保護観察官又
　　　　は保護司に申告すること。
　　四　医学，心理学，教育学，社会学その他の専門的知識に基づく特定の犯
　　　　罪的傾向を改善するための体系化された手順による処遇として法務大
　　　　臣が定めるものを受けること。
　　五　法務大臣が指定する施設，保護観察対象者を監護すべき者の居宅その
　　　　他の改善更生のために適当と認められる特定の場所であって，宿泊の
　　　　用に供されるものに一定の期間宿泊して指導監督を受けること。
　　六　その他指導監督を行うため特に必要な事項。
（特別遵守事項の設定及び変更）
第五十二条　保護観察所の長は，保護観察処分少年について，法務省令で定める
　　　　ところにより，少年法第二十四条第一項第一号の保護処分をした家
　　　　庭裁判所の意見を聴き，これに基づいて，特別遵守事項を定めるこ
　　　　とができる。これを変更するときも，同様とする。
　2　地方委員会は，少年院仮退院者又は仮釈放者について，保護観察所の長
　　　の申出により，法務省令で定めるところにより，決定をもって，特別遵
　　　守事項を定めることができる。保護観察所の長の申出により，これを変
　　　更するときも，同様とする。
　3　前項の場合において，少年院からの仮退院又は仮釈放を許す旨の決定に
　　　よる釈放の時までに特別遵守事項を定め，又は変更するときは，保護観
　　　察所の長の申出を要しないものとする。
　4　保護観察所の長は，保護観察付執行猶予者について，その保護観察の開
　　　始に際し，法務省令で定めるところにより，刑法第二十五条の二第一項
　　　の規定により保護観察に付する旨の言渡しをした裁判所の意見を聴き，
　　　これに基づいて，特別遵守事項を定めることができる。
　5　保護観察所の長は，前項の場合のほか，保護観察付執行猶予者につい
　　　て，法務省令で定めるところにより，当該保護観察所の所在地を管轄す
　　　る地方裁判所，家庭裁判所又は簡易裁判所に対し，定めようとする又は
　　　変更しようとする特別遵守事項の内容を示すとともに，必要な資料を提
　　　示して，その意見を聴いた上，特別遵守事項を定め，又は変更すること
　　　ができる。ただし，当該裁判所が不相当とする旨の意見を述べたものに
　　　ついては，この限りでない。
（特別遵守事項の取消し）
第五十三条　保護観察所の長は，保護観察処分少年又は保護観察付執行猶予者に

　　　　　　ついて定められている特別遵守事項につき，必要がなくなったと認
　　　　　　めるときは，法務省令で定めるところにより，これを取り消すもの
　　　　　　とする。
　　　２　地方委員会は，保護観察所の長の申出により，少年院仮退院者又は仮釈
　　　　　　放者について定められている特別遵守事項につき，必要がなくなったと
　　　　　　認めるときは，法務省令で定めるところにより，決定をもって，これを
　　　　　　取り消すものとする。
　　　３　前条第三項の規定は，前項の規定により特別遵守事項を取り消す場合に
　　　　　　ついて準用する。
（一般遵守事項の通知）
第五十四条　保護観察所の長は，少年法第二十四条第一項第一号の保護処分が
　　　　　　あったとき又は刑法第二十五条の二第一項の規定により保護観察に
　　　　　　付する旨の言渡しがあったときは，法務省令で定めるところによ
　　　　　　り，保護観察処分少年又は保護観察付執行猶予者に対し，一般遵守
　　　　　　事項の内容を記載した書面を交付しなければならない。
　　　２　刑事施設の長又は少年院の長は，第三十九条第一項又は第四十一条の決
　　　　　　定により，懲役若しくは禁錮の刑又は保護処分の執行のため収容してい
　　　　　　る者を釈放するときは，法務省令で定めるところにより，その者に対
　　　　　　し，一般遵守事項の内容を記載した書面を交付しなければならない。
（特別遵守事項の通知）
第五十五条　保護観察所の長は，保護観察対象者について，特別遵守事項が定め
　　　　　　られ，又は変更されたときは，法務省令で定めるところにより，当
　　　　　　該保護観察対象者に対し，当該特別遵守事項の内容を記載した書面
　　　　　　を交付しなければならない。ただし，次項に規定する場合について
　　　　　　は，この限りでない。
　　　２　刑事施設の長又は少年院の長は，懲役若しくは禁錮の刑又は保護処分の
　　　　　　執行のため収容している者について，第三十九条第一項又は第四十一条
　　　　　　の決定による釈放の時までに特別遵守事項が定められたときは，法務省
　　　　　　令で定めるところにより，その釈放の時に当該特別遵守事項（釈放の時
　　　　　　までに変更された場合には，変更後のもの）の内容を記載した書面を交
　　　　　　付しなければならない。ただし，その釈放の時までに当該特別遵守事項
　　　　　　が取り消されたときは，この限りでない。
（生活行動指針）
第五十六条　保護観察所の長は，保護観察対象者について，保護観察における指
　　　　　　導監督を適切に行うため必要があると認めるときは，法務省令で定
　　　　　　めるところにより，当該保護観察対象者の改善更生に資する生活又
　　　　　　は行動の指針（以下「生活行動指針」という。）を定めることがで
　　　　　　きる。

2　保護観察所の長は，前項の規定により生活行動指針を定めたときは，法務省令で定めるところにより，保護観察対象者に対し，当該生活行動指針の内容を記載した書面を交付しなければならない。
　3　保護観察対象者は，第一項の規定により生活行動指針が定められたときは，これに即して生活し，及び行動するよう努めなければならない。
（指導監督の方法）
第五十七条　保護観察における指導監督は，次に掲げる方法によって行うものとする。
　一　面接その他の適当な方法により保護観察対象者と接触を保ち，その行状を把握すること。
　二　保護観察対象者が一般遵守事項及び特別遵守事項（以下「遵守事項」という。）を遵守し，並びに生活行動指針に即して生活し，及び行動するよう，必要な指示その他の措置をとること。
　三　特定の犯罪的傾向を改善するための専門的処遇を実施すること。
　2　保護観察所の長は，前項の指導監督を適切に行うため特に必要があると認めるときは，保護観察対象者に対し，当該指導監督に適した宿泊場所を供与することができる。
（補導援護の方法）
第五十八条　保護観察における補導援護は，保護観察対象者が自立した生活を営むことができるようにするため，その自助の責任を踏まえつつ，次に掲げる方法によって行うものとする。
　一　適切な住居その他の宿泊場所を得ること及び当該宿泊場所に帰住することを助けること。
　二　医療及び療養を受けることを助けること。
　三　職業を補導し，及び就職を助けること。
　四　教養訓練の手段を得ることを助けること。
　五　生活環境を改善し，及び調整すること。
　六　社会生活に適応させるために必要な生活指導を行うこと。
　七　前各号に掲げるもののほか，保護観察対象者が健全な社会生活を営むために必要な助言その他の措置をとること。
（保護者に対する措置）
第五十九条　保護観察所の長は，必要があると認めるときは，保護観察に付されている少年（少年法第二条第一項に規定する少年であって，保護観察処分少年又は少年院仮退院者に限る。）の保護者（同条第二項に規定する保護者をいう。）に対し，その少年の監護に関する責任を自覚させ，その改善更生に資するため，指導，助言その他の適当な措置をとることができる。
（保護観察の管轄）

第六十条　保護観察は，保護観察対象者の居住地（住居がないか，又は明らかでないときは，現在地又は明らかである最後の居住地若しくは所在地）を管轄する保護観察所がつかさどる。

（保護観察の実施者）

第六十一条　保護観察における指導監督及び補導援護は，保護観察対象者の特性，とるべき措置の内容その他の事情を勘案し，保護観察官又は保護司をして行わせるものとする。

2　前項の補導援護は，保護観察対象者の改善更生を図るため有効かつ適切であると認められる場合には，更生保護事業法（平成七年法律第八十六号）の規定により更生保護事業を営む者その他の適当な者に委託して行うことができる。

（応急の救護）

第六十二条　保護観察所の長は，保護観察対象者が，適切な医療，食事，住居その他の健全な社会生活を営むために必要な手段を得ることができないため，その改善更生が妨げられるおそれがある場合には，当該保護観察対象者が公共の衛生福祉に関する機関その他の機関からその目的の範囲内で必要な応急の救護を得られるよう，これを援護しなければならない。

2　前項の規定による援護によっては必要な応急の救護が得られない場合には，保護観察所の長は，予算の範囲内で，自らその救護を行うものとする。

3　前項の救護は，更生保護事業法の規定により更生保護事業を営む者その他の適当な者に委託して行うことができる。

4　保護観察所の長は，第一項又は第二項の規定による措置をとるに当たっては，保護観察対象者の自助の責任の自覚を損なわないよう配慮しなければならない。

（出頭の命令及び引致）

第六十三条　地方委員会又は保護観察所の長は，その職務を行うため必要があると認めるときは，保護観察対象者に対し，出頭を命ずることができる。

2　保護観察所の長は，保護観察対象者について，次の各号のいずれかに該当すると認める場合には，裁判官のあらかじめ発する引致状により，当該保護観察対象者を引致することができる。

一　正当な理由がないのに，第五十条第四号に規定する住居に居住しないとき（第五十一条第二項第五号の規定により宿泊すべき特定の場所を定められた場合には，当該場所に宿泊しないとき）。

二　遵守事項を遵守しなかったことを疑うに足りる十分な理由があり，かつ，正当な理由がないのに，前項の規定による出頭の命令に応ぜず，

又は応じないおそれがあるとき。
3 　地方委員会は，少年院仮退院者又は仮釈放者について，前項各号のいずれかに該当すると認める場合には，裁判官のあらかじめ発する引致状により，当該少年院仮退院者又は仮釈放者を引致することができる。
4 　第二項の引致状は保護観察所の長の請求により，前項の引致状は地方委員会の請求により，その所在地を管轄する地方裁判所，家庭裁判所又は簡易裁判所の裁判官が発する。
5 　第二項又は第三項の引致状は，判事補が一人で発することができる。
6 　第二項又は第三項の引致状は，保護観察官に執行させるものとする。ただし，保護観察官に執行させることが困難であるときは，警察官にその執行を嘱託することができる。
7 　（略）
8 　第二項又は第三項の引致状により引致された者については，引致すべき場所に引致された時から二十四時間以内に釈放しなければならない。ただし，その時間内に第七十三条第一項，第七十六条第一項又は第八十条第一項の規定によりその者が留置されたときは，この限りでない。
9 　地方委員会が行う第一項の規定による命令，第三項の規定による引致に係る判断及び前項本文の規定による釈放に係る判断は，三人の委員をもって構成する合議体（第七十一条の規定による申請，第七十五条第一項の決定又は第八十一条第五項の規定による決定をするか否かに関する審理の開始後においては，当該審理を担当する合議体）で行う。ただし，前項本文の規定による釈放に係る地方委員会の判断については，急速を要するときは，あらかじめ地方委員会が指名する一人の委員で行うことができる。
10 　（略）

（保護観察のための調査）
第六十四条　保護観察所の長は，保護観察のための調査において，必要があると認めるときは，関係人に対し，質問をし，及び資料の提示を求めることができる。
2 　前項の規定による質問及び資料の提示の求めは，保護観察官又は保護司をして行わせるものとする。
3 　第二十五条第二項の規定は，第一項の規定による質問及び資料の提示の求めについて準用する。

（被害者等の心情等の伝達）
第六十五条　保護観察所の長は，法務省令で定めるところにより，保護観察対象者について，被害者等（当該保護観察対象者が刑若しくは保護処分を言い渡される理由となった犯罪若しくは刑罰法令に触れる行為により害を被った者（以下この項において「被害者」という。）又は

その法定代理人若しくは被害者が死亡した場合若しくはその心身に重大な故障がある場合におけるその配偶者，直系の親族若しくは兄弟姉妹をいう。以下この条において同じ。）から，被害に関する心情，被害者等の置かれている状況又は保護観察対象者の生活若しくは行動に関する意見（以下この条において「心情等」という。）の伝達の申出があったときは，当該心情等を聴取し，当該保護観察対象者に伝達するものとする。ただし，その伝達をすることが当該保護観察対象者の改善更生を妨げるおそれがあり，又は当該被害に係る事件の性質，保護観察の実施状況その他の事情を考慮して相当でないと認めるときは，この限りでない。

2　保護観察所の長は，被害者等の居住地を管轄する他の保護観察所の長に対し，前項の申出の受理及び心情等の聴取に関する事務を嘱託することができる。この場合において，同項ただし書の規定により当該保護観察所の長が心情等の伝達をしないこととするときは，あらかじめ，当該他の保護観察所の長の意見を聴かなければならない。

第二節　保護観察処分少年

（少年法第二十四条第一項第一号の保護処分の期間）

第六十六条　保護観察処分少年に対する保護観察の期間は，当該保護観察処分少年が二十歳に達するまで（その期間が二年に満たない場合には，二年）とする。ただし，第六十八条第三項の規定により保護観察の期間が定められたときは，当該期間とする。

（警告及び少年法第二十六条の四第一項の決定の申請）

第六十七条　保護観察所の長は，保護観察処分少年が，遵守事項を遵守しなかったと認めるときは，当該保護観察処分少年に対し，これを遵守するよう警告を発することができる。

2　保護観察所の長は，前項の警告を受けた保護観察処分少年が，なお遵守事項を遵守せず，その程度が重いと認めるときは，少年法第二十六条の四第一項の決定の申請をすることができる。

（家庭裁判所への通告等）

第六十八条　保護観察所の長は，保護観察処分少年について，新たに少年法第三条第一項第三号に掲げる事由があると認めるときは，家庭裁判所に通告することができる。

2　前項の規定による通告があった場合において，当該通告に係る保護観察処分少年が二十歳以上であるときは，これを少年法第二条第一項の少年とみなして，同法第二章の規定を適用する。

3　家庭裁判所は，前項の規定により少年法第二条第一項の少年とみなされる保護観察処分少年に対して同法第二十四条第一項第一号又は第三号の保護処分をするときは，保護処分の決定と同時に，その者が二十三歳を

超えない期間内において，保護観察の期間又は少年院に収容する期間を定めなければならない。

(保護観察の解除)

第六十九条　保護観察所の長は，保護観察処分少年について，保護観察を継続する必要がなくなったと認めるときは，保護観察を解除するものとする。

(保護観察の一時解除)

第七十条　保護観察所の長は，保護観察処分少年について，その改善更生に資すると認めるときは，期間を定めて，保護観察を一時的に解除することができる。

2　(略)

3　(略)

4　第一項の規定による処分があったときは，その処分を受けた保護観察処分少年について定められている特別遵守事項は，その処分と同時に取り消されたものとみなす。

5　保護観察所の長は，第一項の規定により保護観察を一時的に解除されている保護観察処分少年について，再び保護観察を実施する必要があると認めるときは，同項の規定による処分を取り消さなければならない。

6　前項の場合において，保護観察所の長は，保護観察処分少年が第一項の規定により保護観察を一時的に解除されている間に第三項の規定により読み替えて適用される第五十条に掲げる事項を遵守しなかったことを理由として，第六十七条第一項の規定による警告を発し，又は同条第二項の規定による申請をすることができない。

第三節　少年院仮退院者

(略)

(少年院への戻し収容の決定)

第七十二条　前条の申請を受けた家庭裁判所は，当該申請に係る少年院仮退院者について，相当と認めるときは，これを少年院に戻して収容する旨の決定をすることができる。

2　家庭裁判所は，前項の決定をする場合において，二十三歳に満たない少年院仮退院者を二十歳を超えて少年院に収容する必要があると認めるときは，当該決定と同時に，その者が二十三歳を超えない期間内において，少年院に収容する期間を定めることができる。その者が既に二十歳に達しているときは，当該決定と同時に，二十三歳を超えない期間内において，少年院に収容する期間を定めなければならない。

3　家庭裁判所は，二十三歳に達している少年院仮退院者について第一項の決定をするときは，当該決定と同時に，その者が二十六歳を超えない期間内において，少年院に収容する期間を定めなければならない。

4　家庭裁判所は，第一項の決定に係る事件の審理に当たっては，医学，心理学，教育学，社会学その他の専門的知識を有する者及び保護観察所の長の意見を聴かなければならない。
　　5　前三項に定めるもののほか，第一項の決定に係る事件の手続は，その性質に反しない限り，少年の保護処分に係る事件の手続の例による。
（留置）
第七十三条　地方委員会は，第六十三条第二項又は第三項の引致状により引致された少年院仮退院者について，第七十一条の申出があり同条の規定による申請をするか否かに関する審理を開始するときは，当該少年院仮退院者を刑事施設又は少年鑑別所に留置することができる。
　　2　前項の規定による留置の期間は，引致すべき場所に引致された日から起算して十日以内とする。ただし，その期間中であっても，留置の必要がなくなったと認めるときは，直ちに少年院仮退院者を釈放しなければならない。
　　3　第一項の規定により留置されている少年院仮退院者について，第七十一条の規定による申請があったときは，前項の規定にかかわらず，当該申請に係る家庭裁判所からの決定の通知があるまでの間又は少年法第十七条第一項第二号の観護の措置がとられるまでの間，継続して留置することができる。ただし，留置の期間は，通じて二十日を超えることができない。
　　4　第一項の規定による留置及び第二項ただし書の規定による釈放に係る判断は，三人の委員をもって構成する合議体（第七十一条の規定による申請をするか否かに関する審理の開始後においては，当該審理を担当する合議体）で行う。ただし，急速を要するときは，あらかじめ地方委員会が指名する一人の委員で行うことができる。
　　5　（略）
　　6　第一項の規定による留置については，行政不服審査法による不服申立てをすることができない。
（少年院仮退院者の退院を許す処分）
第七十四条　地方委員会は，少年院仮退院者について，保護観察所の長の申出があった場合において，保護観察を継続する必要がなくなったと認めるとき（二十三歳を超える少年院仮退院者については，少年院法第十一条第五項に規定する事由に該当しなくなったと認めるときその他保護観察を継続する必要がなくなったと認めるとき）は，決定をもって，退院を許さなければならない。
　　2　第四十六条第二項の規定は，前項の決定について準用する。
第四節　仮釈放者
（仮釈放の取消し）

第七十五条　刑法第二十九条第一項の規定による仮釈放の取消しは，仮釈放者に対する保護観察をつかさどる保護観察所の所在地を管轄する地方委員会が，決定をもってするものとする。
　2　刑法第二十九条第一項第四号に該当することを理由とする前項の決定は，保護観察所の長の申出によらなければならない。
　3　刑事訴訟法第四百八十四条から第四百八十九条までの規定は，仮釈放を取り消された者の収容について適用があるものとする。
（留置）
第七十六条　地方委員会は，第六十三条第二項又は第三項の引致状により引致された仮釈放者について，刑法第二十九条第一項第一号から第三号までに該当する場合であって前条第一項の決定をするか否かに関する審理を開始する必要があると認めるとき，又は同条第二項の申出がありその審理を開始するときは，当該仮釈放者を刑事施設又は少年鑑別所に留置することができる。
　2　前項の規定により仮釈放者が留置された場合において，その者の仮釈放が取り消されたときは，刑法第二十九条第二項の規定にかかわらず，その留置の日数は，刑期に算入するものとする。
　3　（略）
（保護観察の停止）
第七十七条　地方委員会は，保護観察所の長の申出により，仮釈放者の所在が判明しないため保護観察が実施できなくなったと認めるときは，決定をもって，保護観察を停止することができる。
　2　前項の規定により保護観察を停止されている仮釈放者の所在が判明したときは，その所在の地を管轄する地方委員会は，直ちに，決定をもって，その停止を解かなければならない。
　3　前項の決定は，急速を要するときは，第二十三条第一項の規定にかかわらず，一人の委員ですることができる。
　4　第一項の規定により保護観察を停止されている仮釈放者が第六十三条第二項又は第三項の引致状により引致されたときは，第二項の決定があったものとみなす。
　5　仮釈放者の刑期は，第一項の決定によってその進行を停止し，第二項の決定があった時からその進行を始める。
　6　地方委員会は，仮釈放者が第一項の規定により保護観察を停止されている間に遵守事項を遵守しなかったことを理由として，仮釈放の取消しをすることができない。
　7　地方委員会は，第一項の決定をした後，保護観察の停止の理由がなかったことが明らかになったときは，決定をもって，同項の決定を取り消さなければならない。

8　前項の規定により第一項の決定が取り消された場合における仮釈放者の刑期の計算については、第五項の規定は、適用しない。
（仮釈放者の不定期刑の終了）
　第七十八条　地方委員会は、不定期刑に処せられ、仮釈放を許されている者であって、仮釈放前又は仮釈放中にその刑の短期が経過したものについて、保護観察所の長の申出により、刑の執行を終了するのを相当と認めるときは、少年法第五十九条第二項の規定にかかわらず、決定をもって、刑の執行を受け終わったものとしなければならない。
　　2　第四十六条第二項の規定は、前項の決定について準用する。
第五節　保護観察付執行猶予者
（検察官への申出）
　第七十九条　保護観察所の長は、保護観察付執行猶予者について、刑法第二十六条の二第二号の規定により刑の執行猶予の言渡しを取り消すべきものと認めるときは、刑事訴訟法第三百四十九条第一項に規定する地方裁判所、家庭裁判所又は簡易裁判所に対応する検察庁の検察官に対し、書面で、同条第二項に規定する申出をしなければならない。
（留置）
　第八十条　保護観察所の長は、第六十三条第二項の引致状により引致した保護観察付執行猶予者について、前条の申出をするか否かに関する審理を開始する必要があると認めるときは、当該保護観察付執行猶予者を刑事施設又は少年鑑別所に留置することができる。
　　2　前項の規定による留置の期間は、引致すべき場所に引致した日から起算して十日以内とする。ただし、その期間中であっても、前条の申出をする必要がなくなったとき、検察官が刑事訴訟法第三百四十九条第一項の請求をしないことが明らかになったときその他留置の必要がなくなったときは、直ちに保護観察付執行猶予者を釈放しなければならない。
　　3　第一項の規定により留置されている保護観察付執行猶予者について、刑事訴訟法第三百四十九条第一項の請求があったときは、前項の規定にかかわらず、同法第三百四十九条の二第一項の決定の告知があるまでの間、継続して留置することができる。ただし、留置の期間は、通じて二十日を超えることができない。
　　4　刑事訴訟法第三百四十九条の二第二項の規定による口頭弁論の請求があったときは、裁判所は、決定をもって、十日間に限り、前項ただし書の期間を延長することができる。この場合において、その決定の告知については、同法による決定の告知の例による。
　　5　第三項に規定する決定が保護観察付執行猶予者の刑の執行猶予の言渡しを取り消すものであるときは、同項の規定にかかわらず、その決定が確定するまでの間、その者を継続して留置することができる。

6　第一項の規定により保護観察付執行猶予者が留置された場合において，その刑の執行猶予の言渡しが取り消されたときは，その留置の日数は，刑期に算入するものとする。
        7　第七十三条第六項の規定は，第一項の規定による留置について準用する。
    （保護観察の仮解除）
    第八十一条　刑法第二十五条の二第二項の規定による保護観察を仮に解除する処分は，地方委員会が，保護観察所の長の申出により，決定をもってするものとする。
        2　（略）
        3　（略）
        4　第一項に規定する処分があったときは，その処分を受けた保護観察付執行猶予者について定められている特別遵守事項は，その処分と同時に取り消されたものとみなす。
        5　地方委員会は，刑法第二十五条の二第二項の規定により保護観察を仮に解除されている保護観察付執行猶予者について，保護観察所の長の申出があった場合において，その行状にかんがみ再び保護観察を実施する必要があると認めるときは，決定をもって，同項の規定による処分を取り消さなければならない。
第四章　生活環境の調整
    （収容中の者に対する生活環境の調整）
    第八十二条　保護観察所の長は，刑の執行のため刑事施設に収容されている者又は刑若しくは保護処分の執行のため少年院に収容されている者について，その社会復帰を円滑にするため必要があると認めるときは，その者の家族その他の関係人を訪問して協力を求めることその他の方法により，釈放後の住居，就業先その他の生活環境の調整を行うものとする。
    （保護観察付執行猶予の裁判確定前の生活環境の調整）
    第八十三条　保護観察所の長は，刑法第二十五条の二第一項の規定により保護観察に付する旨の言渡しを受け，その裁判が確定するまでの者について，保護観察を円滑に開始するため必要があると認めるときは，その者の同意を得て，前条に規定する方法により，その者の住居，就業先その他の生活環境の調整を行うことができる。
　（略）
第五章　更生緊急保護等
    第一節　更生緊急保護
    （更生緊急保護）
    第八十五条　この節において「更生緊急保護」とは，次に掲げる者が，刑事上の手続又は保護処分による身体の拘束を解かれた後，親族からの援助

を受けることができず，若しくは公共の衛生福祉に関する機関その他の機関から医療，宿泊，職業その他の保護を受けることができない場合又はこれらの援助若しくは保護のみによっては改善更生することができないと認められる場合に，緊急に，その者に対し，金品を給与し，又は貸与し，宿泊場所を供与し，宿泊場所への帰住，医療，療養，就職又は教養訓練を助け，職業を補導し，社会生活に適応させるために必要な生活指導を行い，生活環境の改善又は調整を図ること等により，その者が進んで法律を守る善良な社会の一員となることを援護し，その速やかな改善更生を保護することをいう。

一　懲役，禁錮又は拘留の刑の執行を終わった者
二　懲役，禁錮又は拘留の刑の執行の免除を得た者
三　懲役又は禁錮の刑の執行猶予の言渡しを受け，その裁判が確定するまでの者
四　前号に掲げる者のほか，懲役又は禁錮の刑の執行猶予の言渡しを受け，保護観察に付されなかった者
五　訴追を必要としないため公訴を提起しない処分を受けた者
六　罰金又は科料の言渡しを受けた者
七　労役場から出場し，又は仮出場を許された者
八　少年院から退院し，又は仮退院を許された者（保護観察に付されている者を除く。）

2　更生緊急保護は，その対象となる者の改善更生のために必要な限度で，国の責任において，行うものとする。
3　更生緊急保護は，保護観察所の長が，自ら行い，又は更生保護事業法の規定により更生保護事業を営む者その他の適当な者に委託して行うものとする。
4　更生緊急保護は，その対象となる者が刑事上の手続又は保護処分による身体の拘束を解かれた後六月を超えない範囲内において，その意思に反しない場合に限り，行うものとする。ただし，その者の改善更生を保護するため特に必要があると認められるときは，更に六月を超えない範囲内において，これを行うことができる。
5　更生緊急保護を行うに当たっては，その対象となる者が公共の衛生福祉に関する機関その他の機関から必要な保護を受けることができるようあっせんするとともに，更生緊急保護の効率化に努めて，その期間の短縮と費用の節減を図らなければならない。
6　更生緊急保護に関し職業のあっせんの必要があると認められるときは，公共職業安定所は，更生緊急保護を行う者の協力を得て，職業安定法（昭和二十二年法律第百四十一号）の規定に基づき，更生緊急保護の対象となる者の能力に適当な職業をあっせんすることに努めるものとする。

（更生緊急保護の開始等）
　第八十六条　更生緊急保護は，前条第一項各号に掲げる者の申出があった場合において，保護観察所の長がその必要があると認めたときに限り，行うものとする。
　　2　検察官，刑事施設の長又は少年院の長は，前条第一項各号に掲げる者について，刑事上の手続又は保護処分による身体の拘束を解く場合において，必要があると認めるときは，その者に対し，この節に定める更生緊急保護の制度及び申出の手続について教示しなければならない。
　　3　保護観察所の長は，更生緊急保護を行う必要があるか否かを判断するに当たっては，その申出をした者の刑事上の手続に関与した検察官又はその者が収容されていた刑事施設（労役場に留置されていた場合には，当該労役場が附置された刑事施設）の長若しくは少年院の長の意見を聴かなければならない。ただし，仮釈放の期間の満了によって前条第一項第一号に該当した者又は仮退院の終了により同項第八号に該当した者については，この限りでない。
（費用の支弁）
　第八十七条　国は，法務大臣が財務大臣と協議して定める基準に従い，第八十五条第三項の規定による委託によって生ずる費用を支弁する。
　　2　前項に規定する委託は，同項の規定により国が支弁する金額が予算の金額を超えない範囲内においてしなければならない。
　第二節　刑執行停止中の者に対する措置
　第八十八条　保護観察所の長は，刑事訴訟法第四百八十条又は第四百八十二条の規定により刑の執行を停止されている者について，検察官の請求があったときは，その者に対し，第五十七条第一項（第二号及び第三号を除く。），第五十八条，第六十一条及び第六十二条の規定の例により，適当と認める指導監督，補導援護並びに応急の救護及びその援護の措置をとることができる。
第六章　恩赦の申出
　（略）
第七章　審査請求等
　第一節　行政手続法の適用除外
　（略）
　第二節　審査請求
　（審査請求）
　第九十二条　この法律の規定により地方委員会が決定をもってした処分に不服がある者は，審査会に対し，行政不服審査法による審査請求をすることができる。
　（略）

(執行停止)
第九十四条　審査会に対する審査請求に関する行政不服審査法第三十四条第三項の規定の適用については，同項本文中「処分庁の意見を聴取したうえ」とあるのは「又は職権で」と，同項ただし書中「処分の効力，処分の執行又は手続の続行」とあるのは「処分の執行」とする。

(略)

(審査請求と訴訟との関係)
第九十六条　この法律の規定により地方委員会が決定をもってした処分の取消しの訴えは，当該処分についての審査請求に対する裁決を経た後でなければ，提起することができない。

第八章　雑則

(略)

(費用の徴収)
第九十八条　保護観察所の長は，第六十一条第二項（第八十八条の規定によりその例によることとされる場合を含む。）の規定による委託及び第六十二条第二項（第八十八条の規定によりその例によることとされる場合を含む。）の規定による応急の救護に要した費用並びに第八十七条第一項の費用を，期限を指定して，その費用を要した措置を受けた者又はその扶養義務者から徴収しなければならない。ただし，これらの者が，その費用を負担することができないと認めるときは，この限りでない。
２　前項の規定による費用の徴収は，徴収されるべき者の居住地又は財産所在地の市町村（特別区を含む。以下同じ。）に嘱託することができる。
３　政府は，前項の規定により，市町村に対し費用の徴収を嘱託した場合においては，その徴収金額の百分の四に相当する金額を，その市町村に交付しなければならない。
４　第二項の規定により市町村が処理することとされている事務は，地方自治法（昭和二十二年法律第六十七号）第二条第九項第一号に規定する第一号法定受託事務とする。

(省令への委任)
第九十九条　この法律に定めるもののほか，この法律を実施するため必要な事項は，法務省令で定める。

附則（略）

　有識者会議の委員を務めた同志社大学法学部教授の瀬川晃は更生保護法案の衆議院法務委員会での審議に参考人として出席したが，参考人発言の中で本法案の特徴を次のように整理した。

案の基本的な方向性でございますけれども，大きく分けますと，大体4つぐらいあると思います。1つは，法律の統合ということでございまして，従来，犯罪者予防更生法と執行猶予者保護観察法がございますけれども，この二本立てであったのを一本立てにしようということでございます。これは，法律家としては望ましいというふうに考えております。
　それからもう1つは，理念の明確化ということでございます。この点もいろいろな激しい議論をしましたけれども，……結局のところ……両方含むということでございます。表裏一体といいますか，不即不離と言っていいかと思いますけれども，犯罪者の改善更生，それから再犯防止に向けての処遇というものが非常に必要だということでございます。もちろん，今回の場合は，従来は改善更生にやや重点が置かれていると思いますけれども，再犯防止ということが非常に前面に出だしたということでございまして，我々としては両方の適正なバランスといいますか，そういうものを考えるべきだという立場に立って報告書をまとめたという経緯がございました。今回の法律では，この理念の明確化ということが行われております。
　それから，これは一番重要な点でございますが，保護観察をどうするのかということでございました。これは，用語としましてはキーワードなんですけれども，強靱な保護観察という言葉遣いをいたしました。強靱という意味は，強いという意味だけじゃなくて，しなやかさを持っているといいますか，柔軟性を持っている，そういう保護観察をつくり上げたいというふうに考えております。
　……それからもう1つは，特に性犯罪者が一番念頭にあったと思いますけれども，専門的な治療といいますか，そういうプログラムを受けるようにしむけるといいますか，義務づけるというあり方でございます。この点は，いろいろな事件の経過を見ましても，必要性というのは十分感じられるところであろうというふうに思っております。
　それから，保護観察の弾力化が図られたということで，具体的には変更，取り消しを認めるということでございます。決めてしまうとそれで固まってしまうというんじゃなくて，柔軟に運用するということでございます。
　それから，強靱の靱という字が非常に言い得て妙なところがございまして，さっきしなやかさと言いましたけれども，ケア面といいますか，先ほど保護観察というのはコントロールとケアと言いましたけれども，ケア面も充実させる必要があるということでございまして，この点で一番大事なことは就労といいますか仕事面だと思いまして，我々としては就労の支援ということを重視したということでございます。この角度からは，自立更生促進センターというものの立ち上げが予定されておりまして，この点は地域住民の理解を求めながらという条件つきかと思いますけれども，大いに積極的に進めていただきたいというふうに考えております。
　それからもう1つは，環境調整ということでございまして，これは，あらかじめ出所前にその対象者の環境を調整する，特に仕事面，住むところという点で環境を調整するということでございます。この環境調整も積極化するというのが今回の法

案に盛り込まれております。
　それからもう1つは，いわゆる犯罪被害者の支援といいますか，そういう角度から，犯罪被害者の心情というもの，被害者の声を加害者に伝えるということに重点を置いております。
　それからもう1つは，仮釈放審理におきまして，被害者の意見聴取を行うということでございます。
　こういう形で，新たな方向性というものが4つほど法案の中に盛り込まれているということでございまして，この点は，いわゆる刑事政策を研究している者から見れば，基本的な方向としては積極的に進めていただきたいという方向性が出ているというふうに考えております。[55]

　法案の国会審議は，2007（平成19）年4月12日（衆議院に付託，本会議で趣旨説明），同月25日（衆議院法務委員会に付託，趣旨説明，質疑），27日（参考人質疑，質疑，採決），翌5月8日（衆議院本会議で委員長報告，討論，採決），同月25日（参議院に送付，本会議で趣旨説明），同月29日（参議院法務委員会に付託，趣旨説明），同月31日（質疑），翌6月5日（参考人質疑，質疑），同月7日（質疑，採決，附帯決議），同月8日（参議院本会議で委員長報告，採決）という経過を辿った。4月12日の衆議院本会議における提案趣旨説明は次のようなものであった。

　　更生保護法案につきまして，その趣旨を御説明いたします。
　　更生保護は，犯罪をした者及び非行のある少年を実社会の中で適切に処遇することにより，その再犯を防ぎ，非行をなくし，これらの者が自立し改善更生することを助け，もって社会を保護し，個人及び公共の福祉を増進することを目的とするものですが，近時，社会及び犯罪の情勢が変化する中で，更生保護はその目的を十分に果たせていないとの指摘がされております。また，更生保護に係る法体系について，国民にわかりやすい制度となるよう関係法律の整備，統合に努めるべきとの指摘がされております。そこで，この法律案は，更生保護の基本的な事項に関し，関係法律の統合及び所要の法整備を行い，更生保護の機能を充実強化しようとするものであります。
　　この法律案の要点を申し上げます。
　　第1は，犯罪者予防更生法及び執行猶予者保護観察法の整理統合であります。更生保護に関する基本的な法律は，昭和24年に制定された犯罪者予防更生法及び昭和29年に制定された執行猶予者保護観察法に分かれていますが，両法律の内容を整理統合して新たな法律とするとともに，更生保護の目的を明確化します。
　　第2は，保護観察における遵守事項の整理及び充実であります。遵守事項は，現行法と同じく，これに違反したときに仮釈放の取り消し等の措置をとることのでき

る規範（ママ）であって，保護観察対象者に対する指導監督の中核となるものとして位置づけます。そのうち，すべての保護観察対象者が遵守すべき一般遵守事項については，保護観察官または保護司の指導監督を誠実に受けること等の保護観察対象者が当然守るべき事項でありながら現行法では明記されていないものを加える一方，現行法に規定されている事項のうち，必ずしもすべての保護観察対象者に義務づける必要のないものを除いております。また，保護観察対象者ごとに定める特別遵守事項については，特定の犯罪的傾向を改善するための専門的処遇プログラムを受けること等の一定の事項について，特に必要と認められる範囲内で具体的に定めることとするとともに，保護観察を一層弾力的なものとするため，必要に応じて変更することができるものとし，また，必要がなくなったときは取り消すものとしております。

　第3は，社会復帰のための環境調整の充実であります。受刑者等の円滑な社会復帰を図るため，その者の住居，就業先その他の生活環境の調整をより能動的かつ積極的に行うものとしております。

　第4は，犯罪被害者等に関する制度の導入であります。仮釈放または仮退院の審理において犯罪被害者等から意見等を聴取する制度及び犯罪被害者等の心情等を保護観察対象者に伝える制度を導入することとしております。

　このほか，所要の規定の整備を行うこととしております。以上が，この法律案の趣旨でございます。[56]

　この趣旨説明からも，本法案の意義が犯罪者予防更生法及び執行猶予者保護観察法の整理統合だけではなかったことは明らかであろう。①保護観察における遵守事項を充実すること，②社会復帰のための環境調整を充実すること，③犯罪被害者等に関する制度を導入すること，等も新たに盛り込まれたからである。ただし，国会審議において，保護観察制度の長期的な視点に立ってのものか，それとも事態対応という側面が強いのかという委員質問に対して，「再犯という形のいろいろな事件が起きたことが，こういうことをみんなで考え直そうという契機になったことは事実でございますが，時代に合わせた形で国民の期待にこたえられる更生保護制度につくり直そうという観点から提案を申し上げているものでございます。」[57]と大臣答弁されているものの，長期的な視点に立ったものとは必ずしもいえなかった。有識者会議報告書が具体的に提言していた地方更生保護委員会委員への民間有識者の積極的登用，協力雇用主の3倍増，保護観察官の倍増等もその実行措置が法案に織り込まれるということはなかった。有識者会議の立場からみても改善の余地は相当に見受けられるものであった。この点がなぜ重要かというと，近い将来における法改正が十分に考え

られ得るということになるからである。

　衆議院法務委員会での審議は，委員長による質疑打切りなどの影響もあって審議時間が比較的短かったにもかかわらず，質的には豊かな内容のものとなった。法案に反対するものではないがとの断りのもとに，多岐にわたって鋭い多くの質問がなされた。

　本法案の目的として第１条に新たに「再犯の防止」が明記されたことに関わって次のような質問が出された。

> 　保護観察中の者による凶悪犯罪が短期間に連続して発生したことから，保護観察制度が機能不全に陥りかけており，その目的を十分に果たせていないのではないか，こういう国民の批判が高まったことは記憶に新しいところでございます。本法律案の目的，第１条に新たに再犯の防止が明記されたのは，このような事件が発生した社会的な状況を受けてのことと理解しております。本法律案の目的規定に掲げられている再犯の防止と自立，改善更生のための指導，援助との関係については，目的である自立，改善更生を通じて，結果として再犯を防止するのか，再犯防止と自立，改善更生をともに目的とするものか，２つの考え方があると思いますが，法務大臣の所見をお伺いしたいと思います。[58]

これに対する大臣答弁は次のように曖昧なものであった。

> 　今提案理由で御説明申し上げましたように，社会内処遇において，犯罪を犯した方あるいは非行の少年等が社会の一員として自立し，改善更生することを究極の目的とするものでございます。当然，こういう改善更生がされれば，再犯また再非行ということにはならないということになりますし，また，再犯や再非行を犯すというようなことになれば，当然改善更生というものが行われていないということになるわけでございますので，今先生おっしゃったようなことがあったということ，またそういう中で従来の保護観察制度が十分機能しておったかどうかという反省に立って，この再犯防止と改善更生というものは一体として理解をされ，また，そういう立場で我々も努力をしていかなきゃならない，国民の皆さんにも理解をしていただきたいという趣旨でこの規定を設けることといたしたものでございます。[59]

　改善更生（保護）と再犯防止（観察）の一体性を強調し，改善更生（保護）か再犯防止（観察）かという二者択一的な議論に陥ることを避けたいというのが法務省の伝統的な立場であった。ここでもそのような立場から答弁されている。多くの議員の理解もそのようなものであった。しかし，客観的にみれば本

法案が再犯防止に偏ったものとなっていることは明らかであった。それは，他方で，次のように大臣答弁されていることからも容易にうかがえよう。

> 有識者会議の報告書では，国民が更生保護に対して再犯防止機能を期待しているにもかかわらず，保護観察官においては，就労の確保や生活習慣の改善等により対象者の生活の安定を図ることを保護観察の主目標と考え，対象者による再犯を防止して社会を保護するという意識が不十分であると指摘しており，その上で，更生保護制度に関する所要の法整備に係る提言において，刑事司法制度の一翼として，犯罪や非行をした人の改善更生を助け，再犯を防止し，社会を保護するとの目的を明確化することを求めております。そこで，今回お出ししている更生保護法案の第1条では，こうした提言を踏まえて，更生保護は，犯罪をした者または非行のある少年に対し，社会内において適切な処遇を行うことにより，再び犯罪をすることを防ぎ，また非行をなくし，その自立と改善更生を助けることを目的とするものであり，これらによって社会を保護し，個人及び公共の福祉を増進することを目的とするものであること，ここを明確にしたということでございます。そして，これによって，社会内処遇の中心的な担い手である保護観察官を初めとする更生保護官署職員の社会の安全，安心に対する責任意識の向上を図るというものでございます。[60]

再犯を防止し社会を保護するという更生保護の目的を法で明記し，ともすれば対象者の保護に傾きがちな保護観察官に対して社会の安全，安心に対する責任意識の向上を図るところも本法案の趣旨だとされている。有識者会議の提言に沿った立法だということが分かる。

新たに法案第2条で規定された「国の責務等」についてもその意味するところは何かが質問されている。これに対する政府委員の答弁は次のようなものであった。

> 犯罪をした者とか非行のある少年の改善更生と自立を助けて犯罪予防の活動を促進するという取り組み，これは国がもちろん頑張らなければならないわけですけれども，やはり国が幾ら頑張っても，それだけでは目的を達成し得ない，広く社会全体で取り組む必要があるわけでございます。これまでも，更生保護女性会とかBBSとか協力雇用主等いろいろなボランティアの方から協力を得てまいりました。民間団体との連携をも深めてまいったところでございます。
> 2条の第1項の前段でございますが，これは更生保護におけるそうした民間活動の重要性にかんがみまして，国が本法の目的の実現に資する民間の団体や，または個人による自発的な活動を促進して，これらの者と連携協力するよう努めるべきことを明らかにいたしまして，国による一層の支援と連携に向けた努力を促すことに

いたしました。
　こうした民間の活動が地域社会の安全，住民福祉の向上に寄与するものであることにかんがみまして，第2項では，地方公共団体が必要な協力をすることができる旨の規定を置いております。同様の規定は保護司法にも更生保護事業法にも規定が置かれておりますけれども，本法案は更生保護の基本になる法律ですので，ここでもはっきりと明記することといたしたわけでございます。
　地方公共団体の方は，協力をすることができるという規定になっておりますけれども，これは本来国の責任であるということ，それから地方公共団体にそういうものを義務づけるというのはやや面映ゆいと申しますか，そういうこともございまして，任意の御協力を得られるように，その権限規定のような形で設けるのがいいかなというふうに思った次第でございます。
　こういう規定を設けることによりまして，更生保護に協力する民間団体などと国あるいは地方公共団体との連携協力関係は一層促進されて，活動がさらに活発化していくというふうに考えております。
　法の規定を受けまして，今もやっておりますけれども，更生保護女性会やBBSその他のボランティア，PTAや町内会など，地域の人たちに対しては，いろいろな情報が更生保護関係でもございますので，こういうようなものをどんどん提供していくようにしてまいりたいと思います。
　それから，団体の間での連絡調整の役も果たすようにいたしたいと思っております。例えば研修に講師を派遣する，それから，御指摘のありました功労のある，功績のある方々や団体に対する表彰といったようなことも考えてまいりたいと思っております。[61]

　更生保護に対する社会の取り組みを「促進する」ことが国の義務だとされており，更生保護法の制定によっても「国の責務」概念が変更されることはなかった。
　遵守事項についても質問が寄せられた。例えば，次のような質問がそれであった。

　　この第50条，51条2項による遵守事項の法的規範としての明確化に関連して，一般遵守事項と特別遵守事項に分けてその内容を細かく規定している理由及び一般遵守事項として画一的に遵守しなければならないものとした趣旨をお伺いしたいとともに，法律案では，保護観察を充実強化するため，すべての保護観察対象者が遵守すべき一般遵守事項として，保護観察実施者に対する面接及び生活の実態を示す事実の申告等を義務づけていますが，このような規定が設けられた経緯，また設けられることによって実際どのような効果が期待できるのか，お伺いしたいと思いま

[62]
す。

これに対する政府答弁は次のようなものであった。

> 対象者ごとに特別遵守事項をきちんと定めるということにいたしますと，それに違反した場合の不良措置がとられるということが外にも明らかになりますので，いわば定め得る事項の範囲を限定して，余り過酷にわたらないというようなことも担保できるというふうに考えるところでございます。
> 一般遵守事項と特別遵守事項は現在でも分かれておるわけでございますけれども，今回もそれを基本的には踏襲いたしております。一般遵守事項というのは，やはりすべての保護観察対象者が遵守しなきゃならない共通のものというのはどうしてもあるわけでございますので，これを一律に法律で規定するというふうにいたしたところでございます。
> この一般遵守事項において，今御指摘になりました，呼び出しに応ずる，あるいは訪問に応じて面接を受けることとか，あるいは保護観察官や保護司に生活の実態を示す事実を申告し，あるいはこれに関する資料を提示するということを新たに入れておるところでございますけれども，これは，保護観察官や保護司が，対象者の感情とか，あるいは生活態度，心理的な葛藤，欲求というようないろいろな状態を知って，十分に行状を把握した上で，改善更生を図るための必要な指導を行うということが必要でございます。そのためには，対象者としっかり面接をし，実態を示す事実についての十分な情報を得ることが不可欠であるというふうに考えたところでございます。
> これらにつきましては，現行法におきましても，対象者が当然守るべき事項と考えられてきたわけでございますけれども，やはり明文で一般遵守事項として明記することが，保護観察の実効性を高めるゆえんであろうと考えた次第でございます。[63]

特別遵守事項の類型が新たに法で細かく規定され，法案第51条第2項第1号で「犯罪性のある者との交際，いかがわしい場所への出入り，遊興による浪費，過度の飲酒その他の犯罪又は非行に結び付くおそれのある特定の行動をしてはならないこと。」と定められたことについても，この規定の内容は抽象的であり，主観が入ってくるのではないかという質問が出されている。これに対する政府委員の答弁は次のようなものであった。

> 今回の特別遵守事項につきましては，今までは，法律に一切，特別遵守事項の類型なんかは示されておりませんでしたけれども，今回は，きちんと明確にしようということで，特別遵守事項の類型を細かく法律に書いたわけでございます。
> しかし，やはり幾ら書きましても，御指摘のように，抽象的な規定にどうしても

とどまらざるを得ないというふうに思います。そこで，実際には，この類型をもとにいたしまして，個々の対象者ごとに，わかりやすい，具体的な特別遵守事項を定めて，本人に守らせるようにしたいと思っております。例えば，今御指摘の，犯罪性のある者との交際をしてはいけないということにつきましては，例えば暴力団と関係のある仮釈放者がおりましたならば，〇〇組暴力団の構成員，準構成員とつき合わないというようなことでありますとか，あるいは，保護観察の原因となったものに共犯がいる事案でありますと，今回刑罰を受けることとなった事件の共犯者と接触をしたり，連絡をとり合わないことというように，細かく定めるということになろうかと思います。いかがわしい場所への出入りでございますと，例えば暴力団に関係のある仮釈放者であれば，〇〇組の暴力団事務所に出入りしないことというふうに定める。遊興による浪費でございますと，例えば，お金に困った，それは遊興が原因だということになりまして泥棒をしたような者につきましては，例えば，パチンコ，競馬，競艇，競輪をしないことというように定めるということになろうかと思います。[64]

主観的な運用にならないための措置については特段の答弁は示されなかった。

今回の法案では特定の犯罪的傾向を改善するための専門的処遇プログラムを定め，受講することも特別遵守事項に入れられたことに関して，それはどのような内容のものか，2004（平成16）年度から覚せい剤事犯の仮釈放者に対して任意で実施されている簡易尿検査を専門的処遇プログラムの中に位置づけて，尿検査の実施を義務づけていくという方針はあるかという質問に対しても次のように答弁された。

> 今御指摘の，法案の51条2項4号に規定します「専門的知識に基づく特定の犯罪的傾向を改善するための体系化された手順による処遇」というものは，現在あるものは1つでございまして，これは，性犯罪をした仮釈放者及び保護観察付き執行猶予者，この2種類の対象者に対しまして行っております性犯罪者処遇プログラムというものでございます。これは，御指摘のとおり，心理学の認知行動療法という理論を基礎に，犯罪者自身に自分が性犯罪を起こす危険性の高い状況を自覚させて具体的な対策を考えさせたり，あるいは被害者の感情を理解させることによって性犯罪の再犯を防止しようというプログラムでございます。当面はこの1つだけでございますが，今後，もし体系化されたプログラムが他にできれば，それも考えられるところではございます。
>
> 簡易尿検査でございますけれども，これは，現在も任意で，本人の同意を得て，覚せい剤の事犯者に対して行っておりまして，半分ぐらいの者が応じております。

これは今後も続けていきたいと思うのでございますけれども，これを特別遵守事項にするかどうかにつきましては，尿検査を観察所に来て必ず定期的に受けろということだけを特別遵守事項にいたしますと，何か強制的に，保護観察の目的以外の，例えば捜査とかそういうことでやっているんじゃないかというふうに受けとめられるということもあるかと思います。そういうふうに受けとめられると，結局，保護観察対象者の改善更生にはやはりよくないというふうに思いますので，単体で特別遵守事項にするということは考えておりません。[65]

　政治犯に対する遵守事項の適用如何についても質問が出されたが，これに対する答弁は「刑罰対象者には同じように適用されます。」「政治犯というのは，そういう犯罪は日本にはないわけでありますから，犯罪を犯した方に沿った形で遵守事項を守っていただくということになると思います。[66]」というように極々簡単なものであった。
　就労支援等についても多くの質問が出された。これに対しては次のような答弁が行われた。

　　　　改善更生を図るためには職につかせるということが最も重要であるということは，御指摘のとおりでございます。今，協力雇用主についてのお尋ねでございますが，その前に，就職をさせるということのために，我々も大変重要だと思っておりまして，昨年4月から，厚生労働省と連携をした総合的就労支援対策というものを開始いたしまして，無職の保護観察対象者を何とかして職につかせたい，そのための身元保証制度や試行雇用奨励金制度を設けまして，それを活用しながら施策を実施しておるところでございまして，それなりに成果も上がっておるというふうに考えております。
　　　　今御質問の協力雇用主でございますが，刑務所出所者等の雇用の受け皿を確保するために，こういう方々にお願いをしておるわけでございます。有識者会議では，これを3倍にふやすべきであるという御提言もいただいておるところでございまして，中央，地方の事業主団体，企業に対して積極的な働きかけを今行っておるところであります。同時に，協力雇用主にはなっていただいておりますけれども現実に雇用に至っていないという方もおられますので，実質的に，この方々を中心にして，そこで雇用してもらえるように，さらにお願いをするというか，働きかけを強化していきたいと思っております。[67]

　厚生労働省の政府委員からも次のような答弁があった。

　　　　再犯防止に関しての厚生労働省の動きといたしましては，有職者の再犯率といい

ますのが無職者の5分の1であるという事実がございますので，就労を勧めることによって再犯防止に関与していくというような考え方をとっております。このため，（平成）18年度より，刑務所，少年院，保護観察所とハローワークとの連携によりまして，きめ細かな職業相談，職場体験講習，トライアル雇用等を行う刑務所出所者等就労支援事業を開始いたしました。平成18年度の実績を見ますと，ハローワークに求職を申し込んだ刑務所出身者等2268人のうち，730人の就職が実現したところであり，今後とも事業の一層の効果的運用を図ってまいる所存であります。[68]

仮釈放の取消しに当たって対象者に対し告知・聴聞の機会は認められていないが，認めるべきではないかとの質問が出された。しかし，これに対する政府委員の答弁は次のように消極的なものであった。

　　仮釈放の取り消しの処分は，裁判によって刑罰として刑事施設への拘禁を命ぜられている者について，保護観察を実施して改善を図るという行政目的により，刑の執行の形態を変容させて緩和をしていた状態であるわけでありますが，それを本来の裁判どおりの刑の執行態様に戻すという措置であります。したがって，対象者本人にとって不利益な処分ではありますけれども，新たな不利益処分を科すというものではないわけでありまして，本人の言い分を聞く機会を設けてからでなければそうした処分をとり得ないというわけではないというふうに考えております。そういうことで，今御指摘のように，特別の手続を，告知聴聞という手続を明記していないわけでございますが，この点については，現行の犯罪者予防更生法でも規定されておる手続を変えるわけではないわけであります。
　　そうはいいながら，何もなしにとんとやるわけではございませんで，実務上は，仮釈放取り消しの申請を行う保護観察所において，例外なく，観察官が対象者に十分その状況を聴取して，調査をして，その上で判断をするということでございますので，従来の犯罪者予防更生法で規定されている手続を変えないということにいたしておるわけであります。[69]

犯罪被害者等に関する規定についてその趣旨，運用等が質問されている。これに対しては，次のように答弁されている。

　　犯罪被害者等基本計画では，仮釈放審理において被害者等が意見を述べる制度，保護観察中の加害者に被害者等の心情等を伝達する制度のほか，判決確定後の加害者の情報を被害者等に提供することについて検討し，施策を実施するということとされております。今回の法案では，このうちの，仮釈放等審理において被害者等が意見を陳述する制度と，保護観察中の加害者に対して被害者等の心情を伝達する制

度を法案に盛り込んだところでございます。

　判決確定後の加害者の情報を被害者等に提供することにつきましては，現在，具体的に，いかなる情報を提供できるのかということを別途検討いたしております。その検討の中で，仮釈放審理における意見聴取制度及び保護観察対象者に対する被害者等の心情伝達制度で意見や心情を述べる被害者等に対しても，加害者に関する有用な情報が提供できるように検討していきたい，このように考えております。

　次に，保護観察対象者に対し被害者等の心情等を伝達する制度について，申し出があったらすべてこれを実施するのかという御質問でございますが，これは，申し出があればすべて実施するというものではありません。例えば，当該被害に係る事件が暴力団同士の抗争事件に絡んでいるものでは，被害者とされている者が実質的には被害者と言えないというような場合もありますし，被害者等の心情等を伝達することによって保護観察対象者が被害者等を逆恨みするおそれがあるということもあり得ますので，そういう場合には，被害者等から心情等を聴取せず，あるいは聴取した心情等を伝達しないということも考えられると思います。そういうことでございますので，伝達しないことがあるわけでございますが，そのような場合には，その旨を被害者等に説明をするということにしたいと考えております。[70]

　保護観察対象者の所在不明者対策はという質問に対しても次のように答弁されている。

　　保護観察所における所在調査を非常に徹底してやるというようにいたしてもおりますし，また警察にも協力をお願いして，月々本当に少なくなりつつあるところでございまして，私ども手ごたえを感じております。今後ともこれを強化していかなきゃいけないと思っておりますが，観察対象者が所在不明となることを防ぐためには，まず，その兆候があることが多いんだろうと思いますので，その兆候を見逃さないで，素早くこれを察知して対処することが重要だと思っております。その点につきまして，今回の法案におきましては，御指摘のところでございますけれども，保護観察官または保護司との面接に対象者が応じなきゃいけないという義務あるいは生活状況を報告する義務を明示するというようなことなどから対象者の行状をより的確に把握することができるように一般遵守事項の充実強化をしておりまして，これはその役に立つんだろうと思います。

　　それから，この法案で特別遵守事項の概念も整理されまして，この特別遵守事項が設定される段階で，仮釈の取り消し等，いわゆる不良措置と呼んでおりますけれども，これに結びつく可能性のある事項に特別遵守事項が絞り込まれるということでございますので，現に違反が認められた場合には速やかに不良措置が，常にとるというわけではございませんが，どうしてもとるべきときには機敏にとれるというふうになります。所在不明になる前に適切な対処がまたできるんじゃないか。それ

から，そういうことになったんだということを対象者が自然に知っていきますので，そういうことでも，所在不明にならないように本人も恐らく気をつけていく人がふえていくだろうというふうに思っております。[71]

予算付け法案にしなかった理由についても次のように答弁されている。

> この法律は，公布後1年以内に施行することになっていますので，今先生がおっしゃったことも含めて，来年度予算に反映できるように努力をしたいと思いますけれども，先生も御案内のとおり，大変厳しい財政状況の中での話でありますから，どういうふうにするかはこれから検討いたしますけれども，できる限り先生の御意見を踏まえて，更生保護行政が飛躍的に充実できるように頑張ってまいりたいと思っております。[72]

保護観察官の増員について質問を受けた財務省の政府委員からは次のような答弁がなされた。

> 保護観察官の増員のことでございますが，皆さん方の御苦労を十分承知いたしているところでございますが，現下の厳しい定数管理の中で，ほぼ法務省のお考えの要求に沿うような形で，43人を増員いたしたところでございます。今後もまた法務省からこうしたことについての要求が恐らくあろうと思っておりますが，そうした要求を踏まえて適切に対処してまいりたい，こう思っております。[73]

衆議院本会議でも，採決に先立って討論があり，議員から次のような修正が適当ではないかとの発言があった。

> 第1に，更生保護の目的について，再犯防止が第1の目的のようになっておりますが，再犯防止は社会内処遇を通じた改善更生の結果であることを踏まえ，目的規定を修正すべきであると考えます。
> 第2に，国の責務等に関しては，国は単に民間の活動を促進し，PR活動を行うだけとも読めるような規定となっておりますが，国が第一義的に責任を負うべきことを明記すべきと考えます。あわせて，仮釈放者等の就労支援については，すべての国等の機関，事業者の責務である旨も追加すべきと考えます。
> 第3に，地方更生保護委員会委員について，法務省の出身者が大半を占め，さながら法務省の早期退職者の受け皿の観を呈しております。社会内処遇の意義とリスクについての理解を国民に求めるのであれば，官の出身者ではなく民間人を中心に構成すべきものであり，法律，精神医学等の学識を有する者，民間人等のうちから男女のバランスも考慮し法務大臣が任命すること等の諸規定を設けるべきだと考えます。

第4に，保護観察に関する規定の修正です。保護観察処分少年が遵守事項に違反した場合の少年院等送致決定の申請に関する規定は，保護観察処分が決まった少年に対して，保護司の呼び出しに応じなかったとか，朝早く起きてこないなどの，それ自体犯罪や非行とは言えないようなささいな事実をもって少年院送致の新たな審判事由とすることは余りにも不相応であり，また，もとの事件を考慮して審判するというのであれば二重処罰の疑いもあり，いずれにしても削除すべきと考えます。あわせて，仮釈放の取り消しには告知，聴聞の機会を保障するなどの規定を置くべきと考えます。[74]

　しかし，このような修正が行われることはなかった。原案通り可決された。原案を付託された参議院法務委員会でも，衆議院法務委員会で出されたのと同種のものも含めて，多くの質疑が活発に行われた。新奇なものの1つは不良措置の状況についてで，質問に対して次のような答弁があった。

　　私どもで一般に不良措置と呼んでおりますものは，保護観察の種類の中で2号，3号，4号を一般に不良措置と呼んでおります。その数から申し上げますと，少年院の仮退院者，これが2号観察の対象者ですが，そのうちで少年院への戻し収容となった件数，これは平成17年の数字で申しますと8件でございます。これは，少年院仮退院者全体の終了件数5540件に占める割合が0.1％ということになります。
　　それから，3号の仮釈放になった保護観察対象者ですが，これは仮釈放取消しとなった件数が平成17年において980件です。そのうちで不良措置として遵守事項違反により取消しとなったものは963件で，仮釈放全体の保護観察終了件数1万6793件に占める割合は5.7％になっております。さらに，そのうちで再犯によって被疑者，被告人となったものでないものでございますけれども，そういう再犯によらないで仮釈放を取り消されたものは183件，全体の1.1％になっております。
　　それから，4号の関係，保護観察付執行猶予者でございますが，このうちの執行猶予の取消し件数は平成17年で1717件です。そのうち不良措置として遵守事項違反を理由とする執行猶予取消し件数，これは145件，保護観察付執行猶予者全体の終了件数に占める割合は2.8％です。それから，遵守事項違反を理由として執行猶予を取り消されたもののうちで，再犯によって被疑者，被告人となっていない状態で取り消されたもの，これは9件で，全体の0.2％ということになっております。
　　それから，いわゆる不良措置には含めておりませんけれども，保護観察処分を受けた1号の保護観察対象者でございますけれども，犯罪者予防更生法42条1項によって新たな虞犯事由によって保護観察所の長から家裁へ通告がなされた件数は，平成17年の数字でございますけれども，19件となっております。
　　それから，所在不明中の保護観察対象者の数でございますが，これちょっと比率で申し上げますが，保護観察処分少年，1号の対象者でございますと，平成18年末

の所在不明率が1.0％台でございます。2号の対象者でございますと，同じような不明率は約1.3％でございます。それから，仮釈放者でございますと，平成18年末の所在不明率は約5.0％，係属人員が7306人のうちの364人でございます。それから，執行猶予者でございますが，これにつきましては，（平成）18年末の不明率約4.9％，係属人員は1万4713人で，所在不明中の者は717人でございます。ちなみに，所在不明者は漸減の傾向にございます。[75]

次のような質問も見逃すことはできない。

　法案を見る限りにおいては，監視，つまり指揮監督の強化に関する規定，これについてはかなり盛り込まれているようでありますが，就労支援や定住支援の強化，福祉との連携の強化，こういうものについては明確に規定という形で盛り込まれていないと，こういうふうに私思えてなりません。そこで，就労支援や定住支援の強化，福祉との連携の強化，こういうものについては本来この法文の中に明記する，これが私どもの願い，筋なんだろうというふうに思いますが，これがなされておりません。少なくとも政省令や通達で，法務省と厚生省との連携，あるいは社会福祉関係機関，地方公共団体等との間の連携等をやっぱりきちっと明記をして周知徹底を図って出所者の就労支援，定住支援の強化に遺漏なきを期していただきたいと，こういうふうに思っておりますが，この辺の今後の見通しについてお聞かせをいただきたいというふうに思います。[76]

しかし，これに対しては厚生労働省の政府委員から次のような答弁がなされただけであった。

　更生保護のあり方を考える有識者会議の報告書におきまして，再犯防止の観点から，法務省と厚生労働省との連携による総合的就労支援対策を充実すべき旨が指摘されているところでございます。このため，厚生労働省といたしましては，ハローワークと刑務所，少年院及び更生保護機関との連携の下で，担当者制によるきめ細かな職業相談，職業紹介，職場体験講習，トライアル雇用の実施などを主な内容といたします刑務所出所者等総合的就労支援対策を昨年度から開始をいたしまして，保護観察対象者等に対する就労支援を強化しているところでございます。今後とも，法務省との連携の一層の強化を図りながら，1人でも多く就職できるように取り組んでまいりたいというふうに考えております。[77]

仮釈放の出願権がどうして規定されないのかというのも参議院独自の質問であったが，政府委員からは次のような消極的な答弁がなされた。

4　更生保護法の制定　　403

私どもが一番問題になるのかなと思っておりますのは，本人に出願権というようなものを保障いたしますと，本人はやはりできる限り早く外に出たいと思うのはもう人情でございますから，それは申請が一杯出てくるだろうと思います。それで，その一杯出てきた申請を先ほどの出願，昭和27年のときの通達で行われていた例でも相当出てきたということがうかがわれるわけでございますけれども，そのどんどん出てきたものについてどんどん出すというふうに必ずできるわけではございません。そうしますと，棄却を相当しなきゃいけなくなる。そうすると，自分としては申請をして，当然おれは出られるはずなんだというような気持ちでいる受刑者に対して残念でしたということを何度も言わなきゃいけない，大勢の人に言わなきゃいけないということで，不満が随分たまるだろうと思います。それが，その後の改善更生のための処遇にその効果を上げるのに悪影響を及ぼすということは間違いないことだなというふうに考えるわけでございます。参考人質疑においても，ちなみにでございますが，藤本哲也（中央大学法学部教授—引用者）参考人の方から，そういう例がよその国であって問題になったというようなことが紹介されていたやに思いますけれども，類似の危惧を持っておるわけでございます。[78]

　満期釈放者に対する支援についても積極的に取り組むべきではないかという観点から質問が出されている。政府委員の答弁もそれに呼応するものであった。

　　満期釈放者について，釈放後の就労の確保が円滑な社会復帰のために極めて重要であるということは御指摘のとおりだと存じます。釈放後に就労支援を満期釈放者の中で希望する者がおりましたならば，刑事施設におきましては，保護観察所を出所したら訪ねなさいというふうに指導をいたしております。訪問を受けました保護観察所では，仮釈放者と同様に就労支援を実施いたしているというのが現状でございます。ただ，なかなか来ないという人も結構いるところでございます。
　　満期釈放者に対しては，釈放後速やかに就職することが重要だと考えております。また，刑事施設等に収容中の者の生活環境の調整につきまして，現行の犯罪者予防更生法におきましては必要があると認めるときに行うことができるという規定ですが，今度は必ず行わなきゃならないというような規定も設けました。そこで，保護観察所におきましては，刑事施設における職業訓練，職業指導の実施状況などにつきまして，釈放前の段階で今後一層詳細に把握をいたしまして，本人に適した就職先をハローワークと協働しながらあらかじめ確保するなど，釈放後の迅速的確な就労支援が実施できるように一層努めてまいりたいと存じます。[79]

　6月7日の参議院法務委員会では，法案の可決後，附帯決議の採決が行われ，次のような附帯決議が付せられた。

政府は，本法の施行に当たっては，次の事項について格段の配慮をすべきである。
1　本法の運用に当たっては，対象者の改善更生が再犯防止と一体のものとして行われるよう関係機関に周知徹底を図ること。また，更生保護の責務は国が負うべきものであることを踏まえ，その充実強化を図るため，十分な財政措置を講ずること。
2　更生保護の一層の充実を図るため，他の刑事司法機関との連携を強化し，情報の共有化に努めること。また，定住支援，就労支援などの自立更生支援の実効性を一層高めるため，社会福祉関係機関及び地方公共団体との更なる連携強化を図ること。
3　地方更生保護委員会の委員の任命に当たっては，積極的に民間人，特に，法律，精神医学，社会福祉等の専門家等のうちから男女のバランスにも考慮して登用するよう努めること。
4　仮釈放等の判断が適切に行われるよう仮釈放許可基準の見直し等を進め，その審理に当たっては，被害者等の意見が適切に反映されるとともに，そのことによって仮釈放等がいたずらに消極化しないよう十分に配慮すること。また，受刑者本人の仮釈放等への関与の機会の拡大や仮釈放等取消措置前の告知聴聞の機会の保障について引き続き検討を進めること。
5　実効性の高い保護観察を実施するために，特に，保護観察官の専門性の一層の強化及び大幅増員，保護観察所運営の改善に努めるとともに，保護司の待遇改善，新たな適任者の確保など保護司制度の一層の充実に努め，保護観察体制の着実な強化を図ること。
6　特別遵守事項の設定に当たっては，当該対象者の状況を十分に踏まえた現実に達成可能なものとするよう配意するとともに，その違反を機械的に不良措置に結び付けることがないよう，適正に運用すること。
7　満期釈放者や更生保護施設への入所を断られた者等への支援措置の在り方について，引き続き調査・研究を行い，必要な措置を講ずること。
8　保護観察対象者の改善更生を図る上で，更生保護施設の担う役割は大きく，その機能の拡充が緊要となっていることにかんがみ，十分な財政措置を含む支援を一層強化するとともに，公的な更生保護施設の設置・運営について調査・研究を進めること。

ここで注意しなければならないのは，法案の国会審議に先立って，修正の必要不可欠性について次のような指摘が既になされていたという点である。

　　本法案では，有識者会議の提言のうち監視（指導監督）の強化に関する規定のみが新設され，報告書がまがりなりにも提言していた「就労支援と定住支援の強

化」,「福祉との連携強化」などの社会復帰支援(補導援護,救護,更生緊急保護)に関する新たな方策は,法文上まったく盛り込まれていない。この点を明確に法の目的規定に盛り込むべきである。有識者会議の提言は社会復帰支援の充実と監督の強化という両輪を提言することでバランスを取ろうとしたのであり,社会復帰支援の充実策を欠いた提案は,著しくバランスを欠いており,非常に偏ったものと言わざるを得ない。本法案の志向は,運用次第では保護観察対象者に重大な人権侵害をもたらす危険がある。関連諸法を整理統合して更生保護基本法を制定しようとする本法案の基本的な枠組みは,更生保護対象者の法的地位の違いを踏まえた運用を条件とする限りは,基本的に支持できるが,上記のような重大な懸念を解消し,わが国の更生保護の目指すべき方向を指し示すためには,少なからぬ修正が不可欠である。[80]

　修正は不可欠だとして,具体的な修正の提案もいろいろなところから出されていたのである。衆議院本会議での討論において議員から修正の発言があったことは既に触れたが,修正の提案は参考人からも出された。例えば,2007(平成19)年4月27日の衆議院法務委員会に参考人として出席した弁護士の海渡雄一は,日本弁護士連合会としては「幾つかの点について思い切った修正をお願いしたいというふうに考えております」として,以下の点を挙げたからである。

　　第1点は,更生保護の目的に関してでございます。……(略)……最初から再犯防止を至上命題とし,治安維持的な立場で対象者に接すれば,先ほど森本さん(参考人＝保護司―引用者)から感動的なお話がありましたが,対象者と保護司さんとの信頼関係をつくり改善更生を助けるということもできず,結果として再犯を減らすこともできないという結果になりかねません。
　　したがって,法案の第1条の目的規定は,「目的」の「又は」以下は,これらの者が善良な社会の一員として自立し,改善更生することを助け,もって,これらの者が再び犯罪をすることを防ぎ,またはその非行をなくし,社会を保護し,個人及び公共の福祉を増進することを目的とするというぐあいに修正するべきであるというふうに考えます。
　　第2点は,国の責務に関してでございます。法案第2条第1項は,更生保護に関する国の責務について規定しています。更生保護は,施設内処遇と社会内処遇の双方にまたがる分野であり,組織の壁を越えて,法務省内の矯正,保護両部門が十分連携を図って行うべきであります。また,定住支援,就労支援などの問題に関しては,法務省と厚生労働省が組織の壁を乗り越えて連携すべきであると考えます。
　　第3点は,地方更生保護委員会の委員の任命についてでございます。法案には,

地方更生保護委員会の委員の任命について規定がございません。現状は，委員の大半が保護関係の機関の行政官のOBで占められているという実情にあるわけですが，これは，第三者たる審査機関には不適当と考えられます。……有識者会議の報告書におきましては，仮釈放審理が内輪で行われているとの批判にこたえるとともに，審理の公平性，的確性，透明性等を高めるため，地方更生保護委員会の委員に民間出身者等更生保護官署出身者以外の者も積極的に登用すべきである，精神医学，臨床心理学の専門家，社会福祉関係者，法律家等の多様な専門的知見を審理に活用すべきであるとされております。このような点を法案の中に具体化する，例えば，刑事施設視察委員会などに倣いまして，人格識見が高く，罪を犯した者の更生保護に熱意を有する者のうちから法務大臣が任命するといったような規定を法案に盛り込んでいただきたいと考えます。

　第4点は，仮釈放審理事務を行う人的資源についてでございます。……保護観察官が圧倒的に足りない。平成19年度，全体で43名増員されたというふうに伺っておりますが，まだまだ焼け石に水というのが実態でございます。保護観察官の抜本的な増員，事務局を担う人的資源の拡大，これは急務であると考えられます。

　第5点は，仮釈放の積極化についてでございます。……仮釈放は釈放に至るまでの基本的なステップである，原則としてすべての受刑者について仮釈放の可否の検討がなされるべきである，審査の機会が与えられるべきだと考えます。法案の34条1項は，仮釈放の基準については，すべて許可基準を法務省令にゆだねてしまっておりますけれども，有識者会議の提言においても，許可基準を改めて，運用準則を策定すべきだという意見が述べられております。仮釈放制度の刑事政策的意義……を踏まえて，仮釈放の運用をいたずらに萎縮させない，めり張りをつけた運用をすべきである。提言の中には，犯情軽微な覚せい剤事犯者については，簡易尿検査を含む処遇プログラムを受けることを条件に，相当早期に仮釈放を認めることが検討されるべきである，これは非常に正しい指摘だと思いますが，……このような提言を具体化できるような規定，例えば法案の34条1項に，法務省令で定める基準が，仮釈放制度の意義を踏まえ，適切かつ積極的な運用を促進するものであることを明確に書くべきであるというふうに考えます。また，法務省令で定める基準の中には，言い渡した刑期の3分の2の期間が経過したときといった具体的な規定を設けるべきではないかというふうに考えます。

　第6点は，仮釈放審理への受刑者本人の関与を認めるべきだという点でございます。可能な限り多くの者に仮釈放の機会を与えるために，受刑者本人から審理開始の申し出があった場合に職権によって審理を開始できること，仮釈放申請を棄却する場合には理由を告知すること，こういった点が提言の中ではっきりうたわれております。これは，法案に盛り込むことが予定されていた事項ではないかというふうに考えられます。ところが，現実にはこの点が法案に盛り込まれておりません。

　（略）

　第7点目は，仮釈放に当たっての犯罪被害者等からの意見聴取手続についてでご

ざいます。……被害者等と審理対象者の双方の意見，利益が適切に代弁され，改善更生の妨げにならないようにするためには，それぞれの対応に当たる保護司は明確に分け，かつ，必要な研修を行うなどの仕組みも不可欠であると考えます。
　　第8点目は，遵守事項についてでございます。……遵守事項の違反が直ちに不良措置に結びつくのではなく，あくまで他に適切な社会内処遇措置をとり得ない場合に限って取り消し等の不良措置に結びつく，この点は東京ルールズの14項の4にございます。このような点，国連の基準に従ったきめ細かな配慮というものが必要であると考えます。遵守事項の違反があった場合にも，まず警告を発するなどの手段を講ずるなど，弾力的な運用がなされるべきことが法に明確に規定されるべきだと考えます。法案の67条は，保護観察処分少年に対して，遵守事項違反に対する警告及び少年法26条の4第1項の決定の申請の規定を新設しようとしております。……このような処分は，少年を二重の危険にさらすおそれがあり，保護観察中の少年を極めて不安定な地位に置くことになります。法案67条については，ぜひ削除をしていただきたいというふうに考えます。
　　第9点目は，仮釈放を取り消す措置についてでございます。仮釈放の取り消しは，実質的には新たな拘禁措置を命ずる不利益性の高い処分であることは間違いありません。そのためには，適正な手続的な保障が不可欠でございます。仮釈放の取り消しには，行政手続法13条の趣旨に基づき，聴聞の機会が保障されるべきです。こういった手続的な保障を法に明記するべきだと考えます。[81]

　5月31日の参議院法務委員会に参考人として出席した九州大学大学院法学研究院教授の土井正和も理論的な角度から海渡とほぼ同じような内容の修正の意見を述べた。

　　まず第1は，法律の目的規定に関してでございます。法案は再犯の防止と改善更生を目的として併記していますが，私は，目的には基本的人権の尊重の文言を入れ，対象者の主体性を尊重しつつ，生活再建への社会的援助を提供することにより自立更生を支援することを規定すべきだと考えます。再犯防止は，更生保護の直接目的ではなく，反射的効果として位置付けるべきだと思います。……（略）……法案では，再犯防止目的が規定されるとともに，遵守事項が具体化，詳細化，規範化され，遵守事項違反による不良措置がとりやすくなっておりますが，監視機能を強化し，猶予処分や仮釈放の取消し，再収容を増加させれば，日本の刑務所の過剰収容は更に深刻化することになりましょう。……また，この目的規定に関しましては，更生保護法案と刑事被収容者処遇法の目的規定との間に落差があるように思われます。と申しますのは，刑事被収容者処遇法は，受刑者の基本的人権の尊重と社会復帰の促進を目的として掲げ，社会との連携，保護機関等との緊密な協力を目指しているのに対し，更生保護法案第1条は，対象者の再犯，再非行防止をまず規定

し，次に自立及び改善更生への援助を規定しているからであります。そのことにより，対象者の監視，監督による統制機能の強化が前面に出され，対象者の生活再建のための福祉的援助の提供が後退させられることになりはしないかと危惧されます。
（略）
　第2の論点は，適正手続の保障についてであります。憲法第31条の保障する適正手続の保障は，刑事司法手続のすべての段階に及ぶものであって，更生保護にも当然妥当するものであります。保護観察によって課せられる制限や条件が，遵守事項という形で多かれ少なかれ人権制約的な性格を持ち得ることを否定できない以上，対象者の人権が不当に侵害されないように，課せられる制限及び条件は適法かつ合理的なものでなければならず，またその制限について，適切な情報が提供され異議を申し立てる機会等の手続保障がなされなければなりません。
　第1に，比例の原則が適用されなければなりません。法案第3条は，改善更生のために必要かつ相当な程度において行うものとすると，その趣旨を規定しております。そこで，例えば，一般遵守事項あるいは特別遵守事項を設定する際に，いかなる根拠でいかなる程度の権利制約が可能なのか，またいかなる手続で設定されるべきかが検討されなければならないと思われます。
　第2に，対象者への情報の提供と情報の管理が必要であります。遵守事項や更生保護における手続保障について十分な情報の提供が行われることは，対象者との信頼関係を形成していく前提であります。この点で法案は，対象者の情報の収集と状況把握について詳細な遵守事項を定めていますが，逆に対象者の主体性を尊重した説明責任についての規定が少ないように思います。
　第3に，遵守事項違反に対する形式的対応の抑制であります。遵守事項の明確化が遵守事項違反による不良措置の形式化を招くものであってはなりません。猶予や仮釈放の取消しに直結させるのではなく，代替的措置を考慮し取消しによる施設収容は最終手段とすべきだと思います。
　第4に，引致はもちろんのこと，留置手続についても裁判所に不服申立てができる手続的保障が必要だと思います。
（略）
　第5に，不服申立て権が保障されなければなりません。法案92条は，地方委員会が決定をもってした処分に不服がある者は審査請求をすることができることになっております。しかし，規定によると，審査請求の対象となる範囲があいまいであると同時に狭過ぎると思われます。この法案において決定をもってなされる処分は非常に少なく，しかも対象者にとって，仮釈放の不許可決定のように非常に重大な処分が審査対象である地方委員会の決定という扱いになっていないため，審査請求の対象となっておりません。
　適正手続に関連し，第3の論点として仮釈放制度を取り上げたいと思います。仮釈放制度は，受刑成績の良い受刑者に恩恵として与えるものではなく，身体拘束が

もたらす弊害を除去し，生活を再建するための援助措置と位置付けるべきであり，本来すべての受刑者に仮釈放の可否が審査される機会を保障すべきであると考えます。……法案第34条1項は，仮釈放の基準について法務省令にゆだねておりますが，たとえ行政的裁量だとはいえ，受刑者の身分の変更を伴う重要な過程であることを考慮すれば，本来法律に規定すべきだと考えます。法案は，仮釈放の申請権も審理における聴聞手続も認めておりません。地方委員会による事実上の仮釈放不許可決定を不服申立ての対象である決定にも含めていないために，受刑者は事実上の仮釈放不許可決定に対して何らの不服申立てもできない構造になっております。
（略）

　第4の論点は，保護観察についてであります。法案第3条が，法の運用について個別的処遇と比例原則を規定していることは評価できます。さらに，対象者の主体性を尊重し，対象者との信頼関係を構築することが更生保護の形成原則とされなければならないことを明記すべきだと思います。法案には，対象者の権利や主体性の尊重に関する規定が余り見られません。しかし，保護観察対象者の社会復帰が成功するかどうかは，保護観察の担い手と対象者との間に協力関係が築けるかどうかに懸かっています。……（略）……法案第3条は，対象者の主体性の尊重に関する規定を置いておらず，第1条に規定する再犯防止との関係で強制的処遇を前提としているように思われます。しかし，それは対象者との信頼関係の構築を困難にするばかりか，処遇効果の点でも疑問があります。そのため，更生保護機関と対象者との間には，社会的援助を提供する場合であっても，更生緊急保護の場合は本人の申出，保護観察の場合は助言，説得と同意，納得の関係が前提とされなければならないことを明記すべきだと思います。

　法案では，一般遵守事項の内容が大きく書き換えられております。言わば，遵守事項が社会復帰に資するものとしてではなく，再犯防止のための監視に資するものとして構成されており，対象者にとって権利制約の強いものになっております。法案第50条1項では，再犯，再非行しないようにする文言が加えられていますが，健全な生活態度は社会復帰ないし生活再建のための目標とされるべきであり，単に再犯防止意識を植え付けようということであるならば不適当ではないかと思われます。また，同条では，有識者会議提言に沿って，呼出し，往訪受入れ，来訪受諾義務，生活状況報告義務，住居設定・届出義務，居住義務などが規定されておりますが，保護観察の対象となるすべての者にこれらの義務を課すことが果たして適当か，権利制約の範囲として妥当なものかについてはなお精査が必要だというふうに思われます。また，法案第52条及び53条では，遵守事項の設定，変更，取消しについて規定されています。この点について，保護観察の対象となっている本人からの申請が可能なのか，本人において手続中どのような関与ができるのかが明らかでありません。本人の意向を参酌する規定を置くべきだと思います。

　最後に，自立更生は本人の自覚に訴え，信頼関係を築きながら，その協力の下に援助的処遇を行うことが必要ですから，本人の主体的な関与を必要とする旨の規定

を置くべきだということを強調して，私の意見とさせていただきたいと思います。[82]

　しかし，これらの修正提案が国会審議で活かされるということはなかった。国会審議はある特徴を共有していた。この特徴を如実に示したのは参議院本会議における採決であった。すなわち，投票総数184，賛成184，反対0という数字がそれであった。改革のスピードに問題があるとか，積み残された課題が多いとか，もう少し規定の整備が必要ではないかとか，裏付けとなる予算や定員の確保が不十分ではないかとか，いろいろな問題点は確かにある。だからといって修正がなければ反対だというものでもない。このような認識が共有されていたからである。

　更生保護法の制定に当たって隠されたキーワードとなったのは，有識者会議の提言の場合と同様，「国民の理解の拡大」であり，そのために「犯罪被害者等の理解」をどう得るかという問題であった。それは，参議院法務委員会に参考人として招かれた全国保護司連盟副理事長の宮川憲一がその参考人発言の中で，新たに設けられた「犯罪被害者等に関する規定」について次のように述べている点からも明らかであろう。

> このたびの法案の大きな課題に犯罪被害者の方々に対する更生保護からのアプローチがあります。私どもは，従来から，対象者に対して自らの犯した罪が社会や被害者にどれほどの迷惑や苦痛を与えたかについて話し，反省をさせて本人の更生に役立ててまいりました。特に，恩赦の完成という点では，御遺族の方々にも本人の改悛の状を伝達して慰謝に努めてまいりましたが，今後は，可能な限り被害者の視点を取り入れた，より効果的で社会性のある贖罪指導を進めなければならないと志を新たにいたしまして，既に研修を始めております。いつの日にか，加害者が許しを請い，許しを得て，被害者と和解することを期待し，修復的司法とも言うべきものとして成功させることこそ，私ども更生保護の理想であり仕事ではないかと思っております。[83]

　更生保護法案第1条が「この法律は，犯罪をした者及び非行のある少年に対し，社会内において適切な処遇を行うことにより，再び犯罪をすることを防ぎ，又はその非行をなくし，これらの者が善良な社会の一員として自立し，改善更生することを助けるとともに，恩赦の適正な運用を図るほか，犯罪予防の活動の促進等を行い，もって，社会を保護し，個人及び公共の福祉を増進する

ことを目的とする」と規定したことから，更生保護の目的は改善か再犯防止かという論争が前述したように国会審議においてもみられた。この改善，再発防止に加えて，更生保護制度の隠された目的として「国民の理解」，とりわけ「犯罪被害者等の理解」が付け加えられるようになったといえようか。そして，それは改善か再発防止かという論争にも大きな影響を及ぼしていくことになった。改善を主張する論者といえども「犯罪被害者等の理解」をどう得るかという問題を避けて通ることができなくなったからである。しかし，この問題が国会審議において十分に認識されることは未だなかった。その後，問題は顕在化し，改善を主張する論者等は「修復的司法」に接近していった。そして，この「修復的司法」が，政府が総合的な犯罪被害者対策の実行を棚上げにするなかで「絵に描いた餅」に陥れば陥るほど更生保護は再発防止に傾斜するという流れが形成されることになった。

　法案は2007（平成19）年6月15日，法律第88号として公布された。施行は翌2008（平成20）年6月1日からとされた。これにより犯罪者予防更生法と執行猶予者保護観察法は廃止された。

5　保護司制度の基盤整備に関する検討会の提言

　2011（平成23）年3月，法務省保護局長の下に「保護司制度の基盤整備に関する検討会」が設置された。設置の経過が次のように述べられている。

> 　「更生保護のあり方を考える有識者会議」（座長・野沢太三元法務大臣。以下「有識者会議」という。）の「更生保護制度改革の提言―安全・安心の国づくり，地域づくりを目指して―」（平成18年6月27日）を受け，平成20年6月1日には，更生保護の基本法である「更生保護法」が全面的に施行されたのを始め，これまで官民が力を合わせて更生保護制度改革を推進し，罪を犯した人の立ち直りとその再犯の防止について様々な施策が実施されてきた。また，この間，裁判員裁判制度の導入などの影響もあり，更生保護に対する国民の関心と期待が高まるなどの歓迎すべき変化も見てとれる。こうした国民の期待に応えるためには，引き続き，強じんな保護観察の実現に努めていくことが重要である。他方，同提言は，更生保護制度に対する国民や地域社会の理解を拡大し，更生保護の基盤となる「民間」の活動をより強固なものにすることが必要であると指摘している。新法に基づく保護観察等の実務も定着し，一定の目に見える成果が上がってきたが，この民間活動の基盤強化の

点については，未だ道半ばという印象がぬぐえない。

近年，薬物やアルコール依存，高齢，精神疾患，発達障害など保護観察対象者の抱える問題が複雑・多様化しているほか，家族関係や地域のつながりの希薄化が進み，家族や地域の協力が得られない対象者が増加し，さらに現在の厳しい社会経済情勢を背景として自立困難な対象者が増加するなど，更生保護に対する国民の関心と期待が高まる中で，保護司の処遇活動はますます困難化しており，個々の保護司の力だけでは立ち直りを実現することが難しくなってきている。

そして，処遇活動の困難化もその一因と考えられるが，様々な要因によって保護司にふさわしい人材の確保が難しくなっている。

こうした中，平成22年7月には，茨城県の保護司の自宅が，担当する保護観察対象者の放火によって全焼するという誠に不幸な事件が発生し，全国の保護司に大きな衝撃を与えるとともに，保護司活動に対する不安が高まった。

さらに，平成22年2月に法制審議会から法務大臣に答申があった，刑の一部の執行猶予制度及び社会貢献活動に関する法整備については，平成23年10月に召集された第179回国会に刑法等の改正案が提出され，参議院は全会一致で可決されたものの衆議院において継続審議となっている。刑の一部の執行猶予制度が導入された場合には，薬物事犯を中心に保護観察事件等が増加することが予想される。

そこで，保護司制度を充実させるための基盤整備の在り方について検討するため，法務省保護局長により本検討会が設けられたものである。[84]

検討会の座長には宮川憲一・全国保護司連盟副理事長が就任し，11名の委員には全国各地から多様な経験や役職にある保護司が集まった。また，学識経験委員として炭谷茂・社会福祉法人恩賜財団済生会理事長，松原忠義・東京都大田区長の2名も参加した。会議は第1回（2011年3月9日）以来，約1年間にわたって検討を重ね，第7回（2012年3月5日）にまで及んだ。おおむね2か月に1回のペースで検討が重ねられた。会議では，①保護司活動の困難化，保護司に対する国民の期待の高まり等，社会の変化に即した保護司環境の整備，②保護司適任者の確保と育成，③地域との連携強化，④保護司組織の積極的な役割，⑤被災地における更生保護体制の再構築，等について意見交換が行われた。そして，国から，①刑の一部の執行猶予制度等，②平成24年度更生保護関係予算案，等について説明が行われた。

検討会では第7回の会議で報告書が取りまとめられ，保護局長に提出された。報告書は「はじめに」「第1　保護司制度の現状と課題」「第2　保護司制度の基盤整備の方向性」「おわりに」からなっており，さらに「第2　保護司制度の基盤整備の方向性」は「1　保護司候補者の確保と保護司の育成」「2　社会

の変化に即した保護司の活動環境の整備」「3　地域との連携強化」「4　保護司組織の積極的な役割」「5　被災地における更生保護体制の再構築」からなっている。

　このうち,「保護司候補者の確保と保護司の育成」で扱われる項目は,（1）保護司候補者検討協議会の全保護司会への設置と効果的な運営,（2）新任時の年齢制限の見直し,（3）委嘱手続への地方公共団体の参画,（4）保護観察所が行う研修の改善,（5）新任保護司への事件担当機会の早期確保,保護司同士による支援体制の整備,である。

　注目されるのは「4　保護司組織の積極的な役割」で,（1）保護司活動の拠点である「更生保護サポートセンター」の拡充,（2）保護司会の財政基盤と事務局機能の強化,（3）保護司相互の情報交換の場である「地域処遇会議」の積極的な開催,（4）新任保護司会長に対する研修の実施,（5）保護司会連合会の役割強化,（6）保護観察所における保護司組織の支援体制の在り方,に細別して各論じられている。

　「保護司会の財政基盤と事務局機能の強化」については次のように提言されている。

　　ア　保護司会の任務遂行に伴う費用を弁償することを目的として,平成19年度から「保護司会活動分担費」が予算化されたところ,当初の約1億7600万円（保護司会1か所当たり平均約20万円）から,平成24年度政府予算案では約6億1000万円（保護司会1か所当たり平均約70万円）が計上されており,収入に占める同費目の額・割合はいずれも大幅に増加している。しかしながら,多くの保護司会においては,地方公共団体等からの補助金・助成金が削減又は廃止されており,保護司会活動に対する期待が増大する中で,財政基盤がむしろ弱体化している。保護司会活動の充実強化に当たって,財政基盤の強化は不可欠であり,引き続き国による予算措置の充実が望まれる。

　　イ　他方,保護司会の組織活動に対する予算措置の増加に伴い,保護司会における会計処理事務は,質・量ともに大きくなっている。保護司会も公的な組織であり,かつ,相当額の国費が支給されている以上,本年度から導入された収支予算（決算）書の様式及びその勘定科目に沿って会計処理を行うことを始め,引き続き,適正かつ透明な会計処理に配慮しなければならない。しかし,現在,約四分の三の保護司会では,保護司会長等の保護司や保護司関係者が保護司会事務を担っており,当該保護司等に物心両面にわたって過重な負担を掛けているのが現実である。そのため,法務省においては,保護司会事務局機能を強化し,前記保

護司等の負担軽減を図る観点から，事務担当保護司の配置経費を予算化するとともに，会計処理の簡素化について検討することが必要である。さらに，保護観察所及び保護司会連合会においては，定期的に保護司会事務担当者に対する研修を行うなど，必要な支援を行うことが求められる。
　ウ　なお，かつては，保護司会活動に対する国の予算措置が乏しかったこともあるが，保護司の使命を実現するため，個々の保護司が会費を出し合ったり，地域住民から寄附を集めて保護司会活動を行ってきた歴史がある。もとより，更生保護は国の刑事政策の一環であるが，自発的な活動を展開するため，あるいは啓蒙活動の一環として，会費を出し合ったり地域住民から寄附を集めることの意義は，保護司自らがもっと理解することが重要である。[85]

「保護司会連合会の役割強化」についても次のように提言されている。

　保護司会の充実強化に当たっては，保護観察所管内の保護司会によって組織され，連絡調整等を担う保護司会連合会の役割強化も重要である。……今後，次のような役割を充実していくことが考えられる。
　ア　先駆的又は効果的取組の紹介，保護司会の各専門部会長や企画調整保護司の意見交換等，保護司会間の情報交換の場の提供
　イ　保護観察所が行う基礎的な保護司研修の受託を始め，主体的な研修の実施
　ウ　協力雇用主の開拓や社会貢献活動先の開拓等，他の更生保護団体と連携して行う社会復帰のための受皿の開拓・整備
　エ　保護司会事務の支援[86]

「保護観察所における保護司組織の支援体制の在り方」についても次のように提言されている。

　更生保護改革以後の保護観察所では，庶務や会計等を担っている企画調整課が保護司組織に関する事務も所掌することになっている。しかし，保護司組織の任務は，そもそも保護観察処遇等の保護司の職務を支援するものである上，個々の保護司が行う処遇活動が困難化する中で，これまで指摘してきたような保護司相互による処遇協議や情報交換の開催，処遇に有効な地域の関係機関・団体に関する情報の収集とこれら機関・団体との連携の推進など，今後，保護司組織による組織的な活動支援の充実が求められていることから，処遇部門の保護観察官も保護司会運営に積極的に関与し，支援等を行っていくことが不可欠である。なお，近年新たな方策として取り組まれている「更生保護サポートセンター」や「地域処遇会議」なども，こうした保護司会による組織的な活動支援を充実する一環として推進されているものであり，これらが有効に機能するためには，企画調整課の担当者だけでな

く，個々の保護司に接する機会の多い処遇部門の保護観察官も，施策の内容を熟知することが必要である。[87]

　検討会の提言では，保護司関係の予算等はかなり増加しているもののまだまだ足りない。保護司候補者の確保や保護活動の充実等のためにも保護司組織体の役割を強化しなければならないが，強化のためには支援態勢のあり方を見直すことも必要だとされている。保護観察官の増員問題も深刻であったが，保護司および保護司組織の問題も深刻であった。更生保護法の制定によって問題が大幅に改善されたかというとそうではなかったことは上のような検討会の提言からも明らかであろう。

6　刑法等の一部を改正する法律案及び薬物使用等の罪を犯した者に対する刑の一部の執行猶予に関する法律案

　参議院本会議は通過したものの衆議院でストップしていた刑法等の一部を改正する法律案及び薬物使用等の罪を犯した者に対する刑の一部の執行猶予に関する法律案は，2013（平成25）年に入ると再び動き始めた。法案の国会審議は，同年5月28日（参議院法務委員会で趣旨説明），同5月30日（参議院法務委員会で質疑，採決，附帯決議），翌6月5日（参議院本会議で委員長報告，採決），同月7日（衆議院法務委員会で趣旨説明，質疑），同月11日（質疑，採決，附帯決議），同月13日（衆議院本会議で委員長報告，採決，可決成立）という経過を辿ったからである。

　5月28日開催の参議院法務委員会における提案趣旨説明は次のようなものであった。

　　　刑法等の一部を改正する法律案及び薬物使用等の罪を犯した者に対する刑の一部の執行猶予に関する法律案について，その趣旨を便宜一括して御説明いたします。
　　　近年，我が国においては，犯罪をした者のうち再犯者が占める割合が少なくない状況にあることから，再犯防止のための取組が政府全体の喫緊の課題となっており，効果的かつ具体的な施策を講ずることが求められています。この両法律案は，犯罪者の再犯防止及び改善更生を図るため，刑の一部の執行猶予制度を導入するとともに，保護観察の特別遵守事項の類型に社会貢献活動を行うことを加えるなどの

法整備を行おうとするものです。

　この両法律案の要点を申し上げます。

　第1は、刑の一部の執行猶予制度の導入であります。現行の刑法の下では、懲役刑又は禁錮刑に処する場合、刑期全部の実刑を科すか、刑期全部の執行を猶予するかの選択肢しかありません。しかし、まず刑のうち一定期間を執行して施設内処遇を行った上、残りの期間については執行を猶予し、相応の期間、執行猶予の取消しによる心理的強制の下で社会内において更生を促す社会内処遇を実施することが、その者の再犯防止、改善更生のためにより有用である場合があると考えられます。他方、施設内処遇と社会内処遇とを連携させる現行の制度としては、仮釈放の制度がありますが、その社会内処遇の期間は服役した残りの期間に限られ、全体の刑期が短い場合には保護観察に付することのできる期間が限定されることから、社会内処遇の実を十分に上げることができない場合があるのではないかという指摘がなされているところです。そこで、刑法を改正して、いわゆる初入者、すなわち、刑務所に服役したことがない者、あるいは刑務所に服役したことがあっても出所後5年以上経過した者が3年以下の懲役又は禁錮の言渡しを受ける場合、判決において、その刑の一部の執行を猶予することができることとし、その猶予の期間中、必要に応じて保護観察に付することを可能とすることにより、その者の再犯防止及び改善更生を図ろうとするものです。

　また、薬物使用等の罪を犯す者には、一般に、薬物への親和性が高く、薬物事犯の常習性を有する者が多いと考えられるところ、これらの者の再犯を防ぐためには、刑事施設内において処遇を行うだけでなく、これに引き続き、薬物の誘惑のあり得る社会内においても十分な期間その処遇の効果を維持、強化する処遇を実施することがとりわけ有用であると考えられます。そこで、薬物使用等の罪を犯した者に対する刑の一部の執行猶予に関する法律を制定し、薬物使用等の罪を犯した者については、刑法上の刑の一部執行猶予の要件である初入者に当たらない者であっても、刑の一部の執行猶予を言い渡すことができることとするとともに、その猶予の期間中必要的に保護観察に付することとし、施設内処遇と社会内処遇との連携によって、再犯防止及び改善更生を促そうとするものです。この刑の一部の執行猶予制度は、刑の言渡しについて新たな選択肢を設けるものであって、犯罪をした者の刑事責任に見合った量刑を行うことには変わりがなく、従来より刑を重くし、あるいは軽くするものではありません。

　第2は、保護観察の特別遵守事項の類型に「善良な社会の一員としての意識の涵養及び規範意識の向上に資する地域社会の利益の増進に寄与する社会的活動を一定の時間行うこと。」、いわゆる社会貢献活動を行うことを加えるなどの保護観察の充実強化のための法整備であります。保護観察対象者に社会貢献活動を行わせることにより、善良な社会の一員としての意識の涵養及び規範意識の向上を図ることは、その再犯防止及び改善更生のために有益であると考えられることから、更生保護法を改正して、社会貢献活動を義務付けることを可能とするほか、規制薬物等に対す

る依存がある者に対する保護観察の特則を定めるものです。
　このほか，所要の規定の整備を行うこととしております。
　以上が，刑法等の一部を改正する法律案及び薬物使用等の罪を犯した者に対する刑の一部の執行猶予に関する法律案の趣旨であります。[88]

　このうち，刑法等の一部を改正する法律案の内容は次のようなものであった。

　　（刑の一部の執行猶予）
　　第二十七条の二　次に掲げる者が三年以下の懲役又は禁錮の言渡しを受けた場合において，犯情の軽重及び犯人の境遇その他の情状を考慮して，再び犯罪をすることを防ぐために必要であり，かつ，相当であると認められるときは，一年以上五年以下の期間，その刑の一部の執行を猶予することができる。
　　　一　前に禁錮以上の刑に処せられたことがない者
　　　二　前に禁錮以上の刑に処せられたことがあっても，その刑の全部の執行を猶予された者
　　　三　前に禁錮以上の刑に処せられたことがあっても，その執行を終わった日又はその執行の免除を得た日から五年以内に禁錮以上の刑に処せられたことがない者
　　２　前項の規定によりその一部の執行を猶予された刑については，そのうち執行が猶予されなかった部分の期間を執行し，当該部分の期間の執行を終わった日又はその執行を受けることがなくなった日から，その猶予の期間を起算する。
　　３　前項の規定にかかわらず，その刑のうち執行が猶予されなかった部分の期間の執行を終わり，又はその執行を受けることがなくなった時において他に執行すべき懲役又は禁錮があるときは，第一項の規定による猶予の期間は，その執行すべき懲役若しくは禁錮の執行を終わった日又はその執行を受けることがなくなった日から起算する。
　　（刑の一部の執行猶予中の保護観察）
　　第二十七条の三　前条第一項の場合においては，猶予の期間中保護観察に付することができる。
　　２　前項の規定により付せられた保護観察は，行政官庁の処分によって仮に解除することができる。
　　３　前項の規定により保護観察を仮に解除されたときは，第二十七条の五第二号の規定の適用については，その処分を取り消されるまでの間は，保護観察に付せられなかったものとみなす。

（刑の一部の執行猶予の必要的取消し）

第二十七条の四　次に掲げる場合においては，刑の一部の執行猶予の言渡しを取り消さなければならない。ただし，第三号の場合において，猶予の言渡しを受けた者が第二十七条の二第一項第三号に掲げる者であるときは，この限りでない。

　一　猶予の言渡し後に更に罪を犯し，禁錮以上の刑に処せられたとき。
　二　猶予の言渡し前に犯した他の罪について禁錮以上の刑に処せられたとき。
　三　猶予の言渡し前に他の罪について禁錮以上の刑に処せられ，その刑の全部について執行猶予の言渡しがないことが発覚したとき。

（刑の一部の執行猶予の裁量的取消し）

第二十七条の五　次に掲げる場合においては，刑の一部の執行猶予の言渡しを取り消すことができる。

　一　猶予の言渡し後に更に罪を犯し，罰金に処せられたとき。
　二　第二十七条の三第一項の規定により保護観察に付せられた者が遵守すべき事項を遵守しなかったとき。

（刑の一部の執行猶予の取消しの場合における他の刑の執行猶予の取消し）

第二十七条の六　前二条の規定により刑の一部の執行猶予の言渡しを取り消したときは，執行猶予中の他の禁錮以上の刑についても，その猶予の言渡しを取り消さなければならない。

（刑の一部の執行猶予の猶予期間経過の効果）

第二十七条の七　刑の一部の執行猶予の言渡しを取り消されることなくその猶予の期間を経過したときは，その懲役又は禁錮を執行が猶予されなかった部分の期間を刑期とする懲役又は禁錮に減軽する。この場合においては，当該部分の期間の執行を終わった日又はその執行を受けることがなくなった日において，刑の執行を受け終わったものとする。

　　　第二十九条の見出し中「取消し」を「取消し等」に改め，同条第二項中「とき」の下に「，又は前項の規定により仮釈放の処分が効力を失ったとき」を加え，同項を同条第三項とし，同条第一項の次に次の一項を加える。

　2　刑の一部の執行猶予の言渡しを受け，その刑について仮釈放の処分を受けた場合において，当該仮釈放中に当該執行猶予の言渡しを取り消されたときは，その処分は，効力を失う。

　他方，薬物使用等の罪を犯した者に対する刑の一部の執行猶予に関する法律案も次のようなものであった。

（趣旨）

第一条　この法律は，薬物使用等の罪を犯した者が再び犯罪をすることを防ぐため，刑事施設における処遇に引き続き社会内においてその者の特性に応じた処遇を実施することにより規制薬物等に対する依存を改善することが有用であることに鑑み，薬物使用等の罪を犯した者に対する刑の一部の執行猶予に関し，その言渡しをすることができる者の範囲及び猶予の期間中の保護観察その他の事項について，刑法（明治四十年法律第四十五号）の特則を定めるものとする。

（定義）

第二条　この法律において「規制薬物等」とは，大麻取締法（昭和二十三年法律第百二十四号）に規定する大麻，毒物及び劇物取締法（昭和二十五年法律第三百三号）第三条の三に規定する興奮，幻覚又は麻酔の作用を有する毒物及び劇物（これらを含有する物を含む。）であって同条の政令で定めるもの，覚せい剤取締法（昭和二十六年法律第二百五十二号）に規定する覚せい剤，麻薬及び向精神薬取締法（昭和二十八年法律第十四号）に規定する麻薬並びにあへん法（昭和二十九年法律第七十一号）に規定するあへん及びけしがらをいう。

2　この法律において「薬物使用等の罪」とは，次に掲げる罪をいう。

一　刑法第百三十九条第一項若しくは第百四十条（あへん煙の所持に係る部分に限る。）の罪又はこれらの罪の未遂罪

二　大麻取締法第二十四条の二第一項（所持に係る部分に限る。）の罪又はその未遂罪

三　毒物及び劇物取締法第二十四条の三の罪

四　覚せい剤取締法第四十一条の二第一項（所持に係る部分に限る。），第四十一条の三第一項第一号若しくは第二号（施用に係る部分に限る。）若しくは第四十一条の四第一項第三号若しくは第五号の罪又はこれらの罪の未遂罪

五　麻薬及び向精神薬取締法第六十四条の二第一項（所持に係る部分に限る。），第六十四条の三第一項（施用又は施用を受けたことに係る部分に限る。），第六十六条第一項（所持に係る部分に限る。）若しくは第六十六条の二第一項（施用又は施用を受けたことに係る部分に限る。）の罪又はこれらの罪の未遂罪

六　あへん法第五十二条第一項（所持に係る部分に限る。）若しくは第五十二条の二第一項の罪又はこれらの罪の未遂罪

（刑の一部の執行猶予の特則）

第三条　薬物使用等の罪を犯した者であって，刑法第二十七条の二第一項各号に掲げる者以外のものに対する同項の規定の適用については，同項中「次に掲げる者が」とあるのは「薬物使用等の罪を犯した者に対する刑の一

部の執行猶予に関する法律（平成二十五年法律第五十号）第二条第二項に規定する薬物使用等の罪を犯した者が，その罪又はその罪及び他の罪について」と，「考慮して」とあるのは「考慮して，刑事施設における処遇に引き続き社会内において同条第一項に規定する規制薬物等に対する依存の改善に資する処遇を実施することが」とする。
（刑の一部の執行猶予中の保護観察の特則）
第四条　前条に規定する者に刑の一部の執行猶予の言渡しをするときは，刑法第二十七条の三第一項の規定にかかわらず，猶予の期間中保護観察に付する。
　2　刑法第二十七条の三第二項及び第三項の規定は，前項の規定により付せられた保護観察の仮解除について準用する。
（刑の一部の執行猶予の必要的取消しの特則等）
第五条　第三条の規定により読み替えて適用される刑法第二十七条の二第一項の規定による刑の一部の執行猶予の言渡しの取消しについては，同法第二十七条の四第三号の規定は，適用しない。
　2　前項に規定する刑の一部の執行猶予の言渡しの取消しについての刑法第二十七条の五第二号の規定の適用については，同号中「第二十七条の三第一項」とあるのは，「薬物使用等の罪を犯した者に対する刑の一部の執行猶予に関する法律第四条第一項」とする。

　2013（平成25）年5月30日の参議院法務委員会における両法案についての質疑でまず出されたのは再犯率で，次のように答弁された。

　　再犯率を見る1つの指標といたしまして累積再犯率というものがございます。例えば，平成19年に刑事施設を出所した者がその後5年以内に再び刑務所に戻ってくるという者の割合，いわゆる累積再犯率でございますが，これを見てみますと，満期釈放者について見ますと，全体は51.6％でございますが，お尋ねのありました覚醒剤事犯で入所していた者につきましては58.5％ということで，全体よりも7％程度高くなっているというのが実情でございます。
　　また，仮釈放者について見ますと，全体では累積再入率29.3％でございますが，覚せい剤取締法違反により入所していた者の累積再入率は42.6％ということで，13％ぐらい高くなっておりまして，覚醒剤事犯者は他の罪種により入所していた者と比較して再犯率が高いということが言えるというふうに考えております。
　　また，仕事の関係でございます。平成23年に保護観察が終了した者につきまして調べましたところ，終了時の職業で有職であった者，仕事があった者の再犯率は7.2％でありましたが，仕事がなかった無職者の再犯率は27.2％ということになっておりまして，無職者の再犯率は有職者の4.2倍となっております。さらに，これ少し広げまして平成14年から23年の間の累計を見てみますと，この数が約5倍にま

で広がっているということでございます。[89]

　一部執行猶予制度を導入した場合，どのぐらいの言渡しがあると予測されるかという質問に対しても次のように答弁されている。

> 　今回のこの法律で一部執行猶予制度というものを入れた場合に，年間どのくらいの事件について一部執行猶予の言渡しがあるのか，そのうちどのくらいに保護観察を付するのかというのは率直に言ってなかなか予想は難しいところでございますが，……あえて申し上げれば，現在の統計から推計いたしますと，年間2000人ないし3000人程度が年間新たに増加する保護観察対象者となる可能性があるというふうに一応今見ております。こういった認識の上にどうしていくかということでございますが，この刑の一部の執行猶予制度の実施に当たりましては，成立後，施行までに準備期間もございますので，その間に当然，関係機関や団体等々とより一層緊密な協議，連携を図っていかなければなりませんが，保護観察事件数の動向や，それから保護観察官，それから保護司の業務負担などの今の状況を踏まえますと，必要となる実施体制の準備もこれは考えていかなければならないと思います。ここはもう少し詰めて考えて努力をしていきたいと思っております。[90]

「今度の新しい一部執行猶予制度が取り入れられますと，年間2000人から3000人程度観察対象者が増えるというふうに予測しております。」[91]と答弁されている。

　今回の法改正で全部実刑，一部執行猶予，全部執行猶予の３種類となったが，その分水嶺はという質問についても次のように答弁されている。

> 　今回のこの一部執行猶予制度，これは施設内処遇に引き続いて，必要そしてかつ相当な期間，執行猶予の取消しによる心理的強制の下で社会内処遇を実施して，そして再犯防止，改善更生を図るということが趣旨でございます。そういった観点から，この法律案では，犯情の軽重，それから犯人の境遇そのほかの情状を考慮して，刑事責任の観点から相当であり，さらに再び犯罪をすることを防ぐために必要かつ相当であると認められるときといった要件の下で刑の一部の執行猶予を言い渡すことができるものとしております。したがいまして，裁判所は，刑事責任の軽い重い等々から見て，一部でも実刑を言い渡すことが相当でない者については今までと同じように刑の全部の執行猶予の判決を言い渡すことになると，こういうことだろうと思います。他方，その刑事責任の軽い重い，軽重を踏まえつつ，施設内処遇に引き続き十分な社会内処遇を実施して，再犯防止，改善更生を図ることが必要かつ相当であるという者については一部執行猶予を言い渡す，こういうことが考えら

れるところでございます。

　それから、法令の定めにより執行猶予を付し得ない場合はもちろんでございますが、刑事責任が重大で、刑の一部でも執行を猶予することが再び犯罪をすることを防ぐために必要ではない又は相当ではない、こういう者につきましては全部実刑の判決を言い渡すこととなると。ちょっと、やや概括的でございますが、こういうことだろうと思います。しかし、こういった要件の判断に当たりましては、裁判所において刑事責任に見合った科刑の実現という観点、それから被告人の再犯防止、改善更生を図るといういわゆる特別予防の観点から、事案ごとに個別的事情を勘案してその該当性を判断することになりますので、一律に示すのはなかなか、今お問いかけでございますが、難しいなと、概括的に申し上げると今のようなことになるのかなということでございます。[92]

このように十分な答弁はなされていない。薬物事犯の処遇についても質問が出されているが、これに対する答弁も次のようなものであった。

　昨年10月から薬物事犯者に対するプログラムあるいは地域支援ガイドライン案というのをやって、あるわけでございますが、まず、規制薬物全般に対応できるように新たに薬物処遇プログラムというのを開発いたしましたが、これについては、一部猶予制度の施行に先駆けまして、昨年の10月から覚醒剤事犯者を対象として全国の保護観察所で実施しております。それから、地域支援ガイドライン、これは案でございますが、これに基づく試行事業などにつきましては、医療・福祉機関と各保護観察所との間で協議を行いまして、平成24年度に23の保護観察所で実施をしておりまして、本年では34の保護観察所に拡大して実施しているということでございます。

　それから、問題点や改善点につきましては、本年度、薬物依存治療の専門家等を構成員とする研究会というのがございますが、ここにおきまして実施状況を検証しまして、プログラム実施体制や、医療あるいは福祉機関との連携の在り方も含めて整理、検討することとしておりますが、当面、薬物処遇プログラムにつきましては、実施対象者を覚醒剤事犯者だけではなくて大麻などの薬物事犯者全体に拡大して実施していこうと。

　それから、地域支援ガイドラインの案につきましては、医療・福祉機関等との更なる連携に努めまして、これを全国50の保護観察所にまで拡大して実施していくことがそれぞれ課題ではないかと考えております。

　先ほどお話しした専門家等を構成員とする研究会で問題点や改善点を整理、検討していただいて、その協議内容を踏まえまして刑の一部の執行猶予制度の施行までに本格実施をすることとしていきたいと、こういうふうに考えております。[93]

　今委員の方から御指摘ありましたように、平成23年に薬物依存治療などの専門家

から成ります薬物処遇研究会というものをつくりまして，覚醒剤だけではなくて薬物全般に汎用性のある新たなプログラムを作りまして，これを昨年10月から全国の保護観察所で試行しているところでございます。その内容，もう先生御案内のように，5回のコアプログラムと，あと1か月置きぐらいにずっと継続していくという内容のフォローアッププログラムから成っておりまして，一応長期に対応したというふうなものになっております。

　今年，先ほどの薬物処遇研究会の構成員とほぼ同様の構成員で薬物地域支援研究会というのをまた立ち上げておりまして，この研究会におきまして，保護観察期間の長期化を見据えて，現在やっておりますプログラム，長期化に対応するプログラムについて問題点とか検討すべき部分，さらに効果なども検証していただくということにしております。その結果なども十分踏まえさせていただきまして，更にプログラムが効果的なものになるように検討を加えていきたいというふうに思っております。[94]

アルコール，薬物，ギャンブルなどの依存症の事犯についての地域における医療や社会復帰支援のために必要な施策はという質問に対しても次のように答弁されている。

　アルコール，薬物，それからギャンブルなどの依存症は，適切な治療と支援によって回復が十分可能な疾患である一方，依存者が必要な治療を受けられないという現状がありまして，具体的な対策の検討が非常に重要な課題だというふうに認識しております。こうした状況を踏まえ，また今御審議いただいています法案の動向なども踏まえまして，昨年11月から有識者や当事者などによる検討会を開催いたしまして，今年の3月に今後の依存症対策の方向性などについて報告書が取りまとめられたところでございます。報告書では，今後必要と考えられる取組といたしましては，本人や家族が気軽に依存症に関する相談ができる体制の整備，医療機関，行政，自助団体の連携体制の整備，依存症者が必要な医療を受けられる体制の整備，当事者の状況に応じた回復プログラムの整備，地域における本人や家族の支援体制の整備を柱に掲げまして，各項目について具体的な提言がなされているところでございます。今後，この報告書の内容を踏まえまして依存症対策の更なる推進を図っていきたいというふうに考えているところでございます。[95]

女子受刑者問題についても一連の質問が寄せられている。その1つは女子受刑者に対する処遇の改善問題で，次のような質問が出された。

　女子の刑事施設の収容率につきましては，既決が108.7％と，収容定員4340人を約1割上回る状態が続いております。また，刑事施設の職員1人当たりの被収容者

負担率は，平成10年の3.4から18年には4.48まで上昇し，23年も3.68と高い水準にあり，女子施設の負担率は3.78となっております。本年3月，堂本暁子元千葉県知事らが女子受刑者の処遇改善などを求める要望書を谷垣大臣に提出をされておりますけれども，大臣は女子刑務所の現状をどのように認識しておられるでしょうか。また，この堂本さんたちの要望書に対してどのように対応していくおつもりでしょうか。[96]

この点については次のように答弁されている。

　今の女子刑務所の現状は，今，……委員からお話がありましたように，過剰収容もございます。それから，高齢化も相当進み，いろんな問題点がございます。そういう中で，非常に今，女子受刑者の処遇をどうしていくかということはよく研究して対処しなければならない問題だと思っておりましたところ，3月27日に堂本元千葉県知事が私のところにおいでになりまして，要望書と申しますか提案をいただきました。その中には，女子受刑者の特性に応じた環境整備あるいは処遇改善が必要ではないかといったような御意見，それから女子刑務所の適切な運営，これはいろいろな女子職員等々の在り方も含めて御提言をいただいたわけでございまして，女子刑務所の在り方研究委員会としてこれからいろいろ研究をしていただけるということでございます。[97]

　早急に取り組まなければならないことが多いのも事実でございまして，やはり女子刑務所でございますから刑務官も女子が中心になってやらなければならないわけでございますが，育児あるいは産前産後の休暇であるとかいうようなことが男性の刑務所と違う問題としてございまして，欠員がある意味では恒常的になっているところがございます。そういう意味で新陳代謝も激しいというようなところがございまして，そうしますと，初任者研修等々やるというようなことになると，なかなか，ある程度職員は増えてきておりますけれども，実際の実員といいますか，そういうものにかなり追われているという面があることも事実でございまして，そういうことも踏まえ，また，女性受刑者の場合には男性の受刑者の場合と違ういろんな問題，心理的な問題もあると思いますし，例えば摂食障害というようなもの，私も聞きますと，男性受刑者の場合には余り摂食障害というようなことがないようでありますが，女性受刑者の場合にはそういうようなことがあるということも聞いておりますので，いろんな，そういうことも含めた対応を考えなければならないと思います。[98]

もう1つは女性薬物事犯者の施設内処遇及び社会内処遇の現状と法施行を見据えた対策はという質問で，次のように答弁されている。

それから，確かに女性受刑者の場合には薬物依存と申しますか，これが極めて覚せい剤取締法を中心に多い，これは事実でございますので，今，刑事施設ではこういう薬物依存がある受刑者に対しては，自分がどうしてこういう薬物使用になったのかという問題点をまず自分でよく理解していただくということが必要で，そういう上で再使用に至らない，いろいろな具体的な方法を考えさせるというようなことで，薬物依存離脱指導というのを実施しているわけでございますが，森委員がお触れになったダルク等々，大変力を入れてやっていただいておりまして，そういったところの御協力をいただきながらやっていっているわけでありますが，先ほど申し上げましたような女性の，何というんでしょうか，特性に応じた新たな処遇プログラムというようなものもこれから十分更に整備をしていかなければならないと思っております。[99]

一般の薬物関係の処遇についても次のように答弁されている。

　刑務所内におきましては，薬物依存離脱指導ということで，麻薬，覚醒剤その他薬物に対する依存がある受刑者に対して，薬物依存の認識とか薬物使用に係る自分の問題点を理解させた上で，今後薬物に手を出さずに生活していく決意を固めさせて，再使用に至らないための具体的な方法を考えさせるという目的で実施している指導でございます。指導項目につきましては，薬物の薬理作用と依存症，薬物使用に係る自己洞察，薬物使用の影響など約10項目から成るものを定めまして，これを3か月から6か月の期間で実施して指導しているということが標準でございます。実施におきましては，指導方法としてはグループワーク，受刑者同士で話をさせながら自己の問題性に気付かせていく方法を取る，こういったことをやっているとともに，指導者として，国の職員だけではなくて，ダルクといった民間自助グループの協力も得て行っているところでございます。[100]

最後に，更生保護法施行後の保護観察官の増員について質問が出されたが，次のように答弁されている。

　平成20年6月の更生保護法の施行以降，再犯防止対策の充実強化のために保護観察官の増員を図らせていただいておりまして，また増員を付けていただいているということでございます。具体的に申し上げますと，管理職を除いて保護観察所で実際に処遇をしている保護観察官の数でございますが，平成20年度は852人でした。その後は，平成21年度になりまして881人，（平成）22年度は921人，（平成）23年度は954人，平成24年度は980人，平成25年度は982人となっておりまして，平成20年から5年間で130人増加させていただいているというところでございます。[101]

2013（平成25）年5月30日の参議院法務委員会では法案を可決した後，附帯

決議を採択している。その内容は次のようなものであった。
　政府は，両法の施行に当たっては，次の事項について格段の配慮をすべきである。

　　1　更生保護の責務は国が負うべきものであることを踏まえ，両法の施行までに，施設内処遇と社会内処遇の有機的な連携を図るために必要な体制整備を計画的に進めるとともに，保護観察官の専門性の一層の強化及び増員など，国の更生保護体制に関する一層の充実強化を図ること。
　　2　刑の一部の執行猶予の適用に当たっては，厳罰化又は寛刑化に偏ることがないよう，関係刑事司法機関とその趣旨について情報の共有化に努めるとともに，両法の適正な運用を図るため，その施行状況を把握する体制を整備すること。
　　3　薬物事犯者の処遇に当たっては，民間の医療・社会福祉関係機関及び地方公共団体との更なる連携を強化し，その治療体制の拡充及び地域での効果的なフォローアップなど，改善更生及び再犯防止の実効性を高めるための施策の充実を図ること。
　　4　再犯防止及び社会復帰を図る上で，保護司や民間の自立更生支援団体等の担う役割は大きく，その機能の拡充が緊要となっていることに鑑み，その支援体制の確立及び十分な財政措置を講ずるとともに，保護観察等における緊密な連携強化を図っていくこと。
　　5　社会貢献活動については，どのような活動・期間が再犯防止等に有効か十分検証を行い，民間の自立更生支援団体等とも緊密な連携を図るとともに，地域住民等関係者の不安を払拭するため，効果的な体制を設けること。
　　6　再犯を防止するためには，刑務所出所者等の就労の促進安定が効果的であることに鑑み，昨今の厳しい雇用・経済情勢に対応したよりきめ細やかな就労支援・雇用確保を一層推進していくこと。
　　7　政府のこれまでの再犯防止施策について適正な評価を行うとともに，両法の対象とならなかった薬物事犯者の再犯防止等を図るため，諸外国で導入されている保護観察の充実強化策の例も踏まえながら，引き続き有効な施策を研究調査し実施できるよう努めること。
　　8　薬物使用等の罪を犯した者に対する刑の一部執行猶予が，刑事施設における処遇に引き続き保護観察処遇を実施することによりその再犯を防ぐためのものであることを踏まえ，本制度の施行後，薬物使用等の罪を犯した者の再犯状況について当委員会に報告するとともに，より充実した制度にするための検討を行い，その結果に基づいて必要な措置を講ずること。
　　9　東日本大震災の被災地においては，今も多数の保護司等が活動困難な状態に陥っていることに鑑み，その更生保護体制について，保護司の充足に加え，地方公共団体及び医療・社会福祉関係機関等との連携体制の整備に万全を期するととも

に，両法の施行に当たっては，被災地の状況に十分配慮すること．
　右決議する．

　参議院本会議における法案採決は2013（平成25）年6月7日に行われたが，更生保護法の場合と同様，ここでも投票総数213，賛成213，反対0であった．他方，衆議院法務委員会での法案審議は6月7日，11日の両日行われているが，7日の委員質問は保護司制度に関してで，保護司候補者検討協議会の設置および更生保護サポートセンターについては次のように答弁された．

　　最近の取り組みといたしましては，保護司候補者検討協議会というものの設置がございます．これは，平成20年度から進めている施策でございますが，この検討会に，自治体の方，自治会の方，それから地域の教育関係者の方，そういった方に入っていただきまして，保護司としてふさわしい方に関する情報などをいただくというふうなことをやっております．この協議会ですが，昨年度までに，886ある全国の保護区のうち450カ所に設置を終えております．本年度予算で全ての保護区に設置することとしております．これによりまして保護司さんに関する情報も入りますし，また，これを通じて地域の皆様の御理解を促進しようというふうに思っております．[102]
　　更生保護サポートセンターは，保護司さんの活動拠点ということでございまして，集まっていただいて会議を開いていただいたり，それから，保護観察対象者との面接の場所などを設置した活動の拠点ということでございまして，平成20年度から整備を進めさせていただいております．昨年度までに全国で155カ所設置させていただいておりまして，本年度予算で90カ所増設させていただくということになっております．全部で245カ所ということになるわけでございます．このように，更生保護サポートセンターの増設に努めてきたところではございますが，今後とも，保護司活動に対する支援に一層取り組んでまいりたいというふうに思っております．[103]

　2013（平成25）年6月11日の衆議院法務委員会では幾つかの重要な委員質問が行われた．1つは，「行為者の将来の危険性について，刑期を超えて自由を制限するのはまさに保安処分的であると言わざるを得ないという意見が出たり，過去の行為に対する責任としての刑罰を定める行為責任主義に抵触する可能性があるのではないかというような批判も出ております．そんな中で，この刑の一部執行猶予判決により，管理，統制される期間を延長する，実質的には延長することになるわけですけれども，このような懸念についてはどういう御

見解をお持ちでいらっしゃいますか。」という質問であった。

しかし、これに対する政府答弁は「そのような御指摘もいただいているところではございます。ただ、他方で、私どもの考え方は、まず刑の量定をするには、当該被告人の刑事責任というものを基本に置いて、その上でどういうふうにすることが再犯の予防ということも含めて有用なのかという観点で考えておりますので、刑事責任の程度ということを度外視して再犯防止等を考えている、特別予防だけを考えているというものでは全くないということは御理解いただきたいと思います。そういうことも含めまして、今回の制度は、根本において行為責任というものを基本に置いておるところでございますので、御批判は当たらないのではないかというふうに思っています。」という簡単なものであった。批判が当らない論拠がそれ以上示されるということはなかった。もう1つの質問は社会貢献活動を保護観察の特別遵守事項として義務づけたことに関してで、その意義、内容、効果等が委員質問で取り上げられている。これに対する政府答弁も次のようなものであった。

> 社会貢献活動、地域の利益の増進に役立つような仕事をしていただく、活動していただくということで、自分も非常に役に立つんだという自己有用性を感じていただいたり、1つのことをやり遂げたという自己達成感というんですか、そういうものを持っていただく、さらに、そういう活動を通じて社会のルールなども学んでいただくという目的で、今回導入させていただこうとしているものでございます。
> 委員御指摘のように、各地の実情に応じまして、公共の場所での清掃とか、落書き消しとか、福祉施設における介護等をやっておりますが、そのほか、公園の緑化、違法広告物の撤去、動物園での飼育補助、使用済み切手の整理などの活動も実施しております。公園の清掃など、諸外国でも行われておりまして、そういうものも参考に、いろいろなものを決めさせていただいているということでございます。
> 今、保護観察所では、今回の法改正も見据えまして、平成23年度から、現行の枠組みの中で、保護観察対象者の同意を得て社会貢献活動を先行実施しておりまして、平成24年度は1300回の活動を実施して、約3100名の対象の方が参加しております。活動に参加された保護対象者に対しましてアンケート調査を今実施しておりまして、それぞれの活動を通じて達成感とか自己有用感が得られたかどうかといった観点から意見を集約しておりまして、今その詳細について分析しているというところでございます。
> イギリスとか韓国などでもこのような類似の制度が行われているわけですが、社会奉仕命令を履行した者の再犯率が低いといったような報告がなされております。しかしながら、委員御指摘のように、他方、問題点もいろいろと指摘されておりま

して，諸外国における社会奉仕命令につきましては，例えば犯罪者の改善更生や再犯防止に役立てるためには，それをさせる対象者を適切に選ぶ必要がある，ふさわしい者をちゃんときちっとそれなりに科学的に判断して選ぶ必要があるということがまず指摘されております。

それから，実際にやっていただくにしても，いろいろな種類のものがあると思うんですが，その対象者に適合するものをよく考えてやっていただく必要がある，そこら辺を十分準備する必要があるというふうな課題が指摘されております。さらに，活動中に種々の事故なども起こるようですので，そういうものに対する対策などについても十分検討する必要があるという課題などが指摘されております。これら諸外国の課題も踏まえまして，我が国においても社会貢献活動を適切に実施できるよう配慮してまいりたいというふうに思っております。

それから，活動場所の確保というものでやはりなかなか大変な部分がございまして，地元の御理解も得なければいけません。それから，いろいろな団体の御理解も得なければいけません。そういうことで，例えば，平成23年には，総務省さんと連名で，各都道府県に対しまして，活動場所に関する情報とか，それから，そういう活動をされている方の情報などの提供をお願いしますというような文書も出させていただき，また，この社会貢献活動の内容について各都道府県に御説明に上がるといったようなこともさせていただいています。また，それ以外に，いろいろな福祉団体等もございます，そういうところにも赴かせていただきまして社会貢献活動の趣旨なども説明させていただき，また，そういう場所の情報提供等にも御協力いただくようお願いしているというところでございます[107]。

もう1つの質問は「今回の一部執行猶予制度導入に当たっての法制審議会での検討では，具体的に再犯防止効果のデータが出てそれに基づいて検討された，こういうことではないという理解でよろしいでしょうか[108]。」というもので，これに対しても「そのようなデータを持ち合わせて議論をしたものでないのはそのとおりでございます。ただ，先ほども御答弁申し上げましたように，私どもの統計上も，一定程度実刑で施設内処遇をした後社会内処遇をした者の方が比較的再犯率が低いというようなことも，日本での実態としてのバックにあるということは御理解いただきたいと思います[109]。」というのが政府答弁であった。

もう1つの質問は精神障害者に対する処遇プログラムに関してで，次のように答弁された。

　　精神障害者に対する処遇プログラムですけれども，まず，3カ所ありますPFI

刑務所におきましては，専門的な医療措置を必要としない，そこまでには至らない精神障害者あるいは知的障害を有する者等を収容する特化ユニットというものを設けておりまして，コミュニケーション能力の向上等を目的としたプログラムはやっております。また，一般的に，刑事施設におきましては，全受刑者を対象としまして，規則正しい生活習慣ですとか，あるいは健全な物の見方，考え方，これを身につけさせるといった改善指導を行っているところでございます。精神障害あるいは知的障害を有する受刑者に対してもこの指導を行っておるわけでございますが，改善指導をする際には，やはり，その特性に応じたカウンセリングですとか，あるいは面接ですとか，そういったものを配慮しまして行っているところでございます。また，さらには，一部の刑務所におきましては，対人関係に問題があるとされる受刑者に対して，小集団を編成しまして，SST，社会生活技能訓練というものでございますけれども，これを実施して対人関係スキルを身につけるように努めておるところでございます。精神障害あるいは知的障害を有する受刑者につきましても，その必要な者に対しては，少人数でグループを形成いたしまして，そういったプログラムを実施しているところでございます。[110]

　この答弁については議員から「それでは処遇プログラムとして不十分ではないか」といった指摘がなされたが，質疑がそれ以上深められるということはなかった。
　もう1つは「満期釈放であれば，再犯率が高いのに，保護観察を付すことができない，こういった問題点について御所見を賜れればというふうに思います。[111]」という質問についてで，この点についても「満期釈放者でありますと，既に刑事責任を果たし終えたということでありますから，社会内処遇を実施することができないという問題点をこっちは抱えています。[112]」と答弁されたにとどまった。更生保護法の国会審議の際における次のような政府答弁が再び聞かれるということはなかった。

　　　満期釈放者に対しては，釈放後速やかに就職することが重要だと考えております。また，刑事施設等に収容中の者の生活環境の調整につきまして，現行の犯罪者予防更生法におきましては必要があると認めるときに行うことができるという規定ですが，今度は必ず行わなきゃならないというような規定も設けました。そこで，保護観察所におきましては，刑事施設における職業訓練，職業指導の実施状況などにつきまして，釈放前の段階で今後一層詳細に把握をいたしまして，本人に適した就職先をハローワークと協働しながらあらかじめ確保するなど，釈放後の迅速的確な就労支援が実施できるように一層努めてまいりたいと存じます。[113]

前述したように,「更生保護のあり方を考える有識者会議」の提言では「刑期満了者に対する新たな制度の検討については,刑事責任を果たし終えた者の自由を制約できるかという問題があることも踏まえつつ,更生保護分野だけでなく,広く関係機関において検討する必要があるために,結論に至るまでには時間を要するものと思われるが,その間においても自立更生促進センター（仮称）構想はこの課題に対しても一定の意義のある取組であると考える」とされていたが,この点が委員会で紹介されるということもなかった。
　衆議院法務委員会でも法案可決後,次のような附帯決議が採択された。

　　政府及び最高裁判所は,両法の施行に当たり,特に次の事項について格段の配慮をすべきである。
　　1　施設内処遇と社会内処遇の連携を図るために必要な体制整備を計画的に進めるとともに,保護観察官の専門性の一層の強化及び増員など,国の更生保護体制に関する一層の充実強化を図ること。加えて,再犯防止及び社会復帰を図る上で,保護司や民間の自立更生支援団体等の担う役割の重要性に鑑み,その支援体制の確立及び十分な財政措置を講ずるとともに,緊密な連携強化を図っていくこと。
　　2　裁判員裁判においても刑の一部の執行猶予の適用がなされ得ることを踏まえ,裁判員に対して制度の趣旨及び内容についての情報提供が十分に行われるよう努めるとともに,厳罰化又は寛刑化に偏ることがないよう,その趣旨の徹底に努めること。
　　3　社会貢献活動の実施後,事例の収集を行うとともに,一定期間経過後にその効果の検証及びより改善更生に資する運営を行うために外部の有識者も入れた会議を設置して調査・検討を行うとともに,薬物事犯者の処遇に当たっては,関係機関との更なる連携を強化し,本制度の施行後,両法の対象となった者の再犯状況を検証し,より充実した制度にするための検討を行い,その結果に基づいて必要な措置を講ずること。

　衆議院での質疑においても,法案の存在意義に直結する一部執行猶予の効果と全部執行及び全部執行猶予との分水嶺といった問題,あるいは,社会貢献活動を実施するに当たっての問題点とその対策等が十分に掘り下げられるということはなかった。多くの問題が積み残されたまま見切り発車という形で法案は衆議院本会議で可決され,成立した。刑法等の一部を改正する法律は平成25年法律第49号として同年6月19日に公布され,公布の日から起算して3年を超えない範囲内において政令で定める日から施行する等とされた。また,薬物使用等の罪を犯した者に対する刑の一部の執行猶予に関する法律も平成25年法律第

50号として同6月19日に公布され，刑法等の一部を改正する法律の施行の日から施行することとされた。[114]

7 小　　　括

　21世紀における更生保護の展開は従前の問題に加えて，新たな問題を抱え込むことになった。その1つは保護観察官らの意識という問題であった。「中間処遇の充実強化」が強調されるなかで，保護観察の質的な担い手の中核である保護観察官が「処遇効果」という観点も加わって対象者との信頼関係の形成に精力を注げば注ぐほど，それを自覚するか否かにかかわらず，対象者の目線に立った「処遇」に傾きがちになるという点がそれであった。「本人の保護を目的とする」更生保護という観点からは歓迎すべき姿勢だということになるが，更生保護の刑事政策的色彩を強調する国の立場からすればバランスを失しているとして，次のような厳しい評価が下されることになったからである。

　　保護観察官は，就労の確保や生活習慣の改善等により生活の安定を図ることを保護観察の主目標と考え，対象者の円滑な社会復帰を支援するということを重視する一方，対象者による再犯を防止して社会を保護するという意識が不十分である。再犯が発生したときには，国民に重大な被害を与えることになるという意識が必ずしも十分でなく，そのために，再犯の発生を何としても防止するという強い責任感が不足し，社会内処遇で対応できないときは，仮釈放の取消し等の措置をとり，施設内処遇に切り替えるという対応が十分にとれていない。この点で国民の期待との間にずれを生じている。[115]

　この意識改革が更生保護法の制定の目的の柱のひとつであることが国会審議の場でも政府委員から表明されたことは既に紹介したところである。しかし，保護観察官が「再犯の発生を何としても防止するという強い責任感」をもち，対象者に対して第三者的なスタンスを仮にとった場合，処遇効果があがるのかという問題は更生保護法の制定によっても答えの提示し得ない問題であった。更生保護法による保護観察における指導監督の強化と不良措置・良好措置の積極化（不良措置を念頭に置いた一般遵守事項の具体化，不良措置を念頭に置いた特別遵守事項の法定と具体化，指導監督方法の強化，保護観察対象者全般についての処遇プログラムの導入）も個人の努力だけでは解決し得ない大きなジレンマのなかに保

護観察官らを追いやることになった。

　保護司もこれに類したジレンマに遭遇することになったが，保護司の直面する問題はそれだけではなかった。保護司法の一部改正によって保護司組織は法定化されたが，保護司会の財政基盤と事務局機能の強化等は法制定によっても放置された問題だったからである。それは保護司候補者の確保，保護司の育成，保護観察所における保護司組織の支援体制のあり方等についても同様であった。法定化によって保護司組織は国，社会の期待に応えることがより強く求められることになったが，期待に応えられるだけの基盤は未整備であった。

　更生保護法によって「犯罪被害者問題」が公式に更生保護の領域に持ち込まれたことの影響も深刻であった。これによって保護か再発防止か，あるいはパレンス・パトリエかポリス・パワーかという対抗軸は大きな変容を迫られることになった。「保護」を強調する論者といえども犯罪被害者等に対する配慮は欠かせないポイントとなった。表口では「本人の保護を目的とする」保安処分論を掲げたとしても，裏口から「社会を犯罪から守ることを目的とする」保安処分論が侵入してくることを避けることは困難となった。この隘路を打開する救世主として「修復的司法」が標榜されることになった。研究者だけではなく保護観察官や保護司等の間にも信奉者を拡げることになった。しかし，「修復的司法」は致命的な問題を抱えていた。総合的な犯罪被害者対策の実行を国が棚上げにするなかでは「画餅」に帰す恐れが強かったという点がその1つであった。もう1つはより原理的な人権論上の問題であった。国際的な人権論の発展との間で大きな溝がみられたという点がそれであった。国の立場からすれば当事者による，あるいは社会による「修復的司法」の取組みを促進することが「国の責任」ということになる。しかし，それは，当事者の社会参加を妨げる社会的な障壁を除去し，各種人権条約で保障された自由権および社会権を等しく当事者にも保障することは「国の義務」であるとする障害者権利条約（2006年1月13日に国連総会で採択，2008年5月3日に発効。日本は2014年1月20日に批准書を寄託し，同年2月19日から日本についても発効。）が採択した「社会モデル」の立場とは大きく乖離していたからである。もっとも，「修復的司法」の論者らによれば，国自らが積極的に「修復的司法」を図ることが「国の責任」だとされるかもしれない，しかし，一般的な社会権の論理だけでこの「国の責任」を帰結し得るかは疑問であった。この問題が検討されたふしもうかがえな

い。これでは「修復的司法」も努力目標になりかねない。人権論の不足は国だけではなく「修復的司法」の論者にも広くみられた傾向であった。

「中間処遇」の強調は，満期釈放者に対する保護観察という戦後草創期から想定されていた古くて新しい難問にいよいよ直面するという事態を迎えることになった。この点も21世紀における更生保護の展開がもたらした問題のひとつであった。もっとも，刑法の基本原則に抵触する虞があるということから，平成25年の刑法等の一部を改正する法律および薬物使用等の罪を犯した者に対する刑の一部の執行猶予に関する法律においてはこの問題に直接踏み込むことは慎重に留保されている。「更生保護のあり方を考える有識者会議」の提言でも当面の課題ではなく中・長期的な課題の１つとされている。しかし，ここで注意しなければならないことは，すでに繰り返し指摘したように，両法案の国会審議においてはみられなかったものの，更生保護法の国会審議においては，次のような政府答弁がなされていたという点であった。

> 満期釈放者に対しては，釈放後速やかに就職することが重要だと考えております。また，刑事施設等に収容中の者の生活環境の調整につきまして，現行の犯罪者予防更生法におきましては必要があると認めるときに行うことができるという規定ですが，今度は必ず行わなきゃならないというような規定も設けました。そこで，保護観察所におきましては，刑事施設における職業訓練，職業指導の実施状況などにつきまして，釈放前の段階で今後一層詳細に把握をいたしまして，本人に適した就職先をハローワークと協働しながらあらかじめ確保するなど，釈放後の迅速的確な就労支援が実施できるように一層努めてまいりたいと存じます。[116]

満期釈放者に対する保護観察の実施は国にとっては既定路線だったのである。そして，「更生保護のあり方を考える有識者会議」の提言では，繰り返し紹介したように，「刑期満了者に対する新たな制度の検討については，刑事責任を果たし終えた者の自由を制約できるかという問題があることも踏まえつつ，更生保護分野だけでなく，広く関係機関において検討する必要があるために，結論に至るまでには時間を要するものと思われるが，その間においても自立更生促進センター（仮称）構想はこの課題に対しても一定の意義のある取組であると考える」とされていたのである。その後，官民は一致してこの「自立更生促進センター（仮称）」構想の推進にまい進することになる。その正当化の論理のひとつとして「司法福祉」論が高唱され，日本司法福祉学会が立ちあ

げられることになった。今日にまで至る複雑な議論状況が現出することになる。

「（保護観察の強化，拡大等により—引用者）行為者の将来の危険性について，刑期を超えて自由を制限するのはまさに保安処分的であると言わざるを得ないという意見が出たり，過去の行為に対する責任としての刑罰を定める行為責任主義に抵触する可能性があるのではないかというような批判も出ております。そんな中で，この刑の一部執行猶予判決により，管理，統制される期間を延長する，実質的には延長することになるわけですけれども，このような懸念についてはどういう御見解をお持ちでいらっしゃいますか。」という議員質問に対して，政府委員から次のように答弁されていることもここで再び指摘しておかなければならない。

> そのような御指摘もいただいているところではございます。ただ，他方で，私どもの考え方は，まず刑の量定をするには，当該被告人の刑事責任というものを基本に置いて，その上でどういうふうにすることが再犯の予防ということも含めて有用なのかという観点で考えておりますので，刑事責任の程度ということを度外視して再犯防止等を考えている，特別予防だけを考えているというものでは全くないということは御理解いただきたいと思います。そういうことも含めまして，今回の制度は，根本において行為責任というものを基本に置いておるところでございますので，御批判は当たらないのではないかというふうに思っています。[117]

これによれば「改正刑法草案」等で採用された考え方に基づいて保安処分の当否，あるいは更生保護と行為責任主義との抵触等の問題が判断されていることがうかがえる。その意味では，満期釈放後の保護観察に対して慎重な態度を取っているというのも反対論が強い中で敢えて実施に踏み切るのは得策でないという政治判断によるものであることに注意しなければならない。国によれば「超えてはならない一線」とされているわけではないのである。それは遵守事項の拡充・強化についても同様である。問題は21世紀の更生保護がこの「超えてはならない一線」を乗り越えるところの対岸にまで到達したということである。「安全・安心の社会」作りが強調され，再発防止のための施策への支持が広がる中で反対論が小さくなれば「超えてはならない一線」が簡単に乗り越えられること，あるいは「超えてはならない一線」がずるずると後退していくことは十分に想定されるところであろう。戦後の更生保護の出発期において国は

思想犯保護観察制度と戦後の更生保護制度の分水嶺として満期釈放後の保護観察についてのスタンスの違いを挙げていた。このような態度はもはや過去のものということであろうか。

1) 『平成12年第147国会衆議院本会議録第32号（平成12年5月11日）』7頁。
2) 『平成12年第150国会参議院法務委員会議録第8号（平成12年11月17日）』3頁。
　同じく参考人の千葉一美弁護士も反対論の立場から，「もしこの法案が実現していくようになりますと，実際，例えば弁護士の立場としては，憲法違反あるいは子どもの権利条約に違反している，抵触している，場合によってはそういった問題提起をしていくことになるのではないかと思います。」「今拙速に少年法を改正して，先ほど言ったような憲法違反とか子どもの権利条約の違反とか，そういった火種を抱えるような法案をそのまま通すことがあってはならないと思いますので，よく慎重に審議していただきたいと思います。」（同16頁）と発言した。
3) 前掲注2) 会議録4頁。
4) 『平成18年第165国会衆議院本会議録第16号（平成18年11月14日）』3頁。
5) 『平成19年第166国会衆議院本会議録第24号（平成19年4月19日）』3頁。
6) 2007（平成19）年5月17日の参議院法務委員会では参考人質疑が行われ，日本弁護士連合会子どもの権利委員会委員長の黒岩哲彦も，「新たに遵守事項違反で少年院送致という制度を設けるのではなくて，現行法の虞犯制度ということを適切に運用することがより妥当であろうというふうに考えます。」「14歳未満の少年につきましてですけれども，1つは，やっぱり私どもは警察が捜査することで冤罪の危険性があるということについては非常に危惧しているところであります。中学2年生の途中以下は年少少年でありまして，そこについての誘導等の危険性があるんじゃないかというふうに思っています。」「冤罪が起きるということは，加害少年と言われた少年にとってだけでなく，被害者にとっても大変深刻な状況になるだろうと思っています。犯人がだれだか分からないということはとても許されないことだろうと思っています。」「そういう意味でも，冤罪をなくすということのために，やはり私どもは，14歳未満の少年については警察に捜査権限を与えることは適切ではありませんけれども，仮に与えるとするならば，手厚い権利保障の手続が必要だというふうに考えているところでございます。」（『平成19年第166国会参議院法務委員会議録第12号（平成19年5月17日）』9頁-12頁）と発言している。
7) 『平成20年第169国会衆議院本会議録第31号（平成20年5月22日）』3頁。
8) 『平成20年第169国会参議院法務委員会議録第16号（平成20年6月10日）』3頁。
　ちなみに，参議院法務委員会ではその他の参考人として東京大学大学院教授の川出敏裕，社団法人被害者支援都民センター相談支援室長の望月慶子，元武蔵野学院長の徳地昭男が，また，衆議院法務委員会では参考人として京都大学大学院教授の酒巻匡，日本弁護士連合会子どもの権利委員会少年法対策チーム座長の斉藤義房，加古川市民病院診療局長の土師守，NPO法人民間危機管理再生機構少年育成部キャップの原伸宏が各発言した。日弁連の斉藤以外は法案に賛成の立場からの発言であった。
9) 意見書の趣旨は次のようなものであった。
　1　家庭裁判所は，2008（平成20）年の少年法「改正」に当たり，政府提出法案の条文が国会で修正された意義を再度確認し，被害者等の審判傍聴を許可するに当たっては，「少年の健全な育成を妨げるおそれがなく相当と認めるとき」との要件を慎重かつ厳格に判断すべきである。

2　家庭裁判所は，被害者等に審判傍聴を許可した場合でも，傍聴を許す手続の範囲について，被害者等の一時退席の措置（少年審判規則31条1項）などを含め，適切に判断・運用すべきである。
　　　3　家庭裁判所は，被害者等が審判を傍聴する事案において被害者等からの意見聴取（少年法9条の2）を行う場合は，聴取の方法について慎重かつ適切に判断すべきである。審判の際の意見聴取は，一旦休廷した上審判廷外で行う，あるいは，審判廷から少年を退席させた上で行うことを原則とすべきであり，例外的に，少年が在廷する審判廷での意見聴取を認めようとする場合には，被害者等の意見内容を直前に改めて把握した上で，特に慎重に判断すべきである。そして，最高裁判所は，これらの点を明示する規則の制定を検討すべきである。
　　　4　政府及び最高裁判所は，審判傍聴制度の適切な運営・運用を確保するため，家庭裁判所の人的・物的な態勢を早急に充実させるべきである。
10)　『平成25年第183国会衆議院法務委員会議録第1号（平成25年3月13日）』1頁。
　　　なお，これに先立ち，法制審議会少年法部会は2013（平成25）年1月28日，事務局提案の少年法改正に関する「要綱骨子」及び「事務局試案」を検討した結果をまとめた「少年法改正要綱案」を了承し，少年法改正に関する諮問第95号に対し「要綱案」のとおり法整備するのが相当である旨を法制審議会（総会）に報告することを決定していた。そして，報告を受けた法制審議会も同年2月8日に右「要綱案」を法務大臣に答申していた。
11)　仙台弁護士会ホームページ（senben.org/archives/4921）を参照。
12)　『平成25年第185国会衆議院法務委員会議録第1号（平成25年10月29日）』2頁。研究者サイドからも，国会で実証的な根拠に基づき慎重かつ適正に審議されることが求められる等とする意見が発表された。例えば，岡田行雄「少年に対する有期自由刑の拡大について」熊本法学130号（2014年3月）31頁以下等を参照。同法案の国会審議等については拙稿「少年法の一部改正について」『神戸学院法学』43巻3号（2014年）1頁以下等を参照。
13)　『平成14年第154国会衆議院本会議事録第37号（平成14年5月28日）』2頁。
14)　2002（平成14）年7月9日の衆議院法務委員会・厚生労働委員会連合審査会では前田雅英・東京都立大学法学部教授，足立昌勝・関東学院大学法学部教授，川本哲郎・京都学園大学法学部教授（現同志社大学法学部教授），池原毅和・全国精神障害者家族会連合会常務理事，菱山珠夫・元東京都立中部総合精神保健センター所長，山上皓・東京医科歯科大学難治疾患研究所教授，中島直・多摩あおば病院精神科医，仙波恒雄・（現公益社団法人）日本精神科病院協会会長，伊藤哲寛・北海道立精神保健福祉センター所長の9名の参考人が招致された。前田，川本，山上，仙波は法案に賛成の，また，足立，池原，中島，伊藤は法案に反対の意見を述べた。菱山は「少なくとも，現行の精神科特例に代表されるような劣悪な条件のもとで入院中心的に進められてきたこれまでの我が国の精神医療体制の抜本的改革により，危機対応，クライシスインターベンションを中心とした救急システムを初めとする初期治療から，心理，生活面への具体的な支援を含むリハビリテーションまでを統合した責任性，継続性，統合性を備えた保健・医療・福祉体制の確立を抜きにしては，我が国の精神障害者対策は一歩も進み得ないことをまず強調しておきたいと思います。」とした上で，「曲がりなりにも医学，医療の分野と司法の分野との相互補完的連携を視野に置いた今回の法律案は，多くの問題を残しながらも，一歩前進あるいは半歩前進と評価できると考えます。」とした。
15)　第155回国会でも多くの参考人が招致された。2002（平成14）年12月3日の衆議院法務委員会・厚生労働委員会連合審査会では参考人として，松下正明・都立松沢病院院長（当時），南裕子・日本看護協会会長，富田三樹生・精神科医師，大塚淳子・日本精神保健福祉士協会常任理事，長野英子・全国「精神病」者集団会員が意見を述べた。

16) 第166回国会でも多くの参考人が招致された。2003（平成15）年5月13日に開催の参議院法務委員会では、菊田幸一・明治大学法学部教授、黒田治・東京都立松沢病院精神科医長、伊賀興一・日本弁護士連合会心神喪失者等『医療』観察法案対策本部事務局次長、岩井宜子・専修大学法学部教授、浦田重治郎・国立精神・神経センター武蔵病院副院長が意見を述べている。また、同年5月20日に開催の同法務委員会でも、藤丸成・社団法人日本精神科看護技術協会会長、高木俊介・ウエノ診療所精神科医、蟻塚亮二・津軽保健生活協同組合藤代健生病院名誉院長が意見を述べている。なかでも注目されるのは蟻塚で、次のように発言した。

「私、疑問に思うんですけれども、今の精神保健福祉法そのものが実態としては入院手続法でしかない。精神衛生法という昔の法律がありましたけれども、その中身というのは入院の手続でしかなくて、どこに衛生があるんだということです。その骨格をずっと今の法律も引きずっているわけで、今の精神保健福祉法も入院手続法でしかないわけです。

（略）

そういう点でいうと、今のこの法案に、今国際的な潮流になっている地域ケア、精神科地域ケア、これが全然担保されていない、そういうことが非常に問題で、だとすると、今回の法律を作ったとしても、地域に帰るということがないわけだから、やっぱり入院手続法になっちゃうんだろう。結局、この対象になる方は長期入院を繰り返す、悪循環を繰り返すことになってしまうんじゃないかというふうに思います。

それから、……日本の政府の非常に犯罪的な問題だと思いますけれども、日本の精神科のベッドというのは33万あるわけですね、人口1億2000万で。イギリスは人口5500万に対して2万5000しかない。仮に、イギリスの人口を倍にすると、精神科のベッド数というのは5万ベッドあればいいわけですね、日本は。ということは、33引く5だから28万の人たちが理由もなく精神病院に抑留されているわけですよ。この責任はやっぱり政府が取らなきゃいけない。ハンセン氏病の問題と同じです。何でそうなったかというと、世界じゅうの国の中で精神医療を民間が主体となってやっているというのは日本しかないんです。かのサッチャーですらも、イギリスの民営化路線を一生懸命やったサッチャーですらも、精神と高齢者だけは民営化しちゃいかぬというふうにして絶対手を付けなかった。そこのところをずっと延々と民間にやらせてきたのが日本政府の歴史的な誤りだと思います。そのことが長期入院者を生み出してきた。

民間病院というのは、私も民間病院ですけれども、一生懸命患者さんを、難しい患者さんを退院させようとするとベッドががら空きになりますね。がら空きになった分、収入は減るんですよ。そうすると人件費出せない、そういう仕組みになっています。だから、精神というものは民間でやっちゃいかぬのです。つまり、消防とか警察を民間にやらせたらどうなりますか。消防が人件費賄うために自分が火付けて走り回ればもうかる、それと同じですよ。そんなばかなことをずっとやってきたわけだ、日本の政府は。そういう民間依存体質ということを何としても変えなきゃいけない。

それから、外来診療だけで食っていける診療報酬を保障せよというふうに（19）68年のクラーク勧告の中で指摘されています。これを厚生省が無視したわけですね。（略）外来というのは地域ケアを視野に置いた最前線なんですよね、それが不十分だ。そうすると、ますます、更にそうすると地域で精神障害を抱えて生活している人たちに対する福祉的なサービスなんというものも全く進歩していない。全国でいわゆる社会復帰施設のある市町村というのは1割しかないわけですね。そこのところにどうやっていわゆる触法と言われる人たちを帰していけるのか。絶対無理ですね。ということは、今の精神保健福祉法というのは、例えてみると穴の空いたバケツですね。穴の空いたバケツから水が漏れるものだから、仕方なくてまたちょっと小さめの穴の空いたバケツで補おうというのが今回の法律だろうと思うんです

7 小 括 439

よ。何やっておるのかと思いますね。

　高木先生も言われましたけれども，地域のサービスを充実させれば，コミュニティーケアを充実させれば初犯は減ります。保健婦さんが地をはうような努力でもって病院にかかわらない人を一生懸命説得して病院に連れてきてというケースを私，何回も経験しています。そういうふうな地域ケアを充実させることによって初犯を減らすことができる。再犯については高木先生が言われたように低いわけですから，何らこの法律は必要ないというふうに思います。結局，そうなってくると，この法律の目指すところというのは，相も変わらず安上がりの収容を続けることだろうかというふうに勘ぐりたくなりますね。

　それから，今度の法案では，これは坂口大臣が言うには，1つの県に1つか2つの特殊な施設を作るということなんですけれども，いろんな問題がある。1つは，手厚い医療をやるんだと言うけれども，医者が足りない。日本の精神科の医者というのは全医師数の中の4％でしかない。精神病床が33万あるわけですから，大体，全医療病床の中の25％ぐらいですね。25％のベッドを4％の精神科医がカバーしている。これが無理なんです，そもそも。何でそうなるのかというと，医学教育の中で精神医学に割かれる時間数というのが4％ぐらいしかないんですね。医師の国家試験の中でも，産科，婦人科，内科，外科，小児科，公衆衛生，そこに精神科は入っていないんです。精神科はメジャー科目でなくて，マイナー科目になっている。だから，精神科医になろうという人が少ない。そこの文部行政から直さなきゃいけない。それから，何とかして精神科の医者の数を10％から12％ぐらいまで増やしてほしいというふうに思っています。

　それからもう1つ，そういう特殊なシステムを作りますと，私は恐らく，多分その対象になる人たちは暴力と長期入院の悪循環をらせん状に下っていくような関係が生まれるんだろうと思います。というのは，慢性，長期に入院している方たちがそうなんですけれども，いわゆるシックロールというのがあるんですね，患者としての役割というのが。……例えば，私たちが熱出して風邪引いたときには，早く帰って休んでもいいよと言われるのがシックロール，患者としての役割なんですね。これは急性の病気のときには非常にメリットになります，本人にとっては。ところが，慢性長期の人にとってはこのシックロール，患者としての役割というのはデメリットになるんですね。つまり，帰るべき家持たない，仕事もないという人たちが，精神病院に長期に入院しておられる方がたくさんいます。そのときに，もし治れば病院出ていかなきゃいけない，看護してもらえない，御飯食べれない。そうすると，彼らがやらなきゃいけないのは，より精神病らしく振る舞うことしかできないんですよ。私は，その辺見抜いて，何か問題起こしたときには直ちに強制退院にして，責任取れと言っています。今の精神病院の悪いところは，患者さんに対する責任とか自由とか権利とか，そういう人間としての尊厳の基本にかかわるものを，患者だということの名前でもって剥奪してしまっている，これが問題だというふうに思っています。同じようなことが，今回のこのいわゆる心神喪失云々の対象者に関しても言えるんではないか。つまり，社会的なよりどころがない精神科の患者さんに対して，新たに犯罪者というアイデンティティーが加わるわけです。そうすると彼らはどう思うか。おれはどっちみち犯罪者なんだから，多少暴力を犯したっていいやというふうに思っちゃう。そうすると，暴力と長期入院と，そして暴力と長期入院が悪循環を繰り返すだけですよ。そういう犯罪者の役割といいますか，オフェンダーロールという，そういうものを生み出すんではないかということを危惧しています。

　それから，いわゆる保安病院，イギリスで言うところの保安病院の問題ですけれども，イギリスにしてもノルウェーにしても，私，どっちも行きましたけれども，どこもかしこも保安病院というのはスタッフが先に沈殿して駄目になっちゃっている。いわゆる名古屋刑務所でこの前事件起きましたけれども，あれと同じようなことが保安病院のスタッフが犯しているわけですね。クラークさんたちが，かつてイギリスのいろんな優れた病院から医者と看護

婦のチームを保安病院に派遣させて，国策として派遣させて，そして調査させて，自分たちの病院に何人かずつ連れて帰った。それで，自分たちの病院で治療して退院させたということがあります。そういうふうにして，別に保安病院，新しい施設も作らなくても，作ることの弊害の方が大きいわけであって，むしろ地域を中心にした医療に日本全体の精神医療を再編成し直すことの方が大事だ，そのことしか今回の問題というのは解決しないだろうというふうに思っています。

　それから，最後に，私の配付した資料の，「精神障害を持つ犯罪者のリハビリテーション」という，これ私，訳した本ですけれども，その188ページのところの8行目のところを見てほしいんですけれども，「ある場合には20人以上の担当ワーカーが彼女のケアに動員されることも珍しくなかった。」とあるんですね。一人のいわゆる犯罪を犯した患者さんのために，イギリスでは必死になって地域で頑張ってケアしているわけです。そのときに，20人以上も寄ってたかって一生懸命やって走り回ってケアするということですよ。そのことが果たして日本でできるのか。できないですね，日本では，到底そんなシステムないんだから。まして，法務省の一般犯罪者の更生を目的にする保護観察所が今でさえも手一杯なのに，そこが拠点になるなんということはまず絶対無理だと思います。」(『平成15年第156国会参議院法務委員会議録第13号（平成15年5月20日）』4頁）

17)　『平成14年第154国会衆議院法務委員会議録第17号（平成14年6月7日）』12頁。
18)　前掲注17) 会議録27頁。
19)　前掲注17) 会議録10頁。
20)　前掲注17) 会議録11頁。
21)　前掲注17) 会議録11頁。
22)　『平成15年第156国会参議院法務委員会議録第14号（平成15年5月27日）』4頁。
23)　『平成14年第154国会衆議院法務委員会・厚生労働委員会連合審査会議録第2号（平成14年7月9日）』26頁。
24)　『平成14年第155国会衆議院法務委員会・厚生労働委員会連合審査会議録第2号（平成14年12月3日）』12頁。
25)　前掲注12) 会議録15頁。
26)　『平成14年第154国会衆議院法務委員会・厚生労働委員会連合審査会議録第1号（平成14年7月5日）』28頁。
27)　前掲注17) 会議録4頁。
28)　前掲注17) 会議録6頁。
29)　前掲注17) 会議録8頁。
30)　前掲注26) 会議録15頁。
31)　前掲注26) 会議録28頁。
32)　前掲注26) 会議録29頁。
33)　『平成15年第155国会衆議院法務委員会議録第14号（平成14年12月3日）』6頁。
34)　『平成14年第155国会衆議院法務委員会・厚生労働委員会連合審査議録第3号（平成14年12月4日）』23頁。
35)　『平成15年第156国会参議院法務委員会議録第10号（平成15年5月8日）』22頁。
36)　『平成14年第154国会衆議院法務委員会議録第18号（平成14年6月28日）』31頁。
37)　前掲注24) 会議録31頁。
38)　『平成14年第155国会衆議院法務委員会・厚生労働委員会連合審査会議録第1号（平成14年11月29日）』5頁。
39)　『平成15年第156国会参議院法務委員会議録第15号（平成15年5月29日）』4頁。
40)　前掲注39) 会議録20頁。

41) 前掲注36) 会議録31頁。
42) 前掲注39) 会議録20頁。
43) 前掲注39) 会議録5頁。
44) 『平成15年第156国会参議院法務委員会議録第12号（平成15年5月15日）』24頁。
45) 前掲注23) 会議録29頁。
46) 『平成15年第156国会参議院法務委員会議録第13号（平成15年5月20日）』7頁。
47) 前掲注46) 会議録9頁。
48) 前掲注44) 会議録24頁。
49) 前掲注35) 会議録21頁。
50) 前掲注46) 会議録14条。
51) 前掲注44) 会議録22頁。
52) 前掲注24) 会議録6頁。

　なお，精神保護観察を実際に担う現場の社会復帰調整官からも，「兵庫県内においては，指定入院医療機関が存在せず，指定通院医療機関が遠方にしかない地域が未だに存在するなど，本制度で提供される医療体制のさらなる整備が強く望まれる。本法附則第3条では，精神科医療，精神保健福祉全般の向上が謳われているが，その実現を心から願う」（新谷和永「社会復帰調整官の業務の実際と課題」（法と精神医学会編『法と精神医療』25号（2010年）66頁以下）との声が寄せられた。
　ただし，医療観察法については積極的に評価する見解も少なくなかった。日本精神病院協会もそのひとつで，同協会雑誌21巻5号（2002年5月）は，その巻頭言で，協会長による「司法精神医学確立の礎石として触法新法の成立を望む」との一文を掲載した。積極説のなかでも有力だったのは国会での修正に着眼した，「精神医療の充実」という観点からの見解で，多くの論稿が寄せられた。町野朔教授のそれ（たとえば，「精神保健福祉法と心神喪失者等医療観察法―保安処分から精神医療へ」同編『ジュリスト増刊・精神医療と心神喪失者等医療観察法』（2004年）69頁以下等）は代表作ともいうべきものであった。それに呼応するかのように，厚生労働省からも法の意義が次のように解説された。
　「この法律の制定により，わが国においても本格的な司法精神医療が誕生することになるが，この法律を適正に運用するためには，この法律に対する関係者や国民に対する理解を深め，治療施設の整備を十分に図ると同時に，その施設で働く人材を育成するための研修を充実させることが必要であり，更に，対象者の社会復帰を円滑にするために地域の関係機関との協力体制を築くことが極めて重要な課題となる。」「また，本法律の附則においては，この法律の対象とならない精神障害者を含めて精神医療全般の水準の向上や，精神障害者の地域生活支援のための社会復帰施設の充実などの精神保健福祉全般の水準の向上を図ることがうたわれている（附則3条）。こうしたことから平成14年度に制定された新障害者プランの着実な実施を含めた精神保健福祉施策を総合的に推進していくこととしている。」（三好圭「医療を中心に」前掲『ジュリスト増刊・精神医療と心神喪失者等医療観察法』44頁）
　医療観察法を医療法として評価するという見方は，その後，支持者を拡大することになった。法案反対派の中にも浸透していくことになった。日弁連もその対象となった。
　なお，医療観察法の見直しについて論じたものとしては，例えば，内田博文「医療観察法の廃止について」石塚伸一他編『足立昌勝先生古稀祝賀論文集　近代刑法の現代的論点』（社会評論社，2014年）54頁以下等を参照。
53) 法務省のホームページによれば，会議設立の目的は，「治安の回復が大きな社会問題となっている中，保護観察対象者による重大再犯事件が相次いだことを契機として，保護観察の実効性に厳しい目が向けられています。このような状況において，国民の期待に応える更生保護を実現するためには，幅広い観点から更生保護制度全般について検討することが必要

ですので，様々な分野の有識者から構成される会議を立ち上げ，更生保護のあり方について議論していただくことにしたものです。」とされる。http://www.moj.go.jp/shingi1/kanbou_kouseihogo_index.html を参照。

54) 有識者会議の提言については，www.moj.go.jp/content/000010041.pdf を参照。
55) 『平成19年第166国会衆議院法務委員会議録第14号（平成19年4月27日）』1頁。
   なお，更生保護法の制定に当たっては，2007年5月26日に開催の日本刑法学会第85回大会の共同研究第3分科会で「特集　施設内処遇から社会内処遇へ」というテーマの下に瀬川らをメンバーとして取り上げられ，議論の内容は後に『刑法雑誌』47巻3号（2008年）419頁以下に掲載された。ただし，一般の法律雑誌等で特集等が組まれることはなかった。
56) 『平成19年第166国会衆議院本会議録第21号（平成19年4月12日）』12頁。
57) 前掲注55) 会議録20頁。
58) 『平成19年第166国会衆議院法務委員会議録第13号（平成19年4月25日）』17頁。
59) 前掲注58) 会議録17頁。
   ちなみに，2007（平成19）年5月31日の参議院法務委員会に参考人として出席した全国保護司連盟副理事長の宮川憲一は，「従来私どもは保護観察の完成が再犯防止，犯罪予防に資するものであると認識しておりましたが，この法案で改善更生と再犯防止が不即不離，表裏一体のものとして明示されたことは更生保護の更なる正確な理解に役立つものと考えております。」と発言した（『平成19年第166国会参議院法務委員会議録第17号（平成19年6月5日）』3頁）。
60) 前掲注58) 会議録21頁。
61) 前掲注58) 会議録23頁。
62) 前掲注58) 会議録18頁。
63) 前掲注58) 会議録18頁。
   ちなみに，2007（平成19）年4月27日の衆議院法務委員会に参考人として出席した三重県保護司会会長の森本孝子は，その発言の中で遵守事項の規定に触れ，「民間の社会内処遇でございまして，何の権力，権威もないんですが，やはり遵守事項だけは，あなた，守ってもらわないとと常に言うのですが，そこに何の力も持たせてもらえなかったら，本当に私たちは徒労に過ごしたということになります。このたび遵守事項を，普通の遵守事項，また特別遵守事項で，あのようにいろいろときちっと多方面にわたって提示していただけるということは，保護司にとりまして，大きな力というんでしょうか，私たちにとりましては，本当に助かる遵守事項になると思って，そのことをお聞きしたときにはまず第一に喜びました。」と発言した（『平成19年第166国会衆議院法務委員会議録第14号（平成19年4月27日）』3頁）。宮川憲一も同様に参考人として，「このたびの遵守事項の見直しとそれに基づく処遇については，正にこの鬼面仏心の処遇でなければならないというふうに思っております。一般遵守事項の厳密な履行や，対象者に合わせた特別遵守事項の柔軟な設定と運用や専門的な処遇は，観察官と保護司の役割分担を明確にすることで，対象者に対しても親切できめ細やかな処遇ができ，処遇に当たる観察官や私ども保護司にとっても具体的で明快な指針となり，力強い支えとなるものと期待をいたしております。」と発言した（前掲注59) 会議録3頁）。
64) 前掲注58) 会議録19頁。
65) 前掲注58) 会議録19頁。
66) 前掲注57) 会議録16頁。
67) 前掲注58) 会議録19頁。
68) 前掲注57) 会議録22頁。
69) 前掲注58) 会議録20頁。
70) 前掲注58) 会議録20頁。

71）前掲注58) 会議録22頁。
72）前掲注55) 会議録18頁。
　　ちなみに，参考人として出席した瀬川晃は「私は今回の改正に当たっては，観察官の増員，報告書では倍増ということを言いましたけれども，とにかくこの数をふやしていただきたい。特に，改正していろいろな法案が通っても，保護観察官の仕事の状況が非常に悪化すればするほど状況は悪くなるわけでございまして，そういう意味で，観察官の数というのは重要なポイントになるというふうに考えております。」と発言した（前掲注55) 会議録第14号１頁）。
73）前掲注55) 会議録18頁。
74）『平成19年第166国会衆議院本会議録第27号（平成19年５月８日）』３頁。
75）『平成19年第166国会参議院法務委員会議録第18号（平成19年６月７日）』３頁。
76）前掲注75) 会議録17頁。
77）前掲注75) 会議録18頁。
78）前掲注75) 会議録16頁。
79）前掲注75) 会議録18頁。
80）NPO法人監獄人権センター事務局「更生保護法案の問題点と修正すべきポイント」（2007年３月）１頁。www.jca.apc.org/cpr/2007/070330.pdf を参照。
81）前掲注55) 会議録４頁。
82）前掲注59) 会議録３頁。
83）前掲注59) 会議録３頁．
84）保護司制度の基盤整備に関する検討会『報告書』（平成24年３月21日）３頁。
85）前掲注84) 報告書22頁-23頁。
86）前掲注84) 報告書24頁。
87）前掲注84) 報告書25頁。
88）『平成25年第183国会参議院法務委員会議録第６号（平成25年５月28日）』１頁。
89）『平成25年第183国会参議院法務委員会議録第７号（平成25年５月30日）』１頁。
90）前掲注89) 会議録７頁。
91）前掲注89) 会議録11頁。
92）前掲注89) 会議録７頁。
93）前掲注89) 会議録８頁。
94）前掲注89) 会議録10頁。
95）前掲注89) 会議録８頁。
96）前掲注89) 会議録８頁。
97）前掲注89) 会議録８頁。
98）前掲注89) 会議録８頁。
99）前掲注89) 会議録８頁。
100）前掲注89) 会議録３頁。
101）前掲注89) 会議録10頁。
102）『平成25年第183国会衆議院法務委員会議録第16号（平成25年６月７日）』３頁。
103）前掲注102) 会議録３頁。
104）『平成25年第183国会衆議院法務委員会議録第17号（平成25年６月11日）』５頁。
105）前掲注104) 会議録５頁。
106）前掲注104) 会議録６頁。
107）前掲注104) 会議録６頁。
108）前掲注104) 会議録12頁。

109) 前掲注104)会議録12頁。
110) 前掲注104)会議録14頁。
111) 前掲注104)会議録18頁。
112) 前掲注104)会議録18頁。
113) 『平成19年第166国会参議院法務委員会議録第18号(平成19年6月7日)』18頁。
114) 刑法等の一部改正法等については，2011年5月8日に開催の日本刑法学会第89回大会の共同研究第三分科会で「社会内処遇の現代的課題」というテーマの下に取り上げられ，議論の内容は後に『刑法雑誌』51巻3号(2012年)379頁以下に掲載された。ただし，一般の法律雑誌等で特集等が組まれることはなかった。
115) 更生保護のあり方を考える有識者会議「報告書」(平成18年6月27日)12頁。
116) 前掲注113)会議録18頁。
117) 前掲注104)会議録5頁。

おわりに

　日本における更生保護制度の展開を振りかえると，折々における対抗関係の存在が浮かび上がってくる。立法の制定に当たっても対抗関係が認められた。例えば，旧少年法の制定に際しての内務省と司法省の綱引き等がそれであった。日本の更生保護制度における伝統的な対抗軸の淵源もこれに求められるといえよう。もっとも，思想犯保護観察法の制定については，治安維持法の改正の場合と異なり，表面的にはごく一部の者を除いてほとんどの者が賛成に回った。思想犯を対象に日本の保護観察制度が誕生することになった。思想検事がこれを牽引した。

　「諸外国に類をみない思想犯の保護を名目とする弾圧法規」と酷評された思想犯保護観察法（昭和11年5月29日法律第29号）の制定に対する民間の司法保護事業団体の反応は，「遂に思想犯保護観察法が公布された。……同慶に堪えない次第である。殊に数年前より終始保護観察制度の実施に対して陰に陽に工作してきた吾人としては欣快を禁ずる能はざるものがある。本法の内容，並に実施に関する希望意見等は他の機会にゆずるとして，まず第1に本法の実施が真に目的通り，国家のためになり，また対象となる人々のためにならねばならぬこと，而してまた本法の実施が現司法保護事業界の進展に寄与するやうに工作せねばならぬこと，更に進んで『次は一般保護観察法へ！』の行進を忘れてはならぬことである。」というものであった。1937（昭和12）年に開催された全国保護事業大会では，「速ヤカニ全般的ニ司法保護制度ヲ制定センコト」を要望する決議が行われた。「保護観察」の対象を思想犯以外にも拡げることについては国も同感であった。

　しかし，国の関心は，「思想犯保護観察」を実施される直接の対象者を拡大することにも増して，「思想犯保護観察」にみられる考え方，すなわち，対象者をして「思想国防戦」の優秀な戦士に訓育するという考え方を一般国民にも及ぼしていくということにあった。「思想犯保護観察」では「思想犯改善」の基準が「忠実な皇民に生まれ変わること」に置かれていたが，それは一般国民

についても妥当することであった。それ故，国によれば，保護団体，保護司等といえども，この訓育の対象外ではなかった。民間保護団体等の果たす役割が強調されたのも，このような観点からであった。保護観察所に配置された少数の専任保護司（現在の保護観察官に該当）だけでは，この訓育のための「保護観察」網を全国津々浦々に張り巡らすことは不可能だったからである。これには民間保護団体等の協力が不可欠であった。嘱託保護司（現在の保護司に該当）や保護団体等の役割の重要性が強調される他方，これらを厳重に指揮・監督することが保護観察所長らに求められた。それは「思想保護観察」の適正な実施のためだけではなく，一般国民をして「思想国防戦」に参画せしめるためのものでもあった。「保護観察」の意味も「積極的な保護観察」に求められ，「積極的な保護観察」の方法として「総合的集団的な実施」等が重視されることになった。思想犯保護観察法の運用は，一部の弁護士等から批判されたような消極的な「監視」の域にとどまらず，積極的な「補導」，それも「物質的な補導」ではなく「精神的な補導」，すなわち，「皇民」化，「愛国者」化にまで及んだ。[2] 消極的な「監視」による再犯防止は格別，「皇民」化，「愛国者」化による再犯防止は，いわば「善を施す」ことであって，人権侵害という批判は当たらないというのが為政者の考え方であった。「保護観察」の正当化にはポリス・パワーだけではなくパレンス・パトリエも援用された。このパレンス・パトリエは欧米的なそれではなく，「五カ条の御誓文」等に由来するところの日本的なものであった。[3] このような状況に照らせば，思想犯保護観察制度の果した役割というのは，1930年代前半にみられた治安維持法全面改正の縮小版にとどまらず，1930年代後半以降の治安維持法体制の重要な柱であったといえよう。

　思想犯保護観察法の存在は優れて国家のあり方に関わっていた。「国家のための国民」か，あるいは「国民のための国家」かという点がそれで，思想犯保護観察法が依拠したのはもちろん前者，それも前近代的なそれではなくファシズム的なそれであった。その意味では，思想犯保護観察法は突然変異的に出現したものではなく，「国家のための国民」概念が長年培ってきたファシズム的な土壌の中から生み出された諸作品の１つ，それも総決算ともいうべき作品の１つであった。

　敗戦は日本にパラダイムの転換をもたらした。日本国憲法は国民主権，基本的人権の尊重，平和主義を三大原理として採用した。問題は，「国家のための

国民」概念が完全に洗浄され,「国民のための国家」が実現したかどうかである。敗戦後,治安維持法とともに思想犯保護観察法も廃止されることになった。この廃止の過程で再び緊張関係が甦ることになった。GHQによる廃止の指示と司法省の抵抗という綱引きがそれであった。戦後の日本の更生保護制度は思想犯を対象から除外し,対象として少年や被恩赦者を強調することによって再出発することになった。もっとも,再出発といっても実質的には戦前との連続性が強いものであった。少年法の制定をめぐって新たな綱引きが現出した。GHQが一方の主役として登場することになった。しかし,ここでも戦前と同様,旧司法省側での問題解決が図られた。日本国憲法の制定がこの綱引きの結果に影響を与えることは少なかった。保護か観察か,改善か再犯防止かといった伝統的な綱引き等を繰り広げつつ,更生保護の対象はやがて一般成人にまで拡大されたが,福祉関係者の更生保護に対するアパシーは持続された。

　戦後の更生保護制度においては思想犯保護観察法との違いが強調された。もはや思想犯保護観察法が甦るようなことはないとされた。しかし,その理由は必ずしも明らかではなかった。更生保護制度を指導する理念が戦後では戦前と異なるものへと変わったからであろうか。日本国憲法の三大原理に適合するよう指導理念が更生保護の世界にしっかりとビルト・インされたからであろうか。そうではなかろう。このような内在的な変化にではなく,外在的な変化に着目して戦前と戦後の違いが語られているのではないか。戦後の更生保護制度においては,それを取り巻く状況,国家のあり方が戦前とは異なるから思想犯保護観察法が再現されるようなことはない。例えば,こういった言説がそれである。しかし,このような「事情変更の原則」論によれば,更生保護制度を取り巻く状況,国家のあり方が暗転すれば,思想犯保護観察法に類したものが再び出現することもやむなしということにもなろう。現に近時,教育基本法の全面改正,あるいは憲法の全面改正の動き等にみられるように,「国民のための国家」概念から「国家のための国民」概念へと再びパラダイムの転換を図ろうとする国策が公然化するような新しい状況が現出しているのである。加えて,公安検事もいまだ健在である。多くの国民が更生保護に求めるものが観察であり,再犯防止だという点もあまり変わっていない。戦後の更生保護制度が日本国憲法の三大原理に適合的な指導理念をいまだ有していないとすれば,このような新しい状況に結びつかないという保障はない。

おわりに

もっとも，これには，弁護士や研究者等を中心として層が格段に厚くなった批判勢力の存在とその活躍をもって上の保障の機能を果たしている，これまでにはみられなかった新しい対抗軸の形成だとの反論があるかもしれない。この反論は決して的外れではない。とりわけ21世紀に入るとその活躍は顕著となり，為政者といえども無視できなくなったからである。「更生保護のあり方を考える有識者会議」の提言によれば，保護と観察に，そして改善と再犯防止に曲がりなりにもバランスを取ろうとされた所以であろう。過小評価してならないのは確かである。しかし，批判勢力の中心とも目されてきた日弁連の現在の姿は如何であろうか。例えば，少年法の一部改正に対する態度は医療観察法に対するそれと同様に反対から賛成に180度転換しているのである。研究者等においてもこの転換に同伴しようとする人たちは少なくない。

　これには批判勢力における対抗軸の設定の問題が大きく関わっているように思われるが，それでは，この対抗軸とはどのようなものであろうか。どのような対抗軸が設定されたのであろうか。日本国憲法の影響は如何であろうか。このような観点からみた場合，批判勢力の側における対抗軸の設定は未だ伝統的なそれから抜け出していないように思われる。それが国との綱引きに当たって弱点として作用しているように見受けられる。観察に対して保護を，再犯防止に対して改善を重視すべきだとの批判に対して，国等は保護と観察は，そして改善と再犯防止は密接不可分，一体であって，どちらを優先するかというのは観念的な議論だとして退けたからである。有識者会議も同様の立場を採用した。そのような「一体論」の前では，たとえ更生保護法の内実が観察に，そして再犯防止に大きく傾いたものになっていたとしても，観察に対して保護を，再犯防止に対して改善をという批判は大きな争点にはなり難かった。更生保護の重点を保護に置いたり観察に置いたりしながら更生保護の拡大・強化を一貫して図る。改善と再犯防止のバランスをとるために就労支援や生活環境調整等の強化を打ち出しつつ，他方で，保護観察官などに対して再犯防止意識の自覚，涵養を迫る。このような実態に照らした場合，保護と観察，改善と再犯防止，ポリス・パワーとパレンス・パトリエといった既存の対抗軸は有効性に欠くきらいがあった。近代刑法の基本原則（行為責任原則等）と保護観察という論点も国によれば意識的に外されていた。

　伝統的な対抗軸に基づいて国の政策を批判する側にとっては，犯罪被害者問

題も弱点の1つであった。たとえ「修復的司法」という形においてであれ，更生保護の分野でも犯罪被害者問題を考慮する必要があると認めた以上，犯罪被害者等の意向だとする「観察の強化」「再犯防止の重視」論をむげに退けることはできなくなったからである。近代刑罰制度においては犯罪被害者等による「赦し」を含む「社会による赦し」というのは制度的に内在化されており，刑が確定し執行された以上，「社会による赦し」があったものとみなされ，それは個々の国民・市民，あるいは犯罪被害者等が個人的に「赦し」を与えたか否かによって影響を受けることはない[4]。このような理解は必ずしも十分ではなかった。

　福祉というのも伝統的な対抗軸に基づいて国の政策を批判する側にとっては弱点の1つであった。日本の福祉は，更生保護においてと同様，社会防衛の観点がその内部深くに根をしっかりと張っており，それは戦後の日本国憲法の下でも洗浄されることはなかったが，この点についての認識が不十分で，福祉か刑事政策かといった対抗軸が有力に主張されたからである。日本司法福祉学会が設立され，「福祉」概念を「司法」の中に導入することは刑事政策の発展につながるといった議論が展開された。しかし，この「福祉」は国によって観察の強化や再犯防止の重視等に利用されかねないという危険性を内包していた。それは，有識者会議の提言によれば満期釈放後の保護観察は理論的に難しい問題があるから，当面は民間団体による「自立促進センター（仮称）」等の任意の活動等で賄われることを期待したいとされ，国も国会等で同様の答弁をしていたことからも容易にうかがい知れよう。しかし，この点についての警戒は一部にとどまっていた。

　これらの弱点は人権論の弱さに起因していたといってよいかもしれない。国を批判する側が依拠していた人権論は伝統的な自由権論であり社会権論であった。マイノリティ問題における「国民・市民の加害者性」についての検討はほとんど無きに等しい状態であった。有識者会議の提言にみられるような「更生保護の発展にとって国民の理解は欠かせない」という立場は批判する側においても共有されていた。しかし，「国民の理解」といっても，その内実は次のように嘆かれるような状況であった。

　　社会内処遇にとっての痛みは，犯罪をした人をスケープゴートとする市民の感情

の拭い難いことである。そこでは，しばしば犯罪者の「隔離」「排除」が要請される。「刑務所山奥論」と同列の，例えば更生保護会改善等反対運動もまれではない。[5]

　更生保護の現場からは悲痛な訴えが寄せられていた。にもかかわらず，国の対応は「国民の理解を深めるように努力したい」という以上のものではなかった。それは国の政策を批判する側においても同様であった。「国民・市民の加害者性」に対して真正面から切り込んでいく研究に取り組むということはなかった。国民・市民における人権擁護的機能に期待したいという楽観論が強かった。そのため，「国民の理解」という錦の御旗のまえでは譲歩を迫られることも稀ではなかった。更生保護の対象者に対して社会が援助の手をさしのべるのはあくまでも同情，善意からだ。対象者はこの社会の同情，善意について深い感謝の念を持ってもらわないと困る。社会復帰が権利なんていうことを主張してもらっては困る。権利なんていうことを主張すること自体がその人の社会的な危険性を示している。そのことが矯正，保護観察の対象となり得る。理解を求められた国民，市民の間ではこのような考え方がまだまだ根強かった。

　人権論の弱さは「国の責任」論への対応においても示された。国の政策を批判する側は国と異なり，更生保護に対する国の第一次的な責任，すなわち，「自助」「共助」を促進する「国の責任」ではなく，自ら更生保護を推進するという意味での「国の責任」を伝統的な社会権論に拠りつつ説いた。しかし，それでは，関係者の努力にもかかわらず，厳しい行財政事情のなかで更生保護に対して大幅な予算増，定員増を確保することは至難の技であった。有識者会議の提言のうち，観察の強化や再犯防止の重視等の部分は更生保護法に取りこまれた反面，就労支援その他，保護や改善の充実・強化等に関わる部分は盛り込まれなかった理由の1つもこの行財政事情にあった。国は安心社会，安全社会を実現するための更生保護の重要性という主張に基づいて予算要求したが，伝統的な社会権論では更生保護の予算は後順位に回されがちであった。更生保護法の偏りを是正するためには新たな社会権理論を提示する必要があったが，国の政策を批判する側においてその必要性が十分に認識されたかというと必ずしもそうではなかった。

　対抗軸の引かれ方の不十分さという問題に加えて，引かれるべき対抗軸がそもそも引かれていないという問題もみられた。国の統制と保護観察官等の自主

性，独立性。同じく国の統制と地方公共団体の自主性，独立性。例えば，これらの対抗軸がそれであった。これらの対抗軸は21世紀に入るとますます顕在化することになった。更生保護法を制定する理由の1つもこの保護観察官に対する，そして地方公共団体に対する国の統制の強化に置かれていたからである。

21世紀に入っても，日本の更生保護制度は矛盾の解消に向かうどころか拡大の方向にあった。国の基本政策が「国民のための国家」から「国家のための国民」に暗転すれば，これに応じて更生保護制度も思想犯保護観察制度に類したものに転化する。この転化を防止する保障を内在化させるという課題も依然として未解決であった。伝統的な対抗軸では有効な切り込みはなかなか難しかった。日本国憲法の下で国の更生保護施策を批判する勢力は量的には拡がったが，質的には大きな変化はなかった。刑法全面改正作業では挫折した保安処分の導入を更生保護の領域で実現する。このような方向での問題解決が続いた。少年に対する厳罰化，少年審判の刑事裁判化，保護処分の文字通りの「保安処分」化などを内容とする少年法の度重なる一部改正も行われている。「国が必要な制度改革や体制整備等を先送りにし，上記状況を放置してきたことが，更生保護制度の歴史的な構造上の問題点であると認識」し，抜本的な見直しを行ったとされる「更生保護のあり方を考える有識者会議」の歴史認識も国と同様，次のようなものであった。

> 更生保護の淵源をたどれば，江戸時代の人足寄場等にさかのぼることができるが，現在の更生保護の先駆となったのは，明治時代に，静岡県において誕生した出獄人保護会社であると言われている。この出獄人保護会社は，刑務所を出所した囚人が，社会の中に戻る場所を見つけることができず，再び犯罪に手を染めることを避けて自ら死を選んだことに心を痛めた刑務所の所長が，県下の有力者に依頼して設立し，刑務所出所者に衣食住を提供するなどしたものであり，現在の更生保護施設の先駆であるとともに，全県下に1700人を超える保護委員を委嘱するなど，現行の保護司制度の前身でもあったといわれている。この出獄人保護会社の設立を契機として，各地に釈放者保護団体が設立されるようになった。これらの団体は主として出獄人に衣食住の提供や就労支援を行う，直接的保護事業を行うものであったが，出獄人をその居所においたまま，訪問指導，通信指導をする間接的保護や，旅費，衣料等を給貸与する一時保護を行う保護団体も設立されるようになり，これらは現在の保護観察の先駆的取組ともいえるものであったといわれている。
> このようにして始まった日本の更生保護事業は，その後も民間の活力によって拡大していったが，国は，やがてこうした更生保護事業を刑事政策の中に組み込んで

いった。まず，大正12年施行の旧少年法は，少年について，国の機関により保護観察を実施することとし，少年審判所に置かれた少年保護司（常勤の国家公務員である少年保護司と民間篤志家である嘱託少年保護司からなる。）を実施主体とした。昭和14年に制定された司法保護事業法は，成人の起訴猶予者，執行猶予者，仮釈放者等について，民間団体や民間篤志家が行っていた司法保護事業を国の制度として位置付け，国の監督に服させることとしたが，その実施主体は民間団体である司法保護団体と民間篤志家である司法保護委員（保護司制度の前身）とした。なお，この間の昭和11年には，思想犯保護観察法が制定・施行され，治安維持法違反の罪を犯し，起訴猶予，刑の執行猶予，仮出獄又は刑の執行終了となった者を対象に，本人を保護して，再犯を防止するため，保護観察所による思想犯保護観察が開始され，その実施主体は，常勤の国家公務員である保護司（保護観察官に相当）と嘱託保護司（保護司制度の前身）とされたが，第2次世界大戦前において，成人を対象とし，国の機関が実施する保護観察は，この思想犯保護観察のみであった。

　終戦後，刑事司法の分野において，刑事訴訟法，少年法等が全面的に改正されるなどの大きな改革が行われ，更生保護に関しても，昭和24年に犯罪者予防更生法が制定されて，新たな国家の制度としての更生保護制度が成立した。その法案策定過程では，民間篤志家である司法保護委員に保護観察を行わせようとする日本側に対し，連合国軍総司令部（GHQ）が，保護観察をボランティアにゆだねるべきではないとして譲らず，最終的に，「保護観察官が充分でないときは，司法保護委員が補う」，「保護観察において行う指導監督及び補導援護は，保護観察官又は司法保護委員をして行わせる」とされ，現在の官民協働態勢が形成されたといわれている。さらに，犯罪者予防更生法の制定・施行に当たっては，先に成立していた新少年法と少年院法の施行時期が前倒しされたため，更生保護官署のために予算措置等を講ずる間がなく，極めて不十分な人的・物的体制のままで発足せざるを得なかったという事情もあったようである。

　また，犯罪者予防更生法案の原案には，当初，少年に加え，成人の仮釈放者と執行猶予者に対する保護観察も盛り込まれていたものの，国会の法案審議の過程で，執行猶予者保護観察制度は削除された。執行猶予者保護観察制度の導入も見送られたため，政府は，昭和28年に刑法等の一部を改正する法律案として，執行猶予者保護観察制度の導入を内容とする法案を国会に提出したが，執行猶予者に対する保護観察は犯罪者予防更生法ではなく，別法で行うべきであるとの国会の附帯決議を受け，昭和29年に新たな刑法改正案とともに執行猶予者保護観察法案を提出し，その成立により，ようやく執行猶予者に対する保護観察制度の立法が実現された。このような審議経過をたどった背景には，戦前の思想犯保護観察制度があったことなどにより，保護観察に対する不信感があったといわれているが，いずれにせよ，執行猶予者保護観察制度は，仮釈放者等の保護観察等を規定する犯罪者予防更生法とは別の法律で規定され，その中身も，仮釈放者等の保護観察に比べ，指導監督面がはるかに緩やかな制度として設けられた。また，昭和25年には更生緊急保護法及び保

護司法が，昭和31年には売春防止法が，平成7年には更生保護事業法が制定された。
6)

　21世紀の日本の更生保護制度に希望がないわけではなかった。むしろ希望は拡がっていたといってよかった。更生保護法の制定等に当たって必ずしも注目されることはなかったが，21世紀の日本の更生保護制度を牽引する指導理念を構築する上で大きな手掛かりになると思われる重要な事象が少なからず現われ始めていたからである。21世紀の日本の更生保護制度は未来に向けたその発展のための有力な手掛かりを手に入れようとすれば手に入れられる段階を迎えつつあった。新たな対抗軸を提示し得る環境にあった。

　手がかりの1つは，日本の更生保護制度が思想犯保護観察制度のように「国家のための国民」などといったファシズム的な国策によって再び右往左往させられることがないようにするためには，その独立性を担保することが必要だと考えられるところ，日本の更生保護制度にはこのような担保は存しないということに関わる。確かに戦後は中央更生保護委員会が，そして，それに代わって中央更生保護審査会が設置されている。審議会等の1つとして法務省本省に設置され，委員長と委員4人で構成される同審査会は犯罪者予防更生法に基づく「更生保護の機関」として設置・運営されてきたが，更生保護法の施行（平成20年6月1日）による犯罪者予防更生法の廃止以後は更生保護法に基づく機関とされ，地方更生保護委員会の決定について審査を行ったり，法務大臣の恩赦について上申することを任務としている。その意義は小さくはないが，その存在をもって日本の更生保護制度の独立性を担保するものと評価し得るかとなると疑問だということになろう。

　日本の場合，専門家における専門性の保障が重要だという発想は国だけではなく肝心の専門家自身においても貧弱である。その悲劇は到るところにみられた。1941（昭和18）年11月，「日本らい学会」は国の誤ったハンセン病強制隔離政策には医学的根拠が乏しいと異議を申し立てたハンセン病医にして元京都帝国大学助教授の小笠原登（1888-1970年）を糾弾し，学界から放逐した。国の誤ったハンセン病強制隔離政策を牽引し，それに加担した「日本らい学会」の主要メンバーが戦後，公職追放されることはなかった。GHQの指示がなかったこともあって，国の誤ったハンセン病強制隔離政策は戦後も続けられた。結

おわりに　455

果，国の誤ったハンセン病強制隔離政策が廃止されたのは1996（平成8）年だというようなことになった。この著しい遅れは患者・家族らに取返しのつかない深刻な「人生被害」をもたらした。もっとも，保護観察所関係者は戦後，GHQの指令で公職追放された。しかし，この公職追放の意味が国において，そして保護観察官等において正しく内省され，規範化され，今後に生かされるということはなかった。

　ニュールンベルグ裁判は「平和に対する罪」のほか，「国家もしくは集団によって一般の国民に対してなされた謀殺，絶滅を目的とした大量殺人，奴隷化，追放その他の非人道的行為」と定義される「人道に対する罪」[7]も創設した。この「人道に対する罪」によって多くの科学者も被告席に送られた。ナチスによって行われた残虐かつ非人道的な人体実験も公訴事実とされた。この判決に基づき，人体を用いて試験を行う際に遵守すべき10項目の基本原則を定めた「ニュールンベルグ綱領」（1946年）が生まれることになった。①人間を対象とする必然性があること，②科学的・医学的に妥当であること，③対象者から（強制されない）自発的な同意を得ること，がその中心となる原則であった。この原則はその後，発展させられ，「患者の権利に関するWMAリスボン宣言」等に結びついていった。宣言は，1981（昭和56）年9月10日，ポルトガルのリスボンで開催された第34回世界医師会（WMA）総会で採択された。その「序文」では次のように謳われた。

　　　医師，患者およびより広い意味での社会との関係は，近年著しく変化してきた。医師は，常に自らの良心に従い，また常に患者の最善の利益のために行動すべきであると同時に，それと同等の努力を患者の自律性と正義を保証するために払わねばならない。以下に掲げる宣言は，医師が是認し推進する患者の主要な権利のいくつかを述べたものである。医師および医療従事者，または医療組織は，この権利を認識し，擁護していくうえで共同の責任を担っている。法律，政府の措置，あるいは他のいかなる行政や慣例であろうとも，患者の権利を否定する場合には，医師はこの権利を保障ないし回復させる適切な手段を講じるべきである。

　法律，政府の措置，あるいは他のいかなる行政や慣例であろうとも，患者の権利を否定する場合には，医師は患者の権利を保障ないし回復させる適切な手段を講じるべきである。そのためには医師の独立性が担保されなければならない。このような考え方は医師会が定めるソフト・ローの領域においてだけでは

なく，国が定めるハード・ローの領域においても採用されることになった。ヨーロッパ諸国を中心として医療基本法ないし患者の権利法の制定が相次ぐことになった。日本においても遅ればせながらも同様の動きがみられるようになった。たとえば，「ハンセン病問題検証会議」の提言を受けて2003（平成15）年に国の第三者機関として設置された「ハンセン病検証会議の提言に基づく再発防止検討会」は2010（平成22）年6月，報告書をまとめ厚生労働大臣に提出した。患者の権利擁護を中核とする医療基本法の法制化を求めることなどがその主な内容であった。

　問題は更生保護の分野についてはどうかである。法律，政府の措置，あるいは他のいかなる行政や慣例であろうとも，更生保護の対象者の人権と利益を否定する場合には，更生保護の実施に当たる者は対象者の人権と利益を保障ないし回復させる適切な手段を講じるべきである。このような考え方が関係者の間に芽生え，拡がり，根を張っているかである。それは21世紀ならではの更生保護の課題だといえよう。前述したように，更生保護法の制定に当たって，国は社会防衛意識の自覚・涵養を求めて保護観察官らに対する国の統制の強化を図っているからである。とすれば，21世紀の日本の更生保護における対抗軸の1つはこの点をめぐって引かれるべきであろう。そして，それは日本の更生保護に対し新たな展望をもたらすものといってよい。ちなみに，更生保護の領域においても医療の充実が大きな問題となっていることは既に触れたところである。

　手掛かりの2つ目は，国の誤ったハンセン病強制隔離政策の根拠法となった「らい予防法」（1953年）を違憲だと断罪した2001（平成13）年5月11日の熊本地方裁判所の判決である。同判決はそのなかで「マイノリティ問題と多数決主義」に言及し，次のように判示したからである。

　　　右判決（在宅投票制度を廃止しこれを復活しなかった立法行為について「国会議員の立法行為は……容易に想定し難いような例外的な場合でない限り，国家賠償法1条1項の規定の適用上，違法の評価を受けないとした最高裁昭和60年11月21日第1小法廷判決―引用者）は，その論拠として，議会制民主主義や多数決主義を挙げるが，新法（らい予防法―引用者）の隔離規定は，少数者であるハンセン病患者の犠牲の下に，多数者である一般国民の利益を擁護しようとするものであり，その適否を多数決主義にゆだねることは，もともと少数者の人権保障を脅かしかねない危

おわりに　*457*

険性が内包されているのであって，右論拠は，本件に全く同じように妥当するとはいえない。[10]

　熊本地裁判決が明確に指摘したマイノリティ問題における「多数決主義」（量の民主主義）の問題，別の表現を用いればマイノリティ問題における「国民・市民の加害者性」の問題は「障がい者」差別問題の展開の中で新たな地平へと進むことになった。国民・市民等による「障がい者」差別は確かに存在するとし，差別禁止法の法制化を通じた問題解決が提唱されたからである。21世紀の人権条約として当事者を中心に起案され，2006（平成18）年12月13日の第61回国連総会で採択され，2008（平成20）年5月3日に発効した「障害者権利条約」が採用した「社会モデル」という考え方がこれを推進した。政府が「障害者権利条約」に署名（2007年9月28日）したということもあって，「障害者権利条約」の締結に必要な国内法の整備を始めとする日本の障がい者制度の集中的な改革を行うため，2009（平成21）年12月8日，閣議決定により内閣総理大臣を長とし，各大臣からなる「障がい者制度改革推進本部」が内閣に設置された。そして，この推進本部の下に，障がい者施策の推進に関する事項について意見を求めるため，障がい当時者，障がい者の福祉に関する事業に従事する者及び学識経験者らを委員とする「障がい者制度改革推進会議」が設置され，さらに，推進会議の下に，障がい者に係る総合的な福祉法制の制定に向けた検討を効果的に行うため「障がい者制度改革推進会議総合福祉部会」が，また，障害を理由とする差別の禁止に関する法制の制定に向けた検討を効果的に行うため「障がい者制度改革推進会議差別禁止部会」が結成された。そして，「障害者基本法」が2011（平成23）年8月に改正され，障がい者基本計画の策定又は変更に当たって調査審議や意見具申を行うとともに，計画の実施状況について監視や勧告を行うための機関として，推進会議の機能を発展的に引き継ぐものとして内閣府に「障害者政策委員会」が設置された。これに伴い，差別の禁止に関する法制の在り方の検討の場も推進会議から政策委員会に移ることとなった。2012（平成24）年3月からは政策委員会差別禁止部会で検討が重ねられることになった。同禁止部会は2012（平成24）年9月14日付で「『障害を理由とする差別の禁止に関する法制』についての差別禁止部会の意見」をまとめ公表した。同「意見」によれば，立法事実の存在について次のように記述された。

障害者が日常生活及び社会生活の様々な場面で，障害のない人であれば何も問題にならないことが，障害があることにより様々な制約に直面している実態が浮かび上がってくる。このような事例は，これまで，あまり，社会からは見えない，表面化することのなかった社会的障壁の存在を示すものであった。このような事例は，誰にも相談できず，あきらめるしかない，しかし，決して消し去ることのできない記憶として，障害者や家族の胸の奥深いところに仕舞い込まれてきた事実，あるいは障害者の人格を傷つけ，生きる力や活き活きと個性と能力を発揮する場を奪い，ひいては社会に貢献する機会も奪ってきた事実の存在を示している。このような事実の存在は，これまでの人権教育や障害者に対する福祉施策等では限界があることを表すものであり，差別の禁止によってこういった事実に正面から取り組むことの必要性を示しているものといえる。[11]

　立法事実の存在を踏まえて，同「意見」によれば立法の必要性が次のように説かれた。

　　今もなお，障害者は様々な差別的取扱いに直面しており，障害や障害者への無理解を嘆く声も途切れない。つまり，障害のない人が障害について知ること，理解することの重要性は誰も否定しないだろう。しかし，それだけでは差別が解消されることはないのである。それでは何が必要なのだろうか。実は，この法律を制定する最大の眼目はここにある。ここで注意すべきは，前項に述べたように，差別的取扱いと思われる事例が多数存在するという現実がある一方で，多くの国民が「差別は良くないし，してはならない」「障害者には理解を持って接したい」と考えているのも事実であり，好んで差別をしているわけではないという点である。そこで，「差別はよくないことだ」という国民誰もが持つ考えを形あるものにして生かすためには，具体的に何が差別に当たるのか，個々人で判断することは困難であるので，その共通の物差しを明らかにし，これを社会のルールとして共有することが極めて重要となる。もちろん，実際に差別を受けた場合の紛争解決の仕組みを整えることもこの法律の目的に据えなければならないが，これも，決して差別した人をつかまえて罰を与えることを目的とするものではないのである。これらが，差別禁止法を必要とする理由である。[12]

　ちなみに，差別禁止部会の提言では，差別などの禁止が求められる分野として司法手続が取り上げられ，詳述されている。これを欠くことになれば，実質的に見ると，一般に与えられている法的保護を障がい者には与えないという，他と異なる取扱いをしたのと同様の結果を生じることになるからである。「手続上の配慮」は，「合理的配慮」が司法分野に特化された概念であると考えら

れるとされ,「合理的配慮」の例外を示す「均衡を失した又は過度の負担を課さないもの」に該当する場合であっても, 適正な手続が求められる司法分野においては, かような抗弁については原則として認めるべきではないとされた。司法手続の中では「処遇における合理的配慮」も問題とされ, 刑事施設やその他の収容施設での知的障害や発達障害を含む様々な障害特性に配慮した介助や医療の提供, 日課や刑務作業等の処遇, 更生プログラムの導入, 受刑することの意味を発達障害者が真に理解し内省を深めるための発達障害者の特性に合ったコミュニケーション方法や心理的アプローチなども課題とされた。

　同「意見」は,「障害を理由とする差別の解消の推進に関する法律(障害者差別解消推進法)(平成25年6月26日法律第65号)の制定に結びつくことになった。差別解消推進法と車の両輪となる自治体の障害者差別禁止条例(仮称)の制定も各地で相次いだ。「障害のある人も共に暮らしやすい千葉県条例」(2006年10月11日成立, 2007年7月1日施行),「北海道障がい者及び障がい児の権利擁護並びに障がい者及び障がい児が暮らしやすい地域づくりの推進に関する条例」(2009年3月27日成立, 1部を除いて2009年3月31日施行),「障がいのある人もない人も共に学び共に生きる岩手県づくり条例」(2010年12月14日成立, 2011年7月1日施行),「さいたま市誰もが共に暮らすための障害者の権利の擁護等に関する条例」(2011年3月4日成立, 4月1日施行),「障害のある人もない人も共に生きる熊本づくり条例」(2011年7月1日成立, 2012年4月1日施行),「障害のある人もない人も共に安心して暮らせる八王子づくり条例」(2011年12月15日成立, 2012年4月1日施行),「障害のある人もない人も共に生きる平和な長崎県づくり条例」(2013年5月31日成立, 2014年4月1日施行), 等がそれであった。「障害者権利条約」の批准も2014(平成26)年1月20日になされた(同年2月19日に日本について発効)。

　条例のなかでも注目されるのは2013(平成25)年3月2日に完成した「だれもが安心して暮らせる大分県条例」の素案である。同素案によれば,「社会モデル」という考え方が「理念規定」においても強調され, 次のように規定されているからである。

　　(1) すべての障がいのある人は, 障がいを理由として差別を受けず, 自らが選んだ地域において生活し, 地域社会を構成するかけがえのない一員として, 社会,

経済，文化その他のあらゆる分野の活動に参加する権利を有する。
（2）障がいがある人に対する差別をなくす取り組みは，差別の多くが，障がいがある人に対する誤解，偏見，その他の理解の不足や障がいがあることに対して必要とされる合理的配慮を欠くことから生じていることを踏まえて，障がいについての「社会モデル」を普及することを通じて，推進されなければならない。

「差別の定義」も注目される。「差別とは，次の各号に掲げる行為（以下，「不利益取り扱い」という）をすることおよび障がいがある人が障がいのない人と実質的に同等の日常生活や社会参加を行うために必要な合理的配慮に基づく措置（以下，「合理的配慮に基づく措置」という）を行わないことをいう。」とした上で，分野ごとの差別行為を具体的に例示して定義しているからである。「社会モデル」に従って，「自立」が「日常生活または社会参加を行うにあたって自らの意思で選択することをいう。なお，そのために第三者による支援を求めることは当然の権利である。」と定義されている点も注目される。

「社会モデルと更生保護」という観点から特筆されるのは，実体規定のうちの「更生への支援」の箇所である。「県は，障がいがある人が障がいを原因として，犯罪を犯した場合に，その更生のために必要な施策を講じなければならない。」と規定されているからである。この点も障害者総合支援法や障害者差別解消推進法から進んだ部分といえよう。ここには，差別・偏見の解消の促進を差別禁止条例（仮称）の制定に求めるという考え方のほか，更生保護に関する「地方公共団体の責任」を「社会モデル」から導くという発想もみられるのである。地方公共団体が更生保護のための施策を講じるのは決して同情や恩恵からではない。それは地方公共団体の義務なのである。障害を原因として罪を犯した人はその障害のゆえに改善更生に当たっても各種のハンディ・キャップを有しており，社会的な障壁にも直面する。障害者権利条約が採用した「社会モデル」にのっとってこのハンディ・キャップに「合理的な配慮」を行い，社会的障壁を取り除くのは国の義務であり，地方公共団体の義務でもある。このような観点から「地方公共団体の義務」とされているからである。

このような考え方は国のレベルにおいても採用することが可能で，採用すべきであろう。とすれば，新たな対抗軸が浮上するということになろう。更生保護に対する「国民の理解」を，厳しい差別・偏見という立法事実の存在を踏まえて「社会モデル」等に基づいて立法を通じて確保していくのか，あるいは従

前のような「社会を明るくする運動」等を通じて専ら図って行くのかという対抗軸がその1つである。もう1つは更生保護に対する「国の責任」を刑事政策的な観点から「自助」「共助」の促進という狭い範囲で理解するのか，あるいは第一次的な「国の責任」を認めるのか，そして，後者の「国の責任」論を取る場合，伝統的な社会権論で根拠づけるのか，それとも「社会モデル」に類した考え方で根拠づけるのかという対抗軸がそれである。パターナリズムの有する人権侵害的な側面の理解如何に関わって，「対象者の自立」についてもこれまでみられなかったような対抗軸が設定され得ることになろう。

　ここで改めて再確認しておかなければならないことは，第2次世界大戦後の世界で共有されている人権問題における共通の出発点は世界大戦の再発防止に，そして，そのためのファシズムの再発防止に置かれているという点である。国連等によれば人権問題の中でもとりわけマイノリティの人権問題が重視されているのもこの点に深く関わっている。マイノリティ差別を強調し強行することによって国民・市民の広範な熱狂的支持を得た権力が「世論」を利用する形で「法の支配」等の諸原則を無視し，ファシズムの構築に進んだという歴史的事実に基づいているのである。国民の代表が国会で多数決主義に基づいて制定した法律といえども憲法の保障する諸原理に反する場合は違憲・無効だとする違憲立法審査制度を各国が採用したのもそのためである。国民・市民といえども「法の支配」に服することが求められている。マイノリティ問題における「国家の加害者性」のみならず「国民・市民の加害者性」に警戒を怠らないのもそのためである。国際連合は発足後，直ちに「世界人権宣言」の起案に着手し，同宣言は日本国憲法の施行（昭和22年5月3日）の翌年の1948（昭和23）年12月10日の第3回国連総会で採択されたが，その「前文」は次のように謳っている。

　　　人類社会のすべての構成員の固有の尊厳と平等で譲ることのできない権利とを承認することは，世界における自由，正義及び平和の基礎であるので，
　　　人権の無視及び軽侮が，人類の良心を踏みにじった野蛮行為をもたらし，言論及び信仰の自由が受けられ，恐怖及び欠乏のない世界の到来が，一般の人々の最高の願望として宣言されたので，
　　　人間が専制と圧迫とに対する最後の手段として反逆に訴えることがないようにするためには，法の支配によって人権保護することが肝要であるので，

諸国間の友好関係の発展を促進することが，肝要であるので，

国際連合の諸国民は，国際連合憲章において，基本的人権，人間の尊厳及び価値並びに男女の同権についての信念を再確認し，かつ，一層大きな自由のうちで社会的進歩と生活水準の向上とを促進することを決意したので，

加盟国は，国際連合と協力して，人権及び基本的自由の普遍的な尊重及び遵守の促進を達成することを誓約したので，

これらの権利及び自由に対する共通の理解は，この誓約を完全にするためにもっとも重要であるので，

よって，ここに，国際連合総会は，

社会の各個人及び各機関が，この世界人権宣言を常に念頭に置きながら，加盟国自身の人民の間にも，また，加盟国の管轄下にある地域の人民の間にも，これらの権利と自由との尊重を指導及び教育によって促進すること並びにそれらの普遍的かつ効果的な承認と遵守とを国内的及び国際的な漸進的措置によって確保することに努力するように，すべての人民とすべての国とが達成すべき共通の基準として，この世界人権宣言を公布する。

思想犯保護観察法が「『ポツダム』宣言ノ受諾ニ伴ヒ発スル命令ニ関スル件ニ基ク治安維持法廃止等ノ件」（昭和20年10月15日勅令第575号）により廃止されてから約70年が経過した。しかし，思想犯保護観察法についての総括が先送りされたままで21世紀の今日を迎えたというのが日本の更生保護制度の現状である。思想犯保護観察法からの訣別という問題は未解決のままである。風化させるだけでは問題を解決したことにはならない。新たな対抗軸をめぐる綱引きを通じてこの総括が実行に移され，人権論の世界的な発展に照らしても十分に堪え得るものにすることは為政者のみならず国民，市民の責務でもある。そこでは我々は被害者という面にも増して加害者という面が強いからである。21世紀における日本の更生保護制度のあり方をどう考えるかということは，第2次世界大戦後の世界で共有すべきだとされている「共通の歴史観」に基づく「共通の価値」をめぐる内外の格差を埋めるということでもある。マイノリティ問題のなかでも理解が，そして実践が最も難しい人権問題であるがゆえに，更生保護の発展は日本の人権問題の全体的な底上げにとって大きな朗報となろう。幸い，内外の格差を埋めるような新たな動きが隣接領域で散見される。このような状況を生かし，このような状況と連動していくことが今，日本の更生保護制度に求められているといえないだろうか。

大きく見ると課題は2つある。1つは対外的なもので，前述したように更生

保護制度の独立性を如何に担保するかということである。新たに独立の第三者機関として例えば公正取引委員会に類したようなものを設置し，日本の更生保護行政を統括させるといったようなことも検討されなければならないと考えられる。しかし，これだけでは独立性の担保としては十分ではない。制度全体の独立性を担保することのほか，更生保護制度の担い手の中核たる保護観察官の独立性を担保することも問題となる。更生保護制度の実際，なかでも質の面を中心的に担う保護観察官の専門性を保障することも検討されて然るべきであろう。[13]この専門性はときには「国家のための国民」等といった国策との間で緊張関係をもたらすからである。

　もう１つの課題は対内的なもので，拡大する矛盾を解消の方向に転じさせ，21世紀の日本の更生保護を牽引するような指導理念をどう構築するかという点に関わる。この理念について『更生保護50年史（第１編）』は次のように述べていた。

> 　更生保護の制度をどのような理念，考えでもって運用していくかについては，過去においても，また現在においても，さまざまなバリエーションがある。その中でも特に主要なものは，対象者個人の改善更生を重視するのか，それとも，犯罪に対する人々の応報感情に留意し，刑罰に正義の実現を期待し，彼らの再犯からの社会の防衛を重視していくのか，という２つの立場である。もともと宗教家や民間の篤志家によって始められた我が国更生保護制度の原点には，宗教的慈悲心による博愛精神や人間愛といった，犯罪者や非行少年にも慈愛の心をかけ，彼らとともに歩んでいこうとする，どちらかと言えば，先ほどの前者を中心とする思想に近いものがより濃厚に認められるのである。そして，このような理念や精神に基づいて運用されてきた我が国の更生保護制度が，米国などと比べても格段に治安の良い平安な社会をこれまで維持してきた事実を考えたとき，我が国更生保護従事者が長らく共有してきた現在の文化的風土は，今後においても尊重していかなければならないと思うのである。その一方，今日，凶悪な少年非行や，薬物濫用等をめぐる犯罪の国際化，被害者救済に対する関心の高まり等々の諸状況を勘案するとき，米国などで主流となっている……「ジャスティス（正義・応報）・モデル」などの考え方の中にも，あるいは参考となる施策があるように思え，発足後50年の時点を迎えた我が国の更生保護制度は，その伝統に新たな側面を付加すべきか否か，その是非が問われているとも言えるのである。[14]

　しかし，国はこのような改善更生か再犯防止・社会防衛かという対抗軸ではなく，それを止揚した「改善更生と再犯防止は一体」とする「一体論」を戦後

の草創期以来一貫して採用しており，両者のバランスを計るという名目の下に実際には再発防止・社会防衛に著しく傾斜した法改正等を実現してきたということは既に詳しく見たところである。そして，「更生保護のあり方を考える有識者会議」によってもこの「一体論」にお墨付きが与えられたのである。ちなみに，同会議の提言によれば，「これまでの我が国の更生保護制度では改善更生・再犯防止が十分に図れなかった一定の処遇困難な対象者や仮釈放の対象とできなかった者に対しても有効な社会内処遇を実施し，安全・安心の国づくり，地域づくりに貢献し，国民の期待にこたえることのできる強靱な更生保護制度の確立を目指す」（同提言1-2頁）とされた。「強靱な更生保護制度」というのは提言のキーワードとなっているが，「一体論」を踏まえたネーミングといえようか。対立が激しかったからであろうか，提言ではそもそも「理念」に触れるところはないのである。改善更生か再犯防止・社会防衛かという対抗軸は「一体論」を導くための前座という役割が強かった。実態と乖離したレトリックという色彩も濃厚であった。

　もっとも，「再犯防止・社会防衛」に対して，あるいはまた「一体論」に対して「改善更生」を対置せしめることの意義はいまだ失われていないという反論があるかも知れない。しかし，この「改善更生」という理念においてもパレンス・パトリエ，あるいはパターナリズムによる人権侵害の危険性が内包されているのである。例えば，国による「善意論」等に基づく「改善更生」の押しつけと受入れ拒否者等に対する社会防衛的な対応等がそれである。遵守事項の強化・充実もこれに関わる。かつて為政者が消極的な「監視」による再犯防止は格別，「皇民」化（＝「精神的な補導」）による再犯防止はいわば善を施すことであって人権侵害という批判は当たらないとしていたことを忘れてはならない。思想犯保護観察制度においては「精神的な補導」という観点から「改善更生」の基準が設けられていたのである。人権侵害の危険性についての留意は「司法福祉」等にいう「福祉」概念についても欠かせない。この日本独特の「福祉」概念は「社会防衛」と密接不可分で，国によって「観察の強化」や「再犯防止の重視」等に利用されかねないからである。

　その意味では，理念をめぐるより本質的な対抗軸というのは更生保護における「自助・共助の責任」原則および自助・共助に対する「国による監督・統制」原則の是非に関わるといえよう。すなわち，これらの原則を墨守した上で

21世紀の日本の更生保護を展望するのか，あるいはこれらの原則を見直すのかという点がそれである。「自助・共助の責任」原則によれば，更生保護における「国の責任」はあくまでも改善更生についての本人および家族の「自助」，そしてこの「自助」に対する社会の「共助」を支援し，促進する範囲に限定されることになる。しかし，他方で，国はこの「自助」「共助」に対する「国による厳格な監督・統制」を強調する。支援・促進のためには「国による厳格な監督・統制」が欠かせないとされる。あるいは，更生保護は一面において再犯防止・社会防衛という刑事政策的な機能を有していることから更生保護の担い手および関係者をしてこの刑事政策的な機能を実現させるために「国の厳格な監督・統制」が肝要だと主張される。とすれば，たとえ，「国の責任」が「自助」「共助」の支援・促進にとどまるとしても，この「国による厳格な監督・統制」のために「改善更生」も，「司法福祉」にいう「福祉」も再犯防止・社会防衛という色彩を濃厚に帯びることになる。それは更生保護の展開が刑法全面改正作業や少年法改正作業と連動する形で進められてきたことからも明らかであろう。

　そこで，度重なる国会決議に沿う形でこれらの原則を見直し，更生保護における「公助の責任」原則を確立し，他方で，「国による厳格な監督・統制」を緩和し，対象者の自己決定権および適正手続の保障を尊重せしめることが問題となる。もっとも，これには国の側から次のような疑問が国会審議等で提示されてきたことは既に紹介したところである。罪を犯していない人と比べて不平等ではないかという疑問がそれである。この疑問を多くの人は無批判で受け入れ，国に対して「自助の責任」原則の見直しを迫ることを躊躇してきた。しかし，それは逆であろう。「障害者権利条約」は「障害者」に特別な権利を創造するものではなく，「社会的障壁」のために「健常者」が共有し得る自由権および社会権を「障害者」が享受し得ないとすれば不平等で，この不平等を是正する義務が国にはあるとするものである。更生保護についてもこのような考え方を採用できないのであろうか。「公助の責任」原則を確立したとしても，それは対象者に特権を認めるものではなく，他の者と平等に扱おうとするものでしかないのである。検討されて然るべきではないか。[15]

　「国による厳格な監督・統制」を緩和し，対象者の自己決定権および適正手続の保障を尊重せしめることについても国は国会質疑等において一貫して消極

的な答弁を行ってきた。ともすれば対象者の保護に傾きがちな保護観察官に対して，再犯を防止し社会を保護するという更生保護の目的を法で明記し，社会の安全，安心に対する責任意識の向上を図るところも更生保護法の趣旨だとされているのである。国は保護観察官等に対して「全能性」を求め，この「全能性」に基づいて対象者との信頼関係の形成に努め，「積極的な処遇」を実施し，他方で，公平な審判者の立場で対象者の更生状況の把握に努めろとする。保護観察官等の「全能性」に期待し得るから，対象者の自己決定権および適正手続の保障を尊重することを法で明記しなくても特段の問題は生じないとされる。このような国の方針に呼応して「鬼面仏心」が対象者に接する保護司の真髄だと表明されている。しかし，このような担い手の「全能性」にもっぱら依存する形で21世紀の日本の更生保護は賄い切れるのであろうか。人は神ではない。全能ではない。人が営む制度であるがゆえに法は適正手続を保障したのではないか。適正手続保障にはパレンス・パトリエないしパターナリズムが人権侵害を惹起することを予防するという役割も付与されている。パレンス・パトリエ，あるいはパターナリズムに求められる補充性，一時性の要件を満たしているかどうかもこの適正手続保障を通じてチェックされなければならない。更生保護法の国家審議において参考人から表明された適正手続保障を通じた自己決定権の尊重についてももっと検討されて然るべきではないか。

　併せて検討されなければならないのは，改善更生についての共通の目標設定および基準設定を行うことである。様々な立場で様々な理解があり得る。これを放置した場合，対立や混乱が生じることにもなりかねない。共通の尺度を設けることによって，実施者と対象者がこの共通の尺度に従って協働していくことが可能となろう。ここでも掘り下げた検討が必要となろう。ちなみに，司法省は，平田勲東京保護観察所長らの主張に沿って，1936（昭和11）年末に，思想犯の転向の基準を厳格にし，「日本精神の体現」を思想犯に求めた。次のような基準がそれで，これらの5段階のうち，転向の基準としては第4段階に到達することが条件とされた。[16]

　　　第1段階　マルクス主義の正当性を主張し又は是認する者
　　　第2段階　マルクス主義に対しては，全く又は一応無批判的にして今尚自由主義
　　　　　　　的，個人主義的態度を否定し得ざる者
　　　第3段階　マルクス主義を批判する程度に至りたる者

第4段階　完全に日本精神を理解せりと認めらるゝに至りたる者
第5段階　日本精神を体現して実践躬行の域に到達せる者

　これを反面教師として掘り下げた検討が行われなければならない。そこで問われるのは「自立」概念である。何をもって遵守事項とするかもこの「自立」概念に関わる。この「自立」概念についてもコンセンサスの形成が求められる。もとより，それは日本国憲法に適合的なそれでなければならないが，前述したように大分県条例素案では「社会モデル」に従って「自立」をもって，「日常生活または社会参加を行うにあたって自らの意思で選択することをいう。なお，そのために第三者による支援を求めることは当然の権利である。」と定義されている。このような「自立」概念をも参考にして更生保護におけるコンセンサスの形成が図られるべきであろう。

2014年12月

内田　博文

1) 『保護時報』20巻6号（1936年）「扉の言葉」を参照。
2) 『昭徳』（昭和14年11月号）（思想犯保護観察法実施3周年記念号）31頁以下に寄稿された大阪保護観察所長桜井忠男の「新なる出発点に立ちて」という論文の33頁によれば，「上御一人の御稜威と御仁愛の精神とが浸透する處，如何に頑固な確信犯人と雖も，本然の日本人に還し得る。この確信に（思想犯）保護観察法が裏付けられてゐることは今更云ふ迄もない。而もこの確信の正しかったことは，戦線に，工場，農村に，防共運動に，大陸の建設に，多数の転向者諸君が一身の利害を省みず，祖国に殉じてゐる事実によって確証されたのである。にも拘わらず，かゝる確信を傷付け，転向者諸君の純情を蔑にするが如き『転向者は愛国者になり得るか』と云ふ疑惑を投げかけられることは，本法の運用上由々しき問題と云はねばならぬ。」と記述されている。
3) 周知のように，牧野英一によれば，五箇条の御誓文の第三に，「官民一途，庶民に至るまで，各其の志を遂げ，人心をして倦まざらしめんことを要す」と見えているが，これを現代に訳して「生存権」と為すことは，甚だしく当を失したことであろうか（「はしがき」同『法律と生存権』（有斐閣，1928年）10頁-11頁）と主張された。また，牧野の生存権概念には時代の影響も濃厚で，大日本帝国の「国家総力戦」思想が大きな影響を与えており，国家は後の一人の生存権を惜しむことによって，最後の一人までを戦わしめ得るのである（同書72頁-73頁）と説かれている。
4) 拙稿「刑罰論の現状と課題」『神戸学院法学』41巻3・4号（2013年）677頁以下等を参照。
5) 安形静男「更生緊急保護，任意保護」菊田幸一・西原春夫編『犯罪・非行と人間社会』（評論社，1982年）508頁。
6) 同有識者会議の提言35頁-36頁。

7) ちなみに，1998年7月17日，ローマ会議において採択された国際刑事裁判所ローマ規程（ローマ規程）第7条によれば，「この規程の適用上，『人道に対する罪』とは，文民たる住民に対する攻撃であって広範又は組織的なものの一部として，そのような攻撃であると認識しつつ行う次のいずれかの行為をいう。」とされ，上の行為として，（a）殺人，（b）絶滅させる行為，（c）奴隷化，（d）住民の追放又は強制移送，（e）国際法の基本的な規則に違反する拘禁その他の身体的な自由の著しいはく奪，（f）拷問，（g）強姦，性的な奴隷，強制売春，強いられた妊娠状態の継続，強制断種その他あらゆる形態の性的暴力であってこれらと同等の重大性を有するもの，（h）政治的，人種的，国民的，民族的，文化的又は宗教的な理由，3に定義する性に係る理由その他国際法の下で許容されないことが普遍的に認められている理由に基づく特定の集団又は共同体に対する迫害であって，この1に掲げる行為又は裁判所の管轄権の範囲内にある犯罪を伴うもの，（i）人の強制失踪，（j）アパルトヘイト犯罪，（k）その他の同様の性質を有する非人道的な行為であって，身体又は心身の健康に対して故意に重い苦痛を与え，又は重大な傷害を加えるもの，が列挙されている。

8) これらの動きのなかでも興味深いのは，北欧諸国の「患者の権利法」である。例えば，フィンランドの「患者の地位及び権利法」（1992年第785号），アイスランドの「患者の権利に関する法律」（1997年第74号），デンマークの「患者の権利に関する法律」（1998年第482号），ノルウェーの「患者の権利に関する法律」（1999年第63号）等がそれである。これらの権利法は詳細かつ体系的で，注目されるのは法制化の趣旨である。「この法律は，患者の尊厳，不可侵性及び自立性の確保に貢献しなければならない。この法律は，更に患者と保健従事者との関係の信頼及び秘密の保持に貢献しなければならない。」（デンマーク法第1条）などと規定されているからである。なお，林かおり「ヨーロッパにおける患者の権利法」『外国の立法』227号（2006年）1頁以下によれば，これらの点も含め，ヨーロッパにおける患者の権利法ないし医療基本法の法制化の動きが詳しく紹介されている。

9) www.mri.co.jp/project_related/hansen/.../press090512.pdf 等を参照。

10) 解放出版社編『ハンセン病国賠訴訟判決』（解放出版社，2001年）284頁-285頁。

11) 「『障害を理由とする差別の禁止に関する法制』についての差別禁止部会の意見」（2012年9月14日）4頁-5頁。

12) 前掲注11)「意見」5頁-6頁。

13) ちなみに，2007（平成19）年11月5日付で公表された全司法労働組合（少年法対策委員会）「司法の現場に見る日本の子どもの実情」によれば，少年法の2007年改正をもって，「前述したように2007年『改正』では，遵守事項違反を理由とした少年院送致が可能となった。しかし，必要なのは，少年たちに脅しをかける『改正』ではなく，少年たちの更生援護を目的とした本来の保護観察が充分に機能できるような保護観察官の増員であり，保護司を含めた専門性の向上である。」と批判された。http://www.zenshiho.net/shounen/17.html 等を参照。

14) 更生保護50年史編集委員会編『更生保護50年史（第1編）』（全国保護司連盟他，2000年）124頁以下。

15) 拙稿「社会モデルと更生保護」『神戸学院法学』43巻2号（2014年）1頁以下等を参照。

16) 中澤俊輔『治安維持法——なぜ政党政治は「悪法」を生んだか』（中央公論新社，2012年）159頁以下等を参照。

■著者紹介

内田　博文（うちだ・ひろふみ）

1946年生．京都大学大学院法学研究科修士課程修了
現在，神戸学院大学大学院実務法学研究科教授／九州大学名誉教授
〔主要業績〕
『刑法学における歴史研究の意義と方法』（九州大学出版会，1997年）
『ハンセン病　検証会議の記録』（明石書店，2006年）
『求められる人権救済法制の論点』（解放出版社，2006年）
『日本刑法学の歩みと課題』（日本評論社，2008年）
『刑事判例の史的展開』（法律文化社，2013年）
『自白調書の信用性』（法律文化社，2013年）
『刑法各論講義〔第4版〕』（有斐閣，2010年／共著）
『福岡事件』（現代人文社，2012年／単編）
『転落自白』（日本評論社，2012年／共編）
『市民と刑事法〔第3版〕』（日本評論社，2012年／共編）
『歴史に学ぶ刑事訴訟法』（法律文化社，2013年／単編）
『現代刑法入門〔第3版補訂〕』（有斐閣，2014年／共著）

Horitsu Bunka Sha

更生保護の展開と課題

2015年1月15日　初版第1刷発行

著　者　　内田博文
発行者　　田靡純子
発行所　　株式会社　法律文化社

〒603-8053
京都市北区上賀茂岩ヶ垣内町71
電話 075(791)7131　FAX 075(721)8400
http://www.hou-bun.com/

＊乱丁など不良本がありましたら，ご連絡ください．
　お取り替えいたします．

印刷：中村印刷㈱／製本：㈱藤沢製本
装幀：谷本天志

ISBN978-4-589-03648-3
©2015 Hirofumi Uchida Printed in Japan

JCOPY　〈(社)出版者著作権管理機構　委託出版物〉

本書の無断複写は著作権法上での例外を除き禁じられています．複写される
場合は，そのつど事前に，(社)出版者著作権管理機構（電話 03-3513-6969,
FAX 03-3513-6979, e-mail: info@jcopy.or.jp）の許諾を得てください．

内田博文著 **刑事判例の史的展開** Ａ５判・808頁・17000円	戦後の刑事判例を17名の最高裁判所の長官ごとに区分し，歴史的に分析。どのような時代に，どのような判例が出されているのかという背景事情を含めて，動態的に捉え，従来の判例理論がもつ矛盾や限界をみきわめる。
内田博文著 **自白調書の信用性** Ａ５判・228頁・4800円	氷見事件・宇都宮事件・宇和島事件における自白調書の綿密な分析をもとに，判例における自白の任意性および信用性の判断枠組みを検討。裁判所，裁判官の「無謬性の神話」から脱却し，誤判を防止するための方策を提唱。
内田博文編 **歴史に学ぶ刑事訴訟法** Ａ５判・302頁・2800円	判例のもつ問題・射程・意義を歴史的，憲法理念的視点から検証することで，あるべき法解釈にむけての課題を提示。既存の理論を批判的に考察することで，新たな課題を発見・分析・解決する思考法を涵養する。
浅田和茂・葛野尋之・後藤昭・高田昭正・中川孝博編集委員 〔福井厚先生古稀祝賀論文集〕 **改革期の刑事法理論** Ａ５判・568頁・14000円	「未決拘禁制度改革の理論」を中心に，「刑事訴訟法・警察法」「刑法・刑事政策」にも目配りし，刑事司法改革を総合的に考察。裁判員裁判を機に激動する実務を踏まえ，新時代の刑事法理論の来し方行く末を批判的に論じる。
浅田和茂・上田寛・松宮孝明・本田稔・金尚均編集委員 〔生田勝義先生古稀祝賀論文集〕 **自由と安全の刑事法学** Ａ５判・756頁・17000円	「自由」と「安全」をキーワードに，刑事法分野における基礎理論，解釈論を展開した意欲的なモノグラフ。「自由と安全と刑法」，「現代社会と刑法解釈」，「人権保障と刑事手続」，「人間の尊厳と刑事政策」の４部から構成。
佐伯千仭著 **刑事法と人権感覚** ―ひとつの回顧と展望― Ａ５判・376頁・7000円	刑事法学の泰斗・佐伯千仭博士の理論と実践の集大成。人間に対するあたたかい理解と刑法における謙抑主義の思想に裏うちされた先生の刑事法学を展開。論考・講演・座談会をモニュメント的にまとめ，その人となりを映し出す。

———— 法律文化社 ————

表示価格は本体(税別)価格です